제물론석 _{齊物論釋}

Annotations and Translations of Zhang Taiyan's "Qi wu lun shi"

제물론석 齊物論釋

Annotations and Translations of Zhang Taiyan's "Qi wu lun shi"

—

1판 1쇄 인쇄 2023년 7월 25일
1판 1쇄 발행 2023년 8월 4일

—

저   자 ㅣ 장타이옌 章太炎
역주자 ㅣ 김영진
발행인 ㅣ 이방원
발행처 ㅣ 세창출판사
　　　　　신고번호 제1990-000013호
　　　　　주소 03736 서울시 서대문구 경기대로 58 경기빌딩 602호
　　　　　전화 02-723-8660 팩스 02-720-4579
　　　　　이메일 edit@sechangpub.co.kr 홈페이지 www.sechangpub.co.kr
　　　　　블로그 blog.naver.com/scpc1992 페이스북 fb.me/Sechangofficial 인스타그램 @sechang_official

—

ISBN 979-11-6684-349-5 93150

—

이 역서는 2020년 대한민국 교육부와 한국연구재단의 지원을 받아 수행된 연구임.
(NRF-2020S1A5A7084862)

—

이 책은 한국연구재단의 지원으로 세창출판사가 출판, 유통합니다.
잘못 만들어진 책은 구입하신 서점에서 바꾸어 드립니다.

제물론석 齊物論釋

Annotations and Translations of Zhang Taiyan's "Qi wu lun shi"

장타이옌 章太炎 저

김영진 역주

세창출판사

역주자 서문

2000년 봄 박사과정을 수료하고 중국 베이징 모 대학에서 어학연수를 했다. 당시 나는 중국 근대불교사상으로 학위논문을 쓸 요량이었다. 하지만 구체적인 주제도, 떠오른 인물도 없었다. 그런 차에 『근대중국사상 사약론』이란 책을 읽었다. 그제야 내가 찾던 사람이 장타이옌[章太炎]임을 알았다. 그렇게 장타이옌의 불교사상 연구가 나의 박사학위 논문 주제가 되었다. 이듬해부터 장타이옌의 주요 철학 저작을 읽기 시작했다. 무척 어려웠지만 혼자서 중국어 사전 하나 들고 꾸역꾸역 읽었다.

2002년 귀국해 '수유+너머' 연구실로 돌아왔다. 선배 소개로 중문학 전공자 이영섭 선생을 만났다. 선생이 매주 한 번 연구실로 왔다. 우리는 머리를 맞대고 『제물론석』을 읽었다. 선생은 당시 연세대 중문과 대학원 재학 중이었는데 '육경개사'로 유명한 청대학자 장학성(章學誠) 연구로 석사학위를 받은 터라, 내게 청대학술사에 관해 이런저런 이야기를 많이 했다. 선생은 청대학술사를 마치 무협지처럼 이야기하는 특별한 재주가 있었다. 나는 그 이야기가 무척 재미있었고, 청대 고증학자를 마치 무림의 고수처럼 느끼게 됐다.

당시 나는 강독 전에 해당 부분을 초벌 번역해서 강독에 참여했다. 1년 이상 이 과정을 거쳐서 초역을 완성했다. 어렵거나 시간이 없을 때는 대충 번역했고, 여유가 있을 때는 꼼꼼히 번역했다. 사실 이 번역 원고에는 알게 모르게 이영섭 선생의 목소리가 있다. 당연히 이 역서의 꽤 큰 지분이 선생에게 있다. 본 역서가 나만의 성과가 된 것 같아 무척 송구스럽다. 고맙게도 선생은 출판을 앞두고 번역 원고를 읽고 이런저런 조언까지 해 주었다. 지면을 빌려 선생께 진심으로 감사한다.

사실 장타이옌의 글은 무척 어렵다. 『제물론석』의 경우, 그는 아비달마학, 유식학, 인명학 등 난해한 불교 이론을 무지막지하게 쏟아 내고, 때론 서양 철학과 근대 과학 지식을 거침없이 동원한다. 내게는 더 버거운 고증학 지식까지 종횡무진 운용한다. 어려운 책을 번역했으니 내 공을 치하해 달라는 말도 안 되는 이야기를 하려는 게 아니다. 능력 부족을 실토하려는 것이다. 모르긴 몰라도 장타이옌의 고증학 관련 저작은 철학 저작보다 더 난해할 것이다. 나는 염치없게도 누군가 장타이옌의 『국고논형(國故論衡)』이나 『구서(訄書)』를 번역해 주었으면 하는 바람도 있다.

초역 이후, 시간 나면 한 번씩 원고를 들추어 수정했다. 그러다 다시 손에서 놓고 바쁜 일을 먼저 챙겼다. 이런 꼴로 십수 년이 흘렀다. 그간 많은 일이 있었고, 원고는 컴퓨터 속에서 봄날을 기다리며 하염없이 동면했다. 수년 전 한국연구재단 명저번역사업에 『제물론석』 번역을 과제로 신청했다. 사실 20년 가까이 끝내지 못한 숙제를 끝내려는 '배수의 진'이었던 셈이다. 그리고 2020년 연구년을 맞아 국외 체류 동안 숙소에 틀어박혀 재번역 수준으로 원고를 수정했다. 그 시기 중국 베이징사범대학 멍쥐[孟琢] 교수가 갓 간행한 『제물론석소증(齊物論釋疏證)』을 구해 읽고 좀 더 힘을 낼 수 있었다. 그래도 당최 '번역 종료'를 선언할 수가 없었다. 하지만 이제 보내야 할 것 같다. 유고로 남기지 않으려면 그래야 할 것 같다.

본 역주서 부록으로 장타이옌의 철학논설 7편을 수록했다. 부록은 『제물론석』 번역만큼 정교하게 역주를 달지도 못했고, 인용문이나 용어 출처를 꼼꼼하게 추적하지도 못했다. 사실 한때는 이 7편 글을 '장타이옌의 철학 논집' 정도로 이름 붙여 역서로 내 볼까 생각도 했다. 하지만 그게 불가능하다는 걸 금방 알아차렸다. 그리고 부록이라는 다소 궁색하고 저자에게 미안한 방식으로라도 이 원고를 세상에 내놓지 않으면 원고가 영영 사장될 것임도 알았다. 그래서 꽤 많은 분량임에도 부록 형식으로 번역 원고를 추가했다. 역주자는 이 부록이 중국 근대사상과 종교를 이해하는 데 일정한 역할을 하리라 생각한다.

국내에서 장타이옌 전문 연구자가 앞으로 나올지 나는 모르겠다. 하기야 역주자도 장타이옌 불교 연구로 박사학위를 받았지만 장타이옌 전문 연구자라고 하기에는 한없이 부끄럽다. 결코 겸사가 아니다. 사실 불교와 관련한 일부 문헌만 겨우 읽어 본 수준이니 어디 가서 장타이옌 이야기 꺼내기가 낯뜨겁다. 행여 국내에 장타이옌 전문 연구자가 나와서 이 역주서가 그에게 작은 도움이라도 된다면 나는 그이에게 오역의 비난도 달게 받겠다. 역주자가 성근 번역이지만 이렇게 본 역주서를 세상에 내놓는 까닭도 이 번역이 하나의 과정이기 때문이다. 비록 내게는 종료일지 모르나 누군가는 여기서 출발할 것이다.

2023년 봄
김영진

옛적 주나라[蒼姬]¹가 기력이 다하자 세상과 도리는 서로 자신의 자리를 잃었고, 곳곳에서 발호한 간웅은 천리 바깥까지 수레를 달려 어지러이 유세하니 구주(九州) 백성은 도탄에 빠졌다. 오로지 장자만 성현입네 하는 무리의 주장이 세상에 화(禍)가 될 것임을 알아 '뜬구름 잡는 주장'²에 맞섰다. 제나라 직하(稷下)에 모인 삼천 학자 중 맹자(孟子), 손경(孫卿),³ 신도(愼到),⁴ 윤문(尹文)⁵이 있었지만 장자는 저들을 '거들떠보지도 않았고 저들 주장에 대해 궁금해하지도 않았다.'(不過)⁶

---

1   蒼姬(창희): 『疏證』(p.1): "周는 姬姓이고 主木德, 木色蒼, 그래서 蒼姬라고 칭한다."
2   浮雲之情(부운지정): 『漢書』「敘傳上」37: "仲尼抗浮雲之志, 孟軻養浩然之氣, 彼豈樂爲迂闊哉? 道不可以貳也." 부귀를 뜬구름 같은 것으로 보는 가치관을 일컫는다.
3   孫卿(손경): 흔히 순자(荀子)로 존칭하는 유가 학자 순경(荀卿)을 가리킨다. 순경이 아니라 손경으로 표기되기도 하는데 '손'경인 이유에 대해서는 몇몇 설이 있다. 피휘 때문이라는 설과 지역 방언 때문이라는 설과 동일한 발음 때문이라는 설 등이다.
4   愼到(신도): 중국 전국시대 사상가로 신자(愼子)로 불리기도 한다. 『사기』에서는 그를 황노술(黃老術)을 행하는 인물로 묘사했고, 『한서』「예문지」에서는 그의 저작을 법가류(法家類)로 분류했는데 도가 출신이면서 법가의 창시자로 간주한다.
5   尹文(윤문): 중국 전국시대 사상가로 윤문자(尹文子)로 불리기도 한다. 그가 어떤 학파에 속하는지에 대해 의견이 분분하다. 여러 문헌에서 각기 도가, 법가, 명가, 잡가 등으로 분류한다. 章太炎은 『국고논형』의 「諸子略說」에서 그를 명가로 분류했다.
6   不過(불과): 『莊子』「外物」11: "聖人之所以駴天下, 神人未嘗過而問焉; 賢人所以駴世, 聖人未嘗過而問焉."[성인이 세상을 놀라게 하는 수단을 신인은 그저 지나치고 뭔지 묻지도 않는다. 현인이 한 사회를 놀라게 하는 수단을 성인은 그저 지나치고 뭔지 묻지도 않는다.] 신인은 성인의 수준을 완전히 압도하기 때문에 성인 수준에 의미 있는 방도에 전혀 관심이 없다.

장자는 숨어 산들 세상에 보탬이 되지는 않는다고 생각하여 문지기 같
은 한직도 마다하지 않았고, 성인이 천하를 통치한들 도적질이 멈추진
않는다 생각하여 초나라 재상 자리도 사양했고, 족함을 안다고 한들 절
대적으로 자유로울 수는 없다고 생각하여 생사의 구분을 부정했고, 겸애
정도로는 대중의 요구에 부합할 수 없다고 생각하여 '자취(自取)'[7]의 가치
를 수립했고, 딱딱한 진리로는 '심원한 문제를 해결하지'[致遠][8] 못한다고
생각하여 '은미한 이치에 나아가는'[造微][9] 담론을 보존했다.

『장자』의 '핵심'[維綱]은 「소요유」와 「제물론」두 편에 있다. 거기서 각
각 말하는 자유와 평등은 세속에서 말하는 자유와 평등이 아니다. 진여
심체(眞如心體, 진여로서 마음의 본질)는 한계를 가진 형체가 아니기 때문에
서로 대립 없이 자재하고, 이치는 명언(名言)을 초월하기 때문에 만물과
감응하여 평등하다.

「제물론」은 문장이 화려하고 의미가 미묘하여 이해하기 어렵다. 위진
이후 그것을 해석한 사람은 비록 많았지만 핵심을 속속들이 파악한 경우
는 적었다. 오히려 '사이비'[似象] 언사만 백출(百出)했다. 「제물론」은 안으
로는 백이(伯夷)와 유하혜(柳下惠)의 덕성을 간직하고, 밖으로는 주공(周公)
과 소공(召公)의 통치를 '자연스레 성취'[炊爨][10]했다. 여러 가지 지향을 방

---

7   自取(자취): 「제물론」에 등장하는 자취(自取)의 학설을 말하는데 자신의 마음을 근본
     으로 하여 자신의 분수를 다하고 자신에게 적절한 내용을 취한다는 내용이다.
8   致遠(치원): '심원한 진리 혹은 원대한 이상에 도달한다.'라는 의미다. 『論語』「子張」4:
     "子夏曰: 「雖小道, 必有可觀者焉; 致遠恐泥, 是以君子不爲也.」[자하가 말하였다. 비록 작
     은 도라도 반드시 눈여겨볼 만한 것이 있으나 원대함에 이르는 데 문제가 있을까 두
     렵다. 그래서 (작은 도를) 하지 않는다.]
9   造微(조미): 釋慧皎 撰, 『高僧傳』卷4(『大正藏』50, p.346b), "支遁字道林, 本姓關氏, 陳留
     人, 或云, 河東林慮人. 幼有神理, 聰明秀徹. 初至京師. 太原王濛甚重之曰: 造微之功, 不減
     輔嗣."
10   炊爨(취류): 저절로 움직이는 모습이다. 자연스럽게 어떤 일이 성취됨을 말한다. 『莊
     子』「在宥」1: "故君子苟能無解其五藏, 無擢其聰明, 尸居而龍見, 淵默而雷聲, 神動而天隨,

외(方外)[11]의 도리에 일치시키고, 상이한 관심을 유사(儒史)[12]에 일치시킨 까닭을 '오랫동안'[曠乎][13] 들어 본 적이 없다.

「제물론」을 지은 사람은 아마도 우환이 있었을 터다.'(作論者其有憂患乎)[14] 오래전에 '만세 이후엔 반드시 사람끼리 잡아먹는 일'[15]이 있을 거라 내다보았는데, 바로 지금이 그때이다. "주(周) 문왕(文王)이 주(紂) 임금에 의해 감금된 사실에서 그 시절을 알 수 있고, 공자 같은 이가 등용되지 못하고 여러 사람에게 유세하며 떠돌아다녔다는 사실에서 그 당시 나라 상황을 짐작할 수 있다."[16]

내 비록 옛 성현만 한 지혜는 없지만 "진리를 추구하는 일에는 스승에게도 양보하지 말라는 말씀"[當仁][17]에 힘입어 「제물론」의 은미한 문장을

從容無爲而萬物炊累焉."『釋文』(『集釋』2, p.371) "司馬云: 炊累, 猶動升也. 向郭云: 如埃塵之自動也."[사마표: 취루는 움직이며 위로 올라감이다. 곽상: 마치 먼지가 저절로 움직이는 것과 같다.]

11 方外(방외): 『疏證』(p.9)에선 "方外는 현실 세계의 밖으로 불학을 말한다."라고 했다. '방외'를 도가의 견해로 볼 수도 있는데, 오히려 이것이 더 일반적인 견해일 수 있다.

12 儒史(유사): 먼저 '육경개사(六經皆史)'를 주장한 고문경학자 장타이옌을 생각하면 각각 유학과 사학을 가리킨다고 볼 수도 있다. 하지만 이때 '사(史)'를 도가로 볼 수도 있다.

13 曠乎(광호): '광(曠)'은 '광활하다'는 의미뿐만 아니라 '오랫동안 없었던 사실'을 가리키기도 한다.

14 作論者其有憂患乎(작논자기유우환호): 『易』「繫辭傳下」7: "繫辭下: 易之興也, 其於中古乎, 作易者, 其有憂患乎."

15 萬世之後, 其必有人與人相食者: 『莊子』「庚桑楚」2: "大亂之本, 必生於堯‧舜之間, 其末存乎千世之後. 千世之後, 其必有人與人相食者也."[대란의 근본은 반드시 요순시대에 발생하고 천세 이후에 파탄이 난다. 천세 이후에는 반드시 사람끼리 잡아먹는 일이 벌어진다.]

16 文王明夷, 則主可知矣; 仲尼旅人, 則國可知矣: 孔穎達, 『周易正義』'乾'18: "以爻爲人, 以位爲時'者, 爻居其位, 猶若人遇其時, 故文王明夷, 則主可知矣. 主則時也, 謂當時無道, 故明傷也. 仲尼旅人, 則國可知矣, 國亦時也, 若見仲尼羈旅於人, 則知國君無道, 令其羈旅出外."

17 當仁(당인): '인(仁)'을 행해야 할 상황에 처했을 때'라는 의미이다. 『論語』「衛靈公」35: "子曰: 「當仁, 不讓於師."[공자께서 말씀하셨다. 인을 행함에 스승에게도 양보하지 않는다.] 하지만 장타이옌은 '진리를 탐구하고 그것을 밝혀야 할 상황'의 의미로 사용한다.

제물론석

밝히니 이 일을 어찌 많이 양보하겠는가? 「제물론」의 근본 종지를 틀어쥐고 언설을 펼쳐 유가·묵가 등 여러 유파의 잘잘못을 토론했고 게다가 대승과 소승의 불전을 적극적으로 활용했다. 여러 문헌을 서로 비교하여 의미를 증명했지 결코 견강부회하여 그릇된 주장을 일삼지는 않았다.

과거 승조(僧肇)[18]와 도생(道生)[19]은 내전(內典, 불전)을 거론하면서도 외전(外典)의 논지를 밝힌 반면 법장(法藏, 643-712)[20]과 징관(澄觀, 738-839)[21]은 몰래 「제물론」의 이치를 가져왔음에도 겉으로는 오히려 그것을 비난했다. 【송대 여러 유학자는 때론 불전은 대부분 『노자』와 『장자』의 내용을 훔친 거라고 했는데, 그렇게 말한 이유는 그들이 진정 중국과 인도의 언어가 다르다는 사실을 몰랐기 때문이다. 법장과 징관에 이르러 『장자』의 의미를 취하여 『화엄경』을 해설했는데, 그 흔적은 자신도 감출 수가 없었지만 징관부터 종밀(宗密, 780-841)[22]에 이르기까지 다시 『노자』와 『장자』를 깎아 내렸다. 그들이 인용한 근거는 대부분 천사(天師)와 도사

---

18 僧肇(승조): 중국 위진시대 승려로 구마라집의 제자였고 공사상에 입각해 「부진공론」과 「물불천론」, 「반야무지론」 등을 썼다.

19 道生(도생): 중국 위진시대 승려로 『고승전』에 따르면 담무참이 대승 『대반열반경』을 번역하기 전에 법현 역 『니원경』을 연구하여 일천제에게도 불성이 있음을 주장했고, 이 일로 주류 교단에서 배척당했다. 曇無讖譯, 『大般涅槃經』卷22(『大正藏』12, p.493b), "三寶佛性, 無差別相, 犯四重罪, 謗方等經, 作五逆罪, 及一闡提, 悉有佛性."[삼보의 불성은 중생 누구에게도 차별 없이 존재한다. 네 가지 바라이죄를 범했건, 방등경을 비방했건, 오역죄를 저질렀건, 심지어 일천제건 간에 모두 불성을 가진다.]

20 法藏(법장): 당대 승려로 화엄종 제3조이고 화엄종의 실질적인 완성자이다. 자는 현수(賢首)이고 조부 때 강거국에서 중국으로 이주했다. 지엄(智嚴)에게 화엄학을 배웠고 『華嚴經探玄記』20卷, 『華嚴一乘教義分齊章』4卷, 『大乘起信論義記』3卷 등 많은 저술을 남겼다.(『佛光』, p.3428)

21 澄觀(징관): 당대 승려로 화엄종 제4조이고 자는 대휴(大休)이고 호가 청량국사(淸涼國師)이다. 『大方廣佛華嚴經疏』60卷, 『華嚴經隨疏演義鈔』90卷 등 많은 저술을 남겼다.(『佛光』, p.6104)

22 宗密(종밀): 당대 승려로 화엄종 제5조이고 시호는 정혜선사(定慧禪師)이다. 『圓覺經大疏』3권을 저술하는 등 『원각경』을 중시했다. 그가 『禪源諸詮集』100권을 저술했다고 알려졌지만, 그 서문인 『禪源諸詮集都序』만 전한다. 『華嚴原人論』1권을 저술했는데 여기서는 불교 내부의 여러 교파뿐만 아니라 유교와 도교까지 자신의 사유 체계 속에서 이해했다.(『佛光』, p.3158)

(道士)의 말이고, 거짓으로 전대의 성현을 비방한 꼴이었다. 그들의 견해는 수준이 승조와 도생에게서 한참 떨어진다.】

그렇다면 특정 교설에 구속된 사람은 자신과 상이한 문파를 일종의 오류로 취급하고, 이치에 달관한 사람은 상이한 문파라도 실은 같은 곳에서 나와 이름만 다르다 여겨 거기서 진실을 통찰한다. 『주비산경』(周髀算經)²³과 『묵경(墨經)』은 본래 이곳 중국에서 출현했지만 그것을 해설하는 사람은 오히려 서양 수학을 인용한다. 왜일까? 백 가지 생각이 하나로 일치하듯 북방 오랑캐와 남방 월나라 사람도 결국엔 속내가 같은 법이니, 겉으로 드러낸 표현은 잊어버리고 그 속내만 챙긴다면 부절(符節)이 들어맞듯 자연스레 합치될 것이다.

그 마음을 같이하고, 뜻을 얻고 말을 잃으면 쪼개진 부계(符契)도 자연 합치된다. 여기 내가 저술한 『제물론석』도 유형과 체제가 이와 같다. 『시경』에서 "큰 구슬 작은 구슬 골고루 받아 아래 여러 나라 본보기 되셨네."²⁴라고 했다. 아아! 오직 장자만이 이와 함께할 수 있으리라!

장빙린 서를 쓰다.

23　周髀算經(주비산경): 원명은 『주비(周髀)』로 중국에서 가장 오래된 천문역학서이자 수학서이다. 피타고라스 정리에 해당하는 '구고현'의 정리가 여기에 나온다.
24　『詩』「商頌」'長發'4: "受小球大球, 爲下國綴旒."

목차

1. 저자 장타이옌(章太炎, 1869-1936)

장타이옌은 청(淸) 동치(同治) 7년 음력 11월 30일(양력 1869년 1월 12일) 저 장성(浙江省) 항저우부(杭州府) 위항현(餘杭縣)에서 태어났다. 어릴 적 이름 은 슈에청(學成)이었고, 자는 메이슈(枚叔)였다. 나중에 빙린(炳麟)으로 개 명했고, 타이옌(太炎)은 자호(自號)이다. 증조부 장균(章均)은 위항현의 대 부호였고, 조부 장감(章鑒)은 국자감 학생 출신으로 저명한 장서가였다. 부친 장준(章濬)은 일찍이 항저우 고경정사(詁經精舍) 감원(監院)을 지냈을 정도로 전통 학술에 관심이 컸다. 장타이옌은 전형적인 전통 지식인 가 계 출신이라고 할 수 있다.

장타이옌은 어린 시절 부친과 외조부 주좌경(朱左傾)에게 전통 학술을 배웠다. 주좌경은 저장성 하이옌현(海鹽縣) 출신으로 전통적인 고증학자 였고 4년 동안 외손 장타이옌을 가르쳤다. 1890년 부친 사망 이후 장타 이옌은 부친의 유언에 따라 고경정사에 입학했다. 고경정사는 청중기 고 관 완원(阮元, 1764-1849)이 설립한 교육기관으로 고경정사는 그 이름에서 도 알 수 있듯 '경사(經史) 문헌에 대한 훈고'를 일차적인 교육 목표로 했 다. 당시 고증학 교육과 연구의 중심지였다.

장타이옌은 고경정사에서 유월(俞樾), 고학치(高學治), 담헌(譚獻) 등 당대 최고의 학자에게 고증학을 학습했다. 스승 유월은 경학과 제자학을 가르쳤는데 이른바 '대단이왕(戴段二王)'의 적통이라고 할 법했다. 그가『군경평의(群經平議)』50권과『제자평의(諸子平議)』50권을 저술한 데서도 알 수 있듯, 그는 경학과 제자학 모두 중시했다. 이는 제자 장타이옌의 제자학 연구에도 영향을 주었다. 장타이옌은 공맹(孔孟)이나 정주(程朱)의 글이 아니라 장자의「제물론」을 최고의 중국 고전으로 추앙했다. 장타이옌은 고경정사 시절 청대학술을 대단히 엄정하게 학습했고, 이때 놓은 학문의 기초는 이후 그의 학술에 절대적인 영향을 끼쳤다.

1896년 량치차오(梁啓超)가 상하이에서『시무보(時務報)』를 창간하고 장타이옌을 초청했다. 장타이옌은 그 초청에 응하여 7년여 고경정사 생활을 마감하고 계몽 활동에 투신했다.『시무보』활동은 길지 않았고 장타이옌은 직접『경세보(經世報)』를 창간했고, 1902년에는 애국학사(愛國學舍)에 참여했다. 1903년 청년 혁명가 저우룽(鄒容)이 쓴『혁명군』에 서문을 써서『쑤바오(蘇報)』에 발표했는데 그 일로 필화를 입어 3년간 옥고를 치렀다.

장타이옌은 수감기간 당대(唐代) 현장(玄奘)이 번역한『유가사지론』,『섭대승론』,『성유식론』,『인명입정리론』등 유식학과 인명학 문헌을 탐독했다. 훗날 그는 "미륵과 세친의 학술은 명상(名相) 분석으로 시작해서 명상의 부정으로 끝난다. 학문의 방식이 내가 평생 행한 박학(樸學)과 유사하여 쉽게 맞았다."[1]고 회상했다. 이 기간 행한 유식학 공부는 이후 그의 철학과 학술에 큰 영향을 끼쳤다. 1906년 출옥 후 일본으로 건너간 장타이옌은 쑨원(孫文)과 중국혁명동맹회를 이끌었고 2년여 동안 동맹회 기관지『민보(民報)』의 편집장을 담당했다. 이 기간 중국인 유학생을 대

---

1   章太炎,『訄漢微言』, 虞雲國 標點整理,『訄漢三言』(遼寧敎育出版社, 2000), p.60.

상으로 고전을 강의하기도 했다. 루쉰(魯迅)이 당시 제자였다.

장타이옌은 일본 체류 기간 발표한 여러 논설에서 중국 고전 경학, 불교 유식학, 서양철학 등 다양한 학문 전통을 적극적으로 활용하여 철학과 정치의 여러 문제를 해석하고 자신의 입장을 밝혔다. 본 역서 부록으로 실린 7편의 논설이 바로 이 시기 발표한 대표적인 작품이다. 그는 고증학과 유식학을 학술 기반으로 해서 혁명도덕을 말하고, 제국주의를 비판하고, 유식교를 건립하고, 이상사회를 꿈꾸었다. 그는 새로운 문명 건설에 종교가 필요하고 적어도 중국에서는 불교가 그 역할을 담당해야 한다고 힘써 주장했다.

1910년 장타이옌은『국고논형(國故論衡)』·『제물론석(齊物論釋)』·『구서(訄書)』등의 초고를 완성했다. 이는 장타이옌이 일본 체류 기간 행한 강학과 학술 연구의 결과물이다. 장타이옌은『제물론석』과 관련하여 훗날「자술학술차제(自述學術次第)」에서 "종일토록「제물론」을 읽었고 그것이 많은 점에서 불교 유식학과 소통하며 곽상과 성현영 등 여러 주석가의 해설에 잘못이 있음을 알았다.『제물론석』을 지어 장자의 오천언(五千言)을 한 글자 빠짐없이 이해하도록 했다."라고 말한다. 엄청난 자신감이다.『제물론석』에서는 고금(古今)·동서(東西)·범한(梵漢)의 지식이 종횡무진 교차한다. 사실 주석서의 형태를 띠지만 결코 주석에 그치지 않았고 오히려 자신의 사유를 마음껏 펼쳤다.

장타이옌은 1910년 쑨원과 결별하여 중국광복회를 설립했다. 1911년 신해혁명 이후 그는 쑨원이 아니라 위안스카이(袁世凱, 1859-1916)를 지지하며 보수화했다. 1916년 그는 위안스카이의 복벽(復辟) 시도에 반대하다가 베이징의 한 사찰에 유폐되기도 했다. 유폐 기간 강학은 허락돼, 장타이옌은 중국 고전을 강의했다. 식민지 조선의 청년 변영만(卞榮晩, 1889-1954)도 그의 강의에 참석한 적이 있다.[2] 위안스카이의 사망으로 유폐가 풀린 이후, 장타이옌은 정치 일선에서 완전히 은퇴하고 1936년 사망하기까지 줄곧 국학 연구와 강학에 집중했다. 훗날 이 시기 그의 제자가 중국학계의 고전연구를 주도하기도 했다.

누가 언제 만든 말인지는 모르겠지만 일찍이 중국 학술계에 '장문개천(章門蓋天)'이란 표현이 나돌았다.[3] '장타이옌 문하 제자가 천하를 덮었다.'라는 뜻인데, 물론 중국식 과장이지만 이 말로 '장타이옌 제자'[章門弟子]의 이후 활동을 어림잡을 수 있다. '학통'이 때론 과거의 답습이자 편견의 유전일 수도 있지만, 때론 그것이 학자에게 자존심이 되고 학문함에 기상을 부여하기도 한다. 그것이 '하나의 힘'임에는 틀림없다. 현재 중국 학술계에서 장타이옌은 정치가나 불교학자가 아니라 근대 국학의 건설자로 굳건히 자리 잡았다. 최근 일본과 중국 학계에서는 장타이옌에게서 '탈근대의 사유'를 찾는 연구 경향이 두드러지고 관련 연구 성과도 지속해서 출판되는 실정이다.[4]

2. 『제물론석』 판본

『제물론석』은 초본(初本)과 정본(定本)으로 나뉘는데 판본도 당연히 둘로 나뉜다. 중국학자 위이루이(余一睿)의 연구에 따르면[5] 초본은 1912년

---

2   卞榮晚,「束章太炎」,『卞榮晚全集』上(서울: 대동문화연구원, 2006), pp.319-320.

3   장타이옌의 사승 관계와 제자 그룹의 특징에 대해서는 다음을 참조할 수 있다. 劉克敵·慮建軍,『章太炎與章門弟子』(鄭州: 大象出版社, 2010).

4   Viren Murthy, *The Political Philosophy of Zhang Taiyan: The Resistance of Conciousness*, 唐文娟 譯, 張春田 校,『章太炎的政治哲學：意識的反抗』(上海: 華東師範大學出版社, 2018); 石井剛,『齊物的哲學: 章太炎與中國現代思想的東亞經驗』(上海: 華東師範大學出版社, 2016).

상하이 소재 빈가정사(頻伽精舍)에서 선장(線裝) 단행본으로 최초 간행됐고, 정본은 1919년 『장씨총서(章氏叢書)』에 수록되어 저장도서관(浙江圖書館)에서 최초 간행됐다. 물론 초본의 원고는 1912년 이전 탈고했다. 1984년 간행된 『장타이옌전집(章太炎全集)』 제6권에 실린 초본과 정본은 모두 저장도서관 간행 『장씨총서』에 수록된 판본을 저본으로 했다. 초본과 정본은 약간 차이가 있는데, 초본에 비해 정본은 논지를 더욱 분명히 했다고 할 수 있으며 초본의 견해를 수정한 경우도 있다. 『제물론석』 초본과 정본의 다양한 판본은 다음과 같다.

(1) 초본(初本)

① 빈가정사본(頻伽精舍本)

1912년 중화민국 원년 상하이 소재 빈가정사에서 권수 구분 없이 선장본 납활자배인(鉛字排印)으로 출판했다. 이것이 『제물론석』 최초 판본이자 초본의 최초 형태이다. 빈가정사본 『제물론석』 머리에는 장빙린(章炳麟)이라는 서명(署名)을 단 「자서(自序)」가 있고, 말미에는 승려 종양(宗仰)이 '오목산승 종양(烏目山僧宗仰)이라는 서명으로 1911년 10월(음력)에 지은 「후서」가 있다. 장타이옌은 1910년 초본 『제물론석』을 탈고했고, 종양은 1911년 「후서」를 썼고, 빈가정사에서 1912년 출판했다. 빈가정사는 사원이자 출판기관이었는데 주지가 종양이었다. 빈가정사에서는 『빈가정사교간대장경(頻伽精舍校刊大藏經)』(1906-1913)을 간행하기도 했다.

---

5   余一睿, 「章太炎『齊物論釋』研究」(上海: 上海社會科學院碩士論文, 2015).

② 전몽천알본(旃蒙闡闕本)

빈가정사본을 저본으로 해서 조성한 목각본으로 권수 구분이 없다. 간행한 출판사에 대해서는 알 수 없고 패기(牌記)에서 다만 '전몽천알본계춘간성(旃蒙闡闕本季春刊成)'이라고 했기 때문에 '전몽천알본(旃蒙闡闕本)'이라고 명명한다. 전몽천알(旃蒙闡闕)은 역법에 해당하며 연대 표기이다. 『이아(爾雅)』「석천(釋天)」에 따르면 '전몽(旃蒙)'[6]과 '천알(闡闕, 單闕)'[7]은 전통 간지(干支)로는 '을묘(乙卯)'에 해당한다. 이때 을묘년은 『제물론석』 최초 간행 시기를 감안하면 1915년으로 추정된다.

③ 상하이우문사본(上海右文社本)

1915년 상하이 우문사(右文社)가 간행한 납활자 배인의 선장본인 『장씨총서(章氏叢書)』(兩函, 全24冊)에 수록된 것으로 전1권 1책이다. 『장씨총서』는 장타이옌이 직접 선별한 자신의 문장을 모은 문집이다. 1900년대 반만주족 혁명을 주창하며 발표한 이른바 혁명논설은 대부분 제외했다. 우문사본 『장씨총서』는 『장씨총서』 가운데 최초 판본으로 이후 나온 판본에는 『제물론석』의 초본과 정본을 함께 실은 것과 달리 여기서는 초본만 실었다. 장타이옌은 『장씨총서』 간행을 맡은 우문사의 작업 능력에 대해 불만이 많았다고 한다.

④ 저장도서관본(浙江圖書館本)

저장도서관에서 간행한 『장씨총서』에 수록된 판본이다. 절강도서관은 청말인 1903년 설립된 저장장서루(浙江藏書樓)가 1909년 저장관서국(浙

---

6   『爾雅』「釋天」8: "大歲在甲曰閼逢, 在乙曰旃蒙, 在丙曰柔兆, 在丁曰強圉, 在戊曰著雍, 在己曰屠維, 在庚曰上章, 在辛曰重光, 在壬曰玄黓, 在癸曰昭陽."
7   『爾雅』「釋天」10: "大歲在寅曰攝提格, 在卯曰單閼, (中略), 在子曰困敦."

江官書局)과 합병되어 성립했다. 절강도서관본『장씨총서』는 여러『장씨총서』판본 가운데 가장 완성도가 높다. 1917년 판각을 시작해 1919년 완성했다. 이『장씨총서』에서는『제물론석』초본과 정본을 각각 한 책으로 편집했다. 현재『장타이옌 전집』제6권에 수록된『제물론석』초본과 정본은 모두 이 저장도서관본을 저본으로 했다.

⑤ **고서유통처본**(古書流通處本)

1924년 상하이 고서유통처에서 저장도서관본『장씨총서』를 영인했는데 여기에 실린『제물론석』판본이다. 고서유통처는 1911년 저명한 장서가 천리옌(陳立炎)이 상하이에 설립한 고서 전문 서점이자 출판사이다. 저장도서관본『장씨총서』가 24책 48권인 데 반해 고서유통처본은 20책이다.『제물론석』초본과 정본을 각 1권으로 편집했고 둘을 1책으로 합집했다.

(2) 정본(定本)

① **저장도서관본**(浙江圖書館本)

『제물론석』정본의 최초 간행본으로 1919년 저장도서관 간행『장씨총서』수록본이다. 앞서 설명했듯, 이 장씨총서는 초본과 정본이 각각 한 책으로 편집돼 있다. 이후 유통된 정본은 대부분 이를 저본으로 했다.

② **고서유통처본**(古書流通處本)

1924년 간행 고서유통처본『장씨총서』수록의『제물론석』정본은 저장도서관각본『제물론석』정본을 영인한 것이다. 저장도서관본과 다른 점은 글머리에 있던 장타이옌「자서」와 종앙의「후서」를 삭제했다는 점이다. 초본과 정본을 각각 1책으로 편집한 저장도서관본과 달리 고서유

통처본은 둘을 합쳐 1책으로 편집했기 때문에 초본에만 자서와 후서를
살려 두었다.

③ 먀오촨 주본(繆篆注本)

먀오촨(繆篆, 1877-1939)은 원명은 슈에센(學賢)이고 1913년부터 장타이옌
에게 학습했고 1926년 이후 샤먼(廈門) 대학과 쭝샨(中山) 대학 철학 교수
를 역임했다. 먀오촨은 1929년 선장유인본(線裝油印本)으로 『제물론석주
(齊物論釋注)』를 인쇄해 유통시켰다. 4함(含) 26책(冊)으로 꽤 방대한 양이
지만 주로 자구의 의미와 출처를 밝혔으나 『제물론석』이 갖는 철학적 의
미나 근대적 의미 등을 분석하지는 않았다. 이 책에 실린 『제물론석』 원
문이 먀오촨 주본이다. 2018년 상하이대학출판사가 상하이도서관 소장
유인본(油印本) 『제물론석주』를 영인하여 동일 제명으로 정식 출판했다.

3. 『제물론석』 체제

『제물론석』은 크게 「자서(自序)」, 「석편제(釋篇題)」, 「본문해석」으로 구
성됐다. 여기에 승려 종양(宗仰)이 쓴 「후서」를 보탤 수도 있다. 물론 판
본에 따라 「자서」가 없는 경우도 있다. 앞서 밝혔듯 이는 초본과 정본을
함께 실은 경우, 정본 앞에는 「자서」가 없는데 이런 사실을 고려하지 않
고 정본만 추출하면 「자서」가 사라진다. 승려 종양이 쓴 「후서」도 초본
과 정본 함께 싣는 경우, 정본 뒤에 부기하기 때문에 초본에는 생략된다.
그 초본만 추출하면 자서는 있고 「후서」는 없다. 그리고 '본문해석'은 실
제 「제물론」을 해석하는 부분인데 『제물론석』에서 '본문해석'이라는 명
칭을 사용하지는 않았다.

장타이옌은「본문해석」에서『장자』「제물론」을 일곱 부분으로 분장(分章)했다. 그는「제물론」본문을 먼저 제시하고 그것을 다시 몇 구절씩 끊어서 주석했다. 전체 7장 가운데 제1장 해석이 전체 분량의 절반쯤이다. 그는 제1장을 다시 6절로 나누었다. 장타이옌은 분장과 분절 과정에서 전통적인『장자』주석을 계승하기도 하고 거기서 이탈하기도 한다. 물론 그 이탈의 지점에서 장타이옌의 독특함이 드러난다고 할 수 있다. 장타이옌은 자신의 주석 중간에 쌍행협주(雙行夾注)로 특정한 개념을 설명하거나 논의를 보충했다. 요즘 식으로 말하면 각주에 해당한다. 본 역서에서는 이 부분을 괄호([ ]) 속에 넣어 해석했다.

4.『제물론석』번역과 연구물

(1)『제물론석』정본 주요 표점본

① 王仲犖 校點,『齊物論釋定本』,『章太炎全集』第6卷(上海: 上海人民出版社, 1986)

왕중뤄(王仲犖, 1913-1986)는 중국의 역사학자로 주로 위진과 수당 시대를 연구했다. 장타이옌 만년 입실 제자로 신중국 성립 이후까지 학계에서 활동한 인물이다. 그는『장타이옌전집』간행을 이끌었다.[8] 정본『제물론석』「교점 후기」에서 왕중뤄는 표점 기준이나 방식에 대해 달리 언급하지는 않았고 장타이옌과『제물론석』이 학술상 갖는 의미만 이야기했다. 왕중뤄의 표점과 아래서 소개할『중국불교사상자료선편』수록『제물론석』정본 표점은 몇몇 중요한 차이가 있다.

---

8   湯志鈞,「王仲犖和『章太炎全集』」,『文史哲』1989年第3期(齊南: 山東大學, 1989), pp.101-104.

②『齊物論釋定本』, 石峻·樓宇烈 等編, 『中國佛教思想資料選編』第3卷 第4册

(北京: 中華書局, 1990)

『중국불교사상자료선편』은 중국의 저명한 불교학자가 집단으로 중국 역대 저술된 중국 불교사상 저작을 엄선하여 표점하고'간략한 해제를 붙여 간행한 자료집이다. 제3권 제4책은 근대시기 저작을 엄선했고『제물론석』을 비롯한 장타이옌의 몇몇 저작이 실렸다. 표점은 1980년대 후반부터 중국학계에서 근대 불교 연구를 이끈 러우위례(樓宇烈) 교수가 행한 것으로 보인다. 전문 불교학자가 행한『제물론석』표점이라고 할 수 있다. 왕중뤄(王仲犖)의 표점과 다른 부분이 있다.

③ 孟琢, 『齊物論釋疏證』(上海: 上海人民出版社, 2019)

저자 멍쥐는 현재 중국 베이징사범대학 교수로 '장타이옌·황칸학술연구센터(章太炎黃侃研究中心)' 소속이며 중국 고전 문헌학자이다. 21세기 고증학자라고 할 수 있다. 이 책에서는『제물론석』초본과 정본을 표점하여 제시하였고 둘의 문자상 차이를 분명하게 보여 주었다. 장타이옌이 사용한 술어나 전고 혹은 인용 고전에 대해 비교적 상세하게 주석했다. 상기 두 표점본의 오류를 바로잡기도 했다. 이 저작은 백화문이 아니라 고전 문언으로 작성됐고, 그 형식도 전통적인 주석서를 따랐다.

(2) 『제물론석』 번역서 및 주해서

① 荒木見悟, 「齊物論釋訓註」(1-3), 『哲學年報』第29-31輯(福岡: 九州大學文學部, 1970)

역자 아라키 겐코(荒木見悟, 1917-2017)는 일본의 저명한 중국사상사 연구자이다. 유교와 불교를 아우르는 방대한 연구로 국내 학계에도 비교적 잘 알려진 인물이다. 『불교와 유교』, 『불교와 양명학』 같은 그의 저작이 번역되어 국내에 소개됐다. 그는 선종과 양명학의 관계에 특히 주목했다. 아라키 겐코는 『제물론석』의 최초 번역자라고 할 수 있다. '훈주'라고는 하지만 해제나 용어 해설이 상세하지는 않다. 난해한 『제물론석』 원문을 그야말로 또박또박 번역했다. 지금 보면 딱딱한 직역이지만 적어도 원문의 문장 구조를 파악하는 데는 도움이 많이 된다.

② 高田淳, 『辛亥革命と章炳麟の齊物哲學』(東京: 研文出版社, 1984)

저자 다카타 아쓰시(高田 淳, 1925-2010)는 중국사상사 연구자로 제자학과 왕부지 등 전근대 사상을 연구할 뿐만 아니라 장타이옌과 루쉰 등 중국 근대 사상과 문학을 연구했다. 이 책은 크게 『제물론석』 번역과 장타이옌 연구 두 부분으로 나뉜다. 비록 직역에 가까운 번역이지만 『제물론석』 초본과 정본을 비교했고, 번역 중간에 의미 있는 해설이 있어서 내용을 이해하는 데 도움이 된다. 주석은 많지 않지만 본문을 따라가며 충실히 번역했다.

③ 繆篆, 『齊物論釋注』(1929)

먀오촨의 『제물론석주』는 유인본(油印本) 선장(線裝) 전(全) 25책(冊)의 거질이다. 다양한 중국 고전을 인용하여 『제물론석』에 등장하는 용어와 구절을 해설했다. 뿐만 아니라 중국어 자모와 범어 자모 등을 비교하는 등 언어학이나 문자학 등의 분야에서도 대단히 정교한 정보를 제공한다. 주석으로서 가치뿐만 아니라 그 자체로 연구할 만한 충분한 가치가 있어 보인다. 아직 표점본은 없고 2018년 상하이대학 출판사에서 정장(精裝) 전5책으로 영인본을 간행했다.

④ 孟琢, 『齊物論釋疏證』(上海人民出版社, 2019)

저자는 '소증'이라는 이름에 걸맞게 다분히 전통적인 방식으로 『제물론석』을 주석했다. 『제물론석』에 등장하는 난해한 표현과 다양한 술어를 출전을 밝히면서 상세히 해설했다. 이 책의 가장 큰 장점은 무엇보다도 장타이옌의 다른 문헌을 통해서 『제물론석』을 주석했다는 사실이다. 이는 근대시기 중국 교감학을 정립한 천위안(陳垣)이 제시한 '교감사법(校勘四法)' 가운데 타교법(他校法)에 해당한다. 타교법은 이본(異本) 대조가 아니라 특정 문헌을 동일한 저자의 다른 문헌과 비교하며 행하는 교감이다.

(3) 『제물론석』 연구

① 高田淳, 『辛亥革命と章炳麟の齊物哲學』(東京: 研文出版社, 1984)

위에서도 소개했지만 이 책은 『제물론석』 번역서이기도 하고, 『제물론석』 연구서이기도 하다. 책 전반부와 후반부에 많은 분량을 할애하여 「장빙린과 불학」, 「장빙린의 도가론」, 「『제물론석』 이후」, 「장빙린의 대진론」 등 장타이옌과 관련한 중국 근대 사상사 상의 중요한 주제를 다뤘다. 앞 두 글은 중국학계에서 '불교로써 장자를 해석했다.'(以佛解莊)라는 평가를 받는 『제물론석』을 이해하는 데 중요한 정보를 제공한다. 장타이옌의 『제물론석』은 중국 장학사(莊學史)의 일부기도 하고 중국 불학사의 일부기도 하다.

② 蘇美文, 「章太炎『齊物論釋』之研究」, 潘美月·杜潔祥 主編, 『古典文獻研究輯刊』四編第19冊(臺北: 花木蘭文化出版社, 2007)

이 글은 『제물론석』의 사상을 다양한 측면에서 분석했다. 저자 쑤메이원이 단장(淡江) 대학에 제출한 학위논문을 간행한 것이다. 단장 대학은 타이완에서 장타이옌 연구를 선도하고 있는 학교이다. 본문은 제2장에

서 제5장까지로, 제2장은 기본 사상과 주요 개념을 개괄했다. 제3장은
『제물론석』이 보인『제물론』해석의 특징을 해석학 차원에서 분석했다.
제4장은 장타이옌 전체 사상에서『제물론석』이 차지하는 위상과 가치를
분석했다. 제5장은 근대 중국불교라는 큰 시야에서『제물론석』의 영향
을 추적했다.

③ 余一睿,「章太炎『齊物論釋』研究」(上海: 上海社會科學院碩士論文, 2015)

이 글은 크게 세 부분으로 구성됐는데 제1장은『제물론석』초본과 정
본의 판본에 대해 개괄했다. 이 부분은 전형적인 서지연구라고 할 수 있
다. 본 역서에서 이 연구 성과를 활용해 앞서『제물론석』판본을 개괄했
다. 제2장은『제물론석』전체 7장의 내용을 요약했고, 제3장은『제물론
석』의 불교사상을 몇 가지 주제로 분석했다. 위에서 언급한 쑤메이원(蘇
美文)의 연구와 달리 이 연구는『제물론석』원문으로 논의를 제한했다.
그래서『제물론석』이 보인 철학성과 정치성 그리고 그것이 갖는 근대적
맥락에 대해서는 별다른 분석이 보이지 않는다. 최근 위이루이(余一睿)는
앞서 언급한『제물론석』의 여러 판본을 영인한 자료집[9]을 간행했다.

④ 小林武,『章炳麟と明治思潮』(東京: 硏文出版, 2006)

이 책은『제물론석』에 대한 집중적인 연구는 아니지만『제물론석』에
서 장타이옌이 동원한 서구 사조의 연원을 추적한다. 이 책을 통해서 장
타이옌이 메이지 일본이 실험하고 생산한 일본형 서구지식을 대단히 적
극적으로 활용하고 또한 자신의 방식으로 전유하고 있음을 확인할 수 있
다. 특히 장타이옌이 구사하는 고증학 등의 방법론이 오로지 전통 속의

---

9   餘一睿 編,『章太炎齊物論釋匯本』(上海: 中西書局, 2021).

것으로 보이지만 실제 거기에는 근대지식이 깊숙이 침투했음도 확인할 수 있다. 동아시아 근대지식이 대부분 그러했지만 『제물론석』에서 보인 장타이옌의 사상도 결코 자국학에 갇히지 않았음을 보여 준다. 일종의 사상 연쇄라고 할 수 있다.

5. 『제물론석』의 사상

일본학자 아라키 겐코는 「제물론석훈주」(齊物論釋訓註) 서문에서 "『제물론석』에는 심식론·인간론·인과론은 물론이고 교학론·문명론·과학론 등에 이르기까지 장타이옌 사상의 근본 문제가 응축되어 있다."[10]라고 말했다. 『제물론석』은 특정 문헌에 대한 주석서 형태를 띠고 있지만, 저자 장타이옌은 여기서 '자신의 방법'을 동원하여 '자신의 주장'을 펼쳤다. 달리 말하면 자신의 철학을 개진했다. 그가 다룬 학술 분야를 살펴보면 도가·묵가·명가 등 제자학, 『설문해자』·『이아』·『방언』 등 언어학, 유식학·인명학·대승기신론 등 불교철학, 칸트·쇼펜하우어·니체 등 서양철학, 민주주의·제국주의·사회주의·무정부주의 등 근대정치사상, 아네사키 마사하루 등의 일본 메이지 학술 등을 망라했다. 『제물론석』에서 이런 다양한 학문이 교차할 수 있었던 까닭은 거의 완벽한 의미의 고증학자 장타이옌이 오히려 적극적으로 '근대'를 맞았기 때문이다. 그는 전통 속에 있지만 결코 전통을 추수하지 않았고, 서구 근대를 적극적으로 동원했지만 서구 근대에 쉽게 투항하지 않았다.

---

10   荒木見悟, 「齊物論釋訓註」(1), 『哲學年報』第29輯 (福岡: 九州大學文學部, 1970), p.21.

(1) 유식학: 자아 부정과 본체 건립

장타이옌은 젊은 시절 불교를 접했지만 그다지 흥미를 갖지 못했다. 그는 1903년 '쑤바오 사건(蘇報案)'으로 수감된 후, 3년 동안 전문적으로 불교를 학습했다. 특별한 스승이 있었던 것은 아니지만 집중해서 불전을 독파했다. 『제물론석』에 등장하는 불전을 보면 그가 대단히 다양한 문헌을 학습했음을 알 수 있다. 그래도 그가 가장 중요하게 활용한 문헌은 아비달마 문헌과 유식학 문헌이다. 그는 고증학자로서 자신의 사고 방식과 유식학의 엄밀한 사유 방법이 닮았다고 생각했다. 정치한 사고와 엄밀한 논증을 선호하는 장타이옌의 태도에는 분명 근대적인 요소를 발견할 수 있다. 과학과 합리가 사고 판단의 기준으로 강요되는 시기에 장타이옌은 오히려 전통 속에서 그것을 찾았다.

장타이옌의 유식학은 비판철학이었고 형이상학이었고 종교론이었고 정치철학이었다. 그는 유식학의 심식론을 일종의 반실체론으로 파악하여 그것을 통해 중국의 전통 사유를 공격했고 근대라는 유럽 문명을 비판했다. 또한 아뢰야식이나 원성실성, 진여 개념을 모종의 형이상학 개념으로 파악하여 그것을 통해서 혁명 주체를 요청하거나 변혁의 동력을 마련하고자 했다. 그는 신이 없는 무신의 종교로 유식교를 제창하기도 했다. 또한 유식학의 심식론(心識論)을 통해 당시 제국주의의 간악함을 근간에서 비판했다. 탄쓰퉁(譚嗣同)의 심식론이 정리되지 않아 혼란스러웠다면, 슝스리(熊十力)의 심식론이 현실 없이 오로지 철학이었다면 장타이옌의 심식론은 체계적이었고 또한 혁명적이었다.

(2) 제물학: 자아 부정과 세계 변혁

장타이옌의 『장자』에 관한 전문적인 저작에는 『제물론석』 외에 그보다 앞서 간행한 『장자해고(莊子解詁)』가 있다. 「제자약설(諸子略說)」, 「원도(原道)」 등에서도 장자나 도가에 대해 분석하고 평가했다. 『제물론석』에는 장타이옌의 '제물학'이 등장한다. 그는 『제물론석』 '제목 풀이'에서 「제물론」은 '평등'에 관한 언설임을 주장했고, 또한 상아(喪我)로 시작해서 물화(物化)로 끝맺는다고 지적했다. 그는 이것이 바로 장자가 보인 내성외왕(內聖外王)의 지향이라고 말한다. 장타이옌은 내성외왕의 태도를 견지한 장자야말로 '보살일천제'라고 선언한다.

장타이옌에게 장자는 자기 극복에서 출발해 세계의 일체 편견을 깨고 신세계를 향해 암벽을 뚫는 혁명자의 모습이다. 그래서 그는 '저자 서문'에서 「제물론」을 지은 사람은 아마도 우환 의식이 있었을 거라고 했다. 장자는 구만리 장천을 비상할 수 있는 자유를 얻었지만 결코 진창의 현실을 외면하지 않고 현실로 거듭 되돌아온다. 그는 부처가 예견된 보살이지만 결코 세속을 벗어나지 못하는 일천제의 운명을 짊어진다. 장타이옌은 장자에게 혁명자의 모습을 투사하는데, 그가 말하는 제물학은 혁명자의 철학인 셈이다.

(3) 고증학: 해석과 사유의 전복

장타이옌은 고거학(考據學) 혹은 박학(樸學)이라고 불린 청대 고증학을 기존 사유를 돌파하고 자신의 사유를 개척하는 도구로 활용했다. 그는 「제물론」에 불교 유식학을 포개는 과정에서 고증학을 적극적으로 동원했다. 그는 저 유명한 개념 '하늘 피리'(天籟)를 아뢰야식이라고 규정했다. 그리고 그는 「덕충부」에 등장하는 영부(靈府)와 「경상초」에 등장하는 영대(靈臺) 두 개념을 각각 아뢰야식의 두 성격인 알라야(ālaya, 貯藏)와 아다나(ādana, 執持)에 대응시킨다. 또한 『설문』을 동원해서 영부의 부(府)는 장

(藏)의 의미이고,『회남자주』를 동원해서 영대의 대(臺)는 지(持)의 의미라고 해석한다.

『제물론석』제1장 제6절에서 장타이옌은 기표[能詮]와 기의[所詮]가 근본적으로 일치하지 않음을 말하면서 본명(本名), 인신명(引伸名), 구경명(究竟名) 세 측면에서 그 이유를 밝힌다. 이때 그는 중국 전통의 개념과 어휘 분석뿐만 아니라 고대 희랍어와 산스크리트까지 동원하여 우리의 언어는 실질을 담아낼 수 없고 우리가 일상의 지식뿐만 아니라 높이 섬기는 진리의 말씀도 알맹이를 찾을 수 없음을 지적한다.

(4) 서양철학: 방법론 도입과 가치의 대결

아편전쟁 이후 중국은 서구를 향해 개방됐다. 이후 중국 체류 선교사와 그들의 중국인 조력자가 꽤 다양한 서양 서적을 번역해 소개했고, 옌푸(嚴復) 같은 중국인 번역가가 서구근대사상을 중국에 들여오기도 했다. 장타이옌은 1898년에는 당시 일본에 할양 상태인 타이완에서 반년간 머물렀고, 1899년과 1902년에는 일본을 방문해 몇 달씩 체류하기도 했다. 이 기간 그는 이미 일본 서적을 통해서 다양한 서구근대사상을 흡수했고 『구서(訄書)』등의 저작에서 그 영향을 분명하게 보였다. 장타이옌은 불교 입문 이후 서양철학에 더욱 집중한다.

『제물론석』과 그 이전『민보』시기 발표한 여러 철학논설에서 장타이옌은 플라톤이나 엘레아학파 등 그리스철학뿐만 아니라 칸트, 헤겔, 쇼펜하우어, 니체, 하르트만 등 독일철학자의 이론과 개념을 적극적으로 활용한다. 쇼펜하우어의 충족이유율로 인과를 다루었고, 그의 의지 개념으로 12연기를 설명하기도 했다. 니체의 위버멘쉬를 혁명자의 모습으로 형상화하기도 했다. 『제물론석』에서 장타이옌은 불교 유식학을 일종의 범주론으로 재구성하여 세계를 설명하고자 한다. 이때 그가 가장 중요하게 참조한 것은 칸트의 12범주론이다. 「제물론」의 '성심(成心)' 개념을 해석하면서 그는 그것을 선험적 형식인 '원형관념(原型觀念)'으로 재규정했고 또한 그것을 불교에서 말하는 종자식으로 간주했다.

6. 『제물론석』 내용

(1) 저자 서문(自序)

장타이옌은 『장자』의 핵심은 「소요유」와 「제물론」 두 편이고 장자는 거기서 각각 자유와 평등을 말했다고 주장한다. 그가 보기에 「제물론」이 말하는 평등은 개인, 문화, 문명 간 보이는 격차를 넘어선 본질적인 의미의 평등이다. 장타이옌은 평등은 결코 관념상의 지향이 아니며 현실을 극복하고 도달해야 하는 실천의 영역임을 지적한다. 그는 「제물론」을 지은 사람에게는 시대에 대한 우환 의식이 있었고, 그래서 「제물론」은 내성외왕의 도리를 설파한다고 말한다. 그는 여기서 불전을 적극적으로 활용하여 「제물론」을 해석할 것임을 일찌감치 밝히고 또한 기존 유가나 묵가 등 제자의 여러 유파가 가진 이론 상의 잘잘못을 따져 볼 것임을 천명한다. 마지막으로 그는 자신의 제물철학은 바로 차이의 극복이며 또한 거기서 '보편 문명'의 가능성을 찾을 수 있다고 말한다.

(2) 제목 풀이(釋篇題)

「제목 풀이」에서는 말그대로 '齊物論'이라는 편명을 해설한다. 먼저 장타이옌은 송대 왕안석(王安石)과 여혜경(呂惠卿)이 시도한 '齊 物論' 구두에 반대하고, 기존 '齊物 論' 구두를 지지한다. 왜냐하면 그는 「제물론」이 상이한 논의를 통일하려는 시도가 아니라 '자아부정'[喪我]을 통해서 최종적으로는 차별과 분별을 극복하고 '세계와 소통'[物化]하려는 시도라고 보았기 때문이다. 그는 「제물론」은 일관되게 평등을 논한다고 해석하지만 그것이 평균주의를 지향한다고 생각하지는 않았다. 「제물론」의 '제물'은 "차이를 하나로 일치시키려"[齊其不齊]는 게 아니라 "차이 그대로 소통하게 하는"[不齊而齊] 것임을 주장한다. 차이의 극복은 차이의 말살이 아님을 단적으로 말한 셈이다. 사실 이것이 제물철학의 핵심이다.

(3) 『제물론석』 본문

제1장: "南郭子綦隱幾而坐" ~ "無適焉, 因是已"

제1절: "南郭子綦隱幾而坐" ~ "且暮得此, 其所由以生乎"

장타이옌은 남곽자기가 "자신의 몸을 잃은 듯"한 모습과 "하늘 피리 속에서 부는 바람은 만 가지다."라는 구절에 주목한다. 그는 "「제물론」은 명상(名相)을 관찰하여 그것을 일심(一心)에 귀결시킨다."라고 선언하고 명상이 근거하는 인아와 법아, 즉 자아를 부정해야 명상을 부정할 수 있다고 말한다. 장타이옌은 하늘 피리 속에서 부는 온갖 바람은 아뢰야식에 함장하고 있는 일체 종자가 온갖 다양한 세계를 현상함을 가리킨다고 말한다. 그는 그것을 원형관념이라는 근대적인 어휘로 표현했다. 그가 말한 일심은 아뢰야식이고 그는 장식으로도 번역되는 아뢰야식을 고증학자답게 중국 고전 속에서 유사 개념을 찾아낸다. 본 절에서 장타이옌은 평등이라는 큰 목적을 향해 먼저 자아의 부정이라는 전제가 필요함을 말했다.

제2절: "非彼無我, 非我無所取"~"其我獨芒, 而人亦有不芒者乎"

여기서 장타이옌은 거짓 자아와 참 자아에 대해 말한다. 그에 따르면 「제물론」은 거짓 자아를 부정하는데, 유식학 입장에서 보면 거짓 자아는 제7 말라식이다. 그는 심체(心體)로서 참 자아를 상정하고 그것이 아뢰야식이라고 했다. 또한 「제물론」에 등장하는 진재(眞宰)와 진군(眞君) 개념이 여기에 해당한다고 말한다. 사실 그의 자아관은 이중적이다. 분명 무아설을 통해 자타 평등을 지향하지만 진여나 진아와 같은 보편의 본체로 자아를 건립하고자 한다. 현장역 유식 문헌을 끊임없이 인용하지만 그가 말하는 아뢰야식은 섭론학파의 아마라식 개념을 연상시키기도 한다.

제3절: "夫隨其成心而師之"~"天地一指也, 萬物一馬也"

「제물론」에서 '성심'은 하나의 편견이지만 장타이옌은 그것을 유식학의 종자 개념으로 파악한다. 그는 종자에 대해 원형관념이라는 근대적인 표현을 사용하기도 한다. 그리고 5위75법이나 5위100법과 같은 대소승의 존재 분류와 독일 철학자 칸트의 범주론을 종합하여 7종의 종자식을 제기한다. 그는 7종식이 상호 결합하여 자아와 세계를 성립시킨다고 말한다. 7종식은 세식(世識), 처식(處識), 상식(相識), 수식(數識), 작용식(作用識), 인과식(因果識), 아식(我識)이다. 장타이옌은 '존재와 비존재'[有無], '옳고 그름'[是非], '특수와 보편'[自共], '결합과 해체'[合散], '형성과 파괴'[成壞] 등 세계를 구성하는 범주는 이들 7종식이 결합한 것이라고 주장한다.

제4절: "可乎可, 不可乎不可"~"是之謂兩行"

장타이옌은 여기서 이름에서 실질을 찾으려는 경향을 비판하고 그것을 훈석(訓釋) 행위와 결부시켜 설명한다. 훈석은 첫째 어휘의 정의를 내리는 행위이고, 둘째 사물의 원인을 탐구하는 행위이고, 셋째 사물의 실질을 추적하는 행위이다. 훈석은 언어학의 내용 같지만 실제는 일종의 형이상학으로 사물의 실체나 본질을 규명하고 탐구하는 철학 활동이라고 할 수 있다. 장타이옌은 이런 훈석 행위는 결국 불가능한 시도라고 생각한다. 그리고 그는 이 구절이 '연생법'을 부정한다고 보았다. 이는 인과론 부정에 해당한다. 장타이옌은 우리는 사물이 왜 특정한 성질을 갖고, 어떤 사태가 왜 발생하는지 그 근본 원인을 결코 설명할 수 없다고 주장한다. 또한 그는 이 구절에 등장하는 '양행(兩行)'을 '무생무멸의 도리'(涅槃寂靜)를 증득하고 '생멸의 도리'(生死流轉)를 실천하는 것으로 해석한다.

제5절: "古之人, 其知有所至矣" ~ "此之謂以明"

장타이옌은 이 구절은 '무물지견(無物之見)' 즉 비실체론을 말한다고 해석한다. 그는 여기서 유식학 이론 가운데 하나인 삼성설(三性說)을 강하게 활용한다. 그리고 본문에 나오는 성립[成]과 파괴[虧]를 각각 사물의 형성과 도의 파괴로 해석하고 아울러 그것을 유식학에서 말하는 2종 집착인 증익집과 손감집에 배당한다. 증익집은 실체가 없는 존재에 대해 그것에 실체를 부여하는 플러스 집착이고 손감집은 원성실성의 본질을 부정하는 마이너스 집착이다. 그는 명상(名相)을 극복한 경지에서 이 2종 집착을 극복한다고 말한다. 그리고 '이명(以明)'을 입론자와 반론자가 모두 인정하는 '완전히 충족되는 논리'로 해석한다.

제6절: "今且有言於此" ~ "無適焉, 因是已"

제1장의 여섯 개 절 가운데 가장 긴 부분인데, 장타이옌은 본문의 "其與是不類" 구절을 중심으로 언어 문제를 다룬다. 이 구절은 "능전(能詮)과 소전(所詮)이 서로 합치되지 않는다."라고 풀 수 있다. 장타이옌은 중국 고전 언어학의 용어를 활용해서 사물에 붙인 명칭을 본명(本名), 인신명

(引伸名), 구경명(究竟名)으로 구분하고 결국 이런 이름이 아무런 근거가 없음을 밝힌다. 그는 실은 어떤 이름(능전, 기표)도 그 사물(소전, 기의)에 도달할 수 없음을 주장한 셈이다. 이 구절에서 장타이옌은 전통적인 중국 고전 언어학 용어를 『섭대승론(攝大乘論)』과 같은 인도 유식학 문헌을 동원해서 해설하는데 대단히 독특하고 또한 탁월하다.

제2장: "夫道未始有封" ~ "此之謂葆光"

장타이옌은 동진대 학자 최선(崔譔)이 "이 부분은 앞 제1장에 연결됐다."라고 한 주석을 인용하면서 이 장은 제1장을 부연하여 「제물론」의 작용을 설명한다고 해설한다. 그리고 「제물론」 본문의 "『春秋』經世先王之志"를 섬세하게 해석한다. 그는 '경세(經世)'는 '세상의 경영'이 아니라 '시간의 경과'라는 '세경(世經)'의 의미로 풀고 '지(志)'는 역사 기록으로 풀었다. 그래서 "『춘추』는 기년체로 작성된 선대 군왕의 통치 기록"으로 해석했다. 고문경학자로서 장타이옌은 『춘추』는 공자가 후대 군왕을 위해 제정한 법령이라는 공양학파의 입장에 반대한다. 그는 『춘추』에서 진리를 찾는 게 아니라 역사의 사례를 찾을 뿐이다.

제3장: "故昔者堯問於舜曰" ~ "而況德之進乎日者乎"

장타이옌은 '故'자가 앞 문장과 인과관계를 만드는 접속사가 아니라 '夫'와 같은 발어사(발단사)라고 강하게 주장한다. 그 의도는 그가 이 짧은 구절을 하나의 독립된 장으로 만들고자 해서다. 그렇다면 굳이 왜 이 구절을 독립시키려 할까? 장타이옌은 『제물론석』의 주요한 주제 가운데 하나인 문명론을 여기서 집중해서 다룬다. 「제물론」에는 요임금이 도덕

과 문명을 명분으로 숭·회·서오 세 부족을 공격한 이야기가 등장하고,
『맹자』에는 탕임금이 제사를 지내지 않는다고 시비를 걸어 갈 땅을 침범
한 이야기가 등장한다. 순과 맹자는 각각 저 두 사람의 행위를 찬양했다.
장타이옌은 두 사건을 거론하면서 중국 전통을 반성할 뿐만 아니라 '문
명과 야만'이라는 도식을 통해서 다른 나라 영토를 강탈하는 당시 서양
제국주의를 비판한다.

제4장: "齧缺問乎王倪曰" ~ "而况利害之端乎"

「제물론」 본문에서 설결은 왕예에게 네 차례 질문한다. 장타이옌은
"만물이 공통으로 옳다고 인정하는 바를 아십니까?"라는 첫 번째 질문만
질문으로 수용할 수 있다고 말한다. 그는 "만물이 공통으로 옳다고 인정
하는 바"는 중생의 중동분(衆同分)이 일으킨 촉·수·상·사 등 변형심소
를 가리킨다고 말한다. 그는 「제물론」 본문의 '동(同)'을 중동분으로 해석
했다. 그것은 인간이면 인간으로, 고양이면 고양이로 즉 동류로 지속하
는 힘이다. 각각 동류가 행하는 대상에 대한 감각과 판단 등 기초적인 인
식 방식은 사실 획일적이다. 장타이옌은 이를 망상분별의 결과로 취급하
고 이 망상분별을 극복한 사람이 바로 깨달은 자로서 지인(至人)이라고
말한다.

제5장: "瞿鵲子問乎長梧子曰" ~ "故寓諸無竟"

장타이옌은 이 장은 "먼저 생공(生空, 我空)을 이야기하고, 다음은 생공
도 언어나 논변을 통해서 이해할 수 있는 게 아님을 이야기하고, 마지막
은 언어를 떠난 자증(自證)을 이야기한다."라고 풀었다. 그리고 본문의

"해와 달을 옆에 둔다."라는 구절은 생사가 밤낮처럼 교대함을 비유한 것으로 생공(生空)에 해당한다고 해석했다. 그리고 본문 '旣使我與若辯矣'의 '변(辯)'을 언어를 통한 논증으로 보고 성인의 논증도 실은 사구분별(四句分別)을 벗어나지 못하기 때문에 결국 성인도 생공을 증명할 수 없다고 본다. 마지막 "천예로써 조화시킨다."라는 구절은 성인을 기다려 생공을 깨닫는 것은 자신이 자내증을 통해서 깨닫는 것만 못하다는 이야기로 풀었다.

제6장: "罔兩問景曰" ~ "惡識所以不然"

이 장은 인과론 문제를 다룬다. 장타이옌은 빛을 의미하는 경(景)과 반사된 여광(餘光)을 의미하는 망양(罔兩)이 나눈 대화는 일차로 인연생기의 의미를 규명하려는 것임을 지적한다. 하지만 그는 "그러한 까닭을 어떻게 알겠는가?" "그렇지 않은 까닭을 어떻게 알겠는가?"라는 구절은 결국 인과론을 논파하고 무인론을 주장한다고 말한다. 그는 원인 혹은 조건에 의한 발생만을 이야기한다면 결국 무한 소급의 오류에 빠질 수밖에 없다고 말한다. 장타이옌은 불교의 최종 진리도 실은 무인론임을 주장한다.

제7장: "昔者莊周夢爲蝴蝶" ~ "此之謂物化"

호접몽 고사가 등장하는 유명한 구절이다. 장주가 나비 꿈을 꾸는지 아니면 나비가 장주 꿈을 꾸는지 알 길이 없다. 장타이옌은 이 이야기는 꿈과 생은 하나의 비유이고 실은 윤회설을 말한다고 해석한다. 그는『장자』전편에서 이른바 상주론(常住論)과 단멸론(斷滅論)을 벗어나는 구절을 찾아 소개하고 그것의 귀결은 당연히 윤회설이라고 말한다. 하지만 윤회설도 속제일 뿐이라고 지적한다. 장타이옌은 장자가 『능가경』에서 말하는 보살일천제의 경지에 도달했다고 평가한다. 이는 거의 부처의 경지인 보살이 깨달음과 거의 상관이 없어 보이는 일천제 세계에 몸담은 경우다. 보살일천제는 생사와 열반의 벽을 허물고 적극적으로 중생을 구원한다. 장타이옌은 이것을 내성외왕(內聖外王)의 내용으로 이해하고 또한 이를 바로 물화(物化)라고 말한다. 장타이옌이 『제물론석』에서 궁극적으로 하고 싶은 말은 이게 아닐까?

일러두기

1. 번역 저본은 浙江圖書館本 『章氏叢書』에 실린 定本 『齊物論釋』을 표점한 『章太炎全集』第6卷 정본 『齊物論釋』(pp.61-121)이다. 中華書局 간행 『中國佛教思想資料選編』3卷4冊 정본 『齊物論釋』과 대조했고, 孟琢, 『齊物論釋疏證』(上海人民出版社, 2019)의 표점도 참조했다.

2. 장타이옌은 장절을 구분했지만 단락을 나누지는 않았다. 역자가 가독성을 고려하여 임의로 단락을 나누었고 또한 긴 인용문의 경우 본문과 차별을 위해서 인용문으로 따로 처리했다. 다소 위험한 시도인 줄 알지만 형식적인 면을 고려하지 않을 수 없었다.

3. 원문 중간에 등장하는 著者注는 혼란을 무릅쓰고 본문에 부호(【 】)로 구분만 하여 그대로 두었다. 번역 과정에서 역자가 다량의 인용주와 역자주를 각주로 처리했기 때문에 저자주까지 각주로 처리할 경우, 저자주가 묻힐 것을 우려했다.

4. 인용주에서 저자가 인용한 중국 고전 구절과 저자가 사용하는 표현이나 술어의 출전을 밝히고 원문을 실었다. 본문에서 번역하지 않은 경우 필요에 따라 괄호(〔 〕) 속에 국문 번역을 실었다.

5. 저자의 인용에 대해 역자가 붙인 인용주는 크게 불교 문헌과 일반 중국 고전 문헌으로 나뉜다. 불교 문헌은 불교학계에서 한문 불전을 인용할 때 보편적으로 활용하는 『大正新修大藏經』의 권수와 쪽수, 단수를 밝히고 원문을 제시했다. 중국 고전의 경우 저자명, 서명, 편명, 단락 번호, 원문 순서로 실었다. 단락 번호는 '中國哲學書電子化計劃'(https://ctext.org/zh)에서 제시한 것에 따랐다. 국내 중국철학계에 일반화된 방식은 아니지만 일관성을 갖기 위해 시도했다.

6. 장타이옌이 인용한 곽상의 『장자주』나 성현영의 『장자소』, 육덕명의 『경전석문』(『莊子音義』上·中·下) 등 역대 『장자』 주석은 郭慶藩, 『莊子集釋』(北京: 中華書局, 1997)에 근거했고 『집석』의 책수와 쪽수로 서지를 밝혔다. 『경

전석문』에 인용된 여러 주석은 따로 서지를 밝히지 않았다.

7. 역자주는 주로 인명과 용어 설명으로 '한자(한글독음)' 방식으로 먼저 제시하고 거기에 대해 설명했다. 용어인 경우 출전이나 주요한 용례의 원문을 제시했고 해당 용어에 밑줄을 그었다. 필요에 따라 국문 번역을 제시하기도 했다.

8. 「제물론」 원문 번역에서 『제물론석』의 해석을 근거로 해서 해석할지 아니면 보다 보편적인 견해에 따라 해석할지 고민했는데, 결국 장타이옌의 해석을 따랐다.

9. 번역 과정에서 高田淳의 『辛亥革命と章炳麟の齊物哲學』에 실린 일본어 번역을 참조했고, 孟琢, 『齊物論釋疏證』의 주석을 참조했다.

略號

『大正藏』: 高楠順次郎 編, 『大正新修大藏經』(東京: 大正一切經刊行會, 1924-1934).

『集釋』: 郭慶藩 撰, 『莊子集釋』全4冊(北京: 中華書局, 1997).

『釋文』: 陸德明, 『經典釋文』(『莊子集釋』收錄).

『佛光』: 佛光大藏經編修委員會 編, 『佛光大辭典』全8冊(台灣: 佛光出版社, 1989).

『全集』: 上海人民出版社 編, 『章太炎全集』第6卷(上海: 上海人民出版社, 1986).

『齊物哲學』: 高田淳, 『辛亥革命と章炳麟の齊物哲學』(東京: 研文出版社, 1984).

『疏證』: 孟琢, 『齊物論釋疏證』(上海: 上海人民出版社, 2019).

제목 풀이[釋篇題]

  '제물론'【구훈(舊訓)에서는 모두 동일하게 '제물 론'이라고 구두했는데, 왕안석과 여혜경이 처음 '제 물론'이라고 구두했다. 두 사람은 「제물론」이 먼저 '자아 부정'[喪我]을 이야기하고 마지막에 '물화'(物化)를 밝혀 나와 남의 차별을 없애고 옳고 그름의 분별을 제거하려 한 것이지, 단지 상이한 논의를 통일시키려 지은 게 아님을 알지 못했다. 당연히 옛날 구두를 따라야 한다. 사물을 사물에 부촉한 것은 사물을 가지런하게 하기 위해서다. 그래서 허행(許行)[11]의 '제물'과는 같지 않다.】은 일관되게 평등을 논한다. 그 실제 의미를 살펴보면 단지 중생을 우열 없이 똑같이 보는 게 아니라 "언설상(言說相), 명자상(名字相), 심연상(心緣相)을 벗어난 궁극적인 의미의 평등이"[12]라야 「제물론」의 의미에 합치된다. 그리고 『대반야바라밀경』에서 이야기한 "자평등성(字平等性)·어평등성(語平等性)"[13]에 해당한다.

  「제물론」은 이미 명가(名家)의 주장을 논파했을뿐더러 인아(人我)와 법아(法我)의 주장까지 부정했고 견분(見分)[14]과 상분(相分)의 차별도 부정하

---

11 許行(허행): 중국 전국시대 사상가로 이른바 농가(農家)로 분류된다. 『맹자』의 관련 이야기에 따르면 그는 하나의 준칙을 가지고 사물을 평균화했다. 『孟子』「滕文公上」 4: "從許子之道, 則市賈不貳, 國中無僞. 雖使五尺之童適市, 莫之或欺."[허자의 도를 따르면 시장에서 가게마다 물건값이 다르지 않아 나라 안엔 거짓이 없을 것이다. 비록 5척의 어린아이를 시켜 장을 보게 하더라도 아이를 속이는 자가 없을 것이다.]

12 馬鳴造, 眞諦譯, 『大乘起信論』(『大正藏』32, p.576a), "是故一切法從本已來, 離言說相, 離名字相, 離心緣相. 畢竟平等, 無有變異, 不可破壞, 唯是一心, 故名眞如."

13 玄奘譯, 『大般若波羅蜜多經』卷409(『大正藏』7, p.489b), "何等文字陀羅尼門? 謂字平等性, 語平等性, 入諸字門."

였다. 만약 우리가 자아와 타자를 의식하고, 옳고 그름을 판단하면 비록 다시 "두루 사랑하여 이익을 나누어"(汎愛兼利)[15] "너나 할 것 없이 봉양함에 충분해도"(人我畢足),[16] 이미 너 나의 경계가 나뉠 것이니, 그래서야 어떻게 평등[齊]을 이룰 수 있겠는가!

그렇다면 겸애(兼愛)는 우활한 이야기이고,[17] "전략을 멈추는 것이 오히려 군사를 일으키는 주된 원인이다."[18]라는 말이 어떻게 엉뚱한 이야기이겠는가! 천신[上神]을 사당에 모신 아비의 신위(神位)처럼 받들고 '천제의 법칙'[帝則]에 순응하여 마음을 쓰면 겸애도 한동안 시행되고 짐짓 전쟁도 억제할 수 있을 것이다. 그렇지만 확고한 기준으로 내린 판단은 사물을 획일적으로 일치시킬 뿐이고, 일을 관장하는 자는 무당에 기대 자신의 역할을 할 뿐이다.[19] 진실로 사람은 각각 자기 생각을 가지고 임금

14　見分(견분): 유식학에서는 우리의 의식 활동을 주관과 객관으로 이분화하는데, 이때 주관으로서 인식 작용을 견분이라고 하고, 그것의 인식 대상으로서 객관을 상분(相分)이라고 한다. 물론 이때 주관과 객관은 의식 활동의 일부이다. 유식학 내부의 일부 학파는 여기에 자증분(自證分)이나 증자증분(證自證分) 개념을 도입하여 훨씬 섬세하게 설명하려고 시도하기도 한다.

15　汎愛兼利(범애겸리): 보편적 사랑과 보편적 이익을 말한다. 『莊子』「天下」2: "墨子汎愛兼利而非鬥, 其道不怒; 又好學而博, 不異, 不與先王同, 毁古之禮樂."[묵자는 널리 사랑하고 이익을 공유해야 하고 싸워서는 안 된다고 말한다. 다른 사람에게 성내지 않는 것을 자신의 도리로 여겼고 또한 학문을 사랑하여 널리 배운다는 점은 선왕의 도와 다르지 않았지만 그의 학문은 선왕과 같지 않아 고인의 예악을 비난했다.]

16　人我畢足(인아필족): 『莊子』「天下」3: "夫不累於俗, 不飾於物, 不苟於人, 不忮於衆, 願天下之安寧以活民命, 人我之養, 畢足而止, 以此白心."[세속의 일에 얽매이지 않고 바깥 사정 때문에 자신을 꾸미지 않고 남에게 구차하지 않고, 대중을 해치지도 않고 천하가 안녕하여 백성의 삶이 활기차고 나와 남 할 것 없이 생활 여건이 충족되길 바랄 뿐이다.]

17　兼愛大迂(겸애대우): 『莊子』「天道」6: "孔子曰: 中心物愷, 兼愛無私, 此仁義之情也. 老聃曰: 意! 幾乎後言! 夫兼愛, 不亦迂乎! 無私焉, 乃私也."

18　偃兵則造兵之本(언병즉조병지본): 『莊子』「徐無鬼」2: "愛民, 害民之始也. 爲義偃兵, 造兵之本也."[백성을 사랑한다는 것은 백성을 해치는 일의 시작이고, 백성을 위해서 전략을 멈춘다는 것은 전쟁을 일으키는 근원이 됩니다.]

19　章太炎이 보기에 겸애와 언병을 말하는 묵가는 하나의 표준으로 세상을 재단하고 종교가가 모든 것을 주재한다. 그가 『제물론석』 도입부에서 묵가에 대해 무척 강한 어

의 명령까지 위배하는데 비록 피가 낭자한 시체를 밟고 섰더라도 오히려 하늘이 벌했다고 주장한다. 인간에게 겸애가 인의(仁義)보다 모질고 인의(仁義)가 법률보다도 고통스러운 것이 분명하다.

비루한 자들은 "차이를 하나로 일치시키려"(齊其不齊) 억지 부리고 지혜 있는 철인은 "차이 그대로 소통할 것"(不齊而齊)을 당부한다.[20] 명상(名相)을 완전히 부정하지 않는다면 누가 "차이 그대로 소통하는" 경지에 도달할 수 있겠는가?[21] 노자는 "세차게 내달려 도저히 붙들어 맬 수 없는 것은 아마도 인심(人心)일 것이다."[22]라고 말했다. 사람의 마음이 일으킨 바는 개념[相]·명칭[名]·인식[分別] 이 세 가지를 벗어나지 않는다.[23][24] 명상(이

조로 비판하는 것은 장자의 사상 혹은 불교 사상과 묵가의 이론적 충돌을 강조하려는 게 아니라 오히려 묵가 비판을 통해 근대시기 특정한 사조를 비판하는 것으로 보인다. 그것은 서양 근대가 절대적으로 지지한 '보편'과 '종교'이고 나아가 서양 문명 전체라고 할 수 있다.

20　장타이옌은 '제부제'와 '부제이제'를 구별한다. 차이를 동일로 귀환시키고자 애쓰는 게 아니라 차이를 차이 그대로 인정하면서 소통해야 한다고 강조한다. 그가 주장하는 제물론의 주된 내용은 바로 이 점이다. 공리를 벗어나서 개별을 강조하지만 개별을 소통할 수 있는 무아적 보편을 추구하는 그의 철학 의도와 부합한다.

21　其孰能與於此(기숙능여어차): 『易』「繫辭上」10: "易有聖人之道四焉; 以言者尚其辭, 以動者尚其變, 以制器者尚其象, 以卜筮者尚其占. 以君子將有爲也, 將有行也, 問焉而以言, 其受命也如響, 无有遠近幽深, 遂知來物. 非天下之至精, 其孰能與於此."

22　『莊子』「在宥」2: "老聃曰: (中略) 僨驕而不可係者, 其唯人心乎!"

23　相名分別(상명분별): 彌勒菩薩說, 玄奘譯, 『瑜伽師地論』卷74(『大正藏』30, p.705b), "問: 遍計所執自性, 當言何所依止? 答: 當言依止三事, 謂相名分別."[질문: 변계소집자성은 마땅히 무엇에 의지한다고 말해야 하는가? 대답: 마땅히 '세 가지'[三事]에 의지한다고 말해야 한다. '세 가지'란 상·명·분별이다.]

24　유식학의 대표 문헌인 『유가사지론』에서는 의식을 포함한 모든 존재 활동을 상(相)·명(名)·분별(分別)·진여(眞如)·정지(正智) 다섯 가지로 분류했다. 이것이 이른바 오사(五事)이다. 상(相)은 언어로 지시된 사물의 모습이다. 명(名)은 사물을 가리키는 말이다. 분별(分別)은 언어를 이용한 심리활동과 언어를 동반하지 않는 심리활동을 통칭한다. 진여는 궁극적 진리를 가리킨다. 정지는 진여를 인식하는 바른 앎이다. 일상 인식이 질적으로 전환해야 정지로 진여를 인식할 수 있다.(橫山紘一, 『唯識思想入門』, 김용환·유리 옮김, 『불교의 마음사상』, 부산: 산지니, 2013, pp.108-112 참조.) 장타이옌은 오사 가운데 앞 셋을 인간의 일반적 인식 활동으로 간주한다.

름, 개념)이 모든 존재를 덮어 버리면[25] '분별적 인식'[執取]이 점점 심해진다. 그래서 명상을 통해서 명상을 부정하는데 이것이야말로 궁극적인 방법이다. 『유가사지론』권36에서 다음과 같이 말한다.

> 네 가지 심사(尋思, paryeṣaṇāḥ)[26]는 무엇인가? 첫째는 명심사(名尋思)인데 이름에 대해서 오직 이름[名]만 인식하는 것이다. 둘째는 사심사(事尋思)인데 사물에 대해서 오직 사물만을 인식하는 것이다. 셋째는 자성가립심사(自性假立尋思)인데 자성의 가립에 대해서 오직 자성의 가립만을 인식하는 것이다. 넷째는 차별가립심사(差別假立尋思)인데 차별의 가립에 대해서 오직 차별의 가립만을 인식하는 것이다. 모든 보살이 이름[名]과 구체적 사실[事]에 대해서 어떤 경우는 이상관(離相觀)[27]을 행하고 어떤 경우는 합상관(合相觀)[28]을 행한다. 이름과 구체 현상의 합상관에 의지하기 때문에 자성의 가립과 차별의 가립이 두 가지를 완전히 이해한다.

---

25 彌勒菩薩說, 玄奘譯, 『瑜伽師地論』卷65(『大正藏』30, p.663a), "名映於一切, 無有過名者, 由此名一法, 皆隨自在行." 『疏證』(p.10)에서는 '映'을 '映現'으로 풀었는데 이는 명칭이 일체 사물을 드러낸다는 의미이다.

26 尋思(심사): 어떤 것에 대해서 이것저것이라고 사유하고 고찰하는 행위. 이론적 사색. 명심사에서 명은 단어, 문장, 글자를 가리키고 대체적으로 어떤 의미를 갖는 최소 단위를 말한다. 사심사에서 사는 인식대상으로서 사물 내지 사건을 가리킨다. '색 등으로 이름 붙여지는 사물'[色等想事]이라고 말해진다. 자성가립심사에서 자성은 명칭과 사물이 합쳐져서 구체적으로 인식되는 사물을 가리킨다. 차별가립심사의 차별은 사물의 각각 분리된 성격을 가리킨다.

27 離相觀(이상관): 여기서 '상(相)'은 환상(幻相) 혹은 허상(虛相)의 의미로 사실이 아님에도 우리가 목도하는 여러 현상을 가리키고 '이상(離相)'은 거짓된 현상을 진실로 보길 거부하는 행위. 유식학에서는 이런 행위를 모두 의식에서 행해지는 '관법(觀法)'으로 간주한다.

28 合相觀(합상관): '자성'이든 '차별'이든 특정 현상[相]이 스스로 성립한 게 아니라 여러 조건의 결합[合]에 의해서 성립했음을 통찰하는 '관법'이다. 결국 자성이든 차별이든 실체는 없고 그저 '가립(假立)', 즉 임의적인 것임을 통찰한다.

'네 가지 여실지'(四如實智)란 무엇인가? 첫째는 '명심사가 견인한 여실지'로 이름에 대해 단지 이름임을 관찰하고 이 이름을 '여실하게 이해하는 것'[29]을 말한다. 이런 명칭은 이러한 내용이 되고, 사건이 거짓으로 건립된 것에 대해서 세간 사람들이 생각하게[想] 하고, 보게[見] 하고 언설(言說)을 일으키게 한다. 만약 일체의 색 등의 상과 사에 대해서 거짓으로 색 등의 이름[名]을 건립하지 않는다면 색 등으로 이름 붙여진 사물에 대해서 색 등의 상을 일으킬 수가 없을 것이다. 만약 상(想)이 없으면 증익집(增益執)[30]을 일으킬 수도 없을 것이다. 만약 증익집이 없다면 언설이 없을 것이다. 만약 이와 같이 여실하게 깨달을 수 있다면 이것을 명심사가 견인한 여실지라고 이름한다.

둘째는 '사심사가 견인한 여실지'이다. 사물에 대해 그것이 단지 사물임을 알아차리고 일체 색 등으로 이름 붙여진 사물의 성질은 언설을 벗어났기에 언설로써 표현할 수 없다는 것을 관찰하는 것이다. 만약 이와 같이 여실하게 깨달으면 이것을 '사심사가 견인한 여실지'라고 이름한다.

셋째는 '자성가립심사가 견인한 여실지'이다. 자성의 가립에 대해서 자성이 임시 성립됐음을 똑바로 알고 색 등으로 이름 붙은 사물 가운데 존재하는 자성 가립은 저 사물의 자성이 아니라 저 사물의 자성처럼 현현한 것일 뿐임을 완전하게 깨닫는다면, 저 사물의 자성은 허깨비, 그림자, 메아리, 물에 비친 달, 불꽃, 꿈과 유사하게 나타나지만 실체가 아님을 깨달을 수가 있다. 만약 가장 깊은 의미의 활동 경계를 여실하게 깨달으면 이것을 '자성가립심사가 견인한 여실

---

29   如實了知(여실료지): 여실지(如實智)는 대상을 '사실대로'[如實] 이해하는 앎이다.
30   增益執(증익집): 증익견(增益見)이라고도 하는데 손감집(損減執)과 함께 이변집(二邊執)으로 불린다. '증익'은 글자 그대로 원래 없는 것을 보탠다는 의미이다. 대승불교에서 제법은 연기한 결과이고, 그래서 그것 자체의 고유한 본질을 갖지 않는다고 말한다. 그런데 일상에서 우리는 그것을 특정한 본질을 소유한 실체로 파악한다. 이렇게 무엇에 실재하지 않는 것을 덧붙이는 의식의 경향이 증익집이다.

지'라고 이름한다.

넷째는 '차별가립심사가 견인한 여실지'이다. 차별의 가립에 대해서 오직 차별의 가립만 있을 뿐이라고 똑바로 아는 것인데, 여실하게 색 등으로 이름 붙인 사물 가운데 차별된 가립이 다르지 않다는 의미를 깨닫는 것이다. 저 모든 사물[事]이 존재도 비존재도 아님을 말한다. 언어로 표현할 수 있는 것은 실제가 될 수 없기 때문에 존재가 아니다. '언설을 벗어난 성품'[離言說性]은 사실로 성립하기 때문에 비존재도 아니다. 이와 같이 승의제(勝義諦)의 입장에서는 색이 있지 않다. 그 가운데는 여러 색 등의 법이 존재하지 않기 때문이다. 세속제의 입장에서 보면 색이 없는 것도 아니다. 그 가운데서 여러 색 법이 존재한다고 말해야 하기 때문에 유성(有性), 무성(無性), 유색(有色), 무색(無色)과 같다. 유견(有見), 무견(無見) 등 차별 가립의 부문은 이 같은 도리를 통해서 모두를 깨달을 수 있다. 만약 이와 같이 가립된 차별이 다르지 않다는 의미를 여실하게 깨달으면 '차별가립심사가 견인한 여실지'라고 명명할 수 있다.[31]

---

31 彌勒菩薩說, 玄奘譯, 『瑜伽師地論』卷36(『大正藏』30, p.490bc), "云何名爲四種尋思? 一者名尋思, 二者事尋思, 三者自性假立尋思, 四者差別假立尋思. 名尋思者: 謂諸菩薩於名唯見名, 是名名尋思. 事尋思者: 謂諸菩薩於事唯見事, 是名事尋思. 自性假立尋思者: 謂諸菩薩於自性假立, 唯見自性假立, 是名自性假立尋思. 差別假立尋思者: 謂諸菩薩於差別假立, 唯見差別假立, 是名差別假立尋思. 此諸菩薩於彼名事, 或離此觀, 或合相觀. 依止名事合相觀故, 通達二種自性假立·差別假立. 云何名爲四如實智? 一者名尋思所引如實智, 二者事尋思所引如實智, 三者自性假立尋思所引如實智, 四者差別假立尋思所引如實智. 云何名尋思所引如實智? 謂諸菩薩於名尋思唯有名已, 即於此名如實了知: 謂如是名·爲如是義·於事立假立; 爲令世間起想·起見·起言說故. 若於一切色等想事·不假建立色等名者; 無有能於色等事, 起色等想. 若無有想, 則無有能起增益執. 若無有執, 則無言說. 若能如是如實了知, 是名名尋思所引如實智. 云何事尋思所引如實智? 謂諸菩薩於事尋思唯有事已, 觀見一切色等想事性離言說不可言說. 若能如是如實了知, 是名事尋思所引如實智. 云何自性假立尋思所引如實智? 謂諸菩薩於自性假立尋思唯有自性假立已, 如實通達了知色等想事中所有自性假立非彼事自性, 而似彼事自性顯現. 又能了知彼事自性, 猶如變化·影像·嚮應·光影·水月·焰水·夢幻, 相似顯現而非彼體. 若能如是如實了知甚深義所行境界, 是名自性假立尋思所引如實智. 云何差別假立尋思所引如實智? 謂諸菩薩於差別假立尋思唯有差別假立已, 如實通達了知色等想事中差別假立不二之義, 謂彼諸事非有性·非無性.

「제물론」의 "말은 소리가 아니고, 말이란 생각을 표현한 것이다."(言非吹也, 言者有言)[32]라는 구절은 바로 『유가사지론』의 "이름에 대해서 이름만 인식한다."(於名尋思唯有名)라는 것에 해당한다. 「제물론」의 "손가락으로 손가락이 손가락이 아님을 비유하는 것은 손가락 아닌 것으로 손가락이 손가락 아님을 비유하는 것만 못하다. 말로써 말이 말이 아님을 비유하는 것은 말 아닌 것으로 말이 말 아님을 비유하는 것만 못하다."[33]라는 구절은 『유가사지론』의 "만약 증익집이 없다면 언설이 없다."(若無有執, 則無言說)라는 데 해당한다. 「제물론」의 "이미 하나로 된 이상 달리 말이 있겠는가?"(既已爲一矣, 且得有言乎?)라는 구절은 "사물[事]에 대해서 오직 사물만 인식한다."(於事尋思唯有事)라는 데 해당하고 또한 "언설을 벗어난 성품"(離言說性)에 해당한다. 「제물론」의 "성심(成心)을 따라 그것을 판단의 준거로 삼는다면 그 누구인들 스승이 없겠는가?"(夫隨其成心而師之, 誰獨且無師乎?)라는 구절은 "자성 가립에 대해서 오직 자성 가립만을 인식한다."(於自性假立尋思唯有自性假立)라는 데 해당한다.

「제물론」의 "성심이 형성되지 않았는데 시비를 판단한다는 것, 이는 오늘 월나라로 가는데 어제 도착했다는 격이다. 이것은 있지 않은 것을 있다고 하는 꼴이다."(未成乎心而有是非, 是以無有爲有)라는 구절은 "저 사물의 자성은 유사하게 나타나지만 실체는 아니다."(彼事自性, 相似顯現而非彼)라는 데 해당한다. 「제물론」의 "존재가 있고, 비존재가 있으면, 존재와 비존재

可言說性不成實故, 非有性; 離言說性實成立故, 非無性. 如是由勝義諦, 故非有色. 於中無有諸色法故. 由世俗諦, 故非無色. 於中說有諸色法故. 如有性無性・有色無色, 如是有見無見等差別假立門, 由如是道理一切皆應了知. 若能如是如實了知差別假立不二之義, 是名差別假立尋思所引如實智."

32 『莊子』「齊物論」4: "言非吹也, 言者有言."
33 『莊子』「齊物論」6: "以指喻指之非指, 不若以非指喻指之非指也; 以馬喻馬之非馬, 不若以非馬喻馬之非馬也. 天地, 一指也; 萬物, 一馬也."

제물론석

이전의 상태도 있고, 존재와 비존재 이전의 이전도 있다."(有有也者, 有無也者, 有未始有無也者, 有未始有夫未始有無也者)라는 구절은 "차별가립에 대해서 단지 차별의 가립만을 인식한다."(於差別假立尋思唯有差別假立)라는 데 해당한다. 「제물론」의 "갑자기 존재와 비존재가 있게 되는데 존재와 비존재가 과연 어느 것이 존재이고 어느 것이 비존재인지 알 수 없다."(俄而有無矣, 而未知有無之果孰有孰無也)라는 구절은 "언어로 표현할 수 있는 것[可言說性]은 (실제로 성립하지 않기 때문에) 존재하지 않고, '언어로 표현할 수 없는 것'[離言說性]은 (실제로 성립하기 때문에) 존재한다."(可言說性, 不成實故, 非有性; 離言說性, 實成立故, 非無性)는 데 해당한다. 이것은 단지 하나의 예를 든 것일 뿐이다. 「제물론」의 화려한 문장과 심오한 의미 가운데 불교의 이런 교설과 계합하는 내용이 대단히 많은데 해당 구절에서 따로 해설하겠다.

특정한 주장을 근거로 다른 다양한 주장을 정돈한다면 결국 주장은 조화되지 않는다. 왜인가? 그 특정한 주장이 모든 주장을 통제하기 때문이다. 바야흐로 그것을 '가지런히 조화시켰다.'라고 하지만 이미 조화와는 상반된다. 왜인가? 차이[不齊]를 배제하기 때문이다. 그래서 「우언」에서 "(시비를) 말하지 않으면 조화되고, 조화는 (시비를) 말하는 것과 조화될 수 없고 (시비를) 말하는 것은 조화와 조화될 수 없다."[34]라고 말한다. 『대반야바라밀다경』 권478에서 다음과 같이 이야기한다.

(선현이여!) 만약 여기에 존재의 성질이나 비존재의 성질이 전혀 없고, 또한 평등성이라고 말할 수도 없다면, 이럴 경우 법의 평등성이라고 이름한다. (선현이여!) 법의 평등성은 이미 언어로 표현할 수 없을뿐더러 일반적 감각으로 인식할 수도 없다. 평등성을 제외하고는

---

34 『莊子』「寓言」1: "不言則齊, 齊與言不齊, 言與齊不齊也."

인식할 수 있는 법은 없다. 일체법을 벗어나면 평등성은 없다.[35]

또 다음과 같이 말한다.

일체법의 평등성 가운데는 희론(戲論, prapañca)[36]이 없다. 희론을 벗어났다면 법의 평등성이라고 할 수 있다.[37]

이상 『대반야경』의 내용은 『장자』 「우언」의 논지와 정확히 일치한다. 다만 '구체적 사실'(迹存, 속제)로 사람을 교화할 때 언어로 표현하지 않으면 내용을 드러낼 수가 없다. 언어 표현에는 환멸성(還滅性)[38]이 있기 때문에 언어를 통해서 사실을 담는다. 바로 「우언」에서 말한 "말을 해도 (시비를) 논하지 않으면 평생 말을 한다고 해도 '말한 적이 없고'(未嘗言)【송대 간행 성현영(成玄英) 『장자소(莊子疏)』본과 『찬도호주남화진경(纂圖互注南華眞經)』[39]본, 그리고 명대 간행 세덕당본(世德堂本) 『남화진경(南華眞經)』에는 모두 "아직까지 말하지 않은 적이 없다."(未嘗不言)라고 되어 있다. 왕부지 『장자해(莊子解)』본에는 "아직 말한 적이 없다."(未嘗言)라고 되어 있다. 문장의 의미를 엄밀히 따져 보면 구본(舊本)

---

35 玄奘譯, 『大般若波羅蜜多經』卷478(『大正藏』7, p.423b), "善現! 若於是處, 都無有性, 亦無無性, 亦不可說爲平等性, 如是乃名法平等性. 善現! 當知法平等性, 旣不可說亦不可知. 除平等性, 無法可得. 離一切法, 無平等性." 章太炎은 이 구절을 인용하면서 문장 흐름을 위해 의도적으로 '善現!'이란 말을 뺀 것으로 보인다. 그는 『제물론석』 전체에 걸쳐 문헌을 인용할 때 문장의 흐름을 고려하여 한두 글자를 빼기도 하고 순서를 바꾸기도 한다.

36 戲論(희론): 진리를 위배하여 선법을 진작시킬 수 없어서 아무런 가치가 없는 주장이나 생각을 가리킨다.(『佛光』, p.6439)

37 玄奘譯, 『大般若波羅蜜多經』卷478(『大正藏』7, p.423b), "非一切法平等性中, 有諸戲論, 若離戲論, 乃可名爲法平等性."

38 還滅(환멸): 수행을 통해 번뇌를 끊고 생사윤회를 벗어나 적멸(열반)로 귀환한다는 의미다. 이는 "번뇌가 유출되어 전개된다."라는 뜻인 유전(流轉)과 상대되는 말이다.(『佛光』, p.6524)

39 纂圖互注南華眞經(찬도호주남화진경): 서진대 현학자 곽상의 『장자주』와 당대 경학자 육덕명이 쓴 『경전석문』의 『莊子音義』를 하나로 결합한 책이다.

은 모두 오류라서 지금은 왕부지본을 따른다.】평생 말 한마디 하지 않았더라도 (시비가 있으면) 말하지 않은 적이 없다."[40]라는 이야기에 해당한다.

『대승입능가경』에서 "내(여래)가 경에서 설하였지만 나는 제불보살에게 한 글자도 이야기한 적이 없고, 한 글자도 답한 적이 없다. 왜냐하면, 모든 법은 문자를 벗어나기 때문에 의미에 따라서 분별해서 이야기하지 않는 게 없다."[41]라고 말했다. 이것은 「우언」에서 말한 것과 또한 일치한다.

중국 고적 가운데 내면으로는 유식성(唯識性)을 깨닫고 현실에선 모든 중생을 이롭게 할 수 있는 문헌은 「제물론」보다 뛰어난 것이 없다. 「천하」에서 "내성외왕(內聖外王)의 도가 막혀 발휘되지 않는다."[42]고 하였는데 그렇다면 장자가 지은 글이 단지 군주의 통치술만은 아니다. 대체로 명가는 예관(禮官) 출신인데도[43] 혜시(惠施)는 존귀한 지위를 버렸고,[44] 도가(道家)는 사회 통치를 근본으로 했는데도 장주(莊周)는 세상의 법령을 파괴했다.[45] 하지만 기존의 방법과 서로 어긋나지 않는다. 그래서 이는 제한된 영역을 벗어나서 소통으로 나아갈 뿐이다.

노자는 단지 "백성이 많아지고 기술이 발전하면 국가는 더욱 혼란할 것이다."[46]라고 말할 뿐, 성인이 나라를 운영하면 천하는 발전하고, 그래

40　『莊子』「寓言」1: "言無言, 終身言, 未嘗言; 終身不言, 未嘗不言."

41　實叉難陀譯, 『大乘入楞伽經』卷5(『大正藏』16, p.615c), "我經中說, 我與諸佛及諸菩薩, 不說一字, 不答一字. 所以者何? 一切諸法離文字故, 非不隨義而分別說."

42　『莊子』「天下」1: "是故, 內聖外王之道, 闇而不明, 鬱而不發, 天下之人, 各爲其所欲焉, 以自爲方."[이 때문에 내성외왕의 도는 어두워서 밝게 드러나지 않았고 막혀서 발휘되지 않아 천하 사람이 각각 자기 하고 싶은 대로 해 놓고서는 자기 행동을 방도라고 우긴다.]

43　『漢書』「藝文志」280: "名家者流, 蓋出於禮官. 古者名位不同, 禮亦異數."

44　『呂氏春秋』「愛類」4: "匡章謂惠子曰: 公之學去尊, 今又王齊王, 何其到也? 惠子曰: 今有人於此, 欲必擊其愛子之頭, 石可以代之."

45　『莊子』「胠篋」2: "彼聖人者, 天下之利器也, 非所以明天下也. 故絕聖棄知, 大盜乃止; 擿玉毀珠, 小盜不起; 焚符破璽, 而民朴鄙; 掊斗折衡, 而民不爭; 殫殘天下之聖法, 而民始可與論議."

서 국가는 많아지고 기술이 발전하며, 백성의 혼란은 더욱 심해진다는 것을 이야기하지는 않았다. 노자는 단지 "다른 사람이 가르치는 것을 나도 가르친다. 강포한 사람은 제명에 죽지 못한다고 하는데 나도 이것을 모든 가르침의 모범으로 삼겠다."[47]라고 이야기했다. 이는 오직 정교분리의 견해일 뿐이며 오히려 "『낙서(洛書)』의 구주(九疇)를 규범으로 아래 백성을 살피는 이를 상황(上皇)[48]이라 부른다."[49]라고 이야기하지는 않았다. 『낙서』의 구주와 관련한 이야기는 무당[巫咸][50]에게서 나온 것으로 하늘의 운행, 땅의 변화, 해와 달의 움직임, 구름과 비의 작용[51]이 왜 그런지 곧바로 알 수 없기 때문에 우임금[大禹]이 하늘에서 받았다고 기자(箕子)[52]가 언급한 구주(九疇)를 거론하여 그것으로써 사람의 눈과 귀를 가리고 정권[神器][53]을 잡았다. 하지만 군주가 있는 것은 어쩔 수 없으나 그것의 극한은 군왕이 없는 상태에 이름이다. 성인이 있으면 행여 도둑을 이롭게 할까 봐 텅 빈 듯 아직 성인을 세운 적이 없다.【「제물론」 가운데서 이야

---

46 『老子』57: "民多利器, 國家滋昏."
47 『老子』42: "人之所教, 我亦教之. 强梁者不得其死, 吾將以爲教父."
48 上皇(상황): 천제(天帝)를 가리킨다.
49 『莊子』「天運」1: "九洛之事, 治成德備, 監照下土, 天下戴之, 此謂上皇."[구주낙서의 일로 통치를 완성하고 덕을 구비하며 아래 백성의 삶을 살피면 천하 백성이 그를 섬길 것이니 이를 상황이라고 이름한다.]
50 巫咸(무함): 전설상의 인물로 무인(巫人)이자 점성가라고 한다. 『장자』「천운」의 '구주낙서'를 이야기하는 장면에서 등장한다.
51 『莊子』「天運」1: "天其運乎? 地其處乎? 日月其爭於所乎? (中略) 雲者爲雨乎? 雨者爲雲乎?"[하늘은 운행하는가? 땅은 자리를 잡았는가? 해와 달은 자리를 두고 다투는가? (중략) 구름이 비가 되는가? 비가 구름이 되는가?]
52 箕子(기자): 중국 고대 은나라 때 왕족으로 성은 '자(子)'였고, 이름은 '서여(胥余)'였다. 훗날 '기(箕)' 땅을 봉지로 받았기 때문에 '기자'라는 이름으로 불렸다. 중국 고대 문헌인 『상서대전(尙書大傳)』에는 은나라가 망하자 기자가 조선 왕으로 봉해졌다고 했다. 이것이 이른바 '기자조선(箕子朝鮮)'이다. 이 기록의 사실 여부는 물론이고 거기서 말하는 '조선'이 과연 한반도에 존재한 것인지에 대해서도 논란이 있다.
53 神器(신기): 제왕의 옥쇄를 의미하는데 의미가 확장하여 왕좌나 정권을 가리킨다.

제물론석

기하는 성인은 단지 세속을 따른 명칭일 뿐이다.】

결국 '생활 방식'[世法]의 차이 때문에 세속에는 도시와 농촌의 구분이 있다. 농촌 사람은 누추함에 만족하고, 도시 사람은 화려한 것을 마냥 좋아한다. 양쪽은 서로 해치지 않기 때문에 평등하다. '지혜가 부족한 사람은 기고만장하여'(小智自私)[54] 제멋대로 자신은 '우아하다'[嫺]고 여기고는 누추함을 편안하게 여기는 사람을 침범해서 그들을 죽이고 재산을 강탈한다. 그들은 난폭하고 탐욕스러운 돼지 같은데도[55] 도리어 자신의 행동을 '숭고한 사명'[徽音][56]이라고 치장하는데[崇飾] 언사에 과장[枝葉][57]이 있다. 이것이 "요임금이 세 지역을 정벌하는 것에 대해 질문했다."[58]라는 구절을 설정한 까닭이다.

아래로 만세를 보면 이 말과 호응할 것이다. 저들 '탐욕스럽고 흉악한 자'[饕餮][59]가 '제멋대로 할'[逞志] 수 있게끔 하는 논리는 성현의 문채(文彩)

---

54 小智自私(소지자사): 賈誼, 「鵩鳥賦」: "小智自私兮, 賤彼貴我. 達人大觀兮, 物無不可."

55 封豨(봉희): '전설 상의 거대 동물'로 여기서는 탐욕스럽고 난폭한 돼지를 말한다. 『楚辭』「天問」9: "封豨是射." 『淮南子』「脩務訓」11: "曰: 吳爲封豨修蛇, 蠶食上國, 虐始于楚. 寡君失社稷, 越在草茅, 百姓離散, 夫婦男女, 不遑啟處, 使下臣告急."

56 徽音(휘음): 『詩』「大雅」思齊1: "大姒嗣徽音. 則百斯男."[태사가 아름다운 명성을 이으시니 아들이 백 명이나 되도다.] 『毛詩』「大雅」6: "徽, 美也. 嗣大任之美音, 謂續行其善教令." 『모시』의 해석을 따르면 '휘음'은 '특별하고 중대한 명령'(善敎令)으로 주어진 임무이자 사명이다. 章太炎은 당시 서구 열강이 비서구 지역을 침략하여 식민지화하고 그 지역을 수탈할 때 저들이 내세운 논리가 바로 '야만인의 문명화'라는 신성한 사명이었음을 지적한다.

57 枝葉(지엽): 『禮記』「表記」44: "子曰: 君子不以辭盡人. 故天下有道, 則行有枝葉; 天下無道, 則辭有枝葉."[군자는 언사로써 사람에게 극진히 하지 않는다. 그래서 천하에 도가 있으면 행동에 지엽이 있고, 천하에 도가 없으면 언사에 지엽이 있다.] 鄭玄, 『禮記正義』「表記」2: "行有枝葉, 所以益德也. 言有枝葉, 是衆虛華也."[행동에 지엽이 있음은 덕을 증대하는 방법이고 언사에 지엽이 있으면 갖가지 공허한 꾸밈일 뿐이다.]

58 『莊子』「齊物論」10: "故昔者堯問於舜曰: 我欲伐宗·膾·胥敖, 南面而不釋然. 其故何也?"[옛날에 요임금이 순에게 물었다. 나는 숭·회·서오 세 나라를 정벌하려 하네. 그러나 임금 자리에 있으면서도 어쩐지 마음이 석연치 않은 것은 무엇 때문이겠나?]

59 饕餮(도철): 중국 고대 전설에 등장하는 흉악한 짐승인데 탐욕스럽고 잔혹한 사람을 가리킬 때 쓰이기도 한다. 『淮南子』「兵略訓」1: "貪昧饕餮之人, 殘賊天下, 萬人搔動, 莫

를 숭상한다는 논변이 아니라면 어떻게 그것을 할 수 있겠는가? "깊구나! 사람됨이여. 마음 씀이 숫돌같이 공평하구나."⁶⁰ 상황(上皇)의 시대에는 '나쁜 덕'[蠱德]⁶¹을 바로잡았고, 천년 뒤에는 '나쁜 말'[莠言]⁶²을 제거했으니 그래서 "도가의 무리는 사관 출신이"⁶³라고 말했다. 그들의 규모는 광활하다.

부처[能仁]⁶⁴의 글은 중국에 번역됐지만 장자[園吏]의 글은 다른 나라에 번역되지 못했다.【비록 최근 장자가 번역됐지만 모두 변변찮은 학자가 했다.】 "구름이 움직이고 비가 내리면"(雲行雨施),⁶⁵ 로마(大秦) 호걸도 자신의 과대망상을 멈출 것이며, 프랑코[拂菻]⁶⁶ 지식인도 자신의 오만방자함을 삼갈 것이니 '만물을 양육하는 것'⁶⁷이 '어찌 멀리 있겠는가?'⁶⁸

寧其所."

60　如砥(여지): '숫돌 같다.'는 의미인데 숫돌처럼 편편하게 공명정대하다는 말이다. 『詩經』「小雅」'大東'1: "周道如砥, 其直如矢."[주나라의 도덕은 숫돌처럼 편편하니 나는 살처럼 곧구나.]

61　蠱德(고덕): 『易』'序卦'17: "蠱者, 事也." 章太炎, 「四惑論」(『全集』4, p.443), "伏曼容見之矣. 「傳」曰: '蠱者, 事也.' 伏曼容曰: '蠱, 惑亂也. 萬事從惑而起, 故以蠱爲事.' 二經十翼, 可貴者此四字耳."

62　莠言(수언): 『詩經』「小雅」'正月'2: "好言自口·莠言自口."[좋은 말도 입으로 하고, 나쁜 말도 입으로 하는구나.] 孔穎達, 『毛詩正義』卷12, 40: "有美好之言從汝口出, 有醜惡之言亦從汝口出."[좋은 말도 그대 입에서 나오고 추악한 말도 그대 입에서 나온다.]

63　『漢書』「藝文志」'諸子略敘'47: "道家者流, 蓋出於史官."

64　能仁(능인): 석가모니의 고대 중국어 번역으로 유교적 색채가 강하다. 竺大力共康孟詳 譯, 『修行本起經』卷上(『大正藏』3, p.461a), "佛告童子, 汝却後百劫, 當得作佛, 名釋迦文[漢言能仁], 如來無所著, 至眞等正覺."[부처가 보살에게 "그대는 백 겁 후 부처가 될 것이고 이름이 석가모니(중국어로는 능인이다)이며 여래는 집착하는 바 없이 정등각을 이룰 것이다."라고 일러 주었다.]

65　雲行雨施(운행우시): 『易』「文言」19: "時乘六龍·以御天也, 雲行雨施·天下平也." 여기서 章太炎은 자신의 저작 『제물론석』이 출간되면 비가 내려 세상을 평안하게 하듯 세상을 평안하게 할 것이라는 의미다.

66　拂菻(불름): 5-9세기에 걸쳐 서유럽을 통치한 프랑코 왕국을 가리킨다. 유럽에서 로마 제국이 멸망한 이후 가장 강력한 통일국가로 현재 독일, 프랑스, 이탈리아의 모태가 된다. 『通典』「邊防七」'車師'11: "至大唐武德中, 遣使獻狗, 雌雄各一, 高六寸, 長尺餘, 性甚惠, 能牽馬銜燭, 云本生拂菻國."

옛 학자들은「제물론」의 장구(章句)를 일곱으로 나누었다. '요문(堯問)'[69] 1장은 당연히 맨 마지막에 있어야 하지만 순서를 건너뛰어 세 번째 장으로 배치한 까닭은 '중요한 내용'을 '다소 건조한 부분'[單微][70]에 삽입해 효과를 극대화하기 위해서다. 고인의 날카로운 안목이 이 정도였다. 기존 통용된 장구의 순서를 따라 바꾸지 않는다. 제목 풀이를 마친다.

---

67   衣養萬物(의양만물): "만물을 아끼고 양육한다."는 의미다. 『老子』34: "衣養萬物而不爲主, 常無欲, 可名於小; 萬物歸焉, 而不爲主, 可名爲大." 河上公은 '의양(衣養)'을 '애양(愛養)'이라고 해야 한다고 했고, 兪樾은 '衣'와 '愛'가 통한다고 했다.(朱謙之 撰, 『老子校釋』, 北京: 中華書局, 1991, p.138.) 장타이옌은 자신의『제물론석』이야말로 중생을 아끼고 양육하는 방법임을 주장한다.

68   何遠之有(하원지유): 『論語』「子罕」30: "唐棣之華, 偏其反而. 豈不爾思? 室是遠而. 子曰: 未之思也, 夫何遠之有?"[당예의 꽃이여! 바람에 나풀거리는구나. 어찌 네 생각 않겠느냐? 집이 멀 뿐이다. 공자께서 말씀하셨다. 생각하지 않을지언정 어찌 멀겠는가?]

69   堯問(요문): 전체 문장은 다음과 같다. "昔者堯問於舜曰: "我欲伐宗·膾·胥敖, 南面而不釋然. 其故何也?" 舜曰: "夫三子者, 猶存乎蓬艾之間. 若不釋然, 何哉? 昔者十日竝出, 萬物皆照, 而況德之進乎日者乎!"

70   單微(단미): 『韓非子』「有度」4: "朝廷群下, 直湊單微, 不敢相踰越."

제
1
장

제1절

> 南郭子綦隱几【從李本】而坐, 仰天而噓, 嗒焉似喪其耦.
>
> 남곽자기가 안석(几)【이이(李頤)의 『장자집해(莊子集解)』본을 따랐다.[1]】에 기대앉아 고개 들어 후하고 길게 숨을 내쉬는데, 마치 멍하니 자신의 몸을 잃은 듯 했다.
>
> 顏成子游立侍乎前, 曰: 何居乎? 形固可使如槁木, 而心固可使如死灰乎? 今之隱几者, 非昔之隱几者也.
>
> 안성자유가 앞에 모시고 섰다가 여쭈었다. "어찌된 일입니까? 몸을 진정 죽은 나무처럼 할 수 있고, 마음을 불 꺼진 재처럼 할 수 있습니까? 지금 책상에 기댄 모습은 예전 선생님 모습이 아닙니다."
>
> 子綦曰: 偃, 不亦善乎? 而問之也! 今者吾喪我, 女知之乎? 女聞人籟而未聞地籟, 女聞地籟而未聞天籟夫!
>
> 남곽자기가 대답했다. "언아! 좋은 질문이구나. 지금 나는 내 자신을 잊었

---

1 『釋文』(『集釋』1, p.43): "机音紀, 李本作几."[机는 음이 紀(기)이다. 李頤의 『莊子集解』본에서는 几라고 되어 있다.]

는데 너는 이것을 아느냐? 너는 사람의 피리 소리는 들었겠지만 땅의 피리 소리를 듣지는 못했을 것이다. 땅의 피리 소리를 들었다고 하더라도 하늘의 피리 소리를 듣지는 못했을 것이다."

子游曰: 敢問其方.

안성자유가 말하였다. "감히 그 방법을 여쭙니다."

子綦曰: 夫大塊噫氣, 其名爲風. 是唯無作, 作則萬竅怒呺. 而獨不聞之翏翏乎? 山林之畏佳, 大木百圍之竅穴, 似鼻, 似口, 似耳, 似枅, 似圈, 似臼, 似洼者, 似汚者, 激者, 謞者, 叱者, 吸者, 叫者, 譹者, 宎者, 咬者. 前者唱于而隨者唱喁. 泠風則小和, 飄風則大和, 厲風濟則衆竅爲虛. 而獨不見之調調, 之刀刀乎?

남곽자기가 말하였다. "대지가 내쉬는 숨을 바람이라고 한다. 그것이 일지 않으면 모를까, 일단 일었다 하면 세상 모든 구멍에서 윙윙거리며 소리를 낸다. 너만 유독 저 윙윙거리는 소리를 듣지 못했느냐? 산림이 요동하자 백 아름이나 되는 커다란 구멍은 흡사 사람의 코 같고 입 같고 귀 같고 옥로 같고 술잔 같고 절구 같고 깊은 웅덩이 같고 얕은 웅덩이 같은 갖가지 모양을 하고 있다. 바람이 불면 여러 구멍은 제각기 격렬하게 물 흐르는 듯한 소리, 화살이 나는 듯한 소리, 꾸짖는 것 같은 소리, 숨을 가늘게 들이키는 듯한 소리, 크게 부르짖는 듯한 소리, 낮게 부르는 것 같은 소리, 개가 가늘게 우는 듯한 소리, 개가 울부짖는 것 같은 소리를 내기도 하지. 앞바람이 가볍게 소리를 내면 뒤따르는 바람은 보다 더 무거운 소리를 낸다. 바람이 살짝 불면 구멍은 응답하고, 바람이 사납게 불면 온갖 구멍들은 크게 화답하다가 사나운 바람이 그치면 저들 구멍은 고요해지지. 바람이 멈췄는데도 초목이 여전히 요동하는 모습을 너는 보지 못했느냐?

子游曰: 地籟則衆竅是已, 人籟則比竹是已. 敢問天籟.

자유가 말했다. "땅의 피리 소리는 여러 구멍에서 나온 소리인데 사람의 피리 소리는 대나무 악기에서 나온 소리일 뿐이군요. 하늘 피리는 어떠한지 감히 묻습니다."

子綦曰: 夫吹萬不同, 而使其自己【司馬彪注: 己, 止也.[2] 郭注: 自己而然, 則謂之天然, 非役物使從己也.[3] 是司馬作己, 郭作己, 今從郭.】也, 咸其自取, 怒者其誰邪!

자기가 말했다. "하늘 피리에서 부는 바람은 만 가지로 다르다. 분 바람은 하늘 피리를 자기로 간주한다. 【사마표(司馬彪)는 『장자주(莊子注)』에서 "이(已)는 그침[止]이다."라고 풀었다. 곽상은 『장자주』에서 "스스로 그러한 것을 천연(天然)이라고 한다. 다른 사물을 시켜서 자신을 따르게 하는 것이 아니다."라고 풀었다. 사마표는 이(已)라고 했고 곽상은 기(己)라고 했다. 여기서는 곽상을 따랐다.】 이런 소리를 모두 스스로 취한 것이라면 소리를 내는 자는 누구인가?"

大知閑閑, 小知閒閒; 大言淡淡【從李本[4]】, 小言詹詹. 其寐也魂交, 其覺也形開, 與接爲構, 日以心鬪. 縵者, 窖者, 密者. 小恐惴惴, 大恐縵縵.

큰 지혜를 가진 자는 한가롭고, 작은 지식을 가진 자는 몹시 바쁘다. 훌륭한 말은 담백하고 맑으나【이이(李頤)의 『장자집해(莊子集解)』본을 따랐다.】, 하찮은 말재주는 따지고 헤아린다. 잠 들어도 쉴 새 없이 꿈꾸고, 깨면 활동을 시작해 사물과 접촉하면서 나날이 마음으로 서로 다툰다. 싸우는 사람 중에는 우유부단한 사람, 음흉한 사람, 치밀한 사람 등 갖가지이다. 조금 두려

2 　『釋文』(『集釋』1, p.50): "司馬云: 已, 止也."
3 　郭象, 『莊子注』「齊物論」(『集釋』1, p.50): "<u>自己而然, 則謂之天然.</u> (中略) 或者謂天籟<u>役物使從己也.</u> 夫天且不能自有, 況能有物哉! 故天者, 萬物之總名也, 莫適爲天, <u>誰主役物乎</u>? 故物各自生而無所出焉, 此天道也." 章太炎은 이 부분에 대해 곽상의 『장자주』를 "自己而然, 則謂之天然, 非役物使從己也."로 인용했는데 앞 두 구절은 원문 그대로지만 마지막 구절은 원문에 근거해서 요약해서 정리한 것이다.
4 　『釋文』(『集釋』1, p.52): "李作淡, 徒濫反."

운 일에도 어쩔 줄 몰라 하면서도 크게 무서운 일에는 두렵지 않은 체한다.

其發若機栝, 其司是非之謂也; 其留如詛盟, 其守勝之謂也; 其殺若
秋冬, 以言其日消也; 其溺之所爲之, 不可使復之也; 其厭也如緘, 以
言其老洫也; 近死之心, 莫使復陽也.

그 말투는 화살을 쏘는 것같이 모질어 시비를 판결하는 재판관이라도 된
듯하다. 뭔가 감추는 때는 마치 목숨이라도 되는 양 마음속에 꼭 품어 어
떻게 해서든 고집을 피워 이기려 한다. 따라서 가을과 겨울의 차가운 기
운과도 같이 그는 나날이 쇠락한다. 이런 인물은 자기주장에 푹 빠져 다
시는 진실을 회복할 수 없으며 욕심에 억눌려 무언가에 꽉꽉 막히는데 늙
을수록 더하다. 이 같은 사람은 죽음에 이를지라도 원래대로 회복할 수
없다.

喜怒哀樂, 慮嘆變慹, 姚佚啓態; 樂出虛, 蒸成菌. 日夜相代乎前, 而
莫知其所萌. 已乎, 已乎! 旦莫得此, 其所由以生乎.

기쁨과 노여움, 슬픔과 즐거움, 걱정과 한탄, 변덕과 고집, 아첨과 방자함,
욕망과 교태. 음악 소리가 텅 빈 대나무 피리 통 속에서 나오고 습한 증기
로 버섯이 돋아나듯이 밤낮이 눈앞에서 교대하지만 그 시작하는 바를 알
지 못하겠다. 아서라. 아서라. 아침저녁으로 이것을 얻으니 그것이 발생
하는 이유일 것이다.

「제물론」은 본래 명상(名相)을 관찰하여 그것을 일심(一心)[5]에 귀결시킨

---

5   일심(一心): 이 일심을 『기신론』식으로 이해할 수도 있지만 앞뒤 문맥을 보면 이는
     아뢰야식이다.

다. 명상이 근거하는 것은 인아(人我)와 법아(法我)[6]인데 이것이 명상의 바탕[大地]이 된다. 그래서 먼저 '자아의 소멸'을 이야기해야 명상을 부정할 수 있다. 남곽자기가 좌망(坐忘) 상태에서 스스로 "내가 소멸했다."라고 말했는데, 선정 수행의 경지로 보면 이는 『아비달마대비바사론』 권84에서 "유가사(瑜伽師)[7]의 초지(初地)인 해탈색지(解脫色地, 색을 벗어나는 경지)를 공무변처정(空無邊處定)[8]이라고 이름하는데, 유가사는 이 공무변처정에서 나와 반드시 현전(現前)에서 상사공상(相似空想, 육신이 공과 유사하게 된 선정 상태)을 내어서 손으로 자신을 찾는다."[9]고 한 것에 해당한다. 마지막으로 멸진정에 이르면 제7식인 의근(意根)의 활동이 멈추고 아집도 활동을 멈춘다. 만약 참된 깨달음에 의지하면 인아와 법아 둘 모두를 끊을 수 있

---

6   人我法我(인아법아): 인아는 인아견이고 법아는 법아견이다. 『成唯識論』卷1(『大正藏』31, p.1a), "論曰: 世間聖教, 說有我法. 但由假立, 非實有性. 我謂主宰; 法謂軌持."[세간과 불교에서 자아와 법을 말하는데 단지 가립되었기 때문에 실재 존재하는 것은 아니다. '자아'는 주재자를 말하고 법은 궤범을 견지하는 것을 말한다.]

7   瑜伽師(유가사): 산스크리트 요가차라(yogācāra)의 번역으로 이는 '요가(yoga)'의 실천 혹은 실천자(ācāra)'를 의미한다. 『유가사지론』은 유가사가 선정 수행을 통해 도달하는 경지[地]에 관한 이야기다.

8   空無邊處定(공무변처정): 불교에서는 수행, 즉 선정을 통해 도달하는 경지를 대단히 섬세하게 구분하였다. 이 경지를 하나의 세계로 간주하여 '천(天)'으로 묘사하기도 한다. 현재 우리처럼 욕망으로 똘똘 뭉친 수준을 욕계라고 하고 욕망은 벗어났지만 육신이라는 물질 존재는 여전히 거추장스럽게 붙들고 있는 경지를 색계라고 하고 그 물질적 한계를 벗어난 경지를 무색계라고 한다. 이 무색계도 수준에 따라 나누는데 '공무변처정'은 무색계의 제1천으로 육신을 싫어하고 허공이 무변하다는 견해를 내는 경지이다.

9   玄奘譯, 『阿毘達磨大毘婆沙論』卷84(『大正藏』27, p.433a), "復次法爾初遠離色地名空無邊處. 復次法爾初解脫色地名空無邊處. 謂瑜伽師先攀上色地離下色地染. 若離第四靜慮染時. 攀空無邊處四蘊而離第四靜慮染. 先緣上地作虛空想. 後方引起離下染道. 如人上樹先攀上枝而捨下枝. 若至樹端更無上枝而可攀故但起空想. 復次依是流故說此定名空無邊處, 謂瑜伽師從此定出必起相似空想現前. 曾聞芯芻出此定已, 便擧兩手捫摸虛空. 有見問言. 汝何所覓. 芯芻答曰. 我覓自身." *장타이옌은 위 내용을 요약해서 인용했다. 먼저 '色'자가 빠졌고, 마지막 부분이 '手覓自身'으로 되어 있다. 이는 잘못 인용했다기보다는 요약하는 과정에서 앞서 '擧兩手捫摸虛空'이라는 구절을 고려해 말을 만든 것이다.

다. 안성자유가 남곽자기에게 "제가 어떻게 자아를 소멸시킬 수 있습니까?"라고 질문했기 때문에 남곽자기가 '땅 피리 소리'와 '하늘 피리 소리'를 예로 들어 그 방법을 설명했다.

땅 피리 소리는 '부는 주체'[能吹]와 '부는 내용'[所吹]으로 구분되지만 하늘 피리 소리는 오히려 피리를 부는 주체와 그 내용이 다르지 않다. 이것이 저 비유가 가리키는 의미다. 땅 피리 속에서 부는 바람은 "불각(不覺)의 망념이 작동하는 것"[10]을 비유하고, "'세상의 온갖 구멍이 윙윙거리며 내는 소리'(萬竅怒喝)가 각각 서로 같지 않다는 것은 오사(五事) 가운데 형상[相], 개념[名], 분별[分別]이 각각 다르고 심지어 먼지 속에서 노니는 아지랑이처럼 각각 다른 모습을 가지고서 다투어 일어남을 비유했다.

"하늘 피리에서 부는 바람은 만 가지다."(天籟中吹萬)라는 구절은 유식학에서 말하는 장식(藏識, 아뢰야식)을 비유하고 "만 가지"(萬)는 장식(藏識)이 품고 있는 일체 종자(種子)를 비유했다. 요즘 식으로 말하자면 그것은 원형관념(原型觀念)[11]이다. 이는 단지 명언만을 포괄[籠罩][12]하는 것이 아니라

---

10 馬鳴菩薩造, 眞諦譯, 『大乘起信論』(『大正藏』32, p.577a), "所言不覺義者, 謂不如實知眞如法一故, 不覺心起而有其念."[불각은 진여법일(眞如法一)을 사실대로 알지 못하여 각심이 일어나지 않고 그래서 망념이 존재함을 말한다.]

11 일본학자 고바야시 다케시(小林武)는 장타이옌이 사용하는 '원형관념'은 근대 일본의 종교학자 아네사키 마사하루(姉崎正治)가 쓴 『上世印度宗敎史』에서 기원한다고 보았다. 小林 武, 『章炳麟と明治思潮』(東京: 硏文出版, 2006), p.85. 아네사키는 이 책에서 다음과 같이 말한다. "아뢰야식은 일체법의 근거가 되어 일체 현상의 종자, 즉 원형관념을 함축하고 집지(adana)한다. 즉 이런 원형관념은 의식(manas)에 의지해서 분별 인식을 전개한다." 姉崎正治, 『上世印度宗敎史』(東京: 博文館, 1900), p.261. 고바야시는 아네사키 당시 원형(原型, 혹은 元型) 관념은 플라톤이 말한 이데아의 역어로 '루더먼트(Rudiment), 원형(原形), 기본, 바탕'의 의미로 사용됐다고 분석했다. 하지만 『제물론석』에서 '원형관념'은 칸트가 말하는 선험관념 혹은 선험 범주에 더 가까운 듯하다.

12 籠罩(농조): 밥상 덮개로 식탁 위에 놓인 음식을 덮는 행위를 말하는데 여러 물건을 한꺼번에 포괄하는 것을 의미한다. 『文心雕龍』「時序」2: "觀其艶說, 則籠罩雅頌, 故知口燁之奇意, 出乎縱橫之詭俗也."

형상[相]의 본질이기도 하다. 그래서 "하늘 피리에서 부는 바람은 만 가지로 다르다."라고 했다. "만 가지로 다른 바람은 하늘 피리를 자기라고 간주한다."(使其自己)라는 구절은 장식에 의지하여 의근이 존재함을 말하는데, 의근은 장식을 집착하여 그것을 자아라고 여긴다. 불전에 근거해서 말하면 제8식은 심체(心體)이다.[13] 알라야식(ālaya-vijñāna)이라고 명명하는데 중국어로는 장(藏)으로 번역되고, 또한 아다나식(ādana-vijñāna)으로 명명하는데 중국어로는 지(持)로 번역된다.

『장자』「덕충부」에서 말한 영부(靈府)는 바로 알라야(ālaya)이고,【『설문』: 부(府)는 문서의 저장고이다.[14] 부(府)와 장(藏)은 같은 의미이다.】「경상초」에서 말한 영대(靈臺)는 아다나(ādana)이다.【대(臺)는 본래 지(持)의 의미이다. 『회남자주』[15]와 『석명』을 보라.[16] 여기서 영대(靈臺)를 허신과 곽상 두 사람 모두 심(心)이라고 풀었다. 육덕명은 『경전석문』에서 "영대(靈臺)는 심(心)이 영지(靈智)를 가지고서 임의로 주재할 수 있음이다."[17]라고 말한다.】「경상초」에서 다음과 같이 말한다.

영대(靈臺)는 간직하는 역할을 하지만 간직한 내용물을 알지 못하고, 그렇게 간직하지도 못한다. 진정한 자신을 정확히 파악하지 못하고 미혹한 마음만 내고, 마음을 내지만 매번 합당하지 않고 행위가 심중으로 침입하지만 그것을 버리지 않는다면 자신을 전환시키

---

13 第八識爲心體(제팔식위심체): 世親造, 玄奘譯, 『攝大乘論釋』卷1(『大正藏』31, p.325b), "釋曰: [此亦名心者], 阿賴耶識即是心體."[해석: 『섭대승론』에서 "이것을 심이라고도 이름한다."라고 했는데 이는 아뢰야식이 마음의 본체임을 말한다.]

14 『說文解字』广部(5891): "府, 文書藏也."

15 『淮南子』「俶眞訓」: "臺簡以游太淸." 高誘注: "臺, 猶持也."

16 『釋名』「宮室」12, "臺, 持也, 築土堅高, 能自勝持也."[대는 지킴인데 흙을 단단하고 높게 쌓아서 전쟁에서 싸워 이겨 자신을 지킬 수 있기 때문이다.]

17 『釋文』(『集釋』4, p.794), "'靈臺' 郭云: 心也. 案謂心有靈智能住持也."['영대': 곽상은 마음이라고 풀었다. 내(육덕명)가 보기에 영대는 마음이 영묘한 앎을 갖고서 어떤 사태를 너끈히 관장함이다.]

더라도 언제나 본래 모습을 상실하고 만다.[18]

여기서 "영대는 간직하는 역할을 한다."(靈臺者有持)라는 구절은 아타나식이 일체 종자식을 간직한다는 의미다. "간직한 내용물을 알지 못한다."(不知其所持)는 구절은 "이 아뢰야식의 소연인 집수(종자와 유근신)는 미세해서 '알 수 없음'[不可知]이다."[19] "간직하지 못한다."(不可持)라는 구절은 중생이 아타나식을 자기 내면의 자아로 간주하는 행위로 곧 망집(妄執)이다. "만약 오직 식만이 진실로 존재한다고 집착한다면 이 또한 법집이다."[20]라거나, "진정한 자신을 정확히 파악하지 못하고 미혹한 마음을 낸다."(不見其誠己而發)라는 구절은 의근이 아타나식을 참된 자아로 여기지만 아타나식은 스스로 자신을 진정한 자아로 인식하지 않음이다. 하지만 일체 지견은 아뢰야식의 종자로부터 발생한다. "미혹한 마음을 내지만 상응하지 못한다."(每發而不當)라는 구절은 '세 가지 미세한 마음 활동'[三細][21]이 심체와 상응하지 못함이다.

"행위가 심중으로 침입하지만 그것을 버리지 않는다."(業入而不舍)라는

---

18 『莊子』「庚桑楚」8: "靈臺者有持, 而不知其所持, 而不可持者也. 不見其誠己而發, 每發而不當, 業入而不舍, 每更爲失."

19 護法等菩薩造, 玄奘譯, 『成唯識論』卷2(『大正藏』31, p.11b), "'不可知'者, 謂此行相, 極微細故, 難可了知. 或此所緣, 內執受境, 亦微細故; 外器世間, 量難測故, 名不可知."[(『유식삼십송』에서 말한) '불가지'란 아뢰야식의 현행이 극히 미세하여 알기 어려움이다. 또한 아뢰야식의 인식 대상인 내부 세계인 집수(종자와 신체)는 극히 미세하고 외부 세계인 기세간은 그 수량을 가늠할 수 없어서 '불가지'라고 규정한다.] 상기 구절은 아뢰야식의 성격을 설명하는 『유식삼십송』 제3송 "不可知執受, 處了常與觸, 作意受想思, 相應唯捨受."에 나오는 표현인 '不可知'에 대한 해설이다.

20 護法等菩薩造, 玄奘譯, 『成唯識論』卷2(『大正藏』31, p.6c), "若執唯識眞實有者, 如執外境, 亦是法執."[만약 오직 식만이 진실로 존재한다고 고집한다면 외부 대상이 존재한다고 집착하는 것과 마찬가지로 또한 법집이다.]

21 三細(삼세): 『기신론』에서는 중생이 가진 번뇌하는 마음을 미세한 활동과 거친 활동으로 크게 나눈다. 미세한 활동은 다시 무명업상·능견상·경계상 등 세 가지 단계로 나누는데 이것이 '삼세(三細)'다. 이를 업식·전식·현식으로 부르기도 한다.

구절은『기신론』에서 말한 '여섯 가지 거친 마음'[六麤] 가운데 다섯 번째인 기업상(起業相)이 일으킨 '선업과 악업'[22]이 아뢰야식[本識]에 종자로 훈습되고, 그 종자가 사라지지 않고 보존됨이다. 전 이숙식(異熟識)이 후 이숙식(異熟識)을 발생시키고 아란한위(阿羅漢位)에 도달하지 않으면 장식(아뢰야식)의 잡염분(雜染分)을 제거할 수 없다. "자신을 전환시키더라도 언제나 본래 모습을 상실하고 만다."(每更爲失)라는 구절은 "아뢰야식은 마치 급한 물줄기처럼 항상 유전한다."[23]라는 말이다.

지금 이「제물론」가운데서 "만 가지 다른 바람이 하늘 피리를 자기라고 간주한다."(使其自己)라는 구절은 의근이 장식을 자아라고 집착하는 것이다. 그 의미는「경상초」와 비교해 보면 분명하다. "자기가 자신을 인식한다."(自取)라는 구절은 무성(無性)[24]이『섭대승론석』에서 말한 다음 구절에 해당한다.

하나의 식은 상분과 견분을 가진다. 이 둘이 함께 활동하는데 상분과 견분으로 나뉘지만 완전히 동일하지도 않고 완전히 분리되지도 않는다. (중략) '인식 대상'[所取, grhya]을 상분(相分)이라고 하고 '인식 주체'[能取, grhaka][25]를 견분(見分)이라고 한다. (중략) 하나의 식 가

---

22 白黑羯磨(백흑갈마): '갈마(羯磨)'는 범어 karma의 음역이고 '백흑(白黑)'은 선과 악을 가리킨다. 尊者大目乾連造, 玄奘譯,『阿毘達磨法蘊足論』卷8(『大正藏』26, p.492a), "云何黑白法? 謂不善法名黑, 善法名白; 有罪法名黑, 無罪法名白; 不應脩法名黑, 應脩法名白: 下劣法名黑, 勝妙法名白. 是名黑白法."[흑백법은 무엇인가? 불선법을 흑이라고 하고 선법을 백이라고 한다. 죄의 성격을 가진 행위를 흑법이라고 하고 죄의 성격을 갖진 않은 행위를 백법이라고 한다. 마땅히 닦아야 할 법이 아닌 행위를 백법이라고 하고 마땅히 닦아야 할 법을 백법이라고 한다. 하열한 행위를 흑법이라고 하고 수승한 행위를 백법이라고 한다. 이런 모두를 흑백법이라고 한다.]

23 世親造, 玄奘譯,『唯識三十頌』第4頌(『大正藏』31, p.60b), "恒轉如瀑流, 阿羅漢位捨."[(아뢰야식은) 급한 물줄기처럼 항상 유전하니 아라한 경지에서 버린다네.]

24 無性(무성): 고대 인도의 승려로 범명은 아스바바바(Asvabhāva)이고, 무착의『섭대승론』을 주석했다. 현장은 그의 주석을『섭대승론석』10권으로 한역했다.

운데서 한 부분은 소취상(所取相)으로 거짓 변이하고 한 부분은 능취상(能取相)으로 거짓 변이한다.[26]

이것은 다른 게 아니라 자기 마음이 자기 마음을 인식한다는 의미다. 이 사실을 아는 사람은 현량(現量)으로 대상을 인식할 때, 대상이 근식(根識) 바깥에 존재한다고 고집하지 않는다. 나중에 의식으로 그것을 분별하여 그것이 근식 바깥에 존재한다고 말한다. 여러 가지 인식의 방법 가운데 현량이 가장 수승(殊勝)하다. 현량은 인식 대상이 근식 바깥에 존재한다고 집착하지 않을뿐더러 감각한 내용이 결코 외계의 것이 아니라 자기 마음이 나타낸 영상임을 안다.

인식 대상이 외계에 존재하지 않는다면 "온갖 구멍에서 윙윙거리며 부는 소리"가 별도로 본체가 있는 게 아니다. 그래서 "윙윙 소리 내는 자 누구인가?"(怒者其誰)라고 반문했다. 「지북유」를 살펴보면 다음과 같이 말한다.

사물[物]을 사물이게끔 하는 것과 사물 사이에는 어떠한 간극도 없다. 사물이 간극을 가지는 것은 사람들이 말하는 사물의 한계이다. 어떤 한계도 없는 한계이자 한계 중의 한계 없음이다. 가득 참과 텅 빔, 성대함과 쇠락을 이야기하는데 어떤 사물이 가득 차든 텅 비든 실제 가득 차거나 텅 빈 것은 아니며, 어떤 사물이 성대하든 쇠락하

---

25 能取所取(능취소취): '취(取)'는 '파악(把握)'의 의미로 대상을 파악, 즉 인식한다는 의미다. '能'과 '所'는 행위를 하는 주체와 행위를 당하는 대상을 가리킨다. 그래서 '능취(能取)'는 '능파악(能把握)'으로 대상을 인식하는 주체이고, '소취(所取)'는 '피파악(被把握)'으로 인식되는 대상이다. 능취는 마음과 의식 등이고, 소취는 색 등 외경이다.(『佛光』, p.4296)

26 無性造, 玄奘譯, 『攝大乘論釋』卷4 (『大正藏』31, p.401c), "於一識中, 有相有見, 二分俱轉, 相見二分, 不卽不離. (中略) 所取分名相, 能取分名見. (中略) 於一識中, 一分變異似所取相, 一分變異似能取見."

든 실제 성대하거나 쇠락한 것은 아니다. 어떤 사물이 뿌리이든 가지이든 실제 그것이 뿌리이거나 가지인 것은 아니다. 어떤 사물이 쌓이든 흩어지든 실제 쌓이고 흩어지는 것은 아니다.[27]

　'사물'[物]은 상분(相分)이고 '사물을 사물이게끔 하는 것'(物物者)은 이 상분을 형성시키는 활동으로 곧 견분(見分)이다. 상분과 견분은 완전히 포개지지도 않고, 완전히 분리되지도 않는다. 그래서 이것을 "사물을 사물이게끔 하는 것과 사물 사이에는 간극이 없음."(物物者與物無際)이라고 말한다. 저 상분은 스스로 네모·원·변·각을 표상하는데 이것을 "사물의 범주"(物有際)라고 명명한다. 견분 상의 상분은 본래 방우(方隅)가 없지만 현상적으로는 방우가 있기 때문에 이것을 "한계 없음의 한계"(不際之際)라고 명명한다. 여기서 상분의 방우의 경계는 사실에선 없기 때문에 이것을 "한계의 한계 없음."(際之不際)이라고 명명한다. 이상 「지북유」의 이야기는 모두 의미가 『섭대승론』과 동일하며, 「제물론」의 '자취(自取)'의 학설과 서로 증명한다. 『해심밀경』에서 다음과 같이 말한다.

　　만약 그것이 현행한 영상(影像)이 이 마음과 어떤 차이도 없다면 왜 이 마음이 다시 이 마음을 인식한다고 말합니까? 선남자야! 이 가운데 소법(少法)이 없는데도 소법을 볼 수 있다면 이 마음이 이와 같이 생기할 때 이와 같은 영상이 현현한다.[28]

　「덕충부」에서 "합당한 지식으로 그 마음을 알고, 그 마음으로 상심(常

27　『莊子』「知北遊」6: "物物者與物無際, 而物有際者, 所謂物際者也. 不際之際, 際之不際者也. 不際之際, 際之不際者也. 謂盈虛衰殺, 彼爲盈虛非盈虛, 彼爲衰殺非衰殺, 彼爲本末非本末, 彼爲積散非積散也."

28　玄奘譯, 『解深密經』卷3(『大正藏』16, p.697c), "若彼所行影像, 卽與此心無有異者, 云何此心還見此心? 善男子! 此中無有少法, 能見少法, 然卽此心如是生時, 卽有如是影像顯現."

心)을 안다."[29]라고 했다. 「서무귀」에서는 "눈으로 눈을 보고, 귀로써 귀를 듣고, 마음으로 마음을 회복한다."[30]라고 했다. 이것은 비록 진인(眞人)이 홀로 깨달은 사실이지만 또한 실로 사람들이 함께 따를 만한 법칙이다. 그래서 『해심밀경』에서 또 말한다.

> (세존이시여!) 만약 모든 중생이 자신의 품류(品類: 삼계·오취·사생·구유)로 머물면서 심식이 반연한 색·성·향·미·촉·법 등 영상 그것은 이 마음과 또한 차이가 있습니까? (선남자여! 둘은 다르지 않다.) 여러 어리석은 사람은 전도된 생각 때문에 저들 영상에 대해 그것이 오직 식(識)임을 사실대로 알지 못한다.[31]

이것은 모두 "자신이 자신을 인식한 것이지 다른 누가 혹은 다른 무엇을 인식하는 것은 아니다."라는 의미이다. 무릇 자신은 자신이고 인식하는 바도 자기라고 할 때, 내가 만약 하나라면 자신이 인식 대상으로 뭔가를 인식한다는 것은 불가능하며, 내가 만약 둘이라면 어떻게 내가 존재하겠는가? 그렇다면 자아의 소멸이 이상할 게 없다. 여기까지는 전체적 의미를 보자면, 간략하게 인아(人我)와 법아(法我)라는 가장 중요한 명상(名相)을 논파했다. 다음은 다시 심량(心量)[32]에 대해서 밝힌다.

---

29   『莊子』「德充符」1, "以其知得其心, 以其心得其常心."
30   『莊子』「徐無鬼」13, "以目視目, 以耳聽耳, 以心復心."
31   玄奘譯, 『解深密經』卷3(『大正藏』16, p.698b), "世尊! 若諸有情自性而住, 緣色等心所行影像, 彼與此心亦無異耶? 善男子! 亦無有異, 而諸愚夫由顚倒覺, 於諸影像, 不能如實知唯是識."
32   心量(심량): 불교 인식론에서는 3종의 '인식 방법'(量)을 제시한다. 이른바 삼량(三量)이다. 현량(現量)은 직접적 인식을 가리킨다. 비량(比量)은 유비 추리를 통한 사물 인식이다. 비량(非量)은 잘못된 비량 혹은 현량을 가리킨다. 비량(非量) 대신 성교량(聖敎量, 혹은 聖言量)을 말하기도 하는데, 이는 성인의 언설은 잘못이 없다는 권위에 기반을 두고, 그것을 판단의 기준으로 삼아 행하는 인식이다.

「제물론」 본문의 "큰 지혜를 가진 사람은 한가롭다."(大知閑閑)라는 구절의 '한한(閑閑)'에 대해 간문제(簡文帝)는 "아주 너른 모습이다."(廣博之貌)[33]라고 풀었다. 이는 아뢰야식이 동시에 여러 가지 의식 활동을 함을 말한다. "작은 지식을 가진 자는 몹시 바쁘다."(小知閒閒)라는 구절의 '한한(閒閒)'에 대해 간문제는 "간별한 바가 있다."[34]라고 풀었다. 전오식(前五識)은 서로 대신할 수 없고[35] 제6 의식(意識)은 동시에 두 가지 상(想)을 가질 수 없음을 말한다. "훌륭한 말은 담백하고 맑다."(大言淡淡)라고 했는데 『노자』에서는 "도가 말로 표현되면 담백하여 아무런 맛이 없다."[36]라고 했다. "하찮은 말재주는 따지고 헤아린다."(小言詹詹)라고 했는데, 이이(李頤)가 말한 "자질구레한 일을 따지는 모습"[37]이 이것이다.

"잠들어도 쉴 새 없이 꿈꾼다."(其寐也魂交)라는 구절은 독두의식(獨頭意識) 가운데 몽중의식(夢中意識)[38]을 말한다. "깨면 활동을 시작한다."(其覺也形開)라는 구절은 명료의식(明了意識)[39]과 독두의식(獨頭意識)[40] 가운데 독산의식(獨散意識)[41]을 말한다. 『아비달마대비바사론』 권37에서 다음과 같이

---

33 閑閑(한한):『釋文』(『集釋』1, p.51), "簡文云: 廣博之貌."
34 閒閒(간간):『釋文』(『集釋』1, p.51), "有所閒別也."
35 前五識(전오식):『유식삼십송』에서 전오식을 요별경식(了別境識)이라고 명명하는데, 이는 오식 각각이 '서로 교환되지'[相代] 않는 '별도의 대상'[別境]을 갖고 그것에 대해 인식하기 때문이다.
36 『老子』35: "道之出口, 淡乎其無味." 章太炎은 왕필의 『노자주』본 『노자』를 인용했다. (『王弼集校釋』, p.88)
37 炎炎(염염):『釋文』(『集釋』1, p.52), "李頤云: 小辯之貌."
38 夢中意識(몽중의식): 유식가에서 의식의 분별활동을 여러 가지로 분류했는데, 자면서 꿈속에서 벌어지는 의식 활동을 독두의식 가운데 특별히 몽중의식이라고 이름한다.
39 明了意識(명료의식): 제6 의식의 인식활동 가운데 가장 기본적인 활동으로서 전오식과 함께 발생하여 대상을 명료하게 인식하는 것을 명료의식 내지 오구의식이라고 한다.
40 獨頭意識(독두의식): 전오식과 무관하게 의식 독자적으로 인식 활동을 하는 것을 가리킨다.
41 獨散意識(독산의식): 독두의식에 속한 세 가지 의식 활동 가운데 하나다. 셋은 첫째, 독산의식은 본 적도 없고, 발생하지도 않은 일 등을 떠올리는 상상이나 몽상 등이다.

말한다.

> 꿈속에서 본 일은 모두 재현이다. 질문: 만약 그렇다면 꿈속에서 뿔 달린 사람을 본 것은 무엇인가? 어찌 뿔 달린 사람을 본 적이 있는가? 대답: 깨 있을 때 다른 곳에서 사람을 보고 또 다른 곳에서 뿔을 보고서 꿈속에서 혼란하여 '함께 있는 것으로 인식한'(見在一處) 것이다. 그래서 잃어버린 것은 없다.[42]

그렇다면 "활동을 시작한다."(形開)는 것은 "다른 곳에서 따로따로 봄"이고 "쉴 새 없이 꿈꾼다."(魂交)는 것은 "한곳에서 함께 봄"이다. "사물과 접촉하면서 나날이 마음으로 서로 다툰다."(與接爲構, 日以心鬪)라는 구절에서 '접촉'(接)은 '감촉하여 받아들이는 것'(觸受)과 같은데 능취(能取)와 소취(所取)가 서로 맞물려 발생함을 말한다. 둘이 맞물려 발생하면 '서로 순응하고 서로 어긋남'(順違)이 무궁한데 이 상황을 "나날이 마음으로 서로 다툰다."라고 했다. 「경상초」에서 "지각은 접촉함이며 지각은 도모함이다."[43]라고 했다. 여기서 말하는 접촉[接]은 감촉하여 느낀다는 의미로 요즘 사람이 말하는 감각이다. 여기서 모(謨)는 '형상을 본뜬다'(規摹)는 의미를 따르면 상(想)【상(想)은 형상[像]을 취함이다.】이고 '일을 꾀한다'(謀慮)는 의미를 따르면 다섯 가지 변행심소 가운데 사(思)이다. 『묵자』「경설」에서 "접(接)은 친(親)이다."[44]라고 했는데 이것은 현량(現量)이고, "모(謨)는 설

둘째, 몽중의식은 자면서 꿈속에서 벌어지는 의식 활동이다. 셋째, 정중의식은 선정 상태에서 발생한 의식이다.

42 五百大阿羅漢等造玄奘譯, 『阿毘達磨大毘婆沙論』卷37(『大正藏』27, p.194b), "夢所見事, 皆是曾更. 問: 若爾云何夢見有角人耶? 豈曾有時見人有角! 答: 彼於覺時, 異處見人, 異處見角, 夢中惛亂, 見在一處, 故無有失."

43 『莊子』「庚桑楚」17: "知者, 接也; 知者, 謨也."

44 『墨子』「經上」5: "知, 接也." 「經說上」: "知: 知也者, 以其知過物而能貌之. 若見." 「經

(說)이다."⁴⁵라고 했는데 이것은 비량(比量)이다.

'만'(縵)을 간문제는 '넓은 마음'[寬心]⁴⁶이라고 풀었는데 독산의식(獨散意識)에 해당하고, 또한 솔이타심(率爾墮心)인데 "의식은 익숙하지 않은 대상에 대해 욕 등(별경심소)이 발생하지 않았는데도 바로 감수한 바가 있는데 이를 솔이타심이라고 명명한다."⁴⁷ '교'(窖)를 간문제는 '깊은 마음'[深心]⁴⁸이라고 푸는데 이것은 바로 심구심(尋求心)이다. 밀(密)은 '정미한 마음'[精心]으로 항심사량(恒審思量)⁴⁹하는데 이른바 혜(慧)⁵⁰이다. 이는 사(思) 가운데 존재하는 간택 작용이다. 그래서 넓은 의미의 사량과 다르다. "조금 두려운 일에도 어쩔 줄 몰라 한다."(小恐惴惴)라는 구절에 대해 이이(李頤)는 "조심하는 모습이다."⁵¹라고 풀었다. "크게 무서운 일에는 두렵지 않은 체한다."(大恐縵縵)라는 구절에 대해 이이(李頤)는 "생과 사를 다스리는 모습이다."⁵²라고 풀었다. 조금 두려운 일에 대해서는 넋이 아직 붙어 있어서 전율하거나 두려워하는 모습을 보이지만 크게 두려운 일에 대해서는 넋이 나가 버리기 때문에 정신이 나간 듯하다.

上":"知, 聞·說·親." 「經說上」81: "身觀焉, 親也."[몸소 대상을 관찰함이 親이다.]

45 『墨子』「經說上」81: "方不庫, 說也."

46 縵(만): 『釋文』(『集釋』1, p.52), "簡文云: 寬心也."

47 彌勒說, 玄奘譯, 『瑜伽師地論』卷3(『大正藏』30, p.291b), "意識任運散亂, 緣不串習境時, 無欲等生. 爾時意識, 名率爾墮心."

48 窖(교): 『釋文』(『集釋』1, p.52), "簡文云: 深心也."

49 恒審思量(항심사량): 유식학에서 말하는 여덟 가지 식 가운데 제7식은 다른 일곱 가지 식과 세 가지 점에서 구별된다. 첫째는 항심사량한다는 것이고, 둘째는 아뢰야식을 대상으로 한다는 것이고, 셋째는 항상 아치·아견·아만·아애 등 네 가지 번뇌와 함께하는 것이다. '항심사량'은 영원한 과거로부터 항상 끊임없이 자세하고 깊고, 그리고 명확하게 대상을 인식함이다. 여기서 대상은 아뢰야식이다.(『유식철학』, p.176)

50 『成唯識論』卷5(『大正藏』31, p.28c), "'云何爲慧? 於所觀境, 簡擇爲性, 斷疑爲業."[혜심소란 무엇인가? 관찰 대상에 대해 판별하고 선택하는 것을 본성으로 하고 의혹을 단절하는 것을 작용으로 한다.]

51 惴惴(췌췌): 『釋文』(『集釋』1, p.52), "李云: 小心貌."

52 縵縵(만만): 『釋文』(『集釋』1, pp.52-53), "李云: 齊死生貌."

"그 말투는 화살을 쏘는 것같이 모질어 시비를 판결하는 재판관이라도 된 듯하다."(其發若機栝, 其司是非之謂)라는 구절은 작의(作意)를 의미한다. "뭔가 감추는 때는 마치 목숨이라도 되는 양 마음속에 꼭 품어 어떻게 해서든 고집 피워 이기려 한다."(其留如詛盟, 其守勝之謂)라는 구절에서 승(勝)은 사(司)와 같이 읽기도 하는데【사도(司徒)를 승도(勝屠)라고 한 것과 같다.】 등류심(等流心)을 말하고 정(定)이라고 할 수도 있다. 모두 사찰(司察)[53]하는 바가 있다.【무상정과 멸진정은 제외된다.】 "가을과 겨울의 차가운 기운과도 같이 그는 나날이 쇠락한다."(其殺如秋冬, 以言其日消)라는 구절은 등류심이 '오로지 하나의 대상만을 반연'(專緣一境)하여 한순간도 끊이지 않고 상속돼, 오래되면 등류심과 대상이 모두 사라져, 결국 존재하는 것이 없는 듯함을 가리킨다.

"자기주장에 푹 빠져 다시는 진실을 회복할 수 없다."(其溺之所爲之, 不可使復之)라는 구절은 등류심이 '오로지 하나의 형상만을 지향'(專趣一相)하여 문득 자신을 망각해서 마치 물에 빠진 자가 가라앉아 솟아오르지 못하는 것과 같다. "욕심에 억눌려 뭔가에 꽉꽉 막히는데 늙을수록 더하다."(其厭也如緘, 以言其老洫)라는 구절에서 엽(厭)은 엽(擪)으로 읽는데 누른다는 의미이고, 혁(洫)은 혁(侐)으로도 읽는데 고요함이다. 이것은 마음을 안정시키고 고요하게 생각하는 것을 말하는데, 마치 늙은이가 육신과 의지가 쇠약해져서 욕망이 멈춘 것 같은 상태로 '무상정(無想定)[54]과 멸진정(滅盡定)'[55]이 또한 여기에 해당한다.

---

53 司察(사찰): 사찰(伺察)과 같은 말이다. 『成唯識論』卷7(『大正藏』31, p.35c), "尋謂尋求, 令心忽遽, 於意言境, 麁轉爲性. 伺謂伺察, 令心忽遽, 於意言境, 細轉爲性."
54 無想定(무상정): 심불상응행법의 하나로 외도나 범부가 닦는 선정이다. 6식의 활동을 중지시키고 4대를 조화시킨다. 여전히 유루법에 해당한다.
55 滅盡定(멸진정): 유식학의 법 분류에서 심불상응행법 가운데 하나로 6식 및 7식의 활동을 중지시키는 성자의 선정이다. 이 선정은 번뇌를 양산하지 않기 때문에 무루법

"이 같은 사람은 죽음에 이를지라도 원래대로 회복할 수 없다."(近死之心, 莫使復陽)라는 구절은 '생사 순간의 마음'(生死位心)과 '기절 순간의 마음'(悶絶位心)을 말한다. "기쁨과 노여움, 슬픔과 즐거움, 걱정과 한탄, 변덕과 고집, 아첨과 방자함, 욕망과 교태."(喜怒哀樂, 慮嘆變慹, 姚佚啓態)라는 구절은 경안심(輕安心)[56]과 번뇌심을 말한다.

이상 언급한 갖가지는 심법(心法)과 심소법(心所法)을 간단히 거론한 것이다. 하지만 인식 주체[能取]는 자기 마음을 인식하는 것이지 자기 바깥 대상이 존재한 게 아니다. "음악 소리가 텅 빈 데서 나온다."(樂出虛)라는 이야기는 명언(名言)이 무자성임을 비유한 것이다. "덥고 습한 기운에서 곰팡이가 발생한다."(蒸成菌)라는 이야기는 사대(四大)가 무자성임을 비유한 것이다.

비록 그렇지만 "밤낮이 눈앞에서 교대하지만 그 시작하는 바를 알지 못하겠다."(日夜相代乎前, 莫知其所萌)라는 구절은 시간이 유한인가 무한인가 하는 논쟁을 일으킬 수 있다. 만약 시간이 실제 존재한다면 모든 존재가 오직 식에 의해 구성된 게 아니기 때문에 '하늘 피리 소리의 논의'가 성립하지 않는다. 그래서 다시 "아침저녁으로 이것을 얻으니 그것이 발생하는 이유일 것이다."(旦暮得此, 其所由以生)라는 구절과 호응한다. 이 구절은 '아뢰야식'(能自取識)을 말한다. 대개 장식(藏識)은 멈추지 않고 유전하지만 제6 의식은 일어나지 않는 때도 있고 기위(起位)는 또한 멈추지 않고 유전한다. 그래서 형상(이미지)을 접촉하면 마음을 일으켜, 촉(觸, sparśa) · 작의(作意, manasikāra) · 수(受, vedanā) · 상(想, saṃjñā) · 사(思, cetanā) 등 다섯

(無漏法)에 해당한다.

56 輕安心(경안심): 경안심은 유식학의 법 분류에서 심소법(心所法) 가운데 하나로 선심소(善心所)에 해당하고 몸과 마음이 '쾌적하고'[輕] '편안한'[安] 것이다.

가지 심소(心所, caitasika)[57]가 발생한다.

수·상·사는 다시 솔이타심·심구심·결정심·염정심·등류심 등 오위심(五位心)[58]으로 나뉘는데 이와 같이 상속하면 곧 자위심이 자위심을 깨달아 현재가 있음을 알고, 자위심으로써 전위심을 조망하여 과거가 있음을 알고, 자위심으로 후위심을 조망하여 미래가 있음을 미루어 안다. 그래서 마음이 일어나면 시분(時分)이 있고, 마음이 활동을 멈추면 시분이 없다. 만약 수면 중에 꿈[夢位]이 없으면 비록 하룻밤을 지나더라도 찰나와 다르지 않다.【요즘 많은 사람이 우리가 사물의 변화를 보고서 시간관념을 일으켰다고 말하는데, 이것은 완전히 합당한 이야기는 아니다. 가령 어떤 사람이 금덩어리 하나를 보고 계속해서 이 금덩어리를 생각하면 그런 생각도 또한 변화가 없고 금 또한 변화가 없다. 그렇다고 이 '단계'(此位)에서 시간 전후 감각이 없는 것은 아니다.】 그렇다면 시간은 실제로 존재하는 것이 아니라는 것을 분명하게 알 수 있다.

「지북유」에서 "과거도 없고, 현재도 없으며, 시작도 없고, 끝도 없다."[59]라고 했다. 「칙양」에서는 "사물과 접촉하는데 끝도 없고 시작도 없

---

57 五遍行心所(오변행심소): '변행(遍行)'이란 일체의 심왕과 언제라도 상응하여 일어남을 의미한다. 다음 다섯 가지 심소는 이런 성격을 지녔다는 말이다. '촉'은 근·경·식 세 가지가 접촉하여 발생하는 정신 작용이다. '작의'는 마음을 각성케 하여 관심을 갖게 하는 것이다. '수'는 좋다든가 싫다든가 하는 감정이다. '상'은 형상을 지각하도록 이끄는 것으로 명칭의 기반이 된다. '사'는 의지인데 신·구·의 삼업의 원동력이 된다.(竹村牧南, 정승석 옮김, 『유식의 구조』, 서울: 민족사, 1989, p.109.)

58 五位心(오위심): 심식이 대상을 인식할 때 순차적으로 발생하는 다음 5종의 활동을 5위심이라고 한다. ① 솔이타심: '솔이'(率爾)는 '갑자기'의 의미이다. 안식이 처음으로 외부 대상을 대면할 때 한 찰나에 갑자기 일어나는 마음이다. 이 마음은 갑자기 발생했기 때문에 선악 분별이 없다. ② 심구심: 외경을 정확히 인식하고자 분별하고 판단을 일으키는 마음 활동이다. ③ 결정심: 이미 대상을 분별하고 나서 좋고 나쁨을 결정하는 마음 활동이다. ④ 염정심: 외부 대상에 대해 좋다 싫다 감정을 내는 것이다. ⑤ 등류심: 등은 동등의 의미이고 유는 부류의 의미이다. 선악에 대해 이미 염정을 분별한 후, 분별된 성격과 동일하게 끊임없이 상속하는 마음 활동이다.

으며, 하루나 한 시간의 한정도 없다."[60]라고 했고 또한 "하루를 없애고는 일 년이 없다."[61]라고 했다. 『대승입능가경』에서 "여래장은 장식이라고 이름하는데 (중략) 생멸이 있고 '네 가지 습기'[四種習氣]에 의해 덮여 미혹되어 범부는 분별이 아뢰야식에 습기로 훈습되어 (생멸의 무자성을) 깨닫지 못하고 '(생사의 찰나가 있다는) 견해'[利那見]를 일으킨다."[62]라고 했다. 위 「지북유」·「칙양」·『능가경』 구절은 모두 시간은 실제 존재하지 않음을 증명한다.

다만 중동분심(衆同分心)은 모두 시간 관념[相]을 갖기 때문에 일반 사람은 시간이 실재한다고 집착한다. 그래서 「추수」에서 "시간은 멈추는 법이 없다."[63]라고 하고, 「경상초」에서는 "'시간의 흐름'[宙][64]은 연장되면서도 처음과 끝이 없다."[65]라고 했다. 이런 언급 모두 중동분심을 따라서 한 말이다. 그것을 전체적으로 보면 갑과 을 두 사람이 각자 시분(時分)을 가진다. 마치 여러 사람이 피리로 같은 곡조를 똑같이 연주하면 화합하여 하나의 소리 같지만 사실 각각 자신의 피리 소리가 있다. 왜인가? 시간은 마음에 의해 변화하기 때문에 갑과 을 두 사람의 마음은 그 영역이 구분된다. 이것으로 시간은 매 사람이 가진 개인적인 그릇이지 인간 보편의

---

59 『莊子』「知北遊」10: "無古無今, 無始無終."
60 『莊子』「則陽」3: "與物無終無始, 無幾無時."
61 『莊子』「則陽」3: "容成氏曰: 除日無歲, 無內無外." 여기서 내(內)는 자아를 가리키고 외(外)는 외물, 즉 세계를 가리킨다.
62 實叉難陀譯, 『大乘入楞伽經』卷5(『大正藏』16, p.621c), "如來藏名藏識, (中略) 有生滅, 四種習氣之所迷覆, 而諸凡愚分別熏心, 不能了知起利那見."
63 『莊子』「秋水」3: "夫物, 量無窮, 時無止, 分無常, 終始無故.[무릇 사물은 수량에 끝이 없고 시간은 멈춤이 없고 분수는 일정하지 않고 끝내고 시작함이 없다.]
64 宙(주): 郭象, 『莊子注』「齊物論」(『集釋』4, p.801), "宙者, 有古今之長, 而古今之長無極." 成玄英, 『莊子疏』「齊物論」(『集釋』4, p.801), "宙者, 往古來今也. 時節賒長, 謂之今古, 推求代序, 竟無本末. 宙既無矣, 本豈有耶!"
65 『莊子』「庚桑楚」11: "有實而無乎處者, 宇也. 有長而無本剽者, 宙也.[실제이면서 위치가 없는 것이 공간이고, 연장되면서도 첫머리와 끝이 없는 것이 시간이다.]

그릇이 아님을 알 수 있다. 또한 시간(시분)의 총상(보편상)은 중생에게 동일하게 적용되는 듯 보이지만 시간의 개별상(특수)은 피아간 상이하다. 어린아이 때는 시간이 천천히 간다고 느끼고 중년 이후는 시간이 빨리 간다고 느낀다. 과도한 환락에 정신 줄을 놓은 사람은 특별히 한 것은 없는데 세월이 빨리 가고 고통스럽게 일만 하는 사람은 끝날 시간을 기다려도 좀처럼 끝나지 않는다.

다시 여러 가지 개별상이 있는데 각각 상이하다.【이런 이야기는 '지대(知代)'[66]의 아랫부분에 보인다.】 또한 사람들 각각 동일한 곡조를 피리로 연주하지 않고 어떤 이는 각(角)의 높은 소리를 내고, 어떤 이는 치(徵)의 낮은 소리를 낸다. 이 사람의 피리 곡조는 「절양」(折楊)[67]에 호응하고 저 사람의 피리 곡조는 「하리」(下里)[68]와 합치되면 두 사람의 피리 소리에는 조화하여 하나인 듯 들리는 점은 없다.

비록 해시계와 별자리, 물시계를 가지고 억지로 약속하고는 시간이 동일하다고 요구하지만 시간이 천천히 간다고 느끼는 사람은 해시계나 별자리 혹은 물시계의 변화도 늦다고 느끼고, 시간이 빨리 간다고 느끼는 사람은 해시계나 별자리 혹은 물시계의 변화도 빠르게 느낀다. 척도를 사물에 견주어 사물의 길고 짧음을 확정하지만 안식이 '혼탁해 흐릿한'[汗漫][69] 사람은 사물이 길면 척도 또한 길게 보고, 안식이 '정교하고 정확한'[精諦] 사람은 사물이 짧으면 척도 또한 짧게 본다. 결국 사물과 완전히 일치하는 도량법은 존재하지 않는다.

---

66   '知代'는 「제물론」의 "夫隨其成心而師之, 誰獨且無師乎? 奚必知代而心自取者有之?" 구절의 '지대'를 가리키는데 『제물론석』으로 보자면 제1장 3절에 해당한다.
67   折楊(절양): 중국 고대 민간에서 불린 노래.
68   下里(하리): 중국 고대 민간에서 불린 노래.
69   汗漫(한만): 『淮南子』 「道應訓」 41: "吾與汗漫期於九垓之外." 高誘注: "汗漫, 不可知之也."[한만은 알 수 없음이다.]

이것을 통해서 유추해 보면 "아침에 돋았다가 해가 뜨면 말라죽은 버섯이 그믐달과 초승달을 알지 못하고, 땅강아지[惠蛄]는 봄가을을 알지 못한다."[70] 하지만 '명령(冥靈)과 대춘(大椿)'[71] 나무는 수령이 수천 수백 살이 넘는다. 나이 어린 사람이 자신이 나이가 많다고 느끼지 못하는 것과 어른이 자신이 나이가 많지 않다고 느끼지 못하는 것을 어떻게 알겠는가? 하지만 오직 찰나가 없음을 깨닫는 사람만이 비로소 찰나의 존재를 깨달을 수 있다.

「덕충부」에서 재주가 완전한 사람을 설명하면서 "밤낮으로 끊임없이 사물과 만나면서 봄날 같은 생기를 유지하고, 이런 접촉 이후에 마음에는 사계절의 감응을 일으키는 사람이다."[72]라고 이야기한다. 이 구절은 중생이 경험한 밤낮에 통달한 이가 거처하는데 오히려 시간 구분이 없음을 밝힌다. 이는 삼세는 단절되어 찰나도 나타내지 않지만 중생의 인연이 교차하여 삼세를 일으킴을 말한다. 자기 마음 위에 시간 이미지가 거짓 나타나기 때문에 "사물과 만나면서 봄날 같은 생기를 유지한다."(與物爲春)

『아비달마대비바사론』 권136에서 "장사가 손가락을 한 번 퉁길 때 64찰나가 지난다."[73]라고 했고 또 "세존께선 찰나의 실제 길이를 말하지 않으셨는데, 이야기해도 그것을 알 수 있는 중생이 없기 때문이다."[74]라고

70　朝菌(조균):『莊子』「逍遙遊」1: "朝菌不知晦朔, 蟪蛄不知春秋, 此小年也."
71　冥靈・大椿(명령대춘):『莊子』「逍遙遊」1: "楚之南有冥靈者, 以五百歲爲春, 五百歲爲秋; 上古有大椿者, 以八千歲爲春, 八千歲爲秋."[초나라 남쪽에 명령 나무가 있었는데 5백 년은 봄이고 5백 년은 가을이었고, 상고시대에 대춘 나무가 있었는데 8천 년은 봄이었고 8천 년은 가을이었다.]
72　『莊子』「德充符」4: "使日夜無郤, 而與物爲春, 是接而生時於心者也, 是之謂才全."
73　『阿毘達磨大毘婆沙論』卷136(『大正藏』27, p.701b), "壯士彈指頃, 經六十四刹那."
74　『阿毘達磨大毘婆沙論』卷136(『大正藏』27, p.701c), "世尊不說實刹那量. 問: 何故世尊不爲他說實刹那量? 答: 無有有情堪能知故."

했다. 진실로 짧은 시간 단위 가운데 '일순간'과 '일탄지'를 뛰어넘는 것이 없지만 마음의 일어남은 이보다 더 빠를지도 모른다. 하지만 찰나와 길이를 견줄 만한 것은 있지 않다. 한 생각이 일어나서 질풍처럼 회전하는데 그것을 한 찰나에 견줄 만하지만 아라한[應眞]과 보살[上士]이 아니라면 누가 그것을 알아차리겠는가? 만약 일탄지 정도의 짧은 시간을 조금도 잊지 않을 수 있다면 이런 능력은 어린아이가 가졌고 어른은 갖지 못했다. 일탄지를 잊지 않았기 때문에 어린아이도 장수한 게 되고, 그것을 잊었기 때문에 어른도 수명이 준 게 된다.

곽상은 「소요유」를 주석하면서 단지 "진실로 그것의 극한을 안다면 터럭만큼도 보탤 만한 게 없고 (중략) 시샘이나 욕망 같은 번뇌를 스스로 끊을 수 있다."[75]라고 말한다. 이것은 시간은 마음이 조성한 것이고, 시간의 느림과 촉박도 마음이 바꾼다는 사실을 알지 못했음이다. 마음이 일어났다 사라지는 일이 없으면 의식도 상속되지 않고, 의근의 항심사량이 또한 단절되면 시간은 쇠망하고 유전 상속하는 자아도 저절로 소멸할 것이다.

---

75   郭象, 『莊子注』 「逍遙遊」(『集釋』1, p.13). "苟知其極, 則毫分不可相跂, 天下又何所悲乎哉! 夫物未嘗以大欲小, 而必以小羨大, 故擧小大之殊各有定分, 非羨欲所及, 則羨欲之累可以絶矣."[진실로 그 극한을 안다면 터럭만큼도 보탤 게 없고, 천하에 슬퍼할 게 무엇이겠는가! 무릇 사물은 큰 것이 작은 것을 시샘하지 않고 반드시 작은 것이 큰 것을 시샘한다. 그러므로 작고 큼이 다르면 각기 정해진 분수가 있으니 시샘하고 욕망하는 것이 미칠 바가 아님을 들었으니, 시샘이나 욕망 같은 번뇌를 끊을 수 있다.]

非彼無我, 非我無所取. 是亦近矣, 而不知所爲使. 若有眞宰, 而特不
得其眹. 可行己信, 而不見其形, 有情而無形.

저것이 아니면 내가 없고, 내가 아니면 인식할 만한 것이 없다. 이것이 또
한 가깝다. 무엇이 그렇게 시킨 건지 알 수 없다. 참된 주재자가 있는 듯
하지만 그것의 징후를 오히려 볼 수 없다. 자아를 믿어야 갈 수 있다. 그
것의 형상을 볼 수 없으니, 진실성은 있지만 구체적 형체는 없다.

百骸. 九竅. 六藏, 賅而存焉, 吾誰與爲親? 女皆說之乎? 其有私焉?
如是皆有爲臣妾乎? 其臣妾不足以相治乎? 其遞相爲君臣乎? 其有
眞君存焉? 如求得其情與不得, 無益損乎其眞.

뼈 백 개, 구멍 아홉 개, 다섯 개 장기가 갖추어져 있는데 나는 어느 것과
가장 가까운가? 그대는 저들 모두가 그것을 좋아하는가? 아니면 사사로움
이 있는가? 이와 같다면 그것들 모두를 신첩이 되는가? 신첩만으로는 서
로 다스리기 부족한가? 차례대로 서로 군신이 될 수 있는가? 참된 주재자
가 있는가? 그것의 실상을 알든 모르든 간에 그것의 진실에는 아무런 영
향을 미치지 못한다.

一受其成形, 不亡以待盡. 與物相刃相靡, 其行進如馳, 而莫之能止,
不亦悲乎! 終身役役, 而不見其成功, 茶然疲役而不知其所歸, 可不
哀邪! 人謂之不死, 奚益! 其形化, 其心與之然, 可不謂大哀乎! 人之
生也, 固若是芒乎? 其我獨芒, 而人亦有不芒者乎!

한번 육신을 받으면 곧바로 죽지 않고 육신이 소진할 때까지 기다려야 하
는데 사물과 서로 다투고 서로 해친다면 일생은 말달리듯 지나가서 어떻

게 막지도 못할 것이다. 슬픈 일이 아닌가? 종신토록 애는 쓰지만 결국 성 공하자 못하며 고달프게 고생하면서도 돌아가 쉴 곳 알지 못하니 슬프지 아니한가! 사람들은 그것이 아직 죽지 않았다고 말하지만 무슨 이로움이 있겠는가? 육신이 변화하는 데 따라 마음도 그것과 더불어 변화하니 가장 슬픈 일이라 하지 않겠는가. 인간의 삶이란 이토록 어두운 것인가? 아니 면 나만 유독 어둡지 남은 전혀 어둡지 않은가!

이 절에서는 '자아 부정의 학설'[喪我說]을 근거로 '참 자아'[眞我]와 '거짓 자아'[幻我]를 논한다. 장자와 남곽자기의 주장은 무아가 핵심이다. 여기 「제물론」에서는 '자아 부정'을 말하고, 「소요유」에서는 "성인(至人)은 자 아가 없다."[76]라고 말하고, 「재유」에서는 "모습과 형체까지도 커다란 하 나의 세계에 융합한다. 하나의 세계이기 때문에 자아는 없다. 자아가 없 는데 어떻게 존재가 있겠는가?"[77]라고 말하고, 「천지」에서는 "사물을 잊 고, 하늘을 잊으면 자기를 잊었다고 이름한다."[78]라고 말하는데 모두 무 아를 설했다.

자아가 정말 본래부터 존재한다면 그것을 없애려 해도 절대 그럴 수 없다. 자아가 진정 존재하지 않는다면 무아를 증득한 것이지만 그렇다고 말라죽은 나무나 말린 고기와 같겠는가? 이 때문에 자아를 열심히 찾아 보지만 '명색(名色)과 육처(六處)'[79]에서는 자아를 찾을 수 없고, 오히려 무

---

76   『莊子』「逍遙遊」3: "至人無己."
77   『莊子』「在宥」5: "頌論形軀, 合乎大同, 大同而无己. 無己, 惡乎得有有!"
78   『莊子』「天地」9: "忘乎物, 忘乎天, 其名爲忘己."
79   名色(명색): 불교에서는 열두 가지 연속된 범주로 중생의 존재를 설명한다. 즉 무명·
     행·식·명색·육입(육처)·촉·수·애·취·유·생·노사 등 12가지다. 이른바 십
     이지연기(十二支緣起)이다. '명색(名色)'에서 명은 마음을 의미하고 색은 외계까지 포
     함하는 물질을 의미한다. 이것을 근거해서 육처, 즉 여섯 가지의 인식이 발생한다. 명

아가 드러날 뿐이다. 진여를 가리켜 자아라고 부를 만한데 그것은 인아·법아와는 다르다.

이 구절(제1장 2절)에서 '상대적인 관계가 단절되고 대립이 사라지면'(絶待無對)[80] 스스로 자아가 존재한다고 느끼지 못한다는 점을 논변한다. 그래서 "저것이 아니면 내가 없다."(非彼無我)라고 하였다. 만약 본래 자아가 없다면 비록 상대가 있다고 하더라도 누가 인식 주체가 되겠는가? 인식 주체가 없다면 인식 대상 또한 없다. 그래서 "내가 아니면 인식할 만한 것이 없다."(非我無所取)라고 말했다. 이것을 통해서 이야기하면 자아와 타자 두 가지 감각은 서로 원인[因]이 되고 결과[果]가 되기 때문에 일찍이 어느 것이 먼저고 어느 것이 나중인 적이 없었다. 그래서 자아와 타자라는 관념은 모두 공(空)함을 알 수 있다. 그것이 공(空)임을 안다면 지혜[智]에 가깝다.[81]

가령 자아와 타자의 구분을 완전히 없앴다면 '잘못된 인식'[妄覺]이 어디에 근거하고 무엇에 의지하여 발생하겠는가? 그래서 "무엇이 그렇게 시킨 건지 알 수 없다."(不知其所爲使)라고 했다. 여기서 추론하면 중생이 반드시 보편의 심체(心體)를 가짐을 안다. 그래서 "참된 주재자가 있는 듯하다."(若有眞宰)라고 했다. 중생이 심체에 이미 의지한다면 우리는 무슨 이유로 그것의 형상과 징후를 포착할 수 없나? 가령 고대 인도의 여러 사상가 가운데 어떤 이는 자아를 '피 열매'[稗子][82] 같은 것으로 집착했고 어떤

색을 연해서 육입이 있다는 것은 바로 이 과정을 이야기한다.(平川彰, 이호근 옮김, 『인도불교의 역사』상, 서울: 민족사, 1991, pp.72-73.)

80　絶待無對(절대무대): 상대성을 극복하고 대립을 벗어난다는 의미다.

81　대승불교의 반야사상에 입각하면 반야 즉 지혜는 일체 존재자가 공함을 아는 앎이다. 玄奘譯, 『般若波羅蜜多心經』(『大正藏』8, p.848c), "觀自在菩薩, 行深般若波羅蜜多時, 照見五蘊皆空, 度一切苦厄."[관자재보살이 깊은 반야바라밀을 행할 때 (자아를 구성하는) 오온이 모두 공함을 투철하게 통찰하여 일체의 고통과 액난을 극복한다.]

이는 자아를 쌀알 같은 것으로 집착했고, 어떤 이는 자아를 엄지손가락 같은 것으로 집착했다. 모두 망령된 생각으로 집착한 것이고, 실제로는 이것의 형상과 징후를 본 사람은 없다. 그래서 "그것의 징후를 볼 수 없다."(不得其眹)라고 했다.

이 구절에서 말한 내용을 자세히 살펴보면, '진재'(眞宰)는 불교에서 말하는 아뢰야식에 해당한다. 오직 의근(말나식)이 항심사량(恒審思量)하여 아뢰야식을 자아로 집착하는데, 의식(제6식)의 분별활동으로는 그것을 인식할 수 없다. 의근이 항심사량하기 때문에 결코 스스로 집착하는 자아가 허깨비임을 자각하지 못하고, 스스로 그것을 의심하여 단절시키지도 못한다. 오히려 나가고 멈추고 굽히고 펴는 행동은 분명 자아가 담당한다고 여긴다. 그래서 "자아를 믿어야 갈 수 있다."(可行己信)라고 했다. 【곽상은 "가는 자는 자신을 믿고 나서야 갈 수 있다."(行者, 信己可得行也)라고 했다.】[83] 비록 자아를 신뢰하여 이 자아의 형색이 붉은색이라고, 하얀색이라고, 네모라고, 둥글다고 주장하지만 결국 의근이 인식한 바는 아니다. 그래서 "그것의 형상을 볼 수 없으니, 실상은 있지만 형상은 없다."(不見其形, 有情而無形)라고 했다. 이리저리 자아의 형상을 찾아다니지만 찾는 거라곤 오직 '뼈 백 개, 구멍 아홉 개, 다섯 개 장기' 따위이다. 이들 가운데 누가 참 자아인지 모르겠다.

만약 "모두 그것[자아]을 만족시킨다."(皆說之)라고 말하면 저들 여러 신체 기관이 흩어져 있기 때문에 자아는 응당 하나일 수가 없다. 하지만 실제 우리는 자아가 하나라고 자각한다.

---

82 曇無讖譯, 『大般涅槃經』卷8(『大正藏』12, p.412c), "聲聞・緣覺問諸衆生: 我有何相? 答言: 我見我相, 大如拇指, 或言如米, 或如稗子."
83 郭象, 『莊子注』「齊物論」(『集釋』1, p.57), "夫行者, 信己可得行也."

만약 "(저들 가운데 한 가지에 대해서만 자아라고) 사사로움이 있다."(有所私)[84]라고 말한다면 (하나의 자아가) 기타 여러 몸체의 고통과 괴로움을 응당 모른 척해야 하지만 현실적으로 그 하나를 내버려 두지 못한다.

만약 "모두 [자아의] 신첩이 된다."[85]라고 말하면 누가 다시 그들의 주인이 되겠는가? 가령 뇌수와 신경 다발을 저들의 공동 주재자로 삼는다면 그것은 신첩과 마찬가지로 근육이거나 피부거나 살인데 무엇 때문에 자기만 다른 기관을 통제할 수 있는가?

만약 "신체에 신경 조직이 없으면 다른 여러 신체 기관이 상호 조절할 수 없다."라고 말한다면 다음을 어떻게 설명할 것인가? 현재 발견되는 단세포 동물은 인지 능력이 있고 신경이 없더라도 신체의 여러 부분은 상호 통제할 수 있다. 더구나 온갖 초목도 모두 감정과 생명이 있고, 인간이 수많은 기관과 부분을 가지는 것처럼 줄기나 가지, 잎이 있지만 뇌수나 신경을 가진 것은 보지 못했는데, 모든 부분이 상호 조절하여 호흡이 잘 맞고, 심지어 '파리를 잡아먹는 경우'[86]도 있는데 이것은 누가 그렇게 하도록 명령한 것인가?

이와 같이 인간과 조수가 모두 비록 뇌수와 신경이 있지만 그것은 다만 지식을 전달하는 도구라고 할 수밖에 없다. 이는 마치 전선이 전기를 나르는 수단이지 전기가 전선이 아닌 것이나 말달리는 길이 말이 가는

---

84   有所私(유소사): 「제물론」 원문에서는 '有私'이지만 장타이옌은 '有所私'로 인용했다. 오기가 아니라 의미를 분명히 하고자 '所'자를 의도적으로 부기했다. 일종의 해석이라고 할 수 있다.
85   皆有爲臣妾(개유위신첩): 장타이옌은 '皆爲臣妾'으로 표기했다.
86   곤충을 잡아먹는 식충식물(食蟲植物) 가운데 하나인 파리지옥(학명, Dionaea muscipula)은 벌레가 떡잎 안으로 들어와 잎 안의 감각모를 접촉하면 잎을 닫고 소화액을 분비해 벌레를 녹여 영양분을 섭취한다. 토양에서 영양분을 섭취하기 힘든 지역에 이런 식충 식물이 서식한다.

길이지 말이 '말달리는 길'은 아닌 것과 같다. 그렇다면 촉, 수, 상, 사의 본체가 뇌수와 신경이 아닌 것은 분명하다. 이것을 기준으로 삼으면 여러 가지 주장이 저절로 무너지고 만다.

만약 "뇌수와 신경이 온갖 신체 기관과 번갈아 주인과 신첩이 된다."라고 주장하면 지금 심장이 물이나 곡기를 흡수하고, 위장이 핏줄을 온몸에 퍼지게 하고, 귀가 사물을 보고, 눈이 소리를 듣고, 머리로 걷고, 머리칼로 물건을 쥐게 하더라도 결국 불가능한데 하물며 번갈아 작동할 수 있겠는가?

이상 다섯 가지 의미로써 추적해 보면 진아(眞我)가 존재한다고 말해야 한다. 영대(靈臺)는 감관과 감각을 통제하며 범어로는 '아다나'이다. 또한 그것은 종자를 간직하기 때문에 영부(靈府)라고도 하는데 범어로는 '알라야'이다. 진아의 체성은 생멸하지 않고 인연을 따라서 생멸하는데 불전에서 그것을 여래장(如來藏)이라고 칭한다. 진아의 불생불멸하는 체성을 또한 암마라식(菴摩羅識, amala-jñāna)[87]이라고 한다. 「덕충부」에서 다음과 같이 말한다.

> 그 지혜로써 그 마음[心]을 획득하고 그 마음으로써 그것의 상심(常心)을 획득한다.[88]

여기서 먼저 마음[心]은 아타나식에 해당하고 상심(常心)은 암마라식에

---

87   菴摩羅識(암마라식): '아마라식(阿摩羅識)'을 말하며 '더러움이 없는 식'이란 의미이고 무구식(無垢識)·청정식(淸淨識)·진여식(眞如識)·제9식 등으로 불린다. 자성이 청정한 본식을 가리킨다. 이것은 인도 유식학에서는 보이지 않는 개념으로 중국에서 발생한 유식학파인 섭론학파가 수립한 이론이다. 섭론학파는 아뢰야식을 기본적으로 미혹으로 보고 그것을 극복한 제9의 식이 존재한다고 보았다.(『佛光』, p.3671)

88   『莊子』「德充符」1: "常季曰: 「彼爲己, 以其知得其心, 以其心得其常心, 物何爲最之哉?」"

해당한다. 「덕충부」에서 상심이라고 말하고 「제물론」에서 진군(眞君)이라고 말한다. 심과 상심은 업상(業相)의 차별이지 그 자체로서는 동일하다. 「제물론」에서는 진재(眞宰)나 진군으로 표현했고, 「덕충부」에서는 둘을 구분해서 설명했다. "총재(冢宰)[89]는 끊임없이 교체됐다."라는 이야기는 아타나식의 항전(恒轉)[90]을 비유했고, "대군(大君)을 폐위시킬 수 없다."라는 이야기는 암마라식의 '생성하지도 않고 소멸하지도 않는 성격'(不生不滅)을 비유했다. '자아가 의식이 아니라는 사실을 아는 경우'는 '깊은 잠에 빠진 상태'[熟眠位]가 이미 단절됐지만 모든 정신 활동이 죽음 상태와 다르기 때문에 비량으로 (자아는) '의식이 아님'을 안다는 이야기다.

　의근은 항상 아타나식을 자아로 간주한다. 비록 의근을 분별하기는 어렵지만 다만 걷고 서고, 앉고 눕고, 움직이고 멈추고, 말하고 침묵하는 등 온갖 활동 속에서 자아를 떠올리지 않을 뿐이지 지금까지 자아가 아니라고 의심한 적은 없다. 그래서 현량에 근거해서 자아는 의식이 아님을 안다. 이 때문에 고요한 선정 상태에서 관찰하면 영대(아타나식)가 드러난다. 의근이 이것을 폭류와 같이 항상 전변하는 것을 자아라고 집착

89　冢宰(총재): 중국 주나라의 관명으로 육경(六卿) 가운데 우두머리로 태재(太宰)라고도 한다. 총재는 다른 모든 관직을 통솔하는 최고위 관직으로 주나라 무왕이 죽고 성왕이 어려 주공(周公)이 태재가 되어 섭정했다.

90　恒轉(항전): 세친은 『유식삼십송』 제4송에서 아뢰야식이 마치 폭류처럼 '끊임없이 활동'한다고 말한다. 『唯識三十頌』第4頌: "恒轉如暴流." 『성유식론』에서는 다음과 같이 풀이한다. 『成唯識論』卷3(『大正藏』31, p.12bc), "'恒'謂此識, 無始時來, 一類相續, 常無間斷, 是界趣生, 施設本故, 性堅持種, 令不失故. '轉'謂此識, 無始時來, 念念生滅, 前後變異, 因滅果生, 非常一故. 可爲轉識, 熏成種故. 恒言遮斷, 轉表非常."[항(恒)은 이 아뢰야식이 시작 없는 때부터 '한 유형으로 상속'[一流相續]하여 늘 단절 없음을 말하는데, 삼계·오취·사생의 근본을 형성하고, 종자를 굳건히 지켜 사라지지 않게 하기 때문이다. 전(轉)은 이 아뢰야식이 시작 없는 때부터 찰나 생멸하여 전찰나와 후찰나가 변이함을 말하는데, 원인이 소멸하고 결과가 발생하여 '항상하고 동일하지'[常一]는 않기 때문이며, 7전식이 [아뢰야식에] 종자로 훈습되기 때문이다. 항(恒)은 단절을 부정하고, 전(轉)은 동일성을 부정한다.]

하지만 그것은 환상이나 망상일 뿐이다. 오직 암마라식을 증득해야 이것이 진군(眞君)인 것이고 이것은 무아로서 자아를 드러낼 뿐이다. 그래서 '거짓된 자아'는 본디 존재하지 않은 것으로 없앨 수 있고, 진아는 늘 보편적으로 존재하기에 스스로 존재한다. 이 암마라식은 본래 그러한 것이라 "수행할 수 있는 것도 아니고 만들 수 있는 것도 아니기 때문에 끝내 획득할 수 있는 게 아니다."[91] 그래서 "그것의 실상을 알든 모르든 간에 그것의 진실에는 아무런 영향을 끼치지 못한다."(如求得其情與不得, 無益損乎其眞)라고 하였다.

실상을 알지 못하면 한번 육신을 받고서 생사유전이 종료되지 않고, 심념이 상속하여 마치 동전 꾸러미같이 앞서 마음이 지나쳐 가면 매번 다시 상실한다. 피부와 골수가 시간을 따라서 신진대사를 하는데 십 년 전 신체는 모두 소멸한다. 이것으로 한번 태어났을 때, 이미 아홉 번의 죽음을 거쳤음을 알 수 있다. 그래서 "사람들은 그것이 아직 죽지 않았다고 말하지만 무슨 이로움이 있겠는가!"(人謂之不死, 奚益!)라고 말한다. 이것은 진군(眞君)을 이야기한 것인데 여래장의 진여로서 실상을 가리킨다.[92]

다음 "육신이 변화하는 데 따라 마음도 그것과 더불어 변화한다."(其形化, 其心與之然)는 말은 여래장의 '인연을 따르는'[隨緣][93] 작용을 가리킨다.[94]

---

91   馬鳴造, 眞諦譯, 『大乘起信論』(『大正藏』32, p.577a), "菩提之法, 非可修相, 非可作相, 畢竟無得, 亦無色相可見."

92   馬鳴造, 眞諦譯, 『大乘起信論』(『大正藏』32, p.576a), "心眞如者, 卽是一法界大總相法門體, 所謂心性, 不生不滅. 一切諸法, 唯依妄念, 而有差別. 若離心念, 則無一切境界之相. 是故一切法, 從本已來, 離言說相, 離名字相, 離心緣相, 畢竟平等. 無有變異, 不可破壞, 唯是一心, 故名眞如."

93   隨緣(수연): 『기신론』에서는 진여 개념에 상반되어 보이는 두 가지 성격을 부여한다. 그것은 불변(不變)과 수연(隨緣)이다. 진여는 존재의 근본적이고 보편적인 본질이고 또한 진실이기 때문에 시공에 따라 변화하는 일은 없다. 그래서 진여불변 개념이 성립한다. 유식학에서 진여응연(眞如凝然)이라고 표현했는데 이때 응연은 응고(凝固)의 의미로 꿈쩍하지 않는다는 말이다. 하지만 『기신론』은 근본 개념으로 진여를 인정한

이미 인연을 따라 생멸 작용을 했다면 이 여래장을 아뢰야식이라고 이름을 바꿔 부른다.【남곽자기는 본래 '자아의 상실'[喪我]이라고 이야기했고, 장자는 다른 편에서 모두 '자기 없음'[無己]이라고 말했는데 유독 여기서만 진군(眞君)이 있다고 이야기한다. 마치 불전에서 대부분 무아(無我)를 이야기하는데도 대승 『대반열반경』에서는 유독 유아(有我)를 이야기하는 것과 같다. 대개 '중생에게 자아가 있다는 집착'[人我執]과 '존재자에게 실체가 있다는 집착'[法我執] 둘 모두를 제거하면 자성의 청정함이 비로소 드러나는데 이것이 '모든 것에 대한 무조건적인 존재 부정'[斷滅無]과 다르다.】 "나도 어둡고 남도 어둡다."(我芒人亦芒)[95]라는 구절은 무량한 중생이 모두 동일한 식을 가진다는 의미다. 만약 어떤 한 사람이 몽매[芒]에서 벗어난다면 그에게 중생세간(衆生世間)과 기세간(器世間)은 나타나지 않는다. 곽상은 「대종사」를 풀이하면서 다음과 같이 말한다.

> 인간이 나고 자라 겨우 몸뚱이 7척 정도지만 (오상(五常)을) 반드시 갖춘다. 그래서 비록 개별 신체지만) 천지가 그를 봉양한다. 이 때문에 천지만물 모든 존재자는 하루라도 서로 없을 수 없다. 만물 중 하나라도 갖추지 못하면 생명은 탄생할 수 없고 (모든 이치 가운데 하나라도 적용되지 않으면 '천수를 다 누릴 수가 없다.'[96])[97]

상태에서 번뇌하는 중생뿐만 아니라 삼라만상의 세계를 설명해야 했다. 그래서 다시 진여에 어떤 상황을 따른다는 수연(隨緣)의 성격을 부여한다.

94 馬鳴造, 眞諦譯, 『大乘起信論』(『大正藏』32, p.576b), "心生滅者: 依如來藏故, 有生滅心; 所謂不生不滅與生滅和合, 非一非異, 名爲阿梨耶識."

95 여기에 해당하는 「제물론」 본문은 "其我獨芒, 而人亦有不芒者乎?"인데 장타이옌은 '나뿐만 아니라 남도 어둡다'는 의미로 줄였다.

96 天年無緣得終(천년무연득종): '천년(天年)'은 '천수(天壽)'로 타고난 수명을 의미한다. '득종(得終)'은 '득진(得盡)'으로 앞서 말한 타고난 수명을 '다 누린다'는 의미이다. '무연(無緣)'은 '무유(無由)'로 그럴 만한 이유 혹은 방법이 없다는 의미다. 그래서 "천수를 다 누릴 수가 없다."라고 해석할 수 있다. 『장자』 「인간세」와 「산목」에서도 이 표현이 몇 차례 등장한다. 「人間世」5: "不終其天年而中道夭."

97 郭象, 『莊子注』 「大宗師」(『集釋』1, p.225), "人之生也, 形雖七尺, (而五常必具, 故雖區區

깊이 생각해 보면 이 의미를 알 수 있다. 당대 법장(法藏)은 이것에 의거해 무진연기설(無盡緣起說)을 정립했다.[98] 상세한 해설은 "만물은 나와 하나가 된다."(萬物與我爲一)라는 구절 해석 아래에 있다.[99]【불교에서 때론 무아(無我)를 이야기하고 때론 유아(有我)를 이야기한다. 무아(無我)란 의근이 망령되이 아타나식을 자아로 집착함이고, 유아란 대승『대반열반경』에 보이는데 불성, 즉 청정여래장을 가리킨다. 장식이 이미 일어나면 여래장도 아뢰야식의 생멸 과정에 있다. 그래서 공통된 명칭과 차별된 명칭이 있다.】

之身,) 乃擧天地以奉之. 故天地萬物, 凡所有者, 不可一日而相無也. 一物不具, 則生者無有得生,(一理不至, 則天年無緣得終.)" 장타이옌은 괄호 친 부분은 빼고 인용했다.

98   장타이옌이 무진연기설의 이론 연원으로 제시한 곽상의『장자주』구절은 대단히 중요해 보인다. 물론 우리는『화엄경』내에서도 무진연기설의 기원을 손쉽게 찾을 수 있다. 그러나 화엄학 전체 혹은 무진연기설에 중국적인 색채를 보태는 데 장자학의 역할은 꽤 컸다. 물론 당대 불교 거사 이통현(李通玄)의 화엄학에서 볼 수 있듯『역』의 역할도 분명하다.

99   '萬物與我爲一'에 대한 장타이옌의 해설은『제물론석』제1장 6절에 있다.

夫隨其成心而師之, 誰獨且無師乎? 奚必知代而心自取者有之? 愚者
與有焉. 未成乎心而有是非, 是今日適越而昔至也. 是以無有爲有. 無
有爲有, 雖有神禹, 且不能知, 吾獨且奈何哉!

자신의 성심을 따라 그것을 준거로 삼는다면 누구인들 준거가 없겠는가?
어찌 반드시 변화의 이치를 알아서겠는가? 마음이 본래 가진 것으로 그것
이 있고, 어리석은 사람도 그것이 있다.[100] 내면에 성심이 형성되지 않았
는데 시비를 판단한다는 것은 오늘 월나라를 가는데 어제 도착했다는 격
이다. 이것은 있지 않은 것을 있다고 하는 꼴이다. 있지 않은 것을 있다고
한다면 비록 신통한 우 임금이라도 이해할 수 없을 것이다. 하물며 내가
어떻게 하겠는가!

夫言非吹也, 言者有言, 其所言者特未定也. 果有言邪? 其未嘗有言
邪? 其以爲異於鷇音, 亦有辯乎, 其無辯乎?

말은 단순한 소리가 아니다. 말은 표현하려는 내용이 있다. 하지만 말로
표현한 내용을 결코 확정할 수 없다면 과연 말한 것인가? 아니면 아직 말
하지 않은 것인가? (말이) 새 새끼가 내는 소리와는 다르다면 어떤 차이가
있는가? 아니면 없는가?

道惡乎隱而有眞僞? 言惡乎隱而有是非? 道惡乎往而不存? 言惡乎
存而不可? 道隱於小成, 言隱於榮華. 故有儒墨之是非, 以是其所非
而非其所是. 欲是其所非而非其所是, 則莫若以明.

도(道)는 무엇에 의지하기에 참 거짓의 구분이 있는가? 말[言]은 무엇에 의

---

100   이 부분에 대한 일반적인 장자 해석과 장타이옌의 해석은 크게 다르다.

지하길래 시비의 판단이 있는가? 도는 어디로 갔길래 존재하지 않는가? 말은 어디에 있길래 수용되지 않는가? 도는 작은 성취에 의지하고, 말은 화려함에 의지한다. 그래서 유가와 도가는 시비 논쟁이 벌어져 상대방이 부정하는 것을 긍정하고 상대방이 긍정하는 것을 부정한다. 사실 상대방이 부정하는 것을 긍정하고 긍정하려는 것을 부정하는 것은 객관적인 태도로 판단하는 것만 못하다.

物無非彼, 物無非是. 自彼則不見, 自是則知之. 故曰彼出於是, 是亦因彼. 彼是方[101]生之說也, 雖然, 方生方死, 方死方生; 方可方不可, 方不可方可. 因是因非, 因非因是.

사물은 '저것' 아님이 없고, 사물은 '이것' 아님이 없다. 저것 입장에 서면 보이지 않다가도 이것 입장에 서면 분명히 알 수 있다. 그래서 저것은 이것에서 발생했고 이것 또한 저것에 말미암는다고 말한다. 저것과 이것은 동시에 발생한다는 주장이다. 비록 그렇지만 발생과 동시에 사멸하고, 사멸과 동시에 발생한다. 가능하면서도 동시에 불가하며, 불가하면서도 동시에 가능하다. 긍정이면서도 부정이고 부정이면서도 긍정이다.

是以聖人不由而照之於天, 亦因是也. 是亦彼也, 彼亦是也. 彼亦一是非, 此亦一是非. 果且有彼是乎哉? 果且無彼是乎哉?

이 때문에 성인은 (이것과 저것 혹은 옳고 그름에) 의거하지 않고 그것을 자연에 비춰 본다. 이것이야말로 크나큰 긍정이다. 이것은 또한 저것이며, 저것 또한 이것이다. 저것도 하나의 시비 표준이고 이것 또한 하나의 시비 표준이다. 과연 저것과 이것의 분별이 있는가? 아니면 저것과 이것의 분별이 없는가?

---

101   方(방): 병(幷)의 뜻으로 '무엇과 동시에'라는 의미로 이해해야 한다. 姚漢榮·孫小力·林建福 撰, 『莊子直解』(上海: 復旦大學出版社, 2000), p.41.

彼是莫得其偶, 謂之道樞. 樞始得其環中, 以應無窮. 是亦一無窮, 非亦一無窮也. 故曰莫若以明. 以指喩指之非指, 不若以非指喩指之非指也; 以馬喩馬之非馬, 不若以非馬喩馬之非馬也. 天地一指也, 萬物一馬也.

저것과 이것이 상대를 얻지 못하면 그것을 도의 지도리라고 부른다. 도의 지도리를 파악해서야 비로소 그것의 고리 중심을 장악하여 무궁한 변화에 호응할 수 있다. 긍정도 하나의 무한한 변화이고 부정 또한 무한한 변화이다. 그래서 객관적인 태도로 사물의 본래 모습을 관찰하는 것만 못하다고 했다.

손가락으로 손가락의 손가락 아님을 설명하는 것보다 손가락 아닌 것으로 손가락 아닌 것을 설명하는 쪽이 더 낫다. 말로써 백마가 말이 아님을 설명하는 것은 말이 아닌 것으로 백마가 말이 아님을 설명하는 것만 못하다. 천지도 하나의 손가락으로 귀결될 수 있고 만물도 말이라는 하나의 명칭으로 대신할 수 있다.

이 절에서는 아뢰야식에 저장된 종자, 즉 원형관념을 논한다. 색법과 무위법 외에 대승과 소승에서는 모두 24종의 불상응행법(不相應行法)[102]을 제시했고,[103] 근세 칸트는 12범주를 제시했는데[104] 이들 모두 번쇄하다.

---

102 不相應行法(불상응행법): 부파불교의 설일체유부나 대승불교의 유식학에서는 현상세계를 구성하는 다양한 조건을 제시하는데 각각 5위75법과 5위100법이다. 5종 기본 조건 가운데 하나인 불상응행법은 색법, 심법, 심소법 등과 달리 물질이나 마음과 '상응하지 않는'(不相應) 고유한 특성과 작용을 가진 추상적인 힘이다. 이는 칸트가 말하는 범주와 같이 존재 양태에 관한 관념을 추상화시켜 얻은 개념이다. 권오민, 『아비달마불교』, 서울: 민족사, 2003, pp.81-82 참조.

103 장타이옌은 이 구절에서 일종의 범주론을 전개한다. 그가 말한 소승과 대승은 각각 설일체유부와 유식학을 말한다. 두 유파는 세계의 일체 존재에 대해 분류표를 작성했다. 각각 5위75법과 5위100법이다. 그들은 먼저 존재자를 크게 5종의 성격으로 분류

제물론석

지금 색법과 무위법, 그리고 불상응행법을 대략 비교하면 제8식인 아뢰야 식[藏識]은 시간관념[世識]·공간관념[處識]·형상관념[相識]·수관념[數識]·행위관념[作用識]·인과관념[因果識]을 본유하고【세식·처식·수식은 모두 『섭대승론』에 보인다.[105] 세(世)는 현재·과거·미래를 말하고 처(處)는 점·선·면 그리고 물체의 방위를 말한다. 상(相)은 색·성·향·미·촉을 가리킨다. 수(數)는 일·이·삼 등을 가리킨다. 작용(作用)은 유위를 말한다. 인과는 저것은 이것에 말미암고, 이것에 말미암아 저것이 있다는 사실이다. 공간식은 바로 처식이고 감각되는 진공은 상식에 속한다. 진공도 또한 공일현색(空一顯色)을 가진다. 그래서 『아비달마대비바사론』 권75에서는 "색이면서 색깔과 모양이 없는 것을 공계색이라고 말한다."[106]라고 했다.

하고, 그 하위에 다시 존재를 분류한다. 두 유파의 대범주 5위(位)는 4종의 유위법(색법, 심법, 심소법, 심불상응행법)과 하나의 무위법(無爲法)으로 구성된다. 장타이옌은 5위의 유위법 가운데 심불상응행법(心不相應行法)을 서양 철학에서 말하는 범주로 간주한다.

104 칸트의 12범주: 칸트는 『순수이성비판』에서 이성이라는 이름 아래서 행해지는 인간의 인식 능력은 직관의 능력과 사유의 능력 두 가지라고 말한다. 그는 직관 능력을 감성이라고 불렀고, 사유 능력을 오성이라고 부른다. 감성은 감각기관의 총체다.(A. Varga von Kibéd, *Erklärung der Grundbegriffe von Kant's Kritik der reinen Vernunft*, 이신철 옮김, 『순수이성비판의 기초 개념』, 서울: 한울아카데미, 1994, p.29 참조.) 칸트는 감성과 오성이라는 두 가지 능력은 선험적 형식이 요청된다고 생각했다. 그는 직관의 선험적 형식으로 시간과 공간을 말하고 오성의 선험적 형식으로 범주를 말한다. 여기서 순수 지성 개념으로 12범주가 제시된다.(Immanuel Kant, 백종현 옮김, 『순수이성비판』1, 서울: 아카넷, 2008, p.298.)

105 無著菩薩造, 玄奘譯, 『攝大乘論本』(『大正藏』31, p.138a), "此中何者依他起相? 謂阿賴耶識爲種子, 虛妄分別所攝諸識. 此復云何? 謂身身者受者識, 彼所受識, 彼能受識, 世識·數識·處識, 言說識, 自他差別識, 善趣惡趣死生識."[이 가운데 무엇이 의타기(다른 것에 의지하여 일어난) 상(相, lakṣaṇa)인가? 아뢰야식을 종자로 하고 허망분별에 포섭된 여러 식(vijñapti, 표상)을 말한다. 이들 식은 구체적으로 무엇인가? 신식(신체 표상, 오근), 신자식(신체를 소유자로서 표상, 意), 수자식(경험자로서 표상, 意根), 피소수식(경험되는 대상으로서 표상, 六境), 피능변식(경험 주체로서 표상, 六識), 세식(시간 표상), 수식(수량의 표상), 처식(장소의 표상), 언설식(언어 표상), 자타차별식(자타 구별의 표상), 선취악취사생식(선취와 악취 중에서 죽고 사는 표상)을 말한다.] 번역은 다음을 참조했다. 長尾雅人, 『攝大乘論-和譯と注解』上(東京: 講談社, 2001), pp.275-281.

106 五百大阿羅漢等造, 玄奘譯, 『阿毘達磨大毘婆沙論』卷75(『大正藏』27, p.390c), "或有色無顯無形, 謂除前相, 即空界色."

또 "무엇을 공계라고 하는가? 인애색(隣礙色)을 말한다. 애(礙)는 적취를 말하는데 장벽 등에 해당한다. 어떤 색이 이것에 가깝기 때문에 인애색이라고 한다. 마치 장벽 사이의 공간, 수풀 사이의 공간, 나무와 나뭇잎 사이의 공간, 창호 사이의 공간, 왕래하는 사이의 공간, 손가락 사이의 등의 공간, 이것을 공계라고 이름한다."[107]라고 말한다. 만약 방우(方隅) 등의 경우라면 현색이 있는 곳에서 형색을 이야기하고, 현색이 없는 곳에서는 공간을 이야기한다. 『아비달마대비바사론』권75에서 "질문: 허공과 공계는 무슨 차이가 있는가? 대답: 허공은 색이 아니고 공계는 색이다."[108]라고 했다. 또 "만약 허공이 없으면 모든 사물을 수용할 곳이 없을 것이다. 여러 사물을 수용할 곳이 있다면 허공의 존재를 알 수 있다. 다시 말하면 왕래하는 곳이 있기 때문에 허공의 존재를 알 수 있다."[109]라거나, "다시 말하면, 만약 허공이 없다면 모든 곳에 장애가 있을 것이다. 현재 장애가 없다는 것을 보기 때문에 허공이 반드시 실제 존재한다는 사실을 알 수 있다. 무장애상이 허공이기 때문이다."[110]라고 했다. 여기서 말하는 허공은 요즘말로는 공간에 해당한다. 하지만 허공과 공간의 명칭은 실제 통용할 수 없다. 사실 무장애처의 형상과 유장애처의 형상은 통용하여 이 명칭을 사용할 수 있다. 『장자』「천하」에서 명가의 학설을 거론하면서 "두께가 없어서 쌓을 수 없는 것도 그 크기가 천리나 된다."[111]라고 했다. 사마표는 (두께와 관련해) "두께가 있는 것도 크지만 두께가 없는

107　五百大阿羅漢等造, 玄奘譯, 『阿毘達磨大毘婆沙論』卷75(『大正藏』27, p.388b), "云何空界? 謂隣礙色. 礙謂積聚, 即牆壁等有色, 近此名隣礙色, 如牆壁間空, 叢林間空, 樹葉間空, 窓牖間空, 往來處空, 指間等空, 是名空界."

108　五百大阿羅漢等造, 玄奘譯, 『阿毘達磨大毘婆沙論』卷75(『大正藏』27, p.388b), "問: 虛空空界有何差別? 答: 虛空非色, 空界是色."

109　五百大阿羅漢等造, 玄奘譯, 『阿毘達磨大毘婆沙論』卷75(『大正藏』27, p.388b), "若無虛空, 一切有物, 應無容處, 既有容受, 諸有物處, 知有虛空. 復作是說, 以有往來聚集處, 故知有虛空."

110　五百大阿羅漢等造, 玄奘譯, 『阿毘達磨大毘婆沙論』卷75(『大正藏』27, p388c), "復作是說, 若無虛空, 應一切處, 皆有障礙. 既現見有無障礙處故, 知虛空決定實有, 無障礙相是虛空故."

111　『莊子』「天下」7: "至小無內, 謂之小一. 無厚, 不可積也, 其大千里."

제물론석

것도 크다."[112]라고 풀었다. 『묵자』「경상」에서는 "두터움[厚]은 확대되는 바가 있음이다."[113]라고 했고, 『묵자』「경설상」에서는 "두터움[厚]은 오직 확대되는 바가 없음이다."[114]라고 했다. 그래서 장애가 있기도 하고, 장애가 없기도 하다. 단지 계량할 수 있는 형체를 가진 것을 통괄해서 처(處)라고 부른다. 공간과 허공까지 들어서 그렇게 명명하는 것은 부당하다. 진공 가운데 색깔을 가진 것과 서로 뒤섞이고 만다. 승론(勝論, Vaiśeṣika)은 9종(地·水·風·火·空·時·方·我·意)의 실체를 제시했는데, 여기서 공(空, ākaśa, ether)과 방(方, dik, space)은 다르다. 승론이 말하는 공은 공계와 진공에 해당하고, 여기서 말하는 방(方)은 허공과 공간에 해당한다. 어떤 것을 방으로 명명하는 경우와 어떤 것을 처로 명명하는 경우는 명실이 상부한다. 허공과 공간은 명칭 상의 혼란일 뿐이다.], 제7식 의근(意根)은 본래 자아관념[我識]을 본유하고, 나머지 '존재와 비존재'[有無], '옳고 그름'[是非], '특수와 보편'[自供], '결합과 분산'[合散], '완성과 파괴'[成壞] 같은 관념은 모두 이 일곱 가지 종자가 서로 관계하여 형성했다.

성심(成心)[115]은 바로 종자인데 종자는 심의 장애상이다. "일체 장애는 구경각(究竟覺)이다."[116] 그래서 이 '성심을 전변하면 지혜를 성취하고',[117]

---

112 『釋文』(『集釋』4, p.1103), "司馬云: 無厚與有, 同一體也, 其有厚大者, 其無厚亦大."

113 『墨子』「經上」56: "厚, 有所大也."

114 『墨子』「經說上」56: "厚, 惟無所大."

115 成心(성심): 林雲銘, 『莊子因』: "成心, 謂人心之所至, 便有成見在胸中, 牢不可破, 無知愚皆然."[성심(成心)은 사람 마음이 지향하는 바를 말한다. 흉중에 이미 고정된 견해가 있으면 감옥처럼 부술 수 없는데 지자나 우인 할 것 없이 모두 그렇다.] 林雲銘, 『莊子因』(上海: 華東師範大學出版社, 2011), p.15. 임운명은 청대 학자이다.

116 佛陀多羅譯, 『大方廣圓覺修多羅了義經』卷1(『大正藏』17, p.917b), "善男子! 一切障礙即究竟覺, 得念失念無非解脫, 成法破法皆名涅槃, 智慧愚癡通爲般若, 菩薩外道所成就法同是菩提, 無明眞如無異境界, 諸戒·定·慧及婬·怒·癡俱是梵行, 衆生國土同一法性, 地獄天宮皆爲淨土, 有性無性齊成佛道, 一切煩惱畢竟解脫, 法界海慧照了諸相猶如虛空, 此名如來隨順覺性."

117 轉心成智(전심성지): 유식학에서 "망식을 전환하여 지혜를 얻는다."(轉識得智)라는 학설이 있다.

이 성심을 따르면 번뇌를 해결할 수 있다. 성심은 안식·이식·비식·설실·신신·의식 등 육식으로 활동하기 전에 아뢰야식[藏識]과 말라식[意根] 가운데 잠복한다. 성심은 육식이 활동하면 때에 맞춰 현행하며 명령이나 지도에 기대지 않는다. 이것은 이른바 "성심을 따라서 그것을 준거로 삼는다."(隨其成心而師之)라는 의미다.

아뢰야식이 본유한 종자식 가운데 세식(시간관념)을 예로 들어 보자. 절기가 순서대로 교체되는 것을 교대[代]¹¹⁸라고 이름한다. 현재는 반드시 미래가 있고, 오늘은 반드시 내일이 있다. 이 사실은 누가 증명한 것인가? 아이가 막 태어났을 때나, 고양이와 쥐가 서로 맞닥뜨렸을 때 그들이 어떻게 교대(시간)의 개념을 알았겠는가? 아이가 울음을 통해서 젖을 찾는 것은 현재 젖을 갈망하면 미래는 그것을 획득할 수 있음을 분명 알기 때문이고, 쥐가 정신없이 도망쳐 고양이를 피하는 것 또한 현재 고양이를 보고 미래에 잡힐 수 있음을 알기 때문이다. 이것은 모두 "마음이 본래 가진 것이며, 어리석은 자에게도 있다."(心所自取, 愚者與有)라는 데 해당한다. 그래서 『아비달마대비바사론』 권14에서 다음과 같이 말한다.

어리석은 사람이나 지혜로운 사람이나, 불교도나 외도나, 세간론자에서 아이까지 모두 시간[世]이 있음을 안다. '저들은 모두 과거, 현재, 미래가 있음을 알고 있다.'고 말한다.¹¹⁹【저곳에서 삼세를 명신(冥身)이라고 의심했는데 바로 소승 법집의 견해이다.】

이것은 그들이 원형관념에서 그것을 취한 게 아니라면 어떻게 가능하

---

118   代(대): 『說文』「人部」'代': "代, 更也." 『廣韻』「去聲」'代'1: "代, 更代年代."(『疏證』, p.109)
119   玄奘譯, 『阿毗達磨大毗婆沙論』卷14(『大正藏』27, p.69b), "若愚若智, 內道外道, 世間論者 乃至童竪, 皆知有世, 謂彼皆了有去來今."

겠는가? 만약 유상분별(有相分別)을 한다면 반드시 명언(名言)에 근거해야 여러 가지 표상이 발생한다. 만약 무상분별(無相分別)을 한다면 비록 명언은 없지만 그래도 표상은 가능하다.[120] 『유가사지론』 권1에서 유상분별과 무상분별에 대해 다음과 같이 정의한다.

> 유상분별은 '앞서 감수한 감각 내용'(先所受義)에 대해 육근이 성숙하고 언어를 온전히 사용하는 사람이 일으킨 분별을 말한다. 무상분별은 앞서 인용한 갓난아이 등이 언어를 사용하지 못하는 상황에서 가지는 분별을 가리킨다.[121]

『섭대승론』에서는 무상분별을 무각변계(無覺遍計)[122]라고 명명한다. 세친은 『섭대승론석』에서 "소나 양 등이 비록 대상을 분간하지만 문자를 이해할 수는 없다."[123]라고 했다.【인도어는 음소를 결합해 문자를 만든다. 그래서 인도어에서 문자는 곧 명칭(개념)이다.】 저 "교대(시간)를 알고 마음에서 스스로 아는" 종자는 무상분별에서 드러나는데 그래서 이것을 가질 수 있다. 또한 현재 생물학자들은 벌레나 짐승, 그리고 초목은 갖가지 털이나 깃, 꽃의 색깔, 냄새 등으로 자신을 보호하기도 하고, 더러는 스스로 자신의 짝을 찾기 위해서 이런 모습을 보인다고 한다. 하지만 그들이 어떻

120 　彌勒菩薩說, 玄奘譯, 『瑜伽師地論』卷1(『大正藏』30, p.280c), "由七種分別, 謂有相分別, 無相分別, 任運分別, 尋求分別, 伺察分別, 染汚分別, 不染汚分別."

121 　彌勒菩薩說, 玄奘譯, 『瑜伽師地論』卷1(『大正藏』30, p.280c), "有相分別者, 謂於先所受義, 諸根成熟, 善名言者, 所起分別. 無相分別者, 謂隨先所引, 及嬰兒等不善名言者所有分別." 章太炎은 熟으로 인용.

122 　無著菩薩造, 玄奘譯, 『攝大乘論本』卷中(『大正藏』31, p.139c), "遍計有四種, 一自性遍計, 二差別遍計, 三有覺遍計, 四無覺遍計."【변계에는 네 종류가 있는데, 자성변계·차별변계·유각변계·무각변계이다.】 장타이옌은 '徧計'로 표기했다.

123 　世親菩薩造, 玄奘譯, 『攝大乘論釋』卷4(『大正藏』31, p.337c), "牛羊等, 雖有分別, 然於文字, 不能解了."

게 인류와 같이 분별하거나 사고할 수 있겠는가? 무상분별을 언급하지 않는다면 말이 되지 않는다. 이로써 "자신의 성심을 따라"(隨其成心) "어리석은 사람도 준거가 있음"(愚者與有)을 확실히 알 수 있다. 또한 "매일 사용하지만 알지 못하는 것"(日用不知)[124]임을 알 수 있다.

무상분별은 의언(意言, manojalpa)[125]이 없기 때문에, 일체 유정은 각자 무상의 분별을 행하더라도 분별하느라 보낸 시간이 동일하다. 유상분별은 의언이 있는데, '섬세하게 인식'[伺]하거나 '거칠게 인식'[尋]하고 의식 속에서 음향이 흐르고, 그 소리는 반드시 상속한다. 이렇다면 단음절어를 사용하는 사람이 보낸 시간은 짧다.[126] 그가 어떤 분별을 거치면 그대로 어떤 소리를 경험한 게 된다. 복음절어를 사용하는 사람은 보낸 시간이 길다. 왜냐하면 그가 어떤 분별을 거치면 반드시 길게 상속하는 소리를 경험하기 때문이다.

가령 법(法)자를 읽을 경우, 중국에서는 파(fǎ)로 읽는데 단지 한 음절이고, 인도에서는 다르마(dharma)로 읽는데 세 음절이다. 이런 식으로 계속하여 문구를 만들고 문장을 만들면 경과한 시간의 장단 차이는 현격하다. 그래서 복음절어를 사용하는 사람은 소리가 생각[念]보다 많아서 의식 속에서 문구와 문장을 구성하는 게 오히려 늦다. 단음절어를 사용하

---

124 日用不知(일용부지): 『易』 「繫辭上」5: "百姓日用而不知, 故君子之道鮮矣."
125 意言(의언): 타이완 고승 인슌은 "의언은 바로 의식인데, 의식이 명언분별을 자성으로 삼고 언어를 통한 분별의 작용이 인식이 되기 때문에 의언이라고 부른다."라고 해석했다. 印順, 『攝大乘論講記』(臺北: 正聞出版社, 1987), p.310. 일본 불교학자 나가오 가진은 그것을 "마음속에서 말한다."(心中に語る)라고 풀었다. 長尾雅人, 『攝大乘論-和譯と注解』下 (東京: 講談社, 2001), p.5.
126 單音複音(단음·복음): 章太炎, 「中國文化的根源和近代學問的發達」: "中國的單音語, 一字只有一音, 就多也不過二三十筆; 外國的複音語, 幾個音拼成一音, 幾個音連成一字, 筆畫也很不少."[중국의 단음어는 한 글자가 단지 한 음이다. 많은 것도 20-30획에 불과한데 외국의 복음어는 여러 음이 합쳐져 한 음을 이루고 여러 음이 이어져 한 글자를 만든다. 필획도 적지 않다.] 『疏證』, p.113 재인용.

는 사람은 소리와 생각[念]의 길이가 일치하기 때문에 의식 속에서 문구와 문장을 구성하는 게 빠르다. 생각이 문구와 문장으로 구성되는 게 늦기 때문에 시간이 촉박하다고 느끼고, 촌음도 아까워하기 때문에 임종이 가깝다고 느껴 죽음 이후를 기대한다. 그래서 종교 활동이 활발하다. 생각을 문구와 문장으로 구성하는 게 빠르기 때문에 시간이 천천히 간다고 느끼고 여유가 많고 죽음이 아직 멀었다고 생각하여 살아 있는 시간에 애착한다. 그래서 종교의 역할이 보잘것없다.【전세에 대해 비록 기도하고 제사를 지내지만 모두 현실적인 화복 때문이지 사후의 세계 때문이 아니다.】 세상을 통찰한 자라면 인간 사고의 한계를 마땅히 알 수 있다.

다음은 의근이 본유(本有)한 아식 종자가 파생시킨 것이 시비의 견이 됨을 거론한다. 만약 시비의 종자가 없으면 시비의 현행[現識]도 없을 것이다. 현식에서 그것이 허용되지 않는다면 무엇이 '옳은 게'[是] 되고 무엇이 '그른 게'[非] 되겠는가? 사건의 시비도 분명히 판단할 수 없을 것이다. 시비를 판단한 내용도 '자연의 도리'[宙合][127]에 부합하는 게 아니라 모두 사람 마음에 잘 맞는지 아니면 거슬리는지를 기준으로 관습을 삼을 뿐이다. 한 사회가 아니라 한 사람이 시비를 판단할 때도 상황은 마찬가지다. 그렇다면 다른 사람과 연계하는 자는 시비곡직에 대한 판단 기준을 대중과 공유하고, 판단 기준이 자신에게 있는 사람은 자기 생각에 부합하는지를 주된 판단 기준으로 삼아 옳고 그름을 판단한다. 이 두 가지 각각 요즘 사람이 말하는 객관과 주관에 해당한다. 「우언」에서 말한다.

공자는 나이 육십에 이르도록 육십 번이나 생각을 바꾸었소. 처음

---

127   宙合(우합): 세계 만상 상하 고금의 도리를 포괄함을 말한다. 『管子』「宙合」14: "宙合之意, 上通於天之上, 下泉於地之下, 外出於四海之外, 合絡天地, 以爲一裹."

에는 옳다고 한 것도 나중에는 잘못이라고 부정했소. 지금 옳다고
여기는 일도 59세 때는 부정했던 것인지 모르오.[128]

이렇다면 공자가 59세 때 옳다고 말한 것에 대해 당시로선 아니라는
생각이 전혀 없었다. 지금 60세가 되어 지금 견해로써 59세 때 견해를 부
정한다면 가능은 하겠지만 응당 59세 때가 틀렸다고 해야 하니 이는 입
장이 전도된 것이다. 왜냐하면 59세 때 스스로 부정하는 생각이 아직 완
성되지 않았기 때문이다. 하물며 도라는 것도 본래 무상하여 세상과 함
께 변하는데 특정한 시기에나 통용되는 견해를 고수하는 격으로 현재의
견해로 과거의 견해를 부정하고, 과거의 견해로 현재의 견해를 부정한다
면【혹은 다른 나라의 풍습으로 자기 나라를 비판하거나 자기 나라의 풍습으로 다른
나라를 비판하는 것은 그 예를 여기서 볼 수 있다.】이는 완전히 전도된 것으로
"오늘 월나라에 가는데 어제 도착했다."(今日適越而昔至)라는 구절에 견주
는 것은 훌륭한 비유이다.

세속에는 '과거의 전장제도'[舊章][129]를 고집하는 사람도 있고 진화(進化)
만 추구하는 사람도 있다. 그들 모두 이 의미를 알지 못한다. 「외물」에서
말한다.

시대 흐름에 영합하는 태도나 아니면 시대와 결연히 단절하려는
태도는 아마도 지혜롭고 덕 있는 자의 소임은 아닐 것이다. 파멸에
이르렀는데도 오히려 후회할 줄 모르고, 무엇엔가 치달리면서 돌아

---

128   『莊子』「寓言」2: "孔子行年六十而六十化, 始時所是, 卒而非之, 未知今之所謂是之非五十
       九非也."
129   舊章(구장):『詩』「大雅」'假樂'2: "不愆不忘‧率由舊章."[빠지도 않고 잊지도 않네. 고인
       의 문장을 말미암네.]『春秋繁露』「郊語」1: "先聖人之故文章也."[구장(舊章)은 과거 성
       인의 옛 문장이다.]

볼 줄 모른다. 그들은 비록 서로 임금과 신하가 되지만 세상이 바뀌
면 서로 천시하는 일이 없다. 그래서 지인은 하나의 행위에만 머물
지 않는다.[130]

진화만 추구하는 자가 현재로 과거를 부정하는 것은 허튼짓이다. 또
「외물」에서 말한다.

옛것을 존숭하고 현재의 것을 멸시하는 것은 학자의 입장이다. 희
위씨(豨韋氏)[131]의 입장에서 지금 세상을 관찰하면 누가 세상의 조류
를 벗어날 수 있겠는가! 오직 지인만이 세상에 있으면서 편벽되지
않고 다른 사람과 함께하면서도 자신을 잃지 않는다.[132]

과거 전장제도를 고수하는 자는 옛것으로써 지금의 것을 부정하는데
이것은 또한 옹졸한 견해이다. 옳으니 그르니 하는 것은 하늘이 내린 것
도 아니고 땅으로부터 만들어진 것도 아니다. 이것은 모두 사람 마음에
서 생긴다. 마음이 아직 생겨나기 전에 시비를 확정하는 것은 "있지 않은
것을 있다고 하는 행위"(以無有爲有)가 아니겠는가! 비록 사람에게 싫어하
고 미워하는 마음이 있다곤 하지만 '바람에 날려 떨어진 기와'[133]를 원망

---

130 『莊子』「外物」8: "夫流遁之志, 決絶之行, 噫, 其非至知厚德之任與! 覆墜而不反, 火馳而不
顧, 雖相與爲君臣, 時也, 易世而無以相賤. 故曰至人不留行焉."

131 豨韋氏(희위씨): 중국 고대 전설에서 가장 이른 시기 출현한 제왕의 씨족명이다. 成玄
英,『莊子疏』「外物」(『集釋』4, p.938), "三皇已前帝號也."[삼황 이전 제왕의 호칭이다.]

132 『莊子』「外物」8: "夫尊古而卑今, 學者之流也. 且以豨韋氏之流觀今之世, 孰能不波! 唯
至人乃能遊於世而不僻, 順人而不失己. 彼教不學, 承意不彼."

133 『莊子』「達生」2: "復讎者不折鏌 · 干, 雖有忮心者不怨飄瓦, 是以天下平均." 成玄英,『莊
子疏』「達生」(『集釋』4, p.637), "飄落之瓦, 偶爾傷人, 雖忮逆褊心之夫, 終不恨, 爲瓦是
無心之物."[질풍에 떨어진 기와가 우연히 사람을 다치게 하면 아무리 원망하기 좋아
하고 편벽된 사람이라도 끝내 기와를 원망하지 못한다. 왜냐하면 기와는 마음이 없는
사물이기 때문이다."]

하지는 않는다. 왜냐하면 기와는 시비를 판단하는 마음이 없기 때문에 이쪽의 이미 '형성된 판단'(성심)을 가지고서 저쪽의 아직 판단이 형성되지 않은 생각을 논할 수는 없기 때문이다.

그렇다면 역사서에 실린 과거 사건에 대해 옛사람이 확정한 시비는 지금 사람의 시비 판단과 그 이치가 다르다. 많은 사람이 그 사건의 시비곡직을 논변하고 공과를 따지지만 마치 한대(漢代)의 법률로써 은대(殷代) 백성을 재판하고, 당대(唐代) 법률로 진(秦)나라 관리를 선발하는 것과 같다. 어찌 사리와 법도를 안다고 하겠는가? 『노자』에서 "말할 수 있는 도는 영원한 도가 아니다."[134]라고 했고 동중서(董仲舒)는 "하늘은 변하지 않고 도(道) 또한 변하지 않는다."[135]라고 했다. 지혜와 어리석음의 차이가 이 지경에 이르렀다.

본문에서 말한 말[言]은 유상분별인데 [인간이] 능취[想]에 의지하여 소취[境]를 인식하고 그 범주[分齊]에 따라 음운(音韻)의 변화로써 떠올린 이미지를 스스로 표현한 것이다. 그것을 '말'이라고 부른다. 이미지를 표현하기 때문에 그것을 말이라고 한다. 『묵자』「경설」에서는 "말[言]은 입으로 이름을 내뱉는 행위이다. 이름은 마치 (눈앞에 없는) 호랑이를 그려서 보여 주는 것과 같다."[136]라고 했다. 이는 곧 '말'[言]은 의미를 형성할 수 있지만 '소리'[吷]는 의미를 형성할 수 없기에 그 두 가지 작용은 전혀 다르다는 의미다. 그렇다면 고금의 말이 다르고 지역마다 발음이 달라 의미는 한 가지인데도 표현은 열 가지다. 이를 통해 언어는 본래 영원하지 않고 고정된 것이 없음을 알 수 있다. 이것이 '언어가 있다'라거나 '언어가

---

134 『老子』1: "道可道, 非常道."
135 『漢書』「董仲舒傳」35: "道之大原出於天, 天不變, 道亦不變."
136 『墨子』「經說上」32: "言也者, 諸口能之出民者也, 民若畫俿也." 『疏證』(p.121)에서는 『묵자』 원문 가운데 '民'자를 '名'자의 오류로 보았다.

제물론석

없다'라는 의심을 일으켜 언어가 새소리와 다름이 없다고 말하는 까닭이다. 「칙양」에서 말한다.

'닭이 울고 개가 짖는다'라는 사실은 누구나가 다 알지만 아무리 지혜가 있는 자라도 어째서 울고 어째서 짖는지 그 자연의 작용을 말로 설명할 수 없고, 그것이 무엇을 하려는 것인지 예측할 수 없다.[137]

만약 서로 다른 지역에 사는 전혀 다른 부류의 사람이 마주쳐 상대방이 하는 말을 들었다면 이와 마찬가지일 것이다. 본 절의 '은'(隱)[138]은 "책상에 기댄다."(隱几)라고 할 때의 은(隱)과 같이 읽어야 하는데, 이 글자는 정확히는 '㔷'이라고 써야 하고, 의미는 "의거하는 바"(所依據)라는 뜻이다.[139] 도(道)는 무엇에 의지하기에 참 거짓 구분이 있고, 말[言]은 무엇에 의지하기에 시비 판단이 있는가? 처음부터 고정된 궤범이란 없고, 오직 마음이 인식한 것일 뿐이다.【이전 시대에 도를 논의한 것에 대해 살펴보면, 꼭 하나의 궤범에만 의거하지 않았다. 백이(伯夷)와 유하혜(柳下惠)는 행동 기준이 달랐고, 기자(箕子)와 비간(比干)은 지향하는 바가 달랐다. 하지만 사람들은 그들 모두 지덕(至德)이라고 부르는데, 여기서 진실로 도가 고정되지 않음을 알겠다. 그런데도 만세(晩世)에는 극히 부분적인 사실로 사람을 판단하는데, 이는 대도[大方]를 지향하는 사람이 논할 바가 아니다.】

도가 쇠락한 시대에 미쳐서는 제왕의 법령에 의거해서 공리(公義)로 삼는데, 이것이 "도는 작은 성취에 의거함"(道隱於小成)이다. 서울[京雒]말에

137　『莊子』「則陽」12: "鷄鳴狗吠, 是人之所知; 雖有大知, 不能以言讀其所自化, 又不能以意測其所將爲."

138　『莊子』「齊物論」4: "道惡乎隱而有眞僞? 言惡乎隱而有是非?"

139　『說文』「㔷部」2510: "㔷: 所依據也. 从爻·工. 讀與隱同."

의거해 '표준어'[雅言]를 정하는데 이것이 "말은 화려함에 의지한다."(言隱
於榮華)라는 의미다. 『순자』「정론」에서는 다음과 같이 말한다.

　세상의 큰 융성과 옳고 그름의 판단 기준은 직업의 구분과 사물에
　대한 이름 부여가 초래한 결과인데 군왕의 예전 법제가 여기에 해당
　한다. 그래서 견해를 정립하거나 사물에 명칭을 부여할 때 성왕(聖
　王)을 판단의 척도로 삼는다.[140]

　이것은 그 지역의 풍속에 따라 적절하게 변화한 것이지 어찌 후세까지
영향을 주려고 말한 것이겠는가? 유가는 주나라를 모범으로 삼고,[141] 묵
가는 하나라를 모범으로 삼았다.[142] 두 나라가 이미 작게나마 도를 성취
했다. 화려한 언어를 사용했지만 그들의 시비 판단의 척도는 오히려 상
반되었다. 이 때문에 유가와 묵가는 다투어 배타적인 주장을 하고 서로
원수를 대하는 듯했다.
　만약 다시 자신의 마음으로 자신의 오류를 분명히 깨달으면 "사물은
저것 아님이 없기에"(物無非彼) 서로 저것이라고 말하고, "사물은 이것 아
님이 없기에"(物無非是) 각자 이것이라고 말한다. "저것 아님이 없으면" 세
상에는 이것이란 게 없다. "이것 아님이 없으면" 세상에는 저것이란 존재
하지 않는다.【곽상의 견해를 차용했다.】[143] 사람은 모두 자신에 대해서는 확

140　『荀子』「正論」36: "天下之大隆, 是非之封界, 分職名象之所起, 王制是也. 故凡言議期命,
　　是非以聖王爲師."
141　儒家法周(유가법주): '유가는 주나라를 모범 삼는다.'는 의미다. 『論語』「八佾」14: "子
　　曰: 周監於二代, 郁郁乎文哉! 吾從周."[공자께서 말씀하셨다. 주나라는 하나라와 은나
　　라를 거울 삼아 그 문명이 빛났다. 나는 주나라를 따르노라.]
142　墨家法夏(묵가법하): 『淮南子』「要略」25: "墨子學儒者之業, 受孔子之術, 以爲其禮煩擾
　　而不說, 厚葬靡財而貧民, 服傷生而害事, 故背周道而行夏政."
143　郭象, 『莊子注』「齊物論」(『集釋』1, p.66), "物皆自是, 故無非是; 物皆相彼, 故無非彼. 無
　　非彼, 則天下無是矣; 無非是, 則天下無彼矣. 無彼無是, 所以玄同也."[사물은 모두 각자가

　　　　　　　　　　　　　　　　　　　　　　제물론석

신하고 타인에 대해서는 알지 못하지만 어찌 타인에게도 자아가 있음을 알지 못하겠는가? 타인의 자아는 항상 계탁분별(計度分別)[144]로 추리해서 아는 것이지 항심사량을 통해서 그것을 파악하는 게 아니다.

이 때문에 타인의 심법과 그 심소법도 계탁분별에 의거해서 추리한다. '잠깐 사이라도'[飄忽][145] 끝내 미세한 간극이 존재하고 이 때문에 다툼이 생겨나고, 시비 다툼이 '벌떼처럼 일어난다.'[蠭午][146] 시비가 존재한다고 믿는 사람에게 만약 자아 관념이 없다면 결코 상대방이 틀렸다고 하지 않고, 만약 타자 관념이 없다면 결코 내가 옳다고 하지 않는다. 왜인가? 우리는 서로 견주고 비교하기 때문에 시비 판단의 편견을 형성한다. 가령 우리가 서로 견주고 비교하지 않으면 우리 마음은 집착 없이 자유자재로 그런 상황에 대처할 것이다. 이는 마치 미녀 여추(閭娵)[147]나 미남 자도(子都)[148]도 여러 사람과 견주어 비교하지 않으면 결코 자기 혼자 스스로 아름답다고 말하지 못하는 것과 같다. 이 때문에 "저것은 이것에서 나오고 이것 또한 저것에서 말미암는다."(彼出於是, 是亦因彼)라고 말한다. 일

이것(this)이기 때문에 이것 아님이 없고, 사물은 모두 서로 저것(that)이기 때문에 저것 아님이 없다. 저것 아님이 없으면 천하는 이것이 없고, 이것 아님이 없으면 천하는 저것이 없다. 저것이 없고 이것이 없는 현묘한 일치의 방법이다.]

144 計度分別(계탁분별): 범부가 일으키는 세 가지 분별 가운데 하나로 추탁분별(推度分別)이라고도 하는데 현전하지 않는 사상에 대해 계량하고 추리하는 작용을 일으킴을 말한다.(『佛光』, p.3954)

145 飄忽(표홀): 『史記』「太史公自序」45: "律居陰而治陽, 歷居陽而治陰, 律歷更相治, 閒不容飄忽."[율은 음에 거처하면서 양을 다스리고 역은 양에 거처하면서 음을 다스린다. 율과 역이 서로 다스리니 그사이에 미세한 틈도 허용하지 않는다.]

146 蠭午(봉오): 『史記』「項羽本紀」6: "今君起江東, 楚蠭午之將皆爭附君者, 以君世世楚將, 爲能復立楚之後也."

147 閭娵(여추): 고대 중국의 미녀.

148 子都(자도): 고대 중국의 미남. 춘추시대 정(鄭)나라 사람으로 본명은 공손알(公孫閼)이고 본성은 희(姬)로 주나라의 종실이었고, 자(字)가 자도(子都)였다. 자사(子奢)로 불리기도 했다.

찍이 선후도 없고 인과도 상호 발생한다면 저것과 이것은 상대적으로 발생하고 그것의 본성은 공(空)함을 안다.

이것과 저것이 오히려 공한데 거기에 시비의 논의를 용납하겠는가? "상대적 존재의 '동시 발생'[方生]으로 저것과 이것을 이해함"은 하나가 생겨나면 동시에 하나가 소멸하고, 하나가 가능하면 동시에 하나가 불가능한 원인과 결과가 동시임을 말하는데 이것은 곧 관대도리(觀待道理)이다. "성인은 고정된 마음을 갖지 않으며 백성의 마음을 자신의 마음으로 삼는다."[149] 그래서 "성인은 (이것과 저것 혹은 옳고 그름에) 근거하지 않고 자연에 비춰 본다."(不由而照之於天.) 이것과 저것의 구분이 없음을 체득한다면 둘은 조화하고 대립은 존재하지 않는다. 마치 문지도리가 있어서 '지도리 구멍 안'[環中]에서 회전하고 문의 개폐나 진퇴가 시기에 맞게 조절되는 것과 같다. 시비가 무궁하면 호응 또한 무궁하다. 이것이 이른바 "객관적인 태도로 판단하는 것만 못하다."(莫若以明)라는 의미이다.

혹자 질문: 시기에 맞춰 정치를 하면 '고정된 방식'[典常]이야 없겠지만 사회의 보편적 질서를 관장하는데 어떻게 진실과 거짓의 구분이 없을 수 있겠는가?

대답: 참 거짓 구분을 없애자는 게 아니다. 인의(仁義)의 이름은 옛날부터 전해졌고 유가와 묵가는 그 명칭을 동일하게 사용하지만 그들이 사용하는 함의는 달랐다. 이것은 비량(比量)으로 밝힐 수 있는 게 아니고, 또한 성언량(聖言量)으로 확정할 수 있는 것도 아니다. 서로 모순되어 그저 '시비곡직은 따지지 않고 자기 편만 옳다고 하고 다른 편은 무턱대고 배척하는 언행'[黨伐之言]일 뿐이다. 그렇다면 성인은 한쪽만을 따를 순 없

---

149 『老子』49: "聖人無常心, 以百姓心爲心."

제물론석

다. 유가는 사람에게서 징험을 찾지만 묵자는 귀신에게서 징험을 찾는다. 이것은 허와 실을 쉽게 알 수 있기 때문에 굳이 장자가 논할 바는 아니다.

혹자의 재질문: 인의를 행함에도 고정불변의 법도가 있지 않고 언어의 사용도 확고부동한 게 아니다. 두 가지는 정감(情感)을 바탕으로 하거나 관습에 기인했다. 그래서 이치에 근거해서 그것의 옳고 그름을 판정할 수는 없는 노릇이다. 흑과 백의 색상과 콩과 보리의 생김새는 언어에 기대지 않고서도 그것의 차이를 변별할 수 있다. '언어에서 벗어난 자성'(離言自性)[150]을 어떻게 어지럽힐 수 있겠는가?

대답: 장자는 우리의 신체같이 무상분별인 경우 결코 부정하지 않는다.

명언(개념)에서 보자면 백(白)은 하얀 이미지를 표상하고 흑(黑)은 검은 이미지를 표상한다. 숙(菽)은 콩이라는 사물을 표상하고 맥(麥)은 보리라는 사물을 표상한다. 일상 언어는 고정된 내용이 있다. 또한 옛 말씀을 따르자면 이는 "자연에 그것을 비추어 봄."(照之於天)이고 자신 임의로 결정한 게 아니다. 그래서 사슴을 가리켜 말이라 하고 하얀 것을 검다고 주장하면 사람들은 받아들이지 않는다. 왜냐하면 일상의 언어를 따르면 논쟁이 없고, 자기 멋대로 내용을 바꾸면 시비 다툼은 순식간에 벌떼처럼 일어나고, 예전의 의미에 견주면 쟁송[囂訟][151]은 더욱 많아진다. 그래서 "덕 있는 자가 법도를 관장"[152]할 때 그 내용이 공동체 구성원의 약속이나

---

150 離言自性(이언자성): 彌勒菩薩說, 玄奘譯, 『瑜伽師地論』卷36(『大正藏』30, p.488a), "以何道理應知諸法離言自性? (中略) 如是諸法非有自性如言所說, 亦非一切都無所有如是非有, 亦非一切都無所有云何而有, 謂離增益實無妄執, 及離損減實有妄執, 如是而有, 即是諸法勝義自性, 當知唯是無分別智所行境界."

151 囂訟(은송): 『書』「堯典」3: "吁! 囂訟可乎?" 『說文解字』'囂部'1432: "囂, 語聲也." '言部'1672: "訟, 爭也."

152 『老子』79: "是以聖人執左契, 而不責於人. 有德司契, 無德司徹. 天道無親, 常與善人."

습속에 의해 확정되고 형성되는 것[約定俗成]¹⁵³을 근본으로 한다.

혹자는 이국의 언어와 문자를 활용해서 자기 전통의 언어와 문자를 바꾸려 한다. 이는 문자[文]는 새 발자국과 같고 말[言]은 새소리[鷇音]임을 미처 알지 못함이니 모두 시비할 게 없는데 어떻게 피아를 가리겠는가? 기존 습속이 좇을 만한 것임을 알지 못하고 시비의 견해를 일으켜서는 옳은 것에 대해 잘못된 점이 없는데도 그르다고 말하고 저것에 대해서는 옳지 않은데도 옳다고 말한다. 꼭두각시[木偶]나 행시(行尸, 좀비)와 이야기할 수 있겠는가! 이는 또한 '작은 성취'[小成]와 '화려함'[榮華]에 마음을 빼앗긴 것이다.

장자는 「제물론」의 '지마'(指馬)와 관련한 내용에서 공손룡(公孫龍)의 학설을 논파한다. 『공손룡자』「지물」에서는 말한다.

> 사물은 지시하는 개념(指) 아님이 없지만 지시하는 개념은 지시된 실제 사물이 아니다.¹⁵⁴ (중략) 지시하는 개념은 세상에 존재하지 않는 것이고, 지시된 사물은 세상에 존재하는 바이다. 세상에 존재하는 것을 세상에 존재하지 않는 것으로 간주하려 하니 불가능하다.¹⁵⁵

이 구절에서 말한 지(指) 가운데 먼저 언급한 지(指)는 소지(所指)로 바로 인식 대상[境]이고, 아래 지(指)¹⁵⁶는 능지(能指)로 바로 인식[識]이다. 사물

---

153 約定俗成(약정속성): 사물의 명칭 혹은 사회 관습은 왕왕 대중이 오랫동안 행한 사회 상의 실천을 거쳐서 확정되거나 형성된다. 『荀子』「正名」8: "名無固宜, 約之以命, <u>約定 俗成謂之宜</u>, 異於約則謂之不宜."[명칭은 사실 고정된 실질이 없이 약속으로써 이름을 붙이며, 약속이 고정되고 익숙해지면 그것을 합당하다고 여기고, 약속한 것과 어긋나면 그것을 합당하지 않다고 여긴다.]

154 『公孫龍子』「指物論」1: "物莫非指, 而指非指."

155 『公孫龍子』「指物論」3: "指也者, 天下之所無也; 物也者, 天下之所有也. 以天下之所有, 爲天下之所無, 未可."

156 '指非指'에서 첫 번째 지로 "능지로서 인식은 실제 그것에 합당한 대상을 갖지 않는

[物]은 모두 대대(待對)를 갖기 때문에 대상[境] 아님이 없고, 식은 대대를 갖지 않기 때문에 대상[境]이 아니다. 대대를 갖지 않기 때문에 그것을 무(無)라고 하고, 대대를 갖기 때문에 그것을 유라고 한다. 사물을 대상[境]으로 삼는 것은 즉시 사물을 식(識) 중의 경(境)으로 삼는 것이다. 그래서 공손룡은 아직 가능하지 않다고 생각했다.

장자는 오히려 "인식 대상을 가지고 식이 대상이 아님을 비유한 것은 인식 대상이 아닌 것으로 식이 인식 대상이 아님을 비유하는 것만 못하다."(以指(=境)喩指(=識)之非指(=境), 不若以非指(=境)喩指(識)之非指(=境)也)라고 말했다. 대개 인식 대상을 개념에 대응하는 존재로 간주하는 것은 그저 속론(俗論)일 뿐이다. 보이는 바가 있자마자 상분(相分)과 견분(見分)이 함께 발생하지만 둘은 안팎의 관계가 아니다. 견분도 상분이 견분 바깥에 존재한다고 집착하지 않는다. 그래서 사물은 외부 대상이 아니다. 사물 또한 외부 대상이 아니고 식 또한 외부 대상이 아니면 '유무의 다툼'[有無之爭]은 자연 소멸한다.

『공손룡자』「백마론」에서는 "말은 모양을 규정하는 방법이고, 흼(白)은 색깔을 규정하는 방법이다. 색깔을 규정하는 방법은 모양을 규정하는 방법은 아니다. 그래서 '백마는 말이 아니다'라고 말한다."[157]라고 지적했다. 장자는 오히려 "말로써 백마가 말이 아님을 설명하는 것은 말이 아닌 것으로 백마가 말이 아님을 설명하는 것만 못하다."(以馬喩馬之非馬, 不若以非馬喩馬之非馬)라고 말했다. 무엇 때문인가? 말은 모습을 규정하는 방법이 아니기 때문이다. 모습은 무엇인가? 오직 꺾이고 구부러지고 펴진 갖가

다."라는 의미다.
157　『公孫龍子』「白馬論」4: "馬者, 所以命形也; 白者, 所以命色也. 色者非名形也, 故曰: '白馬非馬'."

지 윤곽선과 갖가지 모양인데 시각이 감각한 범주[界]는 이 정도일 뿐으로 처음부터 이런 모습 외에 별도로 말이라는 감각이 존재하지는 않았다. '의식으로 분별'(意想分別)해서 말이라고 명명한다.

말[馬]은 변계소집이 발생시킨 '덧붙여진 말'[增語][158]이지 '실제 형상을 모사한 표현'[法言][159]이 아니다. 오로지 현량(現量)만을 취한다면 진짜 말과 돌로 만든 말의 형상은 하등 다를 게 없다. 그래서 "말[馬]로써 형태를 규정한다."라고 한다면 이는 무엇을 근거로 한 것인가? 그렇다면 말[馬]을 말(mǎ)이라고 규정하는 것도 현량(現量)을 벗어난 것이기 때문에 흰말(白馬)과 말(馬)에 관한 논쟁은 자연 소멸할 것이다. 이것은 모두 이른바 "객관적인 태도로 판단하는 것만 못하다."(莫若以明)라는 것이다.

좀더 자세하게 분석하자면 천지는 본래 실체가 없고 만물은 모두 발생하지 않았다. 법집으로 그것을 인식하면 "세계는 이지러지지 않고"(乾坤不毀),[160] 아집으로 그것을 인식하면 "만물을 생육하고 그것에 형체를 갖춘다."(品物流形)[161] 이것은 모두 의근(말라식)이 변계소집의 결과이다.

혹자의 총괄적인 재질문: 파지(破指)의 논의는 더 따질 것이 없지만 파마(破馬)의 논의는 단지 공손룡이 말한 이론의 틈을 파고들어 그것을 논파하겠다. 만약 "말[馬]은 유정을 규정하는 방법이고 흼[白]은 빛깔[顯色]을 규정하는 방법이고 빛깔을 규정하는 방법과 유정(有情)을 규정하는 방법이 다르기 때문에 '흰말은 말이 아니'라고 말했다."라고 한다면 장자가 어떻게 그것을 논파하겠는가?

---

158 增語(증어): 『瑜伽師地論』卷72(『大正藏』30, p.696a), "何等爲名? 謂卽於相所有增語."[무엇을 명칭이라고 하는가? 모습에 대해 덧붙여진 말이다.]
159 法言(법언): 『疏證』(p.141), "謂擬諸形狀, 契合現量之言."
160 『易』「繫辭」12: "乾坤毀, 則無以見易."
161 品物流形(품물류형): 『易』「乾卦」1: "象曰: 大哉乾元, 萬物資始, 乃統天. 雲行雨施, 品物流形."

대답: 이것도 쉽게 논파할 수 있다. 말의 몸을 톱으로 해체하고 그런 다음에 그것을 갈고 찧는다면 여전히 유정(有情)인가? 아닌가? 이 유정으로서 말은 본래 지·수·화·풍 온갖 요소가 모인 것인데 어떻게 그것을 유정(有情)이라고 할 수 있나? 만약 지·수·화·풍 역시 유정이라고 말한다면 여러 유정이 결합하여 하나의 유정이 된 격이니 비록 말[馬]이라고 말하지만 가명일 뿐이다. 이는 곧 말[馬] 또한 말[馬]이 아님이다. 또 공손룡은 단단함[堅]과 흼[白]이 둘이라고 간주하면서도 단단함과 흼과 돌은 셋으로 간주할 수 없다고 했다.[162] 이와 같다면 말 가운데 또한 단단함과 흼이 있는데, 단단함과 흼은 둘일 수 있지만 흼과 말은 둘일 수 없다. 공손룡자의 주장은 도리어 자기 논리에 의해 부정된다.

만약 그가 "돌은 흰색 아닌 게 없고 말은 흰색 아닌 게 있다."라고 말한다면 말은 푸르고 얼룩무늬도 있고 돌도 본래 황색이나 흑색이 있다. 백색은 말의 자상(自相)이 아니고 돌의 자상도 아니다. 무슨 이유로 흰색은 돌과 분리될 수 없는데 유독 말과는 분리될 수 있는가? 이것은 모두 자가당착의 주장이다.

위에서 논한 내용은 모두 성심(成心)의 의미를 설명했는데 응당 세 부분으로 나눌 수 있다. 첫째 부분은 종자가 아직 성립되기 전에 결코 유라고 주장해서는 안 된다는 사실을 밝혔다. 둘째 부분은 이미 종자가 존재하더라도 시비 논쟁은 고정된 척도가 존재하지 않음을 밝혔다. 셋째 부분은 현량이 인식한 것을 실제 존재나 발생으로 간주하는 것은 의근의 망집임을 밝혔다.

---

162 『公孫龍子』「堅白論」1: "堅·白·石·三, 可乎? 不可. 二可乎? 可. 何哉? 無堅得白, 其擧也二; 無白得堅, 其擧也二. 得其所白, 不可謂無白. 得其所堅, 不可謂無堅. 而之石也, 之於然也, 非三也? 視不得其所堅, 而得其所白者, 無堅也. 拊不得其所白, 而得其所堅. 得其堅也, 無白也."

可乎可, 不可乎不可. 道行之而成, 物謂之而然. 惡乎然? 然於然. 惡
乎不然? 不然於不然. 物固有所然, 物固有所可. 無物不然, 無物不
可. 故爲是擧莛與楹, 厲與西施, 恢恑憰怪, 道通爲一. 其分也, 成也;
其成也, 毁也. 凡物無成與毁, 復通爲一.

옳은 것은 그것을 옳다고 하고, 그른 것은 그것을 그르다고 한다. 길은 사
람이 다녀서 이루어졌고, 사물은 사람이 그것을 호명했기 때문에 그런 이
름이 되었다. 왜 그런가? 그러니깐 그렇다. 왜 그렇지 않은가. 그렇지 않
으니깐 그렇지 않다. 사물은 본래부터 그러한 까닭이 있고, 사물은 본래
부터 옳은 까닭이 있다. 그렇지 않은 사물은 하나 없고, 옳지 않은 사물도
하나 없다. 그래서 풀, 나무, 추녀, 미녀 그리고 괴이한 모습을 한 것 모두
도의 입장에서는 하나로 소통된다. 도에서 분리되면 사물이 생성되고, 사
물이 생성되면 사물의 파괴가 있다. 사물이 생성과 파괴가 없으면 다시
하나로 소통된다.

唯達者知通爲一, 爲是不用而寓諸庸. 庸也, 用也; 用也者, 通也, 通
也者, 得也. 適得而几矣. 因是已. 已而不知其然, 謂之道. 勞神明爲
一, 而不知其同也, 謂之朝三. 何謂朝三? 狙公賦芧曰:「朝三而暮
四.」 衆狙皆怒. 曰:「然則朝四而暮三.」 衆狙皆悅. 名實未虧而喜怒
爲用, 亦因是也. 是以, 聖人和之以是非, 而休乎天鈞, 是之謂兩行.

오직 도에 도달한 사람만이 하나로 소통되는 도리를 안다. 이 때문에 기
존 입장을 사용해서 판단하지 않고 사물의 자연적인 공용에 위임한다. 공
용을 따르는 것이 용이고, 공용이라는 것은 소통이고, 소통이란 획득이다.
획득하는 데 이르면 거의 도와 가까워진 것이다. 그대로 맡길 뿐이다. 이
미 그러하지만 그러한 이유를 알지 못하는 것을 도라고 명명한다. 정신을

수고롭게 해서라도 하나로 소통시키려 하지만 끝내 그것이 본래 동일한 사실을 알지 못한다. 이것을 "아침에 세 개"라고 한다. 무엇을 "아침에 세 개"라고 하는가? 원숭이를 기르는 한 노인이 원숭이에게 상수리를 주면서 "아침에 세 개를 주고 저녁에 네 개를 주겠다."라고 하였다. 그러자 원숭이는 모두 화를 냈다. 그래서 노인이 "그렇다면 아침에 네 개를 주고 저녁에 세 개를 주겠다."라고 하자 원숭이는 모두 기뻐하였다. 명칭과 실질은 어떠한 변화도 없지만 원숭이의 기쁨과 노여움은 크게 달랐다. 이것 역시 원숭이의 심리를 따른 것일 뿐이다. 그래서 성인은 시비를 조화시키고 자연의 조화에서 편안히 쉰다. 이것을 양행이라고 한다.

이 절은 '명상에 대한 고집'[名守][163]이 초래한 속박을 논파하고 작용도리(作用道理)와 증성도리(證成道理)에 내재한 논리적 문제를 해결하고[164] 아울러 연생법(緣生法)을 부정했다. "길은 사람이 걸어 다녀서 이루어졌다."(道行之而成)라는 구절은 작용도리(作用道理)와 증성도리(證成道理)를 가리킨다. "사물은 사람이 그것을 호명했기 때문에 그런 이름이 되었다."(物謂之

---

163 名守(명수): 장타이옌은 실질이 없음에도 불구하고 명상(名相)을 고집스럽게 고수하는 행위를 말한다. 하지만 『순자』에서는 그야말로 정명(正名)을 지키는 일을 가리킨다. 『荀子』「正名」11: "今聖王沒, 名守慢, 奇辭起, 名實亂, 是非之形不明, 則雖守法之吏, 誦數之儒, 亦皆亂也."[지금 성왕이 죽어 없고 사람들은 이름을 지키는 일에 나태해 기이한 언사가 일어나 이름과 실질이 대응하지 않고 엉클어졌고 시비의 기준도 불분명하니 법을 관장하는 관리와 예제를 강술하는 학자도 혼란스럽다.]
164 사물의 존재나 변화는 모두 근거가 되는 법칙을 가진다고 한다. 관대・작용・증성・법이 등 4종이다. ① 관대도리(觀待道理)는 모든 존재가 발생할 때는 여러 가지 인연을 의지하는 것을 가리킨다. ② 작용도리(作用道理)는 인과도리라고도 하는데 안 등의 여러 감각기관이 안식 등의 의지처가 되어 작용을 하고, 색 등의 여러 대상이 안식 등의 인식 대상이 되어 작용을 하는 것을 가리킨다. ③ 증성도리(證成道理)는 현량이나 비량, 성교량을 통해서 증명되고 성립되는 이치이다. 제행무상이나 제법무아 등이다. ④ 법이도리(法爾道理)는 법연도리라고도 하는데 여래 출현 이후나 이전에도 본래 존재하는 법계가 스스로 그러한 이치를 가리킨다.

而然)라는 구절은 언어의 구속을 가리킨다. 나머지는 모두 '원인과 조건에 의해 존재자가 발생한다는 주장'[緣生]과 '명상에 대한 고집'[名守]을 배척한 말이다. "왜 그런가? 그러니깐 그렇다. 왜 그렇지 않은가? 그렇지 않으니깐 그렇지 않다."(惡乎然? 然於然. 惡乎不然? 不然於不然.)라는 구절은 매우 정교하고 엄밀한 통찰이고 오랜 세월 독보적이었지만 세상 누구도 그것을 제대로 이해하지 못했는데 지금에야 내가 비로소 그것의 의미를 밝힌다.

저 의근(말나식)은 아집과 법집이 있는데 이것이 곧 원형관념이다. 핵심만 이야기하면 우리가 일체 존재는 모두 자성이 있다고 집착함이다. 이름[名]은 반드시 실질을 추구하기 때문에 훈석사(訓釋詞)[165]가 있다. 훈석은 고금 여러 지역의 대어(代語)[166]가 아니다. 첫째, '어휘의 정의를 내리는 일'[說其義界]을 말한다.【중국에서 문자를 훈석할 때 두 가지 방식이 있다. 『설문』에서 "원(元)은 시(始)이다."라고 했는데 이것은 대어(代語)에 해당하고, "리(吏)는 사람을 다스리는 자다."라고 했는데 이것은 의계(義界)에 해당한다.】 정의를 내리고자 하는 행위는 아집과 법집에 의거하여 일어난다. 둘째, '어떤 사물이나 사건의 근본적인 원인을 탐구함'[責其因緣]을 말한다. 그 사물(사건)이 이런 상태라면 그것의 이전 상태는 반드시 저와 같다고 말한다. 사물은 저와 같았기 때문에 이와 같을 수 있다. 결코 그것에 근본적인 원인이 없을 수 없다. 셋째, '그 사물의 실질을 정교하게 고찰함'[尋其實質]을 말한다. 무가

---

165   訓釋詞(훈석사): 『說文』'言部'1491: "訓, 說敎也." '釆部'723: "釋, 解也."
166   代語(대어): 원래 의미는 지역 언어 사이에 통용되어 대체할 수 있는 어휘인데, 여기서는 대체 가능한 동의어를 가리킨다. 『方言』第十40: "悈·鰓·乾·都·耇·革, 老也. 皆南楚江湘之間代語也."[계·새·건·도·구·혁은 '늙다'는 의미다. 모두 남방 초 땅 강수江와 상수湘 지역 대어이다.] 郭璞注: "凡以異語相易謂之代也."[무릇 다른 말로 서로 교환하는 것을 代語라고 한다.] 周大璞, 정명수·장동우 옮김, 『훈고학의 이해』(서울: 동과서, 1997), p.289.

유를 완성한다고 인정하지 않기 때문에 원질(原質)이 있다고 말한다. 원질을 탐구하는 행위도 또한 아집과 법집에 근거해서 일어난다. 그래서 의근이 없으면 결코 훈석도 없다.【무착은『섭대승론』에서 "어떻게 염오(染汚)의 의(意)가 [육식(六識)과 별도로] 존재함을 아는가? 이 염오의가 없으면 (중략) [자아를 사유(manana)하기 때문에 의이다.]라고 하는 훈석사(訓釋詞, nirukti) 또한 존재하지 않기 때문에 [오류를 범한다]."[167]라고 말한다. 세친은『섭대승론석』에서 "사량을 할 수 있기 때문에 의(意)라고 명명한다. 이 훈석사는 어디에 의지하는가? 저 육식과 무간식이 훈석사의 의지처를 조성하는 것은 아니다. 정당한 논리에 의거해서 훈석사는 이미 사멸했기 때문이다."[168]라고 해설했다. 무성(無性)의『섭대승론석』해설도 동일하다. 하지만 아집과 법집을 가지고 이야기하지는 않았는데 미비한 점이 있는 듯하다.】

　'어휘의 정의를 내리는 일'[說其義界]은 그것의 범위를 완전히 규명하는 것 같지만 대부분 의미로써 의미를 풀고, 글자로써 글자를 푸는 방식이고 끝까지 진행하면 결국 그 의미와 글자는 오직 서로 훈석할 뿐이다. 가령 일(一)자를 설명하는데 만약 정의를 내린다면 마땅히 "이(二)의 절반이다."라고 말해야 하고, 아니면 "절반의 배다."라고 말해야 한다. 이(二)자를 설명하는 상황에 이르면 마땅히 "일(一)의 배다."라고 말하고, 혹 반(半)자를 설명할 때는 당연히 "일(一)이 둘(二)로 나뉜다."라고 말한다. 이(二)자와 반(半)자는 반드시 일(一)자에 의지해야 이해된다. 이것은 일(一)자를 설명할 때 오히려 아직 이(二)자나 반(半)자의 의미를 모르는데, 모르는 것(二字나 半字)으로 일자(一)를 이해하는 짓은 이해하지 못하는 것과 동일한 행위다.

167　無著菩薩造, 玄奘譯,『攝大乘論本』卷上(『大正藏』31, p.133c), "云何得知有染汚意? 謂此若無, (中略) 訓釋詞亦不得有."

168　世親菩薩造, 玄奘譯,『攝大乘論釋』卷4(『大正藏』31, p.326a), "能思量故, 說名爲意. 此訓釋詞, 何所依止? 非彼六識, 與無間識, 作所依止. 應正道理, 已謝滅故."

만약 처음 일자(一字)의 정의를 내릴 때 질문자가 "무엇이 이(二)이고" "무엇이 반(半)인가?"라고 따지고 들면 또 마땅히 "일(一)의 배다."라는 이 야기로 이(二)를 설명하고, 일(一)의 이분(二分)의 일임을 들어 반(半)을 설명한다면 이것은 셋이 순환하여 상호 훈석하는 게 아니겠는가? 일(一)자와 이(二)자는 동일 부류의 집합이라 그것의 상호 순환 훈석을 쉽게 알 수 있다.[169] 기타 동일 부류가 아닌 경우, 한 글자를 설명할 때 여러 글자를 그것의 정의로 삼고, 저 여러 개 글자를 설명할 때는 다시 반드시 여러 글자로 그것의 정의를 내려야 한다. 이런 방식으로 끝까지 진행하면 다시 돌아와 앞 글자를 가지고서 최후 글자의 정의를 내릴 것이다.

왜인가? 글자를 버리고 글자를 해설할 수 없고, 의미를 버리고 의미를 해설할 수 없기 때문이다. 글자 수가 유한하여 어쩔 수 없이 상호 훈석[解故][170]할 수밖에 없다. 이미 상호 훈석했다면 어떻게 그것의 정의를 분명히 알 수 있겠는가? 그래서 "왜 그런가? 그러니깐 그렇다. 왜 그렇지 않은가? 그렇지 않으니깐 그렇지 않다."(惡乎然? 然於然. 惡乎不然? 不然於不然)라고 했다. 본래 글자를 외면하고서 다시 본래 글자를 해설할 수 없다.

'어떤 사물이나 사건의 근본적인 원인을 탐구함'[責其因緣]은 추리하는 말에 해당한다. 하지만 어떤 사물의 원인을 추적하는 일은 사실 불가능하다. 가령 어떤 사람이 "몸 안의 세포는 모두 활동한다."라고 말했다고 하자.

---

169 이 부분의 원문은 "一二同聚其更互相訓易知其他"이다. 『전집』과 『소증』에서는 "一二同聚, 其更互相訓, 易知其他."로 구두를 했는데 이럴 경우 '其他'의 의미가 엉뚱하고, 앞부분에 동사가 없어서 명사구에 해당하는 '其更互相訓'의 해석이 모호해진다. 그래서 동사 '易知'가 앞부분을 받고 '其他'를 뒤의 '非同聚'에 붙여서 '同聚'와 '其他非同聚'의 대비를 만드는 것이 적절해 보인다. 물론 넉자씩 구두를 하는 게 문장의 어세에 합당해 보이기는 한다. 본 번역에서는 『齊物哲學』과 마찬가지로 두 번째 방식을 취했다.
170 解故(해고): 해고(解詁)의 동의어로 해석과 훈고의 의미다.

제물론석

질문: 세포는 왜 활동하는가?

대답: 만물은 모두 활동하고, 세포도 만물 중 하나다. 그래서 세포도 활동한다.

질문: 만물은 왜 모두 활동하는가?

대답: 모두 동력이 있어서 활동한다.

질문: 동력은 왜 활동하는가?

대답: 동력은 저절로 활동한다.

"저절로 그렇다."라고 하면 말이 바닥났다는 의미이다. 더 이상 말로 따져 규명할 수 없다. 그리고 본래 "세포가 왜 활동하는가?"라고 질문한 이유가 어떻게 "그것이 저절로 활동한다."라는 사실을 알고 싶어서이겠는가! 지금 끝까지 그 이유를 추적해 보니 "저절로 활동한다."라는 게 최종적인 이유라고 한다면 이는 활동의 근거가 거꾸로 활동 자체에 있고 다른 원인을 갖지 않는다는 의미다.

가령 어떤 사람이 "지모초(知母草)[171]와 고삼(苦參)[172]이 열병을 치료할 수 있다."고 말했다 하자.

질문: 이 약초가 어떻게 열병을 치료하는가?

대답: 그것이 가진 모종의 성분이 열을 떨어뜨릴 수 있기 때문에 열병을 치료할 수 있다.

질문: 얼음이나 눈같이 온도를 낮추는 물질을 복용해도 열병을 치료할 수 없는데 어떻게 저것은 열을 내리고 열병을 치료할 수 있는가?

대답: 저것은 본래 열병을 치료하는 능력을 가지고 있기에 얼음이나 눈의 사례와 다르다.

171　知母草(지모초): 백합과의 여러해살이풀로 해열 효능이 있다고 하여 약용으로 쓴다.
172　苦參(고삼): 콩과의 여러해살이풀로 뿌리가 해열 효능이 있다고 하여 약용으로 쓴다.

본래 이 약이 어떤 이유로 열병을 치료할 수 있는지 질문한 까닭은 열병을 치료하는 원인을 알고 싶은 것이지 한낱 그것이 열병을 치료할 수 있다는 사실을 알려는 게 아니다. 지금 그것의 원인을 끝까지 추적하여 그들 약초가 열병을 치료하는 능력을 가졌다는 사실로 최종적인 원인으로 삼는다면 이것은 열병을 치료할 수 있는 근거가 열병을 치료할 수 있다는 사실에 있고 따로 원인을 갖지 않는다는 것이다.

가령 어떤 사람이 정수리에 붉은 반점이 나타나고 뼈가 상하고 열이 나서 그것의 원인을 추적해 보니 정수리 아래에 탁한 기운이 있어서 뼈 안에 오래된 피가 응고되어 있음을 알았다고 하자.

질문: 탁한 기운이 붉은 반점을 생기게 하고 응고된 피가 열이 나게 하는 것은 이유가 무엇인가?

어쩔 수 없이 대답한다. "저절로 그렇다."

그래서 "왜 그런가? 그러니깐 그렇다. 왜 그렇지 않은가? 그렇지 않으니깐 그렇지 않다."(惡乎然? 然於然. 惡乎不然? 不然於不然)라고 말하는데, 이 말은 본래부터 추적할 수 있는 참된 원인이란 존재하지 않음을 말한다.〔고대 그리스의 아리스토텔레스가 말한 논리학을 보면 전제가 완전하지 않은 경우, 먼저 '인식의 형식'〔量〕을 정립하고 전제를 완성시킨다. 이와 같이 추론을 계속 진행하면 분석은 더욱 많아진다. 하지만 앎을 궁구하고 추론을 해 나갈수록 도리어 본래 위치로 돌아가는 것을 깨닫지 못한다. 오늘날 어떤 사람은 경험론을 통해 논리학을 완성하려 한다. 하지만 "경험한 각각의 사건은 '이것이 있기 때문에 저것이 있고' '이러하기 때문에 저러한' 격인데 다시 무엇에 의지하는가?"라는 질문을 받으면 또 오직 "원래 그렇다."라고만 말할 뿐이다. 어떤 사람은 "이전엔 모두 그랬다고 경험했기 때문에 장래에도 당연히 그러할 것임을 안다."라고 말하는데 "과거에는 왜 그랬는가?"라고 질문을 받으면 그도 어쩔 수 없이 다시 "원래 그렇다."고 말할 수밖에 없다. 이것은 모두 「제물론」에서 말한 "왜 그런가? 그러니깐 그렇다."라는 데 해당한다. 그것을 뒤집어 보면 곧

제물론석

"왜 그렇지 않은가? 그렇지 않으니깐 그렇지 않다."이다.】

　　'그 사물의 실질을 정교하게 고찰함'[尋其實質]은 지(地)・수(水)・화(火)・풍(風) 사대(四大),[173] 아누(aṇu)【극미(極微)의 의미이다.】, 파라마누(paramāṇu)【양(量)의 의미에 해당한다. 또한 극미와 통용되어 사용된다.】, 전자(electron), 원자(atom) 등을 수립하는 것과 같다.[174] 여기에 두 가지 설이 있다. 하나는 방분(方分)[175]이 있다는 주장에 근거하는데 방분이 있어서 무한히 쪼갤 수 있다면 그것은 종자일 수도 없고 원질일 수도 없다. 그래서 일가는 다시 원질은 방분(方分)이 없다고 이야기한다. 불교에서 사대종자(四大種子), 즉 딱딱함[堅]・축축함[溼]・따뜻함[煖]・가벼움[輕【견・습・난・동이라고도　하는데 지금은 경(輕)의 의미를 취했다. 동(動)은 표색이고 감촉할 수 없기 때문이다.】을 가립하고 이를 말미암아 '색을 조성하는 종자'[造色種子][176]를 가립한다. 하지만 오식이 감각한 내용을 벗어나면 도대체 어디에 근거해 딱딱함・축축함・따뜻함・가벼움의 실제 내용을 구할 수 있겠는가?【색・성・향・미・촉 다섯을 감각하는 것은 완전히 평등하다. 지금 여기서 딱딱함・축축함・따뜻함・움직임은 오직 촉분이다. 무슨 이유로 오경 가운데 유독 촉경(觸境)을 취하여 그것의 자성을 삼는가? 이것은 공손룡이 말한 것과 매우 흡사하다. 『공손룡자』「견백론」에서 "굳음은 돌과 함께할 때만 굳음이 되는 것이 아니고 사물의 속성이다. 다른 무엇과 함

173　四大種子(사대종자): '사대종(四大種)'이라고도 하는데 불교의 물질관으로 물질세계를 이루는 네 가지 주요한 요소[大]를 말한다. 여기서 말하는 '종'이나 '종자'는 유식학에서 말하는 종자의 의미는 아니다.

174　장타이옌은 『사혹론』(『全集』4, p.452)에서 "승론학파(Vaiśeṣika)에서 말하는 아누(阿耨)나 에피쿠로스(Epicurus)가 말하는 아톰(Atom) 그리고 라이프니츠(Leibniz)가 말한 모나드(Monad)는 중국어로는 모두 원자로 번역한다."라고 했다.

175　方分(방분): 극미는 상하좌우의 방위가 있고 공간 상에서 체적을 점유하는데 그것을 방분이라고 말한다. 일설에는 극미는 원형이고 방분이 없다고도 한다.(『佛光』, p.1433)

176　造色種子(조색종자): '사대소조색(四大所造色)'을 의미하는데 사대가 조성한 색을 가리킨다. 다섯 감각기관과 다섯 감각 대상을 포괄한다.

게 작용하기 때문에 굳음이 되는 것이 아니라 굳음 자체로서 굳음이 된다. 흼이 진실로 스스로 흴 수 없다면 어떻게 돌 같은 다른 물체를 희게 할 수 있겠는가. 만약 흼이 스스로 흴 수 있다면 다른 물체에 의존할 필요 없이 스스로 흴 것이다. 노랑이나 검정도 이것과 마찬가지다. 돌이 존재하지 않아도 된다. 어찌 굳고 흰 돌을 찾겠는가. 그래서 그것들은 분리되어 있다."¹⁷⁷라고 말했다. 이것은 견촉이 사물이 형성되기 이전에 존재하고 하얀색은 사물이 형성된 이후에 존재한다는 것을 말하고 있다. 감촉할 수 없는 굳음을 구하려 하기에 어쩔 수 없이 굳음이 감추어져 있다고 말한다. 그렇다면 사물이 형성되기 전에는 무슨 까닭으로 하얀색이 감추어져 있지 않은가. 이것은 모두 전도된 견해이다.】 근세에 또 두 가지 학설을 수립했다. 만약 방분이 있어서 그것을 무한히 쪼갠다면 근본적으로 최소 단위란 존재할 수 없는데 무엇이 원질이 되고 무엇이 최초 질료가 되겠는가? 만약 원질이 방분이 없으면 이것을 보거나, 듣거나, 냄새 맡거나, 맛보거나, 감촉할 수 없으니 현량으로 인식할 수 없고, 가장 보편적이기에 비량으로도 인식할 수 없다. 【비량은 모두 전체에 통용되는 전제로 부분을 밝히고, 보편적인 근거로 협애한 내용을 밝힌다. 그래서 사물의 범주는 가장 보편적인 것이기 때문에 비량으로 그것을 인식할 수 없다.】

「경상초」에서 다음과 같이 말한다. "감성적 지식은 외물을 접촉한 결과이고, 이성적 지식은 사려의 결과이다. 총명한 사람도 또한 이해하지 못하는 것이 있는데 마치 흘겨보듯 부분적으로 이해할 뿐이다."¹⁷⁸ 『묵자』 「경설」에서 다음과 같이 말한다. "지각은 사람의 감각을 통해서 사물을 접촉[遇]【기존 문헌에서는 과(過)로 되어 있는데 손이양(孫詒讓)의 학설을 따라

---

177 『公孫龍子』 「堅白論」 18: "堅未與石爲堅, 而物兼. 未與物爲兼, 而堅必堅; 其不堅石‧物而堅. 天下未有若堅而堅藏. 白固不能自白, 惡能白石物乎? 若白者必白, 則不白物而白焉, 黃黑與之然. 石其無有, 惡取堅白石乎? 故離也."
178 『莊子』 「庚桑楚」 17: "知者, 接也; 知者, 謨也; 知者之所不知, 猶睨也."

교정했다.】하고서 사물을 표상하는 것이다. 마치 눈으로 사물을 보는 것과 같다."[179]또 "지혜는 사물에 대한 인식을 토대로 사물을 판단하는 것인데 그리고 나서 지각이 확실해진다. 마치 눈이 밝아지는 것과 같다."[180]라고 말하고, 아울러 "사려는 사물에 대한 인식으로 어떤 것을 추구하는 것이다. 하지만 반드시 그것을 이루는 것은 아니다. 마치 흘겨보는 것과 같다."[181]라고 말한다.

위 두 가지 주장은 같은 의미이다. 지금 방분이 없는 원질을 살펴보면 그것은 직접 감각할 수도 논리로 추론할 수도 없다. 그것은 근본적으로 인식 밖에 존재하기 때문에 그것의 실질을 인식할 수 없다. 원질을 말한 근본인 까닭을 살펴보면 그것을 말한 이들은 반드시 먼저 '만물은 모두 실질을 가진다.'라고 생각했다. 하지만 그런 생각도 역시 현량이나 비량(比量)에 따른 게 아니라 오직 원형관념을 따르고 법집을 따랐을 뿐이다. 이 때문에 파라마누 등 원질의 여러 개념을 수립한다.

이 때문에 "유는 무로 만들 수 없고, 무는 유로 만들 수 없고, 유상을 무상으로 만들 수 없고, 무상을 유상으로 만들 수 없다."라고 말한다. 이것은 현량이 인식한 것을 총괄하여 말한 것이다. 유질을 무질로 만들 수 없고, 무질을 유질로 만들 수 없다. 이것은 유방분 물질에 의거해서 말하면 의미가 행여 가능할지도 모르겠다.

무방분 물질에 의거해 보면 오직 비량(非量)일 뿐이다. 무방분은 현량으로 파악할 수 없기 때문에 색깔, 소리, 냄새, 맛, 촉감도 아니다. 현량으로 파악할 수 없기 때문에 또한 비량(比量)으로 파악할 수도 없다.【비량에

179   『墨子』「經說上」5: "知也者, 以其知遇, 物而能貌之, 若見."
180   『墨子』「經說上」6: "知也者, 以其知論物, 而其知之也著, 若明."
181   『墨子』「經說上」4: "慮也者, 以其知有求也, 而不必得之, 若睨."

의해 파악되는 존재자는 결코 현량에 의해 파악할 수 있는 점이 없을 수 없다. 만약 조금이라도 현량을 통해서 획득할 수 있는 점이 있으면 그것을 예로 삼아 추론을 할 수 있다. 지금 이 무방분의 물질에서 비록 조금이라도 현량으로 파악하려 하지만 또한 파악할 수 없다면 비량으로 파악할 만한 점은 없다.】또한 그것을 선정 중에 인식한 법처소섭색[墮法處色][182]이라고도 말할 수 없다.【법처소섭색은 선정 가운데 인식한 물, 불, 산, 숲 등의 형상이다. 하지만 또한 형색을 가지는데 곧 방분을 가진다.】세상 사람 중에 '그 사물의 실질을 정교하게 고찰함'을 이야기하는 사람은 오직 원형관념의 법집이 형성한 것으로 곧 이는 분별법집(分別法執)[183]이 의거하는 바이고, 오직 구생법집(俱生法執)[184]이다. 그래서 "왜 그러한가? 그러니깐 그렇다. 왜 그렇지 않은가? 그렇지 않으니깐 그렇지 않다."라고 말했는데 그것을 인식할 현량은 없고, 비량으로 추론할 수 있다.

여러 훈석은 (위에서 말한) 오직 세 가지인데 명언[名言]과 사려[義想]도 모두 이 세 가지에 포괄된다. 속제를 따라 말하면 사물은 진실로 그것의 소이연이 있고, 사물은 본래 그럴 만한 이유가 있다. 승의제 입장에서 말하면 훈석의 세 진실도 의미를 파악할 수 없다. 의미(내용) 없이 의미를 완성할 수 있다면 비록 "그렇지 않은 사물은 하나도 없고, 가하지 않은 사물도 하나 없다."(無物不然, 無物不可)라고 하더라도 가능하다.

위에서 이야기한 것과 같이 첫 번째는 정의[義界]를 내리고, 두 번째는

---

182 墮法處色(타법처색): 법처소섭색(法處所攝色)을 가리키는데, 12처 가운데 '법처'에 속하는 색이다. '법처'는 인식 대상인 6경 가운데 의식의 인식 대상인 법경(法境)을 말한다.
183 分別法執(분별법집): 잘못된 가르침이나 착각 등에 의해 후천적으로 온·처·계 등을 실제라고 집착하는 것을 말한다.
184 俱生法執(구생법집): '구생'은 '태어나면서부터 갖고 있다.'라는 의미로 선천적이란 말이다. 그래서 구생법집은 존재에 대한 선천적 집착을 가리킨다. 의근이 아뢰야식을 자아라고 집착하는 것이나 제6 의식이 온·처·계 등을 실제라고 집착하는 것을 말한다.

제물론석

근본 원인을 분석하고, 세 번째는 실질을 탐구하는데, 이들 모두 분석의 언어에 의지해서 자체의 의미를 완성시킨다. 하지만 그것이 완성될 때가 또한 바로 그것이 파괴되는 때다.【성(成)은『인명입정리론』에서 말하는 능립(能立)에 해당하고,[185] 훼(毀)는『인명입정리론』에서 말하는 능파(能破)에 해당한다.[186] 그것은 부분적인 의미와 관련해 이야기하기 때문에 오직 비량에 해당한다. 여기서는 광의의 의미로 기술하기 때문에 세 가지 훈석을 모두 포괄한다.】완성과 파괴가 동시이고 다시 하나로 통한다. 그래서 도에 도달한 사람만이 일상의 지식을 사용해서 판단하지 않고 그 판단을 자연의 도리에 맡기는데, 그것이 왜 그런지 알 수 없기 때문이다. 만약 세 가지 훈석을 '뛰어난 방법'[要妙][187]이라고 고집하고 '(언어가 가리키는) 단일한 의미'[一義]를 추구하는 데만 정신을 쏟는다면 이해하는 바가 도리어 이해하지 못하는 것과 같음을 깨닫지 못한 꼴이다. 그래서 장자는 원숭이 기르는 이가 원숭이에게 상수리를 주는 일을 비유로 삼았다.

　어휘나 사물의 의미를 끝까지 추론하면 '어휘의 정의를 내리는' 경우는 도리어 본래 말과 다르지 않다. '어떤 사물이나 사건의 근본적인 원인을 탐구할' 경우는 "이유가 아니라 마땅히 그러하다."라는 데 도달한다. '그

185　能立(능립): 大域龍菩薩造, 玄奘譯, 『因明正理門論本』(『大正藏』32, p.1a), "宗等多言說能立者, 由宗因喩多言辯說, 他未了義故." 窺基撰, 『因明入正理論疏』卷上(『大正藏』44, p.93a), "因喩具正, 宗義圓成, 顯以悟他, 故名能立."[근거[因]와 비유[喩]가 모두 요구에 부합하면 주장을 완전하게 성립시킬 수 있고, 바른 논리를 보일 수 있으면 상대방을 설복시킬 수 있기 때문에 '주장을 성립시킬 수 있음'이라고 이름한다.]

186　能破(능파): 大域龍菩薩造, 玄奘譯, 『因明正理門論本』(『大正藏』32, p.1a), "爲欲簡持, 能立能破, 義中眞實, 故造斯論." 窺基撰, 『因明入正理論疏』卷上(『大正藏』44, p.93b), "敵申過量, 善斥其非, 或妙徵宗, 故名能破."[상대가 제시한 잘못된 논증식에 대해 그의 논증식이 가진 오류를 훌륭히 배척하고, 때론 정확한 논증식을 수립하여 상반된 주장을 성립시키기 때문에 '주장을 파척할 수 있음'이라고 이름한다.]

187　要妙(요묘): 『老子』27: "故善人者, 不善人之師; 不善人者, 善人之資. 不貴其師, 不愛其資, 雖智大迷, 是謂要妙."

사물의 실질을 정교하게 고찰할' 경우는 그것이 무엇엔가 말미암아 그렇다는 이유가 없으니 이것이 이른바 "명칭과 실질은 어떤 변화도 없다."(名實未虧)라는 의미이다.

일상에서 우리는 뭔가를 추론하고 고찰할 수 있는 사람은 "지혜롭다."라고 하고, 아무것도 추론하지도 못하고 고찰하지도 못하는 사람은 "어리석다."라고 말한다. 이것이 이른바 "기쁨과 노여움이 작용한다."(喜怒爲用)라는 것이다. 사람이 미혹한 지 진실로 오래되었다.

성인은 의식으로는 언어가 무자성임을 알지만 일상에서는 오히려 세상의 방식을 따른다. 세상에 순응하기 때문에 "시비를 조화시키고"(和以是非) 언어의 무자성을 알기 때문에 "자연의 조화에 편안히 쉰다."(休乎天鈞)「우언」에서 말한다.

> 치언(卮言)[188]은 끊임없이 출현하고 자연의 분제와 조화를 이루고[189] 만물은 모두 종자이고 상이한 형상으로 상속하고, 처음과 끝은 마치 고리같아 그것의 출발점을 찾을 수 없다. 이를 '자연의 조화'(天鈞)라고 한다. 자연의 조화가 자연의 분제이다.[190]

"시비를 조화시키는 것"(和以是非)은 '자연의 조화'(天鈞)를 빌려서 사용함이니 이른바 '언설에 수순함'(隨順言說)이다. '자연의 조화'에서 휴식하는 사람은 '자연의 조화'의 본 모습을 통찰하는데 이른바 '언설을 벗어난 성품'(性離言說)[191]이다. 한마디 말이나 찰나의 침묵까지도 지극한 가르침 아

---

188 卮言(치언): '치(卮)'는 '치(巵)'의 의미로 고대 중국의 술잔이다. '치언'은 아무런 제약 없이 자연스레 나오는 말이다.
189 『莊子』「寓言」1: "寓言十九, 重言十七, 卮言日出, 和以天倪."
190 『莊子』「寓言」1: "萬物皆種也, 以不同形相禪, 始卒若環, 莫得其倫, 是謂天均. 天均者天倪也."

닌 것이 없으니 이것을 양행(兩行)[192]이라고 한다.

이 한 가지 해설(조삼모사 이야기)을 살펴보면 '쇠로 소리를 퍼뜨리고 옥으로 소리를 거둠'[金聲玉振][193]과 '높이 태허를 밟음'[高蹈太虛][194]은 본래 통치의 담론도 아니고 직무에 대한 가르침도 아니다. 세상 사람은 그것을 임기응변의 술수라고 여기지만 문장의 의미를 자세히 살펴보면 본래부터 그런 게 아닐뿐더러 양행의 도는 고금의 성철이 모두 따르는 바다.

현묘한 이치를 깊이 깨닫지 못한 자라면 어떻게 조삼모사의 의미를 자세히 이해할 수 있겠는가? 상수(向秀)나 곽상(郭象) 같은 이도 그 의미를 깨닫지 못하였는데 하물며 성현영(成玄英)보다 못한 이들이야 말해 무엇하겠는가? 「추수」에 기술된 공손룡(公孫龍) 관련 이야기를 살펴보면 공손룡은 스스로 다음과 같이 말한다.

저는 백가의 견해를 곤궁에 빠뜨렸고, 모든 학자의 논리를 궁지로 몰아넣지만 장자의 이야기를 듣고는 입을 열 수가 없었습니다.[195]

---

191 性離言說(성리언설): 언설을 벗어난 성품.
192 兩行(양행): 「제물론」 주석사에서 '양행'은 진리와 일상 두 가지 차원의 방식을 사용함을 말한다. 불교의 용어로 말하면 진제와 속제를 모두 구사하는 경우다. 혹은 열반과 생사가 함께하는 경우다.
193 金聲玉振(금성옥진): 『맹자』에 나오는 말로 지혜와 덕을 모두 갖춘 경우를 말한다. 『孟子』「萬章下」1: "孔子之謂集大成. 集大成也者, 金聲而玉振之也. 金聲也者, 始條理也; 玉振之也者, 終條理也. 始條理者, 智之事也; 終條理者, 聖之事也."[공자를 집대성이라고 부른다. 집대성은 쇠로 소리를 퍼뜨리고 옥으로 그 소리를 거둠이다. 쇠 소리를 퍼뜨리는 것은 조리를 시작함이고, 옥으로 그것을 거둠은 조리를 끝맺음이다. 조리를 시작함은 지혜 있는 자의 일이고, 조리를 끝맺음은 성덕을 갖춘 사람의 일이다.]
194 高蹈太虛(고도태허): 태허(太虛)는 도가적인 의미라기보다는 불교에서 말하는 공적(空寂) 혹은 무자성(無自性)의 의미로 파악하는 게 적절해 보인다. 그리고 고도(高蹈)는 초탈(超脫)이란 의미도 있지만 고(高)는 앞서 내(內)와 외(外)란 표현이 나온 점이나 '上求菩提, 下化衆生'이라는 말을 감안하면 '내면' 혹은 '정신적'이란 의미이고, '도'는 '밟다'라는 의미의 연장으로 증오(證悟)의 의미로 해석하는 게 적절해 보인다.
195 『莊子』「秋水」10: "公孫龍問於魏牟曰: 龍少學先王之道, 長而明仁義之行; 合同異, 離堅白; 然不然, 可不可; 困百家之知, 窮眾口之辯. 吾自以爲至達已. 今吾聞莊子之言, 汒焉異之.

「추수」에 보이는 장자의 몇 마디 말을 곱씹어 보면 공손룡도 말문이 막혀 "입을 쩍 벌리고 혀를 말아 올릴 만했다."(口呿舌擧)[196] 공천(孔穿)[197]이나 추연(鄒衍)[198] 같은 무리가 '논리 없는 억지 주장'[強辭][199]으로 장자를 상대할 수 있었겠는가? 이미 비량(比量)은 판단 근거가 없다고 부정했고, 비량도 없이 오직 법집에 의거하는 경우도 그것의 성립을 인정하지 않았다. 이것이 이른바 치언(卮言)[200]【『석문』에서는 『자략(字略)』의 "치(卮)는 원형의 술그릇이다."라는 말을 인용했다. 여기서는 둥글다는 의미를 취한 것으로, '말이 둥글다'[言圓]라거나 '말이 그러그러하다'[言爾]라는 것과 유사하다.】으로 모든 상황에 대처할 수 있는 언어 능력이다.[201]

「제물론」의 주요한 의미는 대부분 불전에 부합하는데 유독 이 '한 견해'(제1장 제4절)[202]만은 200자도 되지 않지만 대소승 불전에는 없는 내용이다. 『화엄경』에서만 "보살은 마음으로 한 글자 가운데 일체법의 훌륭

不知論之不及與, 知之弗若與? 今吾無所開吾喙, 敢問其方." 장타이옌은 밑줄 친 부분만 인용.

196 口呿舌擧(구거설거): 『莊子』「秋水」10: "公孫龍口呿而不合, 舌擧而不下, 乃逸而走."
197 孔穿(공천): 중국 전국시대 노나라 사람으로 공자의 6세손으로 알려졌다. 당시 공손룡과 변론한 것으로 이름을 떨쳤다. 『공손룡자』에 공손룡과 변론이 등장한다.
198 鄒衍(추연): 중국 전국시대 제나라 출신의 학자로 음양가의 대표 인물이다.
199 強辭(강사): 아무런 논리가 없는 억지 주장.
200 卮言(치언): 본래 조리가 없는 말을 가리키고, 장타이옌도 일찍이 이런 의미로 이 말을 사용했다. 하지만 여기서 치언은 「추수」 인용문에서 보이듯, 언변과 논리가 뛰어난 공손룡도 압도할 수 있는 언어 능력이다.
201 圓遍一切(원편일체): 장타이옌이 '치언'을 '圓遍之言'으로 이해했다. '원만하게 어떤 사태에도 적용되는 언어 능력'이다. 『疏證』(p.171)에서는 '편언일체'에 대해 "진제로써 개념적 구속을 부수고, 속제로써 언어의 작용에 통달한다. 진과 속 양쪽 모두 적절히 사용하고, 체와 용 양쪽 막힘없이 활용하니 일체 상황에 원만히 대처할 수 있다."고 풀었다.
202 獨此一解(독차일해): 앞서 등장한 '詳此一解'를 보면 '此一解'는 같은 의미인데 바로 뒤 구절 '字未二百'이란 말에서 특정한 단어나 구가 아니라 지금 해설하고 있는 제1장 제4절 전체를 가리킨다는 사실을 알 수 있다. 章太炎은 200자에 못 미친다고 했지만 '可乎可'에서 '兩行'까지 글자 수는 215자이다.

한 구절[句], 단어[言], 음절[音]을 모두 갖추려고 한다."[203]라고 말한다. 『대 반야경』에서는 "선학(善學)은 모든 말과 글자를 한 글자에 집어넣는다. (중략) 또한 선학은 한 글자 속으로 모든 글자를 포섭하고, 모든 글자 속 에 한 글자를 포섭한다."[204]라고 말한다. 이렇게 말했지만 그 까닭을 추 적하여 명확히 밝히지는 않았다. 만약 글자의 의미는 오직 상호 훈석하 기 때문에 하나의 명자(名字) 가운데 일체 명자를 구유하고 있음을 안다 면 저 불경의 이야기도 "만물이 본래 그러한 이치를 보조하는"[205] 것이지 기이하거나 신비한 언사가 아니며 또한 억지 주장도 아니다. 장자는 스 스로 "거침없이 사방 어디에도 다다르고, 헤아릴 길 없는 곳까지 들어간 다."[206]고 했는데 "어찌 허언이겠는가?"['그렇지 않은 사물이 없고, 그럴 수 없는 사물이 없다'라는 의미에서 그런 것들 탐구하려면 세 가지 훈석에 의지한다. 제1을 따 라 전환하면 불교에는 다라니(陀羅尼)가 있다. 제2를 따라 전환하면 불교에서는 '이목 을 집중시킬 법한 일로 불법을 나타내기도 하고'(瞪視顯法), 눈썹을 치켜뜨거나(揚眉), 눈동자를 굴리는(動目) 일 등으로 불법을 나타내기도 한다. 제3을 따라 전환하면 불법 에는 성소작지(成所作智)가 있다. 모두 괴이할 건 없고 평이하고 진실에 가깝다고 할 수 있다.][207]

다음은 '원인과 조건에 의해 존재자가 발생한다는 주장'[緣生, pratītyasamutpāda][208]에 대한 부정이다. 모든 현상과 사물이 인연에 의해 발

---

203 實叉難陀譯, 『大方廣佛華嚴經』卷38(『大正藏』10, p.203b), "心欲於一字中, 一切法句言音 差別, 皆悉具足."

204 玄奘譯, 『大般若波羅蜜多經』卷308(『大正藏』6, p.969b), "善學一切語言, 皆入一字. (中 略) 善學於一字中, 攝一切字. 一切字中, 攝於一字."

205 『老子』64: "輔萬物之自然."

206 『莊子』「秋水」4: "奭然四解, 淪於不測."

207 實叉難陀譯, 『大乘入楞伽經』卷3(『大正藏』16, p.603a), "有言說故, 有諸法者, 此論則壞. 大慧! 非一切佛土皆有言說, 言說者假安立耳. 大慧! 或有佛土瞪視顯法, 或現異相, 或復揚 眉, 或動目睛, 或示微笑・嚬呻・謦欬・憶念・動搖, 以如是等而顯於法."

생함은 관대도리이자 작용도리이다. 이것을 설명하는 경우는 또한 증성도리이다. 왜 연생을 부정하는가? 일체 존재자의 성립은 모두 활동[動[동(動)은 행(行)의 의미이다.]에 의거하여 '생명이 끝맺고 탄생하고'[結生, pratisaṃdhi][209] 지속[相續]한다. 활동은 최초 원인이 없고 활동의 앞선 원인은 도리어 활동 자체에 있고 성취 이전의 존재도 오히려 성취 자체이다.[210] 이런 것이 이른바 "어찌하여 그런가? 그러니깐 그렇다. 어째서 그렇지 않은가? 그렇지 않으니깐 그렇지 않다."라는 의미다. 이것이 발생하자 저것이 소멸한다면 발생과 소멸이 동시인데 이렇다면 궁극적으로 발생도 없고 또한 소멸도 없다.

그래서 진주(眞珠)를 태울 경우, 진주는 사라지지만 백토[堊]가 생기고, 철광석을 녹이는 경우, 쇳물이 생기지만 광석은 소멸한다. 이와 같아서 사람이 비록 '생사유전하여 변화하지만'[展轉幻化] 사실은 변화한 적이 없다. 만약 변화한다면 최초 원인이 없을 수 없다. 깨달은 자는 이와 같은 사정을 알아서 윤회전생을 두려워하지 않고 비록 '다들 천시하는 사람'[鼠肝蟲臂][211]으로 태어나더라도 차이를 느끼지 않는데 어찌 열반을 동경하고 생사유전을 싫어하겠는가? '무생무멸의 도리'(열반적정)를 증득하고 현실

208 　緣生(연생): '緣起'와 동의어 '因緣生起'의 줄임말이다. 더 정확히는 '諸法從因緣而生起'라고 할 수 있다. 이 말은 "일체 존재는 다양한 조건 속에서 발생한다."는 의미다. 『瑜伽師地論』卷10(『大正藏』30, p.325c), "諸行生起法性, 是名緣起, 即彼生已, 說名緣生."[제행이 존재를 생기시킴을 연기라고 한다. 저 존재가 이미 발생했다면 그것을 연생이라고 이름한다.]

209 　結生(결생): 윤회 과정에서 이전 생명이 종결[結]하고 새로운 생명이 잉태됨[生]을 말한다. 좀더 구체적으로는 중유(中有) 단계에서 모태로 잉태되는 과정을 가리킨다.

210 　이 구절은 「제물론」의 "道, 行之而成"에 대한 해석이다. 장타이옌은 이 구절은 '연생'을 가리킨다고 앞서 언급했다.

211 　鼠肝蟲臂(서간충비): 쥐의 쓸개와 벌레의 팔이라는 뜻으로 사람들이 대단히 하찮게 여기는 것으로 천시하는 사람을 가리키기도 한다. 『莊子』「大宗師」5: "倚其戶與之語曰: 偉哉造物! 又將奚以汝爲? 將奚以汝適? 以汝爲鼠肝乎? 以汝爲蟲臂乎?"

제물론석

에서 '생멸의 도리'(생사유전)를 실천하는 것이 또한 양행(兩行)이다.

　헤겔(Hegel)의 정·반·합 변증법은 공언(空言)에 집착한 나머지 장자의 입장에는 부합할 수 없었다. 『대승입능가경』에서는 "외도의 무리는 모두 악견(惡見)을 일으켜 '모든 존재가 분별과 집착이라는 조건으로부터 발생하는 게 아니라 존재 혹은 비존재로부터 발생한다.'라고 말한다. 하지만 나는 '모든 존재는 존재나 비존재에서 발생하는 것이 아니다.'라고 말하고 그래서 무생(無生)이라고 이름한다."[212]라고 말한다. 이 사실은 배우는 자라면 반드시 알아야 할 점이다.

212　實叉難陀譯, 『大乘入楞伽經』卷3(『大正藏』16, p.604a), "外道羣聚, 共興惡見, 言「從有無生一切法, 非自執著分別爲緣. 我說諸法, 非有無生, 故名無生.""

제5절

古之人, 其知有所至矣. 惡乎至? 有以爲未始有物者, 至矣, 盡矣, 不可以加矣. 其次, 以爲有物矣, 而未始有封也. 其次, 以爲有封焉, 而未始有是非也.

옛사람은 그 인식이 최고 경지에 도달한 점이 있다. 어떠한 곳에 도달했는가? 처음부터 사물이 존재하지 않았다고 여기는 것은 가장 높고 완전한 경지로 더 이상 보탤 게 없다. 그다음 수준은 사물이 있지만 처음부터 그 사물은 어떤 한계도 없다고 생각하는 경지이다. 그다음은 사물이 한계를 갖지만 처음부터 시비를 갖지 않았다고 생각하는 경지이다.

是非之彰也, 道之所以虧也. 道之所以虧, 愛之所以成. 果且有成與虧乎哉? 果且無成與虧乎哉? 有成與虧, 故昭氏之鼓琴也; 無成與虧, 故昭氏之不鼓琴也. 昭文之鼓琴也, 師曠之枝策也, 惠子之據梧也, 三子之知幾乎, 皆其盛者也, 故載之末年.

시비를 드러내는 것은 도가 파괴되는 이유이다. 도가 파괴되는 것은 애착이 완성되는 이유이다. 애착의 완성과 도의 파괴가 진실로 존재하는가? 아니면 애착의 완성과 도의 파괴가 진실로 존재하지 않는가? 완성과 파괴가 있는 것은 소씨가 거문고를 타기 때문이며, 완성과 파괴가 없는 것은 소씨가 거문고를 타지 않기 때문이다. 소씨가 거문고를 탈 때, 사광이 북채를 쥐고 북을 연주할 때, 혜씨가 책상에 기대어 언변을 내놓을 때 세 사람은 앎이 거의 최고 수준에 도달한 듯하다. 그래서 이런 활동이 말년에까지 이른다.

唯其好之也, 以異於彼; 其好之也, 欲以明之. 彼非所明而明之, 故以堅白之昧終. 而其子又以文之綸終, 終身無成. 若是而可謂成乎? 雖

我無成, 亦可謂成矣. 若是而不可謂成乎? 物與我無成也. 是故滑疑
之耀, 聖人之所圖也. 爲是不用而寓諸庸, 此之謂以明.

그들은 오직 자신의 일을 좋아하는 정도가 다른 사람과 달랐을 뿐이며, 그들이 좋아하는 것을 분명하게 밝히고자 하였다. 그들은 다른 사람이 분명히 알지 못하는 것을 분명히 알았기 때문에 '견백'의 논리도 소멸했다. 소문의 아들은 소문의 줄을 물려받는 것에 그치고 종신토록 어떠한 완성도 없었다. 만약 이런 수준을 완성이라고 한다면 비록 나라도 완성이라고 할 수 있다. 만약 이런 수준을 완성이라고 할 수 없다면 사물과 나도 완성이라고 할 수 없다. 그래서 바른 도를 흐리게 하는 빛을 성인이 없애려 한다. 이 때문에 자신의 기존 판단에 의하지 않고 자연스런 활동에 의거한다. 이것을 "밝은 지혜에 의지한다."라고 한다.

'존재자는 실체가 없다는 견해'(無物之見)[213]는 곧 아집과 법집이 없음이다. 사물이 실체가 있다고 여기면 그 사물 자신의 영역이 있고, 그러면 시비의 견해가 있고, 그러면 아집과 법집이 작동하여 더욱 견고해진다. 자신의 견해가 고정되기 때문에 애착은 저절로 완성된다. 이것은 모두 변계소집자성이 의타기자성을 제대로 알지 못하여 갖가지 어리석음과 망상을 일으키는 것으로 비록 그렇다 하더라도 원성실성은 결코 '증가'하거나 '감소'하는 일이 없다. 그래서 "애착의 완성과 도의 파괴가 진실로 존재하는가? 아니면 애착의 완성과 도의 파괴가 진실로 존재하지 않는

---

213   無物之見(무물지견): 바로 뒤에 아집과 법집을 부정하는 것으로 보아 '무물지견'은 불교에서 말하는 모든 존재자는 무아이고 무자성이라는 견해를 가리킨다. 중관학 입장에서 보면 그것은 공관(空觀)이고 유식학 입장에서 보면 유식무경(唯識無境)을 가리킨다. 현대어로는 비실체론 혹은 반실체론이라고 할 법하다.

가?"(果且有成與虧乎哉? 果且無成與虧乎哉)라고 말했다.

본문의 '고(故)'자는 차(此)의 의미인데, 그 의미가 『묵자』「천지」에 보인다.[214] "애착의 성립과 도의 파괴가 있는데 이것은 소씨가 거문고를 타는 일이고, 애착의 완성과 도의 파괴가 없는데 이것은 소씨가 거문고를 타지 않는 일이다."(有成與虧, 故(=此)昭氏之鼓琴也; 無成與虧, 故(=此)昭氏之不鼓琴也.) 곽상은 『장자주』에서 말한다.

> 무릇 소리는 모두 셀 수 없을 정도로 많다. 그래서 피리를 불고 거문고를 타는데 비록 어지럽게 손을 놀려도 잃는 소리가 매우 많다. 피리를 불고 현(弦)을 타는 자는 소리를 내려 하지만 사실은 소리를 내는 동시에 소리를 잃고, 소리를 내지 않으면 오히려 소리는 온전하게 된다.[215]

이것을 근거로 이야기해 보면 한 악기(樂器)가 '84개 조(調)'[216]를 자연스레 갖추고 있지만 여러 개 조(調)를 연주할 때 동시에 모든 조(調)를 낼 수는 없다. 그래서 삼자성 가운데 원성실자성은 시공을 떠나 보편적이지만 우리는 일상에서 그것을 명상(名相)에 근거해 분별하기 때문에 손감집(損減執)과 증익집(增益執)이 일어남을 안다. 진실로 언어를 극복한 경지와 작위가 없는 영역에서는 '성립'(증익)과 '파괴'(손감) 둘 다 사라지기 때문에

---

214 故(고): 『墨子』「天志」5: "且夫天下蓋有不仁不祥者, 曰當若子之不事父, 弟之不事兄, 臣之不事君也. 故天下之君子, 與謂之不祥者."[자식이 부모를 섬기지 않고, 아우가 형을 섬기지 않고, 신하가 군주를 섬기지 않는다면 이는 천하의 군자가 모두 '상서롭지 못하다.'고 하는 바이다.]

215 郭象, 『莊子注』「齊物論」(『集釋』1, p.76): "夫聲不可勝舉也. 故吹管操絃, 雖有繁手, 遺聲多矣. 而執籥鳴弦者, 欲以彰聲也, 彰聲而聲遺, 不彰聲而聲全."

216 八十四調(팔십사조): 중국 고대 음악에서는 12율(律)을 서로 돌려 가며 12운(均, 韵)을 완성하고 매 균에는 7조(調)가 있기에 전체적으로 보면 84조(調)가 된다.

비록 승의(勝義, 원성실성)라도 무자성(無自性)이다. 하지만 소리에 뛰어나고 논쟁에 뛰어난 사람은 자신의 뛰어난 기예로 "후세까지 이름을 남겼고"(載之末年), 사물의 본질을 변별하려는 사람은 그것의 함의와 외연을 정의하고, 음율[律]의 궁극을 규명하려는 사람은 반드시 '최초 음가'[元音]를 분석해야 한다. 논적(論敵)이 규명할 수 없는 것은 논주(論主)도 또한 정립할 수가 없다.

논쟁에서 자신 스스로 납득할 때와 타인을 납득시킬 때, 내세우는 논리가 다르다. 타인을 납득시키는 경우 반드시 삼지(三支)²¹⁷에 오류가 없어 입론자와 반론자 모두 그것을 인정해야 논의가 비로소 '완전히 충족'[極成]²¹⁸된다. 만약 이것을 위배한다면 곧 혹자 지껄이는 것과 다를 바가 없다. 그래서 "만약 이런 수준을 완성이라고 한다면 비록 나라도 완성이라고 할 수 있다."(若是而可謂成乎, 雖我亦成也)라고 말한다. 입론자의 주장이 법집만 쫓고 현량(現量)과 비량(比量)에 따른 근거가 없다면 그 주장은 타인을 납득시킬 수 없을뿐더러 자기 자신도 납득할 수 없다. 그래서 "만약 이런 수준을 완성이라고 할 수 없다면 사물과 나도 완성이라고 할 수 없다."(若是而不可謂成乎, 物與我無成也)라고 하였다. 이 구절의 해석은 먼저 변계소집을 논파하고 다음은 변계소집을 따르는 언설을 논파했다.

---

217   三支作法(삼지작법): 불교 인명학(因明學, Hetuvidyā)의 용어이다. '인명'은 어떤 주장의 근거를 분명히 밝히는 것을 말한다. 일종의 논리학이라고 할 수 있다. '삼지'는 '세 가지 부분'을 의미한다. 그래서 '삼분작법'이란 표현도 쓴다. '작법'은 '주장을 펼치는 논리 형식'을 의미한다. 이때 세 가지는 종(宗, 명제)·인(因, 근거)·유(喩, 예증)이다.

218   極成(극성): 불교논리학의 용어로 '지극성취'(至極成就)의 줄임말로 '조건을 완전히 충족한다'라는 의미다. 입론자나 반론자가 모두 사실로 인정하는 내용이다.(『佛光』, p.3908)

今且有言於此, 不知其與是[219]類乎, 其與是不類乎. 類與不類, 相與
爲類, 則與彼無以異矣. 雖然, 請嘗言之. 有始也者, 有未始有始也
者, 有未始有夫未始有始也者. 有有也者, 有無也者, 有未始有無也
者, 有未始有夫未始有無也者. 俄而有無矣,[220] 而未知有無之果孰有
孰無也. 今我則已有謂矣, 而未知吾所謂之其果有謂乎, 其果無謂乎?

가령 지금 어떤 사람이 무슨 말을 했다고 하자. 그 말과 그 말이 지시하는
이 사물은 상응하는지 아니면 그 말과 그 말이 지시하는 사물이 상응하지
않는지 알 수 없다. 상응하는 것과 상응하지 않는 것을 상응하는 것으로
취급하면 저것과 다른 점이 없다. 비록 그렇지만 일단 이야기해 보겠다.
시작이 있으며 시작이 있기 이전의 시간이 있으며, 시작 이전의 시간이
시작하지 않은 시간도 있다. 존재가 있고 비존재가 있으면, 존재와 비존
재 이전의 상태도 있고, 존재와 비존재가 시작하기 이전의 이전도 있다.
문득 사물이 존재하고 비존재하는데 존재와 비존재가 과연 무엇이 존재
하고 무엇이 비존재하는지 알 수 없다. 내가 이미 말한 게 있는데, 내가 말
한 게 과연 말한 건지 말하지 않은 건지 알지 못한다.

天下莫大於秋毫之末, 而大山爲小; 莫壽於殤子, 而彭祖爲天. 天地

---

219 是(시): 일반적인 「제물론」 해석으로 보자면 여기서 '시'는 다양한 해석이 있다. 먼저
    사실 혹은 진리 등으로 해석할 수 있다. 안병주 · 전호근 공역, 『장자』1, p.97 역주2
    참조. 그런데 장타이옌은 '其'는 말로 '분'는 그 말이 지시하는 사물로 파악했다. 중국
    철학의 전통적인 개념으로 표현하자면 名과 實이다. 그래서 그는 "저 말과 저 말이 지
    시하는 이 사물이 동일한지 모르겠다." 정도로 풀었다.
220 俄而有無(아이유무): '아(俄)'는 어떤 일이 발생하고 '오래지 않아'라는 의미다. '有無'는
    "무가 있다." 혹은 "무가 발생했다."라고 풀 수도 있고 "있기도 하고 없기도 하다."라고
    해석할 수도 있다.

제물론석

與我並生, 而萬物與我爲一. 旣已爲一矣, 且得有言乎? 旣已謂之一矣,
且得無言乎? 一與言爲二, 二與一爲三. 自此以往, 巧曆不能得, 而
況其凡乎! 故自無適有以至於三, 而況自有適有乎! 無適焉, 因是已.

세상에는 가을날 터럭보다 큰 것이 없고 태산은 오히려 매우 작다. 요절
한 영아보다 장수한 것이 없고 팽조는 오히려 단명했다. 천지는 나와 함
께 생존하고 만물은 나와 하나가 된다. 이미 하나라면 다시 무슨 말이 있
겠는가? 이미 하나라고 말을 하고서 다시 무슨 말하지 않은 게 있겠는가.
하나는 하나를 표현하는 언설과 둘이 되고, 둘은 하나와 셋이 된다. 이런
식으로 계속 따져 가면 아무리 계산을 잘하는 사람도 그 끝을 헤아리기란
불가능하다. 하물며 일반 사람이겠는가. 그래서 무에서 유로 나아가니 셋
에 이르는데 하물며 유에서 무로 나아갈 때이겠는가. 나아감이 없으니,
이것을 의지할 뿐이다.

"그 말과 그 말이 지시하는 이 사물은 상응하지 않는다."(其與是不類)[221]
라는 구절은『순자』「정명」에서 "이름은 참된 내용이 없다."[222]라고 한
데 해당한다. 세친은『섭대승론석』에서 다음과 같이 말한다.

　　만약 능전(能詮)인 명칭에 의지해야만 소전(所詮)인 의미에 대해 지
　　각이 발생한다고 말한다면 이런 주장을 배척하기 위해서 (『섭대승론』

221　其與是不類(기여시불류): 장타이옌은 '其'는 앞에 나온 '言'을 의미하고 '是'는 그 名言이
　　　지시하는 實物을 의미한다고 해석했다. 그렇다면 이 구절은 중국 고대철학의 유명한
　　　주제인 名實 문제를 다룬 것이라고 할 수 있다. 또한 요즘 식으로 말하면 '기표와 기
　　　의' 문제를 다룬 것이라고 할 수도 있다. 그는 이를 유식학에서 말하는 '능전(能詮)과
　　　소전(所詮)' 문제로 치환했다.
222　名無固宜(명무고의):『荀子』「正名」8: "<u>名無固宜</u>, 約之以命, 約定俗成謂之宜, 異於約則
　　　謂之不宜. 名無固實, 約之以命實, 約定俗成, 謂之實名."

본송에서) 다시 "능전과 소전이 동일하지 않다는 게 아니다."라고 했
는데, 능전의 명칭과 소전의 의미가 서로 일치하지 않고 각각 다른
모습이기 때문이다.[223]

여기서는 바로 말[言]과 사물[義]이 동일하지 않음을 밝혔다. 만약 말이 없
으면 유상분별은 성립하지 않는다. 세친은『섭대승론석』에서 또 말한다.

(『섭대승론』본송의) "저 능전을 벗어나서 소전에 대한 지각이 작동
하지는 않는다."라는 구절은 능전인 명칭을 알지 못하고 소전인 사
물에 대한 지각이 일어나지 않는다는 의미다.[224]

여기서는 "말[言]과 그 말이 지시하는 사물[義]이 상응함"을 밝혔다. 이
것으로 판단하면 말(기표)은 사물(기의)과 한 측면에서는 상응하지만 다른
측면에서는 상응하지 않는다. 두 측면이 한 데 화합하여 의식에 기탁하
면 이른바 "상응함과 상응하지 않음은 서로 상응한다."(類與不類, 相與爲類)
라는 구절의 의미이다. 이와 같이 명언습기(名言習氣)[225]가 현행하면 말(기
표)와 사물(기의)이 차별 없음을 이내 깨닫는데, 이것이 이른바 "저것과 다
른 점이 없다."(與彼無以異)라는 의미이다. 세친은『섭대승론석』에서 "곧
상응이 자성의 내용이 된다. 분별한 내용은 이것을 벗어나지 않는다."[226]

---

223 世親菩薩造, 玄奘譯,『攝大乘論釋』卷8(『大正藏』31, p.364c), "若言要待能詮之名, 於所詮
義, 有覺知起, 爲遮此故, 復說是言, 非詮不同故, 以能詮名與所詮義, 互不相稱. 各異相故."
224 世親菩薩造, 玄奘譯,『攝大乘論釋』卷8(『大正藏』31, p.364c), "非離彼能詮, 智於所詮轉.
由若不了能詮之名. 於所詮義覺知不起."
225 名言習氣(명언습기): 7전식에 의해 훈습된 종자를 가리킨다. 7전식 가운데 의식만 명
칭을 발하지만 나머지 식도 그것의 견분이 상분을 인식하는 과정이 명칭을 발하여 대
상을 인식하는 과정과 마찬가지이기 때문이다. 竹村牧南, 정승석 옮김,『유식의 구
조』(서울: 민족사, 1989), p.131 참조.
226 世親菩薩造, 玄奘譯,『攝大乘論釋』卷8(『大正藏』31, p.364c), "即相應爲自性義, 是所分別,
非離於此."

라고 했는데 의미가 장자의 주장과 완전히 일치한다.

질문: 왜 능전과 소전이 서로 합치(稱=類)되지 않는가?

대답: 마땅히 세 가지 사실로써 그 이유를 밝히겠다. 세 가지 가운데 첫째는 본명(本名)이고, 둘째는 인신명(引伸名)이고, 셋째는 구경명(究竟名)이다.

첫째 본명(本名)은 무엇인가? 가령 물을 물이라고 하고 불을 불이라고 할 경우 그렇게 명명한 이유를 따져 보면 근본적으로 근거는 없다. 만약 물을 가지고 수평을 이야기하고 불을 가지고 소멸을 이야기한다면 두 가지 모두 본명에서 파생된[孳乳][227] 것이다. 이것은 마치 근거가 있는 것 같지만 본명이 이미 아무런 근거가 없는데 거기서 파생된 것이 결국 어디에 의지하겠는가? 그런 행위는 마치 허공에다 실을 그리고 그것을 짜서 그물을 만드는 것과 같다. 여기서 명칭과 그것의 의미도 역시 서로 합치되지 않는다. 또한 세계 여러 나라 언어가 각기 달라서 동일한 소전(사물)에 대해서도 능전(명칭)은 여러 개다. 만약 진실로 능전과 소전이 서로 합치된다면 능전이 많으면 소전 또한 결코 하나일 수 없다. 하지만 이런 일은 없다.【하나의 소전(사물)에 대해서 능전이 많고 또한 이쪽과 저쪽 상이한 점이 있다. 마치 초(初)·재(哉)·수(首)·기(基)는 모두 시작의 의미이지만 시작이 되는 방법은 서로 같지 않음과 같다. 다른 나라의 명언을 형상을 바꾸어 번역하면 모습은 대충 비슷하지만 재질(材質)은 각각 다른 점이 있다. 설명은 모두 뒤에 있지만 오직 인신명 뿐이다. 만약 본명으로서 초(初)를 이야기한다면 피차의 어긋나는 일이 없다. '형상을 인식'[取相]할 때 각각 상이한 점은 뒤에 따로 논의하겠다.】 이런 사실로써 능전과

---

227   孳乳(자유): 장타이옌은 『문시(文始)』에서 한자의 어원을 탐구하면서 510자의 원시 문자를 제시했다. 이 외 글자는 모두 여기서 변화했고 그 변화는 두 가지 유형이 있다. 먼저 '변역(變易)'으로 성음과 의미가 같거나 성음은 유사하고 의미는 같지만 형태가 다른 경우이다. 다음이 바로 '자유'로 성음과 의미가 바뀌었지만 여전히 그 흔적을 찾을 수 있는 경우다.(周大璞, 『훈고학의 이해』, p.130 참조.)

소전은 결코 합치되지 않음을 알 수 있다.

둘째 인신명(引伸名)[228]은 무엇인가?

『순자』「정명」에서 "이름[名]을 듣고서 실질[實]을 아는 것이 이름의 작용이다. 중첩되어 이름을 형성하는 것이 이름의 짝함[麗][229]이다."[230]라고 했다. 가령 영(令)·장(長)과 같은 가차자(假借字)는 능전 하나에 소전이 여러 개이다. 이것 또한 인신명이다. 다른 나라 언어는 중국어와 달리 격변화[轉聲]가 있다. 만약 중국어가 여러 이름을 서로 중첩시켜 그것의 파생된 의미를 취한다면 다른 나라 언어도 대부분 이런 부류이다. 그래서 현목(顯目)과 밀전(密詮)의 차이가 존재한다.

가령 세친의 『섭대승론석』에서는 "'sāra'(娑洛)는 '표면적인 의미'[顯目]는 견실함이고 '은밀한 뜻'[密詮]은 '육도를 윤회함'[流散]이다."라고 하고, "'utpatti'(殟波陀)는 현목은 생기(生起)이고 밀전은 '뿌리를 제거함'[拔足]이다. patti(波陀)는 다리[足]의 의미이고 ut(殟)는 뽑다[拔]의 의미이다."라고 하고, "'pāisunī'(貝戌尼)는 현목은 이간질하는 말이고 밀전은 항상 수승한 공(空)의 의미이다. pāi(貝)는 수승함을 표시하고 su(戌)는 공(空)을 표시하고 nī(尼)는 항상을 표시한다."라고 하고, "'pāruṣī'(波魯師)는 현목은 거친 말이고 밀전은 피안에 머문다는 것이다. pā(波)는 피안을 표시하고 ruṣī(魯師)는 머묾을 표시한다."라고 했다.[231] 그것의 의의를 살펴보면 본래 글

---

228 引伸名(인신명): '引伸'은 "引而伸之"의 의미로 어떤 사물이나 어떤 사건을 당겨 확장하여 다른 사물이나 의미에까지 이르는 것을 말한다. '인신명'은 본래 어떤 의미에서 확장하여 도달한 의미를 가리킨다.

229 麗(려): 楊倞, 『荀子注』에서는 '華麗'의 의미로 해석하면서도 기타 의견도 소개했다. "麗는 儷(짝의 의미)와 같은데, 배필의 의미다."(或曰: 麗與儷同, 配偶也). 『疏證』(p.196) 재인용. 장타이옌은 짝의 의미로 사용한 듯하다.

230 『荀子』「正名」11: "名聞而實喩, 名之用也. 累而成文, 名之麗也."

231 世親菩薩造, 玄奘譯, 『攝大乘論釋』卷8(『大正藏』31, pp.362c-363a), "言娑洛者, 顯目堅實, 密詮流散. (中略)殟波陀者, 顯目生起, 密詮拔足. 波陀名足, 殟名爲拔. (中略)云何貝戌

자가 모여 단어가 성립하지만 이 단어의 소전과 저 두 글자는 다른 점이 있어서 비록 의상(意相)으로 파생된 것이지만 현상(現相)으로서는 차별이 있다. 두 글자의 본래 의미를 따르면 분명 밀전이지만 글자가 모여 이룬 단어가 나타내는 의미를 따르면 분명 현목이다.

중국어 가운데 합성어[纍語]로써 이상의 내용을 살펴보자. 가령 공주(公主)라고 할 때 현목은 황제의 딸이지만 (한자가 갖는) 본의는 각각 '공평한 분배'[平分]232와 '횃불로 밝히는 행위'[燭燎]233이다. 교위(校尉)라고 할 때 현목은 '하급 장교'(偏將)인데 본의는 각각 '나무로 굴레를 지우는 것'[木囚]234과 '열기로 옷감을 펴는 행위'[火伸]235이다. 열후(列侯)라고 할 때 현목은 20여 개 작위(爵位)이지만 본의는 각각 '가축 해체'[解骨]236와 '활 쏠 때 과녁으로 삼는 베'[射侯]237이다. 홍려(鴻臚)라고 할 때 현목은 '귀한 손님을 접대하는 관리'이지만 본의는 각각 '큰 기러기'[大雁]238와 '살진 배'[肥腹]239이다. 묘(苗)는 본래 오곡의 의미이고240 예(裔)는 본래 옷자락의 의미이지만241 먼 후손을 묘예(苗裔)라고도 한다. 추(酋)는 본래 묵은 술이고242 호(豪)는 본래 돼지 터럭인데243 오랑캐 두목을 추호(酋豪)라고도 한다. 이상 나열

尼? 此貝戌尼, 顯目離間語, 密詮常勝空. 貝者表勝, 戌者表空, 尼者表常. (中略)云何波魯師者, 此波魯師, 顯目麁惡語, 密詮住彼岸. 波表彼岸, 魯師表住."

232 公(공):『說文』「八部」716: "公, 平分也. 从八从ㄙ. 八猶背也. 韓非曰: 背ㄙ爲公."
233 主(주):『說文』「丶部」3166: "主, 鐙中火主也."
234 校(교):『說文』「木部」3771: "校, 木囚也."
235 尉(위):『說文』「火部」6436: "尉, 从上案下也. 又持火, 以尉申繒也."
236 列(열):『說文』「刀部」2758: "列, 分解也."
237 侯(후):『說文』「矢部」3294: "矦, 春饗所躲矦也."
238 鴻(홍):『說文』「鳥部」2403: "鴻, 鴻鵠也." 단옥재는 '大雁'으로 풀었다.
239 臚(려):『說文』「肉部」2587: "臚, 皮也."『說文解字』에서는 劉熙의『釋名』을 인용하여 "복부가 비만인 사람을 '려'라고 한다."(腹肥者曰臚)라고 풀었다.
240 苗(묘):『說文』「艸部」543: "苗, 艸生於田者."『說文解字注』: "毛曰: 苗, 嘉穀也."
241 裔(예):『說文』「衣部」5284: "裔, 衣裾也."
242 酋(추):『說文』「酋部」9828: "酋, 繹酒也."

한 합성어는 현목과 밀전의 의미가 많은 차이가 나는데 이와 같은 예는 다 들 수도 없을 정도로 많다.

만약 본명과 본의가 서로 일치한다면 인신명과 현의(現義)는 마땅히 서로 어긋날 것이고,[244] 인신명과 현의가 서로 일치한다면 본명과 본의가 서로 어긋날 것이다. 하지만 "실제 효용과 짝지어짐 모두 이해한다면"(用麗俱得)[245] 서로 걸림돌이 되지 않는다. 이것으로 이름과 그 내용[246] 결코 일치하지 않음을 안다. 어떤 사람은 "전문적인 학술어는 일상어와 다른데 중국어에서는 학술어의 명칭과 그 내용이 잘 들어맞지[剴切][247] 않는데 유럽 언어는 오히려 이런 잘못이 없다."라고 말을 한다. 이것도 그렇지가 않다. 유럽 학자는 새로운 개념을 정립할 때 그것을 지시할 만한 어휘가 없으면 희랍어나 라틴어같은 고전어에서 글자를 골라 의미를 변형해 술어를 만들어 세속 언어와 구별했는데 이것도 인신명이다.

고대 희랍어에서 취한 학술 술어 가운데도 혹은 의미가 또한 완전하지 않은 경우가 있다. 'Geometría'(기하학)는 본래 땅(ge)을 측량(metría)하는 행위를 가리킨다.[248] 그것의 정의를 따져보면 보편과 부분의 차이가 있다. 근세에 'Electricity'(電氣學)가 그 이름을 얻을 때, 그 말은 호박(虎魄,

---

243 豪(호):『說文』「豨部」6069: "豪, 豕鬣如筆管者."
244 만약 公主를 예로 들면 公(本名)이 平分(本義)이고 主(本名)가 촉준(本義)이면 公主(引伸義)는 帝女(現義)일 수 없다.
245 『荀子』「正名」11: "用麗俱得, 謂之知名."[명칭의 실질적 효용과 명칭의 화려한 장식 모두 이해한다면 그것을 '명칭을 안다'고 말한다."]
246 두 가지 해석이 가능하다. 먼저 바로 앞 '名之用'(본명)과 '名之麗'(인신의)이다. 다음은 명칭과 의미이다.
247 剴切(개절): 절실함 혹은 간절함의 의미도 있고, '적중하다'는 의미도 있다. 여기서는 적중하다는 의미.
248 geometry, géométrie 등은 라틴어 geometria에서 왔으며, 더 거슬러 올라가면 고대 그리스어 γεωμετρία(geometría)에서 유래한 말이다. 이는 땅을 뜻하는 그리스어 단어 γε(ge)와 측정하다를 뜻하는 그리스어 단어 μετρία(metría)를 합하여 만든 말이다.

elektron)에서 연원하였고, 'Chemistry'(化學)는 흑토(khēmeía)에서 나온 말이고【혹은 이집트의 다른 이름이라고 한다.】, 'Physics'(물리학)는 약품(physic)에서 나온 말이다. 이들 가운데 어떤 것(화학)은 전어(轉語)[249]이고, 어떤 것(기하학, 전학)은 여전히 '예전 명칭'[故名]인데 어떻게 들어맞을 수 있겠는가?[250] 능취인 의념(意念)과 소취인 사상(事相)은 광대무변하지만 명언(名言)은 한계가 있어서 명언과 능소가 하나씩 대응할 수 없는 것이 자연스럽다.

구경명(究竟名)[251]은 무엇인가? 하나의 실제를 궁구하더라도 어휘는 그것에 온전히 부합할 수 없다. 예를 들어 도·태극·실재·실제·본체라고 말하는 경우다. 도(道)는 본의가 길인데, 지금 구경명 가운데 도(道)자가 지닌 함의 중에 "모든 곳에 편재한다."라는 의미를 어떻게 길[道]이라고 할 수 있겠는가? 태극(太極)은 본래 큰 용마루인데[252] 용마루에는 중앙의 의미가 있다.[253] 지금 구경명 가운데 태극은 그것이 가리키는 의미 가운데 용마루처럼 뭔가를 지탱하는 기물이 아니며, 태극은 '안도 없고 밖

---

249 轉語(전어): 훈고학에서 사용하는 학술 용어로 시대와 지역의 차이 혹은 기타 이유로 음이 전변한 말. 揚雄, 『方言』卷3: "庸·俟是疊韻迭韻相轉."[용(庸)을 송(俟)이라고 말하는데 '음이 전변한 말[轉語]이다.](周大璞, 『훈고학의 이해』, p.289 참조.)
250 『疏證』(p.202)에서는 이 구절에 대해 "새로운 어휘를 만들면 본명과 신명은 차이가 나고, 예전 이름을 따르면 예전 의미와 새 의미가 달라진다. 어떻게 두 가지가 일치하겠는가?"라고 해설했다.
251 究竟名(구경명): '본질' 혹은 '실제'를 나타내는 이름이다. 世親菩薩造, 玄奘譯, 『攝大乘論釋』卷6(『大正藏』31, p.352a): "究竟名: 謂一切法總相所緣, 即是二智所緣境界, 謂出世智及後得智, 以一切法眞如實際爲所緣故, 以一切法種種相別爲所緣故."[구경명은 인식 대상으로서 일체법의 총상인데 바로 두 가지 지혜의 인식 대상이다. 출세간지와 후득지는 일체법의 진여 실제를 인식 대상으로 삼고 일체법의 갖가지 차별적 모습을 인식 대상으로 삼기 때문이다.] '一切法總相所緣'에서 '一切法總相'은 동사 '緣'의 주어가 아니라 '一切法總相'과 '所緣'은 동격이다. 그래서 굳이 말하자면 '인식대상으로서 일체법의 총상'이라고 단순 번역할 수 있다. '總相'은 단지 '전체적인 모습'을 의미하지 않고 뒤에 나오는 일체법의 '진여실제'와 '종종상별'을 포괄한다. 궁극의 사실은 모든 존재의 본질이기도 하고 개별 사물에 각각 적용되기도 한다. 이런 의미에서 총상이다.
252 太極(태극): 『說文』「木部」3607: "極, 棟也."
253 『釋名』: "棟, 中也, 居屋之中也."

도 없는데' 어떻게 (실내에서 지붕을 바치는) 용마루라고 할 수 있겠는가? 실
재(實在)나 실제(實際)²⁵⁴의 경우를 보자. 본래 부피[方分]에 근거하기 때문
에 재(在)²⁵⁵라고 말하고, 한계[邊界]가 있기 때문에 제(際)²⁵⁶라고 한다. 그
런데 지금 구경명 가운데 실재와 실제라는 글자는 그것이 가리키는 의미
로 보면 "머물지도 않고 매달리지도 않음"이고 그렇기에 존재하는 곳도
없고 영역도 없는데 어떻게 실재나 실제라고 말할 수 있는가?

본체(本體)는 본래(本) 형체와 성질을 갖기 때문에 체(體)²⁵⁷라고 말한다.
그런데 지금 구경명 가운데 본체라는 말은 그것의 소전(所詮) 중에는 "질
애(質礙)²⁵⁸를 갖는다."라는 의미는 없다. 직접 만져 붙잡을 수 없는데 어
떻게 본체라고 말할 수 있겠는가? 오직 진여(眞如)²⁵⁹라는 명칭만 가장 '정
치하게 사실을 파악했다'[精審]라고 할 만하다. 장자는 「우언」에서 오히려

---

254 實際(실제): 『大智度論』卷50(『大正藏』25, p.297c), "實際者, 以法性爲實證故爲際."[실제
　　　는 법성을 사실대로 증득했기 때문에 제라고 한다.](『大正藏』25, p.298a), "善入法性,
　　　是爲實際."[법성에 훌륭하게 증입했기 때문에 이를 실제라고 부른다.] 世親, 『攝大乘論
　　　釋』卷6(『大正藏』31, p.352a), "究竟名謂出世智及後得智, 以一切法, 眞如實際, 爲所緣
　　　故."[구경명은 출세간지와 후득지를 말하는데 진여 실제를 인식 대상으로 하기 때문
　　　이다.]

255 在(재): 『說文』「土部」9019: "在, 存也."『廣韻』: "在, 居也, 存也."

256 際(제): 『說文』「昌部」9646: "際, 壁會也."『說文解字注』: "際, 壁會也. 兩牆相合之縫也."

257 體(체): 본래는 신체 부위를 가리키는데 확장하여 형체와 성질을 가진 사물 각각 혹은
　　　전체를 가리킨다. 『說文』'骨部' 2575: "體, 緫十二屬也."[체는 열두 개의 신체 부위를
　　　총괄한다.]

258 質礙(질애): 부파불교에서 물질의 성질 가운데 하나로 제시하는 것으로 사물이 부피
　　　를 가지고 질량을 가지기 때문에 다른 사물과 서로 장애가 된다. 또한 물체가 부피를
　　　갖고서 한 공간을 점유하면 다른 물체는 동일 시간에 그 공간을 차지하는 데 장애가
　　　생긴다.(『佛光』, p.6184)

259 眞如(진여): 『大乘起信論』(『大正藏』32, p.576a), "言眞如者, 亦無有相, 謂言說之極, 因言
　　　遣言."[진여는 또한 형상을 갖지 않는다. 언설의 궁극으로 언어를 통해서 언어의 속박
　　　을 극복한다.] 『成唯識論』卷9(『大正藏』31, p.48a), "眞謂眞實, 顯非虛妄; 如謂如常, 表無
　　　變易. 謂此眞實, 於一切位, 常如其性, 故曰眞如."[진(眞)은 진실을 말하는데 헛되고 망령
　　　되지 않음을 드러내고, 여(如)는 한결같음인데 바뀜이 없음을 표현한다. 이 진실이 어
　　　떤 지위에서도 그 성질이 한결같기 때문에 진여라고 불렀다.]

"제(齊)[260]와 언어표현은 가지런할 수 없고, 언어표현과 제(齊)는 나란할 수 없다."[261]라고 하였다. 하지만 언설의 본질은 오직 사실을 표현하는 것이다. 이 때문에 능전으로서 구경명(究竟名)과 소전으로서 구경의(究竟義)는 서로 합치될 수가 없다.

이상 본명·인신명·구경명 세 가지를 활용해서 기표[言]와 기의[義] 둘이 같은 부류가 아님을 증명했다.[262] 일반 사람은 '기표와 기의가 같은 부류가 아님'을 알지 못하기 때문에 미묘한 의미에 어두울 뿐만 아니라 일상 언어의 사용도 졸렬하다. 다른 나라 말을 번역하는 사람은 오직 저 나라의 말과 중국의 말이 같은 것을 가리킨다고 감각할 뿐이라 계속하면 오류를 범하고 마는데 그 과실이 자못 크다.

예를 들어 중국에서는 '츠'[赤, 붉다]라고 말하고, 유럽 국가 중 영국에서는 '레드'(red)라고 말하고, 독일에서는 '로트'(rot)라고 말하지만 그 지역 사람은 '레드'와 '로트'가 '붉다'와 같은 부류인지 같은 부류가 아닌지 알지 못한다. 처음 다른 지역 사람과 교류하여 그 지역 언어를 배우려는 사람이 '레드'와 '로트'라는 소리를 들으면 그것을 이해하지 못한다. 말하는 사람이 단사(丹沙)나 잇꽃(紅藍)으로 물들인 비단을 보여 주면 '레드'나 '로트'라는 말이 '붉다'는 의미임을 알고 계속해서 서로 알려 주면 저것이 다

260   齊(제): 적어도 장타이옌이 인용한 이 구절에서 제는 앞서 실재(實在)나 진여(眞如)처럼 구경명(究竟名) 중의 하나이다. 구경의로서 '제'와 구경명으로서 '제' 즉 언어표현으로서 '제'는 합치되지 않는다는 의미다.
261   『莊子』「寓言」1: "齊與言不齊, 言與齊不齊也."
262   『齊物哲學』에서는 이 구절을 아래 문단에 붙여서 해석했고, 『소증』은 위로 붙였다. 그런데 앞에 "질문: 왜 능전과 소전이 서로 합치(稱=類)되지 않는가? 답: 마땅히 세 가지 사실로써 그 이유를 밝히겠다."라는 구절을 고려하면 지금까지 '삼사(三事)' 즉 '삼단(三端)'으로 능전과 소전의 불상칭(不相稱) 내지 불류(不類)를 밝혔다는 의미로 해석해야 한다. 다시 말하면 앞 내용을 정리한 말로 봐야 한다. 그래서 앞 문단에 붙이는 게 적절하다.

르지 않다고 생각한다. 하지만 중국 사람은 눈빛이 칠흑같이 검고 유럽인은 눈빛이 푸른데, 어떻게 색깔을 볼 때 차이가 없겠는가?

만약 어떤 사람이 검은색 유리를 통해 사물을 보면 붉은색에 검은색이 첨가되고, 푸른색 유리판을 통해서 사물을 보면 붉은색에 푸른빛이 첨가된다. 붉은색은 검은색이 첨가되면 자색이 되고, 푸른색이 첨가되면 감색이 된다. 만약 어떤 사람이 호수나 수정처럼 맑은 눈을 가졌다면 안색은 오직 공일현색(空一顯色)[263]이라서 그가 본 붉은색은 본래 붉은색과 아무런 차이가 없다. 하지만 우리(중국인)처럼 검은 눈을 가진 사람이 감각한 붉은색은 사실은 자주색[紫色]이고 푸른 눈을 가진 사람이 본 붉은색은 사실 감색(紺色)이다. 비록 별도로 자색과 감색이 있지만 적색 위에 더해진 흑색과 남색은 더욱 짙어지기 때문에 차이가 더 심해지는 게 괴이하지도 않다.

그렇다면 지금 우리가 눈으로 지각한 붉은색은 결코 진짜 붉은색이 아니고, 저 유럽인 눈으로 지각한 색상을 '레드'니 '로트'니 하는 것도 우리 중국인 눈으로 지각한 붉은색에 해당하지 않고 오히려 중국인이 눈으로 지각한 옅은 감색에 해당한다. 비록 지시하는 사물은 동일하지만 인식한 색깔은 각각 다르다. 지시하는 사물이 동일하면 '상응'(類)이고 '인식한 색깔'[現相]이 다르면 '상응하지 않음'(不類)이다. "상응과 상응하지 않음"(類與不類)은 모두 저 단사와 잇꽃으로 물들인 비단이라는 사물에 의지해서 "서로 상응한다."(相與爲類) 그래서 붉은색을 '레드'나 '로트'로 번역하고, 또한 '레드'나 '로트'를 '붉은색'으로 번역한다. 이내 "저것과 다른 점이 없다."(與彼無以異)라는 것도 인식한 그 색상을 따져 보면 어떻게 서로 다르

263　空一顯色(공일현색): 하늘[天空]처럼 순일무잡하여 어떤 색깔[色]도 곧이곧대로 드러내는[顯] 것을 가리킨다.

지 않겠는가?

가령 동류인의 언어를 가려내 서로 비교하면 다음과 같다. 인도인은 눈이 검은데 또한 붉은색을 '아라크타'(ārakta)라고 하는데 유럽인이 말하는 '레드'나 '로트'와 어근이 동일하지만 서로 상응하는지 상호 증명할 수 없다. 저것도 또한 '붉은 모래와 붉게 물들인 비단과 같이 지시하는 사물이 동일하기 때문에 서로 상응한다. 언어와 형상은 유전하는데 "상응함과 상응하지 않음이 서로 상응한다."(類與不類, 相與爲類)라는 구절의 의미와 같다. 어찌 상응하는지 확증할 수 있겠는가?

만약 인신의(引伸義)는 각기 그것의 본의를 따른다면 현목(顯目)은 번역어와 동일하지만 밀전은 어근과 다르다. 예를 들어 범어로 글자는 '삽다'(śabda)라고 하는데 그것의 본의는 소리를 말한다. 중국에서 자(字)라고 하면 본의는 '새끼를 낳아 젖 먹여 양육함'[孶乳]을 말한다.[264] 범어에서 덕(德)을 '구나'(guṇa)라고 하는데 본의는 증배(增配, 어근은 gaṇa로 multitude, number의 의미)이다. 중국에서 말하는 덕은 본의가 획득(獲得)이다. 만약 삽다(śabda)를 명(名)으로 번역하고【명(名)은 서명(書名)이라거나 정명(正名)이라고 할 때의 명이다. 명(名)은 본래 명(命)에서 나온 것이고 명(鳴)이라고 말하기도 하는데 소리의 의미다.】 구나(guṇa)를 다(多)로 번역했다면【전공(戰功)이 나날이 늘어나는 것이 증배와 의미가 비슷하다. 어떤 경우는 공덕이라고 번역하는데 차라리 그것에 가깝다.】 밀전과 현목이 모두 상응했을 것이다. 그것을 각각 자(字)라고 번역하고 덕(德)이라고 번역하면 현목은 비록 동일하지만 밀전은 자연

---

264   字(자): 본래는 아이를 낳아 젖 먹여 양육함을 말한다. 『說文』「序」 2: "倉頡之初作書, 蓋依類象形, 故謂之文. 其後形聲相益, 即謂之字. 文者, 物象之本; 字者, 言孶乳而寖多也."[창힐이 처음 문자를 만들 때 대체로 사물의 유형에 따라 그것의 형상을 본떴는데 그래서 그것을 文(문양)이라고 하고, 이후 형부와 성부가 서로 보태졌는데 이를 字라고 한다. 文은 사물의 형상을 뿌리로 하고 字는 새끼 낳아 젖 먹여 기르니 점점 늘어남을 말한다.]

달라진다. 여러 번역어 가운데 밀전과 현목이 충돌하지 않은 경우는 열에 한둘에 그친다. 그래서 번역자 대부분 오직 어의(語依, 번역어를 통해서 표현하고자 하는 사물)와 어과(語果, 번역어가 원래 어원에서 파생하여 이루어진 의미)만을 따를 뿐이고 어상(語相, 번역어가 나타내는 이미지)과 어인(語因, 번역어의 원 의미)에 대해서는 어찌하지 못한다. 이런 상황을 알지 못하고 형상을 바꾸는 데만 매달리면 서로 어긋나는 것이 많아지기 때문에 실로 그것을 번역할 수가 없을 것이다.【가령 인도인이 한자는 삽다(śabda)가 아니라고 하면 잘못 말한 게 아니다. 한자는 본래 병음(拼音)으로 단어[文]를 완성하는 것이 아니기 때문이다. 그러나 만약 "한자는 글자가 아니다."라고 한다면 이것은 큰 잘못이다. 왜냐하면 본래 본의에서 파생[孳乳]되어 단어[文]가 완성되는데 어떻게 글자가 아니라고 할 수 있겠는가? 요즘 어떤 사람은 유럽인이 "한자는 글자가 아니라 단지 부호이고, 이들 부호는 번역할 수 없는 말이다. 그것을 번역하면 황당무계한 말이 된다."라고 한 말을 거론한다.】

「제물론」의 논지를 알지 못하면 번역된 내용을 '비웃다가'[嗤點]²⁶⁵ 다시금 그것이 훌륭하다 찬미하는 이가 많을 것이다. 구경명 가운데 말과 그것이 가리키는 사물이 대부분 어긋난다. 장자는 '영대(靈臺)'【「경상초」】를 말했는데, 여기서 '대(臺)'는 "지킨다."라는 의미로『경전석문』에서는 본래 '마음이 무엇을 지킬 수 있음'을 말한다고 했다.²⁶⁶ 『회남자』「숙진훈」에서 "대간(臺簡)으로써 대청(大淸)에 노닌다."²⁶⁷라고 했는데, 고유(高誘)의 『회남자주』에서 "대(臺)는 지(持)와 같다."²⁶⁸라고 했다. 『석명』「석궁실」에서 "대(臺)는 지(持)인데 흙을 견고하고

265 嗤點(치점): 嗤(치)는 비웃는다는 의미이고 '點'(점)은 지적한다는 의미다. '조롱하며 비난함'을 가리킨다.

266 『經典釋文』(『集釋』4, p.794), "靈臺: 郭云, 心也. 案謂心有靈智, 能住持也." 장타이옌은 '任持'라 인용했다.

267 『淮南子』「俶眞訓」9: "其所居神者, 臺簡以遊太淸, 引楯萬物, 群美萌生."

268 孫詒讓, 『墨子閒詁』「經說上」52: "「俶眞訓」云, 臺簡以遊太淸. 高注, 臺, 猶持也."

높게 쌓으면 모두 지킬 수 있다."[269]라고 했다. 『묵자』「경설」에서 "필(必)은 대집(臺執)을 말한다."[270]라고 했는데 대집은 또한 꼭 붙잡는다는 의미이다.】 범어의 아다나(ādāna)에 해당한다. 또 '영부(靈府)'라고 했는데【「덕충부」】'부(府)'는 '저장하다'[藏]란 의미로『설문』에서 "부(府)는 문서를 보관하는 곳이다."[271]라고 했다. 정현은『예기』「곡례」주석에서 "부(府)는 재물을 소중히 보관하는 곳이다."[272]라고 했다.『주례』「천관재부」에서는 "부(府)는 관계(官契)를 집행하고 저장하는 임무를 담당한다."[273]라고 했다.】 범어 아라야(ālaya)에 해당한다.【또한 '아뢰야' 내지 '아려야'라고 한다.】 영대와 영부는 의상(意相)이 합치된 것일 뿐이다.

인도인이 말한 아트만(ātman)을 중국에서 아(我)라고 번역했고, 푸드갈라(pudgala)의 경우에는 번역할 만한 어휘가 없었다. 아(我)·기(己)·오(吾)·여(余)·앙(卬)·장(陽) 등의 어휘 가운데 푸드갈라가 지닌 '윤회 주체'[數取趣]의 의미를 지칭할 수 있는 것은 없다. 또 중국에서 물(物)이라고 할 경우, 유생물과 무생물을 모두 포괄하지만 인도에서는 바후자나(bahujana, 薄呼耆婆)[274]란 말이 있는데 단지 중생을 말할 뿐 무생물을 포함

---

269 『釋名』「釋宮室」60: "臺, 持也. 築土堅高, 能自勝持也."
270 『墨子』「經上」52: "必, 謂臺執者也."
271 『說文』「广部」5891: "府, 文書藏也."
272 『禮記』「曲禮下」124: "在府言府." 鄭玄注: "府, 謂寶藏貨賄之處也."
273 『周禮』「天官冢宰」81: "府, 掌官契以治藏." 장타이옌은「天官宰夫」로 인용했는데, '宰夫'는 '天官冢宰' 지휘 아래 있던 관직.
274 薄呼耆婆(박호기파): 이 표현은 불전에 등장하는 표현은 아니다. 장타이옌이 특정 범어를 음역한 것으로 보인다. 가장 유사한 것은 중생(衆生)의 의미를 가진 바후자나(bahujana)이다. 하지만 '기파(耆婆)'는 자나(jana)의 음역으로 보기는 힘들다. 오히려 그것은 한자로는 명(命)으로 의미 번역되는 범어 지바(jiva)의 음역으로 불전에서 사용된다. 丁福保,『佛學大辭典』에서는 '僕呼饍那'로 음역했는데 이것이 '바후자나(bahujana)'의 음역에 오히려 적당해 보인다. 장타이옌이 왜 음역어로 이것을 선택했는지 정확히 알 수 없다. 바후자나(bahujana)와 지바(jiva)의 결합인지 아니면 실수인지 알 수 없다. 불전에서 중생이나 유정으로 번역되는 범어 원어는 바후자나(bahujana)가 아니라 '사트바(sattva)'이다.

하지 않는다. 인도에서 존재를 총칭해서 다르마(dharma)라고 하는데 중국의 법(法)에 해당하지만 중국에서 말하는 물(物)의 의미와 일치하지 않는다.

사람들은 보통 "동서양 성인은 그 마음 씀과 내세운 이치가 다르지 않은데 진심이 진실로 동일함을 깨닫지 못하고 생멸심 가운데 일으킨 사상(事相)은 각각의 이치가 다름이 있고 언어 또한 다르다."라고 말한다. 인도의 성인은 아리안족[275]의 언어[聲]를 바꾸지 않았고, 중국의 성인은 여러 지역의 중국어[夏語]를 바꾸지 않았는데 어떻게 '문득'[奄如] 딱 들어맞아 틈이 없을 수 있었겠나? 정치하게 고증해 보면 두 언어의 모습은 본래 다르고, 현목을 따르면 그 의미가 서로 부합하기도 하지만 여태껏 두 언어가 '완전히 일치시키는'[畢同] 방법은 없었다.

무릇 언어란 바둑·박구(博具)[276]·깃발(신호)과 같은 부류로 본래 명칭과 실질이 부합하지 않는다. 이름을 실질로 고집하는 행위가 명가의 한계이고, 이름을 함부로 사용해 사실을 왜곡하는 행위는 광인의 바보짓이다. 이 두 부류는 다른 길을 걷는 듯하지만 사실 같은 곳으로 귀결하는데 둘 다 옳지 않다. 그렇다면 장차 무엇을 중도(中道, 兩行)로 삼을 것인가? 『묵자』「경설」에서 말한다.

> 두 가지 이름이 한 사물을 가리킬 경우가 중동(重同)이다.
> 부분이 전체에 포함되어 있는 것이 체동(體同)이다.

---

275 阿燚邪(아리야): 고대 인도 문명을 건설했다고 알려진 민족으로 언어계통으로 보자면 인도유럽어계에 속한다. 하지만 이 민족의 정체를 역사적으로나 혈통적으로 특정할 수는 없다. 특히 근대시기 유럽에서 민족학이나 인류학이 정치적으로 이용될 때, 독일 학자 일부는 자신을 위대한 아리안족으로 규정하고 고대 아리안족이 인도문명을 건설했다고 보았다. 부처도 아리안족 출신의 위대한 성자라는 관념이 발생하기도 했다.
276 五木(오목): 오목(五目)과는 다르다.

　　　　　　　　　　　　　　　　　　　　　　　제물론석

한곳에 모두 모여 있는 것이 합동(合同)이다.

비슷한 속성을 가진 것이 유동(類同)이다.

두 사물이 완전히 다른 것이 이(二)이다.

하나의 전체에 속하지 않는 것이 불체(不體)이다.

공간을 달리하는 것이 불합(不合)이다.

같은 속성을 지니지 않는 것이 불류(不類)이다.[277]

단지 동일한 점 하나만 있으면 비록 여러 가지 다른 점이 있더라도 동일하다고 말한다. 가장 정밀하고 확실한 것은 오직 동일한 점이 많고 상이한 점이 적은 경우다.

『묵자』「대취」에서 "이름은 둘인데 실제는 하나인 것[重同], 함께 어느 한곳에 모두 있는 것[具同], 몸체가 같은 것[連同], 동류로서 본질이 서로 같은 것[同類之同], 실제는 두 개인데 이름이 같은 것[同名之同], 구역이 같은 것으로서 같은 구역에 처해 있는 것[丘同], 첨가한다는 뜻으로 두 개의 물체가 하나의 몸체에 붙는 것[鮒同], 실제와 근본이 같은 것[同是之同], 실제는 다 같지 않으나 여론이 그렇다고 생각하는 것[同然之同], 예를 들어 사람과 원숭이의 조상이 같은 것[同根之同] 등이 있다."[278]라고 하였다.

혹은 이런 여러 가지를 '같음'[同]을 중복하는 경우가 있더라도 역시 진술할 수 있다. 그래서 "일단 이야기해 보겠다."(請嘗言之)라고 하였다. 『섭대승론』에서 말한 "의식 속에서 '실체가 없는 교법'과 그것이 담고 있는 '실체가 없는 교의'(似義)가 생기할 때 [색 등] 실질 없는 인식 대상에 대해 견식을 성립시키고 의언분별(意言分別, mano-jalpa vikalpa)한다."[279]라는 의

---

277 『墨子』「經說」上: "二名一實, 重同也; 不外於兼, 體同也; 俱處於室, 合同也; 有以同, 類同也."

278 『墨子』「大取」上: "重同, 具同, 連同, 同類之同, 同名之同; 丘同, 鮒同, 是之同, 然之同, 同根之同."

미다.

일정 기간으로 시간을 절단하다 보니 시작하는 지점이 있지만 시간은 장구하여 '본말'[本剽]²⁸⁰이 없기 때문에 시작이 없고, 마음은 본래 일어나지 않기 때문에 시작이 있기 이전의 시간도 아직 시작하지 않았다. 색(色)에 집착하기 때문에 사물은 '존재'[有]하는 듯하고, 공(空)에 집착하기 때문에 사물은 '비존재'[無]인 듯하다. 색과 공에 대한 집착을 벗어났기 때문에 존재와 비존재는 시작하지도 않았고, 변계(실체론적 집착)를 벗어났기 때문에 존재와 비존재가 시작하기 이전 시간도 시작하지 않았다. 이상은 수준에 따른 말이다.

불각심(不覺心)²⁸¹이 작동하면 홀연히 망념이 발생하고,²⁸² 이내 제법이

---

279 無著菩薩造, 玄奘譯, 『攝大乘論本』(『大正藏』31, p.142c), "入所知相, 云何應見? 多聞熏習所依, 非阿賴耶識所攝, 如阿賴耶識成種子; 如理作意所攝, 似法似義, 而生似所取事, 有見意言."[응당 어떻게 유식성에 증입하는가? 다문훈습이 근거이고 아뢰야식에 포섭되지 않는다. 마치 아뢰야식이 염오 종자를 형성하듯 다문훈습은 여리작의(자성)에 포섭하는 바로 대승교법의 법을 사현하고 그것의 의리를 사현하고 그리고 인식 대상을 사현하고 인식 주관을 사현하여 언어를 기반으로 하여 인식한다.]"언어활동을 동반하는 인식 작용을 유식에서는 의언분별이라고 부른다."(竹村牧南, 정승석 옮김, 『유식의 구조』, 서울: 민족사, 1989, p.168.)

280 本剽(본표): 『莊子』「庚桑楚」11: "有實而無乎處者, 宇也; 有長而無本剽者, 宙也."[실제 존재하지만 머무는 곳이 없는 것이 宇이고, 성장하지만 근본과 지말이 없는 것이 宙이다.]

281 不覺(불각): '각'의 대칭으로 일체 존재의 진실에 대한 지혜를 갖추지 못함이다. 이는 무명의 의미이기도 하다. 『기신론』에는 아뢰야식을 각과 불각으로 구분했다. 그리고 불각은 다시 근본불각과 지말불각으로 나누었다. 근본불각은 진여에 대한 무지를 말하고, 지말불각은 집착과 망상으로서 무명을 가리킨다.(『佛光』, p.6792)

282 忽然念起(홀연염기): '홀연'은 파악할 겨를도 없이 갑자기 어떤 일이 진행됨을 말한다. '염기'는 '망념' 즉 무명이 일어남을 말한다. 초기불교라면 무명의 발생을 굳이 설명할 필요는 없다. 왜냐하면 우리는 번뇌를 현실에서 손쉽게 파악하고 바로 그것에 대한 인식에서 모든 수행이 출발하기 때문이다. 하지만 대승불교 특히 『기신론』과 같이 번뇌 이전에 깨달음 혹은 진여를 선재한 것으로 간주할 경우 깨달음, 혹은 진여에서 어떻게 무명이 발생하는지 설명해야만 한다. 사실 이것은 난제다. '홀연'이라는 말은 이런 질문 자체를 차단해 버렸다고 할 수 있다. 馬鳴造, 眞諦譯, 『大乘起信論』(『大正藏』32, p.577c), "所謂心性常無念, 故名爲不變. 以不達一法界故, 心不相應, 忽然念起, 名

존재라거나 제법이 존재가 아니라는 견해를 일으킨다. 색을 계탁(집착)하여 "제법이 존재한다."라고 주장하지만 이 계탁을 벗어나면 누가 제법의 존재를 증명하겠는가? 공을 계탁하여 '제법이 존재하지 않는다.'고 주장하지만 이 계탁을 벗어나면 누가 '제법의 비존재'를 증명하겠는가? 그래서 "문득 사물이 존재라고 사물이 비존재라고 주장하지만 존재와 비존재가 과연 무엇이 존재하는지 무엇이 존재하지 않는지 아직 알지 못한다."(俄而有無矣, 而未知有無之果孰有孰無)라고 말한다. 하지만 지금 그것을 논하는 사람은 이것을 보고 말을 했는데 말을 이미 했다면 소전(所詮)의 존재를 어떻게 제거하여 비존재로 만들 수 있겠는가! 이 능전(能詮)이 진실로 소전에 합치 되는가 그렇지 않은가? 또한 분명하게 증명할 수 없다. 그래서 다시 "내가 말한 능전이 과연 소전이 있는지 과연 소전이 없는지 알지 못하겠다."(未知吾所謂之其果有謂乎? 其果無謂乎?)라고 말했다. 무성은『섭대승론석』에서는 다음과 같이 말한다.

> 명칭은 그것이 지시하는 사물(事, 義)에 대해서 손님이고, 그것이 지시하는 사물도 명칭에 대해서 마찬가지로 손님이기 때문에 둘은 일치하지도 동일한 부류이지도 않다. 명칭과 그것이 지시하는 사물은 서로 일치할 때만 발생하고 서로 결합하고 내속한다.[283]

명칭과 그것의 내용이 이미 서로 합치되지 않았다면 비록 능전(能詮)으로서 명칭이 있더라도 어떻게 소전(所詮)으로서 내용과 관련하겠는가?『대승입능가경』에서는 다음과 같이 말한다.

爲無明."
283 無性造, 玄奘譯,『攝大乘論釋』卷6(『大正藏』31, p.417c), "(名事互爲客, 其性應尋思者),
    謂名於事爲客, 事於名亦爾, 非如一類, 謂聲與義, 相稱而生, 互相繫屬." 괄호 친 부분은
    『섭대승론』본송이다. 뒷부분은 이에 대한 풀이다.

(대혜보살이여!) 비록 제법이 존재하지 않더라도 언설은 존재한다. 사람들은 현실에서 거북이 털이나 토끼 뿔, 석녀(石女)의 아이 등을 보지 않았는데도 이들에 대해 이야기를 한다. (대혜보살이여!) 저것들을 존재한다고 하든 존재하지 않는다고 하든 아무튼 언설이 있다. (대혜보살이여! 그대 말대로 언설이 있기 때문에 그것에 해당하는 제법이 존재한다고 말한다면 그 주장은 엉터리다.)"[284] "언설 때문에 그것에 해당하는 제법이 존재하는 것은 아니다. 이 세계에 모기나 개미 등 온갖 벌레에 대한 언설이 없지만 자기 존재를 성취하기 때문이다.[285]

이렇다면 명칭과 그것이 가리키는 내용은 단지 서로 손님일 뿐만 아니라 더러는 서로 완전히 별개다. 언어에 의거해서 계탁하면 크기의 대소나 수명의 장단은 뚜렷하게 구분된다. 이것은 단지 망념이 일으킨 분별로 처식(공간)과 세식(시간)이 환영임을 깨닫지 못한 경우다. 처식과 세식의 관점에서 그것을 크다 작다 혹은 수명이 짧다 길다 평가하는 경우 저들 견해는 때론 상반되기도 한다. 추호같이 미세한 것은 다른 것을 수용할 만한 여분이 없[을 정도로 가득 차 있]고, 태산같이 큰 것도 [부족함이 있는지] 흙더미를 사양하지 않는다.[286] 오직 스스로 자신이 크다고 느끼기 때문에 여분을 기대하지 않고 오직 자신이 작다고 느끼기 때문에 여분을 사양하지 않는다.

'강보에서 생을 마친 아이'[殤子]는 마음이 자유자재로 상속하고 장수한

---

284 實叉難陀譯, 『大乘入楞伽經』卷3(『大正藏』16, p.603a), "雖無諸法, 亦有言說, 豈不現見龜毛兔角石女兒等, 世人於中, 皆起言說. 大慧! 彼非有非非有, 而有言說耳."

285 實叉難陀譯, 『大乘入楞伽經』卷3(『大正藏』16, p.603a), "非由言說, 而有諸法, 此世界中, 蠅蟻等蟲, 雖無言說, 成自事故."

286 山不辭土(산불사토): 『管子』「形勢解」36: "海不辭水, 故能成其大. 山不辭土石, 故能成其高."[바다는 물을 사양하지 않아 자신의 거대함을 성취할 수 있고, 산은 토석을 사양하지 않아 자신의 높이를 성취할 수 있다.]

팽조(彭祖)는 1초라도 더 살기를 갈망한다. 마음이 자유라면 스스로 시간이 장구하다고 느끼고, 갈망하는 마음이 있으면 시간이 짧다고 느낀다. 그런 까닭은 무엇인가? 아무리 작더라도 부피를 없앨 순 없고, 아무리 크더라도 바깥이 없는 지경에 이르게 할 순 없다. 일순간의 짧은 시간도 생주이멸(生住異滅)이 없게 할 순 없다. 아무리 장구[終古][287]하더라도 본말이 있게 할 순 없다. 그것은 "한 척 길이의 방망이를 매일 절반씩 취해도 끝이 없는"[288] 것과 같다. 크고 작음, 길고 짧음, 요절과 장수가 비록 동등하게 처식과 세식의 관념 속에 있다고 하더라도 구체적인 개별 현상은 변화하기 때문에 '곱자'[榘矱][289]와 '물시계'[壺箭][290]로 그것을 계량할 수는 없다.

　'대립과 상대성을 벗어난 경지를 증득할 수 있는'[能見獨][291] 사람은 수미

287　終古(종고): 『莊子』「大宗師」3: "維斗得之, 終古不忒; 日月得之, 終古不息." "崔云: 終古, 久也." "鄭玄注周禮云: 終古, 猶言常也."(崔譔은 "오래됨이다."라고 풀었고, 정현은 『주례』를 주석하면서 "종고는 항상함이라고 말하는 것과 같다."고 했다.)

288　『莊子』「天下」7: "一尺之捶, 日取其半, 萬世不竭."[1척의 방망이를 매일 그 전반을 취하면 만세를 지나도 없앨 수 없다.]

289　榘矱(구확): 榘(구)는 '矩'와 같은 자로 사각형을 그리는 곱자이다. 矱(확)은 '獲'의 본자로 손으로 뭔가를 확 틀어쥐는 행위를 말하는데 이것이 '척도' 혹은 '계량'의 의미로 확장됐다.

290　壺箭(호전): 고대 물시계에서 물이 차오를수록 떠올라 시간 눈금을 가리키는 나무 작대기를 가리키는데 물시계 전체를 가리키는 말로 쓰이기도 한다.

291　能見獨(능견독): 『莊子』「大宗師」4: "吾猶守而告之, 參日而後能外天下; 已外天下矣, 吾又守之, 七日而後能外物; 已外物矣, 吾又守之, 九日而後能外生; 已外生矣, 而後能朝徹; 朝徹而後能見獨; 見獨而後能無古今; 無古今而後能入於不死不生."[나는 그래도 지켜보면서 그에게 일러 주었는데 3일이 지난 뒤 천하를 벗어날 수 있었고, 천하를 벗어나자 나는 또 지켜보면서 그에게 일러 주자 7일이 지나 일체 사물을 벗어날 수 있었고, 일체 사물을 벗어나자 나는 또 지켜보면서 그에게 일러 주자 9일이 지난 뒤 생을 벗어날 수 있었고, 생을 벗어나자 아침햇살처럼 명철할 수 있었고, 아침햇살처럼 명철하자 홀로인 나를 볼 수 있었다. 홀로인 나를 볼 수 있고서야 과거와 현재를 극복할 수 있었고, 과거와 현재를 극복할 수 있고서야 불생불사의 경지로 진입할 수 있었다.] 成玄英, 『莊子疏』(『集釋』1, p.254), "夫至道凝然, 妙絶言象, 非無非有, 不古不今, 獨往獨來, 絶待絶對. 睹斯勝境, 謂之見獨."[지극한 도는 응연하여 신묘하게도 언설과 표상을 초월하니 비존재도 아니고 존재도 아니며 과거도 아니고 현재도 아니니 홀로 가고 홀로 오니 의지도 대립도 넘어선다. 이런 경지를 체득함을 '견독'이라고 한다.]

산[妙高]²⁹²을 터럭 끝에 안치하고, 분별없는 경지를 체득한 사람은 영겁(kalpa)의 시간을 일념에 수렴시킨다고 말해도 하나 이상할 게 없다. 일반인은 공간과 시간이 실제라고 생각하여 장구한 천지는 나보다 앞서 발생했고, 각양각색의 사물은 나와는 전혀 다른 존재라고 말한다.

지금 마땅히 그에게 이런 질문을 하고 싶다. "우리 몸 안에 수(水)·화(火)·금(金)·철(鐵)이 있는가?" 만약 그가 "우리 몸 안에 저런 물질 원소가 없다."라고 대답한다면 우리 신체는 존재하지 않는다는 것이며, 만약 그가 "우리 몸 안에 저런 물질 원소가 있다."라고 말한다면 우리 몸 안의 이들 원소는 천지와 함께 발생한 게 아닌가? 설령 우리 신체가 수명을 다하더라도 이들 원소는 여전히 천지와 함께 소진하며, 그 세력이 먼저 소멸하는 일은 없기 때문에 천지와 함께 발생할 뿐만 아니라 천지와 함께 소멸한다.

만약 진여심[眞心] 입장에서 보면 세계 삼라만상도 실체가 없고 또한 나와 남이라는 구별도 존재하지 않기 때문에²⁹³ 세계는 인아(人我)와 함께 발생하지 않았다. 그래서 「지북유」에서 다음과 같이 말한다.

> 염구가 중니에게 '천지가 있기 이전의 상황을 알 수 있습니까?'라고 물으니 중니가 '가능하다. 옛날은 지금과 유사하다. 옛날도 없고 지금도 없으며, 시작도 없고 끝도 없다.'고 대답했다.²⁹⁴

---

292 妙高(묘고): '묘고산'과 같은 의미로 고대 인도 세계관에서 우주의 중심인 수미산을 가리킨다.
293 若計眞心卽無天地亦無人我: 『疏證』(p. 225)에서는 天地를 法執으로 人我를 我執으로 파악한다.
294 『莊子』「知北遊」10: "冉求問於仲尼曰: 未有天地可知邪? 仲尼曰: 可. 古猶今也. (中略) 無古無今, 無始無終."

이 말은 본래 사물이 발생하지 않았을 때는 시간이란 게 없음을 설명한다. 비록 현재에 근거해서 천지가 형성되기 이전을 과거라고 여기지만 실제 그것은 현재이다. 또한 그것을 과거라고 말할 수도 없고, 그것을 현재라고 말할 수도 없다. 왜냐하면 과거, 현재, 미래 이 삼세가 본래 공(空)하기 때문이다.

지금 인체 측면에서 말하면 인체는 천지와 함께 발생했다. 하지만 세계에 존재하는 생물과 무생물 등 '인연화합으로 형성된 존재'(諸行, Samskara)[295] 하나하나는 동류(同類)일 뿐만 아니라 실은 본래부터 나와 남으로 차이가 없다. 그래서 다시 장자는 "만물은 나와 하나 된다."(萬物與我爲一)라고 하였다.

『화엄경』에서는 "일체가 곧 하나이고, 하나가 곧 일체다."[296]라고 말한다. 법장(法藏)은 그것을 "여러 조건[緣]이 서로 호응한다."[297]라고 풀었다. 「우언」에서는 "만물은 모두 씨앗이고, 다른 형상의 존재에 자신을 전한다."[298]라고 하였다. 이 구절은 만물 서로 씨앗이 됨을 의미한다. 『대승입

---

295 諸行(제행): 범어 Samskara의 역어로 '형성된 것'(formations)이란 의미다. 좀더 불교적으로 말하면 그것은 '인연화합으로 형성된 존재'를 가리킨다. 초기불교에서 제행은 諸法과 같은 의미로 사용됐지만 부파불교 이후 그것은 '有爲法'에 한정된 말로 사용됐다. 열반과 같은 '無爲法'은 유위법, 즉 제행에 속하지 않는다. 그래서 '제행무상'이라고 할 때 '무위법'은 무상에 해당하지 않는다고 할 수 있다. 그래서 '제법무아'와 '제행무상'은 대상 영역이 다른 말이다.(『佛光』, p.6299)

296 實叉難陀譯, 『大方廣佛華嚴經』卷16(『大正藏』10, p.87c), "一即是多, 多即一." *章太炎은 "一切即一, 一即一切"라고 했는데,『화엄경』3종 역본에 이와 완전히 일치하는 구절은 없다. 오히려 법장의 글에 등장한다. 法藏述, 『華嚴一乘敎義分齊章』卷4(『大正藏』45, p.503a), "夫法界緣起, 乃自在無窮. 今以要門略攝爲二: 一者明究竟果證義, 即十佛自境界也; 二者隨緣約因辯敎義, 即普賢境界也. 初義者, 圓融自在, 一即一切, 一切即一."

297 法藏述, 『華嚴經明法品內立三寶章』卷下(『大正藏』45, p.620c), "諸緣互應門者: 謂衆緣之中, 以於一緣應多緣故, 各與彼多全爲其一."[모든 조건이 서로 호응함: 수많은 조건 가운데 하나의 조건에 대해 나머지 많은 조건이 호응하여 개별 조건이 나머지 모든 조건과 온전히 하나가 된다.]

298 『莊子』「寓言」1: "萬物皆種也, 以不同形相禪, 始卒若環, 莫得其倫, 是謂天均."[만물은 모

능가경』에서는 "마땅히 하나의 종자가 종자 아닌 존재와 '서로 일치'(同印)[299]함을 통찰해야 한다. 하나의 종자와 일체 종자를 마음의 갖가지라 이름한다."[300]라고 했다. 법장이 정립한 무진연기설(無盡緣起說)은 「우언」의 취지와 동일하다. 법장은 「법계연기장(法界緣起章)」[301]에서 다음과 같이 말한다.

> 결과를 발생시키는 능력이 있는 '본일'(本一, 근본이 되는 한 존재자)은 지지자가 되고, 결과를 발생시키는 능력이 없는 '다일'(多一, 여러 개 가운데 한 존재자)은 의지자가 된다. 받아들임과 들어감이 이미 그러하다. 결과를 발생시키는 능력이 있는 '다일'은 지지자가 되고, 결과를 발생시키는 능력이 없는 '본일'은 의지자가 된다. 받아들임과 들어감이 또한 그러하다.[302]

그리고 법장은 『화엄경지귀』에서 "이 꽃잎 하나는 이치로 보면 혼자 발생하는 게 아니라 반드시 무량한 권속의 위요를 포섭한다."[303]라고 말

두 씨앗이고 상이한 모습을 한 사물로 옮겨 가니 시작과 끝은 마치 고리와 같아서 그 도리를 알 길이 없다. 이를 천균이라고 한다.]

299 同印(동인): 상인(相印)과 같은 말로 서로 일치한다는 의미다. 심심상인(心心相印)이 전형적인 예다. 여기서 인(印)은 부합(符合)한다는 의미다.

300 實叉難陀譯, 『大乘入楞伽經』卷6(『大正藏』16, p.626b), "應觀一種子與非種同印. 一種一切種, 是名心種種."

301 法界緣起章(법계연기장): 법장이 지은 『華嚴經明法品內立三寶章』의 제3장이다. 법장의 이 저작은 『화엄경』 「명법품」에 대한 해설서로 전체 7장으로 구성됐다. 장 제목은 다음과 같다. ① 「불법승 삼보에 관한 장」(三寶章), ② 「생멸유전에 관한 장」(流轉章), ③ 「법계연기에 관한 장」(法界緣起章), ④ 「불타설법의 신이에 관한 장」(圓音章), ⑤ 「법신에 관한 장」(法身章), ⑥ 「십세에 관한 장」(十世章), ⑦ 「무애연기에 관한 장」(玄義章).

302 法藏述, 『華嚴經明法品內立三寶章』卷下(『大正藏』45, p.620b), "本一有力爲持, 多一無力爲依, 容入旣爾; 多一有力爲持, 本一無力爲依, 容入亦爾."

303 法藏述, 『華嚴經旨歸』(『大正藏』45, p.594c), "此*華葉, 理無孤起, 必攝無量眷屬圍繞." *『제물론석』에서는 '一'자를 부기.

하고, 또 "이 꽃잎 하나는 반드시 자신을 펼쳐 일체 존재에 스미고 다시 저 일체법을 수렴하여 자기 안으로 스미게 한다."[304]라고 말한다. 이 의미는 모두 「우언」의 "만물은 모두 씨앗이고, 다른 모습으로 그것을 서로 전한다."라는 구절과 일치한다. 법장은 "일체가 곧 하나이고 하나가 곧 일체"(一切卽一, 一卽一切)라는 주장을 완성하기 위해서 '수십전유'(數十錢喩, 열 개 동전을 세는 비유)와 '연사유'(椽舍喩, 서까래와 집의 비유)를 제시했다.[『화엄일승교의분제장』에 보인다.[305][306]] 이것은 단지 진위(進位)[307]・퇴위(退位)의 진법(進法, 命分)의 의미이다. 수(數)를 가지고 '일체가 곧 하나이고 하나가 곧 일체다'라는 논리를 설명하면 당연히 가능하지만 사물을 가지고 이런 주장을 하는 것은 불가능하다.

왜인가? 이 1수(數)에서 진위(자릿수가 전진)하여 10에 이르고, 계속해서 백(百)・천(千)・만(萬)・억(億)・조(兆)・경(京)・해(垓)・정(正)・재(載)로 자릿수가 올라가고 나아가 무량수에 이른다. 퇴위도 또한 그러하다. 퇴위가 있기 때문에 1도 또한 연성(緣成)임을 안다. 만약 소수의 10(0.1이 열 개)이 없다면 1은 성립하지 않기 때문이다. 진위가 있기 때문에 1은 10에 수렴됨을 안다. 즉 이 1수(數)가 10수(數)의 10분의 1이고 다른 수의 10분의 1이 아님을 말한다. 퇴위가 있기 때문에 10이 연성(緣成, 조건의 결합에 의해

---

304 法藏述, 『華嚴經旨歸』(『大正藏』45, p.594b), "此一華葉, 其必舒己, 遍入一切, 差別法中, 復能攝取彼一切法, 令入己內." 『제물론석』 원문에서 장타이옌은 '華嚴經指歸'로 표기했다.

305 數十錢喩(수십전유): 法藏述, 『華嚴一乘教義分齊章』卷4(『大正藏』45, p.503b), "初喩示者, 如數十錢法, 所以說十者, 欲應圓數, 顯無盡故."

306 椽舍喩(연사유): 法藏述, 『華嚴一乘教義分齊章』卷4(『大正藏』45, p.507c), "問: 此但椽等諸緣, 何者是舍耶? 答: 椽即是舍. 何以故? 爲椽全自獨能作舍故. 若離於椽, 舍即不成. 若得椽時, 即得舍矣."

307 進位(진위): 10진법의 경우 0에서 9까지가 1의 자리이고 10이 되면 자릿수가 올라간다. 1의 자리에서 10의 자리로 그리고 100의 자리로 자릿값이 10배씩 커지면서 올라가는 것이다. 1에서 2가 되는 것이 아니라 1에서 10이 되는 자릿수의 전진을 말한다.

성립했음)임을 안다. 만약 1수(數)가 없으면 10은 성립할 수가 없기 때문이다. 진위가 있기 때문에 10도 1과 같음을 안다. 10의 진위가 10에 대한 것은 10이 1에 대한 것과 같다. 이와 같이 순서대로 진위하고 순서대로 퇴위하는데 모든 수가 그렇지 않음이 없다. 진법[命分]이 있기 때문에 1이 연성임을 안다. 즉 1은 또한 3·6·7·9라고 규정할 수 있는데 곧 이 1수(數)는 3이나, 6이나, 7이나, 9가 연성한 것이기 때문이다. 그래서 3·6·7·9도 1이라고 규정할 수 있다.

또한 이 1수(數)도 3·6·7·9에 수렴된다. 그래서 3수(數)에 근거하면 이 1은 즉시 3수의 3분의 1이지 다른 수의 3분의 1이 아니다. 만약 7수에 근거한다면 이 1은 7수의 7분의 1이지 다른 수의 7분의 1이 아니다. 이와 같이 다시 6이나 9에 근거해도 그 의미는 또한 그러하다.[308] 3·6·7·9도 역시 1과 같다. 즉 3·6·7·9를 1이라고 여기고 이와 같이 다시 그것을 3·6·7·9로 증배할 수 있다. 곧 저 3·6·7·9는 이 3·6·7·9에 대해서 도리어 1과 같다. 1이 2·4·5·8에 대해서도 역시 모두 동일한 사례이다. 진실로 1은 정수(定數)가 아니기 때문에 "하나는 일체이고 일체는 하나다."라는 논리가 성립한다.

이것이 "수를 가지고 이 논리를 설명하면 본래 가능하지만 사물을 가지고 이 논리를 설명하면 불가능한" 까닭이다. 사물은 순수하게 수량으로써 판단할 수 없고 사물의 이름은 '어떤 작용을 가해서 일으켰거나(加行) 자연스레 발생한 변화(轉化)'가 성립시킨 경우 아니면 '하나가 여러 개로 쪼개지거나'(異分) 아니면 '여러 개가 하나로 결합하여'(和合) 성립시켰다.

사물의 이름 가운데 '가행·전화'가 성립시킨 경우는 법장이 말한 수십

308 　1과 3·6·7·9의 관계는 진위나 퇴위와 관련 있는 것은 아니다. 하지만 적어도 1과
　　　관계에서는 그것이 緣成임을 확인할 수 있다.

전유(數十錢喩) 같은 것이다. 그는 "'값이 낮은 방향으로'(向下) 세면 "10이 없으면 1은 성립되지 않는다."[309]라고 말하는데 의미가 자연 진실에 부합한다. 하지만 1수(數)는 퇴위(여기서는 소수, decimal fraction)의 10이 조건이 되어 성립한 것이지만 1전(錢)은 퇴위가 없다. 만약 1전을 쪼개 10개로 만든다면 전(錢)이라고 할 수 없다. 그래서 1전은 10개의 소수전(小數錢)이 조건이 되어 성립한 것이 아니다.

사물의 이름 가운데 '이분·화합이 성립시킨 이름'은 법장이 말한 연사유(椽舍喩)가 그것이다. 법장은 "서까래가 바로 집이다. 만약 서까래를 제거하면 집은 성립되지 않기 때문이다. 만약 서까래 하나를 제거하면 집이 파괴되어 제대로 된 집일 수 없기 때문이다."[310]라고 말했다. 이 주장이 가능은 하지만 인중유과(因中有果)[311]의 오류에 떨어지고 말았다. 마치 "진흙 속에 항아리가 있다."(泥中有瓶)[312]라는 주장과 비슷하다.

또 법장은 "본래 여러 조건(緣)으로 집을 완성했기 때문에 그것을 서까

---

309 法藏述, 『華嚴一乘教義分齊章』卷4(『大正藏』45, p.503b-c), "向下數亦十門, 一者十即攝一, 何以故? 緣成故, 謂若無十即一不成故."

310 法藏述, 『華嚴一乘教義分齊章』卷4(『大正藏』45, p.507c), "問: '此但椽等諸緣, 何者是舍耶?' 答: '椽即是舍.' 何以故? 爲椽全自獨能作舍故. 若離於椽, 舍即不成. 若得椽時即得舍矣."

311 因中有果(인중유과): 고대 인도 철학 유파 가운데 하나인 수론학파의 주장으로 원인 가운데 언제나 결과의 성격이 내재한다는 주장이다. 그들은 일체 존재의 생성은 본질로서 자성의 발현이라고 생각했다. 본질인 자성에는 당연히 결과가 이미 존재해야 한다고 주장했다.(『佛光』, p.2271)

312 泥中有瓶(이중유병): 대승경론에서 외도의 '원인 가운데 결과가 없다는 주장'(因中無果論)을 비판할 때 사용하는 비유다. 왜 항아리를 만들 때 꼭 진흙을 사용할까? 실로 만들 수는 없을까? 다른 게 아니고 꼭 진흙으로만 항아리를 만든다면 진흙 속에 이미 항아리의 자성이 존재한다고 봐야 한다는 주장이다. 提婆菩薩造, 鳩摩羅什譯, 『百論』卷下(『大正藏』30, p.179a), "若因中無果者, 何以但泥中有瓶? 縷中有布? 若其俱無, 泥應有布, 縷應有瓶."[만약 원인 가운데 결과가 없다면 왜 진흙 속에 항아리가 있고, 실 가운데 베가 있는가? 만약 원인 가운데 결과가 없다면 진흙에서도 응당 베가 있어야 하고 실로도 응당 항아리를 만들어야 한다.]

래라고 명명한다. 집을 짓지 않았다면 서까래도 존재하지 않았을 것이다."[313]라고 말했다. 이것은 '서까래란 이름이 집으로부터 발생하기 때문에 만약 집을 짓지 않았다면 그저 나무 몽둥이라고 해야지 서까래라고 이름 붙이지 못함'을 말한 것인데 논리가 또한 통한다.

하지만 만약 널빤지와 기와를 그 예로 들면 저런 논리 역시 오류다. 집은 비록 널빤지와 기와를 원인으로 해서 존재한다. 하지만 널빤지와 기와가 집을 짓는 데 결정적이지는 않다. 이것은 서까래와 다른 점이 있다. 서까래의 명칭은 집을 조건(緣)으로 해서 획득한 것이지만 널빤지와 기와의 명칭은 집을 조건으로 획득한 게 아니다. 책·판액·서판·관(棺)·곽(槨)을 만드는 것도 널빤지라고 부르고 병, 사발, 단지, 장군을 만드는 것도 기와라고 부르기 때문이다. 만약 서까래가 집이라면 널빤지나 기와도 집이 아닐 수 없다. 하지만 저 널빤지와 기와는 그것의 명칭과 실질이 집에서 기인한 것이 아니다.

법장이 만약 "집이 파괴되기 때문에 널빤지와 기와라고 이름할 수 없다."라고 말한다면 이것은 '허튼 소리'[詭言]이자 '실없는 이야기'[游辭]라고 할 만하다. 그래서 일부(수로 설명하는 경우)는 타당하고 일부(십전유와 연사유)는 타당하지 않다면 그것은 일반적인 사례일 수 없다. 법장이 만약 "서까래가 집일 수 있고 널빤지와 기와가 집일 수 없다."라고 말한다면 이는 곧 "일체가 곧 하나이고, 하나가 곧 일체다."라는 주장을 위배한다.

대개 법장은 '언어를 통한 교묘한 방편'[名言善巧]을 획득하지 못했기 때문에 설명하는 데 잘못이 많다. 만약 그가 말한 수십전유(數十錢喩)에서 1전·10전을 1수동(銖銅)·10수동으로 바꾸면 오히려 "일체가 곧 하나이

---

313 法藏述,『華嚴一乘教義分齊章』卷4(『大正藏』45, p.508c), "本以緣成舍, 名爲椽. 今既不作舍, 故無椽是斷."

고, 하나가 곧 일체다."라는 주장의 논리를 완성할 수 있다. 전(錢)은 가행·전화의 이름이지만 동(銅)은 가행·전화의 이름이 아니기 때문이다.

'서까래와 집의 비유'로는 "일체가 곧 하나이고, 하나가 곧 일체다."라는 주장의 논리를 완성할 수 없다. 집은 이분·화합의 이름이기 때문에 이미 집이라고 이름 붙인 경우 집을 구성하는 나무 얼개나 나무 몽둥이를 서까래라고 명명한다. 만약 널빤지와 기와의 이름은 집이 아니라도 성립한다면 집을 짓더라도 그 이름을 고칠 필요가 없다. 서까래의 경우는 의미가 성립하지만 널빤지와 기와의 경우는 의미가 성립하지 않는다. 설령 집이 완성된 이후 널빤지를 박(搏)이라고 명명하거나 기와를 맹(甍, 용마루)이라고 이름하더라도 그것은 오직 쓰임에 근거해서 의미를 형성한 것이지 그것의 본질과 형상에 근거해서 의미를 형성한 것은 아니다.

비록 서까래란 명칭도 쓰임에 의지한 것이지만 그것의 본체와 형상은 오히려 나무 몽둥이일 뿐이다. 그래서 "법장이 '언어를 통한 교묘한 방편'을 얻지 못했고 궤변과 유사한 이야기를 했다."라고 말했다. 이처럼 법장이 정립한 '수십전유'와 '연사유' 두 가지는 논리가 성립하지 않았지만 만약 오로지 수로써만 "일체가 하나이고, 하나가 일체다."라는 주장의 척도로 삼는다면 논리를 진정 깨뜨리지 못할 것이다. 지금 「우언」에 의거해서 「제물론」을 풀이했는데 다시 새로운 척도[量]를 제기하여 "일체가 곧 하나이고, 하나가 곧 일체다."라는 논지를 증명해 보겠다.

보통 생물종은 무생물의 제행(諸行)에서 기원한다고 말한다. 『아비달마대비바사론』 권136에서는 말한다.

> 극미는 가장 미세한 물질이다.【이것은 유방분에 근거한 말이다. 무방분에 의거해서 말하는 경우는 이 『아비달마대비바사론』 권132에서 "극미는 무세분이다."[314]라고 했다. 사실 두 가지 의미는 모두 가설이고 유방분은 지극히 미

세한 끝이 없다. 무방분은 인식할 수 있는 대상이 아니다. 하지만 유방분이 그것
에 가깝다.】이 7개의 극미가 하나의 미진을 형성하고, 7개의 미진이
하나의 동진(銅塵)을 형성하고『아비달마구사론』에서는 금진(金塵)이라고
했다.[315] 7개의 동진이 하나의 수진(水塵)을 형성한다.[316]

　동진과 수진은 오늘날 말하는 분자이고 미진은 오늘날 말하는 소분자
와 미분자이고 극미는 원자이다.【유방분에 근거해서 원자라고 말한다.】예를
들어 하나의 황금 분자는 열[火齊][317]로 분해할 수 있는 게 아니고, 유황(流
黃)과 소석(消石, 질산칼륨)으로도 황금 분자에 작용을 일으키지 못하지만
그것의 한도(度量)는 쪼개지 못하는 게 아니다. 여러 금속류는 그것의 온
도를 높이면 분자는 팽창하는데, 그 분자 중간에 간격이 있음을 알 수 있
다. 그렇다면 이 하나의 황금 분자는 헤아릴 수 없이 많은 미세한 성분이
집합하여 성립된 것이다. 그리고 이 황금 분자는 무량한 동일 성질의 미
세 성분이 집합하여 성립된 것일 뿐만 아니라 무량한 상이 성질의 미세
성분이 집합하여 성립한 것이다.

　왜인가? 만약 황금 분자가 상이 성질의 미세 성분이 없으면 상이 성질
과 친근하고 화합할 수 없다. 비유하면 수컷과 암컷이 서로 화합할 때 수
컷에게는 암컷의 성분이 없지 않고 암컷에게도 수컷의 성분이 없지 않
다.【암컷이나 수컷은 모두 하나의 암컷과 수컷이 낳은 것이다. 그래서 이 하나의 성분

314　五百大阿羅漢等造, 玄奘譯,『阿毘達磨大毘婆沙論』卷132(『大正藏』27, p.684a), "然諸極
　　微更無細分."
315　世親造, 玄奘譯,『阿毘達磨俱舍論』卷12(『大正藏』29, p.62b), "謂七極微爲一微量, 積微至
　　七爲一金塵, 積七金塵爲水塵."
316　五百大阿羅漢等造, 玄奘譯,『阿毘達磨大毘婆沙論』卷136(『大正藏』27, p.702a), "極微是
　　最細色, 此七極微成一微塵, (中略) 七微塵成一銅塵, (中略) 七銅塵成一水塵."
317　火齊(화제): 음식을 끓이는 데 필요한 화력을 말한다. 여기서는 물질을 녹이는 데 필
　　요한 열을 가리킨다.『禮記』「月令」99: "陶器必良, 火齊必得."

에 두 가지 성분을 함유하고 있음을 알 수 있다.】 만약 암컷과 수컷 각각이 두 가지 성분을 갖지 않았다면 친근하고 화합하는 일이 없을 것이다. 게다가 만약 상이 성질의 미세한 성분을 갖지 않았다면 상이 성질과 서로 배척할 수 없을 것이다. 비유하자면 암컷과 수컷이 좋아하는데 수컷이 외부에서 도래한 수컷을 발견하면 서로 경계하고, 암컷이 혼자인 경우 외부에서 도래한 수컷을 발견하면 서로 경계하지 않는다. 만약 암컷과 수컷이 각각 두 가지 성분을 갖지 않았다면 서로 배척하는 일은 없을 것이다.

한편 이 황금 분자는 성질은 질애(質礙)를 갖고 색깔은 노랗다. 노란색과 질애는 하나인가? 둘인가? 만약 그것이 하나라면 노란색과 질애가 서로 다를 이유가 없다. (둘이 다르기 때문에) 그래서 그것이 둘이라는 것을 안다. 세속에서는 "사물이 다양한 색을 가진 이유는 그것이 빛을 흡수하기 때문이다."[318]라고 증언하지만 그렇다면 이 빛은 황금 분자에 침투하는가? 침투하지 않는가? 만약 빛이 사물에 침투하지 않는다면 노란색은 성립하지 않을 것이며 만약 빛이 사물에 침투한다면 황금 속에 해의 성분이 있을 것이다. 그래서 황금은 순수한 황금일 수 없고 오직 집합체이다. 또 이 황금분자는 비록 무생물이라고 이름하지만 실제는 생물이다. 왜냐하면 그것은 중력을 가지고 다른 사물을 끌어당기기 때문이다. 『기신론』에서 다음과 같이 말한다.

---

318 인간이 사물의 색을 감각한다는 것은 어떤 사태일까? 빛은 전자기파이고 인간이 육안으로 파악할 수 있는 전자기파를 한정해서 가시광선이라고 한다. 광선은 상이한 진동수를 갖고 그것이 색을 결정한다. 다양한 진동수를 가진 전자기파 즉 빛이 사물을 비출 때 사물은 어떤 진동수(색의 빛)는 흡수하고 어떤 진동수는 반사하는데 인간은 그 반사하는 색의 빛을 그 사물의 색으로 감각한다. 황금의 노란색은 노란색의 빛을 흡수해서가 아니라 노란색의 빛을 반사해서 가능하다. 장타이옌의 언급은 마치 황금의 노란색은 노란빛을 흡수해서 그런 거라는 뉘앙스다.

우리 마음은 불각 때문에 세 가지 미세한 마음이 작동한다. (이 세 가지는 불각과 상응하여 서로 분리되지 않는다. 무엇이 셋인가?) 첫째는 '근본 무명 때문에 일어난 최초의 마음 활동'[無明業相]인데, 불각 때문에 마음이 꿈틀거리는 이것을 업(業)이라고 이름한다. 깨달으면 마음이 꿈틀거리지 않고, 마음이 처음 꿈틀거리면 고통스러운 결과가 발생한다. 과보는 원인을 벗어나지 않기 때문이다. 둘째는 '인식 주관으로 마음 활동'[能見相]이다. 마음이 꿈틀거리는 데 의지하여 '인식 주관'[能見]이 활동한다. 마음이 꿈틀거리지 않으면 인식작용은 없다. 셋째는 '인식의 갖가지 대상으로 마음 활동'[境界相]이다. 인식 작용에 의지하여 그 '인식 대상'[境界]이 거짓으로 나타난다. 인식 주관으로서 활동을 벗어나면 인식 대상으로서 경계는 없다.[319]

첫째는 업식(業識)이고, 둘째는 전식(轉識)이고, 셋째는 현식(現識)이다.[320] 이 세 가지를 삼세(三細, 미세한 의식 활동)라고 하는데 '마음과 상응하지 않는다.'[321] 업식은 오변행심소 가운데 작의(作意)에 해당(當)[322]하고

---

319 馬鳴菩薩造, 眞諦譯, 『大乘起信論』(『大正藏』32, p.577a), "依不覺故, 生三種相, (與彼不覺相應不離. 云何爲三?)一者無明業相, 以依不覺故心動, 說名爲業. 覺則不動, 動則有苦, 果不離因故. 二者能見相, 以依動故能見, 不動則無見. 三者境界相, 以依能見故境界妄現, 離見則無境界."

320 馬鳴菩薩造, 眞諦譯, 『大乘起信論』(『大正藏』32, p.577b), "一者名爲業識, 謂無明力不覺心動故. 二者名爲轉識, 依於動心能見相故. 三者名爲現識, 所謂能現一切境界, 猶如明鏡現於色像, 現識亦爾."[첫째는 업식인데 무명의 힘 때문에 불각심이 꿈틀거린다. 둘째는 전식인데 꿈틀거리는 마음에 의지하여 그것을 인식 주관으로서 마음으로 전환해서 활동한다. 셋째는 현식인데 인식 대상으로서 일체 경계를 드러냄이다. 마치 맑은 거울이 온갖 빛깔과 모양을 나타내는 것과 같이 현식도 그러하다.]

321 與心不相應(여심불상응): "'심'과 상응하지 않는다."는 의미인데 '심불상응행'이 하나의 술어로 사용된다. 더 정확히는 '심불상응행법'이다. '심불상응'은 유부의 5위75법이나 유식학의 5위100법의 그것과 다르다. 삼세는 미세한 마음 활동으로 이 마음과 대응하는 구체적인 외경은 존재하지 않는다.

322 當(당): 『제물론석』초본에서는 '卽'으로 표현했다. 사실 『기신론』의 삼세식을 유식학의 오변행심소와 연결하는 것은 다소 무리다. 장타이옌은 '직접적인 일치'에 가까운 표현에서 무엇에 해당한다는 의미의 '當'을 사용함으로써 조금 물러선다.

전식은 촉(觸)에 해당하며 현식은 수(受)에 해당한다. 모두 아뢰야식을 따른다. 그리고 "마음과 상응하지 않는다."(心不相應)라고 말함으로써 삼세의 마음 활동이 무정물까지 포괄한다는 사실을 밝힌다.【『승만경』에 따르면 번뇌는 두 가지가 있는데, 주지번뇌(住地煩惱)와 기번뇌(起煩惱)이다.[323] 기번뇌[324]는 매 찰나 마음과 상응한다. 무명주지번뇌(無明住地煩惱)[325]는 무시이래로 마음과 상응하지 않는다. 이것은 『기신론』과 서로 비교하면 충분히 증명된다.】

「천하」에서 "관윤(關尹)이 '나에게는 일정한 입장이 없고[無居], 사물이나 사건이 저절로 나타날 뿐이다.'라고 말한 것"[326]을 인용했다. 여기서 '무거'(無居)는 업식에 해당하고 "사물이나 사건이 저절로 나타난다."라는 구절은 [『기신론』에 따르면] 전식(轉識)에 의지해서 일어난 현식(現識)에 해당한다.

황금은 질량이 있어서 다른 물체를 끌어당길 수 있는데 이것은 업식에 해당한다. 다른 물질과 접촉할 수도 있는데 이것은 전식에 해당한다. 어떤 경우는 다른 물체와 화합하고 어떤 경우 그것을 배척하는데 이것은 현식에 해당한다. 그래서 황금은 식을 가지고 다른 여러 무생물도 모두 이러하다. 단지 일상의 지식으로 황금을 분별하기 때문에 황금도 식이 있음이 드러나지 않아서 일상의 상식을 따라서 그것을 무생물이라고 말한다.

기존 유식학 교의에서는 사대(四大)를 생물로 인정하지 않는다.【불교의 모든 종파가 이런 입장이다. 그것을 분석해 보면 사대는 명근(命根, 유정의 목숨)이 없

---

323 求那跋陀羅譯, 『勝鬘師子吼一乘大方便方廣經』(『大正藏』12, p.217a), "煩惱有二種, 何等 爲二? 謂住地煩惱, 及起煩惱."

324 起煩惱(기번뇌): 매 순간 발생하는 번뇌를 가리킨다.

325 住地煩惱(주지번뇌): '주지'는 자신이 거주하는 대지로 근본 혹은 바탕을 의미한다. 그래서 주지번뇌는 가장 근본적인 번뇌를 가리킨다.

326 『莊子』「天下」5: "關尹曰: '在己無居, 形物自著'."

다고 말할 수는 있지만 생(生)이 없다고 말할 수는 없다. 불전에서는 수(壽)·난(煖)·식(識)[327] 세 가지가 화합하여 명근이 된다고 했다.[328] 수(壽)는 호흡인데 사대는 호흡이 없다. 그래서 명근이 없다. 사대는 업식이 있다. 그래서 생명이 있다. 하지만 여러 단세포 동물은 호흡을 하지 않지만 명근이 없다고 말할 수 없다. 그렇다면 수(壽)·난(煖)·식(識) 셋을 합쳐서 명(命)이라고 하는 것은 단지 다세포 동물만을 근거로 한 것임을 알 수 있다. 하등의 미생물은 이미 평가할 수도 없다.】 지금 응당 저들 유식가에게 다음과 같이 질문할 수 있다.

질문: 만약 식만 있으면 무엇 때문에 질애(窒礙)[329]를 감촉하고 몸이 그것을 통과하지 못하는가?

대답: 몸과 식이 소멸하지 않은 이상 질애가 없음을 증명할 수 없다. 그래서 그것을 통과하지 못하더라도 외부에 질애가 있기 때문이 아니다.

이와 같이 비록 유식 교의를 성립시키면서도 여러 오류를 벗어날 수 있다.

질문: 쇠와 돌이 만나면 또한 서로 상대를 통과할 수 없다. 이 쇠는 다시 몸과 식을 가지는가? 만약 그것이 몸과 식을 가지지 않는다면 무슨 이유로 쇠와 돌이 서로 통과할 수 없는가?

대답: 쇠는 돌을 통과할 수 없고 돌은 쇠를 통과할 수 없다. 그래서 쇠와 돌은 본래 신식이 없다고 말한다. 이와 같이 사람이 질애를 감촉하고

---

327 世親造, 玄奘譯, 『阿毘達磨俱舍論』卷5(『大正藏』29, p.26a), "命根體即壽, 能持煖及識." [명근은 목숨이고 체온과 의식을 유지한다.]

328 『구사론』에서 명근이 바로 수(목숨)이고 그것이 체온과 의식을 유지하는 기능을 한다고 했다. 그런데 장타이옌은 "목숨과 체온과 의식' 셋이 결합하여 명근이 된다."고 주장함으로써 목숨과 명근을 분리시켜 버렸다. 적어도 『구사론』에 근거하면 장타이옌의 주장은 오류이다.

329 窒礙(질애): '窒'은 '막히다'는 의미다.(『說文』: 窒, 塞也.) 불전에서는 주로 '質礙'라고 썼다. 장타이옌은 굳이 중국 고전에 등장하는 이 표현을 썼다. 王守仁, 『傳習錄』卷下: "但有問難的人, 胷中窒礙, 聖人被他一難, 發揮得愈加精神."

통과할 수 없다면 또한 사람은 신식이 없으니 유식의도 파괴된다고 말할 수 있다. 그래서 쇠와 돌 모두 신식을 가진다고 말하지 않으면 유식의(唯識義)는 성립할 수 없다.

질문: 이 쇠가 신식이 있다면 다시 의근을 가지는가?

대답: 응당 있다.

쇠가 자신의 작은 형체를 완성한 사실이 바로 아견이고 모종의 힘을 가지고 다른 사물과 '거리를 유지할 수 있는 능력'[能距]은 아만(我慢)에 의지한다. 만약 쇠에 의근이 없다면 이런 일이 어떻게 성립하겠는가?

질문: 이 황금분자를 무한히 쪼갠다면 무엇을 황금분자 자체라고 하겠는가?

대답: 이 황금분자는 황금 미진을 수렴하고 황금 미진은 황금 극미를 수렴한다.【임의로 유방분이라고 하자.】 큰 것의 입장에서 보면 큰 것이 자체[體]가 되고 작은 것은 '구성 요소'[屬]가 된다. 작은 것의 입장에서 보자면 작은 것이 자체가 되고 작은 것을 따른 것이 구성 요소가 된다. 가령 사람 몸속에 여러 세포가 존재하고, 그 세포 각각 감정(感情)과 명근(命根)을 가지면 인간은 자체가 되고 세포는 구성 요소가 된다. 가령 사람이 죽고 나서 세포가 혹 다시 미생물로 변화하면 이는 세포가 스스로 자체가 된 것이다.

이상 이야기를 요약하면 하나의 유정은 반드시 수없이 많은 작은 유정물을 수렴한다. 그래서 황금 분자를 무한히 쪼개더라도 현실적 존재를 따를 수 있는데 그것을 자체라고 말한다.

질문: 만약 그렇다면 무엇 때문에 지·수·화·풍을 단지 마음이 변현했을 뿐이라고 말하는가? 저 지·수·화·풍이 이미 자심이 변현한 것이라면 타심이 변현한 것일 수는 없다.

대답: 이 가운데 지·수·화·풍은 자심에서부터 변현하여 정인(正因)

이고, 색상(色相)은 또한 각각 타심이 변현한 것으로 조연(助緣)이다. 어찌 금석만이겠는가! 인간과 축생의 신체[根身]³³⁰도 또한 그러하다. 만약 타심이 변현력이 없다면 서로 인식하거나 접촉할 수 없고, 죽은 후에 여전히 시체나 해골을 나타내지 못한다.³³¹ 그래서 지·수·화·풍은 각각 타심이 변현한 것이며 또한 자심이 변현하더라도 두 가지 모두 아무런 장애가 없다.

질문: 만약 그렇다면 무슨 까닭으로 전통적으로 유정세간과 기세간을 구분했는가?

대답: 다만 지혜의 높낮이를 고려해 임의로 두 가지를 구별했다. 이는 마치 산호(珊瑚)³³²나 진주(珍珠) 등이 유정세간(생물)인지 기세간(무생물)인지 근본적으로 확정하기 힘들지만 세속의 일반적인 견해를 따라 기세간이라고 설하는 것과 같다. 그래서 비록 금을 기세간이라고 했지만 그것을 생물(유정세간)이라고 해도 문제가 없다. 이런 구분은 단지 유식의 속제(俗諦)에 의거한 말이고 만약 유식의 진제(眞諦)를 따르면 그것은 오직 식일 뿐이다. 황금분자의 노란색과 질애 등 여러 성질은 오직 각각 현량이 인식할 것일 뿐이며 서로 증상연(增上緣, adhipati-pratyaya)³³³이 되고 실

---

330 根身(근신): 범어 sendriya-kaya의 번역어로 유색근신(有色根身)이 온전한 명칭이다. 여기서 色은 유형의 물질이고, 根은 눈, 귀, 코, 혀, 몸 등 다섯 기관과 그것의 기능을 가리킨다. 유색근신은 인간의 신체를 가리킨다.(『佛光』, p.2438)

331 尙現尸骸(상현시해): 護法等菩薩造, 玄奘譯, 『成唯識論』卷2(『大正藏』31, p.11a), "似自他身五根現者, 說自他識各自變義. 故生他地, 或般涅槃, 彼餘尸骸, 猶見相續."[마치 실재하는 듯한 자신과 타인의 다섯 감각기관을 변현한다'는 말은 자신의 제8식과 타인의 제8식이 각자 변현했다는 의미이다. (실재하는 타인의 신체를 변현하는 듯하기 때문에) 한 중생이 삼계구지 가운데 지금과 다른 세계로 왕생하거나 반열반하더라도 그가 남긴 시체는 계속해서 존재함을 볼 수 있다.]

332 珊瑚(산호): 산호는 오래전부터 식물이냐 동물이냐 하는 논쟁이 있었고, 심지어 광물로 분류하는 경우도 있었다. 산호는 수많은 촉수를 가진 산호충이 군체로 먹이활동을 하는 동물이다. 많은 촉수를 가졌기 때문에 자포(刺胞) 동물로 분류된다.

333 增上緣(증상연): '연'은 일체 존재가 발생하고 결과를 발생시키는 간접 원인을 말한다.

제 노란색과 질애란 존재하지 않는다.

황금이 생물이라면 진화할 것이다. 무방분의 원자가 유방분을 현현하기 때문에 진화한다고 말하는 게 아니다. 또한 그것을 끝까지 쪼개면 공상(空相)을 현현하고 이로 말미암이 모여 일어나기 때문에 진화라고 한다고 말할 수도 없다. 왜인가? 작게 한다고 해서 체적이 없는 상태까지 이르게 할 수 없고, 그래서 끝까지 쪼개더라도 결코 공상을 현현할 수 없기 때문이다. 그래서 「추수」[334]에서는 말한다.

> 하백(河伯)이 북해약에게 "세상의 논객들은 모두 지극히 미세[精]한 것은 형체가 없고 지극히 거대한 것은 둘러쌀 수가 없다고 말하는데 믿을 만한 사실인가?"라고 물었다. 북해약(北海若)은 "미세한 것의 입장에서 큰 것을 보면 완전히 볼 수가 없고, 큰 것의 입장에서 작은 것을 보면 분명하게 볼 수가 없다. 정(精)은 작은 것 중에서 특별히 작은 것이고, 부(垺)는 큰 것 중에서 특별히 큰 것이다. 그래서 편하다고 느끼는 바가 다르다.[335] 이것이 자연의 일상적인 모습이다. 지극히 작다고 하는 것과 지극히 크다고 하는 것은 형체가 있는 것에 한정된 것이다. 형체가 없는 경우 수량의 척도로써 분별할 수 없고, 감쌀 수 없이 거대한 것은 수량의 척도로써 완전히 계량할 수 없다." 라고 대답했다.[336]

불교에서 4종의 연을 말하는데 증상연은 그중 하나다. 다른 법을 일으키는 강한 힘을 말한다. 안근이 안식을 일으키는데 증상연이 되고 논밭은 곡식이 자라는데 증상연이 된다. 『大乘義章』卷3(『大正藏』44, p.516c), "增上緣者, 起法功强, 故曰增上."[증상연은 제법을 생기시키는 강력한 공용이다. 그래서 '증상'이라고 했다.]

334 장타이옌은 '河伯篇'이라고 표기했지만 당연히 '추수편'이라고 해야 한다.

335 異便(이편): 큰 것이든 작은 것이든 모두 자신의 입장에서 사물을 관찰하는 데 익숙하기 때문에 상대방의 관점에서 출발하는 것을 불편하다고 느낀다.(『莊子直解』, p.418)

336 『莊子』「秋水」4: "河伯曰: '世之議者皆曰: 至精無形, 至大不可圍. 是信情乎?' 北海若曰: '夫自細視大者不盡, 自大視細者不明. 夫精, 小之微也; 垺, 大之殷也, 故異便. 此勢之有也. 夫精粗者, 期於有形者也; 無形者, 數之所不能分也; 不可圍者, 數之所不能窮也.'"

이것은 지극히 미세한 것도 형체가 없는 상태까지는 도달할 수 없고, 형체가 없으면 지극히 미세할 수 없음을 이야기한다. 아울러 "끝까지 쪼개면 곧 공상을 현현한다."는 이치는 존재하지 않음을 밝힌다. 「지북유」에서 "무형이 유형으로 변화하고 유형이 무형으로 변화하는 것은 사람들이 모두 알고 있는 바다. 도에 도달하려는 사람이 힘쓸 바는 아니다. (중략) 누구나 인정할 정도로 분명한 견해에는 사실 가치 있는 진실이 없다."337라고 말한다. 이것은 '일반 사람'[庸衆]338이라면 '무형에서 유형이 발생한다.'라고 알겠지만 실제 이런 일은 없음을 말한다. 왜냐하면, 이미 상대적인 관계가 없다면 눈 밝은 자도 그것을 보지 못한다. 그래서 분명 무방분의 원자가 유방분으로 변하는 이치는 존재하지 않는다. 이런 이유로 이상 두 가지 진화를 말할 수 없다. 하지만 이 황금 분자는 현상으로는 생물이다. 하나의 황금 분자는 그 가운데 무량한 동성(同性)과 이성(異性)이 집합하여 형성된다. 그래서 그것이 진화한다고 말한다.

이런 식으로 추론하면 여러 존재자가 집합하여 형성된 존재는 그 구성물 간 "서로 종자가 됨"(更相爲種)을 분명하고 쉽게 알 수 있다. 동물을 예로 들어 추론해 보면 가령 인체는 무시이래 다양한 동물의 형질을 함유하는데, 단세포 동물에 이르러서야 그친다. 집체로서 인간에 작용력에 의지해서 다시 각종 세포를 생기시킨다. 생기한 이들 세포는 오직 (이전) 세포가 '초래한 결과로서 존재'[果色]일 뿐이다.

우리가 소·양·닭·오리 등의 고기를 먹는 경우, 이들 각기 다른 성

337　『莊子』「知北遊」5: "不形之形, 形之不形, 是人之所同知也, 非將至之所務也, (中略) 明見無值."

338　庸衆(용중): 『荀子』「修身」2: "容貌·態度·進退·趨行, 由禮則雅, 不由禮則夷固僻違, 庸衆而野."[용모나 태도, 나아가고 물러남 그리고 걸음걸이가 예를 따르면 우아하고 예를 따르지 않으면 거만하고 법도를 벗어나 용렬하고 누추하다.] 楊倞注: "庸, 凡庸; 衆, 衆人."

질의 고기는 우리의 피부와 살이 되는데 채소·과일·쌀·보리도 마찬가지다. 호랑이·표범·모기·등에 등이 사람을 잡아먹거나 피나 체액을 빨아 먹는 경우도 마찬가지로 사람의 피와 살이 저들의 피부와 살로 변할 것이다. 단지 피·살·근육·힘줄 등의 각종 과색만이 그런 게 아니라 정자(精子)의 경우도 각종 음식이 전환한 것이다. 이와 같이 정자도 무수히 많은 각기 다른 성질 생명체가 모여서 이루어진 것이라면 그들 "서로 종자가 됨"이 더욱 분명하다.

인체는 이미 금석과 같은 광물의 성질도 포함한다. 어떤 사람은 운모(雲母)[339]를 먹고 어떤 사람은 종유(鐘乳)[340]를 먹기도 했는데 모두 섭취하여 신체 일부가 될 수도 있었다. 여석(礜石)[341]이나 수은(水銀)의 경우에는 사람이 그것을 먹으면 생명을 위태롭게 한다. 상대를 해치는 능력이 있으면 상대를 돕는 방법도 있다. 비유하면 천천히 상대방에게 손을 대면 어루만지는 것이지만 급하게 손을 대면 때리는 것이고, 불에 거리를 두고 있으면 따뜻하지만 불에 바짝 붙어 있으면 데는 것과 같다. 이 때문에 "서로 종자가 되지" 않는 게 없다.

원인도 은밀한 게 있고 드러난 게 있기 때문에 과색 또한 은밀한 게 있고 드러난 게 있다. 드러난 것에 관련해서 이야기하면 서로 형체가 동일

339　雲母(운모): 화강암을 구성하는 주요 조암(造巖) 광물이다. 중국 고대 연단술사가 그 것을 복용하기도 했다.『列仙傳』「方回」1: "方回者, 堯時隱人也. 堯聘以爲閭士, 煉食雲母, 亦與民人有病者."

340　鐘乳(종유): 종유석을 말하는데 운모와 마찬가지로 중국 고대 연단술사가 불로장생을 위해 복용하기도 했다.『列仙傳』「邛疏」1: "邛疏者, 周封史也. 能行氣煉形. 煮石髓而服之, 謂之石鐘乳. 至數百年, 往來入太室山中, 有臥石牀枕焉."

341　礜石(여석): 유독 성분의 광석.『說文』'石部' 5983: "礜, 毒石也."[여는 독성이 있는 광석이다.]『淮南子』「說林訓」9: "人食礜石而死, 蠶食之而不饑; 魚食巴菽而死, 鼠食之而肥."[사람이 여석을 섭취하면 죽지만 누에가 그것을 먹으면 주리지 않고, 물고기가 파숙을 먹으면 죽지만 쥐가 그것을 먹으면 살이 오른다.]

하지 않은데 법장의 "'결과를 발생시키는 능력을 가진 본일'(本一)은 지지자가 되고, 결과를 발생시키는 능력이 없는 다일(多一)은 의지자가 된다." 라는 말이 이것이다. 만약 사람의 역량에 의거해서 하나의 세포가 탄생했다면 법장(法藏)의 "결과를 발생시키는 능력을 가진 다일(多一)은 지지자가 되고, 결과를 발생시키는 작용력이 없는 '본일'(本一)은 의지자가 된다."[342]라는 말이 이것이다. 하지만 소승의 다양한 종파에서도 이 사실을 알았다. 『대비바사론』권131에서 다음과 같이 말한다.

> 견고한 물질 가운데 사대의 극미는 그 개체 수는 비록 동일하지만 그것의 세력으로 보면 지대(地大)의 극미가 가장 강력하다. 동물에게서도 이 사실은 동일하게 적용된다. 만약 우리가 혀 위에 소금 한 냥(兩)[343]과 보릿가루 한 냥을 올려놓으면 소금이 일으키는 설식은 맹렬하지만 보릿가루가 일으키는 설식은 맹렬하지 않은데[344] 이것도 또한 앞서 극미 이론과 동일하다.[345]

『대비바사론』권11에서는 말한다.

<hr>

342 法藏述, 『華嚴經明法品內立三寶章』卷下(『大正藏』45, p.620b), "本一有力爲持, 多一無力爲依, 容入既爾; 多一有力爲持, 本一無力爲依, 容入亦爾."

343 兩(냥): 중국 고대의 무게 단위로 우리나라에서는 오늘날도 금은방이나 한약방에서 금이나 약재를 재는 단위로 사용한다. 냥은 그람 단위로 환산하면 3.75그람 정도이다. 시대마다 실제 양은 일정하지 않았다.

344 鹽生識猛(염생식맹): 아래 인용문에서 보이듯 "鹽生舌識則猛利"의 줄임말로 "소금이 일으키는 설식은 맹렬하다."는 의미다. 이에 반해 물 혹은 보릿가루가 일으키는 설식은 소금이 일으키는 것이 비해 맹렬하지 않다. 五百大阿羅漢等造, 玄奘譯, 『阿毘達磨大毘婆沙論』卷23(『大正藏』28, p.169a), "如一兩鹽和一兩水置之口中, 鹽生舌識則猛利, 水生舌識則不猛利."

345 五百大阿羅漢等造, 玄奘譯, 『阿毘達磨大毘婆沙論』卷131(『大正藏』28, p.683a), "如堅物中, 四大極微, 體數雖等, 而其勢力地極微增, 乃至動物, 說亦如是. 如一兩鹽和一兩麨置於舌上, 鹽生識猛麨生識微, 此亦如是."

제물론석

제법은 서로 숨기는데 외도는 "모든 유위법은 상호 은닉한다."라
고 말한다.[346]

우리는 이상을 통해 의(依)·지(持)·은(隱)·현(顯)의 학설이 『화엄
경』에서 시작된 게 아님을 분명히 알 수 있다. '은밀한 게 아니라 분명히
드러나는 과보'[顯果]가 있기 때문에 호마(胡麻)에 '붉은 콩'[赤豆]이 나지 않
고 '돌벼'[稗]에 보리가 나지 않아 형질에 혼란이 없다.

이와 같다면 사람 몸뚱이는 오직 사대가 집합하여 탄생했다. 사대에도
식이 있고 전환하여 세포가 된다. 세포가 무엇을 근거로 다시 사람의 자
식(自識)을 수용하는가? 이 또한 장애가 없다. 저 백금은 자체로 전기를
함유하고 있지만 이 백금으로 만든 선(線)이 아니라면 다른 전기를 전달
하거나 모을 수 없다. 그래서 목숨을 잃은 이후에도 본식은 소멸하지 않
고 다시 다른 세계[趣]로 윤회한다.

「경상초」에서 "분리된 것을 싫어하는 이유는 그 분리된 것에서 완전히
구비된 것을 추구하기 때문이다."[347]라고 했다. 이 구절은 일체에 기대어
서야 바야흐로 하나를 완성할 수 있음을 말한다. 또 "완비된 것을 싫어하
는 이유는 '자기 존재'[其有]에서 완비된 것을 추구하기 때문이다."[348]라고
했다. 이 구절은 이미 '은밀한 게 아니라 분명히 드러난 과보'(顯果)를 형
성한 사람은 일체가 모두 갖추어진 사실을 굳건히 믿기 때문에 다시 다
른 존재에 대해 신뢰하지 않는다.

앞서 말한 "만물은 나와 하나"라는 주장, "만물은 모두 종자이고 상이

---

346 五百大阿羅漢等造, 玄奘譯, 『阿毘達磨大毘婆沙論』卷11(『大正藏』27, p.55a), "諸法相隱,
    外道彼作是說: 諸有爲法, 有晝夜分, 互相藏隱."
347 『莊子』「庚桑楚」10: "所惡乎分者, 其分也以備."
348 『莊子』「庚桑楚」10: "所以惡乎備者, 其有以備."

한 모습으로 서로 전해 준다."라는 주장, "무진연기"의 주장 이 셋은 아무런 차이도 없다. 그렇지만 이 무진연기설은 오직 여래장연기설에 의지하기 때문에 두 번째 지위를 차지할 뿐이다. 만약 이 미분(微分)이 실제라고 집착하여 끊임없이 분석하더라도 그 노력은 끝이 없을 것이고 오히려 무한 소급의 오류에 빠지고 만다. 그래서 장식에 의지해서 이 미분은 오직 '거짓 존재'[幻有]임을 설해야 한다. 무엇 때문인가? 저들 각각은 내 아뢰야식의 상분이며 나 또한 저들 각각의 아뢰야식 상분이다. 만약 나와 저들 사이에 조금이라도 결손이 있으면 세용[勢]은 자연 성립되지 않는다. 그 미분은 장식에 있으며 그것의 공용 또한 진실로 그러하다.

다시 의근이 있어서 그 견고한 집착이 '강건한 의지'[乘剛之志]³⁴⁹를 갖게 하기 때문에 질애를 감촉하면 거짓 이미지를 일으키고, 경쟁하는 마음을 품게 하기 때문에 광채가 거짓으로 현현한다. 하지만 실제는 자심과 타심이 서로 구성한 것이지 외재하는 대상이 아니다. 즉 「지북유」에서 말한 "경계는 경계가 아니라네."[際之不際]³⁵⁰라는 구절의 의미와 "모두 스스로 취한 것이다."(咸其自取)라는 구절의 의미가 비로소 통한다.【사문 가운데 어리석은 자는 "무진연기설이 여래장연기설에 견주어 수승하다."라고 말한다. 이것은 심과 색을 전도한 것일뿐더러 무한 소급의 오류가 있음을 알지 못한 것이다. 또 "여래장연기설은 아뢰야연기설에 견주어 수승하다."라고 말하는데 장식이 여래장임을 알지 못한 것이다. 『대승입능가경』³⁵¹과 『대승밀엄경』³⁵²에서 모두 그것을 말했다.】의 타기성(환유)에 의거하여 "만물은 나와 하나이다."(萬物與我爲一)라고 했다.

---

349 乘剛之志(승강지지): '승강'은 본래 『역』에서 陰爻가 陽爻 위에 있는 것을 가리키는데, 여기서는 대단한 고집을 말한다. 그래서 '乘剛之志'는 대단히 견고한 의지나 고집이다.
350 『莊子』「知北遊」6: "不際之際, 際之不際者也."
351 實叉難陀譯, 『大乘入楞伽經』卷5(『大正藏』16, p.621c), "所謂八識, 何等爲八? 謂如來藏名藏識, 意及意識, 幷五識身."
352 地婆訶羅譯, 『大乘密嚴經』卷下(『大正藏』16, p.747a), "佛說如來藏以爲阿賴耶."

만약 원성실성에 의거하면 오직 하나의 여래장일 뿐이며 줄곧 사람과 만물은 존재한 적이 없는데 어떻게 형체[形器]의 차이[隔殊]가 있을 수 있겠는가!

이른바 하나[一]는 무엇인가?『대반야경』에서는 "모든 존재자의 유일한[一] 본질은 본질 없음이다. 존재자의 본질 없음이 바로 유일한[一] 본질이다."[353]라고 했다. 그래서 '하나[一]'는 바로 '인식 주체[見分]도 없고 인식 대상[相分]도 없음'인데 "무슨 말이 있겠는가."(得有言) 아뢰야식 가운데 수식(數識)[354]이 있다. 이미 뭔가를 하나로 보았다면 '하나란 명칭'이 없을 수 없다. 이 '하나'라고 내뱉은 소리가 능전(能詮)인 명칭이 되고, 이 '하나'라는 소리에 대응하는 것이 소전(所詮)으로서 사물이 된다. 이것이 "하나는 하나를 표현하는 언설과 둘이 된다."(一與言為二)라는 의미이다.

아뢰야식 가운데 존재하는 '하나' 종자는 다시 능전·소전과 구분되는데 이것이 "둘은 하나와 셋이 된다."(二與一為三)라는 구절의 의미이다. 본래 어떠한 본질도 없는 하나의 본질에서 셋(三數)을 발생시켰기 때문에 "무에서 유로 나아가니 셋에 이른다."(自無適有, 以至於三)라고 했다. 여기서 "나아감이 없다."(無適)[355]라는 구절은 "움직이지 않음"(不動)을 말하는데 하나의 종자(一種), 하나의 사물(一事), 하나의 소리(一聲)가 아무 일 없이 모두 적막하고 그런 후에 거기에 도달한다.[356]

353　玄奘譯,『大般若波羅蜜多經』卷288(『大正藏』6, p.463b), "諸法一性, 即是無性. 諸法無性, 即是一性."

354　數識(수식): 世親菩薩造, 玄奘譯,『攝大乘論釋』卷4(『大正藏』31, p.338a), "數識者, 謂算計性."[수식은 계산함이다.]

355　無適(무적):「제물론」본문의 '自無適有' 구절의 '無適'이 아니라 '無適焉' 구절의 '無適'을 가리킨다. 장타이옌은 이 '무적'을 '부동'과 연결시키는데 결국 논의는 열반을 의미하는 無為나 寂滅에 도달한다.

356　一種·一事·一聲: 이 세 가지는 각각 종자, 소전, 능전을 가리키고 이 구절은 이 셋이 근본적으로 극복되고 그것의 차별이 사라지는 경지를 말한다.

"의지하는"(因)³⁵⁷ 바는 무엇인가? '본래[本是] 하나(一)'에 의지한다.³⁵⁸ 여기서는 '제물'의 본질은 본래부터 '평등하게 할 바도 없는 평등'(無齊)임을 이야기한다. 앞서 인용한 『대반야경』에서 "(여기에 존재라고 할 만한 것도 없고, 비존재라고 할 만한 것도 없고 또한) 그것을 평등성이라고 부를 수도 없다면 그것을 [법]평등성(平等性)이라고 이름한다."³⁵⁹라고 한 것에 해당한다.

---

357 因(인): 「제물론」 본문 '因是己'의 因이다. 여기서는 '의탁하다' 혹은 '근거하다'는 의미다. 『孟子』 「離婁上」 1: "爲高必因丘陵, 爲下必因川澤."[높은 곳을 조성할 때는 반드시 구릉에 의탁하고 낮은 곳을 만들 때는 반드시 개울이나 연못에 의거해야 한다.]

358 因其本是一(인기본시일): 「제물론」 본문 '因是'를 글자를 추가하여 해석한 것이다. 바로 앞서 나온 "依圓成實性唯是一如來藏"이란 구절을 고려하면 '本是의 하나'는 여래장이다. 물론 장타이옌이 말하는 여래장은 『기신론』에서 말하는 여래장 개념이며 진여평등의 개념과도 맞물린다.

359 玄奘譯, 『大般若波羅蜜多經』卷396(『大正藏』6, p.1053a), "佛言: 善現! 若於是處, 都無有性, 亦無無性, 亦不可說爲平等性, 如是乃名法平等性. 善現! 當知, 法平等性既不可說, 亦不可知. 除平等性, 無法可得, 離一切法, 無平等性." *『대반야경』 구절은 반야사상에 입각해서 우리가 어떤 것에 대해서 "존재다" 혹은 "비존재다"라고 규정할 수 없고 그래서 심지어 뭔가에 대해서 평등성이라고 규정할 수도 없음을 말한다. 이런 상황을 굳이 규정하자면 '평등성'이라고 한다. 이는 앞서 인용한 『반야경』의 "모든 존재자의 유일한[一] 본질은 본질 없음이다. 존재자의 본질 없음이 바로 유일한[一] 본질이다."라고 한 구절과 같은 맥락이다. 반야사상과 중관사상에서 줄기차게 이야기하는 '제법개공'의 의미이기도 하다. 그래서 '유일한 본질'[一性], 평등성, 공 셋은 같은 의미로 쓴다.

제물론석

제
2
장

夫道未始有封, 言未始有常, 爲是¹而有畛也, 請言其畛. 有左,有右, 有倫,有義, 有分,有辯, 有競,有爭, 此之謂八德.

도는 본래 통용되는 영역이 따로 있지 않고, 언어는 본래 고정된 의미를 갖지 않는다. 옳음(是) 때문에 사물에는 구별이 있다. 그 구별에 대해서 말해 보겠다. 왼쪽이 있고, 오른쪽이 있고, 인륜이 있고 의리가 있고, 신분이 있고 차별이 있고, 겨루는 일이 있고, 다툼이 있다. 이를 팔덕(八德)이라고 한다.

六合之外, 聖人存而不論, 六合之內, 聖人論而不議. 『春秋』經世先王之志, 聖人議而不辯. 故分也者, 有不分也; 辯也者, 有不辯也. 曰: 何也? 聖人懷之, 衆人辯之以相示也. 故曰: 辯也者, 有不見也.

성인은 세상 바깥 존재는 그냥 두고 논하지 않는다. 세상 내부 존재에 대해서는 논하기만 하고 평가하지 않는다. 『춘추』는 편년체로 쓰인 선왕의 역사 기록이다. 성인은 그것에 대해 단지 평가하지만 논변하지 않는다. 그래서 구분하는 사람에게도 구분하지 못하는 점이 있고, 논변하는 사람

---

1   '是'는 '彼此'의 '此'의 의미로 해석하는 경우와 '是非'의 '是'의 의미로 해석하는 경우가 있다. 여기서는 두 번째를 따랐다. 전호근, 『역주장자』1, 서울: 전통문화연구회, 2003, p.102 참조.

제물론석

에게도 논변하지 못하는 점이 있다. 어떤 사람이 물었다. "이것은 무엇 때문입니까?" 성인은 그것을 보듬고, 보통 사람은 그것을 논변해서 서로 그 것을 내보인다. 그래서 "논변하는 사람은 보지 못하는 점이 있다."라고 말한다.

夫大道不稱, 大辯不言, 大仁不仁, 大廉不嗛, 大勇不忮. 道昭而不道, 言辯而不及, 仁常而不周, 廉清而不信, 勇忮而不成. 五者园而幾向方矣. 故知止其所不知, 至矣. 孰知不言之辯, 不道之道? 若有能知, 此之謂天府. 注焉而不滿, 酌焉而不竭, 而不知其所由來, 此之謂葆光.

고상한 도는 일컬을 수 없고 뛰어난 언변은 말할 수도 없다. 가장 인자한 사람은 인하지 않고, 가장 청렴한 사람은 겸손한 척하지 않고, 가장 용감한 사람은 다른 사람을 해치지 않는다. 도가 밝게 드러나면 도가 아니고, 말이 변론을 통하면 완전하지 못하고, 인이 고정되면 이루어지지 않고, 청렴이 선명하면 신뢰받지 못하고, 용기가 사나워지면 이루어지지 않는다. 이상의 다섯 가지는 둥글고자 하지만 오히려 모난 데로 나아가는 것과 비슷하다. 그래서 알지 못하는 데 도달했음을 안다면 지극해진다. 누가 언어를 사용하지 않은 언변과 말하지 않는 도를 알 수 있겠는가? 만약 이런 것들을 알 수 있다면 그것을 천연의 창고라고 일컫는다. 이 창고는 아무리 부어도 차지 않고 아무리 퍼내도 마르지 않는다. 그러나 그것의 유래를 알 수 없기 때문에 이것을 숨은 광명이라고 한다.

최선(崔譔)은 "「제물론」 7장에서 이 부분은 앞 제1장을 이었는데, 반고(班固)는 『한서』 「예문지」에서 이 부분은 『장자』 외편에 있다고 설했다."[2]라고 말한다. 그렇다면 이 부분을 별도로 한 장을 만든 것은 여전히 제1

장의 의미를 부연하고 「제물론」의 작용을 설명하기 위해서다. "도는 본래 그것이 통용되는 영역[封][3]이 따로 있지 않다."(道未始有封)라는 구절에 대해서 곽상은 "도는 '구체적 형상을 갖지 않아'(冥然)[4] 있지 않은 곳이 없다."[5]라고 풀었다. "언어는 본래 고정된 의미를 갖지 않는다."(言未始有常)라는 구절은 『노자』에서 "이름할 수 있는 이름은 항상된 이름이 아니다."[6]라고 말한 것에 해당한다. "'옳음(是)' 때문에 사물에는 구별[畛][7]이 있다."(爲是而有畛)라는 구절에 대해 곽상은 "도는 영역이 없기 때문에 만물은 자신의 영역을 마음대로 할 수 있다."[8]라고 풀었다. '육합 바깥'(六合之外)은 천지(大宇)의 바깥을 말한 것이고, '육합 내부'(六合之內)는 이 지구(員興)를 말한다.

"『춘추』는 편년체로 쓰인 선왕의 역사 기록이다."(春秋經世先王之志)라는 구절에서 '경세'(經世)는 『장자』「외물」에 보인다.[9] 『한서』「율력지(律歷志)」에 『세경(世經)』[10]을 인용했는데,[11] 그것은 곧 '연대순에 따른 역사 기

2 　陸德明, 『經典釋文』(『集釋』1, 84): "崔云: 齊物七章, 此連上章, 而班固說在外篇." *班固가 쓴 『漢書』「藝文志」에 실린 52편 본 『장자』에는 이 구절이 『장자』외편에 실렸다.

3 　封(봉): 여기서는 국가의 영토 혹은 그 경계를 의미한다. 『左傳』'僖公三十年': "旣東封鄭, 又欲肆其西封."

4 　冥然(명연): 황홀하여 종잡을 수가 없는 모습. 『淮南子』「道應訓」44: "光耀不得問, 而就視其狀貌, 冥然·忽然, 視之不見其形, 聽之不聞其聲, 搏之不可得, 望之不可極也."

5 　郭象, 『莊子注』「齊物論」(『集釋』1, p.83), "冥然無不在也".

6 　『老子』1: "名可名, 非常名."

7 　畛(진): 전답 사이에 만든 두렁이다. 진봉(畛封)이나 진계(畛界)처럼 의미가 확대되어 경계나 범위를 카리킨다. 『說文』「田部」9141: "畛, 井田間陌也."

8 　郭象, 『莊子注』「齊物論」(『集釋』1, p.84), "道無封, 故萬物得恣其分域."

9 　章太炎은 「제물론」 본문의 '經世'를 '세상 경영'이 아니라 '역사 기록'의 의미로 파악한다. 뒷부분에서 『世經』을 말한 것도 이를 뒷받침하기 위해서다.

10 　世經(세경): 章太炎, 『國故論衡』「原經」(陳平原 導讀, 『國故論衡』, 上海古籍出版社, 2003, p.56), "『律曆志』序庖犧以來, 帝王代禪, 號曰世經."[「율력지」에선 복희 이후 역대 제왕의 왕위 계승을 서술하여 '세경'이라고 불렀다.]

11 　『漢書』「律曆志下」173: "世經春秋昭公十七年'郯子來朝'."

술'[歷譜世紀][12]인데 그 가운데 짧은 것은 순서에 따라 제왕의 연호만 적었다. 『춘추』는 열두 명의 임금으로써 편명을 삼았고 또한 기년체(편년체)로 쓰인 역사서다. 이 구절에서 '지'(志)는 곧 역사 기록인데, 『신자(愼子)』[13]에서 "『시』는 과거의 기록이고, 『서』는 과거 제왕의 명령이고, 『춘추』는 '과거 역사적 사실'[往事]이다."[14]라고 했다. '과거 역사적 사실'[往事]은 과거 군왕의 통치 기간 발생한 역사적 사실을 기록한 것이지 후대 출현한 군왕을 위해 제정한 통치의 법도가 아님이 분명하다.

'천지 바깥'(宇表=大宇之表)의 모습을 상상할 수 없지만 성인은 그것이 비존재가 아님을 알기에 그것을 보존하였고(存), 모습 각각을 설명할 수 없기 때문에 그것을 하나씩 열거하여 논의하지 못하였다(不論). 천지간 일은 비록 무한하지만 기록[記]을 통해서 오래전 일까지 하나씩 열거하여 논의할 수 있고, 전하는 이야기[傳]를 통해 이역 땅의 일까지 하나씩 열거하여 논의할 수 있다. 하지만 '사람의 사고와 감정'[人情]은 이미 변해서 (오래전 일이나 외국의 일의) 시비를 판정하긴 힘들다. 『춘추』는 중국이란 공간에 한정됐고, 그것이 다루는 시기도 과거이기 때문에 평가(臧否)[15]하는 바가 있더라도 그저 당시 풍속을 따르는 정도이다.[16]

---

12 歷譜世紀(역보세기): '歷譜'는 '천문을 살펴'(歷法) 연·월·일을 표로 작성한 것으로 일종의 달력이다. '世紀'는 순서대로 연대를 기술한다는 의미다.

13 愼子(신자): 기원전 4세기경 중국 전국시대 활동한 정치가로 이름은 신도(愼到)이다. 문헌에 따라 그에 대한 평가는 다르고 사상 편력도 비교적 뚜렷하다. 황노가, 도가, 법가 계열의 학자로 평가하기도 한다. 그의 저작인 『신자』는 『사기』와 『한서』 등에서 일부 소개됐지만 많은 부분이 일실되어 온전한 모습을 알 수 없다.

14 『愼子』「逸文」36: "『詩』, 往志也;『書』, 往誥也;『春秋』, 往事也."

15 臧否(장부): 포폄 혹은 평가의 의미다. '臧'은 善 혹은 好의 의미로 동사로 쓰일 때는 "좋다고 여기다."의 의미다. 褒貶의 포와 같은 의미다. '否'는 앞의 동사를 부정하는 표현이 아니라 그 자체로 '不善=惡'의 의미가 있다. 『詩』「大雅」10: "於乎小子! 未知臧否?"[오호 소자여! 선악을 분간하지 못하는가?] 諸葛亮, 「出師表」: "宮中府中, 俱爲一體, 陟罰臧否, 不宜異同."[왕실과 조정은 일체이기 때문에 어떤 일에 대한 상벌과 평가는 결코 다름이 있어서는 안 됩니다."]

『춘추좌씨전』에서 여러 차례 등장하는 군자(君子)라는 호칭도 그저 당시 풍속을 따른 사례에 해당한다. 제1장에서 "성심이 형성되지 않았는데 시비를 판단하는 것은 오늘 월나라로 가는데 어제 도착했다는 격이다."(未成乎心而有是非, 是今日適越而昔至也)라고 했다. 만약 군자라는 호칭을 부여한 걸 두고 소왕의 의중을 보태 한(漢) 왕조의 군왕을 위해 제정한 법령이라고 한다면 이는 궤변이지 결코 소왕(공자)의 뜻은 아닐 것이다.

사물(존재)은 수량이 무궁하기 때문에 천지도 가장 큰 공간이라고 규정할 수 없다.[17] 이것은 진실로 장자가 규명한 사실이다. 성인(聖人)은 그 지혜가 만방에 두루 미치고 그 몸은 '사방과 사유'[八極]에 충만하다.[18] 그래서 성인은 "낱낱 해보지 않더라도 세상사 이치를 알고, 세상사를 낱낱 보지 않더라도 그것을 정확히 묘사하는데"[19] 어떻게 육합 바깥을 모를 수 있겠는가! 그런데 오히려 장자가 "그냥 두고 논하지 않는다."(存而不論)라고 말한 것은 '세간의 도리를 유지하는 방도'이고 상식에 의탁함이다. 육합 바깥은 사람마다 비량(比量)으로 그 '전체 모습'[總相][20]을 추리할 수 있

---

16 이른바 '춘추필법' 등에서 알 수 있듯 『춘추』에서 인물이나 사건을 기술할 때 포폄이 있고 그것을 통해서 역사에 대한 평가를 알 수 있다고 하는데, 章太炎은 그것에 반대하고 그런 포폄은 당시 시대 풍속에 따른 평가일 뿐이라고 말한다.

17 『장자』「추수」에서 하백은 북해약에게 천지가 크다고 하고 터럭은 작다고 할 수 있냐고 질문한다. 북해약은 존재는 그 양과 시간 분수 등에서 무한하기 때문에 그렇게 말할 수 없다고 대답한다. 『莊子』「秋水」3: 河伯曰: 然則吾大天地而小毫末可乎? 北海若曰: 否. 夫物, 量無窮, 時無止, 分無常, 終始無故. (中略) 由此觀之, 又何以知毫末之足以定至細之倪! 又何以知天地之足以窮至大之域!"

18 僧肇, 「涅槃無名論」, 『肇論』(『大正藏』45, p.159a), "所以智周萬物而不勞, 形充八極而無患, 益不可盈, 損不可虧."[그래서 지혜는 만물에 두루 미쳐도 힘들지 않고, 육신은 사방 사유에 충만하지만 걱정이 없다. 아무리 보태도 차지 않고 아무리 덜어 내도 어그러지는 법이 없다.]

19 『老子』47: "是以聖人不行而知, 不見而名, 不爲而成."

20 總相(총상): 화엄학에서 사물을 바라보는 여섯 가지 측면을 이야기하는 이른바 '육상'이다. 總別·同異·成壞라는 대립되는 두 개념을 세 쌍으로 묶어서 완성했다. 총상은 전체적이고 통일적인 모습이고, 별상은 개별적이고 부분적인 모습이다. 동상은 동일

제물론석

지만 사람들은 현량이 없기 때문에 그것의 '개별적 모습'[別相]을 알 길이 없다. 그것을 "그냥 두기"[存] 때문에 손감집(損滅執)이 없고 "논하지 않기"[不論] 때문에 증익집(增益執)이 없다. 이렇게 하면 절묘하게 중도(中道)에 계합한다.

불전 여러 곳에서 세계의 형상에 대해 논술했는데 '황당하여'[荒忽] 이해하기 힘들다. 요즘 천문학자 중에서 어떤 사람은 "목성[歲星] 주변에 거대 방파제가 있고, 화성[熒惑] 주변에 거대 철도가 있다."라고 주장한다.【가장 이상한 사람은 "망원경으로 화성을 보면 그 별에서도 한 사람이 망원경으로 이쪽을 보고 있다."라고 말한다. 철도를 망원경으로 보는 것도 가능하다. 사람을 보고 그 사람이 가지고 있는 망원경을 보았다면 산천이나 성곽, 마을이나 가옥 등은 인체나 망원경보다 훨씬 큰데 어떻게 보지 못하는가? 미세한 터럭 하나까지 뚜렷이 볼 수 있으면서 커다란 장작개비를 보지 못하는 것이 아니겠는가? 이런 주장의 허망함을 충분히 알 수 있다.】 이 두 가지 모두 사실 여부를 확인하기 힘들다. 그런데도 그는 "그것은 망원경으로 확인한 바"라고 말하지만 다른 천문학자는 모두 그 사실을 확인하지 못했다. 오직 이 사람만 그것을 보았다고 하니 어떻게 된 일일까?

추연(鄒衍)은 지구 내부에 81개 주(州)가 있다고 하고,[21] 『회남자』「지형훈」에서도 천지의 형상을 논했지만[22] 오늘날 둘 다 확인할 수 없다. 『장

성을 말하고 이상은 개별적 차이를 말한다. 성상은 여러 가지가 어울려 하나의 사실을 완성하는 모습이다. 괴상은 사물 각각 자신을 고집하면 그것이 모여 뭔가를 완성하는 일은 없다. 이런 게 괴상이다.

21 『論衡』「難歲」6: "鄒衍論之, 以爲九州之內五千里, 竟合爲一州, 在東東*位, 名曰赤縣州. 自有九州者九焉, 九九八十一, 凡八十一州."[추연이 그것(세계관)을 논술했다. 그는 아홉 개 주 내부 면적은 종횡으로 오천 리고 그 면적[竟=境]을 모두 합쳐 한 주로 삼았고 그곳은 천하의 동남부에 위치하는데 적현주(赤縣州)라고 명명한다. 구주에 구언(九焉)이 있어서 구에 구를 곱하면 팔십일로 모두 팔십일 개의 주가 있다.] *東東: 기존 연구에 따르면 두 번째 東은 南으로 보아야 한다.

자』 잡편의 「알혁(闕奕)」·「의수(意修)」·「위언(危言)」·「유부(游鳧)」·「자서(子胥)」 등 여러 글은 "괴상하고 허망한 이야기가 많아 혹은 『산해경』 같기도 하고 혹은 『점몽서(占夢書)』 같기도 하다."²³〔「경전석문서록(經典釋文序錄)」에 보인다.〕 장자가 말한 "논하지만 평하지 않는다."(論而不議)라는 이야기가 곽상이 말한 "'편협하고 고루한 식견'[一曲]²⁴으로 망령되이 괴이한 이야기를 숨긴다."라는 의미겠는가?

무릇 사람이 살아가는 각 사회의 풍속과 기강은 만 가지로 다르고 정치와 종교 또한 상이하다. 그 때문에 서로 다른 사회에 속한 사람은 피차 상대 사회와 그 문화를 자신의 경험에 견주어 이해한다. 그래서 그들 모두 '실감 없이'[形外] 언설로 그곳 지리와 풍물²⁵을 훑어본들 그곳 풍속은 끝내 온전히 이해하지 못한다.²⁶

무릇 『춘추』는 선왕의 역사 기록으로 그들이 '시행한 정치'[行事]²⁷를 자

---

22 『淮南子』「墜形訓」2: "何謂九州? 東南神州曰農土, 正南次州曰沃土, 西南戎州曰滔土, 正西弇州曰並土, 正中冀州曰中土, 西北台州曰肥土, 正北泲州曰成土, 東北薄州曰隱土, 正東陽州曰申土."

23 『釋文』(『集釋』1, p.4): "然莊生弘才命世, 辭趣華深, 正言若反, 故莫能暢其弘致; 後人增足, 漸失其真. 故郭子玄云: 一曲之才, 妄竄奇說, 若闕弈·意脩之首, 危言·游鳧·子胥之篇, 凡諸巧雜, 十分有三. 漢書藝文志莊子五十二篇, 即司馬彪·孟氏所注是也. 言多詭誕, 或似山海經, 或類占夢書, 故注者以意去取."

24 一曲(일곡): 여기서 곡(曲)은 모퉁이[隅]를 가리키는 말로 전체에 상대하는 부분의 의미다. 일곡(一曲)은 제한적인 경험과 학식에 바탕을 둔 주장이다. 『荀子』「解蔽」1: "凡人之患, 蔽於一曲而闇於大理."[보통 사람의 환란은 일곡에 가려 보편적 진리를 깨닫지 못함이다.]

25 地望(지망): 지리와 방위. 王國維, 「觀堂集林·漢郡考上」: "東高宛城, 以今地望准之, 當在樂安·高宛之間."[동고완성은 지금의 지리와 방위로 추정하면 낙안과 고완 사이에 해당한다.]

26 省俗終不悉(성속종불실): '성속'은 풍속[俗]을 시찰함[省]이다. '불실'(不悉)에서 '실'은 동사로 쓰이면 '하나 빠짐없이 모두 이해하다.'의 의미이고 형용사로 쓰이면 '빠짐없이' '자세히'의 의미다. 상기 번역문에서는 실(悉)을 부사처럼 동사 '성'에 붙여서 해석했다. "그 지역의 풍속을 끝내 빠짐없이 온전히 살필 수는 없다."

27 行事(행사): '所行之事實'. 군왕이 시행한 일은 당연히 그들이 펼친 정치를 말한다.

세히 기술하여 백성으로 하여금 그것을 잊지 않게 했다. 그래서 항상 선왕이 시행한 '제도와 의례'[典禮]²⁸를 기술한다. 후생은 그것에 의거하여 사회의 변화를 관찰한다. 성인의 뜻은 다른 게 아니라 바로 여기서 극진히 드러난다. 『장자』「천하」에서 "『춘추』로 명(名)·분(分)을 말한다[道]."²⁹³⁰라고 했다. 명칭[名]을 확정하면 군(君)·제(帝)·영왕(寧王)³¹ 등 상이한 호칭이 없고, 분수[分]를 획득하면 표저(漂杵)³²·괵마(馘磨)³³와 같은 과장된 언사가 없다. 이것이 『춘추』를 찬미하는 까닭이다. 그 외 권선징악은 '주공이 수립한 예법을 따른다'[率由舊章].³⁴

만약 사사로이 자신의 말을 선포하고 미리 '제왕의 법도'[王度]를 제정한다면 이것은 성인의 도는 "고정되는 일 없이 천변만화하고 천지 사물에 호응함에 끝이 없음을 알지 못한 꼴"³⁵로 어떻게 공자가 춘추시대에 진(秦)과 한(漢)의 왕조 교체를 억측할 수 있었겠나? 『노자』에서는 "미리 아는 것은 도의 꾸밈이고 어리석음의 시작이다."³⁶라고 했다. 공자는 본래 이런 말을 하지 않았는데 공양고(公羊高)³⁷가 비루하고 협애한 학설로 이

---

28 典禮(전례): '典'은 典章으로 '제도와 법령'을 의미한다. '예'는 禮儀로 '예절과 의식'을 의미한다. 이렇게 보면 '전례'는 국가, 사회, 공동체를 관장하는 규범이자 기술이다.

29 道(도): 성현영은 '통달하다'로 풀었다.[성현영, 『장자소』(『집석』): "道, 達也, 通也.]

30 『莊子』「天下」1: "『春秋』以道名分."

31 寧王(영왕): 『서경』「대고」에 보이는데 천하를 안녕하게 하는 왕을 가리킨다.

32 漂杵(표저): 『서경』「무성」에 강물같이 흐르는 피 위를 절구공이가 떠다닌다는 표현이 있다. 절구공이가 떠다니려면 피가 강물을 이뤄야 할 것이다. 이것은 참혹한 전쟁터 모습을 묘사한 것이다.

33 馘磨(괵마): 적의 왼쪽 귀를 자르고 뼈를 돌에 간다는 뜻이다.

34 率由舊章(솔유구장): '率由'는 遵守한다는 의미로 특히 하나의 규범을 지킨다는 의미로 사용된다. '舊章'은 '舊典之文章'으로 『춘추』와 관련해서는 周公이 수립한 제도를 말한다. 이는 『춘추』에 관한 공자의 기존 권위를 인정하지 않겠다는 의도다.(『疏證』, p.285)

35 『莊子』「天運」4: "彼未知夫無方之傳, 應物而不窮者也."[저 공자라는 양반은 도가 정해진 바가 없이 유전하면서 끝없이 사물에 호응함을 알지 못하는 사람이다.]

36 『老子』38: "前識者, 道之華, 而愚之始."

런 큰 잘못을 범했음이 분명하다.

"고상한 도는 일컬을 수 없고, 뛰어난 언변은 말할 수 없다."(大道不稱, 大辯不言)라는 구절에서 도와 언변은 근본적 의미이다. "가장 인자한 사람은 인하지 않고"(大仁不仁), "최고로 청렴한 사람은 겸손한 척하지 않고"(大廉不嗛), "가장 용기 있는 사람은 다른 사람을 해치지 않는다."(大勇不忮)라는 구절에서 인애·청렴·용기 세 가지는 '비유하거나 인용하는'[譬稱] 말이다. 본문의 "원(囥)"을 "사마소통은 둥긂(圓)이라고 풀었다."[38] '애써 말을 달리면'[騖馳][39] 가고자 하는 곳에서 더욱 멀어지고, '분명한 기준을 근본으로 삼아'[40] 대상을 판단하면 사실에서 더욱 어긋난다. 이것이 동그라미를 그리려다 네모를 그린 격이다.[41] "알지 못하는 데 도달했음을 안다."(知止其所不知)라는 구절은 곧 "그냥 두고 논하지 않는다."(存而不論)라는 구절과 "논하지 평하지 않는다."(論而不議)라는 구절을 가리킨다.

공자는 "그것을 알면 그것을 안다고 말하고 그것을 모르면 그것을 모른다고 말하는 것, 이것이 아는 것이다."[42]라고 말했다. 또 "알지 못하면서 그것을 하는 사람이 있는데 나는 이렇게 하지 않는다."[43]라고 말했다.

---

37 公羊(공양): 공양은 『춘추』를 해설한 전국시대 인물 공양고(公羊高)를 가리킨다. 『전집』과 『소증』에서는 이를 『춘추공양전』으로 보았다. 이 책은 『춘추좌씨전』, 『춘추곡량전』과 함께 춘추삼전으로 불리며 고대 중국에서 『춘추』 해석의 한 축을 담당했다. 특히 『춘추공양전』은 한대에 형성된 금문경학파가 대단히 중시하여 금문가의 기본 텍스트가 되었다. 고문경학파 장타이옌은 이 책에 대해 비판적이다.

38 『釋文』(『集釋』1, p.88), "司馬云: 圓也."

39 騖馳(무치): 『康熙字典』「馬部」'九'10: 『漢書』「音義」: "直騁曰馳, 亂馳曰騖."

40 本量(본량): 『소증』에서는 이를 진제(眞諦)로 풀었지만 앞 '騖馳'를 고려하면 문장 형식상 동사가 있어야 한다. "~하면 더욱 ~해진다."는 식이다. 그렇다면 '본량'에서 '本'을 동사로 풀어 "'분명한 기준'[量]을 근본으로 삼으면" 정도로 풀어야 한다.

41 「제물론」본문에서 "둥글고자 하지만 오히려 모난 데로 나아간다."(圓而幾向方)는 구절과 관련된다.

42 『論語』「爲政」17: "子曰: 由! 誨女知之乎? 知之爲知之, 不知爲不知, 是知也."

43 『論語』「述而」28: "子曰: 蓋有不知而作之者, 我無是也."

붓다는 일체지자(一切智者, Sarvajña)로 불리지만 속제에 대해서는 인도의 기존 지식을 따랐다. 그래서 그가 역사와 지리 등에 대해 이야기한 내용 가운데 사실이 아닌 게 많다. 이것은 공자와 붓다 같은 중국과 외국 성현이 밟았던 길이 달랐음을 보여 준다.[44]

무릇 어떤 사건을 탐구하여 그것의 원인을 규명하면 스스로 "이해하지 못하는 점"이 없다고 말한다. 형체를 가진 사각형은 길이를 계량할 수 있다. 하지만 정삼각형의 빗변을 구하는 것은 엄밀한 수학으로도 완전히 계산해 낼 수 없는 바이고【직각을 낀 두 변을 각각 제곱한 값의 합은 빗변의 제곱과 같다.[45]】 큰 정사각형 가운데 작은 정사각형을 포함하는데 예수(隷首)[46] 같은 뛰어난 수학자도 알지 못하는 바이다.【큰 정사각형이 그 안에 작은 정사각형을 포함한다면 그 둘의 면적은 상대의 배이거나 절반이다. 큰 정사각형의 변은 작은 정사각형의 빗변이다. 빗변은 완전히 계산할 수 있지만 변은 완전히 계산할 수 없다.】그래서『장자』「지북유」에서 말한다.

사물은 이미 죽거나, 태어나거나, 네모나거나, 둥근 형태로 나타나지만 그것의 근본을 알 수 없다. 자연적으로 문득 생겨난 만물은 자고이래로 본래 존재할 뿐이다.[47]

소재를 바꿔 (수학이 아니라) 형질을 가진 사물에서 인과관계를 관찰해

---

44 장타이옌은 공자를 종교가가 아니라 역사학자로 보았다. 그가 보기에서 역사학자로서 공자는 아는 사실을 이야기할 뿐이었다. 붓다가 일체지자로 불리지만 역사나 지리 같은 일상의 지식은 일반적인 수준에 그친 것과 달랐다.

45 『全集』에서는 "兩自乘之, 數相等者幷之, 開方不能適盡."으로 표점했다. 『疏證』(p.289) 에서는 "兩自乘之數, 相等者幷之, 開方不能適盡."으로 표점했다.

46 隷首(예수): 중국 고대 전설에서 황제(黃帝)의 사관(史官)이라고 일컬어지는 인물이다. 그는 처음 산술(算術)을 시작했다고 하는데 그래서 예수란 말로 셈을 잘하는 사람을 지칭하기도 한다.

47 『莊子』「知北遊」2: "物已死生方圓, 莫知其根也. 扁然而萬物自古以固存."

보자. 고니는 본래 하얗고 까마귀는 본래 검고, 공작은 본래 화려하고, '뾰족한 침'[棘鍼]은 본래 날카롭게 찌르고, 무쇠는 반드시 자석의 작용이 있고, 석영은 반드시 육각의 결정을 이룬다. 엉뚱하게 다시 그것은 의식이 구성한 것이라고 하고, 업력의 작용이라고 한다면 무슨 까닭으로 이것은 오직 이와 같은 수밖에 없는가? 이것은 단지 "자연적으로 문득 생겨난 만물은 자고이래로 본래 존재할 뿐이다."라고밖에 말할 수 없다.

사물을 탐구하는 '기구나 설비'[規矩]도 대단히 발전했고 탐구 대상인 사물도 그 성질[物曲]⁴⁸이 인간에게 친근하지만 오히려 그것의 인과관계를 완전히 규명하지 못하는 게 이와 같은데 하물며 지극히 심원한 차원의 문제에서랴! 그래서 장자는 "그것의 유래를 알 수 없다."(不知其所由來)라고 했다. 보광(葆光)⁴⁹에 대해서 최선(崔譔)은 『장자주(莊子注)』에서 "있는 듯하고 없는 듯한 것을 보광이라고 한다."⁵⁰라고 풀었는데 이는 사물은 구체적 형상이 있지만 그것의 '인과관계'[理]를 규명하기란 매우 어려움을 이야기했다.⁵¹

---

48 物曲(물곡): 『禮記』「禮器」에 등장하는 표현으로 孔穎達은 '萬物委曲'으로 풀었다. "모든 사물에는 자신의 곡절이 있다."라는 의미로 사물 각각이 본래부터 가진 서로 다른 성질과 능력을 가리킨다. 孔穎達, 『禮記正義』「禮器」: "物曲有利也者, 謂萬物委曲, 各有所利, 若曲蘖利爲酒醴, 絲竹利爲琴笙, 皆自然有其性各異也."[만물은 곡절이 있어서 각각 유익한 점이 있다. 曲蘖은 酒醴를 만드는 데 유용하고 실과 대나무는 현악기와 피리를 만드는 데 유용하다. 모두 본래 각기 다른 자신만의 성질을 갖고 있다.]

49 葆光(보광): 成玄英, 『莊子疏』(『集釋』1, p.89): "葆, 蔽也. 至忘而照, 即照而忘, 故能韜蔽其光, 其光彌朗. 此結以前天府之義."[보(葆)는 덮어 숨김이다. 지혜의 존재를 잊으면 지혜는 오히려 비추고, 지혜를 구하려 애쓰면 오히려 지혜는 잊힌다. 그래서 그 지혜의 빛을 눌러 감출 수 있으면 오히려 그 지혜의 빛은 환하게 빛난다. 보광이란 말로 앞 天府의 의미를 끝맺었다.]

50 『釋文』(『集釋』1, p.89) "崔云: 若有若無, 謂之葆光."[최선은 "있는 듯하고 없는 듯함이 보광이다"라고 말했다.]

51 원래 보광(葆光)은 '천부'라는 지혜의 선험적 창고에 대해 그것의 출처를 알 수 없음을 가리킨다. 알 수 없지만 지혜는 작동하기에 우리는 굳이 그것의 출처를 따질 필요가 없다. 장타이옌은 이와 달리 보광을 사물의 본질과 그것의 속성에 대한 우리의 탐구

가 불가능함을 가리키는 말로 사용한다. 그가 '보광' 해석에 곽상이나 성현영의 주석이 아니라 최선의 주석을 인용한 것도 이런 이유에서다. "사물은 '존재하는 듯'하지만 그것이 '그런 이유는 없는 듯' 알 수가 없다."라는 의미다.

제
3
장

故昔者堯問於舜曰: 我欲伐宗·膾·胥敖, 南面而不釋然. 其故何也?
舜曰: 夫三子者, 猶存乎蓬艾之間. 若不釋然, 何哉? 昔者十日竝出,
萬物皆照, 而況德之進乎日者乎!

무릇 요(堯)가 순(舜)에게 물었다. "내가 숭,[1] 회, 서오 세 부족을 정벌하려
는데 제왕으로서 어쩐지 마음이 개운치 않네. 이유가 뭐겠나?" 순이 대답
했다. "저 세 부족은 아직도 쑥 풀이 무성한 곳에 사는 족속입니다. 임금
께서는 왜 그리도 께름칙해 하십니까? 옛날 열 개 해가 출현하여 만물을
낱낱이 비춘 적이 있습니다. 하물며 도덕이 저 해보다 더 빛나는데 무슨
거리낌이 있겠습니까?"

본문의 '고(故)'는 실마리를 끄집어내는 말이다. '옛 문헌'[舊典]에 그런
예가 있다. 『예기』「예운」에는 "무릇[故] 성인은 천지에 참여한다."[2]라거
나, "무릇 사람은 천지의 덕성이다."[3]라거나, "무릇 예의는 사람이 지켜야
할 도리 가운데 큰 단서이다."[4]라는 등의 구절이 있다. 『예기정의(禮記正

---

1   宗은 나라 이름일 때, 숭(崇)으로 읽어야 한다.
2   『禮器』「禮運」14: "故聖人參於天地, 幷於鬼神, 以治政也."
3   『禮器』「禮運」20: "故人者, 其天地之德, 陰陽之交, 鬼神之會, 五行之秀氣也."

제물론석

義)』[5]에서 이 세 구절을 모두 별도 장으로 표시했고 앞 이야기에 연결하지는 않았다. 『역』「계사전」에서 여러 차례 '시고'(是故)라고 표현했는데 또한 앞 문장에 연결하는 게 아니라 모두 '말을 끌어내는'[更端] 표현이다. 그래서 이 구절도 앞 문장에 연결되지 않고 오롯이 한 장(章)이 됨을 알 수 있다.[6]

사마소통은 "숭(宗)·회(膾)·서오(胥敖)는 삼국의 명칭이다."[7]라고 풀었고, 최선(崔譔)은 "숭은 첫째이고, 회는 둘째이고 서오는 셋째이다."[8]라고 했다. 곽상은 이에 대해 다음과 같이 풀이한다.

제일(齊一)의 도리를 대성(大聖)에 기탁해서 밝히고자 했다. 그래서 스스로 괴이하게 생각하는 문제를 질문하여 대답을 유도한다. 사물이 거처하는 데 누추한 곳이란 없기에 쑥 풀이 무성한 곳도 세 사람에게는 훌륭한 곳일 수 있다.[9] (중략) 지금 누추한 곳에 사는 사람을 없애고자 그들을 정벌하여 자신을 따르게 하지만 어찌 지극한 도리를 넓히는 것이겠는가! 그래서 마음으로 진정 이해하기에 석연치 않을 뿐이다. 만약 사물이 자신의 속성을 펼치고 각각 그것이 있어야

---

4 『禮器』「禮運」28: "故禮義也者, 人之大端也, 所以講信修睦而固人之肌膚之會·筋骸之束也."

5 禮記正義(예기정의): 후한 대성(戴聖)이 지은 이른바 『소대예기(小戴禮記)』에 후한 정현(鄭玄)이 주(注)를 달고 당대 공영달(孔穎達)이 거기에 다시 소(疏)를 붙인 책이다. 『예기』 주석서의 대표작이라고 할 수 있다.

6 장타이옌이 '故'자가 '발단지사'임을 강조하는 이유는 이 짧은 구절을 하나의 독립된 장으로 확정하기 위해서다. 그가 이런 특별한 의도를 가진 이유는 『제물론석』의 중요한 주제 가운데 하나인 '문야론(文野論) 비판'의 핵심적인 소재가 여기에 있기 때문이다. 이는 『제물론석』이 전통적인 장자주석사에 놓이지 않고 '근대'에 속하는 이유이기도 하다.

7 『經典釋文』(『集釋』1, p.89), "司馬云: 宗·膾·胥敖, 三國名也."

8 『經典釋文』(『集釋』1, pp.89-90), "崔云: 宗, 一也; 膾, 二也; 胥敖, 三也."

9 郭象, 『莊子注』「齊物論」(『集釋』1, pp.89-90), "將寄明齊一之理於大聖, 故發自怪之問以起對也. 夫物之所安無陋也, 則蓬艾乃三子之妙處也."

할 곳에 거처하여 가깝고 멀고 하는 정도가 없어서 자연에 자신을 내맡기면 모두 자신에게 적합한 도리를 획득한다. 이렇게 되면 그는 당연하지 않을 수 없고 나도 기쁘지 않을 수 없다.[10]

곽상의 이런 이해는 홀로 장자의 종지에 부합했다. 「제물론」의 작용은 내적으로는 '적정과 지혜'[寂照]를 보존하고 현실에서는 중생을 이롭게 한다. 현실의 상황은 각기 다르고 '문명과 야만'[文野]도 그것의 척도를 달리한다. 또한 각각 자신의 작용과 결과에 만족해서 부러워하거나 이끌리는 점이 없다. 해조(海鳥)를 태뢰(太牢)[11]로써 대접하고 메추라기(斥鷃)를 북소리와 종소리로 즐겁게 해 주려는 행위[12]는 곤경을 견뎌 낼 수 없는 사람을 사지로 모는 것이다. 이것도 또한 사람들이 일상적으로 알고 있는 것이다. 하지만 마음이 '식민지 개척'[兼幷]에 있는 자들은 밖으로는 잠식이라는 말을 꺼리고 고상한 이야기로 본래 의도를 숨긴다. 만약 그들이 저 야만인이 문명에 참여하도록 하겠다고 말한다면, 이것은 문명과 야만이 상이하다는 견해로 걸왕(桀王)과 도척(盜跖)의 효시가 될 것이 분명하다.

만약 이 '논리에 집착하는 사람'(論箸之材)[13]을 "차갑고 황량한 북방에 던져 주더라도 받지 않을 것이다."[14] 세상에 진나라 시황제 같은 정치가 없

---

10 郭象, 『莊子注』「齊物論」(『集釋』1, p.90), "今欲奪蓬艾之願而伐使從己, 於至道豈弘哉! 故不釋然神解耳. 若乃暢其性, 各安其所安, 無遠邇幽深, 付之自若, 皆得其極, 則彼無不當而我無不怡也."

11 『莊子』「至樂」5: "昔者海鳥止於魯郊, 魯侯御而觴之于廟, 奏九韶以爲樂, 具太牢以爲膳."

12 『莊子』「達生」14: "寡聞之民, 告以至人之德, 譬之若載鼷以車馬, 樂鴳以鐘鼓也, 彼又烏能無驚乎哉?"

13 論箸之材(논저지재): 문명과 야만의 논리에 집착하는 사람을 가리킨다.

14 投畀有北(투비유북): 『詩經』「小雅」'巷伯'8: "彼譖人者, 誰適與謀? 取彼譖人, 投畀豺虎. 豺虎不食, 投畀有北. 有北不受, 投畀有昊!"[남 헐뜯기를 일삼는 자여! / 누가 그에게 가서 함께 꾀하는고 / 남 헐뜯기 좋아하는 저 사람을 잡아다가 / 이리와 호랑이에게 던져 주리라. / 이리와 호랑이는 먹지 않으면 / 황량한 북방에 던져 주리라. / 황량한 북방이 받지 않으면/ 하늘에 던져 주리라.] 사실 이 구절에서 장타이옌은 당시 '문명화'

으면 그 책을 태워 없앨 수도 없는데 이것이 인자(仁者)가 한없이 눈물을 흘리는 까닭이다. 묵자는 비록 '타인이나 타 집단을 공격하지 말라'고 주장하지만 「천지(天志)」와 「명귀(明鬼)」를 이야기할 때에 이르면 그 금지를 어기는 자는 구분하여 주살하는 것도 사양하지 않는다. 이런 행위는 진실로 기독교와 이슬람교가 매우 열심히 하는 짓인데 말할 수도 없을 정도다.

맹자는 "전쟁을 좋아하는 이는 마땅히 극형에 처해야 한다."[15]라고 했고, "갈백이 밥 먹이는 자를 원수로 여긴 일"[16]을 거론하며 "천하를 탐해

혹은 '계몽'이란 명분으로 식민지 개척에 혈안이었던 서구 열강에 대해 극도의 혐오를 드러낸다. 바로 뒤에서 나오지만 그가 보기에 제국주의 국가는 '문명화'와 '기독교 선교'라는 어떻게 보면 결코 폭력적이지 않은 명분을 내세우지만 실제 그들의 본질은 제국주의였고 침략이었고 폭력이었다. 일본뿐만 아니라 우리나라에서도 일본제국주의의 조선 침략을 '근대화'라는 이유로 정당화 내지 미화하는 이들이 있다. 유괴범이 아이를 유괴해 놓고 나중에 학교 보내 줬다고 범죄가 아니라고 우기는 꼴이다. "내 덕에 학교라도 간 줄 알아!" 장타이옌이 비판하는 무리다.

15 『孟子』「離婁上」14: "故善戰者服上刑, 連諸侯者次之, 辟草萊·任土地者次之."[그래서 전쟁을 잘하는 자는 극형에 처해야 하고 제후들과 연대를 잘하는 자는 그 다음 수준의 형벌을 받아야 하고, 풀밭과 쑥밭을 개간하여 그 땅을 백성에게 맡기는 자는 그다음 수준의 형벌을 받아야 한다.]

16 『孟子』「滕文公下」10: "湯居亳, 與葛爲鄰, 葛伯放而不祀. 湯使人問之曰: 何爲不祀? 曰: 無以供犧牲也. 湯使遺之牛羊. 葛伯食之, 又不以祀. 湯又使人問之曰: 何爲不祀? 曰: 無以供粢盛也. 湯使亳衆往爲之耕, 老弱饋食. 葛伯率其民, 要其有酒食黍稻者奪之, 不授者殺之. 有童子以黍肉餉, 殺而奪之. 書曰: '葛伯仇餉.' 此之謂也. 爲其殺是童子而征之, 四海之內皆曰: 非富天下也, 爲匹夫匹婦復讎也."[탕임금이 박읍에 거주할 때 갈나라와 이웃했다. 갈백이 방탕하여 제사를 지내지 않고 탕 임금이 사람을 그에게 왜 제사를 지내지 않느냐고 물었다. 갈백은 희생물로 바칠 게 없어서 그렇다고 대답했다. 탕 임금이 사람을 시켜 갈백에게 소와 양을 보냈다. 갈백은 보내 준 소와 양을 먹어치우곤 또 제사를 지내지 않았다. 탕 임금이 또 사람을 시켜 왜 제사를 지내지 않느냐고 물었다. 갈백은 자성으로 바칠 게 없어서 그렇다고 대답했다. 탕 임금은 박읍의 백성을 시켜 갈 땅에 가서 밭을 갈게 했다. 그러자 늙은이와 아이가 그들에게 밥을 가져다 먹였다. 갈백이 자기 백성을 거느리고 가서 술과 밥과 기장밥과 쌀밥을 내온 자에게서 그것을 뺏으려 했다. 내놓지 않는 자는 살해했다. 어떤 아이가 기장밥과 고기를 내와 먹이자 그를 죽이고 뺏었다. 『서경』에서 "갈백이 밥을 먹이는 자를 원수로 여겼다."고 했는데 이를 두고 한 말이다. 이 아이를 죽였기 때문에 갈나라를 정벌하였는데 사해 내 백

서가 아니다."(非富天下)라고 말하였다. 성탕과 이윤의 음모를 살펴보면 대체로 종교에 의지해서 다른 나라를 멸망시킨 경우다. 진실로 소, 양, 제사용 곡식은 일국의 군왕이 제공하기 어려운 게 아니며, 방탕하여 제사를 지내지 않는다고 해서 이웃 나라가 따질 수는 없다. 그래서 나쁜 소문을 퍼뜨리고 그 '거짓말'[讆言]을 근거로 이내 사람을 보내 밭 갈게 하고 그들로 하여금 갈백을 의심하고 두렵게 했다. 그러다 아이가 도륙당하자 원수 갚는 일로 침략의 명분을 삼았다. 오늘날 다른 나라를 침략하여 그 영토를 강탈하는 국가는 모두 이런 방식을 따른다. 대유(大儒)라는 저 맹자도 오히려 다시 상나라 탕 임금의 논리에 현혹당했다.

장자의 견해를 되새겨 보면 비록 문명화라는 명분으로 다른 나라를 침략해 멸망시키는 일을 옹호하는 듯한 이야기가 있지만 오히려 저들의 숨은 계략을 파헤쳤다. 맹자와 장자 두 사람 견해를 비교해 보면 그 길고 짧음이 어찌 거인 용백(龍伯)[17]과 난장이 초요(焦僥)[18] 정도 차이겠는가! 어떤 사람은 "생물은 서로 경쟁해야만 지력이 진화한다."라고 말한다. 『장자』「외물」을 살펴보면 정말 그런 논의가 있다. 이른바 "다급한 상황 속에서 계책을 궁리하고 다툼 속에서 지혜가 나온다."[19]라는 구절과 "봄날 때맞춰 내리는 비에 초목이 다투듯 자라나니 이때서야 비로소 가래나 호미로 밭을 갈려 해도 초목은 벌써 절반 이상 자라났다. 그러한 이유를 알지 못하겠다."[20]라는 구절에서 장자의 깊은 사유를 확인할 수 있다. 장자

성이 모두 탕 임금이 천하를 탐해서가 아니라 필부를 위해서 원수를 갚아 주셨다고 했다.]

17 龍伯(용백): 중국 고대 전설에 등장하는 용백국(龍伯國)에 산다는 거인.
18 焦僥(초요): 중국 고대 전설에 등장하는 난장이.
19 『莊子』「外物」10: "謀稽乎誸, 知出乎爭."
20 『莊子』「外物」10: "春雨日時, 草木怒生, 銚鎒於是乎始脩, 草木之到植者過半, 而不知其然."

가 끝내 저 진화론 사유로 이 제물론 사유를 대체하지 않는 까닭은 생물은 자기에게 합당한 자신의 역량이 있어서 굳이 그것을 증대시킬 필요가 없고, 그래서 차라리 '절성기지'를 할지언정 진화하라고 생물을 부추겨서는 안 되기 때문이다.

만약 「제물론」 한편이 해외[海表]에 유포된다면 다른 나라를 침공하는 일이나 그에 따른 전쟁을 감소시키지는 못하더라도 분명 일반 대중이 그런 침략 행위에 동조하는 일은 없을 것이고, 결코 문명화와 사회 진보라는 거짓 명분을 수용하는 일도 없을 것이다. 왕필은 『주역주』에서 다음과 같이 말한다.

> 지극히 발전한 문명에서 사는 사람이 지극히 지저분한 사물을 바라보면 어그러짐이 아주 심하다. 돼지가 진흙을 둘러쓰고 있으니 더러움이 이보다 심한 게 없다. 지극히 어그러짐은 장차 조화될 것이고, 지극히 다른 것은 장차 소통될 것이다. 허탄하고 괴이하지만 도는 통일될 것이다. 다스려짐에 이르지 못했을 때는 먼저 괴이한 것을 본다. 그래서 돼지가 진흙을 둘러쓰고 있는 것을 보고 매우 더럽다고 여긴다. 귀신이 수레에 가득한 것을 보고 괴이하다고 소리친다. 먼저 활시위를 당기는 것은 장차 해로운 것을 공격하려는 것이고, 나중에 활시위를 푸는 것은 괴이한 것이 소통된 것이다.[21]

왕필의 이런 풀이가 어찌 이른바 장자의 '충실한 신하'[素臣]가 아니겠는가? 어떤 사람은 "「제물론」의 작용은 매우 다양해서 여러 가지 방식이 있는데, 지금 굳이 왜 쑥 풀을 가지고 이야기하는가?"라고 묻는다. 대답: "문

---

21 王弼, 『周易注』(『王弼集校釋』下, p.407), "以文明之極, 而觀至穢之物, 睽之甚也. 家失負塗, 穢莫過焉. 至睽將合, 至殊將通, 恢詭譎怪, 道將爲一. 未至於洽, 先見殊怪, 故見家負塗, 甚可穢也. 見鬼盈車, 籲可怪也. 先張之弧, 將攻害也. 後說之弧, 睽怪通也."

명과 야만의 견해는 쉽게 제거할 수 없기 때문이다." 어떤 나라가 다른 나라를 침략하는 경우 '문명과 야만의 견해'[文野論]를 빌려 명분으로 삼는다. 이것은 도올(檮杌)²²이나 궁기(窮奇)²³ 같은 흉악한 놈이나 하는 짓거리다.

가령 요즘 사회를 보면 무정부주의자는 스스로 평등한 사회에 도달하면 국가, 주현, 마을 등 지역 간 일체 차별이 사라지고 정직, 청렴, 사기, 아첨도 하나 남김없이 사라질 것이라 주장한다. 하지만 그들은 여전히 문명과 야만의 견해에 집착하여 반드시 사람들로 하여금 나날이 공업 기술을 더욱 발전시키고 음식과 복식도 더욱 풍요롭고 아름답게 하도록 하여 몸을 수고롭게 함으로써 이런 목적을 달성하는 게 사람의 당연한 본분이라고 말한다. 어찌 망령된 말이 아니겠나? 그래서 「제물론」은 적어도 치용의 측면에서는 문명과 야만의 구분을 극복하는 것으로 궁극을 삼는다. 이 제3장은 겨우 63자밖에 되지 않지만 언사의 내용이 깊고 넓어 여러 가지 의미를 담고 있다. 『장자』의 「마췌」·「거협」·「도척」 등 여러 편은 모두 이 장에 의거해서 출현했다.

---

22 檮杌(도올): 중국 고대 전설 속에 등장하는 흉악한 동물. 얼굴은 사람 모습이지만 몸은 호랑이 모습이라고 함.
23 窮奇(궁기): 『산해경』에 등장하는 4대 괴수 가운데 하나로 호랑이를 닮은 짐승이다.

제
4
장

제4장

齧缺問乎王倪曰: 子知物之所同是乎?

설결이 왕예에게 물었다. "선생님께서는 만물이 공통으로 옳다고 인정하는 바를 아십니까?"

曰: 吾惡乎知之!

왕예가 대답했다. "내가 어떻게 그것을 알겠는가!"

子知子之所不知邪?

설결이 물었다. "선생님께서는 자신이 알지 못하는 바를 아십니까?"

曰: 吾惡乎知之!

왕예가 대답했다. "내가 어떻게 그것을 알겠는가?"

然則物無知邪?

설결이 물었다. "그렇다면 사물에 대해서 알지 못하신단 말입니까?"

曰: 吾惡乎知之! 雖然嘗試言之. 庸巨知吾所謂知之非不知邪? 庸巨知吾所謂不知之非知邪?

왕예가 대답했다. "내가 어떻게 그것을 알겠는가! 그렇지만 그것에 대해 말을 한번 해봄세. 내가 '안다'고 하는 게 알지 못하는 것인지 어떻게 알겠는가? 내가 '모른다'고 하는 게 알지 못하는 것인지 어떻게 알겠는가?

제물론석

且吾嘗試問乎女: 民濕寢則腰疾偏死, 鰌然乎哉? 木處則惴慄恂懼,
猿猴然乎哉? 三者孰知正處? 民食芻豢, 麋鹿食薦, 蝍蛆甘帶, 鴟鴉
嗜鼠, 四者孰知正味? 猿猵狙以爲雌, 麋與鹿交, 鰌與魚游. 毛嬙.西
施, 人之所美也; 魚見之深入, 鳥見之高飛, 麋鹿見之決驟. 四者孰知
天下之正色哉? 自我觀之, 仁義之端, 是非之塗, 樊然殽亂, 吾惡能
知其辯!

그렇다면 그대에게 물어보겠네. 사람이 습한 데서 자면 허리 병으로 반신
불수가 돼 죽게 되지만 미꾸라지도 그렇던가? 사람이 나무 위에 올라가면
벌벌 떨지만 원숭이도 그렇던가? 셋 가운데 누가 바른 거처를 알고 있는
것인가? 사람은 곡식이나 가축을 먹고 사슴은 풀을 먹고, 지네는 뱀을 먹
고, 올빼미는 쥐를 먹네. 넷 중 어느 쪽이 참맛을 아는 것인가? 원숭이는
편저와 짝을 하고 고라니는 사슴과 교배하고, 미꾸라지는 물고기와 노닌
다. 모장과 여희는 사람들이 아름답다고 하는 이들이지만 물고기는 그들
을 보고 물속 깊이 숨어 버리고, 새가 그들을 보면 높이 날아가 버린다. 사
슴이 그들을 보면 필사적으로 달아난다. 넷 중에 누가 천하의 미인을 아
는 것인가? 내가 보건대 사람들이 인의의 단서나 시비의 척도를 어지럽게
주장하지만 난들 어떻게 그것을 구분하겠는가?"

齧缺曰: 子不知利害, 則至人固不知利害乎?

설결이 말하였다. "선생님께서는 이해(利害)를 모르신다 하시는데 성인은
정말 이해를 모르십니까?"

王倪曰: 至人神矣! 大澤焚而不能熱, 河漢沍而不能寒, 疾雷破山而
不能傷, 飄風振海而不能驚. 若然者, 乘雲氣, 騎日月, 而遊乎四海之
外. 死生無變於己, 而況利害之端乎!

왕예가 대답했다. "성인은 신묘한 사람이라네. 커다란 연못을 다 태우는

불길도 그를 데울 수 없고, 황하와 한수를 꽁꽁 얼리는 한파도 그를 떨게 할 수 없다네. 산을 넘어뜨리는 벼락도 꿈쩍이게 할 수 없고, 바다를 뒤집어 놓는 태풍도 조금도 놀라게 하지 못한다네. 이와 같은 사람은 구름을 타고 해와 달을 부리며 사해 바깥에서 노닌다네. 나고 죽는 일로도 그를 어찌할 수 없는데 하물며 이해 따위이겠는가?"

"만물이 공통으로 옳다고 인정하는 바"(物之所同是)는 중동분(衆同分)[1]이 일으킨 촉(觸)·수(受)·상(想)·사(思)를 말한다. "선생님 자신이 알지 못하는 바"(子之所不知)란 "촉·수·상·사 각각 경계가 어떤 조건으로 발생하지, 그리고 일진법계(一眞法界)[2]에 대해 미혹하여 6식(識)·6근(根)·6진(塵)이 형성됐다면 미혹은 본래 영원하지 않은데 무엇 때문에 그 수가 여섯 개로 한정되고 일곱일 수는 없는가?"라는 질문이다. 첫째 질문의 경우, 이미 원성실성을 증득하고 의타기성을 통찰한 사람이라면 당연히 그것을 알 수 있다. 둘째 질문의 경우, 비록 붓다라도 그것을 알 수 없다.【일진법계에 미혹하여 육식, 육근, 육진을 형성한다. 어떤 사람은 억지로 그것을 설명하고자 "평방 1면을 바꾸어 입방 육면체를 구성하는데 1면을 보태 7면을 만들 수 없고, 1

1 　衆同分(중동분): '동분'이라고도 하는데 부파불교의 논서인 『아비달마구사론』과 대승의 유식학에서 제시한 존재 분류 가운데 하나이다. 이것은 중생이 각각 동류로 지속할 수 있는 힘이자 원인이다. '분'은 원인의 의미다.(권오민, 『아비달마불교』 서울: 민족사, 2003, pp.83-84 참조.)

2 　一眞法界(일진법계): 『成唯識論』 卷9(『大正藏』 31, p.48a), "此性即是諸法勝義, 是一切法勝義諦故. 然勝義諦, 略有四種: (中略) 四勝義勝義, 謂一眞法界. 此中勝義依最後說, 是最勝道所行義故."【원성실성은 각종 사물의 승의인데 원성실성이 일체법의 승의제이기 때문이다. 그런데 승의제는 크게 네 가지가 있다. (중략) 네 번째 승의제는 '승의' 승의제인데 일진법계를 말한다. 지금 원성실성이 승의라고 한 데서 승의제는 마지막 네 번째 승의제에 입각해서 한 말로 원성실성은 가장 수승한 방법으로 실천해 획득한 도리이기 때문이다.】 물론 일진법계는 유식학에서 말할 때와 화엄학에서 말할 때 그 의미는 차이가 있다.

면을 줄여서 5면을 만들 수 없는 것과 같이 그 형세가 본래 그러하다. 『역』에 육효(六爻)가 있는데 의미를 또한 여기서 취했다."라고 말한다. 『역』을 지은 사람은 자연의 심오함을 탐구하고 기미를 연구하여 이런 종지를 밝혔다. 효는 효난(爻亂)의 의미이다. 육효는 육난상인데 육난식에서 기인한다. 이런 견해는 제법 그럴싸하다. 입방육면은 줄여서 5면으로 만들 수 없고 널려서 7면으로 만들 수 없다. 만약 육식, 육근이 외부에서 육진과 만난다면 이것은 사람이나 동물만이 가능한 것이다. 조개 같은 것에서 안, 이, 비 등의 식(識)과 근(根)은 보이지 않는다. 또 외부에도 저 세 가지 대상이 존재하지 않는다. 그렇다면 널려서 7면을 만들 수는 없지만 줄여서 5면이나 4면으로 만드는 것은 안 될 것도 없다. 입방육면과 전혀 다른 예이다. 만약 입방육면의 사례를 따르면 일진법계에 미혹됐는데 왜 평방법에 의지하는가? '여섯 가지'[六事]로 전환하면서 왜 입방법을 따르는가? 이것을 끝내 알 수 없다.】「경상초」에서 다음과 같이 말한다.

어쩔 수 없이 움직이는 것을 덕(德)이라고 하고, 움직이되 자신 뜻대로 하지 않음이 없는 것을 치(治)라고 한다. 둘은 이름은 서로 반대지만 그 실질은 서로 순응한다. 예(羿)는 아주 작은 것을 화살로 맞히는 데 뛰어나지만 사람들이 자신을 칭찬하지 못하도록 하는 데는 서툴다. 성인(聖人)은 자연과 계합하는 데는 뛰어나지만 세상 사람들이 자신을 잊게 하는 데는 서툴다. 자연에 훌륭히 계합하고 사람들과도 훌륭히 호응하는 것은 전인(全人)만이 할 수 있다. 벌레만이 벌레로 기능할 수 있고, 벌레만이 벌레의 천성을 체현할 수 있다. 전인은 어떻게 순수한 자연을 알 수 있고, 어떻게 인위의 자연을 알 수 있겠는가? 하물며 자신에서 나온 순수한 자연이나 인위의 자연이겠는가?[3]

---

3   『莊子』「庚桑楚」17: "動以不得已之謂德, 動無非我之謂治, 名相反而實相順也. 羿工乎中微而拙乎使人無己譽. 聖人工乎天而拙乎人. 夫工乎天而俍乎人者, 唯全人能之. 唯蟲能蟲, 唯蟲能天. 全人惡天? 惡人之天? 而況吾天乎人乎!"

위 인용문에서 "어쩔 수 없이 움직인다."(動以不得已)라는 구절은 여섯 감각기관[根]과 여섯 감각작용[識]이 있으면 여섯 감각대상[塵]이 없을 수 없고, 또한 눈으로 사물을 보는 행위와 귀로 소리를 듣는 행위는 교환할 수 없음을 말한다. "움직이되 자신 뜻대로 하지 않음이 없다."(動無非我)라는 구절은 본래 (여래장이) 일진법계에 미혹해서 '6근과 6경'[六事]을 형성함을 말한다. 미혹하는 주체는 여래장(如來藏)인데 여래장은 중국말로 진아(眞我)이다.

다음은 주체적 활동이 아닌 경우 "어쩔 수 없이 움직인다."(動以不得已)라고 말하고, 주체적 활동인 경우 "움직이되 자신 뜻대로 하지 않음이 없다."라고 말한다. 둘은 명칭은 서로 반대지만 실질은 오히려 서로 상응한다. 그것을 어떻게 증명할 수 있는가? 자아가 스스로 미혹하기 때문에 6근과 6경을 형성한다. 이렇다면 "움직이되 자신 뜻대로 하지 않음이 없음"은 원인이고 "어쩔 수 없는 움직임"은 결과이다. 이 6근과 6경이 서로 대체할 수 없기 때문에 승해(勝解, dhimokṣa)와 혜(慧, prajñā)를 발생시킨다. 승해는 바뀌지 않고 결정된 대상에 대해 인가하고 바뀌지 않음이고,[4] 혜는 대상을 간택하고 현혹되지 않음이다.[5] 이는 또한 "어쩔 수 없이 움직임"을 원인으로 하고 "움직이되 자신 뜻대로 하지 않음이 없음"을 결과로 한다.

---

4 勝解(승해): 불교 유식학이 제시한 5위100법의 다섯 가지 別境心所 가운데 하나이다. 결정된 대상에 대해 인가하고 그것을 변함없이 유지하는 마음 활동이다. 『成唯識論』卷5(『大正藏』31, p.28b), "云何勝解? 於決定境印持爲性, 不可引轉爲業."[승해심소란 무엇인가? 결정된 대상에 대해 그것을 확인하고 꼭 붙잡는 것을 본성으로 하고 다른 요소에 영향을 받아 태도를 바꾸지 않는 것을 작용으로 한다.]

5 慧(혜): 『成唯識論』卷5(『大正藏』31, p.28c), "云何爲慧? 於所觀境, 簡擇爲性, 斷疑爲業." [혜심소란 무엇인가? 관찰 대상에 대해 판별하고 선택하는 것을 본성으로 하고 의혹을 단절하는 것을 작용으로 한다.]

제물론석

근세 철학자 셸링(Schelling, 1775-1854)은 '필연'과 '자유' 두 가지 학설을 조화시켰다. 그 내용이 "어쩔 수 없이 움직인다. 움직이되 자신 뜻대로 움직이지 않음이 없다."(動以不得已, 動無非我)라는 의미와 유사하다. 하지만 존재의 여러 유형 가운데 가장 저열한 것은 단지 "어쩔 수 없이 움직이는" 경우로 쇠와 돌멩이 부류가 그렇고 벌레도 거기에 가깝다. '자연스레 마음에 내맡기고'[委心][6] '변화에 순응하는'[任化] 경우를 "벌레만이 벌레로 기능할 수 있다."(唯蟲能蟲)라고 말한다. 마음에 승해의 마음 작용이 없는 경우를 "벌레만이 벌레의 천성을 체현한다."(唯蟲能天)라고 말한다.

성인이 자연을 즐기는 경우도 이것을 흉내 낼 뿐이다. 전인(全人)의 경우는 오히려 그렇지 않다. 전인은 저 난식(亂識)[7]이 미혹(迷惑) 때문에 형성되는 것임을 알기 때문에 '천성을 싫어'(惡天)하지만 또한 법성을 파괴

---

6   委心(위심): '마음을 자연에 내맡김.' 중국 동진시대 도연명(陶淵明), 「歸去來辭」: "寓形宇內複幾時, 曷不委心任去留, 胡爲乎遑遑欲何之?"[천지간에 이 몸 의탁해 살아 본들 얼마라고 어찌 마음을 자연에 내맡겨 나고 머물지 못하며 어찌하여 허둥대며 도대체 어디를 그렇게 가려고 하는가?]

7   亂識(난식): 중국 고대 역경가 진제가 『삼무성론(三無性論)』 등 유식 문헌을 번역할 때 추가한 개념이다. 그는 식을 기본적으로 난식(亂識)과 정식(淨識)으로 구분한다. 그렇다면 '난'식은 '정'식을 염두에 둔 표현이다. 진제역 『삼무성론』에서 ① "십이처 등 일체 존재자는 단지 식일 뿐이고, 난식을 벗어나 따로 존재하는 존재자는 없다."라고 말하고, 일체 존재자는 ② "오직 난식이 조작한 것일 뿐"이라고 말한다. 십이처는 감각 주체인 육근과 감각 대상인 육경(육진)을 가리킨다. 다시 말하면 인식 주관과 인식 대상이다. 견분과 상분 혹은 능취와 소취에 해당한다고 할 수 있다. '유식무경'이라고 할 때, 이 '식'은 일차적으로 난식이다. 만약 여기까지만 이야기했다면 진제 혹은 섭론종의 유식은 인도 유식과 다르지 않을 것이다. 그런데 진제는 여기서 멈추지 않고, ③ "먼저 일체 존재자는 오직 난식일 뿐이라는 사실로 외부 경계를 부정했고, 다음 아마라식 개념으로 저 난식을 부정하는데, 아마라식은 구경의 유일한 정식이기 때문이다."라고 하면서 정식으로서 아마라식을 상정한다. 眞諦譯, 『三無性論』卷上(『大正藏』31, p.872a), "① 十二入等, 一切諸法, 但唯是識, 離亂識外, 無別餘法故, 一切諸法, 皆爲識攝. (中略) ② 小乘所辨, 一切諸法, 唯十二入, 非是顚倒. 今大乘義破諸入, 並皆是無, 唯是亂識所作故. (中略) ③ 先以唯一亂識, 遣於外境, 次阿摩羅識, 遣於亂識, 故究竟唯一淨識也." 장타이옌은 전인은 일체 존재자가 난식의 조작이라서 그것을 부정하지만 아마라식 즉 법성을 부정하지 않기 때문에 진리에 온전히 계합한다고 생각한다.

하지 않는다. 이것을 "자연에 훌륭히 계합한다."(工乎天)라고 말한다. '정각을 성취하겠노라 마음을 내 불도로 나아감'(發心趣道)⁸을 "사람과 훌륭히 호응한다."(佷乎人)라고 말한다. 미혹과 깨달음이 둘이 아니라는 사실을 알기 때문에 결코 자연과 사람을 변별하지 않는다. 그렇지만 일진법계에 어두워 6근과 6경을 형성하는데 내용은 비록 알겠지만 일진법계에 대한 미혹으로 형성한 것이 고작 여섯 개에 불과한 까닭은 끝내 알지 못하겠다.

『기신론』에서 그것에 대해 "어떤 사람이 방향을 잃고서 동쪽을 서쪽이라고 이야기하더라도 방향은 실제 어떤 변화도 없다. 중생도 또한 이와 같다. 무명 때문에 미혹되어 진여의 청정심을 망념이라고 여긴다. 하지만 진여심은 실제 아무런 움직임이 없다."⁹라고 풀었고, 또 "길을 잃은 사람은 방향에 의지하기 때문에 혼란하다. 만약 방향을 버린다면 어떤 혼란함도 없을 것이다. 중생도 또한 이와 같다. 각(覺)에 의지하기 때문에 미혹된다. 만약 각성(覺性)을 버린다면 불각(不覺) 또한 없다."¹⁰라고 푼다.

이것을 방위본유(方位本有)¹¹라고 한다. 어떤 사람은 방향을 '네 개 정 방향'(四正)과 '네 개 사이 방향'[四隅]으로 구분하고, 어떤 사람은 '24개 방향'[二十四山]¹²으로 구분하고, 어떤 사람은 360도(度)로 구분한다. 미혹한 사

---

8 發心趣道(발심취도): 『기신론』「해석분」의 '分別發趣道相'에 따르면 '발심취도'는 정각을 이루겠다는 보리심[心]을 일으켜서[發] 불보살이 증득한 깨달음[道]에 취향(趣向)함이다.

9 馬鳴菩薩造, 眞諦譯, 『大乘起信論』(『大正藏』32, p.579c), "如人迷故, 謂東爲西, 方實不轉, 衆生亦爾. 無明迷故, 謂心爲念, 心實不動."

10 馬鳴菩薩造, 眞諦譯, 『大乘起信論』(『大正藏』32, p.577a), "猶如迷人, 依方故迷. 若離於方, 則無有迷, 衆生亦爾. 依覺故迷, 若離覺性, 則無不覺."

11 장타이옌은 본유종자로 제시한 7종 식 가운데 '處識'이 공간을 나타내고 점·선·면뿐만 아니라 방위까지 포함한다고 했다.

12 二十四山(이십사산): 24개 방위에 있는 산. 중국 풍수학에서 천·지·인의 운행과 변화를 종합적으로 설명하기 위해 설정한 개념이다.

제물론석

람은 비록 그 방향에 미혹됐더라도 끝내 이들 방위의 수를 벗어나지 않는다. 만약 이와 같다면 본각의 진여심 가운데 어떻게 안, 이, 비, 설, 신, 의 등의 6근과 6식 그리고 그것의 인식 대상인 6경이 있겠는가? 무슨 까닭으로 미혹할 때, 굳이 이 여섯 가지가 있는가? 이것은 여전히 이해할 수 없다.

"사물에 대해 알지 못한다."(物無知)라는 구절은 『기신론』의 "일체중생을 '깨달은 자'라고 이름하지 않는다. 본래부터 일체중생은 망념이 상속하여, 그 망념을 벗어난 적이 없기 때문에 시작 시점이 없는 무명이라고 말한다."[13]라는 구절에 해당한다. 실은 중생 자신은 자신의 불각도 알지 못한다. 무엇 때문인가? 미혹도 역시 각이며, 사물에 대해 미혹[迷]하지 않은 적이 없기 때문이다. 그래서 사물에 대해 깨닫지[覺] 않은 적이 없다. 지금 본문에서 말한 "사물에 대해 알지 못한다."라는 구절은 '비록 일체지자라도 어떻게 그것을 알 수 있겠는가?' 하는 의미이다. 그렇다면 두 번째 "선생님께서는 자신이 알지 못하는 바를 아십니까?"라는 질문과 세 번째 "그렇다면 사물에 대해 알지 못하십니까?"라는 질문은 모두 불가지의 것으로 논의할 수 없고, 오직 첫 번째 "선생님께서는 만물이 공통으로 옳다고 인정하는 바를 아십니까?"라는 하나만 질문으로 수용하여 논의할 수 있다. 촉·수·상·사는 오직 망상분별이 어지럽게 교차하여 일으켰기 때문에 앎(知, 촉·수·상·사와 같은 인식)은 '알지 못함'인 셈이다. 일진법계를 통달하면 마음에 분별이 없다. 그래서 '알지 못함'(不知, 분별이 없음)이 곧 지(知, 무분별지)인 셈이다.

다음은 '다섯 감각 기관'[五感]이 '인식한 대상'[能取]과 '임운분별(任運分

---

13   馬鳴菩薩造, 眞諦譯, 『大乘起信論』(『大正藏』32, p.576c), "一切衆生, 不名爲覺. 以從本來念念相續, 未曾離念故, 說無始無明."

別'[14]이 인식한 대상을 들어서 견분과 상분은 본래 고정된 존재가 없음을 밝힌다. 우리는 일반적으로 얼음은 차갑고 불은 뜨겁다는 것을 물질의 필연적 속성이라고 생각한다. 하지만 관동초(款冬草)[15]는 얼음 위에서 꽃을 피우고, 화서(火鼠)[16]는 화염 속에서 돌아다닌다.【사마소통은 불이 뜨겁지 않음을 설명할 때, 화조와 화충을 끌어와 증거로 삼았다. 『아비달마구사론』 권9에서는 "일찍이 '붉게 타오르는 쇳덩이를 쪼개니 그 안에서 벌레를 보았다는 이야기를 들었다."[17]라고 말한다. 지금 사람들도 백금을 용해하는 경우 일종의 세균을 용광로 가운데 함께 넣으면 백금이 이미 용해돼도 세균은 여전히 살아 있음을 본다. 이 두 가지는 모두 그런 예이다.】 그렇다면 얼음이 반드시 차갑고, 불이 반드시 뜨거운 게 아님을 알 수 있다. 사람들이 말하는 앎이 혹은 관동과 화서 이야기가 말하는 '알지 못함'에 해당하기도 한다. 이는 저쪽이 안다고 하는 것을 이쪽은 또한 알지 못하는 것이라고 여기고, 이쪽에 알지 못하는 것을 또 저쪽에서는 안다고 말하는 데 해당한다. 그렇다면 사물의 실정이 이미 다른데 무엇으로 바탕을 삼겠는가? 세상 사람들이 사용하는 기준은 수은 온도계의 오르내림으로써 차갑고 따뜻함을 판단한다. 단지 '태양이 비추고 들불과 화롯불이 있어서'[積燎流爍] 온기가 미치는 곳은 온도계의 수은주가 상승하지만, 그곳이 정말 뜨거운지 아닌지 알 수 없다.

　　사마소통은 「천하」의 "불이 뜨겁지 않다."(火不熱)라는 구절에 대해 "쇠

14　任運分別(임운분별): 『瑜伽師地論』卷1(『大正藏』30, p.280c), "任運分別者, 謂於現前境界, 隨境勢力, 任運而轉, 所有分別."[임운분별은 눈앞의 대상에 대해서 대상의 세력에 따라 임운이 전전하여 분별이 있음이다.]

15　款冬(관동): '관동초'는 국화과 여러해살이풀로 우리나라에서는 머위라고 한다. 한의학에서는 몸에 열을 내는 효능이 있다고 하여 약재로 사용한다.

16　火鼠(화서): 중국 고대 전설에 나오는 동물로 불길 속에서 사는 쥐다.

17　世親造, 玄奘譯, 『阿毘達磨俱舍論』卷9(『大正藏』29, p.46b), "曾聞析破炎赤鐵團, 見於其中有蟲生故."

나 나무로 사람을 때리면 사람은 고통을 느끼지만 쇠나 나무가 고통을 느끼지는 않는다. 그렇다면 '불도 뜨겁지 않음'을 알 수 있다."[18]라고 풀었다. 가령 우리가 고통의 정도를 확인하고자 칼로 돌을 내리쳐 그것을 쪼개고, 보자기를 채찍으로 내리쳐 그 둘이 쪼개지고 찢기는 쉽고 어려움의 정도를 관찰한다면 그 행위를 하는 사람이 느끼는 고통의 정도는 알 수 있지만, 저 돌과 보자기는 고통이 전혀 없음을 지각할 것이다. 그렇다면 수은 온도계로 열을 감지하는 것도 어떻게 이와 다르겠는가? 세력과 작용의 상속도 이치가 또한 이와 같다.

무릇 활활 타오르는 불꽃 속에서 남은 땔감을 찾지만, 불꽃 속에서도 남을 만한 땔감은 없고, 폭풍 속에서 움직이지 않고 가만히 있는 깃털을 찾지만, 폭풍 속에 움직이지 않고 가만히 있는 깃털이란 없다. 이는 단지 인류가 의거하는 것으로 '인식의 준거'[度量]로 삼았을 뿐이다. 불은 물을 태울 수 없고, 바람은 빛을 날릴 수 없고, 취포(毳布)[19]는 불에 빨아도 타지 않고, 돌고래는 바람을 거슬러 헤엄쳐도 멈추는 일이 없다. 그렇다면 불이 사물을 태울 수 없고, 바람이 사물을 흔들 수 없음을 알 수 있다. 무엇 때문인가? 그것에 대해 태울 수도 있고 없애 버릴 수도 있고, 그것을 태울 수도 없고, 없애 버릴 수도 없다면 태울 수 있고 없앨 수 있다고 말할 수 없다.

마치 저 소와 양이 보기에 사람은 다른 생명을 살해할 수 있지만, 실제 사람은 흙, 물, 불, 바람을 살해할 수는 없는 꼴이다. 그렇다면 사람은 진짜 살해할 수 있는 자가 아니다. 그래서 정확한 위치[正處], 정확한 맛[正

---

18   『釋文』(『集釋』4, p.1108), "火不熱, 司馬云: (中略) 猶金木加於人有楚痛, 楚痛發於人, 而金木非楚痛也."

19   毳布(취포): 화완포(火浣布)를 말한다. 고대 중국에서 사용한 불연성의 천으로 석면(石綿) 처리가 되어 있었는데 이것으로 방화복을 만들었다.

味], 정확한 색깔[正色]에 대해 질문한다. 이상의 사실은 감각 주체가 다르다면 감각 내용은 고정되지 않음을 밝힌다. 이것은 법집을 깨뜨리는 방법이기도 하다.

사람은 날짐승, 들짐승과 상황이나 생활이 다른데, 그것을 사람에 미루어서 실험해 보면, 옛사람은 '개미알 젓갈'[蚳醢]을 지극한 맛이라고 여겼고, 광둥 사람은 구운 쥐를 최고의 맛이라고 여겼다. 시대가 바뀌고 지역이 달라지면 그것을 보고 구역질을 하기도 하지만 그렇다고 저들이 야만인이고 우리는 문화인이라고 결코 말할 수 없다. 왜냐하면 본래 문명과 야만이라는 구분이 없기 때문이다.

다시 그것을 같은 시대 같은 지역에 적용해 보면, 사람들은 입에 맞으면 시든 삭았든 모두 맛있다고 여기고, 사랑의 감정이 닿으면 비록 추녀 모모(嬤母)[20]도 '미녀'[淸揚][21]로 여긴다. 이는 오밀조밀 모여 사는 '보통 사람'[恒人][22]도 집착하는 바가 서로 다른데, 하물며 인의(仁義)의 단서와 시비의 척도에 '정해진 기준'[定齊]이 있겠는가! 다만 자신이 마땅히 해야 할 상황에 처하면 회피해야 할지 나아가야 할지 취해야 할지 버려야 할지 알 뿐이다.

누군가 사물의 속성은 반드시 원래 그러하고 중생의 감정은 반드시 공통된다고 말한다면 '제대로 보지도 않고 해대는 주장'[一覕之論][23]으로 결

---

20   嬤母(모모): 중국 고대 전설상에 대표적인 추녀 중 한 사람.
21   淸揚(청양): 용모가 수려한 사람. 『詩經』「鄭風」'野有蔓草'1: "有美一人, 淸揚婉兮."
22   恒人(항인): 혹은 常人으로 보통 사람을 의미한다. 劉禹錫,「上杜司徒書」: "烈士之所以異於恒人, 以其伏節以死誼也."[절개와 충렬을 지키는 선비가 보통 사람과 다른 까닭은 죽어도 지조를 저버리지 않기 때문이다.]
23   一覕之論(일별지론): '覕'은 瞥(별)과 같은 자로 '얼핏 보다'라는 의미로 '一瞥'은 '한 번 흘끗 봄'을 말한다. '일별지론'은 한 번 흘끗 보아 잘 알지도 못하면서 이러쿵저러쿵 이야기하는 것이다.

코「제물론」의 주장은 아니다. 만약 누군가 저들이 느낀 점을 가지고서 나도 그럴 것이라고 주장한다면 이는 '편협하고 고루한 사람'[曲士][24]의 주장이다. 그래서 장자가 진실의 입장에서 제물평등의 의미를 설파하면서도 보통 사람의 생각에 호응했는데 이것이 "다른 사람의 생각에 반대하는 것을 진실한 도리쯤으로 여기고 다른 사람에게 이기는 것을 대단한 명예로 여기는 자"[25]와 다른 이유이다.

만약 '깨달은 사람'[至人]이라면 평등일여(平等一如)를 직접 깨달은 자로 '분별하는 마음'[岐相][26]이 없다. 구체적 감각에서 바람과 우레, 추위와 열기 같은[27] 차별적 감각이 없는데 무엇이 그를 침해하겠는가? 『대비바사론』 권31에서는 다음과 같이 말한다.

'감정과 의식의 동요'[傾動][28]를 완전히 극복[捨]했기 때문에 대비(大悲)라고 이름한다. 만약 붓다께서 '아집과 법집을 완전히 극복한 경지'[大捨法]에 온전히 계실 때는 시방 모든 중생이 일시에 큰 소라 피리를 불고 큰 북을 울리고, 혹은 번개와 벼락이 내려쳐 산과 대지를 뒤집어 놓더라도 붓다께서 마음을 내어 그것을 보고 듣게 할 수 없다.[29]

---

24   曲士(곡사): 『莊子』「秋水」에 등장하는 표현으로 편협하고 고루한 선비를 말한다. 『釋文』(『集釋』3, p.565) "曲士, 司馬彪曰: 曲士, 鄕曲之士也."[사마표는 "곡사는 시골구석의 선비다."라고 했다.]

25   『莊子』「天下」7: "以反人爲實, 而欲以勝人爲名."

26   岐相(기상): '岐'(기)는 山(산)과 支(지)가 결합한 말인데 큰 산 주변에 거기서 뻗어 나온 작은 산이 분포된 모습을 가리킨다. 마치 나무에 가지가 갈래 쳐서 나온 것과 같다. 여기서 '기상'은 앞에 진여평등을 가리키는 '일여(一如)'와 대비되어 분별하는 마음을 의미한다.

27   風雷寒熱(풍뢰한열): 풍(風)은 본문의 '飄風振海'(세찬 바람이 바다를 뒤집음)를 가리키고, 뢰(雷)는 본문의 '疾雷破山'(격렬한 우레가 산을 쪼갬)을 가리킨다. 한(寒)은 '河漢沍而不能寒'(황하와 한수는 얼어붙더라도 추위를 느끼지 않음)을 말하고 열(熱)은 본문의 '大澤焚而不能熱'(큰 연못은 불길에 휩싸여도 열기를 느끼지 않음)을 말한다.

28   傾動(경동): 傾倒의 의미로 넘어지고, 자빠지는 모습을 말한다. 여기서는 감정의 동요를 가리킨다.

이것이 바로 이른바 '깨달은 자'[至人]이다. 곽상은 지인에 대해 "정신은
온전하고 육체는 갖추어져 몸이 사물과 조응하는 사람으로 비록 지극한
변화를 겪더라도 자기를 잃은 적이 없다. 그래서 흉중엔 모든 것을 씻어
낸 듯 '거슬림'[蠆介]³⁰이 하나 없다."³¹라고 풀었다.

---

29   五百大阿羅漢等造, 玄奘譯, 『阿毘達磨大毘婆沙論』卷31(『大正藏』27, p.160a), "復次傾動
      大捨故名大悲, 謂佛成就二種大法, 一者大捨. 二者大悲. 若佛安住大捨法時. 假使十方諸有
      情類. 一時吹擊大角大鼓. 或現雷震掣電霹靂諸山大地傾覆動搖. 不能令佛擧心視聽."
30   蠆介(채개): 蠆(채)는 가시의 의미이고 介는 芥와 동자로 겨자이다. 피부에 가시가 박
      혀 따갑고 겨자를 삼켜 매운 상황을 가리킨다. 그래서 '채개'는 지속되는 작은 불편함
      을 의미한다. 『文選』·張衡·「西京賦」: "眭眥蠆芥, 屍僵路隅."
31   郭象, 『莊子注』「齊物論」(『集釋』1, p.96): "夫神全形具而體與物冥者, 雖涉至變而未始非
      我, 故蕩然無蠆介於胸中也."

제
5
장

瞿鵲子問乎長梧子曰: 吾聞諸夫子: 聖人不從事於務, 不就利, 不違害, 不喜求, 不緣道. 無謂有謂, 有謂無謂, 而遊乎塵垢之外. 夫子以爲孟浪之言, 而我以爲妙道之行. 吾子以爲奚若?

구작자가 장오자에게 물었다. "저는 우리 선생님에게 이런 이야기를 들었습니다. 어떤 사람이 '성인은 세상사에 종사하지 않고, 이익을 쫓지 않고, 해를 피하지 않고, 뭔가 갈구하지도 않고, 도에 얽매이지도 않는다. 말하지 않아도 말이 있고, 말을 해도 말이 없고, 티끌과 더러움 바깥에서 노닌다고 합니다.'라고 하자 선생님께서는 이를 맹랑한 소리라고 했다고 합니다. 하지만 저는 그 말이 깨달음의 실천이라고 생각했습니다. 장오자께서는 어떻게 생각하십니까?"

長梧子曰: 是皇帝之所聽熒也, 而丘也何足以知之! 且女亦大早計, 見卵而求時夜, 見彈而求鴞炙.

장오자가 말하였다. "이는 황제가 들어도 어리둥절할 이야기인데 공구(孔丘) 같은 사람이 어떻게 그 경지를 알겠는가! 또한 자네도 꽤 성급해 보이네. 알을 보고는 새벽닭 울음소리를 떠올리고, 화살을 보고는 올빼미 구이를 떠올리는 격일세."

予嘗爲女妄言之, 女以妄聽之奚? 旁日月, 挾宇宙, 爲其脗合, 置其滑湣, 以隷相尊. 衆人役役, 聖人愚芚, 参萬歳而一成純. 萬物盡然, 而以是相蘊.

"내 자넬 위해 헛소리를 한번 지껄여 봄세. 자네도 미친 척 한번 들어 보겠나? 성인은 해와 달을 곁에 두고 우주를 옆구리에 끼고 만물과 합치되기를 추구하고, 혼돈의 도에 머물러 노예와 같이 천한 사람도 귀인같이 존중한다네. 보통 사람은 애써 노력해도 성인은 우둔해서 만년 세월을 뒤섞어 하나의 순수를 이룬다네. 일체중생이 모두 이런 상황이라네. 이로써 번뇌를 쌓네."

予惡乎知悅生之非惑邪! 予惡乎知惡死之非弱喪而不知歸者邪! 麗之姬, 艾封人之子也, 晉國之始得之也, 涕泣沾襟; 及其至於王所, 與王同筐牀, 食芻豢, 而後悔其泣也. 予惡乎知夫死者不悔其始之蘄生乎!

"사람이 생을 기뻐하는 게 미혹함이 아닌지 내 어찌 알겠는가? 사람이 죽음을 싫어하는 게 어려서 고향을 잃고 고향으로 돌아갈 줄 모르는 것이 아닌지 내 어찌 알겠는가? 리희는 예 땅 국경 지기의 딸이었네. 진나라가 그녀를 얻었을 때 그녀는 눈물로 옷깃을 적셨지만 진나라 임금의 처소에 이르러 임금과 함께 침소에 들고 맛있는 고기 요리를 먹게 되자, 그녀는 눈물 흘린 일을 후회했다고 하네. 마찬가지로 죽음에 이른 사람이 애초에 살기를 희망한 것을 두고 후회할지 내 어찌 알겠는가!"

夢飲酒者, 旦而哭泣; 夢哭泣者, 旦而田獵. 方其夢也, 不知其夢也, 夢之中又占其夢焉, 覺而後知其夢也. 且有大覺而後知此其大夢也. 而愚者自以爲覺, 竊竊然知之. 君乎, 牧乎, 固哉! 丘也與女, 皆夢也; 予謂女夢, 亦夢也. 是其言也, 其名爲弔詭. 萬世之後而一遇大聖, 知其解者, 是旦暮遇之也.

"꿈속에서 술 마시고 신난 사람이 아침에 일어나 슬피 울고, 꿈속에서 목 놓아 곡한 사람이 아침이 되어 사냥에 나서 즐거워한다네. 한참 꿈을 꿀 때는 그것이 꿈인지 모르고, 심지어 그 꿈의 길흉을 점친다네. 꿈을 깨고 나서야 이 모든 것이 꿈임을 안다네. 또한 크게 깨닫고 나서야 이것이 한바탕 꿈임을 안다네. 어리석은 사람은 스스로 깨어 있다고 생각하여 온갖 일에 빠짐없이 아는 척하며 '임금이시여! 이놈들아!' 하니 참으로 비루하구나. 공자나 자네도 꿈을 꾸고 있네, 내가 자네더러 꿈꾸고 있다고 하지만 실은 나도 꿈을 꾸고 있네. 이런 말을 괴이하다고 할 것이지만, 만세를 기다려 대성을 만나고서야 그 해답을 안다면 이는 오히려 아침저녁으로 만난 것과 평상의 일이 될 것이네."

既使我與若辯矣, 若勝我, 我不若勝, 若果是也, 我果非也邪? 我勝若, 若不吾勝, 我果是也, 而果非也邪? 其或是也, 其或非也邪? 其俱是也, 其俱非也邪? 我與若不能相知也, 則人固受其黮闇, 吾誰使正之? 使同乎若者正之? 既與若同矣, 惡能正之!

"만약 내가 자네와 논쟁해서, 자네가 나를 이기고 내가 자네에게 지면, 진정 자네는 옳고 나는 틀린 것인가? 반대로 내가 자네를 이기고 자네가 내게 지면, 진정 내가 옳고 자네가 틀린 것인가? 한쪽은 옳고 다른 한쪽은 틀린 것인가? 둘 다 옳거나 아니면 둘 다 틀린 것인가?
나와 자네가 서로 그것을 알 수 없다면 다른 사람은 진정 어둠 속에 빠지고 말 것이니 내가 누굴 시켜 그것을 정확히 판단하겠는가? 자네와 생각이 같은 사람을 시켜 그것을 판단하게 할까? 자네와 생각을 같이하는데 어떻게 그것을 정확히 판단하겠는가?"

使同乎我者正之? 既同乎我矣, 惡能正之! 使異乎我與若者正之? 既異乎我與若矣, 惡能正之! 使同乎我與若者正之? 旣同乎我與若矣, 惡能正之! 然則我與若與人俱不能相知也, 而待彼也邪?

"나와 생각이 같은 사람을 시켜 그것을 올바르게 판단하게끔 할까? 나와 생각이 같은데 그가 어떻게 그것을 올바르게 판단하겠는가? 나나 자네와 생각이 다른 사람을 시켜 그것을 올바르게 판단하게 할까? 이미 나와 그대 모두와 생각이 다른데 어떻게 그것을 바르게 판단할 수 있겠는가! 나나 자네와 같은 생각을 가진 사람을 시켜 그것을 바르게 판단하게 할까? 이미 나나 자네와 생각이 같은데 어떻게 그것을 바르게 판단할 수 있겠는가! 그렇다면 나와 자네, 그리고 제삼자도 모두 서로 알 수 없는데, 그 누구를 기다려야 하겠는가?"

何謂和之以天倪? 曰: 是不是, 然不然. 是若果是也, 則是之異乎不是也, 亦無辯; 然若果然也, 則然之異乎不然也亦無辯. 化聲之相待, 若其不相待, 和之以天倪, 因之以曼衍, 所以窮年也. 忘年忘義, 振於無竟, 故寓諸無竟.[1]

무엇을 "천예로써 조화시킨다."라고 합니까? "옳지 않은 것을 옳다고 여기고, 그렇지 않은 것을 그렇다고 여긴다. 옳은 게 정말 옳다면, 옳은 게 옳지 않은 것과 다르다는 점은 말할 필요도 없다. 그런 게 정말 그렇다면 그러한 것이 그렇지 않은 것과 다르다는 점은 말할 필요도 없다. 시비에 대한 논변은 상호 대립하고 상호 의존한다. 만약 상호 대립하거나 의존하지 않는다면 무궁한 변화를 따를 것이다. 일생을 보내는 방법이다. 생사도

---

1 이 구절은 『장자』 판본에 따라 본문의 문장 순서가 다르다. 송대 呂惠卿은 "化聲之相待, 若其不相待, 和之以天倪, 因之以曼衍, 所以窮年也."를 "何謂和之以天倪? 曰; 是不是, 然不然. 是若果是也, 則是之異乎不是也, 亦無辯; 然若果然也, 則然之異乎不然也亦無辯." 앞에 배치했다. 章太炎이 이 구절에서 활용한 「제물론」 본문은 林希逸본에 따른 것이다.(전호근, 『장자역주』1, p.123.)

잊고 시비도 잊고 무궁무진의 세계 속에서 노닐련다. 그래서 허무 경계 속에 몸을 깃든다."

이 장은 먼저 '중생의 실체 없음'[生空][2]을 이야기하고, 다음 '중생의 실체 없음'도 언어나 논변을 통해서 이해할 수 있는 게 아님을 이야기하고, 마지막 언어를 떠난 자증을 이야기한다. "이익을 쫓지 않고 해를 피하지 않는다."(不就利, 不違害)라는 구절을 곽상은 "임하여 곧장 나아간다."[3]라고 풀었다.[4] "뭔가 갈구하지 않는다."(不喜求)라는 구절은 불로장생을 욕망하지도 않고 열반[寂滅]을 욕망하지도 않음을 이야기한다. "도에 얽매이지 않는다."(不緣道)라는 구절은 진여[道]는 일상적 사고로는 인식할 수 없고 증득한 진여는 어떠한 경계도 존재하지 않음을 안다는 의미다. 『화엄경』에서 "어떤 법도 지(智)에 의해 증득되지 않기 때문에 어떤 지(智)도 법을 증득하는 일이 없다."[5]라고 한 것과 유사하다. 그래서 비록 보통 사람의 수준을 고려해 진여를 인식한다고 말하지만 사실은 진여를 인식하는 일이 없다.

"말하지 않아도 말이 있다."(無謂有謂)라는 구절은 「우언」의 "종신토록 말하지 않았지만 말하지 않은 적이 없다."[6]라는 의미다. "말을 해도 말이

---

2 生空(생공): '생(生)'은 '중생(衆生)'을 의미하고 여기서는 사물이 아니라 '의식을 가지고 주체적으로 작용하는' '자아'를 가리킨다. 그래서 '생공'은 '아공(我空)'을 의미한다. 불교에서 중생은 색·수·상·행·식 등 오온으로 임시로 화합하여 이루어진 것이지만 '나'라고 할 만한 주체가 없다고 말한다.

3 郭象, 『莊子注』 「齊物論」(『集釋』1, p.98), "任而直前."

4 어떤 상황에 처했을 때 이치에 합당하다면 자신의 이해를 고려하지 않고 곧장 해야할 일을 한다는 의미다.

5 實叉難陀譯, 『大方廣佛華嚴經』卷25(『大正藏』10, p.134b), "無有少法爲智所入, 亦無少智而入於法."

없다."(有謂無謂)라는 구절은 「우언」의 "종신토록 말하였지만 말한 적이 없다."[7]라는 의미다. "'티끌과 더러움'[塵垢] 바깥에서 노닌다."(遊乎塵垢之外)라는 구절에 대해서 곽상은 "진실하지 않은 모든 것이 티끌이고 더러움이다."[8]라고 풀었다. 이 구절의 의미는 본래 '깨달음[妙道]의 실천'이지만 장오자는 다시 '성급한 판단'[早計]이라고 규정했다. 이 구절의 이치는 언어가 사라진 경지이며 사변으로 미칠 수 있는 영역이 아니다. 그것의 원인을 알지 못하고서 그것의 결과만을 추구하면 결국 무지몽매[佝瞀][9]의 길로 빠지고 만다. 그래서 "시험 삼아 망령되이 말함으로써" 그로 하여금 바른길을 따라 깨닫게 했다.

"해와 달을 곁에 둔다."(旁日月)라는 등의 구절은 모두 '중생이 실체 없음'을 이야기하고 "이익을 쫓지도 않고, 해를 피하지도 않고, 뭔가를 갈구하지도 않는" 까닭을 밝힌다. "해와 달을 옆에 둔다."라는 구절은 삶과 죽음이 밤낮처럼 교대함을 비유하고, "우주를 옆구리에 낀다."(挾宇宙)라는 구절은 만물이 본래 일체임을 비유한다. "만물과 합치된다."(脗合)라는 구절을 곽상은 "(만물과) 간격이 없음을 의미한다."[10]라고 풀었다. 상수(向秀)는 골혼(滑涽)을 골혼(汨涽)으로 적고는 "확정되지 않음."[11]이라고 풀었는데 이는 당연히 '허망분별의 원인'[亂相][12]과 '허망분별 자체'[亂體][13]를 비유

---

6   『莊子』「寓言」1: "終身不言, 未嘗不言."

7   『莊子』「寓言」1: "終身言, 未嘗言."

8   郭象,『莊子注』「齊物論」(『集釋』1, p.98), "凡非眞性, 皆塵垢也."

9   佝瞀(구무): '佝'(구)는 어리석음이고 '瞀'(무)는 어둠침침함이다. 그래서 '구무'는 무지 몽매함이다.

10   郭象,『莊子注』「齊物論」(『集釋』1, p.101), "無波際之謂."

11   『釋文』(『集釋』1, p.101), "向云: 汨涽, 未定之謂."

12   亂相(난상): 窺基撰,『成唯識論述記』卷7(『大正藏』43, p.492c), "亂相者, 相者因也, 亂謂 心等忘倒, 以色識爲因, 起忘心故, 說色識爲亂相."[난상(亂相)에서 상(相)은 원인의 의미 이고 난(亂)은 마음 등이 망령되고 전도됨이다. 색식(色識)이 원인이 되어 망령된 마음을 일으키기 때문에 색식(色識)을 난상(亂相)이라고 규정한다.]

한 것이다.

"노예같이 천한 사람도 귀인같이 존중한다."(以隸相尊)라는 구절에서 노예[隸]¹⁴는 「전자방」의 다음 구절의 의미에 해당한다.

> 자기[我]가 노예보다 귀하다고 생각하는 사람은 마치 몸에 묻은 흙을 떨듯 노예를 버린다. 이런 자는 자기에게 있는 것을 귀하다고 여기고 변화 속에서도 그것을 잃지 않는다. 만물은 변하지만 처음부터 끝이 없다.¹⁵

여기서 말하는 '자기'[我]는 바로 '불변(不變)과 수연(隨緣)의 성격을 지닌 여래장(如來藏)'¹⁶이다. 예(隸)란 말을 살펴보면, 사지(四肢)와 백 개의 신체 기관을 집합하여 신근(身根)¹⁷으로 삼는데 "노예와 같이 천한 사람도 귀인같이 존중한다."¹⁸는 것은 불교에서 말하는 살가야견(薩迦耶見, satkāya-dṛṣṭi)¹⁹

---

13 亂體(난체): 窺基撰, 『成唯識論述記』卷7(『大正藏』43, p.492c), "亂體即是諸識."[난체는 곧 여러 식이다.]
14 隸(예): 장타이옌은 『제물론석』 초본에서 '예'를 풀면서 정본과 마찬가지로 「전자방」 구절을 인용했지만 "이 구절은 신아설(神我說)에 가깝고 또한 여래장설과 통할 수 있는데 그 본의가 둘 가운데 어디에 속하는지 미심쩍다."라고 의견을 밝힌다. 초본에서 장타이옌은 이렇게 판단을 유보하지만 정본에서는 그것을 여래장설로 확정한다.
15 『莊子』「田子方」4: "棄隸者, 若棄泥塗, 知身貴於隸也. 貴在於我, 而不失於變. 且萬化而未始有極也."
16 如來藏不變隨緣(여래장불변수연): '여래장'(如來藏, tathāgatagarbha)은 '여래로 성장할 태아'라는 의미다. 대승불교 일부에서는 중생이 본래부터 부처가 될 수 있는 능력을 가졌다고 주장한다. 그것을 여래장이라고 말하거나 혹은 불성(佛性)이라고 조금은 다르게 표현한다. '불변'과 '수연'은 중국불교의 주요 문헌인 『기신론』에서 '진여'의 성격으로 제시되는 상반된 두 가지 개념이다. 진여는 시공을 떠난 진리로서 변화하는 게 아니다. 또한 진여는 상황에 따라 다르게 나타나고 작동한다. 『기신론』은 진여 개념을 통해서 진여평등의 분별없는 세계를 표현하면서도 중생이 살아가는 이 세계의 출현까지 설명하려 한다. 그래서 진여에 이 두 가지 상반된 성격을 부여했다.
17 身根(신근): 유근신(有根身, sendriya-kāya) 혹은 유색근신(有色根身)이라고 한다. 색은 물질의 의미이고 근은 다섯 감각 기관을 가리킨다. 그래서 유근신은 감각 기관과 그것의 활동을 포함하는 인간의 신체를 말한다.

이다. 이는 '생사가 서로 다르지 않고', '만물이 하나로 같은데' 그 가운데 망령되이 난상(亂相)과 난체(亂體)를 드러내[20] 살가야견(유신견)을 일으키는 것을 말한다.

일반 사람은 시비를 가리는 데 정신없이 바쁘고[馳流] 성인(聖人)은 아무것도 모르는 듯 우둔하다. 성인이 우둔한 듯해도 진짜 우둔한 것은 아니다. 「천지」에서는 "황제가 검은 구슬을 잃어버려서 똑똑한 사람에게 찾게 했지만 찾지 못했고, 눈이 밝은 사람에게 찾게 했지만 찾지 못했고, 말재주 좋은 사람에게 찾게 했지만 찾지 못했다. 그래서 형상에 붙들리지 않는 사람(象罔)에게 찾게 하니 그것을 찾았다."[21]라고 한다. 「지북유」에서는 "알지 못하는 게 곧 아는 것이요! 아는 것이 곧 알지 못하는 것이리라!"[22]라고 말한다.

이상 두 이야기는 모두 「제물론」의 "보통 사람은 애써 노력하지만 성인은 우둔하다."(衆人役役, 聖人愚芚)라는 구절의 의미이다. '성인처럼 우둔한 사람'[愚芚]은 중생이 무한한 세월 동안 '하나의 오랏줄'[一純束][23]에 '결박당해'[纏縛][24] 그것에서 벗어나지 못하고 있음을 '통찰'[觀][25]한다. '일체중

18 　以隸相尊(이예상존): 뒤의 풀이를 고려하면 오온 화합의 임시적인 신체를 참된 자기로 존귀하게 여기는 태도를 말한다.

19 　薩迦耶見(살가야견): 유신견(有身見) 내지 신견(身見)으로 한역하기도 하는데 오온(五蘊)이 결합하여 이루어진 거짓된 육신을 자아로 집착하는 견해이다.(『佛光』, p.6600)

20 　於中妄箸亂相亂體(어중망착난상난체): 여기서 '妄箸'은 '망령되이 집착하다'로 해석할 수 있고, '망령되이 나타내다.'로 해석할 수 있다. 뒤의 '난상'과 '난체'는 앞서 주석했듯 불교 술어로서 의미도 있지만 장타이옌은 그 의미를 정확히 지키지는 않았고, 여기서는 상식(相識)과 견식(見識) 즉 식에 의해 구성된 거짓 인식 대상과 거짓 인식 주관의 의미에 가깝다.

21 　『莊子』「天地」4: "黃帝(中略)遺其玄珠, 使知索之而不得, 使離朱索之而不得, 使喫詬索之而不得也. 乃使象罔, 象罔得之."

22 　『莊子』「知北遊」7: "弗知乃知乎! 知乃不知乎!"

23 　앞서 말한 '隸'이자 '身根'이다. 중생이 일반적으로 '나'라고 생각하는 신체를 가리킨다. 그것을 하나의 속박으로 간주한 셈이다.

생'[萬物]이 모두 이런 상황이라"(萬物盡然) 이 살가야견으로 번뇌[塵勞]를 쌓아 일으킨다[積起].²⁶ 이 사실은 일상의 지혜로 분별하는 자가 알 수 있는 게 아니고 분별없는 자라야 알 수 있다.

일상의 언설 그대로 분별하면 "'생을 기뻐하고'(悅生) '죽음을 싫어하는' (惡死) 것이 어찌 미혹 아님을 알겠는가?"(知之非惑) 여희(麗姬)가 눈물 흘린 사건으로 비유한 것은 죽음을 안식처[得所]²⁷로 삼으려는 게 아니라 단지 삶에만 집착하는 태도를 바로잡고자 해서다. 꿈꾸고 잠깨는 비유는 삶은 꿈이고 죽음은 잠을 깬 상태라고 주장하는 게 아니다. "'크게 깨달은'[大覺]²⁸ 후에야 이것이 한바탕 큰 꿈임을 안다."(有大覺而後知其大夢)라는 구절은 생이 꿈임을 아는 사람은 불로장생을 욕망하지 않고, 생사가 모두 꿈임을 아는 사람은 적멸[寂滅]까지도 욕망하지 않는다는 사실을 알려 주려는 것이다.

어리석은 사람은 신체가 '큰 노예'[臺隸]임을 알지 못하고 도리어 그것을 '존귀한 사람'[君牧]인 양 여기고 그것이 주재(主宰)의 능력을 지녔다고 생각한다. 이 또한 '고루한 생각'[固]이다. 하지만 장오자가 실상을 '직접 증득'[親證]하고 나서 한 주장은 아니다. 그래서 "만세를 기다려 대성을 만나

---

24   纏縛(전박): 불교 술어 가운데 번뇌를 나타내는 다양한 표현이 있다. 그중 하나가 繫縛(계박)이다. 장타이옌은 이 술어를 염두에 두고 '전박'이란 말을 쓴듯하다.

25   「제물론」 본문 '參萬歲而一純'의 해설인데, 장타이옌은 '參'을 '觀'으로 해석하는데 '參觀'이란 말에서 그런 예를 찾을 수 있다.

26   장타이옌은 「제물론」 본문의 온(蘊)에 쌓는다는 의미가 있다는 점을 고려해 그것을 '적기(積起)'로 풀었다. 오온의 화합으로 자아가 일어남을 말한다. 초기 불교에서는 자아는 오온의 집합이기 때문에 '무아'라고 말했다.

27   得所(득소):『詩』「魏風」'碩鼠'22: "樂土樂土, 爰得我所."[낙토 낙토여! 살기 좋은 곳, 내 살 곳 얻었네.]

28   大覺(대각): 붓다의 깨달음을 가리킨다. 정각(正覺) 또는 대오(大悟)라고도 한다. 붓다의 깨달음에 대해 굳이 '대'각이라고 하는 이유는 그것이 완전한 깨달음이고 또한 중생을 구제하는 깨달음이기 때문이다.(『佛光』, p.912)

고서야 그 해답을 알 것이다."(萬世之後而一遇大聖, 知其解.)

다음은 비록 대성(大聖)을 기다려도 대성은 생공(生空)을 증명[定][29]할 수 없음을 밝힌다. 어떻게 그것을 밝히는가? 「제물론」 본문의 '논변'[辯]은 '증명'[證]이고 사구(四句, Catuṣkoṭi)[30]를 벗어나지 않는다. 비록 다시 대성(大聖)에게 기대지만 대성은 스스로 깨닫는 자증(自證)의 역량은 있지만 타인에게 그것을 증명하는 언어는 갖지 못했다. 그래서 대성이 사용하는 언어도 결국 세속의 방식을 따르기 때문에 사구를 벗어나지 못한다. 그렇다면 "말하지 않지만 말이 있고, 말하지만 말이 없는 미묘한 도리"(無謂有謂有謂無謂之妙道)를 여기에서 명쾌하게 알 수 있다.

마지막으로 "천예로써 조화시킨다."(和之以天倪)라는 구절은 대성(大聖)을 기다려 생공(生空)을 깨닫는 것은 오히려 자기 스스로 깨닫는 것만 못하다는 사실을 의미한다. 천예(天倪)를 곽상은 "자연의 분수"[31]라고 풀었다. 모든 중생이 처음에는 '세밀하게 관찰하고 사유'[尋思]하는 것으로 시작하여 결국 그것으로 여실지(如實智)를 견인한다. 그들 모두 이 '여실

---

29   定(정): 雖'俟'大聖, 亦不可'定'生空義. "대성을 기다린다."라고 할 때 동사 '사(俟)'의 주어와 뒤의 동사 '정(定)'의 주어가 동일한지 다른지 고민이 된다. 그에 따라 '정'의 해석이 달라진다. 바로 뒤의 문장을 보면 대성(大聖)은 자신은 깨달았지만 타인에게 그것을 증명할 언어는 갖지 못했다. 그렇다면 생공을 깨닫는 주체나 그것을 증명하지 못하는 주체도 대성이다. 그리고 '변자증자(辯者證者)'란 구절에서 장타이옌은 「제물론」 본문의 '변'을 '증'으로 해석했음을 알 수 있다. 이때 '증'은 결코 증득이나 증입 같은 깨달음의 의미는 아니고 오히려 '辨證'이라고 할 때처럼 '증명'의 의미이다. 그가 '사구분별'과 같은 논리 제를 거론한 것에서도 알 수 있다.

30   四句(사구): 혹은 사구분별(四句分別). 불교 인식론에서는 우리가 행하는 판단을 네 가지 형식에 귀속시키고 그것의 모순을 지적한다. 대승불교 논사 나가르주나는 『중론』에서 이 '사구 비판'을 통해 우리의 모든 판단이 모순이고 희론임을 지적한다. 아울러 깨달음은 이 희론을 소멸하는 것과 관련된다고 주장한다. 사구의 형식은 다음과 같다. 제1구: 그것은 A이다.(A) 제2구: 그것은 A가 아니다.(~A) 제3구: 그것은 A이면서 A가 아니다.(A∩~A) 제4구: 그것은 A도 아니면서 A가 아닌 것도 아니다.(~A∩~~A)

31   郭象, 『莊子注』 「齊物論」(『集釋』1, p.109), "天倪者, 自然之分."

지'[32]에 의지한다면 생공을 '스스로 깨달을 수 있다'[自內證知]. 마치 어떤 사람이 우물물을 마시고 그 물이 짜다고 아니면 심심하다고 판단하면 다른 사람이 어지럽게 주장하거나 궤변을 늘어놓아도 그 생각을 바꿀 수 없는 것과 같은 노릇이다. 그렇다면 "이것은 이것 아닌 것과 다르고, 그러한 것은 그렇지 않은 것과 다르다."[33]는 사실은 금방이라도 알 수 있는데 어떻게 다른 사람이 궤변을 늘어놓아 그 사람의 판단을 어지럽힐 수 있겠는가!

그렇지만 자내증(自內證, pratyātmādhigama)[34] 또한 진제와 속제로 차이가 있다. 다섯 가지 감각 기관이 감각한 사실을 말재주로 부정할 순 없다. 감각 주체와 감각 대상은 오히려 서로 의지하기 때문에 감각한 내용인 푸른색, 노란색, 단맛, 쓴맛 등이 과연 우리가 감각한 그대로 푸르고, 노랗고, 달고, 쓴 것일까? 「대종사」에서 말한다.

　　대개 인식은 인식의 척도가 있고 나서야 정당한 인식이 된다. 하

32　『제물론석』 본문에서 이 부분은 '此量'으로 표기했는데, 이때 '此'는 바로 앞의 '여실지'를 가리킨다. 중요한 것은 그가 '量'이란 표현을 썼다는 점이다. 여실지는 現量도 比量도 아니고 非量이나 聖言量도 아니다. 인식의 척도가 아니라 깨달음이라고 보는 게 사실에 더 가깝다. 하지만 그는 이것을 인식 척도로 묘사했다. 뒤에 우물물을 마시는 비유를 고려하면 여실지는 오히려 현량처럼 보이기도 하고, 또는 오늘날 말로 직각(直覺)으로 표현해도 될 듯하다.

33　「제물론」 본문 "是不是, 然不然. 是若果是也, 則是之異乎不是也, 亦無辯; 然若果然也, 則然之異乎不然也亦無辯."을 요약한 것이다.

34　自內證(자내증): '內證'이라고도 하는데 자기[自] 내면의 마음으로 진리를 깨닫는[證悟] 것을 가리킨다.(『佛光』, p.2516) 『섭대승론』에서 제불 법신은 다섯 가지 속성(相, lakṣaṇa)을 가진다고 말하고 그 다섯 번째로 '불가사의(不可思議)'를 제시한다. 『攝大乘論』(『大正藏』31, p.149b), "五不可思議爲相, 謂眞如淸淨自內證故, 無有世間喩能喩故, 非諸尋思所行處故."[다섯 번째 속성은 '불가사의'이다. (제불 법신은) 진여청정자성을 각자 내면으로 깨닫기 때문이고, 세간의 비유로써는 (제불 법신을) 비유할 수 없기 때문이고, (제불 법신은) '논리적 사유'[尋思]로 파악하는 대상이 아니기 때문이다.] 나가오 가진은 '심사'를 논리적 사유로 풀었다.(長尾雅人, 『攝大乘論-和譯と注解』上, 東京: 講談社, 2001, p.322.)

지만 그 인식의 척도는 사실 견고하지 않다.[35]

이것은 단지 세속의 자내증이지 아직 '진실한 자내증'(眞自證)일 수는 없다. '진실한 자내증'은 일상 인식이 아닌 인식으로 대상을 인식한다. 저 『기신론』에서 설한 "만약 마음이 인식을 일으키면 인식하지 못하는 대상이 있게 된다. 만약 마음의 본성이 그런 인식을 벗어나면 법계를 온전하게 관조한다."[36]라는 이야기와 동일하고, 「대종사」에서 설한 "'참된 사람'(眞人)이 있고 나서야 '참된 앎'(眞知)이 있다."[37]라는 이야기와 동일하다. 이는 상분과 견분의 상대적인 구도를 완전히 극복한 경지로 곧 진실한 자내증이다. 이 진실한 자내증은 처음에는 천예(天倪)에 의지하여 대상을 인식하다가 마지막엔 망념을 여읜 경지에서 깨닫는 최승천예(最勝天倪)[38]에 도달한다.

'화성(化聲)'[39]은 "'실질이 없는 교법'[似法][40]과 그것이 담고 있는 '실질이

---

35 『莊子』「大宗師」1: "夫知有所待而後當, 其所待者特未定也."

36 馬鳴菩薩造, 眞諦譯, 『大乘起信論』(『大正藏』32, p.579a). "若心起見, 則不見之相, 心性離見, 卽是徧照法界義故."

37 『莊子』「大宗師」1: "且有眞人, 而後有眞知."

38 最勝天倪(최승천예): 불교의 진리론에는 진제와 속제 두 가지를 인정하는 '眞俗二諦說'이 있다. '진제'를 第一義諦, 勝義諦 등으로 부르기도 한다. 장타이옌은 불교의 승의제와 「제물론」의 천예를 결합시켜 이 표현을 만들었다. 그리고 완전히 일치하지 않았지만 「제물론」 본문에서 '勝'이란 어휘를 사용한다.

39 化聲(화성): 곽상과 성현영은 화성을 다음과 같이 푼다. 郭象, 『莊子注』「齊物論」(『集釋』1, p.109), "是非之辯爲化聲."[시비에 관한 논변이 화성이다.] 成玄英, 『莊子疏』(『集釋』1, p.109), "夫是非彼我, 相待而成, 以理推尋, 待亦非實. 故變化聲說, 有此待名; 名既不眞, 待便虛待. 待即非待, 故知不相待者也."[시비와 피아는 서로 기대어 형성된다. 이치로써 미루어 따져 보면 기댄다는 것도 사실이 아니다. 그래서 變化聲說로 이런 기대어 형성된 이름이 있고, 이름이 이미 진실하지 않다면 기댄다는 것도 곧 거짓에 기대는 것이다. 기댄다고 해도 진실에 기대지 않기 때문에 서로 기대는 것이 아님을 안다.] 『섭대승론』에 등장하는 "사법사의, 유견의언" 구절의 의미로 보면 '화성'에서 '化'는 사실이 아니지만 의식 상에 펼쳐지는 내용, 즉 상식을 가리킨다. '聲'은 사실은 아니지만 의식상에서 저 내용 혹은 대상에 대해 언어로 분별하는 활동, 즉 意言分別을

없는 교의'[似義]⁴¹가 일어날 때 견식을 일으키고 의언(意言, manojalpa)⁴² 분별함"⁴³을 말한다. 이는 실제 대상을 직접 인식한 게 아니라 다른 사람의 언설에 기대 증명하고 평가한 것이다. 비록 대성(大聖)을 만나더라도 오히려 생공을 논리 정연하게 이해할 수 없다. 그렇다면 이는 대성에게 기대지 않는 것과 다를 바가 없다. 이런 상황에서 굳이 왜 안절부절 저 멀리 만세 이후의 성인에게서 해답을 구해야 하는가?

본문의 "천예로써 그것을 조화시키고 끝없는 변화에 자신을 맡기는 것이 하늘로부터 받은 생명을 다하는 방법이다."(和之以天倪, 因之以曼衍, 所以窮年)라는 구절에 대해 이야기해 보자. 「우언」에서 다음과 같이 말한다.

'동네 어르신 말씀'[重言]⁴⁴ 가운데 열에 일곱은 사람 사이 발생한

의미한다.

40 似法(사법): '사법'에서 '법'은 다문의 내용인 '대승의 교법'을 가리킨다. 대승 교법을 다문훈습하면 의식에서 그것에 대해 관조한 교법의 '영상'이 일어나는데 이는 실제는 아니기 때문에 '사(似)'법이라고 한다.

41 似義(사의): '사의'에서 '의'는 '대승 교법이 담고 있는 교의를 가리킨다.

42 意言(의언): 일본학자 나가오 가진은 '마음에서 말한다'라고 풀었다. 長尾雅人, 『攝大乘論-和譯と注解』下(東京: 講談社, 2001), p.5.

43 無著造, 玄奘譯, 『攝大乘論』(『大正藏』31, p.142b), "如是已說所知相, 入所知相云何應見? 多聞熏習所依, 非阿賴耶識所攝, 如阿賴耶識成種子; 如理作意所攝, 似法似義, 而生似所取事, 有見意言."[이와 같이 이미 소지상(所知相)을 설했다. 어떻게 입소지상(入所知相)을 알아야 하는가? 그것은 [대승경전에서 붓다가 교설한 가르침에 대해] '여러 차례 지속적으로 들어 이루어진 훈습'(多聞熏習)에 의지하고 [이 다문훈습은 아뢰야식의 성격을 전환하기 때문에] 아뢰야식에 포섭되지 않고, 아뢰야식이 [잡염법의] 종자를 성립시키듯 [다문훈습도 청정법의 종자를 성립시키고], 여리작의(如理作意)에 포섭되고 '실질이 없는 교법'과 그것이 담고 있는 '실질이 없는 교의'가 일어날 때 [색 등] '실질 없는 인식 대상'에 대해 견식을 일으키고 의언(意言, manojalpa) 분별한다.]

44 重言(중언): 장타이옌은 불교에서 말하는 성언량(聖言量)의 의미로 사용한다. 成玄英, 『莊子疏』(『集釋』4, p.947), "重言, 長老鄉閭尊重者也. 老人之言, 猶十信其七也."[중언은 마을에서 존중하는 권위 있는 노인이다. 노인의 말은 오히려 열에 일곱은 신뢰한다.] 『釋文』(『集釋』4, p.947): "重言, 謂爲人所重者之言也."[중언은 사람들에게 존중받는 사람의 말이다.]

제물론석

시비 다툼을 말리기 위한 것인데 노인의 말이면 무조건 옳다고 여기기 때문이다. 그러나 나이는 들었지만 사건의 경위와 시종을 제대로 파악하지 못한 채 공연히 나이에만 의지하는 자는 참된 선각자가 아니다. 남에 앞서는 덕을 갖추지 못했으면 사람의 도를 잃은 자이며, 사람의 도가 없는 자를 진부한 사람이라 말한다. '원만한 말'[卮言][45]은 날마다 생겨 천예로써 시비를 조화시키고 무궁한 변화에 자신을 맡기는 것이 그 천수를 다하는 방법이다.[46]

이 문장을 자세히 살펴보면, 인명학(因明學)에서 말하는 성교량(聖敎量) 같이 '고인의 말씀'[故言]에 의거하면 오래지 않아 쟁론을 멈추고 사람 사이 발생한 논변을 그치게 할 수 있어서 마치 사람들이 그 조언을 수용한 듯하지만 지혜 있는 사람이 그것에 설복당한 것은 아니다. 오직 '자연의 분수'(자연지분)로써 여러 입장을 조화시키고 '무궁한 변화'(무극지화)에 대처한다면 시비 논쟁은 자연 소멸하고 생명의 이치를 자연 체득할 것이다.

본문의 망년(忘年)[47]은 전후 찰나의 단절을 말하고 「지북유」에서 중니가 말한 "과거도 없고 현재도 없으며 시작도 없고 끝도 없다."[48]라는 의미

---

45 卮言(치언): 『釋文』(『集釋』4, p.948): "『字略』云: 卮, 圓酒器也."[『자략』에서는 "치는 둥근 술 그릇이다."라고 했다.], 王先謙, 『莊子集解』(『集釋』4, p.948): "夫卮器, 滿則傾, 空則仰, 隨物而變, 非執一守故者也; 施之於言, 而隨人從變, 己無常主者也."[술 그릇에 술이 차면 기울고 술이 비면 곧추선다. 사물의 상황에 따라 변화하고 한 가지만 고집하지 않기 때문이다. 그것을 언어생활에 적용해 보면 사람에 따르고 변화를 쫓으니 이미 고정된 주인이란 없다.]

46 『莊子』「寓言」1: "重言十七, 所以已言也, 是爲耆艾. 年先矣, 而無經緯本末以期年者者, 是非先也. 人而無以先人, 無人道也; 人而無人道, 是之謂陳人. 卮言日出, 和以天倪, 因以曼衍, 所以窮年."

47 忘年(망년): 「제물론」 본문에서는 장수와 단명의 판단에 대한 망각을 의미한다. 하지만 장타이옌은 '年'을 '나이'의 의미가 아니라 '시간'의 의미로 해석한다. 시간은 불교적으로 말하면 전위(前位) 찰나와 후위(後位) 찰나의 연속이다. 만약 그것이 단절된다면 시간관념은 붕괴하고 만다.

48 『莊子』「知北遊」10: "仲尼曰: 昔之昭然也, 神者先受之;今之昧然也, 且又爲不神者求邪! 无

에 해당하는데 성명(性命)의 이치를 궁구하는 정도의 수준을 넘어섰다. 본문의 "망의(忘義)"는 소지장(所知障)[49]의 단절을 말하고 노자(老子)가 말한 "지극한 지혜까지도 제거한다."[50]는 의미에 해당하는데 '자연의 분수로써 조화시키'(화이천예)는 수준을 초월한다. "망년(忘年, 시간관념의 타파)"은 본질의 측면이고 "궁년(窮年, 성명의 이치 체득)"은 작용의 측면이다. 이것을 제불보살의 응화(應化)[51]에 적용하면 제불보살은 나고 죽음과 수명의 길고 짧음을 쥐락펴락 자유자재로 조절하기 때문에 생사유전[常轉]하면서도 거기서 표류하지[漂蕩] 않고 삼세에 몸을 맡기면서도 열반[寂光]에 매달리지 않을 수 있다.

古无今, 无始无終. 未有子孫而有子孫, 可乎?'[중니가 대답했다. '어제 분명히 안 까닭은 신명이 그것을 먼저 받아들였기 때문이고, 오늘 이해하지 못하는 이유는 또한 신명으로 그것을 구하지 않기 때문이다. 과거도 없고 현재도 없으며 시작도 없고 끝도 없는 법이다. 본디 자손이 없는데 자손이 있다고 하면 되겠는가?]

49 所知障(소지장): 불교에서 중생의 깨달음을 방해하는 두 가지 근본적 장애를 제시하는데 번뇌장과 소지장이다. 소지장은 지장(智障)이라고도 하는데 앎이 장애가 되는 경우다. 자신이 깨달은 법에 집착하여 결국 완전한 깨달음에 나아가는 것을 방해한다. 장타이옌은「제자약설(諸子略說)」에서 "불가에서는 '아는 바가 있는 것'(有所見)을 소지장(所知障)이라고 했고 또한 이장(理障)이라고 했다. 한 줌의 지식이 있으면 한 줌의 소지장이 있는 셈이다."라고 말한다.(『疏證』, p.349) 그렇다면 '망의'의 '의'는 "법에 대해 깨달은 내용"(所知之義)으로 번뇌를 양산할 것이다.

50 滌除玄覽(척제현람):『老子』10: "滌除玄覽, 能無疵乎?"[거짓 꾸밈을 닦아 내고 궁극적인 통찰에 이르면 사물이 자신의 밝음에 개입하는 일이 없을 것이다.] 王弼,『老子注』(『王弼校釋』), "玄, 物之極也, 言能滌除邪飾, 至於極覽, 能不以物介其明. 疵之其神乎, 則終與玄同也." 왕필에게서 보이듯 '척제'(마음 수행)의 결과로 '현람'(통찰, 깨달음)을 획득했다는 해석이 일반적이지만 장타이옌은 '현람'을 '척제'의 결과가 아니라 목적어로 이해한다. 그렇다면 '척제현람'은 "'진리를 깨닫는 지혜'까지 척결한다."는 의미다. 왜냐하면 '소지장'의 '소지'는 단순히 세상에 대한 지식일 뿐만 아니라 법에 대한 일정 수준의 깨달음을 포함한다. 사실 이런 것도 궁극적인 깨달음에 이르는 데 장애가 되기에 해결해야 한다는 발상이다.

51 應化(응화): 부처와 보살이 중생의 이익에 호응[應]하여 중생과 같은 모습으로 나타나는[化] 것을 말한다. 깨달은 자는 번뇌도 없고 깨달은 자는 윤회도 하지 않는다. 하지만 번뇌에 휩싸이고 윤회에 갇힌 중생을 인도하기 위해서는 번뇌하고 윤회하는 자로 세계에 등장해야 한다는 발상이다. 대승불교의 보살 개념이 이런 전형을 보인다.(『佛光』, p.6430)

『순자』「치사」에서 "마음에 근심이 없으면 수명이 는다."[52]고 했고, 「수신」에서는 "'선악을 변별하는 척도'[53]로써 호흡을 다스리고 심신을 조절하면 그 수명이 팽조에 미치지 못하고, 수신을 자신의 이름으로 삼는다면 수명이 요임금과 우임금에 짝할 것이다."[54]라고 했는데 이 이야기가 어찌 안연이 '요절하지 않고'[秀實][55] 염백우가 '천수를 다하게'[考終][56] 할 수 있다는 말이겠는가![57]

견도위에 오른 보살은 생공(生空)을 완전히 통달하기 때문에 존재와 소멸이 일치하고, 구경위를 획득한 보살은 찰나에 상응하기 때문에 시간의 완급을 조절하여 관조한다.[58] 그래서 본문의 "티끌과 더러움 바깥에서 노닌다."(遊乎塵垢之外)라는 말이 허언이 아님을 안다.

질문: '천예(天倪)'의 공용은 단지 생공(生空)을 스스로 깨닫는 데 있는가?

대답: 단지 그것만은 아니다. '천예(天倪)'는 그 의미를 곧바로 풀면 바로

---

52 『荀子』「致士」3: "美意延年."

53 扁善之度(편선지도): '扁'을 '辨'으로 해석하면 변별이라 의미로 뒤의 '선'은 선악이 된다. 전체는 '선악을 변별하는 척도'로 해석할 수 있다. '扁'을 '遍'으로 해석하면 普遍의 의미로 '편선'은 어디서 무엇을 하든 선을 행한다는 의미다. 이때 '선'은 선악이 아니라 오로지 '선'이다. 그래서 '度'는 척도일 수가 없고 방법의 의미다.

54 『荀子』「修身」3: "扁善之度, 以治氣養生, 則後彭祖; 以脩身自名, 則配堯禹."[선악을 변별하는 척도로써 기운을 다스리고 생명을 양육하면 팽조보다 오래 살 것이고, 그 척도로써 신체를 수양하고 명성을 자신에게서 성취한다면 요임금과 우임금에 짝할 것이다.]

55 秀實(수실): 꽃을 피우고 열매를 맺는다는 의미이다. 『논어』에 나오는 '秀而不實'이란 말을 긍정으로 바꾼 것이다. 『論語』「子罕」22: "子曰: 苗而不秀者有矣夫! 秀而不實者有矣夫!"[공자께서 말하였다. 싹이 트고 꽃을 피우지 못하는 경우도 있고 꽃을 피웠지만 열매를 맺지 못하는 경우도 있구나!]

56 考終(고종): '考終命(고종명)'의 줄임말로 천수를 다 누리고 늙어 죽는 것을 말한다. 『說文』'老部'5357: "考, 老也."[고(고)는 늙음이다.]

57 『論語』「雍也」10: "伯牛有疾, 子問之, 自牖執其手, 曰: 亡之, 命矣夫! 斯人也而有斯疾也! 斯人也而有斯疾也!"[염백우가 병을 앓자 공자가 문병하였다. 남쪽 창문으로 그의 손을 잡고서는 '이럴 리가 없는데 천명인가보다. 이런 사람이 이런 병에 걸리다니. 이런 사람이 이런 병에 걸리다니.]

58 위의 "나고 죽음과 수명의 길고 짧음을 쥐락펴락 자유자재로 조절한다."라는 구절에 해당한다.

'자연의 분수'이다. 『성유식론』에서는 다음과 같이 말한다.

계경(契經)[59]에서 "일체 유정 중생은 시작을 알 수 없는 때부터 갖가지 계(界, 원인)를 가진다."라고 말했다. 마치 악차(惡叉) 열매가 땅에 떨어져도 한데 모여 있는 것'[60]처럼 '자연적으로 그것을 가진다[法爾而有]. 계(界)는 종자의 수승한[差別] 이름이다.[61]

또 『성유식론』은 이어서 경전을 인용해 다음과 같이 말한다.

계경(契經)에서는 "시작을 알 수 없는 때부터 계(界)는 일체법이 모두 의지하는 바이고 계는 인(因)의 의미다."라고 했다.[62]

계(界)는 종자식에 해당한다. 그렇다면 '자연의 분수'(천예)는 "갖가지 계(종자식)를 자연적으로 가짐이다." 『성유식론』에서 종자를 설하면서 상(相) 습기(習氣),[63] 명(名) 습기, 분별(分別)[64] 습기로 나누고, 유근신 및 기세

---

59   契經(계경): 일반적으로는 불교의 십이부경(十二部經) 전체를 가리키는 말로 쓰인다. 契(계)는 부처가 교설한 가르침에도 잘 계합하고 중생의 근기에도 잘 계합한다는 의미다.(『佛光』, p.3768)

60   惡叉聚(악차취): '惡叉'(akṣa)는 나무 이름이자 그것의 열매 이름이다. 열매 세 개가 한 꼭지에 달리고 그것이 떨어지면 한데 모여[聚] 있기 때문에 '惡叉聚'라고 부른다.(『佛光』, p.4945) 『成唯識論述記』(『大正藏』43, p.304b): "惡叉形, 如無食子, 落在地時, 多爲聚故, 以爲喻也."[악차의 형태는 무식자와 같고 땅에 떨어질 때 여러 개가 한 데 모이기 때문에 그것으로 비유를 했다.] 無食子는 너도밤나무 열매에 생기는 벌레혹으로 약재로 사용한다.

61   護法等菩薩造, 玄奘譯, 『成唯識論』卷3(『大正藏』31, p.8a), "如契經說, 一切有情, 無始時來, 有種種界, 如惡叉聚, 法爾而有. 界即種子差別名故."

62   護法等菩薩造, 玄奘譯, 『成唯識論』卷3(『大正藏』31, p.8a), "又契經說, 無始時來, 界一切法等依, 界是因義."

63   習氣(습기): 습성이나 관습의 의미이지만, 유식학에서 종자를 가리킨다. 중생의 행위가 아뢰야식에 훈습(熏習)되어 종자 형태로 보관되는데 종자란 말 대신 습기(習氣)란 번역어를 쓰기도 한다. 그것이 무형의 것이고 또한 '훈습'이란 표현을 고려하면 '습기'란 표현이 훨씬 우아한 번역어다.

간과 다르다고 말한다.[65] 만약 표상을 배제하고 핵심을 논한다면 유근신과 기세간은 곧 상분이고, 본래 종자 가운데 포섭된다.「우언」에서 말한다.

> 만물은 모두 종자이고 다른 모습의 사물로 유전하지만 처음과 끝
> 이 마치 고리 같아 그 끝을 붙잡을 수가 없으니 이를 천균(天均)이라
> 고 한다. 천균은 천예(자연의 역할)이다.[66]

이 내용은 이른바 무진연기(無盡緣起)[67]이다. 색근·기세간과 명·상·분별은 모두 종자라고 부르는데 바로 천예의 의미다. 만약 명·상·분별 습기로 대상을 집착하면 그것이 바로 성심(成心)이고 이것이 바로 원형관념(原型觀念)이다. 인간이 행하는 일체 '사고와 인식'[68]은 방향 없이 어지럽게 작동하지만 사유의 형식에 제한당해 달아날 수 없고, 온갖 주장을 평가할 때도 이 형식을 지키지 않을 수 없다. 왜인가? 여러 중생의 지견은 어떤 이는 얕고 어떤 이는 깊은 듯하지만, 사실 모두 종자에 의거해서 세

64 　相·名·分別(상명분별):『유가사지론』에서 말하는 유식 오사(五事) 가운데 유루법(有漏法)에 해당하는 셋이다. 상(相)은 언어로 지시된 사물의 모습이다. 명(名)은 사물을 가리키는 말이다. 분별(分別)은 언어를 이용한 심리활동과 언어를 동반하지 않는 심리활동을 통칭한다. 나머지 둘인 진여(眞如)와 정지(正智)는 무루법(無漏法)이다.

65 　護法等菩薩造, 玄奘譯,『成唯識論』卷2(『大正藏』31, p.10a), "執受有二, 謂諸種子及有根身. 諸種子者, 謂諸相名分別習氣."[(『유식삼십송』제3송의) '집수'는 두 가지 의미가 있는데 '여러 종자'와 '유근신'을 말한다. '여러 종자'는 각종 사물 습기, 명칭 습기, 분별 습기를 말한다.]

66 　『莊子』「寓言」1: "萬物皆種也, 以不同形相禪, 始卒若環, 莫得其倫, 是謂天均. 天均者, 天倪也."

67 　無盡緣起(무진연기): 중국에서 성립한 화엄학이 제시한 연기론이다. '연기'란 일체 존재자가 다양한 조건[因緣]에 의해 발생함[生起]을 말한다. '무진'은 '중중무진(重重無盡)'의 의미인데 한 존재자의 발생은 하나의 조건이 아니라 거듭되고[重] 다시 거듭되는 무한한 조건 혹은 관계 속에서 발생하고 그렇게 관계함을 가리킨다.

68 　원문에서는 정상(情想)과 지술(智術)이라고 표현했는데, 이것은 물론 사유나 표상 능력, 인식 방법 등을 가리킨다. 장타이옌은 이런 사물에 대한 일련의 인식과 사유는 앞서 언급한 일곱 가지 범주를 통해서만 가능하다고 말한다.

식·처식·상식·수식·작용식·인과식 그리고 아식을 일으킨다. 이 일곱 가지 종자식은 '사고의 울타리'[虎落, 藩籬]이고 '인식의 정원'[垣苑][69]인 셈이다.

그래서 인간은 결과가 있는데 원인이 없다든지, 형상은 있는데 실체가 없다든지, 색깔과 모습이 있는 존재가 공간을 차지하지 않는다든지, 미래가 현재보다 앞선다든지 하는 상태를 생각할 수 없다. 아무런 근거도 없는 궤변과 잠꼬대 그리고 광언을 일삼는 자나 유림, 불교거사, 대학자, 종교 교주가 논하는 내용이 설령 완전히 맞은 것은 아니지만 그렇다고 완전히 틀린 것도 아니다. 단멸론과 상주론 두 '극단적 사유'[邊見][70]는 중도(中道)의 일부만을 획득하지만 그렇다고 그것이 중도의 견해와 완전히 상반되는 것은 아니다. '전도된 견해'[倒見]는 다만 뒤집힌 것을 옳다고 오해할 뿐 그렇다고 정견(正見)에서 완전히 분리된 거라고 할 수는 없다.

그래서 비록 마왕 파순(天子魔, Devaputra-māra)[71]의 '괴이한 주장'[珍說][72]이라도 그 수준의 높낮이에 따라 잘못[釁瑕]을 판단할 수 있고 또한 결국에는 '세 가지 등급의 속제'[73]와 합치하는 점도 있고, 되풀이하며 수승한 인

---

69 垣苑(원원): '원(垣)'은 담장의 의미이기 때문에 '원원'은 담장을 둘러쳐 놓은 큰 정원을 의미한다. 인간의 사유든 지혜든 사실은 특정한 형식 속에서 이루어지는 활동임을 가리킨다.

70 邊見(변견): '변(邊)'은 극단의 의미로 불교에서는 전통적으로 두 가지 대비되는 극단적 견해를 제시한다. 斷見과 常見인데 달리 말하면 단멸론과 상주론이다. 인도 고대의 유물론자 차르바카처럼 생사윤회와 업보설을 인정하지 않고 사람이 죽으면 그것으로 끝이라고 주장하는 경우가 단멸론이다. 브라만교처럼 불변의 자아를 상정하고 인간의 속성이나 귀천도 변함이 없다고 주장하는 경우가 상주론이다.

71 天魔(천마): 천마(天魔) 혹은 천자마(天子魔)라고도 한다. 수행자 고타마 싯타르타가 깨달음을 얻는 과정에서 그를 유혹하고 깨달음을 방해한 마왕 파순을 가리킨다.

72 珍說(진설): 진귀한 주장이 아니라 역으로 괴이한 이야기나 주장을 의미한다. 『荀子』 「正名」16: "知者論道而已矣, 小家珍說之所願者皆衰矣."[지자는 말할 뿐이고 별 볼일 없는 자들이 괴이한 주장으로 지향하는 바는 모두 실패하고 만다.]

73 三等俗諦(삼등속제): 『유가사지론』에서 세간의 건립을 위해 언어에 바탕을 두고 세

연을 증대시키는데 돌이켜 보면 자연종자(自然種子)[74]로써 '서로 경쟁하고 영향을 준다'[角議].[75] 왜인가? 하나의 종자는 다른 여러 종자와 '서로 수용'[相攝]하고 이 종자는 저 종자와 '서로 대립'[相傾]한다. 서로 수용하니 그 하나가 보편은 아니지만 거기에 나아가 오히려 보편성을 보고, 서로 대립하여 장애가 되지만 그것을 바꾸어 무애를 체득한다. 그래서 속제에 한정된 여러 유정도 그 회통을 관조하면 이내 진제를 노정한다.

하지만 '저 무리'(앞서 언급한 궤변론자, 잠꼬대하는 사람, 광인 등등)가 스스로 '무지몽매에서 벗어나지'[發蒙] 못하면 반드시 서로 옳다고 다투는데 그렇게 되면 광명을 핍박하여 어둠을 만드는 꼴이다. 진실로 '남에게 설명할 때는 상대방이 알기 쉬운 데서 시작하고'[納約自牖][76] '잘 드러나지 않는 모습과 정미함'[精象][77]을 돌려 이것으로써 상대방을 명료하게 이해시킨다면 수용하는 사람은 마땅히 치료하지 못하는 질병이 없을 것이다. 여기서는

가지 사실을 제시한다. 이것이 3종 세속제로 세간세속(世間世俗), 도리세속(道理世俗), 증득세속(證得世俗)이다. 彌勒菩薩說, 玄奘譯, 『瑜伽師地論』卷64(『大正藏』30, p.653c), "安立三種世俗: 一世間世俗, 二道理世俗, 三證得世俗." 3종 세속을 요약하면 ① '세간세속'은 "논밭이나 주택, 병이나 접시를 안립하고 자아와 유정 등을 안립함이다. 이는 기본적으로 인연 화합으로 발생한 존재를 가리킨다. ② '도리세속'은 오온, 십이처, 십팔계 등을 안립함이다. 존재의 기본 요소와 그 유형을 가리킨다. ③ '증득세속'은 예류과 등 불교 수행의 과보와 그런 과보를 얻은 사람이 거처하는 세간법을 안립함이다.

74 自然種子(자연종자): 중생이라면 누구라도 가진 7종의 종자식을 말한다. 이때 '자연(自然)'이란 표현은 「제물론」에 등장하는 '천예(天倪)' 개념을 곽상이 '자연지분(自然之分)'으로 해석한 것과 관련 있다. 달리 말하면 장타이옌은 '분(分)'을 종자로 대체한 셈이다.

75 角議(각의): 여기서 '각'은 경쟁의 의미이고, '의'는 '의론(議論)'의 의미로 7종의 자연종자가 서로 대립하고 작용을 주고받는다는 의미다.(『疏證』, p.355)

76 納約自牖(납약자유): 남에게 뭔가를 설명할 때 쉬운 것부터 설명하여 차근차근 인도함. 『역』「坎」5: "樽酒簋貳, 用缶, 納約自牖, 終无咎."

77 精象(정상): 『老子』21: "道之爲物, 唯恍唯惚. 忽兮恍兮, 其中有象; 恍兮忽兮, 其中有物. 窈兮冥兮, 其中有精; 其精甚眞, 其中有信."[도의 성품은 황홀하여라. 황홀하지만 그 가운데 모습이 있고, 황홀하지만 그 가운데 사물이 있다네. 가물가물 보이지 않지만 그 가운데 정미한 기운이 있고, 그 정미함 너무도 진실해 그 가운데 믿음이 있다네.]

'동이지변'(同異之變)으로는 서로 교정할 수 없고 오직 '천예로써 조화시키는' 방법이 있을 뿐이다. 제1장에서는 "[성인은] 시비를 조화시키고 자연의 평균에 휴식하는데 이것을 양행(兩行)이라고 말한다."(聖人和之以是非, 而休乎天鈞, 是之謂兩行)고 했는데 이미 그 단서와 맹아를 보였다.

장자는 칸트의 비판철학[78]과 화엄학의 사법계설(四法界說)[79]을 포괄[籠罩]했는데 "세상에서 최고로 엄밀한 철인이 아니라면 그 누가 이 수준에 도달할 수 있겠는가?"[80] 천예로써 증득한 경지가 어찌 생공(아공)뿐이겠는가? 진실로 법공(法空)도 있다. 저 아집과 법집도 천예(天倪)로써 증득한 경지를 벗어나지 않는다. 진실과 허망이 동일한 근원이고 거짓과 사실이 '서로 교대'[相盪][81]한다. 또한 (천예는) 단지 스스로 깨닫는 방법일 뿐만 아니라 다시 다른 사람을 깨우치는 '도구'[齊斧]이다.

---

78   批判哲學(비판철학): 칸트는 『순수이성비판』에서 우리가 세계를 종합적으로 인식하기 위해서 감성적 선천 형식으로 시간과 공간을 제시하고 오성의 선천 형식으로 12개 범주를 제시한다. 장타이옌은 자신이 제시한 7종자식을 칸트의 12범주와 처음부터 대비시킨다. 그런데 그는 다시 7종자식 상호 간에 화엄종 방식의 연기가 작동한다고 함으로써 칸트식의 범주론과 화엄식의 무진연기설 이 둘의 결합을 시도한다. 물론 그 것을 장자가 해냈다고 말한다.

79   事理無礙・事事無碍(사리무애사사무애): 중국불교 종파 가운데 하나인 화엄종에서는 '법계연기설'로 세계 성립을 설명한다. 세계의 모든 존재는 중중무진하는 연기 관계 속에서 자신을 나타내고 다른 존재에 영향을 미친다. 이 관계를 통해서 세계를 설명하는 방식이 법계연기설이고, 화엄종의 청량징관은 이것을 좀 더 구체적으로 설명하기 위해 '사법계설'을 확립한다. 법계연기의 네 가지 측면 혹은 네 가지 단계라고 할 수 있다. 네 가지는 각각 사법계(事法界), 이법계(理法界), 이사무애법계(理事無礙法界), 사사무애법계(事事無碍法界)이다. '사법계'는 현상의 존재로서 무한한 사물을 말한다. '이법계'는 진여로서 진리를 말한다. '이사무애법계'는 현상의 사물과 이치로서 진여가 충돌하지 않고 서로 적용됨을 말한다. '사사무애법계'는 현상의 사물 각각은 서로 장애 없이 관계를 맺는다는 말이다.

80   『易』「繫辭上」10: "以君子將有爲也, 將有行也, 問焉而以言, 其受命也如響, 无有遠近幽深, 遂知來物. 非天下之至精, 其孰能與於此."

81   相盪(상탕): 서로 밀고 밀려 움직임이다. 『易』「系辭上」1: "是故, 剛柔相摩, 八卦相盪." 韓康伯注: "相推盪也, 言運化之推移." 『禮記』「樂記」19: "陰陽相摩, 天地相盪." 鄭玄注: "盪, 猶動也."

질문: "천예로써 조화시키고 무궁한 변화에 임한다."(和之以天倪, 因之以曼衍)라는 구절은 바로 장자가 자신도 깨닫고 남도 깨우치는 근본 도리이다. 장차 깨달음으로 중생을 인도하는데 방법은 여기서 끝나는가?

대답: 공자와 안연 사이에 심재(心齋)의 이야기가 있다. 「인간세」에서 안회가 공자에게 위군(衛君)[82]에 대해 이야기하려 하자 중니(공자)가 그에게 심재(心齋)를 일러 주었다.

> "안회가 중니에게 여쭈었다. '감히 심재(心齋)에 대해 묻습니다.' 중니가 말하였다. '너는 마음을 오로지 하나로 집중하여, 귀로 듣지 말고 마음으로 듣고, 마음으로 듣지 말고 기운으로 그것을 들어라. 청각은 귀라는 감각기관에 막히고, 마음은 언어에 막힌다. 기운은 아무런 규정이 없이(虛) 사물과 마주한다.【기(氣)는 호흡이다. 호흡하는 기운은 외부로는 모든 방면에서 부딪히는 소리의 파동을 감각한다. 그 소리가 비록 엄청나게 멀리 있더라도 호흡은 그것의 진동을 감수한다. 하지만 마음이 혼란하면 그것을 감각하지 못한다. 마음이 '지극히 공적한 경지'[至寂]에 있으면 자연 갖가지 인연을 요별할 수 있다.】오직 도(道)만이 허령함을 모은다. 허령함이 심재이다.【반드시 삼매에 의지해야만 기운(흐름)으로써 들을 수 있다.】안회가 중니에게 여쭈었다. '제가 심재의 부림을 받기 전에는 저 자신이 실재한다고 여겼는데 심재의 부림을 받고 나서는 제가 존재한 적이 없음을 알았습니다. 허령하다고 할 만합니까?' 공자가 말하였다. "충분하구나. 내 너에게 이야기해 주겠다. 너는 그 속박의 세

---

82   衛君(위군): 郭象, 『莊子注』(『集釋』1, p.132), "衛君, 即靈公之子蒯瞶也, 荒淫昏亂, 縱情無道. 其年少壯而威猛可畏, 獨行凶暴而不順物心. 顏子述己所聞以答尼父."[위군은 위령공의 아들 괴귀인데 그는 음탕하고 흐리멍덩하며 무도하여 함부로 행동했다. 그가 젊어서는 두려울 정도로 사나워 다른 사람의 시선이란 아랑곳하지 않고 흉포한 짓을 일삼아 다른 사람의 마음을 따르지 않았다. 안연은 위군에 대해 들은 바를 말하고 중니에게 답을 청했다.]

계에 들어가지만 자유롭게 거동하여 명예에 현혹되지 말아야 한다. 네 말이 수용되면 공명하고 그렇지 않다면 그만두어라. 자신의 말에 출입구를 만들지 말고 어떤 보루를 세우지도 말아라. 마음의 거처를 하나로 하여 어쩔 수 없음에 머물면 거의 성취한 것이다. 자취를 없애기는 쉽지만 다니는 길을 없애기는 무척 힘들다. 다른 사람에게 부림을 당할 때 그를 속이기는 쉽지만, 자연에 부림을 받을 때 그를 속이기는 어렵다. 날개가 있어서 난다는 이야기는 들어도 날개 없이 난다는 이야기는 들어 보지 못했다. 지식이 있어서 사물을 인식한다는 말은 들어도 지식이 없이 사물을 인식한다는 말은 들은 적이 없다. 저 아무것도 없는 곳을 잘 보라. 텅 빈 방에 눈부신 빛이 쏟아지고, 길상이 이곳에 머문다.【공적함의 광명이 현현한 것으로 온 우주를 환하게 비춘다. 그래서 텅 빈 방에 눈부신 빛이 쏟아진다고 했다.】그런데도 머물지 않으면 이것을 좌치(坐馳)[83]라고 한다.【도달하지만 멈추지 않고 육방의 공허로 두루 유동하니 그것을 좌치라고 한다.】만약 시각이나 청각의 활동이 내면에 집중하게 하고【순(徇)은 '하게 함'[使]이다.】마음의 인식활동을 외부로 전환하면[84]【기운으로써 듣는 자는 마음에 무언가 '애타게 추구하는 행위'[尋求]가 없지만 완전히 무분별한 것은 아니다. 마음의 인식활동을 외부

---

83   坐馳(좌치): '좌치'란 몸은 고요한 듯 앉아 있지만 마음은 사방으로 내달리고 있음을 말한다. 成玄英, 『莊子疏』(『集釋』1, p.151), "苟不能形同槁木, 心若死灰, 則雖容儀端拱, 而精神馳騖, 謂形坐而心馳者也."【진실로 몸을 마른 나무처럼 하고 마음은 꺼진 재처럼 할 수 없다면 비록 용모나 행동거지가 단정하고 근엄하더라도 정신은 분주하다. 그래서 몸은 앉아 있지만 마음은 말을 달린다고 한다.】

84   원문 "夫徇耳目內通, 而外於心知, 鬼神將來舍, 而況人乎!"에서 外의 해석을 두고 주석가의 의견이 갈린다. 外를 '배제하다'라는 의미로 풀면 그것은 마음의 인식활동(심지)을 제거하거나 배제함을 가리키게 된다. 이에 반해 外를 외부로 전환시킨다는 의미로 풀면 그것은 기존에는 내면의 활동자였던 마음을 외부로 전향하게 한다는 의미가 된다. 이런 견해는 앞의 '耳目內通'과 호응을 통해서 근거를 확보할 수 있다. '눈과 귀'라는 감각기관은 일반적으로 외부와 소통한다. 이런 것을 내면과 소통하게 한다는 이야기인데 그렇다면 내면과 소통하는 마음을 외부와 소통하게 한다고 하는 쪽이 좀 더 적절한 해석이 아닐까 한다. 이렇게 되면 기존의 내외로 분리된 활동은 그런 관습에서 벗어나서 참된 도리를 관찰할 수 있을 것이라는 의도이다.

로 전환한다고 한 것은 반드시 무분별지에 근거해야만 이런 작용을 발생시킨다. 타심지도 또한 마찬가지로 그러하다. 중생의 인연으로 '사문(似文)이나 사의(似義)' 같은 여러 관념을 일으키지만 적정 아닌 게 없다.】귀신도 찾아와 머무는데 하물며 사람이겠는가?"[85]

　여기서 인용한「인간세」의 말한 내용을 잘 살펴보면, 불전에서 말하는 삼륜(三輪)[86] 가운데 제2륜에 해당한다. 『유가사지론』에서는 "삼종의 신통과 변화(神變)[87]로 중생을 가르치고 경계시킨다. 첫째는 신력신변(神力神變)이고, 둘째는 기설신변(記說神變)이고, 셋째는 교도신변(敎導神變)이다."[88] 라고 말한다. 둘째 기설신변은 타심지(他心智)에 의거해서 다른 사람의 마음을 일일이 식별하고 그들에게 언설함을 말한다.[89]

　『십지경론』(十地經論)에서 부처가 천이통(天耳通)으로 중생의 소리를 들

85　『莊子』「人間世」2: "回曰: 敢問心齋. 仲尼曰: 若一志, 無聽之以耳而聽之以心, 無聽之以心而聽之以氣! 聽止於耳, 心止於符. 氣也者, 虛而待物者也. 唯道集虛. 虛者, 心齋也. 顏回曰: 回之未始得使, 實自回也; 得使之也, 未始有回也; 可謂虛乎? 夫子曰: 盡矣. 吾語若! 若能入遊其樊而無感其名, 入則鳴, 不入則止. 無門無毒. 一宅而寓於不得已, 則幾矣. 絶迹易, 無行地難. 爲人使, 易以僞, 爲天使, 難以僞. 聞以有翼飛者矣, 未聞以無翼飛者也; 聞以有知知者矣, 未聞以無知知者也. 瞻彼闋者, 虛室生白, 吉祥止止. 夫且不止, 是之謂坐馳. 夫徇耳目內通而外於心知, 鬼神將來舍, 而況人乎!"

86　窺基撰, 『大乘法苑義林章』卷6(『大正藏』45, p.357b), "三輪別名者, 雜集第一說, 一神變輪, 二記心輪, 三教誡輪."[삼륜의 다른 이름에 대해『잡집론』제1권에서는 첫째 신변론, 둘째 기심론, 셋째 교계론이라고 말했다.]

87　神變(신변): 불보살이 중생 구제를 위해서 초인간적이고 불가사의한 힘(신통력)으로 자신을 변화시켜 중생이 어려움을 겪는 각종 상황에 나타나 특별한 역할을 하는 것을 가리킨다.(『佛光』, p.4261)

88　彌勒菩薩說, 玄奘譯, 『瑜伽師地論』卷25(『大正藏』30, p.417b), "三神變教授教誡, 三神變者: 一神力神變, 二記說神變, 三教導神變."

89　記說神變(기설신변): 규기가 지은『대승법원의림장』에 따르면 '記'는 '識別'의 의미로 타인의 마음을 식별함이고, '說'은 언설의 의미인데 타인의 마음을 식별하고 그를 위해 언설함이다. 窺基撰, 『大乘法苑義林章』卷6(『大正藏』45, p.357b), "依他心智記別他心而記言說."[타심지에 의거해서 타인의 마음을 기별(식별)하고 타인의 마음을 위해 언설한다.]

고,[90] 타심지로 저들의 마음을 헤아리고서[91] 바야흐로 그들을 위해서 법을 설한다고 했는데 이것이 바로 기설신변이다. 「인간세」에서 말한 "청각은 귀라는 감각기관에 막히고 마음은 언어에 막힌다. 기운에 아무런 규정 없이 사물과 마주한다."라는 구절이 이런 의미다.

『유가사지론』에서 말한 삼종신변은 삼승(三乘)의 성인이 모두 활용할 수 있는데, 부처의 삼종신변은 삼륜(三輪)이라고 칭한다. 『십륜경』(十輪經)에서 "여래와 여러 보살이 가진 신통승륜(新通勝倫), 기설승륜(記說勝倫), 교계승륜(敎誠勝輪)이라는 세 가지 뛰어난 바퀴는 그 작용에 장애가 없다."[92]라고 말했다. 또 "바퀴는 모든 존재에 대해서 어떠한 장애도 갖지 않는다. 마치 저 해의 밝은 빛이 세상 일체 만물을 빠짐없이 비추듯 (여래와 보살은) 상황에 맞춰서 정법을 설하신다."[93]라고 말했다.

「인간세」에서 말한 "길 없이 길을 가고" "날개 없이 날아다닌다."라는 이야기는 『십륜경』에서 말한 "작용에 아무런 장애가 없다."라는 이야기와 같은 의미다. 「인간세」에서 말한 "텅 빈 방에 밝은 눈부신 빛이 쏟아지고, 길상이 이곳에 머문다."라는 구절은 『십륜경』에서 말한 "저 해의 밝은 빛이 세상 일체 만물을 빠짐없이 비춘다."(日光普照)라는 이야기와 같은 의미다. 「인간세」에서 말한 "그런데도 머물지 않으면 이것을 좌치(앉아서 내달린다)라고 한다."라는 구절은 『십륜경』에서 말한 "뛰어난 바

---

90   天親造, 菩提流支譯, 『十地經論』卷3(『大正藏』26, p.157c), "天耳通者, 隨能聞所聞, 如實示現淸淨諦聞故. 過人者, 遠聞故過人. 聲者下乃至阿鼻地獄等聲, 悉能聞故. 如經是菩薩以天耳界淸淨過人故, 隨人天等所作音聲現聞明了, 乃至蚊虻蠅等微細音聲亦能聞故."

91   天親造, 菩提流支譯, 『十地經論』卷3(『大正藏』26, p.157a), "是菩薩以他心智如實知他衆生心及心數法."

92   玄奘譯, 『大乘大集地藏十輪經』卷6(『大正藏』13, p.755b), "如來及諸菩薩所有神通・記說・敎誠三種勝輪, 作用無礙."

93   玄奘譯, 『大乘大集地藏十輪經』卷6(『大正藏』13, p.755c), "輪者, (中略) 謂於諸法無所罣礙, 猶如日光普照一切, 三乘根器, 隨其所宜, 宣說正法."

퀴"[勝輪]란 이야기와 같다.【예전 주석에서 단지 심재(心齋)를 선정(禪定)으로 간주했는데 비록 원인과 결과가 서로 의지하지만 위군(衛君)을 가르쳐 경계시키는 도로서는 멀다. 또 선정은 멈춤일 뿐이다. 어찌 멈추지 않고 내달린다고 말할 수 있겠는가? 마땅히 삼매에 의지해서 '뛰어난 작용'[神用]을 일으킨다고 말해야 의미에 부합한다.】

사람이 상대방에게 응대할 때 "말[言]은 자신의 생각[意]을 완전히 드러내지 못하고"[94] '생각과 말'[意言]은 끊임없이 흘러나오지만 입으로는 때론 그것을 완전히 펼치지 못한다. 잠깐 떠오른 생각은 처음 의도와 혹 상반되기도 하는데 천이통과 타심통을 가진 이가 아니라면 어떻게 상대방 심중의 '실제 의도'[癥結][95]를 알아채겠는가? 피상적인 느낌을 말하여 일찍이 치료한 적이 있었나? 그래서 안회는 자주 끼니를 굶었지만 '공적하게 관조'[寂照]할 줄 알았고, 자공은 '억측'[億度]하였지만 자주 적중하였다.[96] 그 두 사람의 공용을 비교해 보면 현격하게 차이가 난다. 『논어』에서 "공자의 60세를 이순(耳順)이"[97]라고 한 것에 대해 손작(孫綽)은 '폐청'(廢聽)의 의미로 푸는데[98] 「인간세」에서 말한 "귀로 듣지 않는다."라는 구절과 서로 합치한다. 「우언」에서는 "공자는 예순 해를 사는 동안 예순 번 바뀌었

---

94 『易』「繫辭上」12: "書不盡言, 言不盡意, 然則聖人之意, 其不可見乎?"[글로는 말을 다하지 못하고, 말로는 뜻을 다하지 못하니 그렇다면 성인의 뜻을 알 수 없다는 말인가?]

95 癥結(징결): 오장(五臟)에 맺힌 응어리[癥結]를 가리킨다. 『史記』「扁鵲倉公列傳」1: "以此視病, 盡見五藏癥結, 特以診脈爲名耳."

96 『論語』「先進」18: "子曰: 回也, 其庶乎, 屢空. 賜, 不受命, 而貨殖焉, 億則屢中."[공자가 말하였다. '안회는 학문이 거의 완성됐지만 자주 끼니를 걸렀고, 자공은 천명을 신뢰하지 않고 장사로 부를 늘렸으나 시장 상황을 예측하면 자주 맞았다.]

97 『論語』「爲政」4: "子曰: 吾十有五而志於學, 三十而立, 四十而不惑, 五十而知天命, 六十而耳順, 七十而從心所欲, 不踰矩."

98 廢聽(폐청): 皇侃, 『論語義疏』卷1: "孫綽云耳順者, 廢聽之理也. 朗然自玄悟, 不復役而後得, 所謂不識不知順*帝之則."[손작은 '이순은 듣는 행위를 폐기한 이치이다. 환하게 저절로 진실을 깨닫되 힘써 얻으려고 노력하고 나서 획득하는 게 아니다. 이것이 이른바 자신의 지식 수준으로 상대를 파악하는 게 아니라 자연의 법칙을 따름이다.'라고 했다.] *順이 아니라 從으로 된 판본도 있다.

다."⁹⁹라고 말하고, 또 "좋고 싫음, 옳고 그름은 단지 다른 사람을 설복시키는 주장일 뿐이고, 다른 사람이 마음으로 복종하여 감히 대립[矗立]¹⁰⁰하려는 마음을 품지 않게 한다면 자연 세상을 안정되게 할 수 있다."¹⁰¹라고 말한다.

여기서는 공자가 이순 이후로 누군가 가르칠 때 그 가르침이 어떤 경우에도 호응하지 않은 적이 없음을 밝힌 것으로 이는 일체 유정을 적절하게 교화한 것이지 단지 난폭한 사람을 조복시킨 게 아니다. 만약 진실한 방도가 없다면 비록 상대방의 언설과 기분을 살펴 '군주에게 유세하고 일반 백성을 교화할 수 있더라도'[上說下敎]¹⁰² 그것은 마치 바둑 두는 방법을 모르고서 다른 사람과 바둑을 두는 것과 같이 잠시 성공하지만 그저 우연일 뿐이다.

하지만 중국 성현 가운데 '신통과 변화'[神變]의 도리를 말한 사람이 매우 적어 장자가 이것을 이야기했다. 장자의 문장은 심오하고 미려하여 '상쾌한 바람처럼 만물과 어울리고'[穆如淸風]¹⁰³ 언사가 과장[揚厲]¹⁰⁴되지 않았다. 스스로 깨닫고 남을 깨닫게 하는 도리의 근본은 진실로 "천예로써 조화시키고 다양한 변화에 자신을 맡기는 것"에 있다. 어찌 다른 기교가 있겠는가.

---

99   『莊子』「寓言」2: "孔子行年六十而六十化."
100 矗立(오립): '오(矗)'는 '違逆不從'의 의미로 어떤 것을 따르지 않고 그것에 위배하거나 거역하는 행위를 말한다. 그래서 '오립'은 대립의 의미다.
101 『莊子』「寓言」2: "好惡是非, 直服人之口而已矣. 使人乃以心服, 而不敢矗立, 定天下之定."
102 上說下敎(상세하교): 『莊子』「天下」3: "以此周行天下, 上說下敎, 雖天下不取, 强聒而不舍者也."[이런 입장을 갖고서 천하를 돌아다니면서 위로는 군주에게 유세하고 아래로는 일반 백성을 교화하다 천하 사람이 자신의 주장을 받아 주지 않더라도 멈추지 않고 소리쳐 주장한다.]
103 穆如淸風(목여청풍): 『詩』「大雅」'烝民'8: "吉甫作誦, 穆如淸風."[길보가 노래 지어 어울림이 맑은 바람 같네.]
104 揚厲(양려): '揚厲鋪張'과 같은 의미로 말이나 글이 과장됨을 가리킨다.

> 罔兩問景曰: 曩子行, 今子止; 曩子坐, 今子起; 何其無持【從或本】操
> 與?
>
> 곁그림자가 그림자에게 물었다. "조금 전 걷더니 지금 멈추고, 조금 전 앉
> 았더니 지금 서 있구려. 어찌 그리 지조가 없으신가?"
>
> 景曰: 吾有待而然者邪? 吾所待又有待而然者邪? 吾待蛇蚹蜩翼邪?
> 惡識所以然! 惡識所以不然!
>
> 그림자가 대답했다. "내가 의지하는 바가 있어서 그런가? 내가 의지하는
> 바도 다시 의지하는 바가 있어서 그러한가? 내가 매미 날개나 뱀의 비늘
> 같은 것에 의지하는가? 어찌 그러한 까닭을 알겠는가? 어찌 그렇지 않은
> 까닭을 알겠는가?"

『경전석문』에서 "景은 映(영)과 永(영)의 반절이다. 어떤 판본에서는 影
(영)이라고 썼다."[1]라고 했다. 내 생각에는 景은 본래 빛(光)의 의미로 새
겨야 하고 당연히 본 글자대로 발음해야 한다. '망양(罔兩)'에 대해서 상수

---

1   『釋文』(『集釋』1, p.110), "景, 暎永反, 又如字. 本或作影, 俗也."

제물론석

(向秀)는 "그림자의 그림자"[2]라고 했는데 대개 반사된 여광(餘光)을 말한다. 해그림자는 빠르게 움직여 한순간도 멈추지 않는다. 이것은 본래 주재자가 있어서가 아니라 별도로 조건[緣]이 있어서 일어났다. 그래서 망양이 경(景)에 대해 질문한 것을 단서로 삼아 사물의 인연 생기를 규명하고자 했다.

사람들은 "빛은 태양을 의지하고, 혹은 불에 의지하고, 혹은 번개에 의지한다."라고 말하고, 또 "빛이 전달되는 까닭은 떠다니는 기체에 의지해서인데 그 기체를 끝까지 추적하면 별도로 에테르(ether)라는 전도체가 있어서 빛을 전달한다."라고 말한다.

이렇다면 해, 불, 전기 등은 빛의 '근본 원인'[本因]이고 나머지는 모두 '부수 조건'(外緣)이다. 하지만 저 빛, 열, 전기 셋은 상호 인과관계가 형성되어 무한 소급의 오류에 빠진다. 그래서 본문에서 "내가 의지하는 바가 있어서 그런가? 내가 의지하는 바도 다시 의지하는 바가 있어서 그러한가?"(吾有待而然者邪? 吾所待又有待而然者邪?)라고 질문한다. 빛은 반드시 연속해 전도되어야 어둠을 깨뜨릴 수 있다. 『십이문론(十二門論)』에서 말한 대로 "등불이 어둠에 도달하지 않으면 어떤 효력도 없다."[3] 하지만 빛의 전도가 공기에 의지한다는 사실은 오늘날 사람이 증명한 사실이지만 유리병에서 공기를 다 뽑아내더라도 빛은 그것을 통과할 수 있다. 이 때문에 다시 공기가 아닌 에테르라고 명명된 정미한 기체가 있어서 그것이 빛을 전달한다고 말한다. 저 에테르는 누가 증명한 물질인가?[혹자는 진공 상태에도 에네르기(energy)가 있다고 말하지만 그것이 아무런 증거가 없음은 마찬가지

---

2 『釋文』(『集釋』1, p.110), "向云: 景之景也."
3 龍樹菩薩造, 鳩摩羅什譯, 『十二門論』(『大正藏』30, p.163b), "若謂燈雖不到闇而力能破闇者, 此處然燈應破一切世間闇, 俱不及故. 而實此間然燈, 不能破一切世間闇. 是故汝說燈雖不及闇, 而力能破闇者, 是事不然. 若不到闇, 不應言破闇."

다.} 이는 직접 경험할 수도 없고 논리적으로 추론할 수도 없다. 그리고 어떻게 진공은 빛을 전달할 수 없음을 알겠는가? 그래서 "내가 매미 날개나 뱀 비늘 같은 것에 의지하는가?"(吾待蛇蚹蜩翼邪)라고 했다. 그렇다면 빛과 그것의 빠른 움직임은 사람들이 언제나 목도하는 바지만 그러한 이유를 살펴보면 빛의 발생에 관한 주장은 비량(比量)에 위배되고, 빛의 전달에 관한 주장은 현량(現量)에 위배된다. 이 두 주장 모두 완전히 증명되지 않는다. 그래서 "어찌 그러한 까닭을 알겠는가? 어찌 그렇지 않은 까닭을 알겠는가?"(惡識所以然! 惡識所以不然!)라고 했다.

불교에서 (존재를 이해하기 위해) '네 가지 방법'[四種道理][4]을 제시했는데 위에서 말한 경우에는 작용도리(作用道理)는 보이지 않고 오직 관대도리(觀待道理)만 있고, 증성도리(證成道理)는 획득하지 못하고 오직 법이도리(法爾道理)에만 의지한다. 저 법이도리는 곧 노자와 장자가 말하는 자연(自然)에 해당한다.{근래 쇼펜하우어는 전화 충족이유율, 인식 충족이유율 외에 별도로 존재 충족이유율을 제기했는데[5] 또한 불교의 법이도리와 유사하다.} 하지만 저 자연은 장자가 진심으로 믿을 수 있는 건 아니다.{마치 전인(全人)은 하늘을 미워한다는 이야기와 같다.} 본문에서 "어찌 그러한 까닭을 알겠는가? 어찌 그

---

4   四種道理(사종도리): 관대도리는 상대도리라고도 하는데 인연으로 생겨나 생멸 변화하는 물질과 정신의 현상인 유위법은 반드시 인과를 상대하여 인은 과를 낳고 과는 인을 원인한다고 한다. 작용도리는 인과도리를 말하는데 인연이 생기는 유위법이 반드시 가지가지 업을을 짓는 작용이 있다. 증성도리: 성취도리라고도 하는데 현량, 비량, 성교량에 의하여 증성하는 진정한 도리. 법이도리는 법연도리라고도 하는데 여래의 출세와 불출세와 관계없이 법계에 안주하는 자연도리를 말한다.
5   충족이유율(Principle of Sufficient Reason): 충족이유율은 '표상의 성립'과 그것에 대한 '인식의 성립'에서 충분한 근거로서 선험적 원리다. 쇼펜하우어는 자신의 박사학위논문 『충족이유율의 네 가지 뿌리』(1813)에서 "충족이유율이 선천적으로 주어진 많은 인식들에 대한 공통의 표현"이고 "이유 없이 존재하는 것은 아무것도 없다."(Arthur Schopenhauer, 김미영 옮김, 『충족이유율의 네 겹의 뿌리에 관하여』, 서울: 나남, 2014, p.19)고 말한다. 쇼펜하우어는 생성 · 존재 · 인식 · 행위 네 범주의 충족이유율을 제시했다.

렇지 않은 까닭을 알겠는가?"라고 말한 것은 법이도리를 믿어서가 아니라 바로 인과율을 깨뜨리기 위해서다. 불교에서 12연기법을 제시했다. 여기서 '이전 존재'(前有)와 '이후 존재'[後有][6]가 '뒤쫓아'[7] 상속하지만 인과(因果) 연쇄의 '제일원인'은 존재하지 않는다. 『대승입능가경』에서 다음과 같이 말한다.

　　대혜보살이 다시 부처님께 말씀드렸다. [세존이시여!] 부처님께서 연기를 설하셨는데 이 교설은 일체법이 작용(作用)으로 말미암아 생기한다는 말씀이지 실체로부터 발생한다는 이야기는 아닙니다. 외도는 물질원인(prakṛti), 대자재천(大自在天, Maheśvara), 시간, 진아(眞我, puruṣa), 미진(微塵) 등이 제법을 형성한다고 말합니다. 지금 세존께서는 단지 다른 명칭으로 연기를 이야기하십니다. 의미상 차이가 없습니다. 외도도 또한 작자(作者) 때문에 무에서 유가 생겨난다고 말합니다. 세존께서도 또한 인연 때문에 일체 제법이 본래 없는 데서 생겼고, 생겨나서는 멸로 돌아간다고 말씀하셨습니다. 부처님 말씀하신 대로 무명(無明)은 행(行)을 인연으로 하고, 나아가 노사(老死)에 이릅니다. 이는 무인설(無因說)이지 유인설(有因說)은 아닙니다. 세존께서는 이것이 있으므로 저것이 있다고 말씀하셨는데 만약 일시에 그것이 이루어지고 차례대로 서로 이어지면서 이루어진 것이 아니라면 그 뜻은 성립되지 않습니다. 이런 까닭으로 외도가 말한 것이 뛰어나고 여래의 설이 뛰어난 것이 아닙니다. 왜냐하면 외도는 인은 연에서 생기지 않지만 생기는 것이 있다 하고, 세존께서 설하신 것은 과는 인을 상대하고 인은 다시 인을 상대하며 이와 같이 옮겨 가

6　後有(후유): 佛陀耶舍共竺佛念譯, 『長阿含經』卷2(『大正藏』1, 12a), "生死已盡, 梵行已立, 所作已辦, 不受後有."

7　推盪(추탕): '推蕩'이라고도 하는데 推移의 의미다. 『易』 「繫辭上」1: "八卦相盪." 韓康伯 注: "相推盪也. 言運化之推移."

끝없이 허물이 이뤄집니다.【이것은 장자가 논파했다.】 또 이것이 있으
므로 저것이 있다고 한다면 곧 인이 없음입니다. 부처님께서 말씀하
셨다. 나는 제법이 오직 마음이 현현한 것이라 능취도 소취도 없음
을 알기에 '이것이 있기 때문에 저것이 있다.'고 설하더라도 무인설
이나 유인설일 과실이 없다. 대혜보살이여! 만약 제법이 오직 마음
의 현현임을 알지 못하고 능취와 소취가 있다고 헤아려 외부 경계에
대해 있다거나 없다고 집착하면 그는 무인설이나 유인설의 과실이
있는 것으로 내가 말한 바가 아니다.[8]

인·연·과 세 가지 명칭은 일반적인 견해를 따르면 존재(有)라고 할
수 있지만 유심(唯心)에 의거하면 그것은 아뢰야식의 종자이기 때문에 존
재라고 고집할 수 없다. 그래서 인연생기(緣生)도 가설이다. 장자는 "어찌
그러한 까닭을 알겠는가? 어찌 그렇지 않은 까닭을 알겠는가?"(惡識所以然!
惡識所以不然!)라고 했는데 바로 이것을 두고 한 말이다. 당대(唐代) 많은 승
려가 "장자는 인연생기의 도리를 터득하지 못했다."라고 말했다. 「우언」
에서는 "그것이 어디서 끝나는지 알지 못하니, 어떻게 운명이 없을 수 있
겠습니까? 또한 그것이 어디서 시작하는지 알지 못하니, 어떻게 운명이
있을 수 있겠습니까?"[9]라고 했는데 운명이 없는 것도 아니고 운명이 있

8　實叉難陀譯,『大乘入楞伽經』卷3(『大正藏』16, p.602c), "大慧菩薩摩訶薩復白佛言: 世尊!
佛說緣起, 是由作起, 非自體起. 外道亦說勝性·自在·時·我·微塵生於諸法. 今佛世尊
但以異名說作緣起, 非義有別. 世尊! 外道亦說以作者故, 從無生有; 世尊亦說以因緣故, 一
切諸法本無而生, 生已歸滅. 如佛所說, 無明緣行, 乃至老死, 此說無因, 非說有因. 世尊說
言'此有故彼有', 若一時建立, 非次第相待者, 其義不成. 是故外道說勝, 非如來也. 何以故?
外道說因, 不從緣生而有所生; 世尊所說, 果待於因, 因復待因. 如是展轉, 成無窮過. 又此
有故彼有者, 則無有因. 佛言大慧! 我了諸法唯心所現, 能無取所取. 說此有故彼有, 非是無
因, 及因緣過失. 大慧! 若不了諸法唯心所現, 計有能取及以所取, 執著外境, 若有若無, 彼
有是過, 非我所說."
9　『莊子』「寓言」4: "莫知其所終, 若之何其旡命也? 莫知其所始, 若之何其有命也?"

는 것도 아니라면 어쩔 수 없이 연기법을 설하게 된다. 「전자방」에서는 다음과 같이 말한다.

해는 동쪽에서 떠올라 서쪽 끝으로 사라지는데, 세상 모든 존재자는 나란히 따르지 않음이 없으며, 눈이 있고 발이 있는 것은 이 해를 기다려서 성립된다. 이 해가 나오면 생존하고 이 해가 사라지면 소멸한다. 모든 존재자가 이러해서, 그것에 기대어 죽고, 그것에 기대어 태어난다. 나라는 존재자는 한번 몸을 받으면 죽지 않더라도 소멸을 기다린다. 다른 존재자를 본떠 움직이지만 밤낮으로 쉴 틈이 없고 어디서 끝나는지 알지 못한다. 어렴풋한 가운데 사람의 몸을 받고 태어나 자신의 운명을 알고는 있다 하더라도 이전의 모습은 도저히 알 수 없으니 나는 이 몸을 가지고 날마다 변화와 함께 나아간다.[10]

여기서 인용한 것은 중니의 이야기인데, 그는 삶과 죽음에 조건이 있음을 명백히 말한다. 누구라서 공자와 장자 두 철인이 연기법을 알지 못한다고 하겠는가? 단지 12연생의 분명한 명칭이 없었을 뿐이다. 하지만 「경상초」에서는 다음과 같이 말한다.

삶이란 솥 밑 검댕이 같아 문득 흩어져 시비 판단의 기준이 바뀐다. 시험 삼아 시비 판단의 기준이 바뀌는 것에 대해 말하고자 한다. 이것은 생을 근본으로 삼고【전유(前有)의 생이다.】 앎을 스승으로 삼고【무명(無明)·행(行)·식(識) 셋을 통괄해서 지라고 할 수 있다.】 시비를 판단

---

10   『莊子』「田子方」3: "日出東方而入於西極, 萬物莫不比方, 有目有趾者, 待是而後成功. 是出則存, 是入則亡. 萬物亦然, 有待也而死, 有待也而生. 吾一受其成形, 而不化以待盡. 效物而動, 日夜无隙, 而不知其所終. 薰然其成形, 知命不能規乎其前. 丘以是日徂."

하는 행위를 원인으로 하여【식으로써 피차의 견해를 일으키면 마음과 물질은 완연히 구분된다.】 그 결과 명실(名實)이 존재하고【명실(名實)은 곧 명색(名色)이며 육처를 겸한다. 지(知)는 원인이 되고 명실(名實)은 결과가 된다. 식이 명색을 반연하고, 명색이 육처를 반연함이다.】 자기의 기준을 바탕으로 삼아서【기(己)는 신근(身根)을 말하며 명색과 육처가 있기 때문에 이로 말미암아 촉을 일으키고, 촉은 신근으로 바탕을 삼는다.】 다른 사람이 자기가 지조[節]【절(節)은 본자가 卪이다. 『설문』에서 "卪은 상서로운 징표다."라고 했다. 저것(상대)이 아니라면 나도 없다는 것은 저것(상대)을 감각하기 때문에 그제야 내가 존재함을 안다. 이는 감각한 대상이 감각 주체를 확인시키는 징표가 되게 하는 것이다. 그래서 다음은 수(受), 애(愛), 취(取), 유(有) 네 가지가 있게 된다.】 있다고 여기게 하고, 이어서 죽음으로 그 '지조에 보상'[償節]【償卪은 징표(卪)를 가진 자는 일이 끝나면 징표(卪)를 돌려줌과 같다. 촉, 수, 애, 취, 유를 이미 이해하고 원만한 성공을 바라여 죽음으로써 징표를 보상한다면 후유의 생과 사 두 가지로 다시 나아간다.】한다. 이 같은 자는 쓰임이 있는 것을 지혜롭게 여기고 쓰이지 못하는 것을 어리석게 여기며 세상에 통하는 것을 명예로 여기고 곤궁한 것을 치욕으로 여긴다.【앎과 어리석음이라는 견해는 곧 미혹이고, 명예와 치욕이라는 견해는 업이다. 여기서는 연생의 사실을 전체적으로 거론했다.】 이처럼 옳고 그름을 바꾸는 것이 요즘 사람들이다. 이는 대붕을 비웃는 매미나 작은 새들이 함께 하는 짓을 같이 하는 것이다.【과거 시비 판단의 기준을 바꾸는 행위는 오늘날 사람 때문이고, 오늘날 시비 판단 기준을 바꾸는 것은 후인 때문이다. 비록 인업이 감응시킨 바 때문에 육취 가운데 취하는 바가 다르지만 인혹이 성취한 바로 생을 결정하는 점은 다르지 않다. 그래서 매미나 작은 새들이 함께 하는 짓을 같이 한다.】"[11]

11 『莊子』「庚桑楚」13: "有生, 黬（黑咸） 也, 披然曰移是." "請常言移是. 是以生爲本, 以知爲師, 因以乘是非. 果有名實, 因以己爲質. 使人以爲己節, 因以死償節. 若然者, 以用爲知, 以不用爲愚:以徹爲名, 以窮爲辱. 移是, 今之人也, 是蜩與學鳩同於同也."

여기서 인용한 것은 노자의 이야기인데, 불교의 12연생설과 대체로 부합한다. 또한 불전 번역자가 사용한 인(因)과 과(果) 두 개념은 『장자』에 근거했는데【『장자』에서 말하는 과(果)는 불전에서 말하는 과와 동일한 의미이다. 하지만 『장자』에서 말하는 인(因)은 '이전 발생한 일을 탐색한다.'[倒本前事]는 말로 불전에 등장하는 인(因)과 뉘앙스 차이가 있다. 하지만 의미는 다르지 않다.】번번이 얕은 지식으로 망령되이 선철을 비난했으니 흉포함이 누구라서 이보다 심하겠는가?

또한 저들 승려는 "장자가 유심의 도리를 통달하지 못했다."(莊生不達唯心之理)라고 말했다. 하지만 「제물론」에서 말한 성심(成心)이 바로 아뢰야식이 간직한 종자에 해당하고, 「덕충부」에서 말한 영부(靈府)가 바로 알라야식이고, 「경상초」에서 말한 영대(靈臺)는 아타나식이다. 알라야는 '장(藏)'으로 번역했고, 아타나는 '지(持)'로 번역했는데 의미는 모두 밀합(密合)이다. 또한 「경상초」에서 말한 지(持)나 업'(業)이나 불사(不舍)는[12] 대승의 의미에 부합할 뿐만 아니라 불교의 명상(名相)에도 정확히 상응한다. 비록 현장(玄奘)과 규기(窺基)의 논변을 사용하더라도 어떻게 억지로 차이와 동일을 수립할 수 있겠는가?

하지만 이 장은 다시 연생설(緣生說)을 논파하고 무인론(無因論)을 주장한다. 「우언」에서 "태어남에 연원한 바가 없다."[13](生無所自)라고 했다. 『장자』에 대해서 말하는 사람은 이 구절의 의미를 알지 못하고 "장자는 순진하게 자연에 집착하여 그는 깨달은 바가 없다."라고 말한다. 이것이 이른바 "초명(焦明)이 이미 하늘을 날고 있는데, 사냥꾼은 아직도 물가를

---

12   『莊子』「庚桑楚」8: "靈臺者有持, 而不知其所持而不可持者也. 不見其誠己而發, 每發而不當; 業入而不舍, 每更庚爲失."
13   『莊子』「寓言」4: "勸公以其死也, 有自也. 而生陽也, 無自也."

지키고 있다."[14]라는 격이다. 「대종사」에서 "맹손씨는 생의 이유도 알려고 하지 않았고, 죽음의 이유도 알려고 하지 않았다."[15]라고 말했고, "(맹손씨는) 생과 사를 구별하려다 성공하지 못했지만 이미 간별한 바가 있었다."[16]라고 말했다. 이 이야기는 삶과 죽음의 연유를 알지 못함을 말한 것이지 진실로 두 가지를 구별하지 못한 것은 아니다. 단지 삶과 죽음의 연유를 무한히 궁구하기 때문에 그것을 간별하려 해도 성공할 수 없었다. 이 또한 장자가 스스로 깨달은 까닭이다. 만약 오로지 연생(緣生)만을 주장한다면 과연 무한 소급의 과오를 피할 수 있을까? 무인설(無因說)이 불법의 최종 진리이다.

『대승입능가경』에서 "세론바라문(世論婆羅門)이 다시 내게 '무명, 애, 업이 조건이 되기 때문에 삼계가 있습니까? 아니면 원인이 없습니까?'라고 물었다. 여래는 '이런 두 가지 견해 또한 세론이다.'라고 대답했다."[17]라고 말한다. 이렇다면 연생설도 바로 세론이고, 무인무연생설도 세론이다. 『대승입능가경』에서 또 말한다.

> 유생집(有生執)을 제거하기 위해서 무생의를 제시한다. 내가 설하는 무인론은 어리석은 사람이 이해할 수 있는 내용이 아니다. 일체법은 무생(無生)이지 또한 무법(無法)이 아니다. 허깨비로 혹은 꿈속에서 등장한 간다르바성이 비록 존재하지만 진실이 아닌 것과 같다.[18]

---

14   『漢書』「司馬相如傳」13: "觀者未睹指, 聽者未聞音, 猶焦朋已翔乎寥廓, 而羅者猶視乎藪澤, 悲夫!" *장타이옌은 '羅'가 아니라 '獵'자로 인용한다.
15   『莊子』「大宗師」7: "孟孫氏不知所以生, 不知所以死."
16   『莊子』「大宗師」7: "唯簡之而不得, 夫已有所簡矣."
17   實叉難陀譯, 『大乘入楞伽經』卷4(『大正藏』16, p.613b), "爾時世論婆羅門復問我言, 無明愛業爲因緣故, 有三有耶? 爲無因耶? 我言此二亦是世論."
18   實叉難陀譯, 『大乘入楞伽經』卷5(『大正藏』16, p.616c), "爲除有生執, 成立無生義, 我說無因論, 非愚所能了, 一切法無生, 亦非是無法, 如乾城幻夢, 雖有而無因."

여기서는 무인론을 구경의 경지로 간주한다. 대개 제법은 불생이기 때문에 인연도 가립된 것이고, 비록 무인을 말하지만 상주론과 단멸론 두 견해와 상이한 점이 있다.【허깨비로 또는 꿈속에서 등장하는 간다르바성으로 비록 법이 존재하지만 그것의 원인은 없다고 비유했는데 이 말도 오류가 있다. 건성(乾城)은 온전히 말하면 건달바성(乾達婆城)인데 중국말로는 신기루[海市]이다. 또한 빛의 반사로 이루어진다. 그것이 의거하는 바탕은 반대쪽 수변 산기슭 성곽이며 결코 원인이 없는 게 아니다. 꿈도 원인이 있다. 악언보(樂彦輔)[19]는 "꿈은 생각이 원인이기 때문이다. 누군가 꿈속에서 염장할 채소를 디딜방아로 찧었다든지 수레를 타고 쥐구멍에 들어갔다든지 무쇠 절구공이를 씹어 먹었다는 이야기는 들어 보지 못했다. 이는 모두 평소 생각할 수도 없는 일이라서 그런 꿈을 꿀 이유가 없기 때문이다."라고 말했다.[20] 오직 허깨비만 혹 원인이 없을 수 있지만, 마술을 부리는 사람은 원인이다. 대체로 주변 사물 가운데 인연에 따라 발생하지 않은 것은 없지만 계속해서 그 원인은 추적하면 제일 원인을 파악할 수 없을 뿐이다. 그래서 비록 무인(無因)의 논의가 있지만 주변 사물 가운데 그 예로 들 만한 것이 없고, 계속해서 그 원인을 추적하면 그런 사례가 아닌 게 없다.】『대승입능가경』에서 또 말한다.

보통 사람의 수준에 맞춰 인연이 연쇄한다고 거짓 연설하네. 인연의 연쇄를 벗어나면 연생의 주장도 성립하지 않으리니. 내 인연의 연쇄를 설할 뿐 연생은 없고 불생이네. 여러 외도의 (상주론과 단멸론의) 과실을 벗어나지만 범부(와 이승)는 알지 못하는 바네. 인연의 연

---

19   樂彦輔(악언보): 중국 서진시대 관료이자 문인인 악광(樂廣, ?-304)으로 자(字)가 언보(彦輔)이다.

20   『世說新語』「文學」14: "衛玠總角時問樂令夢, 樂云: 是想. 衛曰: 形神, 所不接而夢, 豈是想耶? 樂云: 因也. 未嘗夢乘車: 入鼠穴, 擣韰噉鐵杵, 皆無想無因故也. 衛思因: 經日不得, 遂成病! 樂聞故, 命駕爲剖析之; 衛既小差, 樂歎曰: 此兒胸中當必無膏肓之疾!" 장타이옌은 약간 요약해서 인용했고 순서도 약간 바꾸었다.

쇄를 벗어나서 별도로 제법을 일으키는 존재가 있다면 이는 무인론
이니 인연의 연쇄를 파괴하네.[21]

여기서 "별도로 제법을 일으키는 존재가 있다."라는 이야기는 인연의
결합이 대단히 빈번하기 때문에 파악할 수 있는 주된 원인은 존재하지
않아서 마음으로 그것을 이해하지 못하고 이 때문에 무인론을 말한다.
이것이 범부의 일반적인 견해이다.

지금 말하는 생의 원인은 앞선 생에 의지하는데 계속해서 추적하면 제
일원인은 유심(唯心)의 불각(不覺, 근본무명)이다. 무명 때문에 망동하고, 망
동하면 제법이 생기한다. 하지만 저 심체(心體)는 인연이 화합해서 발생
한 것이 아니다. 왜 그럴까? 과거, 현재, 미래라는 세식(世識)은 바로 심체
의 종자이며 인과식(因果識)도 심체의 종자이다. 전후 인과를 통해서 심체
가 있는 게 아니라 오직 심체에 의지하여 전후 인과가 성립한다. 이와 같
이 (유심의 도리로) 무인론을 설해야 과실이 없다. 만약 최초 존재 발생의
시점이 있다면 그것은 오직 마음이 처음 동요할 때에 해당하며 다시 다
른 제1원인은 없다. 비록 인과 관념에 입각해서 불각이 원인이고 망동이
그 결과이고, 망동이 다시 원인이 되고 생이 그 결과가 된다고 설하지만
실은 불각이 곧 망동이고 망동이 곧 생이기 때문에 둘 사이에 전혀 인(因)
과 과(果)라는 구별이 없다.[22] 그래서 「우언」에서 "생은 출발한 바가 없

---

21   實叉難陀譯, 『大乘入楞伽經』卷5(『大正藏』16, p.617a), "隨俗假言說, 因緣遞鈎瑣, 若離因
        緣瑣, 生義不可得, 我說惟鈎瑣, 生無故不生, 離諸外道過, 非凡愚所了, 若離緣鈎瑣, 別有
        生法者, 是則無因論, 破壞鈎瑣義."
22   馬鳴造, 眞諦譯, 『大乘起信論』(『大正藏』32, pp.576b-577a), "心生滅者, 依如來藏故有生
        滅心. 所謂不生不滅與生滅和合非一非異, 名爲阿梨耶識. 此識有二種義, 能攝一切法生一
        切法. 云何爲二? 一者覺義, 二者不覺義. (中略) 依不覺故生三種相, 與彼不覺相應不離, 云
        何爲三? 一者無明業相, 以依不覺故心動, 說名爲業. 覺則不動. 動則有苦, 果不離因故. 二
        者能見相, 以依動故能見; 不動則無見. 三者境界相, 以依能見故境界妄現; 離見則無境界."

다."(生無自)라고 말한다.

질문: 위에서 "너무도 많은 인연이 화합하기 때문에 무인론을 제기했다."라고 했는데 이는 무슨 뜻인가?

대답: 여러 인과설 사이에 다양한 차이가 있다. 『유가사지론』과 『성유식론』은 모두 10종 원인과 5종 과보를 이야기한다. 오로지 원인 하나에 근거하여 결과 하나를 이루는 경우는 주변에서 그 사례가 무척 드물 것이다. 지금 어떤 사람이 있다고 하자. 그가 인과율을 논파하려고 다음과 같이 말한다.

> 보통 사람들은 오이를 심어서 오이를 얻는다고 한다. 그렇다면 오이 씨앗이 원인인가? 아니면 씨앗을 심는 사람이 원인인가? 아니면 씨앗 심는 도구가 원인인가? 씨앗 심는 행위가 원인인가? 씨앗을 심는 밭이 원인인가? 또 종을 쳐서 소리를 내는 것도 마찬가지다. 종 자체가 소리의 원인인가? 종을 치는 사람이 원인인가? 종을 치는 도구가 원인인가? 종을 치는 행위가 원인인가? 사실 저 각각을 서로 분리할 수 없다. 그리고 원인이 그것이 출발한 본체를 가진다고 말할 수 없다. 그래서 무인론을 설한다.

하지만 이 견해는 사실 비루한 주장이다. 왜인가? 하나의 결과는 본래 하나의 원인이 완성한 게 아니다. 『아비달마대비바사론』 권21에서 "한 존재는[一法] 이미 수많은 존재[多法]에 대해 능작인(能作因, kāraṇa-hetu)이 되고, 수많은 존재도 한 존재에 대해 능작인이 된다."[23]라고 했다. 지금 법상(法相)에 의거하면 단지 주요 원인만 능생인(能生因)이라고 말하고 그 나

---

23   五百大阿羅漢等造, 玄奘譯, 『阿毘達磨大毘婆沙論』卷21(『大正藏』27, p.105b), "一法既與多法爲能作因, 多法亦與一法爲能作因."

머지 여러 조건[緣]은 방편인(方便因)이라고 할 수 있다. 오이 씨앗은 오이의 생기인(生起因)이고, 오이는 오이 씨앗의 등류과(等流果)이다. 파종하는 사람은 파종하는 행위의 사용의처(士用依處)이고 파종 도구는 파종 행위의 작용의처(作用依處)이다. 파종 행위는 파종자나 파종 도구의 사용과(士用果)이고 오이는 파종 행위의 증상과(增上果)이고 오이는 오이밭의 증상과이기도 하다.

종은 종소리의 생기인이고 종 치는 도구도 종소리의 일부 생기인이다. 【종소리는 종과 종채가 화합한 것이며 본래 혼잡한 소리이다.】 종소리는 종의 이숙과(異熟果)이고 종 치는 도구의 일부 이숙과이기도 하다.【이숙과는 본래 무정물에 대해서 이야기한 것은 아니다. 하지만 지금 차용해서 의미를 구성한다. 의취는 부합한다.】 종 치는 사람은 종 치는 행위의 사용의처이고 종 치는 도구는 종 치는 행위의 작용의처이다. 종 치는 행위는 종 치는 사람과 종 치는 도구의 사용과이고 종소리는 종 치는 행위의 증상과이다. 이는 근본적으로 의심의 여지가 없다. 다만 보통 사람은 하나의 원인이 하나의 결과를 초래한다고 착각하기 때문에 저런 사실에 대해 의심에 빠진다.

쇼펜하우어와 밀(John Stuart Mill, 1806~1873) 두 사람은 인과의 구체적인 모습을 정밀하게 이해하지 못했는데 어떻게 그들을 두고 개념과 이론을 논하는 자라고 하는가? 오이를 파종하면 오이를 수확하지만 종을 쳐서 종을 얻을 수는 없고 오직 종소리만 얻을 수 있다. 이는 각각 등류과(等流果)와 이숙과(異熟果)인데 근본적으로 결과가 동일하지 않다. 하지만 오이를 파종하면 오이를 얻는다. 비록 꼭두서니나 담배풀 등 갖가지 식물 안료로 오이 씨앗에 물을 들이면 오이 색깔에 변화를 줄 수는 있지만 오이가 아닌 다른 걸로 만들 수는 없다. 그래서 생기인(生起因)은 동류인(同類因)이라고 할 수 있다. 종을 쳐서 얻는 것도 종소리이다. 비록 나무망치로 종을 두드리면 쇳소리와 나무 소리 두 가지가 섞여 나지만 쇳소리가 분명 주요하다. 만약 돌망치로 종을 치면 종소리와 돌소리 절반씩 소리가 난다. 하지만 종소리가 안 나게 할 수는 없다. 그래서 생기인은 정이인(定異因)이라고 말할 수 있다.

하지만 『유가사지론』은 '원인(因)이 무상함'[24]을 말하고 『아비달마대비바사론』 권21에서는 "내가 말하는 여러 원인은 작용을 결과로 삼지 실체를 결과로 삼지 않는다."라고 말하고 또 "여러 결과는 작용을 원인으로 삼지 실체를 원인으로 삼지 않는다. 제법이 실체라면 언제나 전변하는 일이 없으니 원인이나 결과일 수 없다."[25]라고 말한다.

지금 여기서 오이와 오이 씨앗, 흙, 밭, 종소리와 종, 타종 도구는 서로 인과가 된다고 말했다. 보태자면 형상(形相) 있는 것을 실체로 간주하고 형상 없는 것을 비실체로 간주했다고 말하고, 더 자세히 말하면 일체 형상은 모두 실체가 없고 전변하여 파괴할 수 없는 게 아니다. 그래서 실체가 없다고 말한다. 비록 '금철의 광석'[金鐵樸鋋]에 이르러 그것이 오직 '한 덩이'[一注]이지만 고체는 액체로 바꿀 수 있고, 액체는 고체로 바꿀 수 있다. 변화하지 않고 영원한 것은 없다. 하물며 여러 성분이 섞여 있고 변형되는 성질의 것을 변하지 않는다고 주장할 수 있겠는가?

이와 같다면 인과는 분명하고 의심 가고 막힌 점이 있을 리 없다. 이를 알지 못한 사람은 오직 하나의 주재자만 인정하고 지금 보이는 주재자가 외람되게도 매우 많아서 무인의 주장이 발생했다. 그래서 모두 하나의 무인론이다. 지혜와 어리석음 사이에는 하늘과 땅의 차이가 있다.

24　因是無常(인시무상): 彌勒菩薩說, 玄奘譯, 『瑜伽師地論』卷25(『大正藏』30, p.322a), "緣起義云何? 謂離有情義, 是緣起義. 於離有情, 復無常義, 是緣起義. 於無常, 復暫住義, 是緣起義. 於暫住, 復依他義, 是緣起義."

25　五百大阿羅漢等造, 玄奘譯, 『阿毘達磨大毘婆沙論』卷21(『大正藏』27, p.105c), "我說諸因, 以作用爲果, 非以實體爲果. 又說: 諸果以作用爲因, 非以實體爲因. 諸法實體, 恒無轉變, 非因果故."

사문(沙門)의 질문: "장자는 「경상초」에서 '모든 사물은 존재하지 않은 데서 출현한다. 존재는 존재로써 존재하게 할 수 없고, 그것은 반드시 존재하지 않는 데서 출현하지만 그렇다고 하나의 존재하지 않음이 존재하지는 않는다.'²⁶라고 했는데 이것은 외도의 단멸론이 아닌가?"

대답: "「경상초」에서 말하는 존재[有]는 요즘 사람이 5종 감각 대상 바깥에 존재한다고 주장하는 물질로 형질을 갖지 않기 때문에 현량으로 인식할 수 없고, 너무도 넓은 범주이기 때문에 비량(比量)으로도 인식할 수 없다. 장자는 '가령 진짜 물질이 있다면 그 물질은 물질이 물질임을 스스로 인증할 수 없고 그것을 인증할 수 있는 자는 오직 마음의 인식 역량일 뿐이라고 말하고 싶어 한다.' 하지만 현량과 비량으로 물질을 관찰하더라도 이 과정에서 현량이 감각할 수 없고, 비량이 추리할 수도 없어서 오직 법집에 의지하여 물질이 존재함을 인정한다. 저 법집은 바로 변계소집으로 변계소집의 자성은 본래 공하다. 그래서 만물은 본질 없음에서 발생했음(萬物出乎無質)을 안다."

물질이 이미 없다면 만물 현상의 색·성·향·미·촉은 오직 의타기성이며 환유에 속한다. 그래서 "하나의 존재하지 않음도 존재하지 않는다."(無有一無有)라고 하였다. 『노자』에서 "세상 모든 존재는 유에서 발생하고 유는 무에서 발생한다."²⁷라고 말했다. 처음에는 법집과 아집을 따랐기 때문에 "만물은 본질에서 발생한다."라고 말했고, 다음에는 법집과 아집을 논파했기 때문에 "본질은 무에서 발생한다."라고 말했다. 무란 무엇인가? 바로 변계소집자성이다. 이 성질은 본래 존재하지 않는데, 존재하지 않으면 생겨나지도 않지만 "무에서 생겨난다."라고 말한 까닭은 무

---

26   『莊子』「庚桑楚」11: "萬物出乎無有. 有不能以有爲有, 必出乎無有, 而無有一無有."
27   『老子』40: "天下萬物生於有, 有生於無."

의 능생(能生)으로 유가 환유(幻有)임을 증명하기 위해서였다. 이른바 "바른 말은 마치 어긋난 듯하다."[28]는 것이다. 또 「천지」에서 말한다.

태초에 아무것도 존재하지 않았다. 존재하는 것도 없을뿐더러 이름도 없었다. 하나는 무에서 발생한다. 하나가 존재하면서 형상은 존재하지 않았다. 사물은 그 하나를 획득하여 발생하는데 그것을 덕이라고 한다. 형체가 아직 갖춰지지 않은 것이 구분이 생긴다. 게다가 변화의 상태를 간단없이 지속된다. 이것을 생명이라고 한다. 도가 유행하는 가운데 지체됨이 있는데 상이한 만물을 형성한다. 만물은 형성되고 각자의 질서를 가지는데 그것을 형체라고 한다. 형체는 신명을 보호하고 각각 자신의 표현 형식을 가진다. 이것은 본성이라고 한다.[29]

곽상은 『장자주』에서 「천지」를 주석하면서 말한다.

하나[一]는 유의 최초 형태이고 지극히 현묘함이다. 지극히 현묘하기 때문에 사물의 이치를 갖춘 구체적 형체는 없다. 하나[一]가 일으킨 것은 '궁극적 하나'[至一]에서 생겨난 것이지 무(無)에서 생겨난 것이 아니다. 그렇다면 장자가 누차 '처음엔 무(無)였다'라고 이야기한 까닭은 무엇인가? 태초[初]는 아직 생겨나지 않은 상황에서 생겨남이다. 생을 획득하는 것은 매우 어렵지만 위로는 무에 바탕을 두지 않고 아래로는 지각(인식)에 기대지 않는다. 돌연 스스로 이 생을 획득한다."[30]

---

28 『老子』78: "天下莫柔弱於水, 而攻堅強者莫之能勝, 其無以易之. 弱之勝強, 柔之勝剛, 天下莫不知, 莫能行. 是以聖人云: 受國之垢, 是謂社稷主; 受國不祥, 是謂天下王. 正言若反."
29 『莊子』「天地」8: "泰初有無, 無有無名; 一之所起, 有一而未形. 物得以生, 謂之德; 未形者有分, 且然無間, 謂之命; 留動而生物, 成生理, 謂之形; 形體保神, 各有儀則, 謂之性."

지금 내가 보기에 「경상초」에서 말하는 무(無)는 바탕을 말하고 '하나[一]'는 마음을 말하는데 또한 일진법계(一眞法界)에 해당한다. 「경상초」의 "형체가 아직 갖춰지지 않은 것이 구분이 생긴다. 게다가 변화의 상태를 지속한다. 이것을 생명이라고 한다."라는 구절에서 '구분이 생긴다'(有分)는 바로 장식(藏識)이다. 『성유식론』에서 "상좌부 경전과 분별론자(分別說部)는 밀의로써 이 장식을 유분식(有分識)이라고 명명했다.【유분식에서 '유'는 삼유(삼계)를 가리키고 분은 원인의 의미다. 이 장식만이 항상하고 보편하기 때문에 삼계 존재의 원인이다.】"[31]라고 말했는데 여기에 해당한다.

장식은 "[중생을] 삼계(三界)와 육취(六趣, 육도)로 인도하여 이숙과(異熟果)를 발생시킨다."[32] 그래서 「천지」에서 "차연(且然)"[33]이라고 말했다. 아뢰야식은 무시이래로 동일 유형으로 끊임없이 상속한다. 그래서 「천지」에서 "끊임이 없다.(無間)"라고 말했다. 이상은 모두 "사물의 본질은 본래 존재하지 않음"을 말함이지 심량(心量)이 본래 존재하지 않았다고 말한 게아니다. 정확히 유심의 수승한 교의에 합치된다. 어찌 단멸론과 동일시하는가?

근세 철학자 중에 쇼펜하우어 같은 이가 없지만 그가 말한 물질 존재

30　郭象, 『莊子注』「天地」: "一者, 有之初, 至妙者也, 至妙, 故未有物理之形耳. 夫一之所起, 起於至一, 非起於無也. 然莊子之所以屢稱無於初者, 何哉? 初者, 未生而得生, 得生之難, 而猶上不資於無, 下不待於知, 突然而自得此生矣."

31　護法等菩薩造, 玄奘譯, 『成唯識論』卷3(『大正藏』31, p.15a), "上坐部經・分別論者, 俱密意說, 此名有分識. 有謂三有, 分是因義, 唯此恒遍, 爲三有因."

32　護法等菩薩造, 玄奘譯, 『成唯識論』卷2(『大正藏』31, p.7c), "此是能引諸界・趣・生善・不善業異熟果故, 說名異熟."[이 제일 능변식은 중생을 삼계・육취・사생 등 선・불선의 이숙과로 인도할 수 있기 때문에 그래서 그것을 이숙식이라고 이름한다.]

33　且然(차연): 『疏證』(p.407)에서는 "且는 將(장차)의 의미이다. 다른 시간에 성숙하기 때문에 차연이라고 했다."고 풀었다. '然'은 상황이 전개된다는 의미로 이해할 수 있다. 그렇다면 미래에 어떤 상황이 전개된다는 의미로 아뢰야식의 종자가 현행하면서 새로운 상황을 현행함을 가리킨다.

의 규율은 실험을 통해서 인식할 수는 없고 오직 선험관념에 의해서만 인식할 수 있다. 하지만 쇼펜하우어는 이 선험관념이 법집임을 깨닫지 못했기 때문에 장자의 입장과는 아득히 멀다. 만약 누군가 다시 "어떻게 장자가 「천지」에서 말한 '무유(無有)'가 변계소집자성임을 아는가?"라고 묻는다면, 응당 그에게 다음과 같이 답하겠다. "이 『제물론석』 제1장에서 그것의 의미를 이미 분명히 밝혔다. 지금 다시 다른 편을 들어 다양한 사례로 그것의 증거로 삼겠다."

「대종사」에서 "음양이 사람에 대한 영향은 부모가 아이에 대한 영향 정도에 머물지 않는다. 음양이 내게 죽음에 임하도록 했는데 내가 그것을 듣지 않으면 나는 난폭한 셈이다."[34]라고 했다. 이 이야기는 음양이 실제 존재한다고 계탁한 것이다. 「경상초」에서는 "음양보다 더 사람에게 해를 끼치는 것은 없다. 세상에는 음양에서 도피할 만한 곳이 없다. 하지만 음양의 기운이 직접적으로 사람을 상해하지는 않는다. 마음이 오히려 그렇게 시킨다."[35]라고 했다. 이 이야기는 음양이 실제 존재가 아니며 오직 마음이 그렇게 시킨 것임을 설명하고 있다.

「달생」에서는 "형상, 소리, 색깔을 가진 것은 모두 사물이다. 사물 사이에 어떻게 서로 멀겠는가? 어떻게 그 이전에 도달할 수 있는가? 이것은 단지 형상, 소리, 빛깔의 변화일 뿐이다."[36]라고 하고, 또 "사물이 나아가는 바에 통달했는데 어떻게 외물이 침입하겠는가?"[37]라고 한다. 이것은 본래 색깔, 형상, 소리 등을 만드는 종자가 존재하지 않음을 밝혔다.

---

34 『莊子』「大宗師」5: "陰陽於人, 不翅於父母. 彼近吾死而我不聽, 我則悍矣."
35 『莊子』「庚桑楚」9: "寇莫大於陰陽, 無所逃於天地之間. 非陰陽賊之, 心則使之也."
36 『莊子』「達生」2: "凡有貌象聲色者, 皆物也, 物與物何以相遠? 夫奚足以至乎先? 是色而已." *章太炎이 인용한 장자 원문은 다르다.
37 『莊子』「達生」2: "壹其性, 養其氣, 合其德, 以通乎物之所造. 夫若是者, 其天守全, 其神無郤, 物奚自入焉!"

색을 만드는 물건은 마음이고 마음이 그것을 만든다는 사실을 깨닫는다면 그렇게 만들어진 사물은 자연 공한 것이다.

이와 같이 의타기성, 변계소집 등의 이론은 장자도 본래부터 소유한 바다. 다만 그런 명상이 없을 뿐이다. 그래서 "아무것도 존재하지 않는다."(無有)란 말도 변계소집자성을 배척한 것임을 알겠다.

오호라! "장자는 『장자』 내편 전체 일곱 편에서 '과거 성현의 가르침'[法言]³⁸을 펼쳤고, 후세 사람에게 사문(斯文)³⁹을 열거해 보였다."⁴⁰ "그러니깐 그렇다. 그렇지 않으니깐 그렇지 않다."(然於然, 不然於不然)라고 말한 의미와 "의지하는 바도 의지하는 바가 있어서 그러하다."(所待又有待而然者)라고 말한 의미는 성인의 원만한 음성이자 또한 승의제(勝義諦)로 인천(人天)을 초월한다. 어찌하여 편협한 생각을 하는 이는 심오한 종지를 깊이 살피지는 않고 그저 하찮은 견해로 저 가르침을 부정하려만 드는가? 세상에서 깨달음이 없는 세속 사람들은 수후(隨侯)의 구슬(隨珠)⁴¹과 야광 구슬을 영원히 흙먼지⁴² 아래 묻어 둔다. 그래서 백아(伯牙)는 종자기(鍾子期)에게 현(弦)을 기탁했고 장자는 혜시의 묘지에서 절규했다.⁴³ 진실하구

---

38 法言(법언): 成玄英, 『莊子疏』「人間世」(『集釋』1, p.158), "法言, 先聖之格言."

39 斯文(사문): 여기서는 '훌륭한 문장'[文雅]을 의미한다. 『論語』「子夏」5: "文王旣沒, 文不在玆乎?天之將喪斯文也, 後死者不得與於斯文也; 天之未喪斯文也, 匡人其如予何?"

40 『釋文』「天下」524: "莊生振徽音於七篇, 列斯文於後世."

41 隨珠夜光(수주야광): '수주'는 전설 상 춘추전국시대 隨 나라의 보물 구슬. '야광'은 전설 상 전국시대 가장 진귀한 옥. 『新序』「雜事」三 73: "故無因而至前, 雖出隨侯之珠, 夜光之璧, 祗足以結怨而不見德."

42 塵翳(진예): 각각 먼지와 일산의 의미이지만 여기서는 '더러움'(塵垢)의 의미다. 蘇轍, 「祭文與可學士文」: "晩歲好道, 耽悅至理, 洗濯塵翳, 湛然不起."

43 『莊子』「徐無鬼」6: "莊子送葬, 過惠子之墓, 顧謂從者曰: 郢人堊漫其鼻端, 若蠅翼, 使匠石斲之. 匠石運斤成風, 聽而斲之, 盡堊而鼻不傷, 郢人立不失容. 宋元君聞之, 召匠石曰: 嘗試爲寡人爲之. 匠石曰: 臣則嘗能斲之. 雖然, 臣之質死久矣. 自夫子之死也, 吾無以爲質矣, 吾無與言之矣."[장자가 장례를 치르려 혜자의 묘를 지나치며 제자에게 말했다. '영 땅 사람 가운데 자기 코 끝에 백토를 파리 날개 두께로 바르고 장석에게 그것을 도끼

나! 나의 지기가 죽은 지 이천 년 세월이 지났지만 깨달은 자 한 명 없구나. 슬프도다!

로 깎아 내게 했다. 장석이 바람이 일 정도로 도끼를 마구 내두르니 그 사람은 잠자코 그 도끼 소리를 듣고만 있고 장석은 백토를 깎아 냈다. 장석이 백토를 다 깎아 냈지만 그 사람은 코를 다치지 않았다. 영 땅 사람은 자세를 흐트리지 않고 가만히 서 있었다. 송나라 원공(元公)이 그 사실을 듣고서 장석을 불러 과인을 대상으로 그렇게 한번 해볼 수 있겠나? 하자 장석은 신은 예전에는 백토를 깎아 낼 수 있었지만 지금은 제 능력의 바탕인 상대가 죽은 지 오래입니다.'라고 했다네. 혜자의 죽음 이후 나도 상대로 여길 이가 없으니 나는 더불어 이야기할 사람이 없구나.]

제

7

장

昔者莊周夢爲胡蝶, 栩栩然胡蝶也, 自喩適志與! 不知周也. 俄然覺,
則蘧蘧然周也. 不知周之夢爲胡蝶與, 胡蝶之夢爲周與? 周與胡蝶,
則必有分矣. 此之謂物化.

일전에 장주가 꿈에 나비가 되었다. 팔랑팔랑 날아다니는 나비였다. 너무
도 즐겁고 잘 맞아 자신이 장주임을 알지 못했다. 문득 깨어 보니 꼼짝 않
고 누워 있는 장주 자신이었다. 장주가 꿈에 나비가 된 것인지 나비가 꿈
에 장주가 된 것인지 알지 못했다. 장주와 나비는 틀림없이 구별이 있다.
이것을 물화(物化)라고 말한다.

곽상은 『장자주』에서 이 구절에 대해 "지금 나비인 것을 알지 못하는
것은 꿈속에서 장주임을 알지 못하는 것과 다를 바가 없다. 각각 그 상황
의 뜻에 알맞다면 나비가 장주를 꿈꾸고 있는 게 아님을 증명할 방법이
없다. 세상에 거짓 잠으로 백 년을 지나친 사람이 있다고 한다면 지금 백
년이 거짓 잠 거짓 꿈이 아님을 밝힐 도리가 없다."[1]라고 풀었다. 잠자고

---

1   郭象, 『莊子注』「齊物論」(『集釋』1, p.113), "今之不知胡蝶, 無異於夢之不知周也; 而各適
     一時之志, 則無以明胡蝶之不夢爲周矣. 世有假寐而夢經百年者, 則無以明今之百年非假寐

깨고 하는 것의 각기 다른 갈래를 살펴보면 누구 말이 거짓이고 누구 말이 참인지 도무지 알 수가 없다. 칸트는 "깨어 있는 시간이 있기 때문에 꿈이 사실이 아님을 안다."라고 하였지만 이것은 '궁극적인 가르침'[了義][2]이 아니다. 꿈꾼다거나 깨어 있다고 말하지만 그것의 시간을 계산해 보면 각각 인생의 절반씩을 차지한다.

만약 "깨어 있기 때문에 꿈이 사실이 아님을 안다."라고 말한다면 "꿈을 꾸기 때문에 깨어 있음이 거짓임을 안다."라고 말할 수도 있다. 혹 "여러 사람이 함께 인식한 것은 진실이고 개인이 개별적으로 인식한 것은 거짓"이라고 말한다면 남극 대륙이나 북극해에 가서 괴이한 동물을 보았더라도 다른 사람은 대부분 그것을 보지 못했기 때문에 (그것을 부정할 것인데) 어떻게 저들이 반드시 진실이고 내가 반드시 거짓이라고 볼 수 있겠는가? 하지만 미혹한 사람은 깨어 있는 상태도 진실로 여기고 꿈의 상태도 진실로 인정한다. 지혜로운 사람은 꿈은 거짓이라고 논변하고 깨어 있는 상황도 거짓임을 안다. 다만 깨어 있는 동안 습득한 언어나 감각 또는 판단은 모두 교육과 암송, 관습을 통해서 형성되었다.

꿈을 그 자체로 자연스럽게 꾸는 것 같지만 깨어 있는 상태를 벗어날 수는 없다. 그래서 깨어 있는 상태를 본상(本相)이라고 하고 꿈꾸는 상황을 잔상(殘相)이라고 한다. 둘 사이에도 차이가 있다. 꿈꿀 때나 깨어 있을 때 대상이 동일한 경우, 만약 그 한 물건을 뚫어지게 보고 있다가 눈을 감으면 오직 이 물건이 떠오른다. 꿈꿀 때와 깨어 있을 때 대상이 동

之夢者也."
2   了義(요의): 요(了)는 '완전'의 의미와 '궁극'의 의미가 있다. 의(義)는 불타의 교설을 의미한다. 그래서 불교의 다양한 교설을 평가하면서 어떤 가르침은 '완전하고 궁극적인 가르침'이고 어떤 가르침은 방편 혹은 예비 단계로서 설해진 것이라고 말한다. 흔히 '요의(了義)'와 '불료의(不了義)'란 표현으로 둘을 구분한다.

일하지 않은 경우, 만약 붉은색을 뚫어지게 보고 있다가 눈을 감으면 녹색이 나타나는 것을 느끼는 것이다. 만약 항상 선정 상태에 있는 사람이라면 깨어 있을 때도 망상이 없고, 잠잘 때도 망상이 없다. 그래서 「대종사」에서 "옛 진인(眞人)은 수면 중에 꿈을 꾸지 않는다."³라고 말한다. 『아비달마대비바사론』권37에서도 다음과 같이 말한다.

질문: 어떤 중생[補特伽羅]이 꿈을 꿉니까?

대답: 범부[異生]와 성자 모두 꿈을 꾼다. 성자 가운데 예류과(豫流果)에서 아라한(阿羅漢), 독각(獨覺)까지 모두 꿈을 꾼다. 오직 세존만 제외된다. 왜냐하면, 꿈은 거짓되고 전도된 것이기에 세존은 일체 전도된 습기를 모두 제거했기 때문에 꿈을 꾸지 않는다. 만약 깨어 있을 때라도 심왕과 심소법이 전도되지 않았다면 잠잘 때도 마찬가지다.⁴

이것은 정확히 「대종사」에서 말한 내용과 일치한다. 꿈꾸는 자는 모두 전도된 습기를 완전히 제거하지 못해서이다. 하지만 장자는 여러 차례 윤회설을 설파했다는 사실을 보면 이 제6장에서도 본래 꿈으로써 비유[同喩]를 삼은 것이지 꼭 꿈 자체에 대해서만 이야기한 것은 아니다. 「대종사」에서 "사람의 육체는 천변만화하여 끝이 없다."⁵라고 했고, 「양생주」에서는 "때맞춰 온 것은 노담이 그런 시간이 되었기 때문이고, 때맞춰 간 것은 그런 시간에 순응했기 때문이다."⁶라고 했고, 또 "기름은 장작에 불을 지피면 역할이 끝나지만 장작에 붙은 불은 계속 타올라 그 끝을

---

3   『莊子』「大宗師」1: "古之眞人, 其寢不夢."
4   五百大阿羅漢等造, 玄奘譯, 『阿毘達磨大毘婆沙論』卷37(『大正藏』27, p.194a), "問: 何等補特伽羅有夢? 答: 異生聖者皆得有夢. 聖者中從預流果, 乃至阿羅漢獨覺, 亦皆有夢, 唯除世尊. 所以者何? 夢似顚倒, 佛於一切顚倒習氣皆已斷盡, 故無有夢. 如於覺時, 心心所法, 無顚倒轉, 睡時亦爾."
5   『莊子』「大宗師」2: "若人之形者, 萬化而未始有極也."
6   『莊子』「養生主」5: "適來, 夫子時也; 適去, 夫子順也."

모른다."[7]라고 했고, 「지북유」에서는 "생(生)은 죽음을 따라다니는 무리이고, 죽음은 생의 출발이다."[8]라고 했고, 「전자방」에서는 "생은 출발점이 있고, 죽음은 귀착점이 있는 듯하지만 시작과 끝은 단서 없이 서로 교차하고 되풀이되니 그것이 종결하는 지점을 알지 못하겠다."[9]라고 했고, 「우언」에서는 "서로 호응하는 바가 있으니 어찌 귀신이 없다고 하겠으며, 서로 호응하는 바가 없으니 어찌 귀신이 있다고 하겠는가?"[10]라고 했다.[11] 귀신이 없는 것도 아니고 귀신이 있는 것도 아니라고 했기에 단멸론(斷滅論)과 상주론(常住論) 두 극단을 벗어났고 그렇기 때문에 반드시 논의가 윤회설에 도달한다.

그리고 저 인도에서는 가르침을 '입에서 입으로'[積喙] 대를 이어 전하기 때문에 윤회설의 존재는 비량(比量)에 의지해서뿐만 아니라 성교량[重言]을 빌려서도 확인할 수 있다. 하지만 중국에서는 그것을 문헌을 통해 증명한 적도 없는데다가 "곤(鯀)이 황웅(黃熊)이 되고"[12] "완(緩)이 측백나무의 열매가 된"[13] 것과 같은 오직 한두 가지 사례만 있기 때문에 그것의 필

7 『莊子』「養生主」6: "指窮於爲薪, 火傳也, 不知其盡也."
8 『莊子』「知北游」1: "生也死之徒, 死也生之始."
9 『莊子』「田子方」4: "生有所乎萌, 死有所乎歸, 始終相反乎無端, 而莫知乎其所窮."
10 『莊子』「寓言」4: "有以相應也, 若之何其无鬼邪? 無以相應也, 若之何其有鬼邪?"
11 林希逸, 『莊子鬳齋口義』: "朝暮寒暑, 時至氣應, 安得謂無鬼神! 謙未必福, 仁未必壽, 安得謂有鬼神!"[아침저녁 차고 덥고 때가 이르면 기운이 호응하니 어찌 귀신이 없다 하겠는가! 겸손한 사람도 반드시 복을 받지는 않고 인자라고 반드시 장수하는 법도 없으니 어찌 귀신이 있다 하겠는가!] 여기서 귀신은 일반적인 의미가 아니라 자연 질서와 인간사를 관장하는 무형의 주재자를 가리킨다.
12 『春秋左傳』「昭公七年」: "昔堯殛鯀於羽山, 其神化爲黃熊, 以入於羽淵, 實爲夏郊, 三代祀之, 晉爲盟主, 其或者未之祀也乎."
13 『莊子』「列禦寇」2: "鄭人緩也呻吟裘氏之地. 祇三年而緩爲儒, 潤河九里, 澤及三族, 使其弟墨. 儒·墨相與辯, 其父助翟. 十年而緩自殺. 其父夢之, 曰: 使而子爲墨者, 予也. 闔胡嘗視其良, 既爲秋柏之實矣!"[정나라 사람 완이 구씨 땅에서 경서를 독송하더니 삼 년이 지나 완은 유자가 되었다. 황하가 연하 구리의 땅을 적시듯 완도 그 은택이 친족·외족·처족 삼족에게까지 미쳐 자신의 동생은 묵자가 되게끔 했다. 유자와 묵자가 서로

연성을 목도할 수 없었다. 신뢰할 만한 사람이 윤회의 존재를 보증한다
고 하더라도 일반 사람이 늘 볼 수 있는 건 아니기 때문에 장자는 비근한
예로 그것을 과장[夸誕]했다. 그래서 단지 꿈 이야기로 그것을 묘사했을
뿐이고 구체적인 사실로써 윤회의 실제를 이야기한 적은 없다. 「경상초」
에서는 말한다.

> 고정되지 않고 움직이는 것을 말한 적이 있지만 사실 그것은 말할
> 수 있는 게 아니다. 비록 그렇지만 말하지 않으면 알 수가 없다.[14]

「대종사」에서는 말한다.

> 일단 변해 버리면 변하기 전의 일을 대체 어찌 알겠으며 아직 변
> 하지 않았으면 변한 뒤의 일을 어찌 알겠는가?[15]

이런 장자의 이야기는 모두 '일반 사람도 이해할 수 있는'[16] 이야기며
대인(大人)도 '신뢰할 만한'[質要][17] 언설이다. 왜인가? 현량은 없고 비량만
있는 것과 마찬가지로 직접 증명은 불가능하고 누군가 신뢰할 만한 말로
그것의 존재를 증명할 수밖에 없는데 이는 독단에 가깝다. 윤회가 존재
한다는 성교량[重言]이 있더라도 또한 지혜롭고 신뢰할 만한 사람이 증명

논변하니 그 아비는 동생 묵적을 편들었다. 십 년이 지나 완은 자살했다. 그 아비가
꿈에서 완을 보았는데 완은 '당신 아들을 묵자로 만든 것은 나인데 어찌하여 무덤을
한 번 찾지 않습니까? 나는 이미 무덤가 측백나무 열매가 되었습니다.]

14 『莊子』「庚桑楚」13: "嘗言移是, 非所言也. 雖然, 不可知者也."
15 『莊子』「大宗師」7: "方將化, 惡知不化哉? 方將不化, 惡知已化哉?"
16 百姓與能(백성여능): 여기서는 "일반 백성까지도 깊이 이해하고 있는 이치"를 의미한
    다. 『周易』「繫辭下」12: "天地設位, 聖人成能. 人謀鬼謀, 百姓與能."
17 質要(질요): 고대 중국에서 물건을 사고팔고 하는 과정에서 발행한 증빙 문서를 가리
    킨다. 즉 '권계券契'인데 오늘날 어음에 해당한다. 『左傳』「文公六年」: "宣子於是始爲
    國政, 制事典, 罪, 辟獄刑, 董逋逃, 由質要." 杜預注: "質要, 券契也."

할 수 있는 바가 아니다. 중생의 근기에 호응하고 사실을 엄밀히 고증하는 문장으로도 윤회를 '결코 보증할 수 없다.'[不應爾][18]

불교에서 말하는 윤회는 범부[異生]에게는 오직 분단생사(分段生死)[19]인데 자유자재로 주재할 수 없기 때문이며, 성자에게는 변역생사(變易生死)[20]인데 자유자재로 주재할 수 있기 때문이다. 가령 "노담이 그것의 끝남을 알지 못하였다."[21]라고 말하고 "중니가 매일 변화와 함께 나아간다."[22]라고 말했을 때, 이는 모두 변역생사의 유형이다. 장자도 괴이한 문장이나 특별한 사례를 선택하지 않았는데 이들 세 사람은 대중이 보편적으로 징험할 수 없는 이론을 그냥저냥 수립하길 꺼려서다. 이것이 아마도 치언(巵言)이 되는 까닭일 테다.

「달생」에서는 다음과 같이 말한다. "일상의 견해에서 벗어나면 어떠한 속박도 없고, 속박이 없으면 심성이 순정하고 평화롭다. 심성이 순정하고 평화로우면 육체는 그 순정하고 평화로운 상태를 따라서 다시 태어난다. 다시 태어나면 도에 가까워진다."[23] "육체와 정신이 모두 손상이 없으

---

18 不應爾(불응니): 현대 중국어로 표현하면 '不應該這樣'에 해당한다. "결코 이렇지 않다."는 의미인데 불전에서는 어떤 사실을 부정할 때 쓰는 말이다. 여기서는 '爾'는 앞의 '保信'을 받는 말로 봐야 한다. 그래서 "결코 보증할 수 없다."라고 풀 수 있다.

19 分段生死(분단생사): 불교에서 제시한 두 가지 생사윤회 방식 가운데 하나이다. 삼계 중생의 생사를 가리킨다. '분단'은 중생의 과보가 다르기 때문에 모습과 수명 등의 구별이 있음을 가리킨다. 이런 구별을 갖는 생사윤회가 분단생사이다.(『佛光』, p.1319)

20 變易生死(변역생사): 2종의 생사윤회 방식 가운데 하나로 '分段生死'와 상대되는 개념이다. 삼계 중생이 아니라 아라한이나 벽지불, 보살 등 성자가 삼계 바깥의 수승한 과보신(果報身)을 초래함을 말한다. '變易(변역)'은 생사윤회를 통해서 본래 자신의 몸을 모습이나 수명에 한계가 없는 몸으로 변화시킴을 말한다.(『佛光』, p.6916)

21 『莊子』「養生主」6: "指窮於爲薪, 火傳也, 不知其盡."

22 『莊子』「田子方」3: "吾一受其成形, 而不化以待盡, 效物而動, 日夜無隙, 而不知其所終, 薰然其成形, 知命不能規乎其前, 丘以是日徂." 郭象, 『莊子注』「田子方」(『集釋』3, p.709), "不係於前, 與變俱往, 故日徂."[이전 상황에 얽매이지 않고 변화된 상황과 함께 나아가기 때문에 "매일 나아간다."라고 했다.]

23 『莊子』「達生」1: "棄世則无累, 無累則正平, 正平則與彼更生, 更生則幾矣."

면 이것은 능이(能移)²⁴라고 한다. 정순하고 또한 정순하면 도리어 자연의 발전을 돕는다."²⁵ 능이(能移)와 일반적으로 말하는 이시(移是)는 다른 말이고, "육체는 그 순정하고 평화로운 상태를 따라서 다시 태어난다."라고 한 것과 일반적으로 말하는 갱생은 다른 뜻임을 알 수 있다.

육도윤회설과 선악보응설에 이르면 이는 육신으로 도리에 순응하는 사람은 걱정이 없고, 주색을 탐하는 자는 재난을 당하는 것과 같다. 이치상 필연적이지만 장자는 그것을 보증하는 말을 하지 않았다. 구체적 사실로 '증명'[期驗]하지도 않았고 또한 권선징악의 말도 보태지 않았다. 무릇 "행동거지를 삼가면 병을 낫게 할 수 있고, '눈 주위를 문지르면'[眥媙]²⁶ 노화를 줄일 수 있다."²⁷거나 "자기 성품을 '함부로 다루는'[鹵莽]²⁸ 사람은 표저(瘭疽)나 개옹(疥癰) 같은 종기와 부스럼이 생기고 열병을 앓으며 의식이 혼미해진다[溲膏].²⁹"³⁰는 말은 모두 장자가 한 이야기로 그는 의경(醫經)과 방술(方術)에 대해서도 구체적으로 이야기한다.

『여씨춘추』「정욕」에서 "대귀의 생은 매우 빨리 끝나 버리고"³¹ "흉중

---

24   能移(능이): 곽상은 "변화와 함께한다."(與化俱)고 풀었고, 성현영은 "이(移)는 遷流流轉을 말한다. 몸을 수고롭게 하지 않고 정신을 훼손하지 않기 때문에 변화를 따르고 그것에 임하여 만물과 함께 천류한다."(移者, 遷轉之謂也. 夫不勞於形, 不虧其精者, 故能隨變任化而與物俱遷也.)고 풀었다.

25   『莊子』「達生」1: "形精不虧, 是謂能移. 精而又精, 反以相天."

26   眥媙(자위): '眥'(자)는 눈 주변을 가리킨다. '媙'(위)는 안마를 의미한다. 그래서 '자위'는 눈 주변을 안마하듯 문지르는 것을 가리킨다.

27   『莊子』「外物」11: "靜然可以補病, 眥媙可以休老."

28   鹵莽(로망): 원래는 황무지에 듬성듬성 자란 잡초를 가리키지만 주의하지 않고 경솔하게 행동하는 것을 가리키기도 한다. 여기서는 경솔하다는 의미다.

29   溲膏(수고): 자기도 모르게 정액이 흘러나오는 증상을 말하는데 여기서는 무엇엔가 탐닉하여 정신이 혼미한 상태를 가리킨다.

30   『莊子』「則陽」6: "故鹵莽其性者, 欲惡之孽, 爲性崔葦蒹葭, 始萌以扶吾形, 尋擢吾性. 並潰漏發, 不擇所出, 漂疽疥癰, 內熱溲膏是也."

31   『呂氏春秋』「情欲」3: "萬物之酌大貴之生者眾矣, 故大貴之生常速盡."

의 큰 근심으로 망령되이 말하고 생각하고, 그리고 바라보지만 죽음에 임해서는 오히려 두려워해야 할 바를 알지 못한다."[32]라고 했다. 부적절한 행위에 대한 징계의 절실함이 이 지경에 이르지만 사람을 보면 그것을 따르는 자 몇이나 될까? 만약 욕구가 끝이 없다면 온갖 방식으로 타인을 침탈한다. 임금의 법령으로 도둑질을 금하지만 그것이 엄하지 않음이 없음에도 "옷자락을 추어올리고 사지로 나아가는 사람"(褰裳赴鑊)[33]은 금령(禁令)을 마치 냉이 풀처럼 달게 여기고[甘如薺][34] "코를 박고 살을 씹는 사람"(噬膚滅鼻)은 죽음에 나아가는 것을 마치 엿 먹듯 한다.[35]

그래서 "쇠뭉치로 맞고 흥분하여 위험한 곳으로 내달리는 경우"[36]에는 비록 큰 위험이 앞에 도사리고 있다 하더라도 오히려 피하는 법이 없다. 하물며 윤회하여 다음 생에 심신이 바뀌는 것은 아주 먼 이야기로 생각하는데 비록 내생에 달군 쇠로 지지는 포락지형(炮烙之刑)[37]을 당하더라도 어찌 꺼리겠는가? 내생에 대해 조금이라도 두려움이 있는 사람이라면 그것에 집착하는 마음이 점점 형성되니 대개 "비둘기가 뽕잎을 먹으면"(鳩食桑葚)[38] 소리를 바꾸지 않는 일이 없지만 그 마음은 또한 취(醉)하는

---

32   『呂氏春秋』「情欲」3: "胸中大擾, 妄言想見, 臨死之上, 顚倒驚懼, 不知所爲."
33   褰裳赴鑊(건상부확): 『詩經』「鄭風」'褰裳'1: "子惠思我, 褰裳涉溱."[그대 날 사랑해 그리워할진대/ 내 치마 걷고 진수를 건너리라.]
34   甘如薺(감여제): 『詩經』「邶風」'谷風'2: "誰謂荼苦, 其甘如薺."[누가 씀바귀가 쓰다 하는가? 그 달기가 냉이 같도다.]
35   『周易』「噬嗑」3: "噬嗑: 六二: 噬膚滅鼻, 無咎."
36   『左傳』「文公十七年」: "鋌而走險, 急何能擇?"
37   炮烙之刑(포락지형): 은나라 주 임금이 만들었다고 전해지는 잔혹한 형벌. 죄인을 산 채로 불구덩이에 던져 넣는다. 『荀子』「議兵」23: "紂剖比干, 囚箕子, 爲炮烙刑, 殺戮無時, 臣下懍然莫必其命."[주임금은 비간의 가슴을 도려내고 기자를 가두고 포락지형을 만들어 때도 없이 사람을 살육했기에 신하들은 제명에 못 살거라 벌벌 떨었다.]
38   鳩食桑葚(구식상심): 『詩經』「衛風」'氓'3: "桑之未落, 其葉沃若. 于嗟鳩兮·無食桑葚. 于嗟女兮, 無與士耽. 士之耽兮, 猶可說也, 女之耽兮, 不可說也."[뽕나무 지기 전 그 잎사귀 싱싱하네. 아! 저 비둘기 뽕잎을 먹지 마소. 아! 저 여인네 남정네 탐닉 마소. 남정네

법이다. 좀 전 사람은 육도윤회설에 동요되지 않고, 지금 사람은 오히려 육도윤회설을 맹신한다. 장자는 이런 사실을 교훈삼아 진실로 더 보태지 않았다. 「달생」에서 그저 "사람이 두려워해야 할 일은 잠자리와 먹고 마시는 데 있다. 그것을 경계할 줄 모른다면 과실이다."[39]라고 했다. 지혜로운 사람은 몇 가지 예를 통해서 미루어서 그것을 분명히 안다.

윤회설도 속제이다. 하지만 변계소집성이 아니라 의타기성이다. 앞 제6장에서 '상대적인 관념이 없음'[無待]을 설한 것은 진실을 밝히기 위한 것이고, 지금 제7장에서 물화(物化)를 말한 것은 속세와 소통하기 위해서다. 나머지 두 장의 같거나 다른 점은 생략한다.

혹자 질문: 윤회설은 장자, 석가, 플라톤이 동일하게 주장한 내용이다. 불교에서는 윤회를 번뇌로 간주했는데 장자는 윤회로써 근심을 제거하려 했다. 왜인가?

대답: 장자의 주장을 살펴보면 열반[寂滅]을 즐기려는 생각이 전혀 없었다. 「덕충부」에서 장자는 발뒤꿈치가 잘린 왕태(王駘)의 고사를 들어 "왕태는 자신의 지혜(知)로 자신의 마음(心)을 터득하고, 그렇게 얻은 마음으로 변함없는 본심(常心)을 터득하고"[40] "길일을 택해 하늘로 오르려 한다."[41]라고 말한다.[42] 이는 제6식의 현량(現量)에 의거하여 제8식 자체를

의 탐닉은 그러려니 해도, 여인네 탐닉은 말도 못 하리니.]

39   『莊子』「達生」6: "人之所取畏者, 衽席之上, 飮食之閒, 而不知爲之戒者, 過也!"

40   『莊子』「德充符」1: "以其知得其心, 以其心得其常心." 章太炎은 제1장 2절에서 동일하게 「덕충부」의 이 구절을 인용하고서 이때 "心은 阿陀那識에 해당하고 常心은 菴摩羅識에 해당한다."라고 풀었다.

41   『莊子』「德充符」1: "彼且擇日而登假."

42   登假(등하): 成玄英, 『莊子疏』「德充符」(『集釋』1, p.196), "彼王駘者, 豈復簡擇良日而登昇玄道?" 성현영은 '등하'를 '현묘한 도'[玄道]에 '올라탐'[登昇]이라고 풀었다. 장타이옌은 제1장 제2절에서 수행의 경지가 '其知 · 其心 · 其常心'으로 단계별로 상승하고 그런 다음 가장 높은 경지에 도달한다고 말했다.

증득하고, 그다음 제8식의 현량에 의거하여 아마라식(阿摩羅識) 자체를 증득함을 말한다. "한순간에 깨달음(상응)의 지혜를 통해서 단번에 무명을 모두 제거하며 색구경처(色究竟處)[43]에서 일체 세간에서 가장 높고 큰 신체를 보인다."[44] 이것은 단지 불과(佛果)를 이야기한 것일 뿐 열반을 이야기한 것은 아니다.[45]

「전자방」에서 "노담이 말했다. '나는 마음을 사물의 최초의 상태에서 노닐게 합니다.' 공자는 '그게 무슨 뜻인가'를 물었다. 노담은 '참된 도는 마음에서 찾아도 고생만 할 뿐 알 수가 없고 말로 나타내려 해도 입이 뜻대로 움직이지 않아 말할 수가 없다."[46]라고 했다. 이 구절은 "십지보살이 수행을 완전히 성취하자 한순간에 깨닫고, 깨달음의 마음이 처음 일어났을 때 그 마음에는 망심의 어떤 실마리도 존재하지 않는데, 이 경지가 구경각지(究竟覺地)가 된다."[47]라는 데 해당한다. 또한 여기에는 열반의 내용

---

43 色究竟處(색구경처): '색구경천(色究竟天)'이라고도 한다. 불교에서 중생이 사는 세계를 욕계, 색계, 무색계로 나누고 이 가운데 욕계를 '네 개의 선정 단계'[四禪]와 '여덟 개의 하늘'[八天]로 나누는데 이 중 최종 단계가 색구경천이다. 이 단계에서 부처는 깨달았다고 한다. 그래서 『기신론』의 이 구절은 붓다가 깨달음 순간에 발현한 신체와 지혜가 각각 어떤 모습과 어떤 역할을 했는지 말한다. 高振農 校釋, 『大乘起信論校釋』(北京: 中華書局, 1992), p.153 참조.

44 馬鳴菩薩造, 眞諦譯, 『大乘起信論』(『大正藏』32, p.581b), "又是菩薩功德成滿, 於色究竟處示一切世間最高大身. 謂以一念相應慧, 無明頓盡, 名一切種智."[이런 보살은 공덕을 완전하게 성취한 후 색구경처에 일체 세간에서 가장 높고 큰 신체를 드러내고 한순간에 깨달음의 지혜로써 무명을 단번에 모두 제거하니 그것을 일체종지라고 이름한다.] 장타이옌은 『기신론』의 문장 순서를 바꿨다.

45 佛果(불과): 불교 수행을 통해 획득하는 궁극적 결과인 부처됨을 의미한다. 온갖 수행과 공덕은 불과를 증득하는 원인이기 때문에 불인(佛因)이 된다.(『佛光』, p.2637) 그런데 일반적으로 불과는 해탈이나 열반이다. 그런데 대승불교에서 '열반'을 소승불교의 개념으로 한정하려는 경향이 발생하고 그래서 불과 혹은 불지와 열반을 구분하는 경우가 있다. 장타이옌도 이런 경향을 따라 『기신론』의 구절을 빌려 보살이 공덕을 원만히 구족하고 일체종지를 획득하여 부처가 되는데 이는 열반과는 다르다고 주장한다.

46 『莊子』「田子方」4: "老聃曰: 吾遊心於物之初. 孔子曰: 何謂邪? 曰: 心困焉而不能知, 口辟焉而不能言."

은 존재하지 않는다. 또한 「전자방」에서 "귀함이 자신에게 있으며 변화 속에서도 상실하지 않는다. 또한 사물의 천변만화는 처음부터 극한이 없다."[48]라고 했는데 이것은 곧바로 '부사의업(不思議業)'[49]이 중생의 근기에 따라 색신(色身)을 두루 나타냄을 말할 뿐이다. 오직 「대종사」에서 다음과 같이 말한다.

> 저 복량의(卜梁倚)[50]는 3일 만에 천하를 벗어나고 7일 만에 사물 존재를 벗어나고 9일에는 삶을 벗어났다. 그런 다음에는 깨달음을 얻게 되고, 다음 절대적 경지를 보고, 다음은 고금의 시간을 소멸하고, 다음은 불생불사의 경지에 돌입했다.[51]

이는 불교에서 말하는 원행지(遠行地, dūrajgamā-bhūmi)[52] 이후 보살에 해당하며 이 단계에서는 불생불사이며 의미는 열반과 다름이 없다.[53] 그래

---

47 馬鳴菩薩造, 眞諦譯, 『大乘起信論』(『大正藏』32, p.576b), "如菩薩地盡, 滿足方便一念相應, 覺心初起, 心無初相. 以遠離微細念故, 得見心性, 心即常住, 名究竟覺."

48 『莊子』「田子方」4: "貴在於我而不失於變, 且萬化而未始有極也."

49 不思議業(부사의업): 馬鳴菩薩造, 眞諦譯, 『大乘起信論』(『大正藏』32, p.576c), "不思議業相者: 以依智淨, 能作一切勝妙境界, 所謂無量功德之相, 常無斷絶, 隨衆生根, 自然相應, 種種而見, 得利益故."[(수염본각의) '불가사의한 활동'은 지정상에 의거하여 일체 수승하고 미묘한 상황을 연출하는데, 이른바 무량한 공덕은 언제나 끊임없이 중생의 근기에 따라 적절하게 상응하여 갖가지 모습을 나타내 중생으로 하여금 이익을 얻게 한다.] *『大正藏』본에는 '功德之相'의 '相'이 없는데, 유통본을 참고하여 추가했다.

50 卜梁倚(복량의): 『釋文』(『集釋』1, p.253): "李云: 卜梁, 姓; 倚, 名."

51 『莊子』「大宗師」4: "夫卜梁倚有聖人之才而無聖人之道, 我有聖人之道而无聖人之才. 吾欲以教之, 庶幾其果爲聖人乎! 不然, 以聖人之道告聖人之才, 亦易矣. 吾猶守而告之, <u>參日而後能外天下</u>; 已外天下矣, 吾又守之, <u>七日而後能外物</u>; 已外物矣, 吾又守之, <u>九日而後能外生</u>; 已外生矣, <u>而後能朝徹</u>; 朝徹, <u>而後能見獨</u>; 見獨, <u>而後能無古今</u>; 無古今, <u>而後能入於不死不生."</u>

52 遠行地(원행지): 대승불교에서 말하는 보살 10지 가운데 제7지에 해당한다. 이 경지의 보살은 일상 사람들이나 이승 수행자가 갖는 '상에 대한 집착'(有相行)을 '벗어나기'(遠) 때문에 이런 명칭이 붙었다. 제10지는 불지(佛地)로서 부처다.(『佛光』, p.5940)

53 初本에서는 '원행지 보살'(遠行地之大士)이라고 했다가 이 定本에서는 '원행지 이후 보

274   제물론석

서 '생사를 벗어날 수 있는'[不見生死] 자(여래)는 비록 다시 생사에 출입하더라도 본성이 불생임을 직접적으로 증득하였다.

『기신론』에서는 '초발심자'에게 항상 "망견을 벗어나 생사에 머물지 말고" "중생을 섭수 교화하고 열반에 머물지 말고"[54] 계속 수행하여 십지보살의 원만경계에 도달할 것을 말한다. 『대승입능가경』에서 보살일천제[55]를 가리켜서 다음과 같이 말한다.

> 모든 보살은 본원의 방편으로 일체 중생이 모두 열반에 들기를 바라는데 만약 한 중생이라도 열반에 들지 않았다면 자신은 결코 끝내 열반에 들지 않겠다고 서원한다. 이것은 일천제취에 머무는 것이며 또한 열반종성의 상(相)이 없는 것이기도 하다.[56] 보살일천제는 일체 법이 본래 열반이라서 필경 증입할 바가 없음을 안다.[57]

이것은 대개 장자가 도달한 경지이다. 어떻게 "장자가 도달한 경지임"을 아는가? 「덕충부」에서 "사람은 본래 감정이 없다."[58]라고 했는데, 이

살(遠行地後之大士)이라고 했다. 본문에서 보살이 가리키는 이는 장자이다. 그렇다면 초본에서는 장자를 원행지보살 수준으로 이해했고, 정본에서는 그 이상의 수준 구체적으로 불지의 수준으로 이해한다.

54 馬鳴菩薩造, 眞諦譯, 『大乘起信論』(『大正藏』32, p.580c), "略說方便有四種. 云何爲四? 一者行根本方便. 謂觀一切法自性無生, 離於妄見, 不生生死. 觀一切法因緣和合業果不失, 起於大悲, 修諸福德, 攝化衆生, 不住涅槃. 以隨順法性無住故."

55 菩薩一闡提(보살일천제): '보살'은 대승불교에서 제시한 하나의 인격으로 부처는 아니지만 실제로는 모든 번뇌를 벗어나 지혜와 방편을 갖추고 중생 구제라는 공덕을 쌓은 성자다. '一闡提'는 범어 Icchantika의 번역어로 '無種姓衆生'으로 번역되기도 한다. 부처가 될 가망이 없는 중생을 말한다. 그런데 상반되는 개념이 결합한 '보살일천제'란 어휘는 『대승입능가경』에서 보이는 특이한 개념이다. 『능가경』에서는 '보살은 성자지만 중생이 모두 성불하기 전까지는 모두 일천제'라는 사고가 등장한다.

56 實叉難陀譯, 『大乘入楞伽經』卷2 (『大正藏』16, p.597c), "諸菩薩以本願方便, 願一切衆生悉入涅槃. 若一衆生未涅槃者, 我終不入. 此亦住一闡提趣, 此是無涅槃種性相."

57 實叉難陀譯, 『大乘入楞伽經』卷2 (『大正藏』16, p.597c), "菩薩一闡提, 知一切法, 本來涅槃, 畢竟不入."

것은 번뇌장이 본래 없음을 말하는데 오온(五蘊)은 자성이 발생하지도 않았고, 그렇기에 또한 그것이 소멸하지도 않았다. 또 「덕충부」에서 "내가 말하는 '감정 없음'(無情)은 사람이 좋아하고 싫어하는 감정으로 자신을 해치지 않고 항상 자연을 통해서 생에 무언가를 보태지 않는 것이다."[59] 라고 했다. 이것은 생사를 두려워하지 않고 '법성에 수순하며'(隨順法性)[60] 또한 생을 위하여 증상연(增上緣)을 짓지 않음을 말한다. 이런 이야기가 어찌 윤회설로써 번뇌를 제거하려는 것이겠는가?

대승불교의 '궁극적 이치'[高致]는 오직 '이염(爾燄, jñeya)[61]을 제거'하는 데 있다. 중국말로 번역하면 '소지장(所知障)을 단절'하는 것이다. 소지장을 이미 단절했다면 어떻게 생멸과 불생불멸의 차이가 존재하겠는가? 「덕충부」에서 다음과 같이 말한다.

> 다행히도 그들이 자신의 심성을 순수하고 바르게 할 수 있어야 중생의 심성이 그것을 따라서 순수하고 바르게 할 수 있다. 본성을 보전한 증거는 바로 무외의 품격이다. 마치 한 명의 용사가 천군만마의 적진에 용감히 뛰어 들어가서 공명을 좇아서 자신에게 요구하는 것도 이와 같은데 하물며 천지자연을 관장하고 만물을 포용하고, 단지 육신을 잠시 머무는 곳으로 여기며 눈이나 귀로 보고 듣는 것을 거짓으로 알며, 자신의 지각으로 인식한 것을 하나로 통일시키고 마음에 한번도 생사의 관념이 없었던 자에게서랴![62]

---

58 『莊子』「德充符」6: "人故無情."
59 『莊子』「德充符」6: "吾所謂無情者, 言人之不以好惡內傷其身, 常因自然而不益生也."
60 馬鳴菩薩造, 眞諦譯, 『大乘起信論』(『大正藏』32, p.580c), "隨順法性無住故."
61 爾燄(이염): 범어 jñeya의 음역으로 '지혜로 파악하는 대상'이란 의미에서 '所知'로 의역된다. 慧琳撰, 『一切經音義』卷23(『大正藏』54, p.456a), "爾燄者, 此云所知, 謂智所知境."[이염은 중국어로는 '소지'이고 지혜로 인식하는 대상을 말한다.]
62 『莊子』「德充符」1: "幸能正生, 而正衆生. 夫保始之徵, 不懼之實. 勇士一人, 雄入於九軍.

장자는 본래 윤회설로 근심을 해결하려 했던 게 아니다. 단지 중생으로 하여금 속박과 집착이 없도록 해서다. 그래서 중생의 근기에 따라 방편을 사용해서 말했다. 또 장자의 특별한 지향은 내성외왕(內聖外王)에 있었다. 그는 도저히 구제할 방도가 없는 상황에 처한 인류를 불쌍히 여기고, 백성들에게 가해지는 가혹한 정치와 형벌을 걱정했다. 그래서 반드시 세상에 백성을 통치하려 드는 위정자가 없도록 하고 '문명과 야만의 세계관'[文野論]이 없도록 하고자 했다. 사람이 각각 주체적으로 행동하는 것을 왕(王)이라고 하고, 아무런 구애됨 없이 지혜를 운용해야 성인(聖人)일 수 있다. 시대에 따라 사람들이 '임금을 만나고'[利見]⁶³ 임금은 백의로 자신을 나타내지 않는다면⁶⁴ 어떻게 이런 장자의 염원을 성취하겠는가?

　　불보살이 오로지 중생 '제도'[滅度]⁶⁵만을 염원하고 중생이 삶 속에서 겪는 애통과 원한을 고려하지 않는다면 [염원을 성취하기란] 황하가 맑아지기를 기다리는 것만큼 어렵고 골짜기가 구릉이 되는 것을 기약할 수 없는 것과 마찬가지다. 비록 대비심을 품고 있더라도 오히려 중생의 마음에 부합하지는 않을 것이다.

將求名而能自要者, 而猶若是, 而況官天地, 府萬物, 直寓六骸, 象耳目, 一知之所知, 而心未嘗死者乎!"

63　利見(이견): 『易』「乾」6: "飛龍在天, 利見大人." 『易』「乾」6: "見龍在田, 利見大人." 孔穎達疏: "若聖人有龍德飛騰而居天位, 德備天下, 爲萬物所瞻覩, 故天下利見此居王位之大人."

64　示現白衣(시현백의): '시현'은 불교에서 불보살이 중생을 제도하기 위해서 다양한 모습을 자신을 나타내는 것을 말한다. '백의'는 불교에서 출가자가 아니라 일반 신도를 가리킬 때 쓰는 말이다. 출가자는 '黑衣'로 묘사된다. 내성외왕을 불교 교설과 관련하여 설명하기 때문에 '성인으로서 불보살'(內聖)은 중생 제도를 위해서 '백의의 군왕'(外王)으로 나타나는 셈이다.

65　滅度(멸도): '도(度)'는 중생 '제도(濟度)'의 의미다. '멸'은 '번뇌의 소멸'을 의미한다. 열반이라는 의미로도 쓰이는데 중생 제도의 결과는 중생이 번뇌를 소멸하고 해탈하는 것이기에 이 의미도 가능하다. 그래도 '소멸시키다.'라는 동사로 사용하는 게 더 적절해 보인다.

무릇 제물(齊物)을 행하는 사람은 '백성의 마음'(百姓心)을 자신의 마음으로 삼아야 한다.[66] 그래서 내심으로 깨달음을 달성하는 것이 궁극의 목표이지만 현실에서는 중생 구제를 즐거운 일로 여긴다. 왕필이『역』을 풀면서 "마음을 관장하면서 변화가 있지만 따름에 바름을 잃지 않는다."[67]고 했는데 이 의미를 밝혔다. 어찌 같고 다름을 구별하는 논변이겠는가?

「칙양」에서 "사람들은 자신의 지식을 근심하고 행동에 영원히 소진하는 때가 없다. 하지만 지식을 사용하여 근심을 초래하는 일을 멈추는 게 가능하겠는가?"[68]【"자신의 지식을 근심함"(憂乎知)은 소지장을 단절하고자 함을 말한다. "행동에 영원히 소진하는 때가 없음"(所行無盡時)은 이른바 "열반에 머물지 않음"이다. 열반에 머물지 않는데 어떻게 '멸진(滅盡)'을 말하겠는가?】 "자연을 스승 삼더라도 사실 자연을 따르지 못하고 사물과 함께 죽음에 이르니 자연이 담당하는 일을 어떻게 하겠는가?【천(天)은 자연이다. 중국에서는 법성(法性) 개념이 없었기 때문에 천(天)을 가지고 그것을 표현했다. 법성의 무생(無生)을 순응하려 하지만 현상에서는 오히려 언제나 생이 있다. 사물과 함께 모두 죽음으로 향하는데 진여법성이 담당하는 일을 다시 마땅히 어떻게 해야겠는가? 또한 불법에서 삼계 초월을 이야기하고 다시 부처의 입태, 출태, 성도, 전법륜을 이야기한 것과 같다.】 성인은 자연을 가진 적이 없고 사람을 가진 적도 없고, 시작한 적도 없고 사물을 가진 적도 없고【물(物)은 물고(物故)의 물자와 같이 읽어야 한다. 정확히는 몰(歿)로 써야 하며 종(終)의 의미이다.】 세상 만물과 함께 운행하며 멈추는 일이 없고【체(替)는 폐(廢)의 의미인데 '한쪽으로 쓰러짐'[一偏下]이다.】 운행하면서 도달하지 못하는 곳이 없고 침체되는 일도 없이【혁(洫)은 술(卹)로 읽어야 한다. 드물

66　『老子』49: "聖人無常心, 以百姓心爲心."【성인은 고정된 마음이 없이 백성의 마음을 자신의 마음으로 삼는다.】

67　王弼, 『周易注』(『王弼集校釋』上303), "官有渝變, 随不失正也."

68　『莊子』「則陽」2: "憂乎知, 而所行恒無幾時, 其有止也, 若之何?"

다는 의미이다.】 그것이 언제나 도와 합치되는 것은 왜일까?"⁶⁹【이미 법집을 제거한데다가 무량한 공덕까지 갖추었는데 어찌하여 "무엇을 등동일미이자 유일진여다."(等同一味, 唯一眞如)라고 하는가?】라고 했다. 장자는 「칙양」에서 세 가지 질문을 설정하고 서로 절차탁마하는 방식을 활용하여 내증한 성지와 세속에 따라 나타난 모습이 본래 같지 않음을 보였다.

그래서 「천지」에서 "천도가 만물과 접촉할 때 비록 '허무하고 지극'(至無)하지만 오히려 '만물의 요구를 충족'(供其求)시키고, 비록 어느 때나 치달리지만 근본의 자리를 잃지 않고 만물의 귀숙이 된다.【'지무(至無)'는 인무아(人無我)와 법무아(法無我)가 구체적으로 나타난 원성실성이다. '공기구(供其求)'는 중생을 이롭게 함이다. '시빙(時騁)'은 열반에 머물지 않음이다. '요기숙(要其宿)'은 생사윤회에 떨어지지 않음이다.】 그것은 클 수도 있고, 작을 수도 있으며, 길 수도 있고 짧을 수도 있다. 오래될 수도 있고 멀 수도 있다."⁷⁰라고 했다. 「천하」 '자서'에서 다음과 같이 말한다.

위로는 조물주와 노닐고【장자는 이미 사물은 모두 주관이 취착한 것이라서 오히려 다시 조물주가 있을 수 없음을 밝혔다. '조물(造物)'은 중생심을 말한다.】, 아래로는 생사윤회를 초탈하고 시종을 극복한 사람과 벗한다. 그는 도의 근본에 대해서 매우 폭넓게 전개하고, 광대하게 펼친다. 도의 종지에 대해서 매우 조화되고 진리와 상통한다. 비록 그러하지만 그것은 자연의 변화에 호응하고 사물의 속박에서 벗어나 있다. 그것의 도리는 영원히 다함이 없고 그것의 학설 연원은 대도에서 벗어나지 않는다. 그것의 학설은 매우 그윽하고 심오하여 누구도 완전

---

69   『莊子』「則陽」3: "師天而不得師天, 與物皆殉, 其以爲事也若之何? 夫聖人未始有天, 未始有人, 未始有始, 未始有物, 與世偕行而不替, 所行之備而不洫, 其合之也若之何?"
70   『莊子』「天地」3: "其與萬物接也, 至無而供其求, 時騁而要其宿, 大小·長短·修遠."

히 이해할 수가 없다.[71]

　"생사윤회를 초탈하고 시종을 극복했다."(外死生無終始)라는 구절의 의미는 일체법이 본래 열반임을 깨달아 중생과 호응함에 끝이 없으니 필경 열반에 들지 않음이다. 내가 일전에『국고논형』「명견(明見)」[72]에서 자연에 몸을 내맡기고 유전하면서 무상정각을 추구하지 않는 것을 장자의 단점이라 한 적이 있는데, 지금 보면 이것은 진실로 늪에 사는 메추라기가 대붕을 비웃은 꼴이다.

　장자는 보살일천제(菩薩一闡提)로 이미 법신을 증득하여 어떤 집착도 없고 열반을 희구하지도 않고 생사윤회를 가만히 따르니 자신의 도리로써 충분히 여유롭다. 이것이 사람들에게 시사하는 바는『원각경』에서 말한 "임병(任病)"[73]은 아닐 것인데 대승불교의 중생 제도와 다른 교설이 있는가? 그렇지는 않다. 진실로 중국 중생은 윤회하여 다시 태어나길 탐착하고 오직 얼른 죽을까 봐 걱정하는데 어찌 생사유전을 꺼리겠는가! 죽음에 대한 공포를 자식을 속이는 꼼수로 삼고 죽음에 이르는 것이 빨라질수록 힘써 얻으려는 것은 더욱 많아진다. 천하는 혼탁하니 '엄정한 말씀'

71　『莊子』「天下」6: "上與造物者遊, 而下與外死生無終始者爲友. 其於本也, 弘大而辟, 深閎而肆; 其於宗也, 可謂稠適而上遂矣. 雖然, 其應於化而解於物也, 其理不竭, 其來不蛻, 芒乎昧乎, 未之盡者."

72　章太炎,『國故論衡』「明見」(陳平原 導讀,『國故論衡』, 上海古籍出版社, 2003, p.130), "雖然, 莊周方內之聖哲也. 因任自然, 惟恆民是適, 不務超越, 不求離繫."[비록 그렇지만 장주는 세간 안의 성인일 뿐이다. 그가 자신을 자연에 내맡기고 오직 일상의 사람에 호응하지 세간의 초월에는 힘쓰지 않고 번뇌 없는 열반 세계를 추구하지는 않기 때문이다.]

73　任病(임병):『원각경』에서 말하는 작(作)·임(任)·지(止)·멸(滅) 등 네 가지 병중에 두 번째를 가리킨다. 수행을 위해서 자기 조절이 없이 오로지 자신의 성격과 욕구에 자신을 내맡기고 거기서 어떤 깨달음을 얻겠다는 생각을 가리키는데 마치 광인이 아무런 제약 없이 자기 멋대로 하는 것과 같아서 병이라고 규정한다.

　　　　　　　　　　　　　　　　　　　　　　제물론석

[莊語]으로는 불가능하다. 이 때문에 장자는 온갖 변화가 무궁하고 쾌락도 모두 헤아릴 수 없음을 보여 주었는데, 탐착을 해결하고 비속함을 제거하기 위해서였다.

중국인은 대체로 인도인과 병을 앓는 방식이 다를뿐더러 약 처방도 다르다. 장자는 이미 이 사실을 보였는데도 다시 사람들이 윤회해서 생을 받는 것을 즐길까 봐 「전자방」에서는 다시 중니가 안회에게 한 "슬픔 중에 '마음의 죽음'(心死)보다 더한 것이 없고 사람의 죽음은 그다음이다."[74] 라는 이야기를 거론했다. 심체(心體)는 항상 존재하여 근본적으로 소멸한 때가 없지만 심상(心相)은 유동하여 변화하고 파괴될 수도 있는데 이것이 이른바 심사(心死)이다.

변역생사하는 성인이 아니더라도 이생중생이 육신이 죽어 분단생사하더라도 이미 상실한 생명을 다시 획득하기 때문에 그 슬픔은 치유할 만하다. 유독 저 심상의 지견은 윤회의 강물에 떠밀려 지킬 수가 없다. 총명한 사람도 혹 다시 그 총기를 잃어 귀먹고 눈 멀고, 크고 작은 일에 모두 명철한 사람도 쉽게 완고하게 바뀐다. 이는 비록 '구류의 현철'(九流上哲)[75]이라고 하더라도 측은하게 여겨 슬퍼하지(惻然不怡)[76] 않을 수 있을까?

이 두 가지 교설은 계속해서 전개해 보면[77] 첫 번째 교설로 시작하는

---

74 『莊子』「田子方」3: "夫哀莫大於心死, 而人死亦次之."
75 九流上哲(구류상철): 중국 고대 학술 유파를 총칭한 것이다. 반고는 『한서』「예문지」에서 유향(劉向)이 선진시대 학술을 아홉 개로 구분하여 그들의 서적을 정리했음을 기록했다. 유가·도가·법가·명가·음양가·종횡가·잡가·농가 등이다. '구류상철'은 이들 학파의 대표자를 가리킨다.
76 不怡(불이): '不樂'의 의미다.
77 첫 번째 교설로 생을 탐착하고 죽음을 두려워하는 태도를 교정했고, 두 번째 교설로 중생이 분단생사하는 고통을 밝혔다.

경우는 마치 갓 젖을 뗀 아이가 맛있는 음식을 보고 다투어 관심을 보이고는 울음을 그치는 것 같고, 두 번째 교설로 계속하면 마치 통풍을 치료하고자 '뜸 뜨고'(注艾) '침을 맞고서'(下鍼) '흉터와 상처'(瘢痍)가 좁쌀 크기로 부풀어 오르면 그제야 고통을 인지할 수 있는 것과 같다.

두 가지 교설을 이미 전개하고 계속해서 진전시키고 나서 「달생」에서 말한 것으로 '천지자연을 따라서 자유자재로 변화함'(能移)을 보인다면 그 학설은 '승의제로 전환'(轉勝)[78]한다. 만약 중생을 널리 제도하여(遍度郡倫)[79] 함께 구경열반에 도달하는 방법의 경우에는 이미 「소요유」에서 이야기했다. "장수와 요절이라는 상대적 시간관념을 벗어나고 지혜와 어리석음과 같은 차별상 없으며 어떤 방식의 상대성도 존재하지 않고 그 자체로 소요유한다면 이것이 바로 여래법신의 네 가지 덕성인 상락아정(常樂我淨)[80]이다.

진실로 터럭만큼의 상대성[待對]이 있으면 '장애와 오염'[翳垢][81]이 여전히 존재하고 법신(法身)은 드러나지 않는다. 만약 이런 여러 논의의 수준을 끌어올리면 점차 전의설(轉依說)[82]에 도달하는데, 그것의 수행 단계를

---

78 轉勝(전승): '전승'은 '전지위승(轉之爲勝)'의 의미로 분석할 수 있다. '전'은 '전식득지(轉識得智)'에서처럼 전환을 의미하고, '승'은 '승의제(勝義諦)'를 의미하는 것으로 구체적으로는 승의제를 통찰하는 지혜이다. 그래서 '전승'은 '일상의 인식을 진리를 인식하는 지혜로 전환한다.' 정도의 의미다.

79 遍度郡倫(편도군륜): '편도'는 '보도(普度)'의 의미다. '군륜'은 '군(郡)'이나 '륜(倫)' 모두 무리의 의미로 불교 술어로 보면 중생에 해당한다. 불가에서 사용하는 '보도중생(普度衆生)'에 해당하는 표현이다.

80 常樂我淨(상락아정): 대승불교에서 '열반'을 단순히 적멸의 이미지가 아니라 대단히 긍정적인 이미지로 전환하기도 한다. 대승『대반열반경』에서는 열반의 '네 가지 속성'[四德]을 제시한다. 열반의 경지는 궁극적이고 불변하여 '항상하고'[常] 그 경지는 어떤 고통도 없어 '안락하고'[樂], 자유자재하여 어떤 구속도 없어 '주체적이고'[我] 어떤 번뇌의 오염도 없어 '청정하다'[淨]고 말한다.(『佛光』, p.1829)

81 翳垢(예구): '翳(예)'는 일상으로 드러나지 못하게 가리는 작용을 한다.

82 轉依說(전의설): '依'는 의지처 혹은 근거의 의미로 자신의 현재 의식 수준을 가리킨

살펴보면 분명히 알 수 있다. 이것이 어찌 분단생사로써 서로 위로하는 데 그치뿐이겠는가? 장자가 저술한 『장자』 33편은 옛날부터 지금까지 아직 과판(科判)[83]이 없는데 용렬한 재주를 뽐내는 이들은 겨우 그것의 한 모퉁이를 보고서 당벌지언(黨伐之言)[84]으로 활을 쏘듯 말을 뱉어 다른 이들을 공격한다. 지금 「제물론」의 심오한 의미를 풀어 그것의 경계가 비로소 소통되니 무진장한 보배를 후생에 선물한다.

다. '轉'은 전환의 의미로 불가역적인 수준의 전환이다. 유식학에서 염오 상태의 식(識)을 순정한 지혜로 전환하는 것은 가리킨다.

83 科判(과판): '과(科)'는 단(斷)의 의미로 하나를 여러 개로 쪼개는 행위를 가리킨다. 구체적으로는 하나의 문헌을 내용이나 형식 등의 기준으로 몇 개의 부분으로 나누는 것이다. '판(判)'은 '판교(判教)'라는 말에서 알 수 있든 어떤 교설이나 특정한 내용을 모종으로 기준으로 판별하고 분석하는 행위다. 물론 여기도 '과'와 비슷하게 분류의 의미가 있다. '과판'은 문헌을 몇 개의 부분으로 그것에 의미 부여하는 문헌해석학이다. 서분(序分) · 정종분(正宗分) · 유통분(流通分) 등이 그 사례다.

84 黨伐之言(당벌지언): 黨同伐異(당동벌이)와 같은 말이다. 이때 '당(黨)'은 집단을 결성한다는 의미이고 '동(同)'은 자신과 의견이 같은 사람을 가리킨다. 그래서 '당동'은 자신과 입장을 같이하는 사람과 무리를 짓는다는 의미다. 그리고 '벌'은 공격한다는 의미로 '벌이'는 자신과 의견이 다른 사람을 배격한다는 의미다.

下卷

┌─────────────┐
│   부록   │
└─────────────┘

도쿄 중국인 유학생 환영회 연설사[1]

오늘 제군이 두터운 정으로 나를 환영하는 자리를 마련했는데 사실 나는 부끄럽기 그지없습니다. 내 삶을 가만히 돌이켜 보면 뭐 그리 대단할 게 없어서 더욱 몸 둘 바를 모르겠습니다. 그저 여러분에게 내 삶의 이력과 최근 내가 일하는 방식에 대해 간단히 들려주고자 합니다.

나는 어릴 적 장량기(蔣良騏, 1723-1788)가 쓴 『동화록(東華錄)』[2]을 읽었습니다. 거기에 대명세(戴名世, 1653-1713) 사건[3]과 증정(曾靜, 1679-1735) 사건[4]

---

1 「東京留學生歡迎會演說辭」, 『民報』第6號(東京: 民報社, 1906.7). 장타이옌은 1906년 6월 29일 중국 상하이 조계 감옥에서 출옥한 후, 일본으로 건너가 7월 15일 도쿄 간다(神田) 긴키칸(錦輝館)에서 중국 유학생 조직이 개최한 환영회에 참석해 연설했다. 연설 내용이 『민보』제6호에 게재됐다. 『章炳麟集』(p.79) 해제 참조.

2 청대 건륭 연간 장양기(蔣良騏)가 편찬한 편년체 사서로 청조 건국과 옹정제까지 역사를 서술했다.

3 대명세는 청조 강희제 때 문인이다. 그의 저작 『남산집(南山集)』에 만주족이 베이징을 차지한 이후에도 남부 중국에서 계속 저항한 남명(南明) 왕조의 연호가 등장하여 탄핵당했다. 2년 후 처형됐는데 관련자 수백 명이 처벌을 받았다. 청대 최대의 문자옥이었다.

4 옹정제 때 문인 증정이 명말 청초 문인 여유량(呂留良, 1629-1683)의 글을 읽고 강한 반청 의식을 갖게 된 후 제자를 시켜 한인(漢人) 장군 악종기(岳種琪)를 찾아가 청조 전복을 권유했다. 결국 발각되어 여유량은 부관참시되고, 유족은 노비가 되어 변방으로 추방했다. 옹정제는 주모자 증정은 시골의 어리석은 자라고 하여 용서했다.

그리고 사사정(査嗣庭, 1664-1727) 사건[5] 등이 실려 있었습니다. 그것을 읽고 나는 마음속에 분노가 치밀어 올랐습니다. 이민족이 우리 민족을 짓밟은 것에 크게 분노해야 한다고 생각했습니다. 나중에 정사소(鄭思肖, 1241-1318)·왕부지 두 선생의 책을 읽었는데 모두 한족을 보위하기만 하면 민족사상은 점점 발달할 것이라 이야기했습니다. 하지만 두 선생의 이야기는 이렇다 할 학리가 없었습니다.

갑오년(甲午年, 1894)이후 저는 동서 각국의 서적을 대략 훑어보았는데 거기서 받아들일 만한 학리를 발견했습니다. 나는 당시 친구들에게 만주족을 몰아내고 한족이 독립해야 한다고 말했습니다. 다들 고개를 절레절레 흔들며 누구는 나를 보고 미쳤다고 말했고, 누구는 내 행위가 반역이라고 말했고, 누구는 스스로 목숨을 끊는 화를 입을 거라 말했습니다. 하지만 나는 오히려 저들의 미쳤다는 말에 기대 나 자신이 진짜 미쳤다고 생각하게 되었습니다.

임인년(壬寅年, 1902) 봄날 일본에 와서 중산(中山, 쑨원) 선생을 만났는데 당시 유학하고 있던 여러 선생과 중산 주변에서 왕래했습니다. 하지만 의기투합했다고 할 만한 사람은 한두 명에 불과했습니다. 그 나머지는 우연히 왕래한 것일 뿐이었습니다. 나는 줄곧 중산은 괴이한 인물이라고 느꼈는데, 그는 나를 불러 골동품만 보여 주었지 한족을 구하겠다는 열정은 없어 보였습니다. 혼자 "나 이 미치광이의 희망은 끝내 이루기 힘들겠구나!" 생각해서 가사를 두르고 승려가 될까 생각하여 저들 학계와 정계의 인물과 다시 왕래하지 않았습니다.

5 　사사정(査嗣庭) 사건: 청대 옹정 4년(1726) 장시(江西)의 향시 시험감독관 사사정이 과장(科場)에서 시험 문제로 낸 내용이 "옹정의 목을 벤다."라는 의미로 곡해되어 발생한 문자옥이다. 사사정은 역모죄로 몰려 피옥됐다가 감옥에서 죽고 그의 일족은 대규모로 처형됐다.

3년 수감생활을 마치고 나는 다시 이곳 일본에 왔는데 유학생 가운데 나를 도와 눈을 번쩍 뜨이게 할 만한 사람이 예전과 비교하면 백배는 증가한 듯합니다. 비로소 인심의 진화라는 게 실제 존재함을 깨달았습니다. 이전에도 '만주족 정부를 배척하고 한족 정부를 회복하려는'[排滿復漢]의 심정이야 누구나 있었지만, 그저 마음속에 품고만 있었습니다. 지금은 그 마음을 발휘할 수 있는 듯합니다. 이전에 나 자신이 한 "학은 야밤을 알고 닭은 날이 밝음을 안다."[6]는 말에 비견할 수 있습니다.

제군이 말하는 민족주의 이론은 정말 완전하고 정치합니다. 미래에는 그것이 정말 주도적 위치에 설 것입니다. 내가 어찌 감히 선배로 자처하겠습니까? 내가 말하고 싶은 건 하나뿐입니다. 대개 사람이 살면서 다른 사람에게 미쳤다는 소리를 들으면 단연코 인정하지 않을 것입니다. 산수(山水)를 즐기고 시와 그림을 일삼는 사람을 제외하곤 나머지는 다 그럴 것입니다.

그런데 나는 오히려 내가 미쳤음을 인정합니다. 내가 정신병이 있음을 인정합니다. 그리고 나는 내가 미쳤다거나 정신병을 갖고 있다는 말을 들으면 도리어 매우 기쁠 것입니다. 어처구니없을 정도의 기발한 생각이나 주장은 정신병자가 아니고는 결코 상상할 수 없습니다. 상상할 수 있다고 하더라도 감히 입 밖으로 꺼낼 수가 없습니다. 말하더라도 간난신고를 만났을 때 정신병자가 아니라면 절대 좌절하지 않고 자신의 의지를 밀고 나갈 수 없습니다. 그래서 옛날부터 뛰어난 학문이나 위대한 과업은 정신병이 있는 이라야 성취할 수 있었습니다.

여러분 저 희랍 철학자 소크라테스를 보십시오. 정신병이 있는 게 아

---

6   『淮南子』「說山訓」6: "雞知將旦, 鶴知夜半, 而不免於鼎俎."

닙니까? 민권과 자유를 제창한 저 루소는 개 한 마리를 쫓아 강을 건넜다고 하는데 이 또한 정신병이 아니겠습니까? 오늘날 종교학자의 논증에 따르면 저 이슬람교 창시자 무함마드는 장조병(臟燥病, 분리성장애, Dissociative disorder)이 있었다고 합니다. 우리 한인(漢人) 가운데 명나라 옹정필(熊廷弼, 1569-1625)은 그 병략이 고래로 둘도 없다고 하는데 그가 『성기선생전(性氣先生傳)』에서 하는 말을 보면 그는 확실히 정신병자였습니다. 근래 좌종당(左宗棠, 1812-1885)은 만주족을 옹호하고 동족을 살해했으니 그 인간 됨됨이는 말할 것도 없지만 출기제승(出奇制勝)의 방략을 내놓을 때는 필경 사람들이 감탄을 자아냅니다. 아마도 좌종당이 어린 시절 악록서원(岳麓書院)에서 저지른 갖가지 기행은 모든 사람이 다 알 것입니다. 독일의 비스마르크(Bismarck, 1815-1898)는 일찍이 여관 앞에서 지배인을 불렀는데 아무런 대답이 없자 바로 총을 쏘았다고 하는데 이는 도대체 어떤 성정일까요?

자세히 보면 이들 여섯 사람이 이룬 성과는 모두 정신병에서 나온 것입니다. 이런 이유로 나는 나 자신이 정신병이 있음을 인정합니다. 또한 동지들이 한 사람 한 사람 모두 한두 가지 정신병을 갖기를 바랍니다. 최근 어떤 사람이 내게 누구는 정신병이 있고 누구도 정신병이 있다고 전했습니다. 내가 보기에는 정신병을 두려워할 게 아니라 부귀이록(富貴利祿)이 눈앞에 있을 때 그 정신병이 갑자기 사라지는 것을 두려워해야 합니다. 이것이야말로 참을 수 없는 일입니다.

만약 조금 지위가 높은 사람이라면 부귀이록의 보약이 그의 정신병을 치료할 수 없지만 저 간난신고의 독약은 정신병을 치료할 수도 있습니다. 이래서는 어떻게 하더라도 발밑은 흔들리고 어떤 성과도 이룰 수 없을 것입니다. 나는 이 독약을 가장 많이 맛보았습니다. 계산해 보면 무술년(1898) 이후로 일곱 차례 정도 수색당했고, 여섯 번째까지는 체포되지 않다가 일곱 번째에 체포되었습니다.

처음 세 차례는 어떤 경우 다른 사람의 잘못에 연루된 것이고, 어떤 경우 신당(新黨) 전체에 해당하여 나 한 사람에게만 그런 게 아니었습니다. 나중 네 차례는 모두 만주족을 중국에서 몰아내고 중국인이 독립하려는 기획과 관련된 일이었습니다. 하지만 나는 이런 간난신고의 어려움 속에서도 결코 털끝만큼도 후회한 적이 없습니다. 어떤 독약에 의지한다고 해도 이런 정신병은 좀처럼 치료되지 않습니다. 여러분이 존중받는 것도 이 때문일지도 모릅니다. 만약 어떤 사람이 '가령 사람들 모두 정신병이 있고 일하는 게 반드시 멍청하고 혼란할 것'이라고 말한다면 어떻게 조리를 얻겠습니까?

하지만 내가 말하는 정신병은 결코 거칠고 호방하고 혹은 대충 일을 하는 성격도 아니고 이리저리 날뛰는 행동도 아닙니다. 세밀하고 치밀한 사상을 정신병에 장착해야 합니다. 비유하면 사상이 화물이라면 정신병은 기선(汽船)입니다. 사상이 없으면 아무것도 없는 텅 빈 깡통과 다름없는 정신병입니다. 그래서 결코 실제 효과가 없습니다. 정신병이 없으면 이 사상이 저절로 움직이겠습니까?

지금까지 내 평생 이력을 간단히 이야기했습니다. 최근 일하는 방법 중에 정치·법률·전술 분야는 여러분이 이미 고심했기 때문에 굳이 다시 거론할 필요가 없을 듯합니다. 내가 보기에 가장 중요한 점은 감정입니다. 감정이 없으면 백천만억의 나폴레옹과 워싱턴이 있어도 언제나 사람마다 하나의 마음을 가질 뿐 전혀 단결할 수 없습니다. 플라톤은 "사람의 감정은 본래 일종의 취(醉) 병입니다."라고 했는데 이것이야말로 정신병에 귀결합니다. 이 감정을 성취하려면 두 가지 일이 필요합니다. 첫째는 종교를 통해서 신심을 일으켜서 국민의 도덕을 함양시켜야 합니다. 둘째는 국수를 이용해서 종성(種性)을 격발하여 애국의 열정을 고취해야

제물론석

합니다.

먼저 종교에 대해서 말해 보겠습니다. 근래 벤담과 스펜서 등 공리주의자는 종교를 막연한 것으로 간주합니다. 하지만 종교가 없다면 결코 도덕을 함양시킬 수 없고 개인은 오로지 자신을 위해서 생존 경쟁할 뿐입니다. 뭉치려 하지만 한 사발의 밀가루로 어떻게 국수를 만들 수 있겠습니까? 구미 각국은 기독교를 신봉합니다. 기독교는 비록 그 수준이 극히 저급하지만 만약 이런 기독교라도 없었더라면 구미 각국은 오늘날 같은 위상을 갖지 못했을 것입니다. 벤자민 키드(Benjamin Kidd)는 『사회학』(*Two Principal Laws of Sociology*, 1909)에서 이미 스펜서의 이야기를 반박한 적이 있습니다.

중국 종교 가운데 어느 것을 활용해야 하겠습니까? 만약 공교(孔敎)라면 어떨까요? 공교는 원래 훌륭한 점이 많습니다. 각종 종교는 모두 신비하고 알 수 없는 이야기가 섞여 있습니다. 오직 공교만이 그런 것 없이 깨끗하다고 말할 수 있습니다. 하지만 공교도 커다란 문제가 있습니다. 공자 당시는 귀족이 국가를 통치했고 평민은 관직을 맡는 일이 없었습니다. 공자는 귀족과 경쟁하려면 3천의 제자를 관리가 될 만한 인재로 키워야 한다고 생각했습니다. 그 이후 정말 평민이 관리가 되었습니다.

하지만 공자는 매우 소심했습니다. 비록 그가 귀족과 경쟁했지만 감히 평민과 연합하여 귀족 정치를 전복하지는 못했습니다. 그가 쓴 『춘추』에서 비록 세경(世卿)을 비난하지만 이것은 단지 입과 붓으로 그들을 주살하고 정벌한 것입니다. 결코 실행하지 못했습니다. 그래서 그는 제자를 가르치면서 언제나 다른 사람에 의지하여 농사를 지었습니다. 그가 얻은 가장 높은 자리는 제왕의 교사나 제왕의 보좌역이었고 한 번도 제위를 엿보지 않았습니다. 그는 가장 낮은 직급으로 창고 관리나 가축 사육 같은 일을 맡은 적도 있는데 또한 기꺼이 담당하려 했습니다.

공자의 생애를 보면 그가 재상의 임무를 대행할 때는 노나라 군주에 의탁하였고 72국을 여러 차례 주유하고 돌아와 부모를 봉양할 때는 계손씨(季孫氏)에 의탁했습니다. 그의 기상과 의지가 어찌 하루하루 줄어들지 않았겠습니까? 그래서 공교의 최대 단점은 사람이 부귀이록의 사상에서 벗어나지 못하도록 하는 데 있습니다. 한(漢) 무제가 오로지 공교만을 숭상한 이후 부귀이록에 열중하는 사람은 날이 갈수록 증가했습니다. 우리가 오늘날 혁명을 실행하고 민권을 제창하려 하면서 만약 부귀이록의 마음에 갇힌다면 그것은 벌레나 세균처럼 우리 온몸을 해칠 수 있습니다. 그래서 공교는 결코 사용할 수 없습니다.

그렇다면 기독교는 어떻겠습니까? 서양 사람이 사용하기에는 유익하지만 중국 사람이 사용하기에는 무익합니다. 중국인이 기독교를 신봉하는 경우 상제를 숭배하는 게 아니라 사실은 서제(西帝)를 숭배하는 것입니다. 상류층은 기독교를 빌려서 영어나 불어를 배워 자기가 잘났다고 뻐깁니다. 그 아래 부류는 생활이 어려워 어디 하소연할 곳도 없고 해서 기독교 세력에 기대어 그럭저럭 생활하려 합니다. 가장 낮은 부류는 교회 세력을 등에 업고 시골의 어리석은 사람을 마음대로 짓밟고 동포를 능멸합니다. 그래서 중국에서 기독교는 언제나 가짜 기독교였고 진짜 기독교는 전혀 없었습니다.

하지만 진짜 기독교라도 오늘날 여전히 사용할 수 없습니다. 진짜 기독교는 야만인이 사용해야만 문명을 진보시킬 수 있습니다. 만약 문명인이 사용하면 야만으로 퇴보할 것입니다. 로마 당시를 봅시다. 정치와 학술이 얼마나 찬란했습니까? 기독교를 사용하고 나서는 일체 철학은 허용되지 않았고 개개인의 자유사상은 봉쇄되었고 학문은 나날이 쇠퇴했습니다. 정치도 갈수록 피폐해져서 로마도 곧 망하고 말았습니다. 이어서 일어난 게르만족은 본래 야만족이었지만 기독교의 도덕을 사용함으

제물론석

로써 강포한 심성을 순화시킬 수 있었습니다. 그들 문명은 점점 진보했습니다. 이것이 분명한 증거가 아니고 무엇이겠습니까?

오늘날 중국은 비록 로마와 나란히 놓고 말할 수는 없지만 그것과 백중하다고 할 수 있으며 결코 초기 게르만족과 비교할 수는 없습니다. 그래서 진정한 기독교는 중국에서는 해만 있고 이익은 없습니다. 다시 이론적으로 보더라도 기독교는 우스울 정도로 망령되고 철학과 부합하지 않습니다. 지식이나 사상이 있는 사람이라면 결코 신앙할 수 없습니다. 그래서 또한 쓸모가 없습니다.

공교와 기독교를 사용할 수 없다면 도대체 어느 종교를 이용해야 할까요? 중국은 본래 불교국입니다. 불교 이론은 지식인이 믿지 않을 수 없고 불교 계율은 일반 사람이 믿지 않을 수 없습니다. 지식의 수준을 막론하고 불교가 가장 쓸모 있는 종교입니다. 하지만 오늘날 통용되는 불교도 이미 많이 오염되었습니다. 그것은 불교 본래 가르침과 거리가 멉니다. 그래서 반드시 현재 불교를 개량해야만 사용할 수 있습니다.

배운 것 없는 사람은 정토종을 가장 열렬히 신앙합니다. 그들이 추구하는 것은 단지 현재의 안락과 자손의 행복입니다. 예전엔 과거에 합격해 이름 날릴 궁리만 하는 사람은 황당하기 짝이 없는 『태상감응편(太上感應篇)』[7]과 『문창제군음즐문(文昌帝君陰騭文)』[8] 등을 정토법문과 하나로 합쳤습니다. 그리고 소지(燒紙)[9]・배참(拜懺)[10]・화필(化筆)[11]・부기(扶箕)[12]같

---

7   太上感應篇(태상감응편): 도교 경전으로 권선징악의 도리를 말한다.
8   文昌帝君陰騭文(문창제군음즐문): 『태상감응편』과 마찬가지로 권선징악의 내용을 갖추 도교 서적이다.
9   燒紙(소지): 중국 전통 장례 때 망자가 저승으로 갈 때 쓸 노자를 마련해 주기 위해 종이로 만든 돈을 태우는 행위.
10   拜懺(배참): 불보살을 참배하고[拜] 그 앞에서 자신이 지은 업장을 참회[懺]하는 행위.
11   化筆(화필): 중국 민간 신앙에서 신탁을 받은 이가 점괘처럼 알 수 없는 글을 쓰는 행위.

이 가소롭고 혐오스러운 일은 불전에서는 이야기한 적이 없는데도 견강부회하여 그것을 끌어들였습니다. 그래서 불교를 신앙하는 사람은 단지 비루하고 저열한 정신만 있지 용맹무외(勇猛無畏)의 기개는 전혀 없었습니다.

우리는 오늘 화엄종과 법상종을 사용해서 구법(舊法)을 개량해야 합니다. 화엄종의 핵심은 중생 제도하는 데 있고, 머리나 뇌수도 기꺼이 내놓을 수 있으니 도덕상에서 가장 유익합니다. 법상종은 만법 유식을 말합니다. 일체 유형의 색상과 무형의 법진(法塵)은 모두 의식으로 조작한 견분(見分)과 상분(相分)으로 결코 실재하는 참 존재가 아닙니다. 근래 칸트와 쇼펜하우어는 철학의 성현으로 불립니다. 칸트가 말한 12범주는 순수하게 상분의 도리입니다. 쇼펜하우어가 말한 "세계는 의지의 표상으로 이루어졌다."라는 주장은 불교의 12연기의 이치입니다. 하지만 여전히 불교의 수많은 철리를 두 사람은 전혀 보지 못했습니다. 오늘날 독일인은 이 때문에 불교를 숭배합니다.

불교는 철학적으로 보면 오늘날에도 잘 맞습니다. 우리는 이런 신앙이 있어야만 용맹무외하고, 여러 사람이 의지를 한데 모아 성(城)을 이루어야 일을 성취할 수 있습니다. 불교 내에도 타력섭호(他力攝護)의 이야기가 많지만 화엄종과 법상종을 말하자면 "마음과 부처와 중생은 차별이 없습니다."[13] 내가 의지하는 부처와 조사는 내가 의지하는 내 마음입니다. 저 기독교가 상제에 의지하여 아장아장 걷는 것과 비교하면 산에 의지하고 물에 의지하는 기상이니 어찌 강력하지 않겠습니까? 어떤 사람은 중국

---

12   扶箕(부기): 중국 민간 신앙에서 행해지는 점술 방법의 하나로 신탁을 받은 사람이 필기구나 작대기를 잡고서 종이나 모래 위에 글이나 기호를 쓰고 다시 그것을 해독하는 행위.

13   佛馱跋陀羅譯,『大方廣佛華嚴經』卷10(『大正藏』9, p.465c), "心佛及衆生, 是三無差別."

불교가 2천 년이 지나 특별히 무슨 효과가 있을 리 만무하다고 말합니다. 이것은 매우 중요한 지적입니다.

종교는 대체로 세 가지 유형으로 나눌 수 있습니다. 첫째는 다신교이고, 둘째는 일신교이고, 셋째는 무신교입니다. 또한 정치체제도 세 가지 유형으로 나눌 수 있습니다. 첫째는 귀족정이고, 둘째는 군주정이고, 셋째는 공화정입니다. 반드시 군주정 단계를 거쳐야 공화정 단계에 진입할 수 있습니다. 만약 귀족정에서 일시에 공화정이 되면 그 공화정은 반드시 귀족정의 온갖 오염 물질이 그대로 존속할 것입니다. 마찬가지로 다신교는 반드시 일신교의 단계를 거쳐야 무신교의 단계로 진입할 수 있습니다. 만약 다신교에서 바로 무신교로 전환하면 그 무신교는 반드시 다신교의 온갖 오염 물질을 지닐 것입니다.

중국 고대의 도교는 다신교입니다. 나중에 중국에 전래한 불교는 무신교입니다. 중간에 일신교의 단계를 거치지 않았기 때문에 사람들이 부처를 귀신의 일종으로 간주했고 부처를 도교의 각종 귀신과 하나로 합쳐버렸습니다. 방금 말한 소지(燒紙)・배참(拜懺)・화필(化筆)・부기(扶箕) 등은 원황(袁黃, 1533-1606), 팽소승(彭紹升, 1740-1796), 나유고(羅有高, 1733-1778) 등이 주장한 내용입니다. 일반 사회에서는 이런 수렁에 빠지지 않은 사람이 하나도 없을 지경입니다. 그래서 불교는 결코 효과가 없었습니다. 지금 기독교가 전래하여 일신을 숭배하고 조용히 상대방을 타파하는 역량으로 다신교를 이미 타파했기 때문에 다시 불교를 시행하면 반드시 효과를 볼 것입니다.

어떤 사람은 인도인은 불교를 가장 열렬하게 신앙하는데도 왜 나라가 망했냐고 지적합니다. 매우 중요한 지적입니다. 인도가 가진 것은 단지 종교였습니다. 어떠한 정치・법률도 없었습니다. 『마누법전』도 브라만이 편찬했습니다. 처음부터 정치와 법률이 없었던 나라는 어떠한 종교를 사용하더라도 망하고 맙니다. 이 잘못은 불교에 있지 않고 정치와 법률 없음에 있습니다. 우리 중국은 이미 정치와 법률이 있기 때문에 인도와 같을 수 없습니다. 만약 믿지 못하겠으면 일본을 보십시오. 불교를 신앙 하는 나라가 아닙니까? 인도처럼 망했습니까?

어떤 사람은 불교는 일체중생을 모두 평등하다고 보기 때문에 민족사 상을 낼 수 없고 만주족을 몰아내고 한족 정부를 회복하는 일을 추구할 수 없다고 말합니다. 틀림없이 불교는 평등을 가장 중시합니다. 그래서 평등을 방해하는 것은 제거해야 한다고 생각합니다. 만주족 정부는 한족 에 대해 온갖 불평등을 자행합니다. 어떻게 몰아내지 않을 수 있겠습니 까?

브라만교에서는 사성 계급을 제기했습니다. 불교에서 가장 싫어하는 점입니다. 지금 만주인이 한인(漢人)을 대하는 태도는 크샤트리아 종성이 수드라 종성을 학대하는 것보다 열 배는 심합니다. 불교 교리에 비춰서 도 만주족을 몰아내고 한족 국가를 세우는 일은 '분내'(分內)[14]의 일입니 다. 불교는 군권(君權)을 가장 미워합니다. 대승계율에서는 언제나 "국왕 이 폭정을 행하면 보살은 권리를 가지고 응당 쫓아내야 한다."라고 말합 니다. 또 "한 사람을 죽여 중생을 구할 수 있다면 이것은 보살행이다."라 고 말합니다. 다른 경론에서는 군왕과 적(賊) 두 쪽을 모두 거론합니다. 그래서 부처는 왕자였지만 출가해서 수행자가 되었습니다. 그는 왕을 적 과 마찬가지로 보았습니다.

이것은 민권을 회복하려는 것과 부합합니다. 그래서 불교를 제창하여

---

14   分內(분내): '本分以內'의 의미인데 '맡은바 자신의 역할 혹은 활동 가능한 범위 내'라 는 뜻이다. '분내의 일'은 자신의 역할이나 정체성을 훼손하지 않는 충분히 가능한 일 이란 뜻이다. 『論語』「憲問」26: "君子思不出其位." 皇侃, 『論語義疏』: "君子思慮, 當己分 內, 不得出己之外, 而思他人事."

인민의 도덕 수준을 높이는 것은 정말 중요한 일입니다. 우리 혁명군의 도덕 수준을 높이기 위해서도 또한 가장 중요합니다. 언제나 제군이 대원(大願)을 발하여 용맹하고 두려움 없기를 바랍니다. 그래야 우리가 가장 열심히 해야 할 일을 해낼 수 있습니다.

다음은 국수(國粹)에 대해 말하겠습니다. 왜 국수를 제창할까요? 사람들이 공교(孔敎)를 신앙하도록 하려는 게 아닙니다. 단지 사람들이 우리 한족의 역사를 사랑하고 아끼게 하려는 것입니다. 이 역사라는 말은 넓은 의미의 것입니다. 국수는 세 가지로 구분할 수 있습니다. 첫째는 언어 문자이고, 둘째는 전장제도이고, 셋째는 인물사적입니다.

근래 중국인 가운데 유럽화주의자가 있습니다. 그들은 늘 중국인은 서양인에 비해 수준이 한참 떨어진다고 말합니다. 그래서 스스로 중국은 반드시 멸망하고 황인종도 반드시 멸망할 것이라고 말합니다. 그가 왜 그런 말을 하냐 하면 그는 중국의 장점을 알지 못하고 중국 역사에서 대단한 뭔가를 본 적도 없어서 애국애족의 마음이 날로 엷어졌기 때문입니다. 내 생각에 그가 만약 중국의 장점을 알면 아무런 감정이 없다가도 반드시 자신도 억제하지 못할 정도로 애국애족의 마음을 일으킬 것입니다.

나의 이 말은 『격치고미(格致古微)』[15]를 지은 사람처럼 중국과 유럽의 일로 견강부회하는 것도 아니고 공양학파(公羊學派)처럼 뭐 공양삼세설(公羊三世說)이 바로 진화론이라든지, 구지(九旨)[16]가 이적(夷狄)을 중국 수준으로 진보시킬 것이라든지, 유럽이 가장 천박하고 비루하다든지 하는 주장에 좋다고 맞장구치는 게 아닙니다. 단지 우리 중국의 특별히 우수한 점

---

15   格致古微(격치고미): 청말 왕런쥔(王仁俊, 1860-1913)이 지은 책으로 서양 문명이 실은 중국 문명에서 연원했다고 주장한다.

16   九旨(구지): 공양학에서 말하는 '삼과구지(三科九旨)'의 학설.

에 대해 한두 가지만 거론하려 합니다.

첫째는 언어 문자를 말해야 합니다. 중국 문자와 다른 세계 각국 문자는 완전히 다릅니다. 각 글자에는 본의가 있고 또한 인신의(引伸義)가 있습니다. 다른 나라 언어 경우 인신의는 반드시 어미변화가 있고, 한 글자가 여러 가지 의미를 지니는 것은 불가능합니다. 중국 문자는 오히려 그렇지 않습니다.

예를 들어 '천(天)'이란 글자 하나도 본의는 저 푸른 하늘이고, 가장 존귀한 자의 호칭으로 확대되고, 다시 자연의 호칭으로 확대됩니다. 세 가지 의미는 동일하지 않지만 모두 단지 '천' 한 글자입니다. 그래서『설문(說文)』·『이아(爾雅)』·『석명(釋名)』등에서 전주(轉注)와 가차(假借)의 도리가 있습니다. 또 중국 경우도 지역마다 같지 않아서 하나의 글자가 서로 성음(聲音)이 다른 것도 있고, 또한 하나의 사물에 대해서도 서로 다른 명칭이 있기도 합니다. 그래서『이아』말고도『방언(方言)』이 있어서 저런 동의이문(同義異文)의 도리를 설했습니다. 이런 학문을 중국에서는 '소학(小學)'이라고 칭하는데 유럽의 비교언어학(Comparative linguistics)과 그 범위가 다르고 성격도 일부를 제외하곤 상이합니다.

이제껏 소학가(小學家)가 설하지 않은 한 가지 중요한 사실이 있습니다. 글자를 만든 시대가 선후로 같지 않아 고문 대전(大篆)에 없는 글자가 소전(小篆)에 있고, 소전에 없는 글자가 예서(隸書)에 있고, 한대 예서에 없는 글자가『옥편(玉篇)』(남북조)과『광운(廣韻)』(1008)에 있고,『옥편』과『광운』에 없는 글자가『집운(集韻)』(1039)과『유편(類篇)』(1069)에 있습니다. 이 때문에 우리는 글자를 만든 시대의 선후를 통해서 사물이 출현한 선후를 짐작할 수 있습니다.

예를 들어『설문』에서 형(兄)·제(弟) 두 글자는 모두 전주이고 결코 본의가 아닌데 곧바로 고인이 글자를 만든 시대에 아직 형제의 명칭이 없었음을 알 수 있습니다. 또 군(君)자의 경우 고인은 단지 윤(尹) 자를 만들었는데 부(父)자와 함께 모두 손으로 지팡이를 짚고 있는 데서 나왔습니다. 이것으로 고인이 이 글자를 만든 시대에는 가족과 정체, 부권과 군권은 결코 차별이 없었음을 짐작할 수 있습니다. 그외 이런 유형은 한번에 다 말할 수도 없을 정도입니다. 이런 학문이 발명하는 내용은 사회학의 일부이기도 합니다.

만약 간략하게라도 소학을 이해하지 못한다면 사서(史書)가 기록한 내용을 온전히 이해할 수 없습니다. 최근 학자들은 새로운 사실과 새로운 사물이 점차 늘어나기 때문에 반드시 새로운 글자를 더 만들어야 그것에 호응할 수 있고 이것이 자연스레 가장 중요한 일이라고 말하지만, 소학을 대략이라도 이해하지 못하고 글자를 만든다면 결코 육서의 규칙에 부합하지 않을 것입니다.

두 글자를 결합해 하나의 명사를 만들지만 만약 소학에 대해 깊이 이해하지 못한 사람이라면 언제나 적절하게 행할 수 없습니다. 또 문사(文辭)의 근본은 모두 문자에 있고 당대 이전 문인은 모두 소학에 통했습니다. 그래서 문장은 우아하여 감정을 움직일 수 있었습니다. 양송(兩宋) 이후 소학이 점차 쇠퇴했고, 문인은 일체 명사와 술어를 혼란스럽고 부정확하게 사용했습니다. 그래서 그들의 글은 사람들을 조금도 감동시키지 못했습니다.

결국 특정 국토의 사람이라면 반드시 특정 국토의 문장을 봐야 비로소 흥취가 있음을 알 수 있습니다. 고대 그리스의 시나 인도 『리그베다』의 시를 중국의 굴원(屈原)이나 두보(杜甫)의 시와 비교하면, 그 우열이 어떠한지 알지 못하겠습니다. 하지만 일반적 시선으로는 자연 자기 민족의 문사(文辭)가 더 아름답습니다. 안타깝게도 소학은 날로 쇠퇴하고 문사도 제대로 된 모습을 갖추지 못하고 있는 상황입니다. 만약 소학을 제창한다면 문학 복고의 시대에 도달할 수 있을 것입니다. 나라를 사랑하고 민족을 옹호하는 역량은 당신이 아니면 위대할 수 없습니다.

둘째는 전장제도(典章制度)를 이야기해야 합니다. 중국의 정치는 늘 군주전제였고 처음부터 뭐 대단한 게 없습니다. 그런데 관료제도는 도대체 왜 이런 모습으로 확립됐을까요? 주군(州郡) 등 행정구역은 도대체 왜 이런 모습으로 구획됐을까요? 군대는 도대체 왜 이런 모습으로 편제됐을까요? 세금 징수는 도대체 왜 이런 모습으로 집행됐을까요? 모두 일정한 이유가 있습니다. 전제 정부가 시행한 제도라고 해서 무턱대고 모두 말살해서는 안 됩니다. 장래 정부를 수립할 때 어떤 부분을 개량해야 하는지 어떤 부분을 복고해야 하는지 먼저 분명한 계획이 있어야 비로소 그것을 시행할 수 있습니다.

중국이 특별히 뛰어나고 구미 각국이 따라올 수 없는 점은 바로 균전제(均田制) 하나로 그것은 사회주의에 합치됩니다. 하·은·주 삼대의 정전법(井田法)을 말하지 않더라도 위진(魏晉)에서 당(唐)에 이르기까지 모두 이 균전제를 시행했습니다. 그래서 빈부격차는 심하지 않았고 지방에서도 쉽게 정치를 행할 수 있었습니다. 당대(唐代) 이전 정치를 한번 보십시오. 양송(兩宋)에서 지금까지 만분의 일이라도 닮은 점이 있습니까? 이것은 여전히 가장 크고 복잡한 문제입니다. 그 나머지 중국의 일체 전장제도는 언제나 사회주의에 가깝고 극히 안 좋은 점도 또한 사회주의에 가깝다는 사실입니다.

나는 오늘 간략히 두 가지를 거론하려 합니다. 하나는 형법제도[刑名法律]입니다. 중국 법률은 비록 잔혹한 편이지만 동한대(東漢代)에 법률을 제정하여 지금에 이르기까지 벌금으로 면죄 받는 일이 없었습니다. 오직 관리의 부녀가 뜻하지 않게 죄를 범해 태형을 받았을 때 벌금을 받고 면죄해 주긴 했습니다. 저런 사람 외에는 아무리 도수(陶朱)[17]나 의돈(猗頓)[18]

제물론석

과 같은 거부(巨富)라고 할지라도 형벌을 받을 때는 늘 가난한 자와 마찬가지였습니다.

또 하나는 과거제도(科擧制度)입니다. 사실 이 과거제도는 원래 가장 열악한 것으로 말할 것까지도 없습니다. 하지만 수당(隋唐) 이후 단지 과거를 치렀지, 학교를 활용하지는 않았습니다. 왜냐하면 수당 이후 서적이 점차 많아졌고 결코 양한(兩漢)처럼 간단하지 않았습니다. 만약 학교에 입학해서 개인이 서적을 구매해서 소지하려 했다면 반드시 무수한 금전(金錢)이 필요했을 것입니다. 또 시험 교과목도 번다해서 저 농공상업에 종사하는 사람은 그저 책을 구석에 내던져 둘 수밖에 없었습니다. 결코 양한(兩漢) 사람처럼 경전을 끼고 다니면서 공부할 수는 없었을 겁니다. 오직 율부(律賦)[19]·시문(詩文)만이 단지 한두 냥 은자를 쓰면 시험범례집[程墨]을 구매할 수 있었습니다.

시문을 외우는 것은 마치 노래 부르는 것처럼 농공상업에 종사하는 사람도 포기하지 않고 병행할 수 있습니다. 이처럼 공부할 수 있다면 가난한 사람도 관리가 되는 희망이 있을 것입니다. 만약 이처럼 하지 않고 학교에 입학해야만 관리로 선발된다면 어쩔 수 없이 부자에게만 관리가 되라는 꼴로 가난한 자는 바다 밑바닥까지 가라앉아 영원히 정권에 참여하는 날이 없을 것입니다.

중국의 형법제도와 과거제도는 본래는 극히 나쁜 제도임에도 오히려 일부 사회주의 성격을 띠고 있습니다. 다른 좋은 제도의 경우는 어떠하

---

17 도수(陶朱): 본명이 범려(范蠡)로 춘추시대 월나라 대부였고 훗날 상업으로 거부가 되었다.
18 의돈(猗頓): 춘추시대 노나라 사람으로 염상과 목축으로 거부가 되었다.
19 율부(律賦): '부(賦)'는 『시경』에 등장하는 다양한 문장 장르 가운데 하나인데 규정된 운율과 대우(對偶)를 맞추어야 한다.

겠습니까? 우리가 오늘날 중국의 전장제도를 숭배하는 것은 단지 우리의 사회주의를 숭배하는 것입니다. 거기서 좋지 않은 것은 개량해야 하고 좋은 것은 반드시 섬겨야 합니다. 이것이 또한 감정상 필요한 점입니다.

셋째는 인물사적(人物事迹)을 이야기해야 합니다. 중국의 인물이 이룩한 업적은 각각 공(功)과 과(過)가 있는데 굳이 말할 필요는 없습니다. 하지만 저들 인물의 걸출하고 강건한 기백은 우리가 뒤쫓을 수밖에 없습니다. 구미를 학습하고 뒤쫓는 것과 언제나 같을 수는 없습니다. 어떻게 중국 고인을 따라 배울지가 여전히 본래면목입니다. 그 가운데 가장 숭배할만한 사람은 두 사람 있습니다. 한 사람은 동진(東晉) 말기 왕위를 선양받은 유유(劉裕, 363-422)[20]이고 한 사람은 남송대(南宋代) 금나라를 정벌한 악비(岳飛, 1103-1142)입니다. 두 사람 모두 남방의 병사를 동원해서 북방 오랑캐를 공격해 승리했습니다. 우리가 분발하게 합니다.

학문상의 인물로 보자면 훨씬 많습니다. 중국은 과학이 부흥하지 못하고 철학만 있지만 그렇다고 스스로 수준이 떨어진다고 여길 필요는 없습니다. 하지만 정호(程顥)·정이(程頤), 주희(朱熹), 육구연(陸九淵), 왕수인(王守仁)의 철학은 이와 깊은 관계는 없습니다. 가장 학문이 있는 사람은 바로 주(周)와 진(秦)의 제자(諸子)로 저 유럽과 인도의 학문과 비교하더라도 우열을 가리기 힘들 정도입니다. 일본은 오늘날 메이지유신을 하고 저 모노 시게노리(物茂卿, 1666-1728)[21]와 다자이 준(太宰純, 1680-1747)[22] 같은 사람을 끊임없이 칭송하는데 하물며 중국에서 장주(莊周)와 순경(荀卿)의 사상을 어찌 방치할 수 있겠습니까?

20　劉裕(유유): 중국 남북조시대 남조 송의 초대 황제.
21　物茂卿(모노 시게노리): 일본 에도시대 고학자 오규 소라이(荻生徂徠).
22　太宰純(다자이 준): 일본 에도시대 유학자.

근래 또 한 사람이 있는데 바로 휘주(徽州) 휴령(休寧) 출신으로 성은 대(戴)요 이름은 진(震)으로[23] 사람들은 그를 동원(東原) 선생으로 칭송했습니다. 대진은 비록 유교만을 강론했지만 송유(宋儒)에 복종하지 않고 늘 "법률이 사람 죽이는 건 구제할 수 있지만 이학(理學)이 사람을 죽이는 경우 어찌해 볼 방도가 없다."[24]라고 말했습니다. 동원 선생께서는 만주족 옹정제(雍正帝) 말년에 태어났습니다.

저 만주족 옹정제는 주비유지(硃批諭旨)[25]를 지어 신하에게 책임을 물을 때 결코 법률상의 언어를 사용하는 게 아니었습니다. 그는 늘 "너의 양심이란 건 도대체 어디에 있느냐? 너 자신이 부끄럽지 않은지 스스로 물어보아라."라고 말했습니다. 단지 이 몇 마디 송유 이학의 말로 마음대로 사람을 죽일 수 있었습니다. 세상 사람은 늘 옹정제가 가장 잔혹하게 사람을 다뤘다고 하는데 사실 그 잔혹함은 이학이 도와서 가능했음을 알지 못했습니다. 이 때문에 저 동원 선생은 통곡하고 눈물 흘리며 작은 책 하나를 지었는데 그의 책에서는 결코 명시적으로 만주족을 비난하지는 않았지만 이 책을 보면 만주족을 깊이 증오하지 않을 수 없습니다. 이 사건에 대해서는 아마도 제군은 깊이 알지 못할 것이라 특별히 이야기하는 바입니다.

지금까지 한 이야기에 비추어, 만약 애국의 열정을 키우고자 하면 일체 업적을 이루고 학문을 이룬 인물 가운데 모름지기 몇 사람을 선택해

---

23 戴震(대진): 청대 고증학자로 건륭 연간 『사고전서』 편찬에 참여했고 『맹자자의소증』 등을 저술하여 송대 이학을 강하게 비판했다.

24 戴震, 「與某書」, 『東原文集』, 『戴震全集』 제6冊, p.496. "酷吏法殺人, 後儒以理殺人, 浸浸乎舍法而論理. 死矣, 更無可救矣!"

25 硃批諭旨(주비유지): 청나라 옹정제가 관리에게 붉은 먹으로 직접 써 보낸 서한. 직접 통치의 한 방법으로 서한을 수령한 관리는 관련 사실에 대해 다른 사람에게 일절 언급해서는 안 됐다.

서 늘 마음속에 간직하는 게 긴요한 일입니다. 아무 상관도 없어 보이는 사람과 고사(古事)·고적(古迹)이 모두 사람의 애국심을 고취합니다. 원래 고염무(顧炎武, 1613-1682)[26]는 만주족을 배척하고자 했지만 병력이 없었습니다. 결국 그는 여러 지역을 다니면서 오래된 비석과 묘갈을 찾아 후인에게 전하였는데 또한 이런 의도였습니다.

이상에서 말한 것은 오늘날 일을 하는 방법입니다. 온전히 종교와 국수 두 가지에 있습니다. 나는 오늘 제군과 대략 이야기했지만, 자신이 진력할 수 있다면 언제나 이 두 가지에서 벗어나지 않습니다. 제군에게 바라는 점도 이 두 가지에 있습니다. 아무튼 나의 정신병을 제군에게 전염시키고 싶습니다. 더 나아가 사방의 모든 사람에게 전염시키고 싶습니다. 민족주의 이론으로 보면 지금 제군은 이미 충분합니다. 논설을 쓰거나 글을 발표하는 일은 내가 제군을 대신하려고 합니다.

---

26 顧炎武(고염무): 명말 청초 사상가이자 저명한 학자로 만주족에 대항하여 의병을 일으켜 싸우기도 했다. 사학과 언어학 연구에 뛰어나서 청대 학술에 많은 영향을 끼쳐서 청대 고증학의 시조로 간주된다.

제물론석

무신론[27]

　일반적으로 종교를 건립하고 철학을 담론할 때 그것의 시작은 유신론 (有神論)・유물론(唯物論)・유아론(唯我論) 셋을 벗어나지 않는다. 인도 고대 철학 가운데 베단타(Vedānta) 학파는 브라흐만(Brahman)을 세우는데 이것 이 이른바 유신론이다. 바이쉐시카(Vaiśeṣika) 학파【중국에서는 승론(勝論)으로 번역한다.】는 실성(實性, dravya)을 세우는데 흙(地, pṛthvī)・물(水, jala)・불(火, tejas)・바람(風, vāyu)・에테르(空, ākaśa)・시간(時, kāla)・공간(方, dik)・자아 (我, ātman)・마음(意, manas)이다. 이 아홉 가지는 모두 극미(極微, paramāṇu) 를 가진다. 자아와 마음이 비록 허망하지만 극미 반열에 있기 때문에 이 것은 이른바 유물론이다.

　상키아(Saṅkhya) 학파【중국에선 수론(數論)으로 번역한다.】는 신아(神我, puruṣa) 를 제시했는데 신아는 자성(自性, prakṛti)을 가진 세 가지 속성[三德, triguṇa] 의 조합으로 23제(諦)를 생산한다고 말한다.[28] 이것이 이른바 유아론이 다.【근래 상키아 학파를 정신(푸루샤)과 물질(프라크르티) 이원론이라고 말하는데 사 실 이는 옳지 않다. 상키아 학파가 말하는 프라크르티는 세 가지 속성으로 나뉘는데, 고통(rajas)・기쁨(sattva)・무관심(tamas) 세 가지는 물질이 아님이 분명하다. 그것이 형성한 23제는 정신과 물질의 구분이 있다. 하지만 마치 불교에서도 정신과 물질의 구

27　「無神論」,『民報』第8號(東京: 民報社, 1906.10).
28　"상키아 철학의 전변설에 따르면 푸루샤가 프라크리티를 관조함으로써 원질인 프라 크리티로부터 붓디(buddhi, 覺)가 생기고, 붓디로부터 아만(我慢, ahaṁkāra)이 생기 고, 아만으로부터 5유(唯, 성, 촉, 색, 미, 향)와 11근(根)이 생긴다. 5유에서 지, 수, 화, 풍, 공의 5대가 생긴다. 11근은 의(意)와 안, 이, 비, 설, 피부 등의 5지근과 언어, 손 [手], 다리[足], 배설, 생식 등의 5작근을 말한다. 이렇게 상키아 철학에서는 푸루샤와 프라크리티에서 시작해서 오작근까지 25개의 원리를 통해서 세계의 전변을 설명한 다." 정승석,『인도의 이원론과 불교』(서울: 민족사, 1992), 제1장「전변의 개념과 전 변설」참조.

분이 있듯이 세 가지 속성이 물질을 낳았다고 곧바로 그것을 물질이라고 말할 수는 없다. 그것의 실제를 따져 보면 신아는 불교의 식온(識蘊)과 유사하다. 고통과 기쁨은 불교의 수온(受蘊)과 유사하고, 무관심은 불교의 근본 무명과 유사하다. 자아 바깥에 어떤 사물이 있는 게 아니다.】

　하나씩 분석해 보자. 유신론자는 고등 범천(梵天)의 존재를 주장한다. 유물론자는 흙·물·불·바람은 모두 극미를 가지고 에테르·시간·공간·자아·마음은 비유라고 주장한다. 유아론자는 지식과 의욕이 상호 의존한다고 주장하고 신아 개념을 세우지 않는다. 베단타 학파와 비슷하지만 퇴보한 게 기독교와 이슬람교다. 바이쉐시카 학파와 비슷하지만 그들보다 진보한 경우가 오귀스트 콩트(Auguste Comte, 1798-1857)와 빅토르 쿠쟁(Victor Cousin, 1792-1867) 같은 철학자이다. 상키아 학파와 비슷하지만 그들보다 진보한 경우가 피히테(Johann Gottlieb Fichte, 1762-1814)이고 퇴보한 경우가 쇼펜하우어이다.【'최근 어떤 사람'[29]은 데카르트의 학설이 상키아 학파에 가깝다고 했다. 사실은 그렇지 않다. 데카르트가 말한 "나는 생각한다. 고로 존재한다."라는 한마디만 상키아 학파와 상통할 뿐이고 심물이원론은 실제 유사하지 않다.】 유아설은 불교의 유식설과 가깝지만 유신론·유물론은 거리가 멀다. 불가에서 유식을 말하지만 힘써 무아(無我)를 이야기한다. 그래서 유물론은 어떤 때는 불가에서 채용된다.

　소승불교에서는 정신과 물질을 함께 세운다. 경량부(經量部)·정량부(正量部)·설일체유부(說一切有部)에서는 빠짐없이 극미 개념을 정립한다. 대승불교에서는 오로지 정신 하나만을 제기한다. 간혹 극미를 가립하기

29　『章太炎選集』에서는 옌푸(嚴復)라고 파악했다. 옌푸는 『천연론』 하권에서 데카르트를 물심이원론자로 소개한다. 朱維錚·姜義華 編注, 『章太炎選集』, 上海: 上海人民出版社, 1981, p.328 주석 ⑧번.

　　　　　　　　　　　　　　　　　　　　제물론석

도 하지만 방편일 뿐이다. 유가행파 논사는 가상혜(假想慧)로써 유형의 물질[麤色]을 쪼개어 더 이상 그것을 쪼갤 수 없을 정도에 이르면 이것을 극미라고 한다. 또한 이것을 모든 물질[色]의 '마지막 지점'[邊際]이라고 말한다.[30] 이것을 깨달을 수 있는 자는 아견(我見)도 스스로 극복할 수 있다. 비록 그렇지만 물질을 방편으로 삼고 신(神)을 방편으로 삼지 않았다. 무엇 때문일까? 유물론은 평등에 가깝지만 유신론은 일존(一尊)을 받들기 때문에 평등과는 아예 거리가 멀다. 중생은 평등하게 하고자 어쩔 수 없이 유신교를 깨뜨린다. 그래서 기독교나 베단타 등에 대해서 그것의 득실을 논하고 여러 범신론을 부언한다.

기독교에서는 여호와(Jehovah)를 세워 그것이 무시무종(無始無終)·전지전능(全知全能)·절대무이(絶對無二)·무소불비(無所不備)이기 때문에 중생의 어버이가 된다고 주장한다. 그들이 말한 것을 보면 자기모순이 심한데 대략 그 내용을 들어 보겠다.

'무시무종'은 시간 초월을 말한다. 이미 시간을 초월했다면 세계 창조의 7일 가운데 언제가 첫날인가? 만약 진정으로 첫날이 있다면 시작이 없다고 말하지는 못할 것이다. 만약 창조 이전에는 진실로 시작이 없다고 말한다면 오직 창조는 제1일을 시작으로 해야 한다. 여호와가 시작이 없는 마당에 여호와의 작용도 여호와 자신을 벗어나지 않으니 창조도 또한 마땅히 시작이 없어야 한다. 만약 본래 창조가 없었는데 문득 하루 사이에 이 창조가 있게 됐다면 이것은 상키아 학파의 다음과 같은 학설과 유사하다. 창조 이전에는 아직 성립하지 않은 명성(冥性)이고, 창조가 이

30　護法等菩薩造, 玄奘譯, 『成唯識論』卷1(『大正藏』31, p.4c), "諸瑜伽師, 以假想慧於麤色相, 漸次除析, 至不可析, 假說極微. 雖此極微, 猶有方分, 而不可析. 若更析之, 便似空現, 不名爲色. 故說極微是色邊際."

루어질 때는 장차 성립할 승성(勝性)이다.

저 여호와의 마음은 어찌하여 끊임없이 일어났다 사라졌다 하는가? 그 마음이 이미 끊임없이 일어났다 사라졌다 한다면 이 여호와도 또한 끊임없이 일어났다 사라졌다 할 것이다. 그렇다면 어떻게 그 시작이 없다고 말하는가? 이미 시간을 초월하거나 단절했다면 이른바 말일 심판이라고 할 때 그 말일은 어느 때인가? 정말 말일이 있다면 '끝이 없음'[無終]을 말하지 못하리라.

만약 말일은 세계의 종말을 이야기하지 여호와의 종말을 이야기하는 게 아니라고 말한다면 여호와가 세계를 성립시키고 세계를 파괴하는데 어찌하여 '일어나고 사라짐'이 그리도 무상한가? 그 마음에 이미 '일어나고 사라짐'이 무상하다면 이 여호와도 반드시 '일어나고 사라짐'이 무상하리라. 어떻게 그것이 '끝이 없다'[無終]고 말하는가? 그래서 '무시무종설'은 자기모순에 빠지고 만다.

'전지전능'은 불교에서 말하는 일체지(一切智)와 비슷하다. 여기서 나는 저들 기독교도에게 묻고 싶다. 여호와는 정말 사람이 선하길 바라는가? 아니면 사람이 선하지 않기를 바라는가? 분명 선하길 바랄 것이다. 기독교에서 보자면 인류는 여호와가 창조하여 탄생했다. 여호와가 이미 전지전능하다면 반드시 순진무구한 사람을 만들어 악성이 일어나지 않게 할 수 있다. 악성이 이미 일어나면 어쩔 수 없이 천마(天魔)에 귀속하고 만다.

비록 그렇지만 이것은 단지 여호와의 잘못일 뿐이다. 저 천마는 여호와가 조작한 것인가? 아니면 여호와가 조작한 것이 아닌가? 만약 여호와가 조작한 것이라면 이 천마를 조작할 때 이미 불선(不善)의 근거를 마련해서 세상 사람을 유혹할 용도로 삼은 것이다. 이것은 사람들이 착하길 바라는 마음과 어긋난다. 만약 여호와가 조작한 게 아니라면 이것은 천마가 본래 여호와와 대립하는 것이다. 여호와도 절대무이(絶對無二)라고

제물론석

말할 수 없다.

　만약 천마는 여호와의 명령을 위배하여 불선에 떨어진 것이라고 한다면 여호와가 이미 전능한데 누구도 명령을 위배하지 않도록 해야지 어떻게 명령을 위배하는 사람을 만드는가? 이 점은 셸링(Schelling)의 자유론이 사람들에게 비판받는 이유이다. 만약 여호와가 천마를 만들어 인심의 선악을 정탐한다고 말한다면 여호와가 이미 전지(全知)한데 또한 무엇 때문에 인심을 정탐하는가? 그래서 '전지전능설'은 자기모순에 빠지고 만다.

　'절대무이'는 만유 존재 위에 독립함을 말한다. 이 여호와가 만유를 창조하는데 여호와 외에 다른 질료가 있었는가? 아니면 다른 질료가 없었는가? 만약 여호와 외에 본래 질료가 없고 이 질료는 모두 여호와 안에서 갖춰져 있다면 일체 만유는 또한 여호와 가운데 갖춰져 있는 것이다. 이는 『장자』의 학설처럼 자연적으로 유출하고 나서 가능한 것이니 또한 굳이 창조가 필요한가? 또 만유가 이미 여호와 가운데 갖춰져 있다면 시간도 없고 질료도 없다. 또한 시간도 없고 유출도 없다. 이 만유는 결코 그것이 상속해서 발생할 필요가 없다. 모든 시간에 만유가 여호와로부터 발생할 수 있다면 어찌하여 지금은 만유 가운데 '혼자 불쑥 발생'[獨化]하는 것을 볼 수 없는가?

　만약 우연히 욕구가 있으면 스스로 만유를 만들고 그런 욕구가 멈추면 조작도 멈춘다고 말한다면 이것은 여호와의 욕구가 어린애 장난과 다름이 없음이다. 이른바 '기멸의 무상'이다. 만약 여호와 외에 바이쉐시카 학파에서 말한 실성(實性, dravya)과 같은 질료가 본래 있다면 이 질료는 진실로 여호와와 대립한다. 질료는 구리와 같고 여호와는 야금공이 된다. 희랍의 옛 학설처럼 질료와 주재자가 두 쪽 모두 성립해야 가능하기 때문에 곧바로 절대의 의미를 스스로 훼손하고 만다. 그래서 '절대무이설' 또한 자기모순에 빠지고 만다.

'무소불비'는 다른 것에 의지하지 않는다는 말이다. 그렇다면 여호와가 만유를 창조했다고 하는데 추구하는 점이 있는가? 추구하는 점이 없는가? 만약 추구하는 점이 없다면 무엇 하러 창조하는가? 만약 추구하는 점이 있다면 이 추구는 마땅히 무엇에 해당하는가? 반드시 선이라고 말할 것이다. 선을 추구하는 까닭은 본래 불선이 있었기 때문이다. 그래서 선으로써 그것을 다스리고자 한다. 지금 여호와가 이미 무소불비라면 모든 선이 갖춰졌다는 말인데 왜 다시 이 인류를 만들어 그 선을 증대시키려 하는가?

인류가 선하더라도 여호와에 대해 한 터럭도 보태는 일이 없고, 인류가 불선하더라도 여호와에 대해서 추호도 뺏는 일이 없다. 만약 더하고 뺄 수 있다면 무소불비라고 말하지 못한다. 또 세계에 존재하는 선악은 본래 인류에 의해 생겨났다. 만약 인류를 창조하지 않았다면 악성도 스스로 발생하지 못했을 것이다. 만약 선이 부족한 점이 있어서 반드시 인류의 선에 의지하여 그 부족한 점을 보충해야 한다고 말한다면 어찌 무소불비라고 말할 수 있겠는가? 그래서 무소불비의 주장도 또한 자기모순에 빠지고 만다.

기독교인은 네 가지 이유로 여호와는 중생의 어버이가 된다고 주장한다. 네 가지 이유가 본래 성립하지 않으니 부성(父性)도 성립하지 않는다. 비록 그렇지만 부성을 따져 보면 이 여호와는 인격이 있는가? 없는가? 만약 인격이 없다면 불가에서 말하는 장식(藏識)과 다름이 없다. 장식은 비록 만유의 본원이 되지만 장식을 아비로 삼을 수는 없다. 왜냐하면 아비는 인격체의 명칭이지 비인격체의 명칭은 아니기 때문이다.

사람은 생활하면서 공기와 지구에 의지한다. 공기와 지구가 아니라면 생활할 수 없을 것이다. 하지만 공기나 지구가 아비라는 것은 들어 보지 못했다. 천지를 부모로 여기는 이런 학설은 단지 희론(戲論)일 뿐이다. 만

제물론석

약 인격이 있다면 여호와는 사람과 마찬가지로 각각 자성을 가진다. 인간사회에서 아비와 아들은 육체도 다르고 지행도 다르다. 아비로써 아들을 포괄할 수 없고 아들을 아비에게 귀속시킬 수도 없다. 만약 이렇다면 무소불비도 아니고 절대무이도 아니다.

만약 인간의 성령(聖靈)이 모두 여호와에서 나왔기에 무소불비를 해치지 않고 또한 절대무이도 훼손하지 않는다고 말한다면 인간의 생명은 모두 부모에게서 나왔으니 부모는 자식과 하나로 융합할 수가 있는가? 또한 아비라고 칭하는 까닭은 정말 아비로소 자격이 있어서인가? 아니면 어쩔 수 없어서 그렇게 명명한 것인가? 만약 정말 부모의 자격이 있어서라면 절대무이의 입장을 훼손한다. 왜냐하면 아비 혼자서 자식을 낳는 경우를 보지 못했기 때문이다. 반드시 어미가 있어서 그와 짝해야 한다.

만약 이렇다면 여호와는 반드시 암수와 교합이 있어야 한다. 만약 암수에 의지하지 않고 아비 혼자서 낳는다면 이것은 단성생식이며 동물의 가장 낮은 단계이다. 저 여호와는 단성동물과 다를 바가 없을 것이다. 야광(夜光)[31]·침적(浸滴)[32] 등 여러 벌레가 아비와 가장 유사할 수 있다. 만약 인간이라면 상이함이 심할 것이다. 만약 어쩔 수 없이 그렇게 명명했다면 이것은 천지를 부모로 삼는 학설과 다르지 않아 희론(戲論)이라고 해도 안 될 게 없다.

지금까지 이야기한 대로라면 종교의 잘못을 지적할 수 있지만 신(神)이 완전히 부재한다고 할 수는 없다. 만약 만물이 반드시 작자(作者)가 있

---

31 夜光(야광): '야광충(夜光蟲)'은 학명은 'Noctiluca scintillans'이고 편모충류의 원생동물로 1㎜ 정도의 크기로 바다에 떠다니며 생체발광을 하고 단성생식을 한다.
32 浸滴(침적): '침적충(浸滴蟲)'.

다면 작자도 또한 작자가 필요하다. 그것을 극한까지 밀고 가면 무궁에 이른다. 그렇다면 신이 만물을 만든 것도 반드시 다른 무엇에 의해서 조작됐고, 다른 무엇도 또한 또 다른 무엇에 의해서 조작됐다. 이것은 논리학에서 말하는 무한 소급의 오류이다. 이것으로 판단하면 신(神)이 존재하지 않음을 알 수 있다.

그렇지만 상수(向秀)나 곽상(郭象)의 자연설과는 같지 않다. 이른바 자연(自然)은 자성[自]으로 말미암아 그러함[然]을 말한다. 만유가 발생하기전 단계에는 본래 자성이 없다. 이미 자성이 없다면 어떻게 그러하겠는가? 이미 의지할 게 없다면 자성도 가립일 뿐이다. 만약 푸드갈라(pudgala)에 의해서 발생했다면 이 푸드갈라도 자성이 없다. 그래서 인아(人我)의 견해는 결코 성립하지 않는다.

만약 법칙이 본래 그러하다고 말한다면 이 법칙은 누가 규정한 것인가? 불교에서 말하는 법이(法爾)와 상수나 곽상이 말하는 자연(自然) 개념은 다소 다르지만 핵심은 상황에 따라 임의로 수립된 것으로 자연 현상이 자성을 지녔다고 말하는 게 아니다. 본래 무자성이지만 미혹을 일으키기 때문에 법이 있고 법 때문에 자아가 있다. 허망을 실질이라고 여기고 환상을 진실이라고 여긴다. 이것이 진실로 진리의 언설이다.

베단타 학파도 신의 존재를 주장하지만 그들의 교설은 기독교보다 한참 뛰어나다. 베단타 학파는 '고등한 브라흐만'(parṁbrahman: 순수한 브라흐만)과 '열등한 브라흐만'(aparṁbrahman: 무명에 제한받는 브라흐만)을 제시했다. 고등한 브라흐만은 무속성·무차별·무자상이다. 열등한 브라흐만은 유속성·유차별·유자상이다. 그리고 이 세 가지는 무명에서 생기한다. 이미 무명이 있으면 열등한 브라흐만 또한 미망을 형성한다. 일체 만물의 심상은 모두 브라흐만에서 나오는데 불이 불꽃을 낳는 것과 같다. 그래서 브라흐만은 마술사이고 세간은 환상이다. 인간이 자아와 타자를 분별하는 것도 모두 브라흐만이 인간으로 하여금 그런 미망을 부리게 해서다.

고등한 브라흐만의 경우는 "언어의 속박을 벗어났고, 개념의 속박을 벗어났고, 의식의 속박을 벗어났다."[33] 그것을 실재(實在)라고 하지만 불가득이고, 그것을 원만이라고 하지만 불가득이고, 그것을 청정이라고 하지만 불가득이다. 왜냐하면 실재·원만·청정의 관념은 모두 허망분별에 의해 형성되지 고등한 브라흐만의 자성으로부터 형성된 것은 아니기 때문이다. 사람이 생각하고 떠올리는 것은 모두 열등한 브라흐만이 되고 오직 정지(正智)가 증득한 것만 고등한 브라흐만이 된다. 이미 정지로 증득했다면 이것의 체도 고등한 브라흐만으로 다시 들어간다. 고등한 브라흐만이 들어갈 수 있지 않다. 근본은 고등한 브라흐만이지만 스스로는 알 수 없다. 만약 그렇지 않다면 반드시 윤회에 떨어진다. 윤회도 환상에 속한다. 허망분별에서 벗어나지 않는다면 이 환상을 진실이라고 여길 것이다. 이상은 베단타학파 이론의 요약이다.

지금 기독교가 여호와를 의도를 가진 창조주라고 여긴다면 창조의 허물은 반드시 귀착하는 데가 있다. 갖가지로 교정하더라도 그것을 완전하게 할 수가 없다. 베단타에서는 고등한 브라흐만과 열등한 브라흐만을 구분한다. 열등한 브라흐만은 무명에서 생기한다. 비록 창조가 있지만 그것의 허물은 고등한 브라흐만으로 귀속하지 않는다. 기독교는 세계를 진실하다고 주장한다. 그래서 사람들을 구제하려고 한다. 세계가 정말 진실하다면 어떻게 해탈이 있겠는가? 베단타학파는 세계를 거짓으로 본다. 거짓이라면 응당 해탈해야 한다. 그것의 의미를 반박할 수 없을 것이

---

33   馬鳴造, 眞諦譯, 『大乘起信論』(『大正藏』32, p.576a), "是故一切法, 從本已來, 離言說相, 離名字相, 離心緣相, 畢竟平等. 無有變異, 不可破壞, 唯是一心, 故名眞如."

다. 비록 그렇지만 그것의 근본적인 오류는 언급할 만하다.

　고등한 브라흐만에게 푸드갈라(pudgala)가 있으면 어쩔 수 없이 그것은 자성을 가진다. 이미 자성이 있으면 임운전변(任運轉變)하는 일이 없는데 무명은 어디에서 발생하는가? 열등한 브라흐만은 무엇에 의지하여 생기하는가? 만약 고등한 브라흐만이 푸드갈라가 없다면 불교의 진여와 다르지 않다. 진여는 무자성이다. 그래서 이 진여 가운데서 무명을 일으킨다. 열등한 브라흐만은 무명의 다른 말이다. 진여와 무명은 불일불이(不一不二)이다. 그래서 고등한 브라흐만과 열등한 브라흐만은 자연 불일불이이다. 만약 그렇다면 마땅히 브라흐만의 이름을 제거하고 다만 진여 혹은 무명이라고 해야 옳다. 만약 이것을 실재나 원만, 청정이라고 한다면 허망분별이다. 진여의 이름도 또한 허망분별이다. 그래서 이것을 들어서 호칭할 수 없다.

　그렇다면 브라흐만이라는 말이 어찌 허망분별의 명칭이 아니겠는가? '환유'라는 말은 진실로 '절무'와는 구별된다. 만약 의식이 환유이고 오대도 환유에 속하면 유정의 의식은 능히 해탈할 수 있지만 무정의 오대(五大)는 어떤 방법으로 해탈하게 하겠는가? 이렇다면 허망 세계는 끝내 멸진의 시간이란 없다. 만약 의식은 환유이고 오대는 절무라면 무는 구모토각(龜毛兎角, 거북이 터럭과 토끼 뿔)에 비유할 수 있지만 이것이 브라흐만 요술사가 지은 환상이라고 말할 수는 없다. 이것은 무엇인가? 환상은 환유이며 이것은 이내 절무이다. 열등한 브라흐만은 무명이기에 반드시 무명을 단절하고 나서 해탈한다면 장차 먼저 열등한 브라흐만을 단절해야 한다. 사람이 무명을 단절할 수 있다면 고등한 브라흐만도 무명을 단절할 수 있는가? 그렇지 않은가? 만약 고등한 브라흐만이 무명을 단절할 수 있다면 열등한 브라흐만은 영원히 사라지는 날이 있을 것이다.

　만약 고등한 브라흐만은 언제나 열등한 브라흐만과 볏단처럼 서로 의지하고 결코 무명을 단절할 수 없다. 사람이 무명을 단절할 수 없고 고등한 브라흐만도 무명을 단절할 수 없다면 고등과 열등이 무슨 차이가 있겠는가? 그래서 베단타 학설을 추상어로 바꿔 진여나 무명이라 한다면 여러 문제에 대해 소통할 것이다. 만약 이런 구체어에 매달려 고등한 브라흐만이나 열등한 브라흐만이라고 부른다면 갖가지 문제가 풀리지 않을 것이다. 이것은 유신교가 스스로 장애를 일으키는 게 아니겠는가?

근세 스피노자가 수립한 범신론은 만물은 모두 본질이 있고 본질은 곧 신이라고 주장한다. 신이 외부에서 발견되는데 하나는 사유(thought)이고 또 하나는 연장(extension)이다. 사유는 반드시 연장을 갖고 연장은 반드시 사유를 가진다. 그래서 세계가 유전하지만 신(神)이 유전하게 하는 건 아니다. 실신(實神) 자체도 유전한다. 세계를 벗어난다면 별도로 신은 없다. 만약 신을 벗어난다면 세계도 없다. 이 세계 가운데 하나의 사물도 비록 생멸은 있지만 본체는 오히려 생멸하지 않는다. 만물은 마치 인드라망처럼 서로 의지하고 서로 이끌고 자기 맘대로 움직이지 않는다. 삼천대천세계에 이르러 날리는 모래 한 알도 그 머릿수는 모두 미리 정해졌다. 그래서 세계에 결코 참된 자유란 없다.

이상 스피노자의 학설을 보면 만물을 모두 공(空)이라고 여기는데, 베단타학파가 집착을 버리는 것과 비슷하지만 같지는 않다. 만약 그가 하나의 신을 세우지 않고 신을 만물에 편재한 것으로 간주한다면 몽매에서 벗어나 아침이 밝았음을 외치는 격으로 마치 닭이 우는 것을 뒤로 하고 동쪽을 돌아보는 것과 같아 점차 선명한 색을 띨 것이다. 만물이 서로 의지한다는 스피노자의 학설은 하나의 근원을 세우지 않고 만물이 서로 근원이 됨을 말하는데 화엄종의 무진연기설과 가깝다. 그렇지만 신(神)이라는 명칭은 신이 아닌 것을 배제하고자 그렇게 이름했다.[34] 범신(汎神)이라고 말했지만 사실 신이라는 명칭도 세울 필요가 없었다. 이것은 잘라

내야 한다.

독일 철학자 하르트만(Hartmann, 1842-1906)은 신은 곧 정신이라고 주장한다. 정신은 마음과 물질을 모두 포괄하고 마음과 물질을 생산할 수 있다. 이 주장은 일신론과 범신론 중간에 있다. 그가 말한 포괄함[包有]은 주머니에 비유해야 할지 종자에 비유해야 할지 모르겠다. 만약 주머니에 비유한다면 주머니 안의 물건은 본래 먼저 있던 것이지 주머니가 만든게 아니기 때문에 도리에 부합하지 않는다.

만약 종자에 비유한다면 줄기 · 가지 · 꽃 · 열매는 모두 종자에 포괄된다. 그래서 이런 줄기 · 가지 · 꽃 · 열매를 생산할 수 있다. 하지만 종자는 본래 줄기 · 가지 · 꽃 · 열매가 구성한 것이다. 선업(先業)이 초래한 것이며 다시 줄기 · 가지 · 꽃 · 열매를 낳았다. 만약 종자가 줄기 · 가지 · 꽃 · 열매가 만든 게 아니라면 결코 줄기 · 가지 · 꽃 · 열매를 생산하지 못한다. 그렇다면 신(神)도 마음과 물질이 만든 것이며 선업이 초래한 것이며 다시 마음과 물질을 낳는다. 이 마음과 물질은 마땅히 신(神)에 앞서 존재해야 한다.

만약 자신이 가진 종자가 줄기 · 가지 · 꽃 · 열매를 생산할 수 있고 마치 연뿌리가 상속하는 것처럼 줄기 · 가지 · 꽃 · 열매가 만든 것은 아니라고 한다면 이 연뿌리는 어디서 왔냐고 질문할 수 있다. 분명 연뿌리는 연뿌리에서 나왔다고 할 것이다. 다시 이 연뿌리는 어디로 가느냐고 질문한다. 반드시 연뿌리는 다시 연뿌리를 낳을 것이라고 답할 것이다. 그렇다면 연뿌리로 신(神)을 비유하면 지금 신은 선신(先神)이 생산한 것이

---

34 遮非神而爲言(차비신이위언): 동사 '遮'의 목적어를 '비신'으로 하면 "신 아닌 것을 배제하고자 그렇게 말했다." 정도로 해석되고, '遮非'를 동사로 보면 "신을 부정하기 위해서 그렇게 말했다."고 해석할 수 있다.

며 마땅히 과거의 신을 가진다.

지금 신(神)은 다시 후신(後神)을 낳고 이내 일체 마음과 물질을 낳으니 마땅히 미래의 신이 있어야 한다. 과거의 신은 정신이 이미 소멸했으며, 현재의 신은 정신이 잠시 멈추었으며, 미래의 신은 정신이 아직 생겨나지 않았다. 호법(護法, Dharmapala)은 "(브라만교는 대자재천의 본체가 실유하며 모든 곳에 보편적으로 존재하고 영원하며 모든 존재를 발생시킨다고 주장한다. 저들 주장은 이치에 안 맞다. 왜인가?) 만약 어떤 존재가 무언가를 발생시킬 수 있다면 그것을 결코 항상할 수 없고, 항상하지 않은 존재는 모두 모든 곳에 보편적으로 존재할 수 없고, 모든 곳에 보편적으로 존재할 수 없는 존재는 진실할 수 없다."[35]라고 했다. 그렇다면 신도 그렇게 엄청나게 중요한 것은 아니다.

하르트만은 이런 학설을 제시하고 세계는 스스로 맹동하여 생성했다고 주장했다. 이 주장은 불교의 12연기설을 절취한 것이다. 맹(盲)은 무명이고 동(動)은 행이다. 맹동이 일체의 명색, 육입에 선재하여 세계는 발생한다고 여긴다. 신이 이미 맹동했다면 베단타학설과 가깝다. 신의 유무에 관한 논변은 마치 관작(觀雀)과 문맹(蚊虻)이 서로 앞을 지나치는 것과 같다.[36]

유신론은 이와 같이 근거가 없지만 칸트는 오히려 "신의 유무는 인식

---

35 護法等菩薩造, 玄奘譯, 『成唯識論』卷1(『大正藏』31, p.1a), "有執有一大自在天, 體實遍常, 能生諸法. 彼執非理, 所以者何? <u>若法能生, 必非常故; 諸非常者, 必不遍故; 諸不遍者, 非眞實故.</u>"

36 『莊子』「寓言」3: "曾子再仕而心再化, 曰: 吾及親仕, 三釜而心樂; 後仕, 三千鍾而不洎, 吾心悲. 弟子問於仲尼曰: 若參者, 可謂無所縣其罪乎? 曰: 旣已縣矣. 夫無所縣者, 可以有哀乎? 彼視三釜三千鍾, 如觀雀蚊虻相過乎前也." 章太炎은 '觀雀蚊虻'이 아니라 '鸛雀蚊蝱'으로 인용했다. 동사 '관'이 아니라 '관작' '문맹'이라는 동물을 대비하는 방식으로 이해했다.

의 범위를 넘어서기 때문에 신이 존재한다거나 신이 존재하지 않는다고 주장할 수 없다."라고 말했다. "아무리 주도면밀한 사람이라도 한 번은 실수를 한다."[千慮一失][37]라는 이야기가 여기에 해당한다 할 만하다. 물질은 오관이 감각한 것이고 자아는 자내증한 것이다. 이것의 근저는 매우 견고하여 깨뜨리기가 무척 어렵다. 하지만 신은 현량(現量)에 의한 것도 아니고 자내증에 의한 것도 아니다. 다만 비량(比量)으로 짐작한 것에 불과하다.

유물론과 유아론은 모두 구생집(俱生執, 태어날 때부터 갖추고 있는 집착)인데 반해 유신론은 분별집(分別執, 후천적으로 습득한 집착)으로 완성됐다. 분별집(후천적)으로 완성됐다면 분별로써 파괴할 수도 있다. 신이 오관으로 감각된다면 정말 물질 같은 거고, 의근(제7식)에서 확인된다면 자아와 같은 거다. 그래서 그것을 무라고 할 수 없다. 갓난아이가 불빛을 뚫어지게 보더라도 깜박임은 거의 없다. 이것은 물질이 있음을 아는 것이다. 아이가 조금만 인지가 있으면 우연히 넘어져 머리나 발이 아프면 곧장 거기를 스스로 때린다.

만약 머리와 발이 내가 통증을 느끼게 해서 그것을 보복했을 뿐이라고 말한다면 이것은 색신(色身)을 집착하여 나라고 여긴 게 아니라 내면의 자아가 있음을 알아서이다. 만약 신(神)은 아이가 인식하지 못하는 것인데 그것을 아는 것은 대부분 부형이 망령되게 교육했기 때문이다. 그렇지 않다면 사려가 이미 통하였고 헛되게 분별을 일으켰을 뿐이다.

그렇다면 사람이 신을 염원하는 것과 수목이나 산하의 정령(精靈)을 염원하는 것은 무슨 차이가 있는가? 만약 인식범위를 초월한다고 말한다

---

37   千慮一失(천려일실):『晏子春秋』「內篇雜下」: "晏子曰: '嬰聞之, 聖人千慮, 必有一失; 愚人千慮, 必有一得.' 意者管仲之失, 而嬰之得者耶?"

면 수목이나 산하의 정령도 인식의 범위를 초월했는데 그것만 무라고 할 수 있겠는가? 현량과 자증이 없다고 판단한 것이지만 비량으로는 논리에 합치하지 않으면 공허하게 그것의 명칭을 마련한 것이니 이것을 무질독영(無質獨影)[38]이라고 한다.

지금 한 사람이 스스로 태어나기 전에 산중의 백석이었다고 말한다고 하자. 태어나기 전은 현량으로 인식한 것이 아니라 자증한 것이다. 다른 사람은 그것을 확인할 방도가 없다. 이것은 이른바 인식의 범위를 초월한 것이다. 산중의 백석이라는 말은 만약 비량(比量)으로 추측하면 결코 논리에 부합하지 않는다. 곧바로 부정할 수 있다. 유신도 그러하다. 그것은 유라고 집착할 수도 그것을 무라고 단정해도 무방하다. 본체·실재 등의 명칭과는 같지 않다. 비록 감각이 인지하지 못하지만 무상정(無想定)이나 멸진정(滅盡定)에서는 직접 그것의 명칭을 확증할 수 있다. 비량이 부정할 수 있는 게 아니다.

인식의 분위로 말한다면 사람이 사물을 감각하는 것은 그것의 형상을 획득하는 것이라고 할 수 있다. 이 형상은 스스로 안립하여 형상이 될 수 없다. 명칭(개념)에 의지해야만 형상(相)을 안립할 수 있다. 우리 마음에서 표상한 형상은 오직 그것의 명칭(개념)이고 형상은 오히려 경험하지 못한다. 그래서 일체 명언에 대한 갖가지 분별은 진실이 아니다. 하물며 신(神)이라는 이름에서겠는가? 그것의 명칭이 있지만 본래 그것의 형상은 없다. 끝내 그것을 없다고 하는 게 불가한가?

힐난: "만약 그렇다면 진여·법성 등의 명칭도 모두 형상이 없다. 어떻

---

38 무질독영(無質獨影): 중국 법상종의 삼류경설(三類境說)에서는 '인식 대상'[境]을 성경(性境)·독영경(獨影境)·대질경(帶質境)으로 크게 구분한다. 이때 독영경은 '실질이 없이'[無質] 오직 견분만을 따라 형성된 대상이다.

게 없다고 하지 않는가?"

대답: "진여·법성도 임의로 시설된 명칭일 뿐이다."

진여와 법성이 아닌 것을 차단하려고 어쩔 수 없이 진여나 법성의 명칭을 임의로 세워 그것을 따르게 했다. 마치 수학에서 대수(代數)가 있고 골패(骨牌)³⁹ 놀이에서 천(天)·인(人)을 나열하는 것과 같다. 어찌 유신론자가 신을 실재라고 주장하는 것과 같겠는가? 진여는 직접 확인할 수 있지만 신은 직접 확인할 수 없다. 가명이라는 점은 동일하지만 그것의 실질은 상통하지 않는다. 그래서 끌어와서 예로 삼을 수 없다.

불교에서는 또한 도리천궁(忉利天宮)⁴⁰을 말하는데 그 위에 천제(天帝)가 있고 그를 석제환인(釋提桓因)이라고 한다. 여기서 위로 가면 다시 야마천궁·도솔천, 내지 사선(四禪)·사공(四空) 등 많은 하늘의 이름이 있는데 이것이 이른바 '여러 하늘'[諸天]이다. 단지 인류와 비교해서 높을 뿐 사람을 낳을 수는 없고 또한 사람을 통치할 수도 없다. 생물 진화론을 따르면 그것의 징험이 더러 있지만 불교에서 중시하는 바는 아니다. 불교 경전에 "오랜 시간이 지나 다시 우주가 생성하는 성겁(成劫) 초기에 이르면 인류가 발생하는데, 광음천(光音天)에서 인간이 세상에 내려온다."⁴¹라는 이야기가 있다. 이는 인도 재래의 이야기로 불교가 인도의 옛 전통을 따른

---

39 骨牌(골패): 동물 뼈나 나무로 만든 육면의 납작한 패에 수를 나타내는 여러 개 구멍을 내고 그 수를 맞추는 등의 방법으로 놀던 놀이 도구.

40 忉利天宮(도리천궁): 도리천은 불교의 우주관에서 말하는 27천 가운데 욕계의 제2천이다. 도리천은 세계의 중심인 수미산의 정상에 위치하고 그곳을 통치하는 제왕인 제석천(帝釋天)은 도리천궁에 거주한다.

41 Agaññasutta(DN 27). 장타이옌의 인용문 앞부분에 "오랜 시기가 경과한 후에 이 세계가 '괴멸될 때'(壞劫), 모든 중생들은 光音天(Ābhassara)에 태어난다. 그곳에서 그들은 마음으로 이루어진 신체를 갖고 밝게 빛나면서 자유로이 허공을 떠다니면서 기쁨을 먹고 살아간다."라는 구절이 있다. 안성두, 「진화론과 불교사상의 접점」, 『한국불교학』56, 한국불교학회, 2010, p.412 참조. "괴겁에 중생이 발생하고 성겁(成劫)에 광음천에서 지상으로 내려온다."라고 말한다.

것인데 아담과 이브 이야기와 마찬가지로 황당무계하다. 부파불교의 설일체유부는 세존도 의언(義言)만 같지 못함을 가진다고 여기는데 글을 따라서 집착해서는 안 된다고 밝힌다.

건립종교론[42]

저 하늘로 새가 난 자취를 그려 낼 수 있을까?[43] 그림 그리는 이가 힘들어하는 일이다. 충혈된 홍채로 바퀴를 만들어 달릴 수 있을까? 수레 모는이가 난처해하는 일이다. 그렇다면 무슨 이유로 종교를 건립하는가? 삼성(三性) 때문이다. 그렇다고 삼성설이 종교를 위한 교설은 아니다. 저 태양이 하늘을 주행하면서 그 빛과 열기가 온 세상에 두루 미친다. 태양이사당이나 사묘의 어둠과 한기를 물리치기 위해서 생겨난 것은 아니지만,티끌 하나하나 태양의 빛과 열기를 벗어날 수 없다. 삼성도 이러하다. 무엇을 삼성이라고 하는가? 첫째는 변계소집자성이고, 둘째는 의타기자성이며, 셋째는 원성실자성이다.

첫째, 변계소집자성은 8식 가운데 제6의식(意識)이 주변계탁하기 때문에 형성됐다. 색과 공, 자아와 타자, 내부와 외부, 주관과 객관, 본체와 작용, 동일과 차이, 존재와 무, 생성과 소멸, 단절과 연속, 오고 감, 원인과결과 등이 실재하는 듯하지만 의식을 떠나 이런 차별이 있을 수 없다. 그것의 명칭은 비록 있지만 그것의 내용은 절대 실재하지 않는다. 이들은변계에 의해 집착한 자성일 뿐이다.

둘째, 의타기자성은 제8아뢰야식과 제7말나식이 안·이·비·설·신등 오식과 더불어 허망분별하기 때문에 형성된다. 여기서 색과 공은 오식의 요별(了別)이 현행한 경계이다. 여기서 자아와 타자는 말라식의 요

---

42 「建立宗教論」, 『民報』第9號(東京: 民報社, 1906.11).
43 佛馱跋陀羅譯, 『大方廣佛華嚴經』卷23(『大正藏』9, p.544b), "如空迹難說, 何可示其相?"
[저 허공에 새가 난 자취는 말하기 어려우니 어떻게 그것의 형상을 보일 수 있겠는가?] 사실 장타이옌이 이 구절을 인용했다고 확신하기는 힘들지만 그래도 유사한 부분을 불전에서 찾자면 이 구절을 거론할 수 있다.

322   제물론석

별이 현행한 경계이다. 색과 공, 자아와 타자, 내부와 외부, 주관과 객관, 본체와 작용, 동일과 차이, 존재와 무, 생성과 소멸, 단절과 연속, 오고 감, 원인과 결과 등은 아뢰야식의 요별이 현행한 경계이다.

아뢰야식은 자식(自識)의 견분(見分)으로써 자식 중의 일체 종자를 반연하여 그것을 상분(相分)으로 여긴다. 그래서 그 심이 반드시 현행하는 건 아니지만 그것의 경계는 항상 존재한다. 말라식은 자식의 견분으로써 아뢰야식을 반연하여 그것을 상분으로 여긴다. 이때 말라식은 상분을 자아[我]라고 간주하거나 혹은 대상[法]으로 간주한다. 심이 반드시 현행하는 건 아니지만 경계는 항상 실재한다. 아뢰야식과 다를 바 없다. 전오식은 자식의 견분으로써 색과 공을 반연하여 그것을 상분으로 여긴다. 심은 경계를 반연하여 생기하기 때문에 심이 현행하지 않으면 심은 상속하지 않고, 경계는 심에 의지하여 생기하기 때문에 심의 감각이 없으면 경계는 존재하지 않는다. 그래서 전오식은 색과 공에 대해 색과 공 등의 관념을 일으키지 않는다.

말라식이 비록 아뢰야식을 집착하여 그것을 자아나 대상으로 간주하지만 자아나 대상 등의 관념을 현행하지는 않는다. 아뢰야식이 비록 색과 공, 자아와 타자, 내부와 외부, 주관와 객관, 본체와 작용, 동일과 차이, 존재와 무, 생성과 소멸, 단절과 연속, 오고 감, 원인과 결과 등을 자신의 경계(대상)로 삼고 이 몇 가지가 각각 자상을 갖지만 서로 그것의 인연을 공유한 적이 없다. 이 자상은 또한 이 자상의 종자를 인연으로 하지만 색과 공, 자아와 타자, 내부와 외부, 주관과 객관, 본체와 작용, 동일과 차이, 존재와 무, 생성과 소멸, 오고 감, 원인과 결과 등의 관념을 현행하지 않는다.

이런 여러 가지 식[數識]은 의식이 주변계탁하여 명언(名言)을 집착한 것이 아니다. 곧 이런 식에 의지하여 견분과 상분을 일으키는데 그 경계가 비록 존재하지 않지만 그것의 형상은 거짓으로도 존재한다. 이것이 의타기자성이다.

셋째, 원성실자성은 실상(實相)·진여(眞如)·법이(法爾)【자연(自然)이라고 말하는 것과 같다.】에 의해 성립한다. 또한 아뢰야식의 환멸에 의해 성립한 변계소집의 명언에는 자성이 없지만, 변계소집의 명언을 벗어나면 진실로 자성이 있다. 이것이 원성실자성이다. 이 원성실자성이라고 말하는 것은 진여라고 하기도 하고 혹은 법계라고 하고, 혹은 열반이라고 한다.

플라톤이 말한 이데아도 때론 이 범주에 근접한다. 불교에서는 '바른 지혜'[正智]가 인식한 내용을 진여라고 말하고, 플라톤은 '명료한 지식'이 파악한 대상을 이데아라고 말한다. 그 예도 매우 비슷하다. 철학을 설파하고 종교를 개창한 사람 가운데 어떤 한 사물을 들어 본체로 상정하지 않은 자가 없다. 그들이 말하는 본체의 실제 속성은 비록 다르지만 거론하는 형식은 동일하다. 이것이 원성실자성을 건립하는 당위로 진실로 지혜 있는 자가 인정하는 바다.

변계소집자성과 관련해서 보면, 부파불교에는 '제법은 단지 명언뿐이라는 부파'가 있었고 대승불교문헌인 『대반야경』에서는 "자아는 단지 명언일 뿐이고 (중략) 자아는 실제 파악할 수 없고, 파악할 수 없기 때문에 공이다. 단지 세속을 따라서 임의로 '거짓 명칭'[客名]을 세웠는데 모든 존재가 또한 이러하다."[44]라고 말한다. 이렇게 '자아가 단지 명언임'을 말하는 것은 법상종 일가에 그치지 않는다. 중세 유럽의 학자 로셀리누스(Roscelinus, 1050년경-1123년경) 같은 이들도 모두 '보편의 본질'을 찾으려 했지만, 결국 '오직 명칭'[唯名]만 있을 뿐이라고 생각했다. 이것은 마땅히 변

---

44   玄奘譯, 『大般若波羅蜜多經』卷4(『大正藏』5, p.18b), "舍利子! 如我但有名, 謂之爲我, 實不可得. (中略)不可得空故. 但隨世俗, 假立客名, 諸法亦爾."

계소집자성을 파기해야 할 이유이며 지혜 있는 자가 모두 인정하는 바이다. 오직 이 의타기자성만이 존재와 비존재 사이에 개입하는데 그것을 인식하는 일은 진실로 쉽지 않다.

지금까지 철학을 설파하고 종교를 창시한 사람은 본체 건립에 성공했는데 그 본체에 다시 내용을 구성하고 다른 것과 차별을 기도하였다. 하지만 그들은 이른바 '존재'를 철저히 깨닫지 못하고 변계소집의 '존재'를 만들어 냈으며 존재하지 않는 것에 증익집을 일으켰다. 결국 그 본체는 본체로 성립하지 못했다. 공명(空名)을 부정하는 데 성공한 이들 가운데 혹자는 자아를 공이라고 주장하고, 혹자는 12범주를 공이라고 주장하고, 혹자는 공간과 시간을 공이라고 주장했다. 하지만 유독 색·성·향·미·촉 등 '다섯 대상'[五塵]에 대해서는 감히 그것을 공이라고 하지 못하고 그것은 반드시 본체가 있다고 생각해서 물여(物如, 물자체)라고 명명했다. 물여는 『유마경』에서 말한 색여(色如)[45]와 같다.【색은 오진(五塵)을 포괄한 표현이다.】

이것은 저들이 단지 오진만 불공이라고 계탁하고 법진은 오히려 공이라고 계탁했다는 이야기다. 저들은 이 오진은 능전(能詮, 기표)도 갖고 소전(所詮, 기의)도 갖지만 이 법진(의식의 대상)은 오직 능전만 갖고 소전은 전혀 없다고 생각한다. 또한 소전을 가진 것은 반드시 본체가 있고 소전을 갖지 않는 것은 오직 텅 빈 이름일 뿐이라고 생각한다. 마음을 벗어나면 오진을 안립할 수 없음을 알지 못했다. 이렇다면 오진의 안립도 또한 법진의 안립과 다름이 없다. 오진이 거짓된 존재임에도 본체를 가지는데

---

45   鳩摩羅什 譯, 『維摩詰所說經』 卷下(『大正藏』 14, p.552a), "爾時世尊問維摩詰: 汝欲見如來, 爲以何等觀如來乎? 維摩詰言: 如自觀身實相, 觀佛亦然. 我觀如來, 前際不來, 後際不去, 今則不住. 不觀色, 不觀色如."

법진 또한 거짓된 존재인데 어찌 본체가 없을 수 있는가? 거짓 존재 가운데서 손감집을 일으킨 것이고, 그 공명도 공명일 이유가 없다.

무엇 때문에 증익집과 손감집이 발생할까? 우리가 의타기자성을 인식하지 못했기 때문이다. 손감집은 오진과 법진이 모두 상분임을 알지 못함이다. 이들 상분은 모두 식에 의거해서 발생했다. 이 식이 있기 때문에 견분과 상분이 그것에 의지해서 발생한다. 마치 한 마리 소가 두 개의 뿔을 가진 것과 같다. 그래서 의식의 견분이 직접 법진을 반연하여 상분이라고 인식할 때 이 법진은 의식을 벗어난 적이 없다. 즉 오식의 견분은 오진을 반연하여 상분이라고 인식할 때 오식도 스스로 분별을 일으켜 오식이 오식을 벗어나 있다고 여긴 적이 없다.

그렇다면 법진은 의식 가운데 있고, 오진은 오식 가운데 있다. 만약 오진의 이름에 소전(所詮)이 있다고 말한다면 법진의 이름에도 소전이 있다. 만약 법진의 이름에 소전이 없다고 말한다면 오진의 이름에도 소전이 없다. 무엇 때문인가? 소전은 다른 게 아니라 오직 현행한 상분일 뿐이다.

지금 의식을 배제하고 인식 대상으로서 법진은 오직 망상이고 실제 인식 대상은 없다고 여기고 또 이 오식이 인식한 외경을 집착하지만 오식 가운데 본래 분별해서 외경을 삼지 않지만 의식이 분별한 바를 따라서 외경으로 삼는다. 앞에서는 의식을 배제했지만 여기서는 어쩔 수 없이 의식을 빌린다. 자기모순에 빠졌으니 논리가 통하겠는가?

또 법진 가운데서 칸트가 말한 12범주는 저 오진과 각자 독립해 있고 꼭 서로 연기하지는 않는다. 공간으로 보자면 오진의 정상(靜相)과 관계가 있다. 시간으로 보자면 오진의 동상(動相)과 또한 관계가 있다. 관계란 무엇인가? 이른바 관대도리(觀待道理)이다.

마명(馬鳴) 보살이 『기신론』에서 "허공은 허망한 존재로 (실체가 없고 진실로 존재하지 않고) 색과 상대해서야 존재한다. (인식 가능한 존재이기 때문에 마음이 생멸하게 한다. 일체 색법은 본래 이 마음일 뿐 마음 바깥에 존재하는 색은 없다. 만약) 마음 바깥에 색이 없다면 허공은 존재하지 않는다."[46]라고 말했다. 이런 측면에서 말하자면 허망한 존재로서 색진은 허공과 상대할 때 존재하지만 허공이 없다면 색진은 존재하지 않는다. 가령 공간이 절대적인 무(無)라면 물질은 도대체 어디에 놓일까? 가령 시간이 절대적으로 무라면 사태나 사건은 도대체 어디서 진행될까?

그래서 만약 공간이 없다고 말한다면 사물이 없고 나서야 가능하고, 시간이 없다고 말한다면 또한 사건이 없고 나서야 가능할 것이다. 시간과 공간을 부정하려는 까닭은 이전에 공간을 논하는 사람은 공간이 유한하다고 주장하거나 공간이 무한하다고 주장했다. 시간을 논하는 사람은 시간이 끝이 있다고 주장하거나 시간이 끝이 없다고 주장하여 서로 창을 겨누고 갈등이 끊이지 않았다. 여기서는 과감하게 공간과 시간을 무(無)로 부정하였고 쟁론을 차단하여 입을 다물게 했다. 이것은 고육지책이라고 아니 할 수 없다. 그렇지만 공간의 유한·무한, 시간의 유진(有盡)·무진(無盡) 이런 견해가 어찌 공간과 시간에만 관련되겠는가?

만약 물질로써 말한다면 공간이 유한하다거나 무한하다는 견해에 집착할 만하다. 왜냐하면 현재 64종 극미가 쌓여서 지구가 되고 그것을 끝까지 밀고 가면 항성 세계에 도달한다. 항성 세계의 극미 수량은 과연 끝이 있을까? 없을까? 만약 사건으로 말한다면 시간이 끝이 있다거나 끝이 없다는 견해에 집착할 만하다.

---

46   馬鳴菩薩造, 眞諦譯, 『大乘起信論』(『大正藏』32, p.579c), "虛空相是其妄法, 體無不實, 以對色故有, 是可見相, 令心生滅, 以一切色法, 本來是心, 實無外色, 若無色者, 則無虛空之相."

왜냐하면 현재 보이는 단세포 동물이 다시 단세포 동물을 낳고 극히 미세한 것이 진화하여 인류가 된다. 이 인류가 다시 인류를 낳는다. 이런 일체 중생이 대를 이어 상속하는 것에 과연 시작과 끝이 있을까? 아니면 없을까? 그렇다면 공간을 부정하여 사물을 보존하고 시간을 부정하여 사건을 보존하더라도 결국 공간이 어떻다든지 시간이 어떻다든지 하는 여러 견해를 단번에 없앨 수는 없음이 분명하다. 정말 저런 여러 견해를 없애고자 하면 물질·사건 두 가지와 공간·시간을 동시에 부정해야만 가능하다. 칸트도[47] 또한 자신의 주장이 편벽됨을 알기 때문에 물질 가운데 오진을 환유(幻有)라고 말할 수밖에 없었고 결국 본체를 물자체로 귀결시켰다.

그렇다면 칸트는 왜 공간과 시간이 환유임을 인정하지 않는가? 물질에 물자체가 있다면 공간과 시간에는 왜 '공간 자체'[空如]와 '시간 자체'[時如]가 존재함을 인정하지 않는가? 베르버트[貝爾巴陀]는 칸트(Kant)를 계승하여 실재론(實在論)을 수립하고 "예지(叡知)의 공간과 예지의 시간이 있다."라고 말했다. 이런 내용을 알지 못하고 공간과 시간이 단지 이름뿐이고 전혀 실체가 없다고 말한다면 인간의 심식이 어떻게 아무런 근거 없이 이런 지각을 일으키겠는가? 그래서 "손감집은 의타기자성을 알지 못함이다."라고 말한다. 증익집은 오히려 그 반대이다.

신아론자는 불생불멸하는 푸루샤(puruṣa)가 실재하고 주장한다. 신아론은 유아견에서 기인하는데 신아론자는 이른바 자아란 아뢰야식을 벗어나 어떤 무엇도 존재하지 않음을 알지 못한다. 여기서 아뢰야식은 진실이지만 자아는 거짓이다. 이 거짓을 본체로 집착하는 것이 첫 번째 전

---

47   西順藏·近藤邦康 編譯, 『章炳麟集: 淸末の民族革命思想』(東京: 岩波書店, 1990), p.161
      참조.

도견이다.

유물론자 가운데 유럽의 경우는 아톰(atom, 原子)이 실제 존재한다고 여기고 인도의 경우는 파라마누(paramāṇu, 極微)가 실제 존재한다고 여긴다. 저들은 극히 미세한 물질에 집착하여 이 미세한 물질을 쪼개면 무한히 쪼갤 수 있다고 생각한다. 중국 고대 명가(名家)에서 "일 척의 추(錐)를 하루에 절반씩을 취한다면 만세가 지나더라도 없어지지 않는다."[48]고 한 주장도 이런 오류를 피하지 못한다. 부피가 없지만【부피가 없음은 곧 연장(延長)이 없음이다. 그것은 본래 형식이 없고 거칠거나 미세함이 없음을 말한다.】색·성·향·미·촉·법 등 감각 대상을 벗어나 그 중심에 오직 심력이 존재한다고 집착한다.

이런 견해는 비록 극미설보다는 훌륭하지만 오진(五塵)을 벗어난 힘을 아직 보지 못했고, 또한 힘을 떠난 오진(五塵)을 보지 못했다. 힘과 오진은 서로 의지하며 존재한다. 어쩔 수 없이 연생(緣生)이라고 한다. 연생이라고 말했다면 그것이 본체가 아님을 알 수 있다. 그렇다면 이 힘과 오진은 무엇에 의지해서 외부로 나타나는가? 마음의 상분(相分)이 견분(見分)에 의지하여 나타나는데, 이때 마음은 진실이지만 물질은 거짓이다. 이 거짓 존재를 본체라고 집착하는 것이 두 번째 전도견이다.

유신론자 가운데는 마보(馬步)[49]·제구(諸逑)[50]를 신봉하는 데서 시작해서 산천·토곡을 신봉하는 데 이르고, 거기서 나아가 불을 섬기거나 하늘을 섬기는데 그 최고 형태는 여러 일신교와 범신교다. 그들이 숭배하는 대상은 다르지만 그들이 저런 것을 숭배하는 심리상태는 다르지 않

---

48   『莊子』「天下」7: "一尺之捶, 日取其半, 萬世不竭."
49   馬步(마보): 고대 중국에서 말에게 재해를 끼친다고 알려진 귀신.
50   諸逑(제구): 고대 중국에서 별에 대해 행한 제사.

다. 사람들은 7척의 작은 몸뚱이로 배고픔이나 추위, 그리고 질병과 고통이 계속 이어지고 언제 죽을지도 모르는 상태로 쾌락을 늘 즐기지도 못하기 때문에 자신 외에 반드시 자신을 주재하는 존재자가 있다고 여긴다. 이때 그 존재자를 숭배하고 그가 자신을 보호하고 자신에게 복을 주기를 기도한다. 이런 종교는 사실 번뇌장(煩惱障)이 초래했다.

혹은 산골짜기에 사는 사람이 동굴에서 나와 고원의 평지로 이동하고는 하늘을 우러러 일월성신을 보고 멀리 강과 바다를 보고는 스스로 자신의 왜소함을 슬퍼한다. 견문이라곤 한 움큼밖에 되지 않고 모르는 건 갠지스강 모래알만큼이나 무량함을 안다. 또한 뒤죽박죽 세상 온갖 존재는 이해할 수가 없지만 사물의 운행은 한 번도 그 질서를 벗어난 적이 없다. 그래서 반드시 세상 사물을 관장하고 지배하는 한 존재가 있다고 생각한다. 이 때문에 그것을 숭배함으로써 신앙을 분명히 한다. 이런 종교는 소지장(所知障)이 초래했다.

한발 물러나 자기 마음을 관찰해 삼계 모든 존재가 마음이 나타낸 것임을 알지 못하는 사람은 마음이 아닌 외부에서 존재를 찾고 외부에 신(神)의 이름을 부여하여 그것이 인격을 지녔다고 생각한다. 이때 마음은 진실이지만 신(神)은 거짓이다. 이 거짓 존재를 본체라고 집착하는 것이 세 번째 전도견이다.

그래서 "증익집(增益執)은 또한 의타기자성을 알지 못함이다."라고 말한다. 만약 그렇다면 두 가지 집착은 진실로 의타기자성이 있음을 알지 못함이다. 또한 본체를 건립할 수도 있고 공명(空名)을 부정할 수도 있더라도 끝내 어쩔 수 없이 의타기성에 가까워진다. 단지 이 의타기의 명칭으로 방편을 삼지 않을 뿐이다. 비록 그것의 숨은 의미를 이해할 수 있더라도 문의(文義)는 오히려 통할 수가 없다.

예를 들어 플라톤은 이데아를 말하지만 그가 말하는 일체 개체의 존재는 이데아가 아니며 이데아를 벗어나지도 않는다. 이데아는 존재하지만 이데아가 아니면 존재가 아니다. 저 개체는 존재이기도 하고 비존재이기도 하다. 존재와 비존재가 함께할 수 없는 것은 물과 불이 서로 소멸시키는 것과 같고 '푸른색'[靑]과 '푸르지 않은 색'[非靑]이 서로 수용하지 않음과 같다. 이데아가 실유라면 무엇 때문에 일체 세계에 보편적이지 않고 세계로 하여금 언제나 비존재를 보유하게 하는가?

다시 무슨 까닭으로 이 존재가 비존재에서 현현할 수 있고 그것을 조절하고 결합하여 존재라거나 비존재라고 간주할 수 있는가? 만약 이 실제 존재가 본래 비존재 바깥에 존재한다고 말한다면 이 비존재도 실제 존재 바깥에 존재해야 한다.

이미 비존재가 실제 존재와 대립할 수 있다면 비록 잠시라도 그것을 비존재라고 명명한다. 하지만 종국에는 그것을 존재라고 인정해야 하는데, 이렇게 되면 그것의 명칭과 실질은 정반대가 된다. 만약 이것이 실제 존재라고 한다면 이것은 본래 실제 존재가 아니었던 적이 없다. 단지 사람이 명료한 지식으로 그것을 관찰할 수 없어서 엉뚱하게 실제 존재 가운데 비존재를 망령되이 드러내고, 다시 이 망령되이 드러낸 비존재 가운데 실제 존재를 은미하게 규명하여 다시 서로 착오를 일으킨다. 그런 다음에 이 개체가 존재라느니 비존재라느니 하는 논의를 성립시킨다.

이렇다면 이 개체는 견분과 상분이 식에 의지하여 성립시킨 것이다. 만약 여기서 의타기자성을 말하지 않으면 개체를 온전히 성립시킬 수 없다. 또 고대 그리스 엘레아 학파의 제논(Zenon)은 "모든 존재는 '차이'가 없으며 또한 '유전'도 없고, 비록 화살이 빠르지만 한 찰나에는 결코 운동하지 않는다."라고 주장한다.

첫 찰나로부터 그것이 쌓여서 천 찰나에 이르기까지 애초에 운동하지 않았기 때문에 나중에도 다시 운동하는 일은 없다. 이 학설이 어찌 『대승기신론』에서 말한 "방향은 사실 바뀌지 않고 마음은 사실 움직이지 않는다."[51]라는 내용과 다르겠는가? 움직임을 보는 자는 미망을 벗어났다고 말하는데 이것은 이른바 『원각경』에서 말한 "구름이 달을 몰아 움직이게 하고, 배가 언덕을 움직이게 한다."[52]라는 이야기다. 하지만 아직 이 미망은 무엇이고 나아가 무엇의 세력으로 그것이 미망이 되는지를 이야기하지 않았다. 그래서 의타기자성을 말하지 않으면 망동(妄動)을 완전히 성립시킬 수 없다.

예를 들어 칸트는 공간과 시간을 완전한 무로 부정했지만 신 존재에 대해서는 조급하게 존재로 확정하고자 하지는 않았다. 이 학설은 『순수이성비판』에 존재한다. 『실천이성비판』을 쓸 때는 오히려 자유계와 자연계는 그 범위가 서로 다르다고 말한다. 도덕 수양을 통해서 최고선에 도달하길 기대한다면 내생(來生)의 존재를 요구해야 하는데 그렇다면 시간 개념을 없앨 수 없다. 선한 행위로써 행복한 결과를 기대한다면 주재자(主宰者)의 존재를 요구해야 하는데 그렇다면 신명(神明) 또한 그 존재를 믿을 수 있다.

가령 이 자연계가 한번 성립하면 결코 바뀌지 않는다고 한다면 내생과 주재자에 대한 요구가 무슨 소용 있겠는가? 그것을 얻을 수 없음을 알면서도 요행이라도 그것을 얻을 수 있기를 바라는 짓은 어리석음이 아니라면 왜곡이다. 칸트가 정말 이처럼 멍청하지는 않았을 것이고, 이처럼 왜곡하지도 않았을 것이다. 또 칸트 스스로 자신의 학설을 완성할 수도 없었다. 생각건대 자연계와 자유계는 서로 배척하기 때문에 마치 마늘[蒜]

---

51   馬鳴菩薩造, 眞諦譯, 『大乘起信論』(『大正藏』32, p.579c), "如人迷故, 謂東爲西, 方實不
      轉, 衆生亦爾. 無明迷故, 謂心爲念, 心實不動."
52   佛陀多羅譯, 『大方廣圓覺修多羅了義經』(『大正藏』17, p.913a), "譬如動目能搖湛水, 又如
      定眼, 猶迴轉火; 雲駛月運, 舟行岸移, 亦復如是."

이나 파[韮]를 삼킨 것마냥 어지러웠을 것이다.

이 문제를 해결하고자 한다면 마땅히 "자연계는 본래 스스로 존재하지 않고 현식(現識)의 요구에 의거해 존재한다."라고 말해야 한다. 이 요구는 갈애(渴愛)에 기인하며 이 갈애는 독두무명(獨頭無明)에서 발생한다. 가령 순수 자색의 자연계가 있으면 중생의 업력으로 순수 청색의 자연계로 바꿀 수 있다. 이 갈애는 무엇인가? 이 독두무명은 무엇인가? 둘은 말라식 즉 의근(意根)에 의지해서 일어난다. 그래서 의타기자성이라고 말하지 않으면 미래를 온전히 구성할 수 없고 또한 주재자를 온전히 구성할 수도 없다.

이런 몇 가지로 그것을 증명하면 어떤 경우는 의타기성을 증익하고 어떤 경우는 의타기성을 손감하며, 어떤 경우는 밀접하지만 오히려 스스로 '의타'(다른 존재에 의지한다)라고 말할 수 없다. 한쪽만 고집하는 사람은 입에 맞는 것만 좋아하고 쓴 것을 꺼린다. 조화만 추구하는 자는 마치 물에 돌을 던지듯 아무런 효과가 없다. 의타기설로 그것을 해설하면 얼음이 녹듯 문제가 풀린다. 그런 뒤에야 삼성설(三性說)이 '요의교(了義教)'로 명명되는 이유를 안다. "비유파약이 어떤 가루약과 환약에 첨가되더라도 언제나 적절한 효력을 발휘하는 것과 같고, 도화지가 일체 채색 작업의 바탕이 되어 푸른색을 칠하든 노란색을 칠하든 붉은색을 칠하든 백색을 칠하든 언제나 동일한 역할을 하여 채색을 더욱 선명하게 하는 것과 같고, 숙소(熟酥, 우유를 발효시켜 만든 치즈)는 어떤 진미든 과자든지 뿌리기만 하면 그 맛을 한층 풍미 있게 하는 것과 같다."[53]

---

53   玄奘譯, 『解深密經』卷2(『大正藏』16, p.696c), "譬如毘濕縛藥, 一切散藥仙藥方中, 皆應安處. (中略) 譬如彩畫地, 遍於一切彩畫事業, 皆同一味, 或靑或黃或赤或白, 復能顯發彩畫事業. (中略) 譬如一切成熟酥羞諸餅果內, 投之熟酥, 更生勝味." 장타이옌은 문장을 줄이면서 글자를 일부 고쳤다. '譬如'는 '則如'로 고치고, 둘째 문단 '譬如彩畫地'는 '則如畫地'

내가 이미 이런 여러 가지 예를 들었고 여기서는 다시 삼성설을 가지고 종교의 수준을 평가하겠다. 종교의 수준과 우열을 평가할 때는 기존 평가를 답습해서는 안 된다. 그 종교가 진실을 잃지 않았는지 그 종교가 인류의 도덕성에 유익한지 기준으로 삼아야 한다. 그래서 미국의 몰몬교(Mormonism)나 인도의 '시바(Śiva) 신앙과 비쉬누(Vishnu) 신앙'[54] 그리고 티베트의 연화생교(蓮華生敎) 같은 경우는 오로지 '불율의(不律儀)'[55]를 힘쓰기 때문에 논의할 가치가 없다. 반대로 비록 초목·거북·물고기·휘장·주인(咒印, 다라니와 手印)을 숭배하더라도 인류의 도덕을 훼손하지 않는다면 수용하고 함께할 수 있다.

저들 논자는 동물이나 식물이 생명 가운데 가장 하등한 것인데 지금 인류가 그것을 숭배한다면 스스로 천대함이 매우 심하다고 여긴다. 만약 중생 평등의 관점에서 저들 견해를 살펴보면 브라흐만다(Brahmanda, cosmic egg),[56] 여호와(Jehovah) 등은 숭배 대상인 동식물에 비해 결코 그 수준이 높지 않다. 그런데도 저들이 동식물을 숭배할 수 없는 까닭은 무엇 때문일까? 저들은 변계소집자성을 원성실성으로 삼기 때문이다.

『장자』의 "도(道)가 돌피와 쭉정 그리고 똥오줌 사이에 있다."[57]라는 말

로 고쳤다. 셋째 문단은 "則如熟酥, 傾置一切珍饈, 諸餅果內, 更生勝味."로 고쳤다. 장타이옌은 '요의교'로서 삼성설이 불교의 다른 '불료의교'에 대해 행하는 역할을 이 비유를 끌어와 설명한다.

54 힌두교의 주신인 시바(Śiva)와 비쉬누(Vishnu)는 다양한 성격과 위력을 갖는데 그들은 파괴의 신인 동시에 생식의 신이기도 하다. 남녀의 교합으로 여성이 아이를 낳듯 저들 신에게 여성성이 부여되어 생산의 신으로서 성격을 갖기도 한다. 당연히 이 과정에서 성적인 부분이 부각되기도 하는데 장타이옌은 이 점에 주목한 듯하다. 정태혁, 『인도철학』(서울: 학연사, 1991), pp.390-395 참조.

55 不律儀(불율의): 선을 행하려는 노력이 아니라 악을 행하려는 노력을 말한다. 외도가 사견에 입각해서 악을 행하려는 노력을 저들의 계율로 간주한다.

56 大梵安荼(대범안다): 『리그베다』에서 말하는 우주를 창조하는 '계란'.

57 『莊子』「知北遊」6: "東郭子問於莊子曰: 所謂道, 惡乎在? 莊子曰: 無所不在. 東郭子曰: 期而後可. 莊子曰: 在螻蟻. 曰: 何其下邪? 曰: 在稊稗. 曰: 何其愈下邪? 曰: 在瓦甓. 曰: 何其

은 이 돌피와 쭉정이 그리고 똥오줌이 도라는 말이 아니다. 벽이나 기와, 자갈이 모두에 불성이 있다라는 말은 불성이 벽이나 기와, 자갈에 이른 다는 말이 아니다. 이 돌피와 쭉정이, 똥오줌, 벽, 기와, 자갈을 붙들고 도 (道)가 단지 여기에 있고, 불성이 단지 여기에 있다고 여긴다면 이는 변계 소집의 과오이다.

하등한 종교에서만 그러는 것이 아니라 베다·기독교·이슬람교 등 고등한 종교에서도 이른바 브라흐만, 여호와 등을 집착하여 도(道)가 여 기에 있고 신이 여기에 있다고 여긴다. 이것은 하나의 실체에 구속되어 하나의 실체만을 추구하고는 무량한 사실을 덮어 버리는 꼴로 결국 변계 소집에 해당한다. (저들은) 어쩔 수 없이 광활하고 심오한 이론을 거기에 보태고는 본질은 형상을 초월한다고 말하지만 '본질에 대응하는 물질적 존재'[有對之色]를 질애로 여기는 것만 못하다.

단지 신교(神敎)만이 그러한 게 아니라 불교에도 무량수불(無量壽佛)을 말하는 정토 신앙이 있다. 이 학설에서는 무량수불(아미타불)을 염송하는 자는 정토에 왕생하여 거기서 영원히 물러나지 않는다고 한다. 이런 이 행도(易行道)[58]를 처음 창시한 사람은 승속을 폭넓게 교육하여 그들이 진 리를 따르게 하여 깨달음을 얻게 하려 했을 뿐이다.

졸렬한 사람은 정토 세계의 공덕과 장엄에 감동하여 마치 방울 소리를 들은 듯 만다라 꽃의 빛깔을 본 듯 황홀해한다. 그들은 삼계에서 갈구하 는 그 마음으로 정토를 갈구하니 정토가 본래 청정하나 갈구하는 저들의

愈甚邪? 曰: 在屎溺, 東郭子不應."

58　易行道(이행도): 불교에서 깨달음을 이루거나 고통을 극복하는 방법을 그것의 난이도 로 구분하여 어려운 것을 난행도(難行道)라고 하고 쉬운 것을 이행도(易行道)라고 한 다. 불교의 가장 보편적인 수행법으로 참선 수행 등은 난행도이고 아미타불을 염송하 여 아미타불의 힘을 빌려서 극락왕생하는 정토 신앙을 흔히 이행도로 분류한다.

마음으로 그것을 더럽힌다면 인천(인계와 천계)의 여러 종교와 무엇이 다르겠는가? 그래서 변계소집으로 원성실성을 구획하려는 경우 그 병폐는 이미 드러났다.

그렇다면 현재 종교를 건립하려는 사람은 엉뚱하게 일체 존재자 사이에 한 물건을 집착하여 신으로 여겨서도 안 되고, 또한 모든 존재자 상위에 하나를 헛되이 구성하여 신이라 여겨서도 안 된다. 왜냐하면 "존재자의 유일한 본질은 곧바로 본질 없음이다. 존재자의 본질 없음이 곧바로 유일한 본질이다."[59] 이것이 반야경의 핵심 이론이며 근래 알렉산더 베인(Alexander Bain, 1818-1903)[60] 같은 사람이 주장한 점이다.

하나의 실체를 집착하여 신으로 여기는 경우, 그 오류는 진실로 모두 지적할 수가 없다. 일전하여 이 신이 세계 만유를 덮어 버린다고 말한다면 여기서 말하는 존재는 단지 인심의 개념일 뿐이다. 가립된 의타기성이라는 관점에서 말하면 개념은 어쩔 수 없이 존재한다고 말해야 하며, 변계소집을 제거하고 말한다면 개념은 어쩔 수 없이 존재하지 않는다고 말해야 한다.

가립된 의타기성 관점에서는 개념은 오직 자신의 마음에 있기 때문에 당연히 만약 사마타(śamatha, 止) 수행법으로 이런 개념을 말끔히 치워 이 개념이 존재하지 않게 할 수 있다고 말한다. 또한 변계소집의 관점에서는 이 개념은 반드시 외부에 한 사물이 있고 그것과 서로 상응하고 따라서 그것을 섬기고 그것에 기도한다고 말할 수 없겠는가? 그렇다면 그 어리석음이 또한 심하다.

---

59   玄奘譯, 『大般若波羅蜜多經』卷288(『大正藏』6, p.466c), "諸法一性, 即是無性, 諸法無性, 即是一性."
60   Alexander Bain: 영국의 연상심리학파의 일원이며 정신을 관념 등 여러 요소의 연합으로 보았다.

다시 이 개념을 가지고 형체와 질료의 성질을 묘사하면 성립하지 않는 경우가 없고, 파괴하지 못함이 없다. 숫양이 젖이 있다고 우기는 경우, 그 고집은 분명 잘못이지만 오히려 작다고 할 만하다. 다시 오늘의 젖은 달고 내일 젖은 쓸 것이라고 믿는 경우, 어리석은 정도가 훨씬 심하다. 비록 "모든 존재자의 유일한 본질은 곧바로 본질 없음이다."라는 말에 집착하여 신(神)이 정말 없고 신 아닌 것도 또한 없다고 말한다면 이른바 손감집이다.

"왜냐하면 저것이 공이기 때문에 저것은 실로 무(無)이고 여기서 공하면 이것은 실로 유이다."[61] 이 개념 즉 법진은 저 외부 대상에서 발생한 게 아니라 이 아뢰야식의 원형관념으로부터 발생했다. 졸렬한 자는 저 외부세계를 존재로 간주하고 개념(법진)은 공(空)이라고 생각한다. 실제 '다섯 가지 감각 대상'(五塵)도 존재하지 않는다고 할 수밖에 없는데 하물며 법진(法塵)을 비존재가 아니라고 말할 수 있겠는가?

만약 아뢰야식의 원형관념 측면에서 말한다면 오진과 법진은 공이 아닌 것이 하나도 없다. 하지만 오진과 법진의 원형관념은 어쩔 수 없이 존재라고 해야 한다. 인간이 이런 원형관념을 가진 까닭은 인간은 처음부터 미혹되지 않은 적이 없기 때문이다. 인간의 미혹은 자발적으로 그런 게 아니라면 반드시 미혹은 그 본질에 기탁해야 하고, 만약 미혹의 본질이 없다면 미혹은 자발적으로 일어나지 못한다. 마명보살은 『기신론』에서 다음과 같이 말한다.

길 잃은 사람은 방향에 의지하기 때문에 길을 잃었다. 만약 방향

---

61   淸辯菩薩造, 玄奘譯, 『大乘掌珍論』卷上(『大正藏』30, p.271c), "若此義言, 諸有爲法, 從衆緣生, 非自然有. 就生無性, 立彼爲空. 是則述成, 相應師義, 符會正理. 又如是說, <u>由彼故空, 彼實是無, 依此故空, 此實是有.</u>"

을 떠난다면 길을 잃는 일도 없다. 중생 또한 그러하다. 각(覺)에 의지하기 때문에 미혹되고 각성을 떠난다면 깨닫지 못함이 없다. 불각망상심(不覺妄想心)이 있기 때문에 명의(名義)를 알 수 있고, 그것 때문에 진각을 이야기한다. 만약 불각심을 벗어난다면 이야기할 만한 진각의 자상(自相)은 없다.[62]

그래서 개념이 비록 미혹되지만 미혹이 의거하는 것은 언어를 떠나서 실제로 존재한다. 일체 생물은 미혹 가운데 있기 때문에 미혹에 의거해서 진실을 구하지 않는다면 진실은 추구할 만한 길이 없다. 이것으로 말미암아 모든 존재를 포괄하는 것은 오직 개념일 뿐임을 안다. 그것을 개념으로 아는 경우는 의타기성에 속하고 그것을 실재하는 신(神)으로 집착하는 경우는 변계소집성에 속한다. 불교 개념 가운데 진여라는 개념을 세우지만 신이라는 개념을 세우지 않는 까닭은 부호(기호)의 차이 때문이 아니라 집착이 존재하는가? 집착이 존재하지 않는가? 하는 차이 때문이다.

범신론[萬有皆神说]은 아직 종교로 성립하지는 않았지만, 종교를 건립하는 데 필요한 밑천은 마련했다. 범신론은 수 세기를 거치면서 말브랑슈,[63] 스피노자, 헤겔 같은 사람에 의해 수정되어 점차 만족할 만한 수준으로 발전했다. 하지만 근래 범신교의 주장에는 따져 봐야 할 점이 있다. 범신론자는 "개미의 크기를 인간에 비교하면 인간의 크기는 수천만 배가 되는지 알 수 없다."라고 말한다. 하지만 이 수천만 배도 분명 수량이 있다.

---

62 馬鳴菩薩造, 眞諦譯, 『大乘起信論』(『大正藏』32, p.577a), "迷人依方故迷, 若離於方, 則無有迷. 衆生亦爾, 依覺故迷. 若離覺性, 則無不覺. 以有不覺妄想心故, 能知名義, 爲說眞覺. 若離不覺之心, 則無眞覺, 自相可說."

63 니콜 말브랑슈(Nicolas de Malebranche, 1638-1715): 프랑스의 철학자이자 수도사. 이른바 기회원인론자. 그는 모든 사건 존재의 유일한 작용자는 신이고 인간을 포함한 피조물은 신이 작용하기 위해 필요한 특별한 '기회 원인'이라고 보았다.

만약 인간을 화장세계에 비교하면 그것의 대소 차이는 분명한 수량이 없다. "하루살이는 그믐달을 알지 못하고, 땅강아지는 봄가을을 알지 못한다."[64] 그믐과 봄가을, 하루살이와 땅강아지가 경과하고 경험한 시간은 일정한 길이가 있다. 영겁의 시간이 지금에 미쳐 그 시작을 알지 못하고, 그것이 진행함에 끝을 알지 못한다. 사람의 수명을 영겁에 비교하면 그것이 거쳐 온 시간은 (너무 짧아서) '아무리 계산에 밝은 사람'도 계산할 수가 없다.

이 공간과 시간이 무한하기 때문에 거기에 배열된 모든 존재는 어떤 일을 판단하고 어떤 상황에서 스스로 처신하거나 생성·지속·변화·소멸할 때 한순간이라도 법칙에서 벗어난 적이 없다. "누가 이를 주재하며 누가 이에 질서를 부여하나?"[65] 우리가 우리의 꼬락서니를 보건대 미약한 신체, 끝을 재촉하는 수명, 얕은 지식을 부끄러워하지 않을 수 있겠는가? 가령 프랑스 파리시 중심에 한 묶음의 꽃이 있고 꽃받침 사이에 작은 벌레가 있다고 하자. 이 미세한 벌레가 꽃에 있으면서 그 파리시 면적이 얼마인지 알고, 시내 사람들이 어떤 사업을 경영하는지 알 수 있겠는가?

사람과 화장세계의 차이는 벌레와 파리시(市)의 차이 정도로는 도저히 비교할 수 없다. 사람은 화장세계의 체·상·용 삼대를 알고자 하나 결코 그것을 알 수 없다. 그래서 그 숭배는 하나의 주재자가 있다고 생각해서 그를 두려워하고 그에게 아첨하고자 그를 섬기는 게 아니다. 저 세계의 무량함을 유한한 나에 견주고, 저 세계가 가진 질서를 나의 무지에 견주면 마땅히 그에게 귀경할 수밖에 없다.

---

64 『莊子』「逍遙遊」1: "朝菌不知晦朔, 蟪蛄不知春秋."
65 『莊子』「天運」1: "天其運乎? 地其處乎? 日月其爭於所乎? 孰主張是? 孰維綱是?"[하늘은 운행하는가? 땅은 제자리를 지키는가? 해와 달은 자리를 두고 서로 다투는가? 누가 이를 주재하는가? 누가 이에 질서를 부여하는가?]

이제 무한이론[無量之說]을 논해 보자. 우리가 무한을 인식하는 까닭은 마음이 분별을 일으키기 때문이다. 먼저 대소·장단의 형태로 형상화할 수 없는 데까지 도달하면 그것을 무한이라고 명명한다. 이 무한이란 명칭이 드러나지 않았을 때 그것은 아뢰야식 중의 원형관념일 뿐이다. 만약 자심(自心)의 견분(見分)이 자신과 하나의 몸체인 상분을 반연[緣]하지 않으면 무한의 명칭도 존재하지 않는다. 그렇다면 무한은 자기 마음 가운데 무한이며 자기 마음 바깥에 존재하는 무한은 아니다.

저 그리스 철학자 아낙시만드로스가 건립한 아페이론(apeiron, 무한자)[66]은 뭐 특별한 의미는 없다. 가령 그것의 외계가 있으면 사물 각각을 헤아릴 수 있고 사건 각각을 검증할 수 있는데 그것을 하나씩 따져 보면 무궁하다. 만약 '무한[無量]' 두 글자를 생각해 보면 한 찰나의 시간으로 개괄할 수 있다. 그 내용을 알기는 어렵지만 그 외연은 쉽게 알 수 있다. 만약 단지 외연만 알고 내용을 모른다면 사실대로 안다고 말할 수 없다. 이와 같이 우리 몸은 그 안에서 손톱이 나고 모발이 자라고 근육이 꿈틀대고 맥박이 뛰는 것을 통해 자아를 알지는 못하지만 자아가 존재함은 알 수 있다. 우리는 자아의 외연은 알 수 있지만 자아의 내용을 알 수 없다. 비록 알지 못하지만 아는 데 해를 끼치지는 않는다.

사실대로 그것의 무한함을 아는 것은 근본지(根本智, 보편 진리를 파악하는 앎)의 역할이고 사실대로 그것의 부분을 아는 것은 후득지(後得智, 개별 존재를 파악하는 앎)의 역할이다. 근본지가 발생하길 기다려서 후득지를 일

---

66 아낙시만드로스는 물질의 최초 상태가 거대한 크기의 분화되지 않은 상태의 덩어리이고, 비록 이 덩어리는 대립되는 요소 내지 그 성질을 말하자면 잠재적 내지 가능적인 형태로, 즉 완전한 융해상태로 포함하고 있지만 그 속에서 그러한 요소나 성질은 아직 구별되지 못하고 있다고 상상했다. 그는 그것을 무한자(한정되지 않은 것)라고 일컬었다. 한계가 없다는 말이다. W.K.C. 거스리, 박종현 옮김, 『희랍철학입문』(서울: 서광사, 1982), p.45 참조.

으킬 경우, '알지 못함'[不知]을 고민하지 않는다. 저들이 말한 무한은 바깥 없이 '지극히 크고'[至大],[67] 끝이 없이 '지극히 긴'[至長] 것을 가리킨다. 하지만 지대(至大)는 무한을 극진히 한 것이지만 가장 작은 것을 가져다가 그것을 쪼개 보면 그 작은 것도 끝이 없다. 지장(至長)은 무한을 극진히 한 것이지만 만약 가장 짧은 찰나를 쪼개 보면 다시 짧은 것이 생긴다. 쪼갤수록 짧아지기 때문에 짧은 것도 또한 끝이 없다.

내 신체를 화장세계의 크기에 견주고 나의 수명을 영겁의 시간에 견주면 내 신체의 미세함과 내 수명의 짧음은 헤아릴 길이 없다. 만약 다시 내 신체를 계속해서 쪼개 티끌에 견주고, 나의 수명을 찰나에 견주면 크고 긴 정도를 헤아릴 수 없다. 나의 신체와 나의 수명으로 화장세계와 영겁에 견주는 것은 오히려 정해진 수량을 무한에 비교하는 꼴로 서로 비교할 만한 근거가 없다고 해야 한다. 나의 신체나 수명은 미세하고 짧은 것의 축적이다. 미세하고 짧은 것이 무한하면 나의 신체와 수명도 자연 무한하다.

내 신체와 내 수명의 무한을 화장세계의 무한한 크기와 영겁의 무한한 시간에 비교하면 균등하여 이들 무한 가운데 어느 게 더하고 덜한지 말할 수 없다. 이것으로 말하면 무한과 유한은 본래 자기 마음의 분별에서 발생했다. 마음의 분별이 의거하는 바는 자기 신체와 수명을 척도로 삼는다. 본래 무한한 것에 대해 억지로 유한의 명칭을 부여한다. 진정 아견을 벗어난다면 어떻게 무한이론을 취할 수 있겠는가?

만약 나의 이야기를 이해하지 못하겠다면 다시 외계 사물을 벗어나서 그것에 대해 말해 보겠다. 1·2·3·4 등의 수는 본래 외계에 존재하는

---

67   『莊子』「天下」7: "大無外, 謂之大一; 至小無內, 謂之小一."

것이 아니라 의식(아뢰야식)의 범주일 뿐이다. 이것은 입론자와 반론자 모두 인정하는 점이다. 하지만 만약 1이라는 수를 들어 계속 더하거나 곱해서 십·백·천·억·조로도 셀 수 없는 숫자에 이르면 비록 영겁을 뛰어넘는 수명을 가지고 셀 수 없는 순간이 한 찰나도 없는 사람도 그 숫자 끝을 온전히 파악할 수 없다. 무릇 마음이 스스로 만들어 낸 수라 하더라도 그 무한은 외계와 마찬가지다. 그렇다면 무한은 진실로 자신의 마음에 있지 외계에 있지 않음이 분명하다.

유리론(唯理論)을 논해 보자. 하나의 사물을 들어서 그것이 법칙에 부합하는지 여부를 판단하면 이도 또한 오직 자기 마음에 있지 외계가 증명하는 점이 아니다. 인간은 어떤 사물이나 사건이 법칙에 부합하는지 여부에 대해 그때그때 판단하지 어떤 특정한 법칙을 갖고서 판단하지는 않는다.

지금 여기에 시계 네 개가 있다고 하자. 그 가운데 갑(甲)은 시간이 딱 맞아서 오차가 없고, 을(乙)은 시간이 지날수록 늦어지고, 병(丙)은 가면 갈수록 빨라지고, 정(丁)은 빠르기도 하고 늦기도 하는 등 시계 네 개는 각각 나름의 방식이 있다. 세속의 입장에서 말하면 갑만이 법칙에 맞고 을과 병은 법칙에 맞지 않고 정은 법칙에 부합하지 않는 정도가 가장 심하다.

갑만이 법칙에 부합한다고 하지만 나머지 셋은 비록 시간과 맞지는 않지만 나름대로 자신의 법칙을 따르고 한 번도 그것을 벗어난 적이 없다. 마치 지구의 자전과도 같다. 자오권(子午圈)도 매일 같지 않은데 이것과 정(丁)이 무슨 차이가 있는가? 사람들은 자전이 법칙에 부합하지 않는다고 생각한 적이 없다. 만약 "저것은 일정한 운행이 있어서 예측할 수 있고 그래서 법칙에 부합한다."라고 말한다면 시계가 빨랐다 느렸다 하는 것도 나름대로는 법칙이 있다. 고정된 법칙을 통해서 그것을 추측할 수 있다.

이것은 법칙에 부합하지 않는다고 규정하고 저것은 법칙에 부합한다고 규정하지만 이는 단지 사람이 마음대로 그것을 높게 혹은 낮게 평가한 것일 뿐이지 실제 사물에 대해 무엇을 부여할 수 있겠나? 법칙에 부합한다는 것은 사실 법칙에 부합하지 않는다는 데 대한 말일 뿐이다. 생물은 자유의지를 갖기 때문에 활동할 때 법칙을 뛰어넘는 경우가 많다. 저 무생물은 자유의지가 없기 때문에 어쩔 수 없이 다른 사물이 끌어 줘야 움직인다.

만물은 서로 의지하고 서로 변화시키는데 법칙에 부합한다고 해서 어찌 꼭 그것을 선망하겠는가? 가령 어떤 생물이 하루는 손을 힘들게 놀리다가 눈도 못 뜨고 죽어서 푸르게 변하고 부패하더라도 낱낱 사건은 법칙에 부합한다.

법칙에 부합하지 않은 점은 단지 태어날 때 미세한 부분뿐인데 미세한 부분은 전혀 전체를 동요시킬 수 없다. 마치 지·수·화·풍 같은 부류로 어찌 미세한 부분이 법칙에 부합하지 않은 사실을 알아서 장차 강직하게 그것을 구할 수 있겠는가? 대풍은 '대지라는 주머니' 주둥이에서 일어나고, 우레와 번개는 검은 구름 아래서 내리치고 "서쪽 하늘에 무지개 걸리니 아침 내내 비가 내리고"[68] "비 내릴 듯 내릴 듯하다 해 나와 빛난다."[69] 이처럼 비록 생명이 없는 사물이지만 또한 한정된 법칙으로 그것을 제한할 수는 없다. 인류가 추측할 수 있는 것에 근거해서 그것을 합법칙적으로 여길 뿐이다.

이런 점으로 보면 마음의 정미함은 원만하여 모든 곳에 미쳐 시방세계

68   『詩經』「國風」'蝃蝀': "朝隮於西, 崇朝其雨."
69   『詩經』「衛風」'伯兮': "其雨其雨, 杲杲出日."

모두 포괄한다. 무엇을 무한이라고 하는가? 마음이 무한하다. 무엇이 법칙에 부합하는가? 마음이 법칙에 부합한다. 원인이나 근거를 외계에 귀결시키는 것과 그것을 자기 마음에 귀결시키는 것은 같지 않다. 자기 마음을 알지 못하고 외부 대상을 두려워하여 지극히 크고 정미하다고 여긴다. 마치 마음에 근심이 있는 사람이 새 울음소리를 들으면 새도 슬픈 마음이 있다고 말하고, 즐거운 사람은 풀색을 보고는 초목에도 즐거움이 있다고 말하는 것과 같다. 외계 대상에 대해서 증익집을 일으키고 자신의 마음에 대해서는 손감집을 일으킨 격으로 진실로 의타기성을 알지 못하기 때문이다.

다음 무한이론은 우주는 엄청나게 커서 인류가 그것을 짐작할 수 없다고 생각하는 경우이다. 이런 생각도 우주에 대해서 증익집을 일으키고 자기 마음에 대해서는 손감집을 일으킨 것이다. 우주는 본래 실제 존재가 아닌데 상상에 의지해서 실제 존재라고 여긴다. 만약 중생의 상상이 완전히 소멸한다면 누가 우주의 존재를 알겠는가? 알지 못하는 가운데 그것이 존재한다고 증명하면 증거는 결코 온전히 성립하지 않는다. 비유하자면 나무가 자라지 않는 지역에서 나무의 그림자가 존재한다고 증명한다면 '바보 멍청이'[大愚不靈][70]가 아니겠는가?

비록 그렇지만 이것은 단지 존재를 부정할 수는 있어도 비존재를 정립할 수는 없다. 존재와 비존재를 쉽게 확정할 수 없으면 회의론에 떨어지고 만다. 그래서 꿈 비유를 들어서 말해 보겠다. 어떤 사람이 꿈속에서 산천·성곽·물불·구름 등 갖가지 사물을 보지만 깨고 나면 그것들이 존재하지 않음을 분명히 안다. 이런 것으로 보면 깨어 있을 때 본 갖가지

---

70   大愚不靈(대우불령): 『莊子』 「天地」 14: "大惑者, 終身不解 ; 大愚者, 終身不靈."

현상은 마치 꿈에서 본 것과 같이 결코 존재하지 않는다. 크게 깨닫고 나서야 여실하게 없음을 안다. 지금 상상으로 그것이 비존재임을 아는 것은 단지 추리지[比知]이지 여실지(如實知)는 아니다.

바로 꿈을 꿀 때도 스스로 이것이 꿈이라고 인식하는 경우가 있지만 그것을 꿈이라고 인식할 때도 갖가지 꿈속 상황을 소멸시킬 수 없는 것과 같다. 그래서 단지 추리지만을 설하고 여실지는 설하지 않는다. 비록 그렇지만 이것은 진실로 대상을 부정할 수도 있고, 마음을 부정할 수도 있다. 대상은 심(心)을 반연하여 발생하고, 마음은 대상에 의지하여 일어난다. 만약 대상이 존재하지 않는다면 마음도 일어나지 않는다.

예를 들면, 선천적인 시각장애인은 처음부터 흑백의 존재를 본 적이 없다. 그렇다면 흑백의 이미지도 당연히 존재하지 않는다. 이와 같이 대상을 무로 부정하면 마음을 존재로 세울 수 없다. 그래서 '인식의 기준'을 설한다. 가령 어떤 사람이 마음을 내어서 대상이 존재하지 않는다고 의심하거나 혹은 승해(勝解)를 일으켜 대상이 비존재라고 부정한다고 하자. 만약 이와 같이 대상을 회의하거나 부정할 때 대상은 이미 분쇄되어 정립할 게 없다. 마음을 회의하거나 부정할 때 다른 사물을 통해서 마음을 회의하거나 부정할 수 없다. 이 마음에 직접적으로 다가서야만 마음을 회의하거나 부정할 수 있다.

이 마음을 회의하거나 부정할 때 다른 물건으로 이 마음을 의심하거나 부정할 수 없다. 바로 이 마음으로 해야 마음을 의심하거나 부정할 수 있다. 이 마음을 의심하고 부정하는 마음이 곧 이 마음이다. 그래서 앞 찰나의 마음이 비록 회의하거나 부정할 만한 것이라고 하더라도 이 마음은 오히려 회의하거나 부정할 만한 이유가 없다. 비록 그렇지만 이 마음은 단지 현상적으로 일어날 수 있는 마음으로는 형성할 수 있지만 현상적으로 일어날 수 없는 마음은 자신의 마음을 형성할 수 없다.

만약 어떤 사람이 자기 마음으로써 자기 마음을 무로 부정한다면 이후에는 결코 마음을 일으켜서 마음을 무로 부정할 수 없고, 또한 마음을 일으켜서 마음을 유로 정립할 수도 없다. 이때 마음이 일어나지 않는데 어떻게 유와 무를 이야기할 수 있겠는가? 이 때문에 종자식의 존재를 말해야 한다. 종자식은 바로 아뢰야식이다. 마음[心]을 일으킬 때 모두 의식이지 아뢰야식은 아니다. 하지만 이 의식은 종자가 있어야 한다.

만약 종자가 없으면 의식이 일어나지 않았을 때 식은 이미 단멸했는데 나중에 어떻게 다시 일어나겠는가? 이와 같이 종자식이 없으면 '기절했을 때'[悶絶位]나 '잠잘 때'[熟眠位]는 곧 죽음과 다름이 없는데 어떻게 다시 깨어날 수 있겠고 어떻게 다시 의식을 일으킬 수 있겠는가? 이런 증거를 통해서 의식이 비록 일어나지 않더라도 종자식이 없을 수 없음을 안다. 만약 격일로 학질(瘧疾)이 발작한다면 발작하지 않았을 때도 학질이 없다고 할 수는 없다. 만약 학질의 종자가 완전히 사라졌다면 하루가 지나서 학질이 다시 발작할 것이라고 말할 수 있겠는가?

무릇 '다섯 가지 식'이란 '다섯 가지 대상'을 조건으로 갖추고 나서야 일어난다. 의식은 맹렬하고 예리하여 대상이 현전(現前)하지 않았을 때도 스스로 독두의식(獨頭意識)을 일으킨다. 하지만 이 독두의식은 아무런 단서 없이 무턱대고 일어나지는 않는다. 반드시 먼저 오구의식(五俱意識)이 있어야 하고 오식과 함께 대상을 인식한다. 대상이 이미 사라졌더라도 대상을 인식한 마음은 소멸하지 않는다. 비록 10년이 지나더라도 독두의식은 홀로 현전한다. 그래서 오식과 의식은 스스로 조작한 대상과 자식(自識)으로 서로 연생한다. 비유하면 색과 허공이 서로 의지하여 함께 존재하는 것과 같다. 허공은 색에 의존하여 머물고, 색은 공에 의지하여 머문다.

만약 색과 공 가운데 그 하나를 제거한다면 나머지도 보존되지 않는다. 하얗고 검은 두 갈래 선이 서로 교차하여 꼬여 있는데 검은 선의 결합은 하얀 선을 통해서 가능하고 하얀 선의 결합은 검은 선을 통해서 가능하다. 만약 그 하나를 제거하면 나머지 하나도 성립하지 않는다. 마치 사람이 태어나면서 두 다리를 가졌는데 왼 다리가 서서 버티기 때문에 오른 다리가 있고, 오른 다리가 서서 버티기 때문에 왼 다리가 있다. 만약 그 하나를 제거한다면 나머지는 넘어지고 말 것이다. 이런 비유는 단지 육식을 설한 것이라고 보아도 좋지만 아뢰야식을 설했다고 여기면 곤란하다.

아뢰야식은 무시이래 온갖 종자[界]를 가지는데 마치 옥수수 낱알이 모여 있는 것과 같다. 이 온갖 종자 가운데 12범주의 관념[相]이 있다. 색과 공, 삼세 내지 6식 종자가 모두 아뢰야식 가운데 있다. 스스로 친연(親緣)[71]하기 때문에 종자의 발생이 끝나는 일이 없고 또한 종자의 단절도 없다. 육식이 대상을 조건으로 해서 발생하고 대상을 떠나면 멈추는 것과 다르다. 그래서 마음이 비록 일어나지 않더라도 마음은 결코 무가 아니라는 주장이 성립한다.

그렇지만 아뢰야식 가운데 종자의 집적만 있고 종자의 소멸은 없다고 말할 수는 없다. 모든 번뇌가 소멸하면 자아[我]의 공함과 대상[法]의 공함을 깨닫는다. 이때 종자는 이미 단절되었는데 이 식은 다시 어디에 존재하겠는가? 그래서 암마라식(菴摩羅識)을 설한다. '암마라'는 무구(無垢, 더러움 없음)라고 번역한다. 아뢰야식이 더러움에서 완전히 벗어나서 이런 이름을 얻었다. 마치 다섯 손가락을 굽혀서 그림자를 만드는데 그림자를 붙잡으려고 하면 주먹을 꽉 쥐어야 한다. 손은 붙잡는 주체가 되고 그림

---

71   『章炳麟集』(p.180)에서는 '친연'을 "아뢰야식의 견분이 직접 종자를 상분으로 인식하는 것"으로 해석했다.

자는 대상이 된다. 아뢰야식이 현식(現識)과 저 현상(見相)을 집지하는 것도 또한 이와 마찬가지다.

만약 어두운 곳에서 손으로 주먹을 쥐면 이 주먹을 쥐는 주체가 바로 주먹을 쥐어 붙잡는 대상이 된다. 아뢰야식이 종자를 집지하는 것도 또한 이와 같다. 만약 손이 다시 주먹을 풀면 붙잡는 대상도 없고 또한 주먹을 쥐는 주체도 없다. 하지만 손의 힘은 주먹을 쥐는 주체가 아님이 없다. 암마라식이 집지한 바가 없음도 이와 같다. 이런 것을 통해서 보면 '식의 본성'[識性]이 단절되는 일이 없음을 명확히 알 수 있다. 이런 몇 가지 일을 이해한다면 이 마음은 반드시 존재해야 하는 것이고 우주는 존재하지 않는 것이다. 이른바 우주는 마음의 '장애'[礙相]이다. 이 마음으로 다시 이 마음을 본다면 추측하지 못하는 게 무엇이겠는가? 지금까지 말한 여러 가지 유신론 신앙은 모두 증익집에서 발생했다. 범신론은 비록 교묘하긴 해도 의타기성을 알지 못하기 때문에 자기 마음의 역할을 축소[損滅]하고 외계의 대상을 사실 이상으로 확대[增益]했다.

우리는 지금 오늘날 종교 건립은 오직 자식(自識)으로 근본[宗]을 삼아야 한다는 점을 논의해야 한다. 식(識)이란 무엇인가? 진여란 바로 유식실성인데 이른바 원성실성이다. 이 원성실성은 크고 텅 비어 형상이 없기 때문에 그것을 이해하자면 어쩔 수 없이 의타기성에 의지해야 한다. 원성실성을 증득한다면 의타기성 또한 자연 사라진다. 그래서 지금 귀경(歸敬)해야 할 것은 원성실자성이지 의타기자성이 아니다.

만약 순서를 따라서 이런 점을 이해할 수 있다면 오직 의타기성을 방편으로 삼아야 한다. 일체 중생은 보편적인 진여를 갖고 보편적인 아뢰야식을 갖는다. 그래서 이 식은 한 개체에 한정되지 않고 중생 모두에게 보편적으로 존재한다. 그래서 그것은 하나이지 둘이 아니다. 만약 한 개체에 집착하여 말한다면 유식교[惟識之敎]는 [상키아 학파에서 말하는] 신아(神

제물론석

我)와 다를 바가 없다.

중생이 보편적인 아뢰야식을 갖기 때문에 대서원을 세워 모든 중생을 제도하려 하면 겁수(劫數, 시간)에 제한되지 않고 시간이 다할 때까지 그 일을 담당할 수 있다. 저 허공과 밤하늘의 별 또는 흙·물·불·바람 같은 무생물도 중생심에 의지하여 거짓으로 그 모습을 나타낸다. 중생을 모두 제도하면 무생물은 자연 사라진다. 그래서 중생을 제도하는 일은 있어도 사대흙·물·불·바람 사대(四大)를 제도하는 일은 없다.

어떤 사람은 불교가 염세적이라고 주장하고, 어떤 사람은 불교는 염세적이지 않다고 주장한다. 이런 주장은 모두 편벽된 견해이다. 속제 입장에서 말하면 이른바 세간은 마땅히 둘로 나누어야 한다. 하나는 삼계(三界)로 무생물 세계이며 기세간이라고 명명한다. 또 하나는 생물 세계로 유정세간이라고 명명한다. 불교가 염세적이지 않은 것은 아니다. 하지만 그것이 싫어하는 것은 기세간이지 유정세간이 아니다. 유정세간이 기세간으로 떨어지기 때문에 삼계 밖으로 벗어나고자 한다.

비유를 들어 보자. 어떤 사람들이 물이 새는 배에 함께 타고 있는데 파도가 침범하여 잠시 후면 물에 빠질 것이다. 배 안의 사람 누구라도 물 새는 배를 싫어하지 않겠는가? 이때 사람들이 나무 널빤지를 구해 부표를 만들어 배에 함께 타고 있던 사람과 물에 빠지는 것을 면하고자 한다. 그렇다면 싫어하는 것은 물이 새는 배이지 분명 배에 타고 있는 사람은 아니다. 몸을 숨기고 세상을 피하는 사람과 지향하는 바가 완전히 다르다. 도피하는 사람이 싫어하는 것은 사실 둥근 머리에 네모난 사지를 가진 사람 무리이다. 아늑한 연못이나 그윽한 골짜기라면 오히려 좋아할 것이다. 이것은 유정세간을 싫어하는 것이지 기세간을 싫어하는 게 아니다. 두 가지는 얼음과 재처럼 전혀 다른 길이다.

저들은 단지 염세라는 말만 알지 세간을 둘로 나눌 줄은 모른다. 염세와 비염세에만 집착하여 불교를 판단할 뿐이다. 마치 저들 맹인이 각자 코끼리를 어루만져 코끼리의 일부분만 알고서 전체 코끼리 모습을 판단하는 것과 같다. 사람들의 큰 웃음거리가 될 것이다. 이 때문에 대승에서는 법집을 끊었지만 아집을 완전히 끊지는 못했다. 중생을 제도한다는 생각은 아집 가운데 하나이다. 단지 자기를 자아라고 집착하지 않을 뿐 중생을 자아라고 고집하는 것은 마찬가지다.

피히테(Fichte)의 말처럼 "동일률로 보면 나는 오직 나일 뿐이다. 모순율로 보면 내가 말하는 나는 저들의 타인일 뿐이다. 내가 말하는 타인은 타인의 자아이다. 충족률로 보면 이른바 타인은 없고 오직 자아일 뿐이다." 중생 제도를 서원한 사람은 동일률의 자아를 집착하지 않지만 그가 충족률의 자아를 완전히 단절시키지 않는다면 법성에 순응하여 각자가 스스로 자아가 있음을 확증하고 의타기성으로 환유인 본성을 들어서 일시에 그것을 제거하지 못한다. 의타기성은 진실로 집착할 수 없다. 하지만 의타기성을 따른다면 원성실성에 이르는 길이 없다. 그래서 수보리가 세존에게 여쭈었다.

> 만약 유정세간이 곧바로 실제라면 어찌하여 보살은 실제법을 파괴하지 않고서 실제 가운데 유정세간을 안립한다고 말합니까? 만약 실제 가운데 유정세간을 안립한다면 실제에 실제를 안립하는 게 될 것입니다. 만약 실제에 실제를 안립한다면 자성에 자성을 안립하는 게 될 것입니다. 하지만 자성을 자성에 안립하는 것은 마땅하지 않은데 어찌하여 실제 법을 파괴하지 않고서 실제에 유정을 안립할 수 있다고 말합니까? 부처님께서 수보리에게 말했습니다. 방편선교로써 실제 가운데 유정을 안립할 수 있다. 유정세간은 실제와 다르지 않다.【『대반야바라밀경』「불가동품」】[72]

위 인용문에서 "유정세간이 곧바로 실제다."라는 구절은 원성실자성을 의미하고, "방편선교로써 실제 가운데 유정세간을 안립한다."라는 구절은 중생으로 하여금 의타기자성을 수순하여 원성실자성을 증득하게 함이다. 의타기자성을 수순하기 때문에 일체는 중생을 이롭게 하는 것으로 염원을 삼고 그 가르침은 열반을 증득하는 것으로 목적을 삼는다.

수준을 낮춰 보면 '재물 보시'[財施]나 '재난 구제'[無畏施] 등은 임협(任俠, 강자에 맞서 약자를 보호하는 사람)이나 송견(宋銒),[73] 묵적(墨翟)의 행위와 다르지 않다. 나아가 자신의 머리, 눈, 뇌수까지 기꺼이 바쳐 여러 사람이 먹게 하는 경우도 있다. 이 의미가 다소 후퇴하면 기세간을 혐오하는 사람은 유정세간도 또한 싫어한다. 승려는 오직 소극적인 도덕만을 지녔고 스스로 드러낼 만한 적극적인 도덕을 지니지 않았다. 종밀(宗密)은 이훈(李訓, 789-835)[74]을 은닉했고, 자백(紫柏, 1543-1603)[75]은 환관의 무리를 비판했고, 겟쇼(月照, 1813-1858)[76]는 막부를 뒤집었다. 역사서에 기록된 인물은 오직 이 세 사람뿐이다.

질문: 종교를 건립할 때 유식으로 종지를 삼는다고 했는데 식(識)의 실성은 바로 진여이다. 귀신을 숭배하는 형식이 없는데 어떻게 종교라고

---

72 玄奘譯, 『大般若波羅蜜多經』卷386(『大正藏』6, p.996c), "若有情際即是實際, 云何菩薩摩訶薩修行般若波羅蜜多時, <u>以不壞實際法, 安立有情於實際中</u>? 世尊! 若菩薩摩訶薩修行般若波羅蜜多時, <u>安立有情於實際中者, 則爲安立實際於實際</u>; 世尊! 若菩薩摩訶薩修行般若波羅蜜多時, <u>安立實際於實際者, 則爲安立自性於自性</u>. 然不應安立自性於自性. 世尊! 云何可說, 菩薩摩訶薩修行般若波羅蜜多時, <u>以不壞實際法安立有情於實際中</u>? 佛告善現: 不可安立實際於實際, 亦不可安立自性於自性, 然諸菩薩摩訶薩修行般若波羅蜜多時, <u>方便善巧, 能安立有情於實際中, 而有情際不異實際</u>." *장타이옌은 약간 줄여서 인용했지만 보살을 大士로 善現을 善見으로 바꾼 것 외에 문장을 손대지는 않았다.
73 宋銒(송견): 중국 전국시대 송나라 학자로 국가 간 전쟁에 반대했다.
74 李訓(이훈): 당나라 재상으로 환관의 발호를 견제하려 했지만 실패하고 피살된다.
75 紫柏(자백): 명말 대표적인 고승으로 법명은 달관(達觀)이었고 훗날 진가(眞可)로 바꾸었다. 법호가 자백노인(紫柏老人)이다.
76 月照(겟쇼): 일본 에도시대 후기 승려로 존왕양이(尊王攘夷)를 천명했다.

명명할 수 있는가?

대답: 대개 숭배라고 하면 사람들이 교제하면서 갖추는 예절이다. 그래서 유신교를 건립하는 경우 다신(多神)에 매달리든지 아니면 유일신에 매달리든지 간에 반드시 그 신을 인격체로 여긴다. 사실 숭배라고 하는 것은 정확한 말이 아니다. 만약 따로 본체를 가지고서 그것을 숭배한다면 본체는 전혀 인격이 없다. 인격이 없는 것에 대해서 사람들이 교제할 때 사용하는 예를 갖춘다면 그것은 구소(九韶)[77]를 연주하여 원거(爰居, 바닷새)가 감상하게 하는 것보다도 더 우스운 꼴이다. 그래서 식성(識性)인 진여는 본래 숭배할 것이 아니며 오직 일체 사물과 사건의 출발일 뿐이다. 반드시 먼저 그것의 본사(本師)가 있어서 본사가 그런 것을 대표하여야 한다.

다양한 예로써 공경하는 경우는 종교 외에도 많이 있다. 선비가 공자를 예배한다든지 서리(胥吏, 관리)가 소하(蕭何)[78]를 예배한다든지 장인이 노반(魯般)[79]을 예배한다든지, '옷 짓는 사람'[衣工]이 헌원(軒轅, 黃帝)을 예배한다든지 저들은 복을 구하지 않으면서 그들을 섬긴다. 또한 유신교에서 본래부터 어떤 것이 있어서 그것을 숭배하는 것과는 달리 자신이 신봉하는 학술이 그 분에게서 기원한다고 여기기 때문에 어쩔 수 없이 그를 존경한다. 이것은 여러 가지 숭배 가운데 가장 청결하다. 불교도 또한 이러하다.

석가모니를 숭배하는 경우를 보자. 2천6백 년 전 그분이 출현해서 그 유풍이나 가르침이 지금까지 전해져 은혜를 입고 여러 가지 번뇌를 떨쳐

---

77   九韶(구소): 중국 고대 악곡으로 순임금이 만들었다고 함.
78   蕭何(소하): 유방을 도와 한나라를 건국한 전한의 정치가.
79   魯般(노반): 춘추시대 노나라의 대목수.

버릴 수 있었다. 이것은 사실 그 사람의 은덕이기 때문에 그를 존경하고 숭배한다. 스승으로서 그를 존경하는 것이지 무슨 귀신으로 그를 존경하는 것은 아니다. 비록 귀신은 아니지만 숭배할 만한 도가 있기 때문에 그래서 사리에 전혀 막힘이 없다. 이것은 또한 의타기성을 따랐기 때문이다.

만약 실상을 이야기한다면 비록 색신과 현량(現量)이 모두 눈앞에 존재하더라도 실제 존재라고 주장할 수 없는데 하물며 열반 이후겠는가? 종교에서 우상을 응당 제거해야 할지 아닐지 아직 정론은 없다. 우상에 매달려 그것을 진실이라고 주장한다면 우상을 어쩔 수 없이 파괴해야 한다. 모세가 힘으로 우상을 파괴한 경우를 보자. 유대민족은 집착이 강해서 '황금동상'[金人]이나 '목각 인형'[桃梗]을 보고서 그것을 무상(無上)의 신령이라고 여겼다.

변계소집의 대상에 대해 다시 집착을 일으켰으니 그 어리석음이 실로 심했다. 그래서 모세는 유일신을 전심으로 신앙하게 했을 뿐만 아니라 어쩔 수 없이 우상을 금지했다. 만약 불교가 유대민족 사이에서 유행했더라도 불상 등을 조성하는 게 또한 불가능했을 것이다.

만약 집착이 없는 자가 사람들 마음이 흩어져 집중할 곳이 없다고 느낀다면 '하나의 사물'[一物]을 들어 사람들이 엄숙하게 경배하고 감동하도록 견인할 것이다. 하지만 이 우상이 진실이라고 말하지는 않을 것이다. 가령 연극을 보는 사람이 거기서 한(漢)나라 관리의 위의(威儀)와 진퇴와 성패를 보면 책을 읽고 세상을 논하는 것보다 백배 정도는 더 흥분될 것이다. 하지만 연극을 보는 사람을 방책을 가진 사람이라고 여기지는 않는다.

동방 민족은 집착심이 본래부터 약하다. 비록 극히 어리석은 경우라도 우상으로 신령을 삼는 경우는 없다. 옛날 주묘(周廟)에서 금속으로 신언지인(慎言之人)[80]을 주조한 것이나 구천(九踐)이 기술자에게 명해서 주공(朱

公)의 형상을 묘사한 것은 모두 심중에 사모의 감정이 있어서 이것을 형상에 기탁한 것이다. 그것을 집착하여 실제 존재로 여기는 경우는 없었다. 이미 집착이 없다면 의타기성에 수순하여 그렇게 하는 것도 그리 안될 것은 없다. 지금 유신교의 여러 사제를 만나서 그들에게 신(神)은 원숭이라고 말한다면 분명 노발대발할 것이다. 그런 행동을 곰곰이 따져 보면 신(神)이라고 할 때 그 명칭이 신의 실질은 아니고, 원숭이라고 말할 때 그 이름이 원숭이의 실질은 아니다. 이름은 결코 실질에 부합하지 않는다.

그렇지만 노발대발하는 사람은 이름이 비록 실질은 아니지만 실질을 대표할 수 있다고 여겼기 때문이다. 그렇다면 우상은 형상일 뿐이고 형상은 진실로 실질이 아니지만 또한 실질을 대표할 수 있으니 이름이 실질을 대표하는 것과 무엇이 다르겠는가? 이름이 실질이 아님을 장주(莊周)는 화성(化聲)이라고 했는데 이름을 실질이라고 매달리고 형상은 가짜라고 배척한다면 그것의 논리가 어떻게 완벽하다고 하겠는가?

사문이 우상을 파괴하는 경우도 있다. 선종에서는 단하(丹霞, 738-824)[81]가 목불(木佛)을 태웠는데 이것은 진실로 눈과 귀에 집착함이 있었다. 지금 총림의 청규(淸規)는 백장(百丈, 749-814)[82]에게서 연원한다. 백장은 "법

---

80   愼言之人(신언지인): 劉向, 『說苑』「敬愼」24: "孔子之周, 觀於太廟右陛之前, 有金人焉, 三緘其口而銘其背曰: 古之愼言人也, 戒之哉!"[공자가 주나라에 가 태묘를 참관했는데 오른쪽 계단 앞에 금속으로 주조된 사람이 있었다. 세 겹으로 입을 봉했고 뒷면에는 "옛날 말을 극히 신중히 하는 사람이다. 경계할지어다."라고 적혀 있었다.]

81   丹霞(단하): 당대 선사 천연(天然)을 가리키고 단하는 그가 하남성 단하산(丹霞山)에 오래 머물렀기 때문에 붙은 이름이다. 낙양 혜림사에서 목불을 태웠다는 '단하분불(丹霞焚佛)'의 공안으로 유명하다.

82   百丈(백장): 당대 선사로 법명은 회해(懷海)이고 백장산(百丈山)에 오래 거주하여 백장선사로 불렸다. 대형 선종 사찰인 총림을 건설하고 운영 규칙을 제정했는데 「백장청규(百丈淸規)」로 불린다.

당을 세웠지 불전을 건립하지는 않았다."라고 말했는데 우리가 알 만한 형상을 만드는 일을 하지 않았음을 알 수 있다. 문언(雲門, 864-949)[83]이 가불(訶佛)[84]한 경우에 이르면 단지 형상을 파괴한 것만이 아니라 이름까지 깨뜨린다. 문언(文偃)이 경전을 독송하다가 부처가 처음 태어나서 일곱 걸음을 걸었다는 구절을 보고서는 그 뒤에 적기를 "내가 당시 이것을 보았다면 몽둥이 한 방으로 때려잡아 개에게 먹였을 것이다."[85]라고 일갈했다. '교설과 위의'[敎儀]를 건립하는 경우 운문처럼 할 수도 없고 또한 천사(天祠)의 신령함이나 괴이함을 모방할 수도 없다. 백장이 건립한 대로 한다면 아마도 가능할 것이다.

　여기서 이야기를 마치면서 한 가지 의문이 남는다. 하르트만의 이론으로 보면 종교는 오로지 성직자만이 담당할 수는 없다. 마땅히 일반인에게 보급되어야만 가능하다. 만약 이와 같다면 종교를 가지는 자는 종교가 없는 것과 동등하다. 자아로 그것을 관찰하면 거사나 사문 이 둘은 하나도 없어서는 안 된다. 종교가 비록 일상의 세계를 벗어난다고는 하지만 반드시 중생의 이익을 도모해야 한다.

　만약 관리가 백성을 이롭게 하고 실직하는 일이 없도록 한다면 이것은 사문이 할 수 없는 일이다. 의사나 기술자가 여러 가지 기술로써 사람들의 삶을 윤택하게 한다면 이것 모두 사문이 종사할 수 없는 일이다. 가령

83　文偃(문언): 당말 오대(五代)의 선사로 법호는 운문(雲門)으로 선종의 문파 가운데 하나인 운문종의 개조다.

84　訶佛(가불): '가(訶)'는 누군가를 험한 말로 비난하는 행위다. 중국 선종의 공안 가운데 '운문시궐(雲門屎橛)'이란 게 있다. 『무문관』에서는 이렇게 소개한다. 운문문언은 한 승려가 "부처란 무엇입니까?"라고 묻자 "마른 똥막대기다."라고 대답했다. 宗紹編, 『無門關』(『大正藏』48, p.295c), "雲門因僧問: 如何是佛? 門云:乾屎橛."

85　守堅集, 『雲門匡眞禪師廣録』7卷中(『大正藏』47, 560b), "擧世尊初生下, 一手指天一手指地, 周行七步, 目顧四方云: '天上天下唯我獨尊'. 師云: '我當時若見, 一棒打殺, 與狗子喫却.'"

오명(五明)[86]의 학술을 힘써 배운다지만 어찌 그것을 전문가의 수준 정도까지 할 수 있겠는가? 그렇다면 거사에게 의탁하지 않을 수 없다. 하물며 종교의 성쇠도 국가의 업무와 관련된다. 저 인도는 정부가 없는 까닭에 회교도의 침입을 받았고 그 종교 또한 스스로 자신을 보호하지 못했다. 그렇다면 불법을 보호하는 것은 거사에게 의탁해야 함이 분명하다.

비록 그렇지만 거사가 과연 전형적인 사표(師表)일 수 있을까? 그들은 이미 가정을 꾸렸고 육식을 하고 청정한 삶을 사람들에게 보여 주지도 못한다. 지극히 고매한 이로는 진중(陳仲, 전국시대 제나라의 於陵子)과 관령(管寧, 삼국시대 위나라 사람)이 최고고 인자함으로는 대우(大禹)와 묵적(墨翟)을 뛰어넘는 이가 없다. 남을 누르고 해코지하는 일은 전혀 없지만 그들의 절개와 행동에는 진실로 미비한 점이 있다. 저 사람들이 무생(無生)의 법(法)을 이야기하고 아공(我空)과 법공(法空)의 법인(法印)을 이야기한다고 하더라도 말이 행동을 돌아보지 않는다면 누구라서 그것을 믿겠는가?

이정 형제와 주희가 내세운 유가의 언설은 극히 천박하여 민생을 경영하고 백성을 돌보는 이들도 이학(理學)을 제창하다 오히려 다른 사람에게 웃음거리가 되곤 했다. 이들보다 뛰어난 경우는 말할 것도 없다. 종교는 위로는 무생법인(無生法印)에 계합하고 아래로는 십선(十善)을 가르치는 데 그 쓰임이 있다. 백성을 교화하는 까닭은 단지 부수적인 방법에 불과하다. 이른바 "신인(神人)은 그 몸의 먼지나 때, 혹은 곡식의 쭉정이나 겨 따위를 주물럭거려서도 요임금이나 순임금을 빚어낸다."[87]라는 이야기다. 지고한 자가 존재하지 않는다면 나머지 부수적인 방법 또한 출현하

---

86   五明(오명): 고대 인도의 다섯 가지 학문 분과를 불교 문헌에서 가리키는 말로 언어학[聲明]·의학[醫方明]·논리학[因明]·천문학[工巧明]·철학[內明] 등이다.
87   『莊子』「逍遙遊」5: "是其塵垢粃糠, 將猶陶鑄堯·舜者也, 孰肯以物爲事!"

지 않는다.

오늘날은 주(周)·진(秦)·한(漢)·위(魏)의 세상이 아니다. 당시 사람과 풍속은 대단히 순박하여 복잡하게 나뉘지 않았다. 공자나 노자의 일상적인 이야기로도 백성을 교화하고 풍속을 완성할 수가 있었다. 지금은 그렇지 않다. 불교에서 육도 윤회와 지옥 변상의 학설은 취할 바가 못 되지만 무생(無生)을 설하지 않으면 외사심(畏死心)을 제거할 수 없고, '아(我)와 아소(我所)'를 깨뜨리지 않으면 배금심(拜金心)을 제거할 수 없고, 평등을 이야기하지 않으면 노예심(奴隷心)을 제거할 수 없고, 중생이 모두 부처임을 보이지 않으면 퇴굴심(退屈心)을 제거할 수 없고, 삼륜청정(三輪淸淨)[88]을 제기하지 않으면 덕색심(德色心)[89]을 제거할 수 없다.

이들 몇 가지는 세속을 따르면서 풍속을 바르게 하려는 거사(居士)가 실천할 수 있는 것이 아니니 떠들어 댄들 아무런 소용이 없다. 이것은 사문과 거사가 어쩔 수 없이 맡은 바를 달리해야 하는 이유이다. 과학자들을 보면 이상이 가장 높은 사람은 그것을 응용하는 일이 드물다. 응용하는 사람은 대부분 수준이 떨어지는 사람들이다. 어찌 종교에선들 그렇지 않겠는가?

이것에 대해 논해 보자면 세속의 도덕은 종교에서 기인한다. 저차원의 종교에서는 처음에는 비록 승려나 사제가 있지만 시간이 지나서 종교가 평민에게까지 보급이 되면 승려나 사제도 자연 사라진다. 도덕이 보급된 시대에는 종교가 자연 사라지는 시대이다. 이때 학자가 배출되고 마땅한 덕음(德音)을 보존하고 신화를 제거하여 고상한 이상으로 그것을 조직하

---

88 三輪淸淨(삼륜청정): 삼륜은 업을 짓는 몸[身]·입[口]·생각[意] 셋을 가리킨다. 셋의 청정은 어떤 상(相)도 남기지 않는 행위를 말한다.
89 德色心(덕색심): 자신이 타인에 대해 은혜를 베풀었다는 의식.

여 학설을 이룬다. 중국의 공자와 노자, 희랍의 소크라테스와 플라톤은 모두 철학으로 종교를 대신한 인물이다. 소크라테스나 플라톤의 학설은 기독교를 낳았고, 공자와 노자의 학설은 한 대 유교를 낳았다.

철학은 다시 종교가 되었다. 오늘날에 이르러 이 두 종교는 빠르게 국민에게 보급됐다.【중국 유술(儒術)은 동중서(董仲舒)를 거치면서 종교화했다. 지금 남존여비 등의 학설은 중국에서 일반적으로 유통되는 풍속이 되었다.】한편으로는 베이컨·데카르트 또 한편으로는 이정·주희·육구연·왕양명 등의 여러 유자는 다시 옛 형식을 바꾸어 자신의 철학을 완성하려 했다. 이정·주희·육구연·왕양명은 진실로 선종을 자기 사유의 근본으로 삼았고, 독일의 여러 학자는 불전에서 흡수한 게 있다.

다음에 일어날 종교는 의심할 바 없이 불교일 것이다. 장래 부처의 바른 가르침이 일반인에게 보급될 것은 지금 억측할 수 있는 게 아니다. 하지만 위 없이 귀한 언설은 결코 일반인이 알 수 있는 게 아니다. 사문과 거사가 오히려 어쩔 수 없이 길을 달리하여야 한다. 하르트만이 말한 것은 단지 인천교와 소승교에만 해당한다. 이것은 진실로 보통 사람들이 알 수 있는 것이다. 하지만 대승을 설하지 않았다. 후세의 학자는 소의 발자국이 창해를 담을 수 없음을 알 것이다.

제물론석

테쩡(鐵錚) 선생에게[90]

어제 테쩡 선생[91]의 글을 읽었습니다. 선생께서는 불가의 학문은 중국인이 평소 학습하는 게 아니라고 생각하십니다. 그리고 교양 있는 사람도 여러 달 공부해 알기 어려운데 어지러운 일상 속에 사는 일반인이 이런 고매한 학문으로 어떤 성과를 얻겠다고 한다면 "서강(西江)의 물로 말라 죽은 물고기를 구하려"[92]는 꼴과 뭐가 다르겠냐고 하시곤 저에게 답변을 구하셨지요.

제가 어찌 "대장(大將)이 황하(河)에 임하여 『효경』을 읊어 황건적이 스스로 사라지길"[93] 바라는 꼴이겠습니까? 생각건대, 우리가 중국을 광복하려 하지만 적들과 우리 세력은 실로 격차가 있고, 우승열패의 관념은 심중 깊이 박혀 있습니다. 그래서 이해(利害)를 따지지 않고 죽음을 달게 여기는 자가 아니라면 결코 떨쳐 일어나지 못하고, 떨쳐 일어나더라도 결코 오래 버티지 못할 것입니다. 그래서 기운을 다스리고 마음을 다잡는 방도는 마땅히 자신이 본래 가진 소질에 달려 있습니다.

명나라 말기 백절불굴의 의지로 만주족에 항거한 인물은 선관(禪觀)에

---

90 「答鐵錚」, 『民報』第14號(東京: 民報社, 1907.6).
91 鐵錚(철쟁): 본명은 레이자오싱(雷昭性, 1873-1920)으로 '테쩡'은 필명이다. 쓰촨 출신으로 1900년대 일본에서 중국혁명동맹회에 가입하여 활동한 정치가이자 잡지 편집인이다.
92 『莊子』「外物」2: "外物: 莊周家貧, 故往貸粟於監河侯. 監河侯曰: 諾. 我將得邑金, 將貸子三百金, 可乎? 莊周忿然作色曰: 周昨來, 有中道而呼者. 周顧視車轍中, 有鮒魚焉. 周問之曰: 鮒魚來! 子何爲者邪? 對曰: 我, 東海之波臣也. 君豈有斗升之水而活我哉? 曰: 諾. 我且南遊吳·越之王, 激西江之水而迎子, 可乎? 鮒魚忿然作色曰: 吾失我常與, 我無所處. 吾得斗升之水然活耳, 君乃言此, 曾不如早索我於枯魚之肆!"
93 『後漢書』「獨行列傳」85: "徵拜侍中, 每朝廷大事, 侃然正色, 百官憚之. 會張角作亂, 栩上便宜, 頗譏刺左右, 不欲國家興兵, 但遣將於河上北向讀孝經, 賊自當消滅. 中常侍張讓讒栩不欲令國家命將出師, 疑與角同心, 欲爲內應. 收送黃門北寺獄, 殺之."

빠진 지식인 아니면 양명학파였습니다. 일본 메이지유신도 양명학이 선도했습니다. 양명학에 무슨 다른 장기가 있겠습니까? 말할 수 있는 거라곤 자존무외(自尊無畏)밖에 없습니다. 양명학의 고원한 이론은 대체로 불교에서 연원하고, 백성을 교화하는 데는 몇 마디 참절(斬截)이면 충분했습니다. 이것은 선종의 장기입니다. 제가 불학을 선택하지 않을 수 있었겠습니까?

중국의 도덕과 종교가 비록 각기 길을 달리하지만 그 근원은 모두 하나로 귀결하는데 바로 '의자불의타(依自不依他)'입니다. 위로는 공자에서 아래로 맹자와 순자에 이르기까지 성선설과 성악설로 서로 다투었습니다. 송대에 이르러 이정(二程) 형제와 주희(朱熹)가 등장했고 그들과 대립하는 자로 육구연·왕수인 등이 있었습니다. 육구연과 왕수인 두 사람과 대립한 자로는 안원(顔元, 1636-1704)과 이공(李塨, 1659-1733)이 있었습니다. 비록 허실이 같지 않고 구속과 소통이 상이하지만 스스로 자신의 마음을 중시하고 귀신을 무슨 주재자로 삼지 않았다는 점에서 공통됩니다.

불교가 중국에서 유행했을 때 종파가 십수 개였는데 유독 선종만이 끝까지 번성한 까닭은 자신의 마음을 중시하고 귀신을 찾지 않은 점이 중국인의 심리와 잘 맞았기 때문입니다. 저는 불교의 여러 교설 가운데 정토와 밀교 두 가지는 취하지 않습니다. 불보살에 기도하고, 자신을 억누르고, 비굴하게 행동하는 것은 용맹무외심과 동떨어졌기 때문입니다.

비록 그렇지만 선종은 실로 단도직입적입니다. 그런데 선종 말류의 용렬한 이들은 기존 관습만 따라 하여 그저 기봉(機鋒)[94]을 일삼을 뿐입니

---

94 機鋒(기봉): 선기(禪機)라는 말과 통용되기도 한다. '기(機)'는 교법이 격발한 바를 따라 작동하는 심성을 가리킨다. '봉(鋒)'은 예봉(銳鋒) 즉 날카로움인데 언어의 예리한 사용을 비유했다. 봉은 선기(禪機)의 활용이 민첩하고 날카로움을 말한다. 그래서 기봉은 선승이 타인과 선문답할 때나 학인을 가르칠 때 기발하고 예리하고 또한 비논리

다. 뛰어난 자는 아무 데도 의지하지 않는 견고한 선정에 도달하여 아무
런 군더더기가 없습니다. 하지만 유심의 승의(勝義)에 대해 어떤 사람은
전혀 이해하지 못하여, 그 외형만 얻고 그 이치는 전혀 깨닫지 못합니다.
이는 대단히 유감스러운 일입니다. 그래서 선종의 본원을 추적해 보면
법상종이 그것의 핵심입니다. 법상종과 선종은 본래 다른 도리가 아닙
니다.

달마가 처음 중국에 도착했을 때 제자에게 『능가경』을 전했지만 애석
하게도 그 후학은 오직 『금강경』만을 배웠기 때문에 법상종에 대해선 점
차 소원해졌습니다. 오직 영명연수(永明延壽, 904-975)[95]만이 대체로 법상종
과 선종이 다른 도리가 아니라고 생각했습니다. 지금 그 근원을 회복하
고자 하면 『능가경』[96] 7권【달마는 단지 4권본 『능가경』을 제시했다. 같은 시기에
보리유지가 다시 10권본 『능가경』을 번역했다. 4권본은 문장이 매우 졸렬하고 이해하
기 힘든 부분이 많다. 10권본에서 확정한 개념도 엄밀하지 않다. 그래서 실차난타가
번역한 7권본 『능가경』으로 기준으로 삼았다.】을 법상종과 선종의 공통 근거로
삼아야 합니다.

하지만 '청중의 근기를 간별하여 설법함'[簡機說法]에는 자연 그 법도가
있습니다. 사유와 명상을 좋아하는 사람에게는 법상종이 꼭 필요하고,
'본질적이고 핵심적인 내용만'[摠持]을 좋아하고 번쇄함을 싫어하는 사람

　　적 언어로 자신의 경지를 표현하거나 상대를 격발시키는 방법이다. 黃夏年 主編, 『禪
　　宗三百題』(上海: 上海古籍出版社, 2000), p.361 참조.
95　永明延壽(영명연수): 중국 당말 오대 승려로 정토종과 선종 모두에 걸쳐 있었다. 『종
　　경록』과 『만선동귀집』 등의 저작을 남겼다.
96　楞伽經(능가경): 한역본은 3종이 있다. ① 求那跋陀羅譯, 『楞伽經』4卷. ② 北魏 菩提流
　　支譯, 『入楞伽經』10卷. ③ 實叉難陀譯, 『大乘入楞伽經』7卷. 이 가운데 4권본 『능가
　　경』은 전통적으로 보리달마가 제자 혜가에게 전한 것이라고 하여 선종에서 특히 중
　　시했다.(『佛光』, p.5491)

에게는 선종의 공안만 보여 줄 뿐입니다. 법상종은 때론 어렵지만 선종은 단도직입적입니다. 법상종과 선종은 자기 마음을 귀하게 여기고 타력에 의지하지 않는데 그들 방식은 어렵고 위급한 시기에 쓰일 만합니다. 명대(明代) 절개 있는 선비라고 해서 불전을 엄밀하게 공부한 것은 아닙니다. 그들이 아는 것은 선종 어록의 몇 마디 말뿐입니다. 오늘날 사람이라고 이 정도 일을 못하겠습니까?

그렇지만 제가 법상종을 유독 존숭하는 까닭은 개인적인 이유가 있습니다. 대개 근대 학술은 점차 실사구시의 길을 걷게 되었습니다. 청대 한학(漢學)의 여러 대가가 보인 학술상의 엄밀한 분석은 명대 유학자가 도저히 도달할 수 없는 것이며, 그것은 근대 과학의 맹아에 가깝고, 사고의 전개가 대단히 엄밀했습니다. 그래서 법상학은 명대에 주목받지 못하다 근대 들어 대단히 적합하여 학술의 추세가 되었습니다. 사장학(詞章學)을 하는 선비는 대부분 외형적인 화려함을 좋아했습니다. 공자진(龔自珍) 같은 이들은 천태종(天台宗)을 종지로 삼았는데 교묘한 어휘를 즐기는 데 불과했고, 사상을 운용할 때 법상종만큼 정교하고 심오하지 못했습니다. 실천으로는 선종만큼 단도직입적이지 못했습니다. 그는 이내 불교의 쇠망(衰亡)은 선종 때문이고 심지어 선종은 사자 몸에 붙은 벌레라고까지 이야기했습니다.

선종 말류(末流)는 문맹인 터라 경전을 이해하지 못했습니다. 이 때문에 '불교의 쇠락이 선종에 책임이 있다'라는 말을 완전히 부정할 수는 없습니다. 하지만 불교의 이치를 깊이 탐구하고자 하면 법상종을 본래 인도불교의 정종으로 삼아야 하지, 열반과 반야를 뒤섞어 놓은 듯한 천태종을 취해서는 안 됩니다.【『열반경』에서 제시한 아(我)는 『능가경』·『대승밀엄경』·『유가사지론』에서 정립한 여래장이나 아뢰야식과 일부 상통하는 듯하지만 『반야경』에서 정립한 진공(眞空) 개념과는 전혀 다르다.】

제물론석

일심을 곧바로 보아 확연하게 깨달으면 천태종이 선종에 한참 미치지 못합니다. 무부(武夫, 옥과 비슷한 돌멩이)에 집착하여 미옥(美玉)을 욕하는 것이 어찌 망령된 말이겠습니까? 그래서 저는 법상종과 선종이 유심을 종지로 하기 때문에 동일하다고 생각합니다. 법상종을 배우는 사람은 『성유식론』에서 시작해서 『유가사지론』, 『대승밀엄경』, 『능가경』에 도달해야 합니다. 선종을 배우는 사람은 당대의 선사 어록에서 시작해서 점진적으로 『육조단경』에 이르고 『능가경』에 도달해야 합니다. 번쇄하거나 간략한 것도 각각 기호에 따를 뿐입니다. 어찌 오로지 세심한 과목만을 힘쓰겠습니까?

선생께서 공학(孔學)을 주장한다면 선종과 양명학 일파도 또한 융합하지 못할 것이 없습니다. 학술의 연원을 추적한다면 요강은 단지 선종에 가까울 뿐만 아니라 『밀엄경』의 내용도 취하였습니다.【『대승밀엄경』에서 "만약 법에 자성이 있다면 약은 병을 치료할 수 없으니 세상 사람은 약을 복용해도 병을 고칠 수 없다. 어찌하여 세상 사람은 약을 복용하면 병을 낫게 할 수 있다고 생각하는가? 단지 아뢰야식이 변이하여 유전한 것일 뿐이다."[97]라고 했다. 이것은 약석(藥石)과 사람이 동일하여 하나임을 말한다. 양명학파에도 또한 이런 학설이 있다.】 양명학파는 자신의 외양을 꾸미고자 유가의 성격을 발양하고 불교의 성격을 억제했습니다.

오늘날 양명학을 배우는 사람은 유교와 불교의 '자파 중심의 견해'[門戶之見]를 배척하고 일심(一心)을 곧장 가리킴을 모범 삼고 비록 이치를 극진히 하지는 못하지만 세차게 혼자서 나갑니다. 계율이 엄정하지 않은 것을 애석해하고 요강(왕양명)으로부터 다시 다음 세대로 전수되자 그 제자

---

97   地婆訶羅譯, 『大乘密嚴經』卷5(『大正藏』16, p.743a), "若法有自性, 及以諸相者, 藥無除病能, 病者不應差, 云何世人見, 服藥病除愈, 定者觀世間, 但是賴耶識, 變異而流轉."

는 이미 광언을 소리치고 제멋대로 하고 다녔습니다. 성색이록(性色利祿)에 물들지 않은 이가 없었습니다. 그래서 고염무는 그것을 배척하여 조금의 여지도 남기지 않았습니다.【고염무(顧炎武)는 양명학을 배척했다. 그는 양원(楊園, 1611-1674)[98]이나 삼어(三魚, 1630-1692)[99]와 달리 순수하게 예법으로 서로 맞춰 보았다. 양명학을 심하게 반박하지는 않았다.】만약 불학으로 서로 참고하거나 혹은 유종주(劉宗周, 1578-1645)의 학설을 이용했다면 세상을 붙잡지 못했을 것이다.

만약 공자의 옛 문장 가운데 연구해 볼 만한 것이 있다면 오직 역사일 것입니다. 융적(戎狄)이 맹랑(豺狼)에 거주한다는 주장은 관자(管子)가 이미 분명히 이야기했습니다. 위로는 우(虞)와 하(夏)에서 아래로는 남조에 이르기까지 이 학설을 고수한 사람은 경계를 벗어난 적이 없었지만 단지 『춘추』의 명문(明文)을 열심히 지킬 뿐이었습니다. 비록 그렇지만 단지 이 의미를 알 뿐 모든 역사와 전기(傳記)를 보지 않는다면 어떻게 옛 역사를 사모하는 감정을 발양하겠습니까?

그래서 저는 민족주의는 벼농사를 짓는 것과 같아서 사적(史籍)이 실린 인물 제도, 지리 풍속 등을 거기에 관개하면 울창하게 번성할 것이라고 생각합니다. 그렇지 않다면 단지 민족'주의'의 고귀함만 알 뿐이고 오히려 민족을 사랑해야 할 이유를 알지 못합니다. 그래서 민족주의가 점차 시들어 죽어 버릴까 걱정입니다. 공씨의 가르침은 본래 역사를 근본으로 합니다.

공자를 신봉하는 사람은 마땅히 그가 보인 관리로 출세하고 현실의 쓰임을 추구하는 학술을 부정하고 오직 사람들이 감동할 만한 전왕의 자취

98　楊園(양원): 명말청초 저명한 이학가 장이상(張履祥).
99　三魚(삼어): 청대 이학가 육롱기(陸隴其). 청대 대표적인 양명학 비판자였다.

만을 추출하여 그것을 찬양했습니다. 『춘추』이전에는 육경이 있었는데 바로 공자의 역사학입니다. 『춘추』이후로는 『사기』·『한서』에서 역대 서(書)·지(誌)·기(紀)·전(傳)이 있는데 이 또한 공자의 역사학입니다.

만약 『춘추공양전』이 내세운 주장에 한정하면 거기서는 단지 삼세(三世)와 삼통(三統)의 대언을 주장할 뿐 일체 구체적 역사는 추구(芻狗)로 여기니 공자의 역사학을 엄청나게 위배했습니다. 지금 과장하기 좋아하는 자들 가운데 어떤 이는 스펜서의 "이웃집 고양이가 새끼를 낳았다."라는 학설에 매달려 역사학을 비난합니다. 나는 중국 내부가 이웃인지 아니면 내가 자고 먹고 노는 땅인지 알지 못하겠습니다. 인물과 제도, 지리와 풍속의 부류가 "이웃집 고양이가 새끼를 낳았다."라는 학설에 해당하는지 아니면 음식과 의복처럼 필수품에 해당하는지 알지 못하겠습니다.

어떤 이는 중국의 옛 역사서는 한낱 족보에 지나지 않는다고 말합니다. 역대 제왕을 배열하고 세계(世系)를 집록하는 행태는 정말 족보에 가깝기는 합니다. 하지만 한 왕대의 제도가 한 국가에 통용되고 그것으로 백성을 통제하는 것이 어떻게 사가(師家)의 전유물일 수 있겠습니까?

역사서에는 풍속과 기강 그리고 학술에 대해서도 그 개략을 기술합니다. 이것으로 부족하다고 생각하면 다시 다른 책에서 관련 사실을 탐구하면 됩니다. 이는 학문하는 이들이 항상 견지하는 태도입니다. 아울러 중국 역사서를 폐기한다면 기타 서적은 마치 꿰지 않아 흩어져 버린 엽전처럼 되어 장차 무엇으로 그것에 체계를 부여하겠습니까? 또한 중국 역사서에는 제왕(帝王)·본기(本紀)나 연표 이외에 서(書)·지(誌)·열전(列傳)이 있습니다. 역사서가 기록한 내용도 사적(事迹)·논의(論議)·문학(文學) 등의 부류가 있는데 장관입니다.

유럽의 역사서는 단지 일국의 흥망성쇠를 기술하는데 왕왕 정부 공문서와 비슷한 수준입니다. 요즘 사람들은 유럽의 역사서를 족보 수준이라고 생각하지 않으면서 중국의 역사서만 족보 수준이라고 생각합니다. 이 얼마나 황당한 일입니까? 선생께서는 공학(孔學)을 이야기하지 않지만 만약 공학을 말한다면 역사를 제창하는 것을 직분으로 삼아야 합니다.

중국이 도덕을 유지한 까닭은 공자 이전에는 '하늘을 섬기고 귀신을 경배해야 한다'[尊天敬鬼]라는 학설이 있었기 때문이고【묵자가 비록 공자 이후에 출생했지만 그가 고수한 것은 고도덕이다.】 공자 이후에는 유가·도가·명가·법가로 다양하게 변했지만 그 근본을 추적해 보면 오직 '의자불의타(依自不依他)'이 한마디 때문입니다. 한대에는 유학이 성행했고 자기 자신을 애호하는 이가 많았습니다. 근본적으로 다른 지역의 종교에 의지하여 자신의 결핍을 보충하려는 사고가 없었습니다. 위진 이후로 풍속은 점점 쇠락해졌고 어쩔 수 없이 불교에 의지했습니다.

동진대 여산혜원이 주도한 백련결사(白蓮結社)가 제시한 정토는 또한 대부분 다른 종파의 교설과 수행을 병행하였지, 염불만 수행한 것은 아닙니다. 수대 삼론종이 뒤이어 발흥하고 선종과 법상종이 그 뒤를 따랐습니다. 저들 종파가 비록 다르지만 '의자불의타'의 정신을 핵심으로 한다는 사실은 같았습니다. 사문 가운데 중생의 근기에 호응하려는 사람은 "복을 지으면 나중에 이익을 받는다."라는 학설을 동원하여 중생을 제도했는데, 그 길을 따라가다 되돌아오지 못하는 경우 유자(儒者)의 비난을 샀습니다.

한유(韓愈)같이 지극히 단순하고 천박한 사람도 불교에 대해 멈추지 않고 조소했는데 하물며 이정 형제와 주희같이 뛰어난 이들이겠습니까? 한유는 승려 대전(大顚, 732-824)[100]이 자신의 육신(형해)을 외계로 간주한

---

100 大顚(대전): 당대(唐代) 저명한 선승으로 약산유엄과 교류했고 석두희천(石頭希遷)에게 배웠다. 그가 조주(潮州: 현 廣東省 동부) 영산사(靈山寺)에 주석할 때, 조주자사(潮

제물론석

것을 찬탄했고, 정이천(程伊川)은 중용의 전후 찰나의 단절을 설했고, 주희는 불교의 12연생과 삼세육추(三細六麤) 그리고 18계 학설 등이 보이는 치밀한 논의에 탄복하고 유자가 결코 미칠 수 없다고 생각했습니다. 그렇다면 그 사람이나 그 학설로 보아도 '의자'가 아니라 '의타'의 학설을 따르는 이는 없습니다. 비록 외관을 중시하는 유학이지만 오히려 불교의 교설을 인정하지 않을 수 없었습니다. 대체로 '숭상하는 바'[好尙]가 서로 같았기 때문입니다.

무신론은 공맹(公孟)에서 시작했습니다.【『묵자』「공맹」에서 공맹자(公孟子)가 "귀신은 없다."[101]라고 하였다. 이 학설은 진대(晋代)의 완첨(阮瞻)에서 처음 시작한 것은 아니다. 완첨은 단지 귀(鬼)가 없다고 말했지만, 공맹은 신(神)이 존재하지 않는다고 이야기했다. 식견이 완첨보다 뛰어나다.】 천신을 배척하는 주장은 유유석(劉禹錫, 772-842)과 유종원(柳宗元, 773-819)에서 시작했습니다.【왕충(王充)에게 이미 이런 학설이 있지만 그가 부정한 것은 오직 푸르디푸른 하늘일 뿐이다. 유우석과 유종원에 이르러서는 곧바로 천신(天神)이 없다고 부정했다.】

이로써 한족은 심리 구조상 의타(依他)를 선호하지 않음을 알 수 있습니다. 이런 특징이 있기 때문에 불교가 기회를 얻어서 중국에 유입됐습니다. 의자불의타 학설의 원훈(元勳)을 표창한다면 어쩔 수 없이 그것을 공자에게 돌려야 합니다. 중국에 공자가 없었다면 불교도 성행할 수 없었을 것입니다. 저는 일찍이 공자가 때론 숨고 때론 나타나 대중에게 영합하여 환심을 샀다고 그의 허물을 지적한 적이 있지만 그가 귀신을 부정한 사실에 미쳐서는 마치 태산이나 북두칠성을 섬기듯 공자를 공경합

州刺史)로 좌천돼 와 있던 유학자 한유(韓愈)와 교류하였다. 한유는 앞서 「논불골표(論佛骨表)」를 써서 황제의 불사리 숭배를 비난했는데 이 일로 황제의 미움을 샀다.
101   『墨子』「公孟」9: "公孟子曰: 無鬼神."

니다.

 사람의 말과 행동은 서로 상이하고 장점과 단점 또한 서로 다르기 때문에 진실로 한 가지 기준으로 사람을 개괄하기란 불가능합니다. 어떤 사람은 공자도 "하늘이 축하한다."(天祝)[102]라거나, "하늘이 애통해한다." (天喪)[103]라거나, "하늘이 싫어한다."(天厭)[104]라거나, "하늘에 죄를 지었다."(獲罪於天)[105]라는 말을 했기 때문에 천신을 부정하지 않은 듯하다고 말하기도 합니다. 공자가 말할 때 그 말의 뉘앙스를 살펴보면 매번 조심스러워 직접적인 언사는 드물었습니다. 그래서 천신에 대해서 분명하게 부정한 적이 없습니다.

 하지만 공자는 "귀신의 덕성은 사물을 체현하지만 무엇 하나 남김이 없다."[106]라고 말했습니다. 이것은 분명하게 만물 본체는 귀신이며 귀신 아닌 것은 하나도 없다는 말입니다. 이는 스피노자가 말한 범신론에 해당합니다. 범신론은 사실 무신론의 겸손한 표현일 뿐입니다. 대개 공자의 학설은 노자에게서 받은 것입니다.

 노자는 "상제에 앞선다."(象帝之先)[107]라고 했는데 이미 '상제에 앞서 존재한 자'가 있음을 말했습니다. 장자는 그의 주장을 계승하여 도가 땅강아지[螻]나 개미[蟻]에 있고, 돌피[稊]나 피[稗]에 있고, 기왓장[瓦]이나 벽돌 조각[甓]에 있고, 똥[屎]이나 오줌[溺]에 있다고 말했고[108] 결국 "그대가 도가

---

102 天祝(천축): 『論衡』 「偶會」 4: "顔淵死, 子曰: 天喪予. 子路死, 子曰: 天祝予."

103 天喪(천상): 『論衡』 「偶會」 4: "顔淵死, 子曰: 天喪予. 子路死, 子曰: 天祝予."

104 天厭(천염): 『論語』 「雍也」 28: "子見南子, 子路不說. 夫子矢之曰: 予所否者, 天厭之! 天厭之!"

105 獲罪於天(획죄어천): 『論語』 「八佾」 13: "王孫賈問曰: 與其媚於奧, 寧媚於竈, 何謂也? 子曰: 不然, 獲罪於天, 無所禱也."

106 『中庸』 16: "子曰: 鬼神之爲德, 其盛矣乎! 視之而弗見, 聽之而弗聞, 體物而不可遺."

107 『老子』 4: "道沖而用之或不盈. 淵兮似萬物之宗. 挫其銳, 解其紛, 和其光, 同其塵. 湛兮似或存. 吾不知誰之子, 象帝之先."

특정한 무엇에 있냐고 묻지 않는다면 도가 어떤 사물에서도 달아나는 일은 없을 것이다."[109]라고 했는데 이는 도가 사물로 체화되어 빠뜨리는 법이 없음을 말합니다. 도가 아닌 사물이 없으며 또한 귀신 아닌 사물이 없으니 그것의 의미는 일치합니다. 이는 유가와 도가 모두 범신론임을 말합니다.

유가와 도가가 언급하는 천(天)을 보면 옛날 관습을 따른 표현일 뿐이지 천신을 직접적으로 가리키지는 않았습니다. 마치 인도의 브라만교가 브라흐만(大梵, Brahmā) 개념【범(梵)은 발(鉢, bo)로 읽는다. 정확히는 브라흐마나(鉢邏摩納)이다.】을 만들었지만 불교에서는 브라흐만을 부정하고 '범행(梵行)'이라는 명사만 남긴 것과 비슷합니다. 대개 옛날 말은 전승되어 바꿀 수가 없지만 그것이 가리키는 의미는 이미 예전의 것이 아닙니다. 공자가 말한 천(天)도 이와 같습니다.

공맹자(公孟子)가 귀신이 존재하지 않는다고 부정하자 이로 말미암아 유술(儒術)이 성립했습니다. 공자의 역량으로 유술이 발생한 것은 아닐 것입니다. 유자는 자신의 주장을 펼칠 때 단지 심리상 차이를 추구하지, 형식상 차이를 추구하지는 않았습니다. 그래서 공자가 비록 "귀신이 사물에 체화되었다."라고 말했지만 이내 "목욕재계하여 몸과 마음을 깨끗이 하고 의복을 잘 차려입고 제사를 봉행하게 한다."[110]라고 말했습니다.

공맹자는 귀신의 존재를 부정했지만 제사는 꼭 지내야 한다고 주장했습니다. 하지만 공자는 "(제사 때는 귀신이) 있는 듯 하라."[如在][111]라고 말했

---

108 『莊子』「知北遊」6: "東郭子問於莊子曰: 所謂道, 惡乎在? 莊子曰: 無所不在. 東郭子曰: 期而後可. 莊子曰: 在螻蟻. 曰: 何其下邪? 曰: 在稊稗. 曰: 何其愈下邪? 曰: 在瓦甓. 曰: 何其愈甚邪? 曰:在屎溺. 東郭子不應."

109 『莊子』「知北遊」6: "汝唯莫必, 無乎逃物."

110 『中庸』16: "子曰: 使天下之人齊明盛服, 以承祭祀."

111 『中庸』16: "洋洋乎如在其上, 如在其左右."

는데, "있는 듯 하라."라는 말은 그것이 근본적으로는 부재함을 밝힌 것입니다. 공맹자는 『묵자』의 "고기가 없는데도 그물을 짠다."[112]라는 이야기에 대해서 논변하지 않았는데 그의 생각은 아마도 비록 물고기가 없지만 세상의 보편적인 규범을 따라서 그물을 짜는 것은 가능하다는 의미일 것입니다.

중국에서 말하는 귀(鬼)의 어원을 따져 보면 본래는 유령(幽靈)을 가리키는 게 아닙니다. 『설문』을 보면 귀(鬼) 자는 유(甶)를 따르고, 유(甶)는 귀두(鬼頭)이고, 우(禺) 자와 함께 유(甶)를 따르기 때문에 둘은 같은 의미입니다. 우(禺)는 본래 모후(母猴, 원숭이의 일종)인데 만약 귀(鬼)가 형체 없는 유령(幽靈)이라면 어떻게 그것의 머리를 형상화할 수 있겠습니까? 어떻게 원숭이의 머리가 귀신의 머리와 유사할 수 있겠습니까? 제일 처음 귀(鬼)로 불린 것은 '비비 원숭이'[山都]나 승냥이[野干] 부류로서 사람들이 이들을 괴이한 존재로 여겼고, 이들을 보면 놀랐기 때문에 유령도 이 이름을 빌렸습니다. 이것이 유령을 귀라고 한 까닭입니다.

천신(天神)이란 말은 인도에서 온 것인지도 모릅니다. 고대 브라만교의 『리그베다』에서 말한 가장 존귀한 신을 가리키는 말 가운데 구(丘, Dyaus)[113]는 푸른 창공을 의미하고, 데바(Deva)는 하늘을 의미하고, 아그니(Agni)는 광명화신입니다. 이들은 인드라(Indra) 즉 제(帝)와 속성이 일치합니다. 그 표현이 전변하여 중국에 유입됐습니다. 데바(Deva) 2음은 중국에서 제환(提桓)으로 음역됩니다.【일본음으로는 데구(デグ)이다. 중국 고음에는 마부(麻部)가 없었다. 그래서 가부(歌部)·과부(戈部)·원부(元部)·한부(寒部) 등의 음으로 그것

112　『墨子』「公孟」9: "公孟子曰: 無鬼神. 又曰: 君子必學祭祀. 子墨子曰: 執無鬼而學祭禮, 是猶無客而學客禮也, 是猶無魚而爲魚罟也."
113　丘(구): 『章炳麟集』에서는 '天空'을 뜻하는 'Dyaus'로 유추했다. 『章炳麟集』, p.261.

을 대신했다.】

제(提, ti)와 환(桓, huan)을 [반절(半切)처럼] 한 소리로 합치면 천(天, tian)이 됩니다.[114] 천(天, tian)으로부터 그것과 성모가 같은 쌍성(雙聲)을 취하면 그것을 '천제'(天帝, tian di)라고 해야 하고, 천으로부터 그것과 운모가 같은 첩운(疊韻)을 취하면 천신(天神, tian shen)【고음(古音)에서 천(天)과 신(神)은 같은 운부(韻部)이다.】이라고 해야 합니다. 이것은 유형에서 무형으로 옮겨 간 것입니다. 천으로부터 그것과 성모가 같은 쌍성(雙聲)을 취하면 천과 대칭되는 지(地, di)입니다. 이것은 유형에서 유형으로 옮겨간 것입니다. 지(地)에서 그것의 첩운(疊韻)을 취하면 지(祇, zhi)입니다. 이것은 유형에서 무형으로 옮겨 간 것입니다.

하지만 신(神, shen)이라고 말하거나 제(帝, di)라고 말하는 경우 때론 천(天, tian)자로 그것을 대신하는데 구체와 추상을 심각하게 구분하지 않았기 때문입니다. 인도에서는 어떤 사람을 존경할 때 대부분 천(天, Deva)이라고 부릅니다.【아자세왕이 아버지를 천(데바)이라고 부른 것도 마찬가지다. 현장은 인도에서 변재천(辯才天, Sarasvatī) 등으로 불렸다.】 중국 고어에서도 이와 같은 게 상당수 있습니다.

『장자』「재유」에서 운장(雲將)이 홍몽(鴻蒙)에게 "하늘(天, 홍몽)께서 저를 잊어버렸습니까?"라고 말하고, "제가 하늘 만나기가 어렵습니다."[115]라고 말했습니다. 『장자』「지북유」에서 노룡길이 죽자 신농이 "하늘이 편벽되고 비루하고 거만하고 떠벌리는 내 꼬락서니를 아시고는 날 버리고 돌아가셨구나."[116]라고 했습니다. 이 두 사례는 모두 모두 천(하늘)으

---

114 역자가 표기한 중국의 발음은 현대 중국어의 표준 발음을 병음으로 옮긴 것으로 장타이옌이 생각하는 중국어 발음과 같지 않을 것으로 생각된다.
115 『莊子』「在宥」4: "天忘朕邪? 天忘朕邪?"
116 『莊子』「知北遊」7: "天知予僻陋慢訑, 故棄予而死."

로써 스승이나 선배를 지칭한 것인데 천(天)이란 말이 본래 인도에서 발원했음이 분명합니다.

구(丘)라는 표현은 훨씬 증명하기가 쉽습니다. 『설문』에서 "구(北, qiu)는 땅(土)이 높은 곳으로 인간이 만든 게 아니다. 북(北)을 따르고 일(一)을 따른다. 일(一)은 땅(地)이다. 인간은 구(北)의 남쪽에 거처하기 때문에 [구는] 북(北)의 의미로 구성되며, 중방(中邦)은 곤륜(昆侖)의 동남쪽에 있었다."[117]라고 말합니다. 제 생각에 곤륜산맥이 야르칸트(Yarkand)에서 뻗어 나온다는 사실에 근거해서 남쪽에서 그것을 보면 비록 서북에 있지만 연대(燕代)[118] 지역에서 보면 오히려 서남에 위치합니다.

주(周)와 진(秦) 이전에 중국의 국경이 북쪽으로 치우쳤는데 곤륜산맥이 북쪽에 있다는 말이 가능하겠습니까? 만약 칼데아(Chaldea, 바빌로니아 남부의 고대 왕국)로 거슬러 올라가면 곤륜은 오히려 동쪽에 있다고 말한다면 이런 이야기는 도리에 부합하지 않습니다. 곤륜의 남쪽은 인도일 뿐입니다.

그렇다면 구(丘)는 사람의 북쪽에 있으니 인도로부터 전해졌습니다. 낭풍(閬風)과 현보(玄圃)로써 신선과 제왕이 거처하는 곳으로 삼는다는 사실을 보면 이것은 곤륜으로써 천상을 흉내 내는 것입니다. 즉 인도인이 가리키는 천상은 구(丘)입니다. 환구(圜丘)[119]에서 행하는 제사는 곤륜을

---

117   『說文』「丘部」5207: "北, 土之高也, 非人所爲也. 从北从一. 一, 地也, 人居在丘南, 故从北. 中邦之居, 在崑崙東南." 장타이옌은 '丘'가 아니라 '北'로 표기했다.

118   燕代(연대): 전국시대 연국(燕國)과 대국(代國) 소재 지역으로 현재 중국 허베이(河北) 서북지역과 산시(山西) 동북 지역을 통칭한다.

119   圜丘(환구): 하늘 신에게 제사 지내는 제단. 중국 베이징의 천단(天壇)이나 대한제국기 설치한 서울의 환구단(圜丘壇)이 여기에 해당한다. 전근대시기 동아시아 정치 질서에서 중국 황제만이 하늘 제사를 지낼 수 있었다. 대한제국의 성립과 하늘 제사의 시행은 중국 중심의 동아시아 질서에서 탈퇴를 의미했다. 물론 새로운 질서로 편입하는 과정이긴 했다. 그 끝은 조선의 국권 상실이었다.

형상화하여 호천상제(昊天上帝)에게 제사를 지냈는데, 구(丘)의 의미는 천공(天空)이고【『광아(廣雅)』[120r] 석고(釋詁)」】 또 '맑은 하늘'[晴空]의 의미에 합치됩니다.

고음에서 구(丘)와 거(巨)는 상통하기 때문에 구수(丘嫂, 맏형수)를 거수(巨嫂)라고 표현하기도 했습니다. 거(巨)는 거괴(渠魁, 우두머리)의 거(渠)입니다. 「봉선서(封禪書)」[121]에서 어느 노부가 무제(武帝)를 거공(巨公)이라고 칭했습니다. 거공과 거괴는 다른 문자가 아닙니다. 구(丘)로써 존숭하는 신으로 삼았고, 군주와 선비를 구(丘)라고 이름했습니다. 제(帝)를 존숭하는 신으로 삼으면서 군주와 선비를 제(帝)라고 이름한 것 같은 꼴입니다.

아그니라는 표현은 본래 배화교(조로아스터교)에서 전해진 말이고, 그 명칭은 인도와 페르시아가 분화되기 전에 출현했습니다. 중국에서는 중려(重黎)가 불을 관장했다고 하는데 본래 불을 숭상하는 종교와 관계가 있습니다. 교제사(郊祭祀)는 하늘에 보답하는 제사로 태양을 주인으로 삼습니다. 이는 불을 최상의 신으로 섬겼다는 사실을 분명히 보여 줍니다. 육천(六天)의 분명한 호칭이 『춘추문요구(春秋文燿鉤)』,[122] 『하도(河圖)』 등 각종 위서(緯書)에 보입니다. 그 호칭의 의미는 대부분 알 수 없습니다. 하지만 오직 중앙 황제(黃帝)만이 이름이 함추뉴(含樞紐)인데, 함추뉴는 아그니의 음이 변한 게 아닐까 생각합니다. 『춘추문요구』에서는 "계하 6월에 화(火)는 통제를 받는데 그것의 이름이 함추뉴이다."(季夏六月, 火受制, 其名含樞紐)라고 했습니다.【『주례』「대종백」 정현 소(疏)에서 인용.】 이것은 화신

---

120   廣雅(광아): 중국 삼국시대 간행된 백과사전류의 사전으로 다양한 기물과 어휘에 대해 훈고한 책이다. 한대 나온 『이아(爾雅)』의 속편이자 확장판 격으로 『이아』의 체재와 형식을 따랐다.
121   封禪書(봉선서): 사마천이 고대 중국 제왕이 하늘과 산천에 행한 제사에 관해 쓴 글.
122   春秋文燿鉤(춘추문요구): 한대에 출현한 참위서.

(火神)과 상제가 속성이 일치함을 말한 게 아닐까요? 이것인 천·신·제라는 표현이 발생한 까닭입니다. 그 이후에 지속적으로 변화하여 황당무계하여 정돈할 수 없을 정도입니다.

『서경』「홍범」에서 "제(帝)가 진노(震怒)했다."[123]라고 말하고 『시경』「대아」에서는 "제(帝)가 문왕에게 말했다."[124]라고 했는데 상제(上帝)가 인격을 가진 존재임을 분명하게 보여 줍니다. 중국에서는 공자가 범신론을 주장했고, 공맹자에게 이르러서는 신(神)을 완전히 부정해 버립니다. 인도에서는 상키아 학파의 무신론이 있었고, 불교에 이르러서는 그것을 크게 선양했습니다. 그 변화가 중국과 인도는 서로 비슷합니다. 공자와 공맹자 이후에 종묘에서 교제사를 지낸 것은 거짓 기록에 지나지 않습니다. 혹은 문인이 그의 말을 아름답게 꾸미고 확장하여 신화를 만들었습니다.【「구가(九歌)」[125]나 「천문(天問)」[126]과 같다.】

사실 이미 존경하고 신앙할 존재가 없는데도 배우지 못한 어리석은 사람은 오히려 이것에 현혹될 것입니다. 하지만 도덕을 유지하는 방법은 순전히 자신에 의지하는 데 있지, 타자에 의지하는 데 있는 게 아님을 이미 확연히 알 수 있습니다. 하지만 오늘날 학식과 덕망이 높은 사람은 공리주의에 대해 분개하여 정토설로 그것을 대체하고 이것으로써 탐욕에 빠진 자를 교화하려 하는데 어찌 조금이나마 효용이 없겠습니까? 하지만 용맹무외의 기개는 반드시 여기서부터 쇠퇴해서 점점 약해질 것입니다. 혹은 기독교에서 천신에게 기도하는 것과 비슷해질 것입니다.

---

123 『書經』「洪範」1: "帝乃震怒, 不畀「洪範」九疇, 彛倫攸斁."
124 『詩經』「大雅」'皇矣'5: "帝謂文王, 無然畔援, 無然歆羡, 誕先登于岸."
125 九歌(구가): 굴원이 지은『초사』의 편명으로 본래 중국 고대 신화 속의 노래인데 굴원이 그것을 각색하여 실은 것으로 알려져 있다.
126 天問(천문): 굴원이 지은 장문의 시로『초사』에 실려 있다.

제물론석

다음 생에 복을 받을 것이라는 희망과 지금 생의 쾌락을 맞교환한 격인데 이는 이른바 "보물을 궁궐 안의 창고에서 꺼내 외국의 창고에 보관하는"[127] 격으로 그 이기성은 매한가지다. 그래서 쇼펜하우어는 이것을 '거짓 도덕'이라고 여겼습니다.【『도덕학대원론(道德學大原論)』[128]】 중국의 의자불의타설은 유럽의 유신론보다 훨씬 뛰어납니다. 이 점은 독일인 삼손 히멜슈테르나가 쓴 『황화론(黃禍論)』[129]에서도 보입니다. 지금 중국의 '의자불의타설'이라는 장점을 버리고 천박한 유신론을 추구하는 것은 내가 취할 바가 아닙니다.

나는 일전에 「무신론(無神論)」을 지었는데 기독교인이 크게 반발했습니다. 광저우 교회가 간행하는 『진광보(真光報)』에서는 나의 주장을 미친 소리 정도로 취급했습니다. 나는 논리 안의 언어로 상대했는데 저들은 논리 바깥의 언어로 대응했습니다. 이는 진실로 논변할 가치가 없습니다.

테쩡 선생이 하신 이야기를 듣고서 그것을 계기로 저의 속마음을 토로해 보았습니다. 요컨대 제가 신봉하는 바는 '의자불의타'를 기준으로 합니다. 불교나 양명학이 비록 형식적으로 다르지만 만약 『능가경』이나 '오승분교'(五乘分敎)[130]의 설로써 둘을 요약하면 자연 하나로 융합할 수 있

---

127 『春秋公羊傳』「僖公2年」: "荀息曰: 「請以屈產之乘與垂棘之白璧, 往必可得也. 則寶<u>出之內藏, 藏之外府</u>; 馬出之內廐, 系之外廐爾, 君何喪焉?」."

128 道德學大原論(도덕학대원론): 근대 일본의 계몽사상가 나카에 조민(中江兆民, 1847-1901)이 1894년 쇼펜하우어의 『윤리학의 두 가지 근본문제』(*Die beiden Grundprobleme der Ethik*)에 수록된 두 번째 논문 「도덕의 기초에 대해서」(Über die Grundlage der Moral, 1840)의 프랑스어 번역본 『도덕의 기초』(*Le fondement de la morale*)를 『도덕대원론(道德大原論)』으로 번역했다. 장타이옌도 이 책을 참조한 것으로 보이는데 그는 줄곧 『道德學大原論』으로 표기했다. 小林武, 『章炳麟と明治思潮』(東京: 研文出版, 2006), p.114 참조.

129 Hermann von Samson-Himmelstjerna, *Die Gelbe Gefahr als Moralproblem*(Berlin: Deutscher Kolonial-Verlag, 1902). 장타이옌은 이 책의 일본어 편역본인 森鷗外(林太郎)著, 『黃禍論梗槪』(東京: 春陽堂, 1904)를 참고했을 것으로 보인다.

130 五乘分敎(오승분교): 붓다는 다른 근기를 지닌 다섯 부류 중생을 위해서 다르게 교설

을 것입니다. 양명학의 깊은 이론은 왕왕 대승에 도달하니 양명학이 어떻게 단지 인천(人天)의 여러 교설 가운데 하나 정도겠습니까? 양명학의 부족한 점을 보면 때론 아견을 벗어나지 못했습니다. 하지만 저들이 말하는 아견은 '자신에 대한 믿음'[自信]이지 '자신의 이익 추구'[利己]가 아닙니다.【송유(宋儒)도 모두 이 점은 동일하다. 양명학만 그런 게 아니다.】

오히려 자신을 존귀하게 여기는 기풍이 있는데 아마도 니체가 말한 위버멘쉬(Übermensch)가 그 의미에 가장 가까울 것입니다.【하지만 니체의 귀족설은 취하지 않는다.】 생사에 대한 갈망과 공포를 배제하고 마치 눈앞에 아무 사람이 없는 듯 갈포 옷 걸치고 삼으로 삼은 신발을 신고서 혼자 꿋꿋하게 걸어갑니다. 위로는 무정부주의자의 굽힘 없는 지조이며 아래로는 힘없는 자가 일어나는 기개입니다. 이것을 기준으로 삼는다면 중국의 장래에 유익할 것입니다.

어리석은 사람과 아녀자 중에는 귀신을 숭배하는 이도 있고 혹은 요망한 이도 많지만 다행히도 그 몽매함과 무식함에도 불구하고 도덕이 심하게 타락하지는 않았습니다. 그리고 생사나 이해득실에 대한 마음이 많이 배운 상류층만큼 절박하지는 않습니다. 만약 오로지 중화를 광복시키고자 계획한다면 그들을 개조할 것까지는 없습니다. 우리 당에도 기독교도가 있는데 어떻게 그들을 개종시킬 수 있겠습니까? 단지 논리로 그들과 상대할 뿐입니다. 사회생활을 할 때 조금이나마 신앙이 있으면 오히려 의지하는 바가 없는 것보다는 낫습니다.

지금 제가 지향하는 바는 단지 주나라와 한나라 유민이 자각하게끔 하

했다는 발상에 따라 불교의 교설을 인교(人敎)·천교(天敎)·성문승(聲聞乘)·연각승(緣覺乘)·보살승(菩薩乘) 등으로 나누었다. 물론 이는 수평적 구분이라기보다는 수준의 차이를 인정한 수직적 구분이라고 할 수 있다.

제물론석

는 것이지 종교를 기치로 높이 내걸고 서로 능멸하게 하자는 게 아닙니다. 『능가경』과 '오승분교설'에 근거하면 기독교는 바로 인(人)·천(天) 2교 사이에 있습니다. 그렇다면 기독교를 사용하는 것도 가능한 일입니다. 이런 생각을 적어서 나의 뜻을 보이고자 합니다. 선생께선 이 점을 심사숙고하시기 바랍니다. 장빙린 백(白).

인무아론[131]

　'위에서 아래로 태어나'[縱生][132] '두 발로 걸어 다니는'[兩足][133] '임의의 형상'[假相]을 인간이라는 '임의의 명칭'[假名]으로 범주화한다. 무엇을 인간이라고 하는가? 어찌하여 인간이라고 하는가? 무슨 인연 때문에 이 인간이 존재하는가? 대략 두 가지 학설로 그 이유를 설명할 수 있다. 엄정하게는 12연기설이고 거칠게는 진화론(자연도태설)이다. 일체 중생 가운데 자아의 존재를 집착하지 않는 자가 없기 때문에 하나의 정론으로 자아의 유무를 판정하고자 하지만 결코 상식과 일상 언어로 그것을 알 수 없다.

　자아[我]는 두 가지 종류가 있다. 첫째는 보통 사람이 말하는 자아이다. 아이는 세상에 태어난 이후로 자신에게 거슬리면 슬퍼하고 잘 맞으면 기뻐한다. 인간은 태어나 목숨이 다할 때까지 한 찰나도 아견을 집착하지 않은 적이 없다. 비록 인간이 무아임을 잘 아는 사람도 일반 사회의 습속을 따라서 자아를 언어 사용의 방편으로 삼는다. 이것이 구생아집(俱生我執)이고 의타기자성에 속한다. 지관(止觀)을 닦아서 멸진정(滅盡定)에 이르지 않으면 이 견해는 결코 제거할 수 없고 언어로 제거할 수도 없다.

　둘째는 사견이 가리키는 자아이다. 보통 사람이 말하는 자아와 다르다. 그것의 범주[界說]를 따져 보면 대략 세 가지 속성이 있다. '항상성'을 자아라고 하고, '견주성'을 자아라고 하고, '불변성'을 자아라고 한다. 구체적으로 말하면 자아는 자성(自性)의 다른 이름이다. 이것은 분별아집으

131　「人無我論」, 『民報』第11號(東京: 民報社, 1907.1).

132　縱生(종생): 段玉裁, 『說文解字注』'人部': "人以縱生, 貴於橫生." 여기서 '횡생'은 소나 말처럼 횡으로 분만하는 중생으로 일반적으로 인간이 아닌 동물을 가리킨다.

133　兩足(양족): 불교에서 인간을 '두 발을 가진 유정'이라고 묘사하고 부처를 '양족존'이라고 하여 '두 발을 가진 유정 가운데 가장 존귀한 자'로 묘사한다.

로 변계소집자성에 속한다. 마땅히 갖가지 비량(比量)으로써 반복하여 따져서 그것을 논파해야 한다.

근세 유물론자도 두 번째 아집이 잘못이라고 생각했다. 그들은 때론 사물은 여러 종류의 원질이 상호 집합한 것이라고 말하기도 하고, 때론 생리적인 단위는 물질과는 다르다고 말하기도 했다. 이 견해는 비록 인아(人我)를 부정하기는 하지만 이른바 자성이라는 것을 들어서 다른 '근원이나 세력'[根力]으로 귀속시키는 것이기에 마찬가지로 법아(法我)의 오류에 떨어지고 만다.

선사(先師) 무착(無著)보살은 가장 철저하고 완벽하게 아집을 부정했다. 하지만 그의 글은 너무도 심오하여 더러 시속에 맞지 않았다. 내 비록 어리석지만 삼가 무착보살의 '수승한 진리'[勝義諦]를 견문한 입장에서 사견에 허우적대는 말 속의 중생을 불쌍히 여기고, 사람들의 소질이 바닥에 떨어진 것을 가슴 아파했다. 저들 처지는 모두 아견에 속박됐기 때문이다. 나는 무착보살의 학설을 간곡히 밝히고 거기에 내 생각도 조금 보태 「인무아론」을 짓는다.[134]

유아론[計我論][135]은 유정(有情, sattva)·자아·명(命, jiva)·생(生)·양육자·푸드갈라(人, pudgala) 등이 진실로 영원히 존재한다고 주장한다. 유

---

134 장타이옌은 「인무아론」에서 『瑜伽師地論』卷6 「本地分中」 '有尋有伺'에서 제시한 '십육종이론(十六種異論)' 가운데 하나인 '계아론자(計我論者)'와 관련된 내용을 대량으로 인용한다.(『大正藏』30, pp.305b26-307b18.) 너무 길어 원문 생략. 그의 다른 글과 달리 「인무아론」은 인용의 편폭이 대단히 크다. 그래서 이 「인무아론」은 『유가사지론』 해당 부분에 대한 해설같이 보이기도 한다. 그런데 장타이옌은 머리글에서 '무착보살'의 견해를 가져왔다고 언급했는데, 한역 『유가사지론』은 설자가 미륵보살이고 그것을 전한 사람이 무착보살이다. 티베트본 『유가사지론』은 저자가 무착보살로 되어 있다. 장타이옌은 한역본을 인용함에도 오히려 이 논의를 '무착보살'에 의거한다고 말했다. 『유가사지론』 인용 부분의 번역은 다음을 참조했다. 인터넷판 妙境長老, 『瑜伽師地論』講記; 신현승 역주, 『유가사지론』1(서울: 묘광, 2020), pp.216-229.

135 計我論(계아론): 『유가사지론』에서 말한 16종 이론(異論) 가운데 제4종이 유아론이다.

아론자가 이런 주장을 하는 이유는 '깊이 생각하면'(尋思觀察) 알 수 있는 데 대략 두 가지 이유가 있다. 첫째, 앞서 생각하지 않다가 갑자기 유정의 상을 획득하기 때문이다. 둘째, 앞서 그것을 생각한데다 능작(能作)과 소작(所作)의 존재를 감각했기 때문이다.

유아론자는 다음과 같이 생각한다. "만약 자아가 없다면 '다섯 가지 사실'[五事]을 보고서 마땅히 다섯 가지 자아의 상을 일으키지 않아야 한다. 첫째, 형색(形色)을 보고서 오직 형색의 상만 일으켜야지 유정(有情, 중생)의 상을 일으켜서는 안 된다. 둘째, 괴로움과 즐거움을 감수하는 마음 활동을 보고서 오직 괴로움과 즐거움을 감수하는 상을 일으켜야지 우등한 자와 하열한 자 등 각종 유정의 상을 일으켜서는 안 된다. 셋째, 언어표현과 사물 명칭을 듣고서 오직 언어표현과 사물 명칭의 상을 일으켜야지 중국인이니 일본인이니 인도인이니 하는 상을 일으켜서는 안 된다. 넷째, 더럽거나 깨끗한 여러 업행을 짓는 것을 보고서 여러 업행을 짓는다는 상을 일으켜야지 어리석은 자니 지혜로운 자니 선인이니 악인이니 하는 상을 일으켜서는 안 된다. 다섯째, 식을 전환하여 대상을 따라서 전변하는 것을 보고 오직 심식의 상을 일으켜야지 자아가 있어 볼 수 있고 자아가 있어 파악할 수 있다는 등의 상을 일으켜서는 안 된다. 위와 같이 '다섯 가지'[五事]에 대해서 모두 앞서 생각하지 않다가 순식간에 다섯 가지 유정의 상을 일으킨다. 앞서 생각하지 않다가 갑자기 유정의 상을 일으키기 때문에 반드시 실아가 존재한다고 분명히 알 수 있다."

저 유아론자는 또 이렇게 생각한다. "만약 자아가 없다면 일체 심법·색법·불상응행법에 대해 앞서 생각[思覺]을 일으키고 조작한 바를 인식할 수는 없다. 만약 내가 내 눈으로 여러 형상(色)을 보려 하고, 지금 여러 형상을 보고, 이미 여러 형상을 보았거나 혹은 다시 마음을 일으켜 나는 여러 형상을 보지 않겠다고 생각하는 등 이와 같은 작용은 모두 자아의

제물론석

상이 그것의 전제가 된 것이다."

저 유아론자는 다시 다음과 같이 생각한다. "선업·불선업·무기업 등에 대해 어떤 경우 그것을 지으려고 하고 어떤 경우 그것을 멈추려고 하는데 또한 생각이 앞서고서야 그런 작용을 할 수 있다. 저 오지오작(五知五作) 등의 근(根)이 이렇게 하게 시킬 수는 없다. 또 오지오작 등 근의 식이 이렇게 하게 시킬 수도 없다. 또한 의식계 가운데 촉·작의·수·상 등의 심소법이 이렇게 하게 시킬 수도 없다. 이는 반드시 생각[思]이 있어야 비로소 갖가지 업행[事業]을 지을 수 있다. '사(思)'란 무엇인가? 곧 이른바 '자아'[我]이다. 그래서 반드시 실아(實我)가 존재해야 논리가 완전히 성립한다."

지금 유아론자의 이런 주장과 논리를 비판하겠다.

그대(유아론자)가 말한 대로라면 우리는 인식하는 대상은 직면하면서 유정의 상을 일으키는가? 아니면 우리가 인식하는 대상과 별도로 유정의 상을 일으키는가? 만약 우리가 인식하는 대상을 직면하고 유정의 상을 일으킨다면 그대는 결코 형색 등의 사물을 직면하면서 그것에 유정이 있다거나 자아가 있다고 계탁하더라도 그것이 전도상이라고 이야기해서는 안 된다. 만약 인식한 대상과 무관하게 유정의 상을 일으킨다면 자아에 형체와 수량이 있는 꼴이니 이치에 부합하지 않는다. 다시 우등한 자와 하열한 자가 있다거나 혹은 중국인·일본인·인도인 등이 있다거나 혹은 어리석은 자, 지혜로운 자, 선인, 악인 등이 있다거나 혹은 능견 경계와 능취 경계 등의 대상이 있다는 주장도 이치에 부합하지 않는다.

왜인가? 자아는 형색[色]이 아니며, 괴로움과 즐거움을 감수[受]하는 작용도 아니며, 언어표현과 사물 명칭[想]도 아니며, 더럽거나 깨끗한 행업을 짓는 행위[行]도 아니며, 대상에 따라 변천하는 심식[識]도 아니다. 저 색·수·상·행·식 오온과 화합한 것을 자아라고 이름해서도 안 된다.

만약 이른바 자아가 오온과 화합하지 않았다면 필경 어디에 존재하는가?

또한 그대가 말한 대로라면 자아의 상은 오직 이 자아 존재 자체로 이 자아의 상을 일으키는가? 아니면 다른 물체가 이 자아의 상을 일으키는가? 만약 이 자아 존재 자체로 이 자아의 상을 일으킨다면 인식 대상을 직면하고 자아의 상을 일으킨 것이니 이것을 전도된 상이라고 해서는 안 된다. 만약 다른 몸체가 이 자아의 상을 일으킨다면 갑(甲) 등의 대상이 오히려 을(乙) 등 대상의 정인(正因)이 되는 꼴이니 이치에 부합하지 않는다.

또한 그대 생각대로라면 무정물에 대해 유정의 상을 짓고, 유정에 대해 무정물의 상을 짓고, 갑(甲) 유정에서 을(乙) 유정의 상을 짓는 꼴인데 이들 상은 일어나는가? 일어나지 않는가? 만약 이들 상이 일어난다면 이것은 무정물이 즉시 유정물이고, 유정물이 즉시 무정물이고, 갑(甲) 유정물이 즉시 을(乙) 유정물인 꼴로 이치에 부합하지 않는다.

만약 이들 상이 일어나지 않는 경우라면 어떻겠나? 세상에는 돌을 보고서 호랑이라고 인식하기도 하고, 밧줄을 보고서 뱀이라고 인식하기도 하고, 저 결명자(決明子)나 신합(蜃蛤, 대합조개에서 나오는 진주) 같은 물건을 보고서 돌멩이라고 인식하기도 하고, 공자를 보고서 양화(陽貨)로 인식하기도 한다. 그대가 이 상이 일어나지 않는다고 말한다면 이는 곧 현량을 부정한 꼴이니 이치에 부합하지 않는다.

또 그대 생각대로라면 이 유정의 상은 현량(現量)의 내용을 취한 것인가? 비량(比量)의 내용을 취한 것인가? 만약 현량의 내용을 취했다면 오직 형색·감수·명칭·행위·심식 등 다섯만 현량으로 획득한 것이고 자아는 현량으로 획득한 게 아니니 이치에 부합하지 않는다. 만약 비량의 내용을 취했다면 저 갓난아이가 헤아릴[思度] 능력이 없는데 어떤 조건으로 문득 자아의 상을 일으키는가?

또 지금 다시 따지고 싶은 게 있다. 세간에서 염정의 행업을 지을 때 생각을 '근본 원인'[本因]으로 하는가? 자아를 근본 원인으로 하는가? 만약 생각을 근본 원인으로 한다면 단지 생각이 행업을 지은 것이지 자아가 지은 것은 아니다. 만약 자아를 근본 원인으로 한다면 자아가 이미 상주하기 때문에 다시 생각을 의지해야 행업을 지을 수 있는 것이어서는 안 된다. 만약 "나는 생각한다. 고로 존재한다."라고 말한다면 생각이 곧 자아라는 꼴로 그렇다면 생각이 없을 때는 자아가 없다는 주장이니 이치에 부합하지 않는다.

또 그대 생각대로라면 행업을 짓는 근본 원인은 항상한가? 무상한가? 만약 근본 원인이 무상하다면 행업을 짓는 근본 원인은 그 자체가 변이하기 때문에 자아는 변이하지 않는다고 말한다면 이치에 부합하지 않는다. 만약 근본 원인이 항상하다면 곧 변이가 없다는 이야기인데 이미 변이가 없다면 행업을 지은 바가 있을 수 없다. 그런데 행업을 지은 바가 있다고 말한다면 이치에 부합하지 않는다.

또 그대 생각대로면 동작하는 자아가 있어서 동작한 결과가 존재하는가? 아니면 동작하는 자아가 없이 동작한 결과가 존재하는가? 만약 동작하는 자아가 있어서 동작한 결과가 존재한다면 자아는 항상 있고 동작은 항상 동작하고, 조작은 또한 항상 조작하기 때문에 어떤 때는 행업을 짓고 어떤 때는 행업을 짓지 않아서는 안 된다. 만약 동작하는 자아가 없이 동작한 결과가 존재한다면 동작한 것이 없지만 동작한 결과가 있는 꼴이니 이치에 부합하지 않는다.

또 그대 생각대로면 원인[因]이 있기 때문에 자아가 동작한 바가 있는가? 아니면 원인이 없기 때문에 자아가 동작한 바가 있는가? 만약 원인이 있기 때문에 동작한 바가 있다면 이 자아는 응당 다른 원인이 촉발시켜서 비로소 동작한 바가 있는 셈인데 그렇다면 자아 위에 다시 하나의 자아를 건립한 격이다. 만약 원인이 없기 때문에 동작한 바가 있다면 응당 일체 시간에 일체 사업을 지어야 하는데 이치에 맞지 않는다.

또 그대 생각대로면 이 자아는 자신에 의지하기 때문에 지은 바를 가질 수 있는가? 아니면 다른 것에 의지하기 때문에 지은 바를 가질 수 있는가? 만약 이 자아가 자신에 의지하기 때문에 동작한 바를 가질 수 있다면 이 자아는 이미 항상 있는데 스스로 생멸(生滅)·병고(病苦)·잡염(雜染) 등의 행업을 짓는다는 것은 이치에 맞지 않는다. 만약 이 자아가 다른 것에 의지하기 때문에 동작한 바를 가질 수 있다면 이미 자아의 본성을 상실했고 절대가 아닌 마당에 그것을 상주할 수 있다는 것은 이치에 맞지 않는다.

또 그대 생각대로면 형색[色]·감수[受]·명칭[想]·공작[行]·심식[識] 등 오온이 곧바로 자아인가? 아니면 이 오온 가운데 자아가 존재하는가? 아니면 오온 바깥 다른 곳에 자아가 있는가? 아니면 이 오온에 속하지 않는 자아가 존재하는가? 만약 오온이 곧바로 자아라면 이 자아는 오온과 어떤 차별도 존재하지 않기 때문에 자아가 진실로 상주한다는 주장은 이치에 맞지 않는다.

만약 오온 가운데 이 자아가 존재한다면 이 자아는 항상 있는가 무상한가? 만약 오온 가운데 존재하는 자아가 항상 있다면 상주하는 자아는 여러 괴로움과 즐거움에 의해 훼손되거나 증익되기 때문에 이치에 맞지 않는다. 만약 상주하는 자아가 여러 괴로움과 즐거움에 의해 훼손되거나 증익되는 일이 없이 더럽거나 깨끗한 행업을 일으킨다면 이치에 맞지 않는다.

만약 상주하는 자아가 여러 괴로움과 즐거움에 의해 훼손되거나 증익되는 일이 없고 더럽거나 깨끗한 행업을 일으키지 않는다면 이 오온은 필경 생기하지 않아야 할 것이다. 또한 노력하지 않아도 자아는 항상 해탈한 상태여야 한다. 만약 오온 가운데 있는 자아가 무상하다면 이 오온을 벗어나 어디에서 생·주·이·멸하고 인과가 상속하는 제법이 존재하겠는가? 또 이 자아가 소멸 후에 다른 곳에서 작위하지 않았는데도 자아를 획득한다고 하면 이도 큰 과실이기 때문에 또한 이치에 맞지 않는다.

만약 자아가 오온을 벗어나 다른 곳에 있다고 한다면 그대가 존재를 주장하는 자아는 응당 무위이기 때문에 이치에 맞지 않는다. 만약 자아가 이 오온에 속하지 않는다면 자아는 언제나 번뇌에 물드는 일이 없어야 하고 또한 자아와 신체는 서로 속해서는 안 된다. 이는 이치에 맞지 않는다.

또 그대 생각대로면 그대가 존재를 주장하는 자아는 '보는 행위자'[見者相]인가 아니면 '보는 행위자'를 벗어났는가? 만약 자아가 '보는 행위자'라면 봄(見)에 '보는 행위자를 가립하는가? 아니면 봄(見)을 떠나서 별도로 '보는 행위자'를 가립하는가? 만약 자아가 봄에 '보는 행위자'를 가립한다면 이는 '보는 행위자'와 봄이 구분되지 않아야 하는데 자아를 보는 행위자로 가립하는 것은 이치에 맞지 않는다.

만약 봄을 벗어나 별도로 '보는 행위자'를 세운다면 저 '봄'(見法)은 이 자아가 조성한 업행[事業]인가? 아니면 이 자아가 '붙드는[執持] 기물인가? 만약 '봄'이 자아가 조성한 업행일 경우를 보자. 가령 자아가 씨앗과 같다면 봄(견)은 줄기·가지·꽃·입과 같은데 씨앗이 [줄기 등으로 변화한 것으로 보아] 이미 무상이니 자아도 응당 무상이어야 한다. 가령 자아가 도공과 같다면 봄은 벽돌·기와·병·사발로 보아야 한다. 도공의 이름은 본래 가립이니 자아도 응당 가립이다. 그런데 이 자아를 항상하고 진실하다고 말하면 이치에 맞지 않는다.

가령 자아가 기관(機關)을 가진 '나무 사람'과 같다면 봄은 가무(歌舞) 등의 일로 보아야 한다. 기관을 가진 나무 사람이 또한 무상하고 가립이기 때문에 이 또한 앞과 마찬가지로 이치에 맞지 않는다. 가령 자아가 대지

(大地)와 같다면 봄은 동식물 등으로 봐야 한다. 대지도 성·주·괴·공하기 때문에 봄이 상주할 수는 없다. 또 그대가 존재를 주장하는 자아는 대지처럼 분명한 작용을 보여 주지 않기 때문에 이치에 맞지 않는다.

왜인가? 대지가 지은 업용을 분명히 파악할 수 있다는 것은 대지가 만물이 자신을 의지처로 삼게 하지만 자아는 분명히 파악할 수 있는 활동이 없기 때문이다.

가령 자아가 허공과 같다면 봄은 일체 색상과 같은데 저 허공은 본래 실제 존재가 아니고 오직 형상과 색깔을 가진 사물이 부재한 곳을 허공이라고 가립했을 뿐이다. 이렇다면 봄은 실제 존재이고 자아는 가립인데 자아를 진실한 존재로 주장하면 이치에 맞지 않는다.

또한 저 허공이 비록 가립된 존재지만 업용이 있음을 분명 파악할 수 있다. 이는 허공이 존재하기 때문에 일체 만물이 오고 가고 움츠리고 펼치는 등의 활동을 할 수 있음을 말한다. 하지만 자아가 봄(견)에 대해 허공이 만물에 일으키는 것과 같은 이런 업용을 일으키지 못하기 때문에 봄을 자아가 조성한 업용이라고 여기는 것은 이치에 맞지 않는다.

만약 봄이 자아가 붙들고 있는 기물이라고 할 경우, 가령 이 봄이 낫이나 칼과 같아서 벼를 베는 공능이 있지만 낫이나 칼 외 다른 사물도 절단의 기능이 없는 것은 아니다. 지금 이 봄을 제외하면 다른 사물은 '보는 작용'을 갖지 않는다면 이도 이치에 맞지 않는다.

가령 이 봄이 저 불꽃과 같아 사물을 태우는 작용을 있을 경우, 현실 세계에서 다양한 불을 보면 비록 불을 사용하는 사람이 없더라도 불은 스스로 사물을 태울 수 있다. 불의 경우로 봄을 비추어 보면 비록 봄을 사용하는 자아가 없더라도 봄은 또한 사물을 인지할 수 있는데 다시 자아의 존재를 집착하는 것은 이치에 맞지 않는다. 만약 봄을 떠나 별도로 보는 행위자를 세운다면 존재를 주장하는 자아 관념이 일체 인식을 위배하기 때문에 이치에 맞지 않는다.

또한 그대가 존재를 주장하는 자아는 염법·정법과 상응하여 오염되고 정화되는 일이 있는가? 아니면 염법·정법과 상응하지 않고서 오염되고 정화되는 일이 없는가? 만약 자아가 염법·정법과 상응하여 오염되거나 정화는 되는 일이 있다고 하면 저 호수와 같이 때론 더럽다가 때론 청결하다. 저 호수와 같다면 비록 자아가 없더라도 염법·정법과 상응한다고 말할 수 있다.

외부 사물이 자아가 없듯 자기 신체에도 자아는 없다. 비록 자아가 없더라도 염법·정법과 상응하여 오염되거나 정화되는 일은 가능하다. 그래서 염법·정법과 상응하여 오염되거나 정화되기 때문에 자아의 존재를 주장하는 것은 이치에 맞지 않는다. 만약 그대가 존재를 주장하는 자아가 염법·정법과 상응하지 않고서 오염되거나 정화되는 일이 있다면 염오와 청정을 벗어나 자아가 오염되고 정화된다는 이야기인데 이것은 이치에 맞지 않는다.

그대가 존재를 주장하는 자아는 유전(잡염과 청정)에 상응하여 유전과 지식(열반)이 있는가? 아니면 유전과 상응하지 않고 유전지식이 있는가? 만약 유전과 상응하여 유전지식이 있다면 세간에는 다섯 가지 유전이 있음을 알 수 있다.

첫째는 유인(有因, 원인의 존재)이고, 둘째는 가생(可生, 발생의 가능)이고, 셋째는 가멸(可滅, 소멸의 가능)이고, 넷째는 전전상속생기(展轉相續生起, 지속적 발생)이고, 다섯째는 유변이(有變異, 변화)이다. 저 흐르는 물이나 등불 또는 바퀴 등은 인과 상속 작용을 가진다. 저 사물은 비록 자아가 없지만 상속하고 그 상속을 멈출 수 있다. 굳이 여기에 주체를 상정하여 그것을 자아라고 고집할 필요가 있는가? 만약 저 인과 상속상과 상응하지 않고서 상속을 멈춘다면 존재를 주장하는 자아는 인과 상속이 없이도 인과 상속을 멈추는 격이니 이치에 맞지 않는다.

또 그대가 존재를 주장하는 자아는 대상 경계에 의해 괴로움과 즐거움을 일으키고 저 사업(思業)과 번뇌 등 제행에 의해 변이되기 때문에 그를 수자(受者)·작자(作者)·해탈자(解脫者)라고 하는가? 아니면 저것들에 의해 변이되지 않지만 그를 수자(受者)·작자(作者)·해탈자(解脫者)라고 하는가? 만약 자아가 저것들에 의해 변이된다면 이는 곧 무상한 제행이 수자(受者)·작자(作者)·해탈자(解脫者)인 꼴인데 자아를 세울 필요가 있는가? 만약 자아를 세운다면 이 자아는 무상으로 이치에 맞지 않는다. 만약 자아가 저것들에 의해 변이되지 않는다면 자아는 변이하지 않는데도 수자(受者)가 되고 작자(作者)가 되고 해탈자(解脫者)가 된다는 것이니 이치에 맞지 않는다.

또 그대 생각대로면 오직 자아에 대해서만 행위자[作者]라고 해야 하는가? 아니면 다른 존재에 대해서도 행위자라고 할 수 있는가? 만약 오직 자아에 대해서만 행위자라고 해야 한다면 무슨 이유로 신체기관[根]과 인식[識]이 온전하지 않으면 행위할 수 없는가? 만약 다른 존재에 대해서도 행위자라고 할 수 있다면 이는 곧 신체기관[根]과 인식[識]이 행위자라고 말하는 꼴로 자아와 구분되기 때문에 이치에 맞지 않는다.

또 그대 생각대로면 자아를 원인으로 자아를 건립하는가? 아니면 자아가 아닌 다른 존재를 원인으로 자아를 건립하는가? 만약 자아를 원인으로 자아를 건립한다면 세간에서는 가설한 한 주체에 농부, 목동, 장인, 상인 등의 호칭을 세워서는 안 된다. 만약 자아가 아니라 다른 존재를 원인으로 자아를 건립한다면 이는 오직 갖가지 행상에 자아를 가설한 것으로 굳이 별도로 자아가 존재한다고 집착할 필요가 있는가? 왜인가? 세간의 여러 사람은 오직 가설된 주체에 유정의 상을 일으키고 유정의 명칭을 건립하고 자아와 타자가 차별된다고 말한다.

제물론석

또 그대 생각대로면 유아론은 선법인가? 불선법인가? 만약 선법이라면 무슨 이유로 극히 어리석은 사람은 깊이 아견을 내고, 방편을 쓰지 않더라도 자연적으로 유아견을 일으키고 중생이 해탈을 두려워하지 않게 하고 또 여러 악행과 과실을 증대시키니 이치에 맞지 않는다. 만약 유아론이 불선법이라면 바른 견해라거나 전도견이 아니라고 말해서는 안 된다. 만약 유아견이 사견이자 전도견이라면 존재한다고 주장하는 자아는 그 자체로 실제 존재한다는 것은 이치에 맞지 않는다.

또 그대 생각대로면 무아견은 선법인가? 불선법인가? 만약 무아견이 선법이라고 하면 저 상주하고 실유하는 자아 상에서 무아를 보는 것은 선성이고 전도되지 않은 생각이다. 그런데도 아견을 일으킨다면 이치에 맞지 않는다. 만약 무아견이 불선법이라고 하면 이 무아견은 나태하지 않은 방편을 행해야 비로소 일으킬 수 있고 무아견을 설함으로써 중생이 해탈을 두려워하지 않고 여실하게 일체 과오를 해결할 수 있게 하는 것도 이치에 맞지 않는다.

또 그대 생각대로면 자아에 대해 스스로 자아가 존재한다고 집착하는가? 아니면 유아견 때문에 자아의 존재를 집착하는가? 만약 자아에 대해 스스로 자아가 존재한다고 집착한다면 언제나 무아의 관념은 존재하지 않아야 한다. 만약 자아에 대해 유아견 때문에 자아의 존재를 집착한다면 비록 실아가 없더라도 아견의 힘 때문에 무상한 존재 가운데 망령되이 자아가 있다고 생각하고 그래서 실제 자아가 존재한다고 흔들림없이 집착하는 것은 이치에 맞지 않는다.

이와 같이 자아가 실제 존재한다고 집착하는 이유는 (1) 앞서 생각하지 않다가 자아의 상을 일으키기 때문이고, (2) 앞서 그것을 생각하고서 능작(能作)과 소작(所作)이 존재하기 때문이고, (3) 오온 가운데 거짓 시설하기 때문이고, (4) 저 상 위에 존재를 안립하기 때문이고, (5) 잡염과 청정을 건립하기 때문이고, (6) 유전과 지식을 건립하기 때문이고, (7) 수자 · 작자 · 해탈자를 가립하기 때문이고, (8) 언설을 시설하기 때문이고, (9) 봄을 시설하기 때문인데 모두 이치에 맞지 않는다.[136]

위에서 말한 대로 변계소집의 자아는 그것의 업용이 이미 해체됐다. 그렇지만 인간은 아견을 갖지 않는 경우가 없다. 잘못된 집착에 기대서 아견을 획득한 게 아니다. 의타기의 자아는 비록 거짓 존재이지만 반드시 '참된 모습'[眞相]에 의지해야 한다. 무지개가 비록 실물은 아니지만 반드시 햇빛과 수증기가 있어야 그 모습을 드러내는 것과 같다. 햇빛과 수증기는 진실하지만 무지개는 환상이다. 이른바 자아도 또한 이와 같다.

옛사람(소승인)은 오직 자아를 구성하는 오온(五蘊)만 진실한 존재라고 생각하여 법집에 떨어졌다. 하물며 오온은 각각 나뉘어 각자 자신을 이루는데 어찌 그것을 통합하는 존재가 하나도 없겠는가? 그래서 아뢰야식설이 건립된 이후 아상이 의지하는 바를 알았다. 바로 이 근본식 즉 장식이다. 이 식은 모든 존재를 품어 간직한다. 일체 현상은 모두 이 식의 분화이지만 아뢰야식은 자신을 가리켜 자아라고 여긴 적이 없다.

그래서 이 아뢰야식을 인식 대상으로 존재를 의근(意根)이라고 이름하고 또한 말라식이라고 이름하는데 매 순간 이 아뢰야식을 자아로 집착한다. 의근의 존재는 많은 증거로 증명할 필요가 없다. 인간의 자살에서 의근의 존재를 알 수 있다.

자살자 가운데 어떤 사람은 너무도 고통스러워 더 이상 살고 싶지 않은 상황에 닥쳐 자살하려는 이유로 자신의 고통을 해소하고자 해서라고 말한다. 가령 그 사람이 자신의 신체를 자아라고 집착하면 스스로 자신

---

136 여기까지 『유가사지론』 인용문이다. (『大正藏』30, p.307b18).

제물론석

을 소멸시키는 길을 자아를 구제하는 적절한 방법으로 여기는 것은 보통 사람이라면 불가능한 생각이다. 그렇다면 자살하는 사람은 결코 형체가 자아라고 생각하지 않고 형체와 다른 자아가 존재한다고 생각하고 있음이 분명하다. 모든 사람이 아뢰야식이라는 이름을 알고 있는 건 아니지만 모든 사람이 이 아뢰야식의 상을 집착하여 그것을 자아로 여긴다. 자살자가 집착하는 자아는 이 아뢰야식일 뿐이다.

자살 문제를 학문적인 수준으로 끌어올려 이야기해 보자면 희랍에는 스토아학파가 있었고 인도에는 자이나교가 있었다. 저들 모두 자살을 궁극의 완성으로 간주했다. 그들은 자아가 세계에 속박되었기 때문에 일체 행동이 자유롭지 않고 그래서 오직 자살로서 해탈을 추구하고 나서야 완전히 자유로운 자아를 성취한다고 생각했다. 만약 이 형체를 자아로 집착하면 자아로 하여금 세계의 속박을 벗어나게 하려 하지만 그 자아도 이미 존재하지 않고 저들의 마음 씀도 결코 존재하지 않는다. 이른바 자아를 살펴보면 이 거짓 형체는 자신의 아뢰야식일 뿐이다.

중국 고전에는 본래 '극기복례위인(克己復禮爲仁)'[137]의 학설이 있다. 유자는 겁 많고 유약하기 때문에 공자는 오로지 예를 따름으로써 그 문제를 해결하고자 했다. 그것의 본의를 준거하면 실제는 여기에 이르지 않는다. 『춘추곡량전』에서는 "극(克)은 무엇인가? '할 수 있음'[能]이다. 무엇을 '할 수 있다'는 말인가? 죽일 수 있다는 말이다."[138]라고 했다. 그렇다면 '극기(克己)'란 무엇인가? '자신을 죽일 수 있다'는 의미일 뿐이다. 창힐(蒼頡)이 글자를 만들 때 아(我)자는 '手'를 따랐다. 이 자는 고문의 살(殺)자

137 『論語』「顔淵」1: "顔淵問仁. 子曰: <u>克己復禮爲仁</u>. 一日克己復禮, 天下歸仁焉. 爲仁由己, 而由人乎哉?"

138 『春秋穀梁傳』「隱公元年」3: "克者何? 能也. 何能也? 能殺也."

이다. 이것을 미뤄 보면 극기의 의미를 분명히 알 수 있다.

가령 이 육체를 자아로 여긴다면 예(禮)라거나 인(仁)이라는 것은 모두 의타기성이다. 자아가 이미 소멸했다면 무엇을 예라고 하고 무엇을 인이라고 하겠는가? 그래서 이른바 자아는 또한 아뢰야식임을 안다. 저들이 비록 이 아뢰야식을 이해하지 못하더라도 식이 전변한 자아를 알지 못한 적이 없다. '극기복례위인'은 '인(仁)은 자아의 실성이니 형체(육체)는 비록 죽더라도 자아는 죽지 않는다. 그래서 인은 그것에 의지하여 생기한다.' 라는 의미이다.

자살자 가운데 몇몇은 근심 걱정을 해소하려고 자살하거나, 번뇌를 벗어나려고 자살하거나, 실성을 깨달으려 자살한다. 무아설의 입장에서 그들을 관찰하면 첫 번째 경우는 어리석은 사람이고 뒤의 두 경우는 게으른 사람이다. 하지만 자아는 신체에 있지도 않고, 명색(名色)에 있지도 않음을 오히려 이것을 빌려서 증명할 수 있다. 이와 같이 아뢰야식이 거짓으로 자아의 관념을 만들어 냈다는 사실은 모든 사람이 알 수 있다.

질문: 지금 보면 세상에는 자살하는 경우는 언제나 적고, 타고난 생을 다하는 경우가 대부분이다. 신체가 훼손되거나 손가락 하나 다치면 애석해하지 않는 이가 없다. 그런데도 세상 사람이 형체를 자아로 집착하지 않는다고 말하면 소수의 사례로 다수를 덮어 버리는 꼴이 아닌가?

대답: 아와 아소의 학설을 안다면 이런 의심은 쉽게 해결된다. 팔식과 육근에서부터 터럭 하나 모공 하나에 이르기까지 모두 내계(內界)에 소속시켜 자아라고 가설하고 권속·의식(衣食)·금전·전답에서부터 우리가 섭취하고 사용하는 사물까지 외계에 포함시켜 그것을 아소(我所)라고 설한다. 하지만 아와 아소는 한번 성립하면 불변하는 존재가 아니다.

만약 외계 시각에서 내계를 보면 외계가 아소이고 내계만 오직 아라고 칭하며, 내계 시각에서 더 내밀한 내부 세계를 보면 '감각기관과 그것의

제물론석

감각 활동'[根識] 그리고 나의 형체 또한 아소이고 오직 아뢰야식만 아라고 칭할 수 있다. 소수 자살자를 제외하면 그 나머지 생을 영위하다가 죽는 사람은 대부분 자신이 섭취하고 사용하는 물건이 우연히라도 손상되면 비통함을 멈추지 못한다. 하물며 내계의 근식과 형체이겠는가? 저들은 자신이 섭취하고 사용하는 아소(我所)를 아(我)에 단단히 결합시켜 아소를 버릴 수 없다. 그들에게 아소를 훼손하는 것은 곧 아를 훼손하는 일과 다르지 않다.

가령 어떤 사람이 나무로 자기 몸을 감싸고선 쇠막대기로 몸을 감싼 나무를 때리면 자기 몸도 통증을 느낀다. 이것이 완곡하게 아끼는 까닭이다. "어떤 사람이 온몸이 조화로워서 문득 자기 몸을 잊은 듯하다가도 사지의 기맥이 급하기도 하고 느리기도 하며 섭생의 방도가 어그러져서 침과 쑥으로 정교하게 대처하면 그는 자아가 존재함을 안다."[139]라고 말한다. 그래서 한가하고 평안한 날에 아와 아소가 뒤섞여 구분되지 않으면 반드시 자살에 이르고, 그리고 나서야 이 아뢰야식의 연장이 성립시킨 단순한 자아를 본다. 이런 점은 의심할 게 없다.

힐난: 사람이 아소를 아끼는 것은 늘 자신을 아끼는 것만 같지 못하다. 비분강개해서 자살하는 사람은 대부분 아소가 훼손되어 그렇게 한 것이지 자기 자신이 훼손되어 그렇게 한 것은 아니다. 또 세상 사람이 아소에 대해서 자기에게 직접적인 욕망은 아끼지 않고 오직 자신에게 간접적인 금전만을 아끼는 것은 왜인가?

대답: 이는 바로 아에 대한 애착을 본 것이지 아소에 대한 애착을 본 게 아니다. 만약 아와 아소가 결코 서로 부합하지 않는다면 아와 아소의 명

---

139   佛陀多羅譯, 『大方廣圓覺修多羅了義經』(『大正藏』17, p.919b), "譬如有人百骸調適, 忽忘我身, 四支絃緩, 攝養乖方, 微加鍼艾, 則知有我."

칭은 성립하지 않을 것이다.

가령 북극에서 떠다니는 해빙(海氷)이 나한테(我) 무슨 의미겠는가? '아소'란 내가 받아들이고 사용한 것이다. 내가 받아들이고 사용한 것이 아소가 되고 받아들이고 사용한 주체가 자아이다. 행위 주체[能]와 그 행위 내용[所]은 서로 결합하여 결코 서로 분리되지 않는다. 오래되어 그 대상을 상실하면 또한 곧 자연 그 주체(자아)도 훼손되고 만다. 그래서 세상에서 비분강개해서 자살한 사람은 아소를 상실해서 그렇게 한 게 아니라 바로 자아가 훼손되고 병들어서 그렇게 한 것이다.

같은 아소라고 하더라도 그 가운데 다시 자아에 대해 친하고 서먹하거나 멀고 가까운 차이가 있다. 만약 다섯 가지 욕망을 곧바로 접촉할 수 있다면 자아와 가까운 아소, 만약 저 금전처럼 단지 간접적이라면 자아와 거리가 먼 아소이다. 사람이 어떻게 소원한 것을 애착하고 친근한 것을 버리겠는가? 자아를 애착하기 때문이다.

자린고비 짓을 하는 사람을 보면 대체로 게으름 피우지 않고 힘들게 일해서 부(富)를 일군다. 그는 금전을 마음대로 써서 자신의 다섯 가지 욕망을 만족시키려 하지는 않는다. 그런데 부잣집 도련님은 태어나면서부터 재산이 많아 멋진 수레와 좋은 말을 타고 스스로 즐거워하니 또한 욕망을 절제하고 재산을 모으려 들지 않는다. 왜냐하면 전자는 노력으로 부를 획득했고, 후자는 노력하지 않고 부를 획득했기 때문이다. 하지만 아소와 관련해서 말하면 금전은 소원한 것이고 욕망은 친근한 것이다. 그리고 노력으로써 욕망에 비교하면 노력이 더욱 친근한 것이다. 욕망은 외부로부터 도달하는 것이기에 '경계에 대한 감각'[境界受]이고 노력은 내부에서 발생하는 것으로 '자성에 대한 감각'[自性受]이다.

인간은 결코 친근한 것으로 소원한 것을 바꾸지는 않고 또한 자성의 것을 대상의 것으로 바꾸지는 않는다. 그래서 자린고비 짓을 하는 사람

제물론석

이 욕망을 버리고 재산을 애착하는 것은 아소의 친소를 논변하지 않은 게 아니라 자아에 대한 애착의 지극함일 뿐이다. 옛날 위징(魏徵, 580-643)[140]은 양무제(梁武帝)에 대해 이렇게 논평했다.

> 인간의 근원적인 욕망은 식욕과 성욕에 있고 작위나 주택은 사실 절실하거나 다급한 것은 아니다. 고조(高祖: 양무제)는 개인의 기호와 욕망, 연애와 작위를 배제했으니 하기 어려운 것을 얻었지만 하기 쉬운 것에 막히고 말았다. 신령한 이도 도달하지 못하는 바가 있고 지혜로운 이도 통달하지 못하는 바가 있다고 할 법하다.[141]

오늘날 상황에서 양무제의 행동을 논하면 쉽게 이해할 수 있다. 양무제가 작위나 주택은 노력으로 획득했지만 식욕과 성욕은 노력으로 획득하지 않았다. 저것을 버리는 것은 낡은 신발처럼 하고 이를 지키는 것은 마치 황금성처럼 했다. 자아에 대한 애착에 말미암은 노력 때문에 아소의 친소와 원근을 따질 겨를이 없었으니 뭐 그리 괴이한 일이겠는가? 단지 이와 같을 뿐만 아니다. 비록 부모가 자식을 애착하는 것도 또한 자아에 대한 애착의 깊음이지 단지 자식을 아소로 여겨 그를 애착하는 게 아니다.

인류는 대체로 유사한 마음을 가졌고 모습도 닮았는데도 왜 이웃집 갓난아이보다 자신의 아이를 더 아끼는가? 만약 어려서는 서로 의지하여 그 정이 매우 깊다고 말한다면 이 또한 하나의 증상연(增上緣)이다. 왜 형제의 우애가 부모의 자식 사랑만큼 못하고, 아비의 자식 사랑이 어미의

---

140 魏徵(위징): 당대(唐代) 정치가이자 문인.
141 『梁書』「本紀」卷6: "夫人之大欲, 在乎飲食男女, 至於軒冕殿堂, 非有切身之急. 高祖屏除嗜欲, 眷戀軒冕, 得其所難, 而滯於所易, 可謂神有所不達, 智有所不通矣."

자식 사랑만 못한가? 형제는 결코 노력으로 얻은 게 아니고 아비는 자식을 노력으로 얻었다. 어미는 자식을 온갖 고통 속에서 얻었다.

자아를 아끼는 마음이 깊기 때문에 자아를 아소에 투사될 수 있고 또한 이 때문에 아소를 심히 아낀다. 어미는 노력을 통해 자식을 얻지만, 자식은 노력하지 않고서 어미를 얻는다. 그래서 세상에 자애로운 어미는 늘 많지만 효성 깊은 자식은 늘 적다. 그렇다면 무아를 증득할 수 있어야 세상은 비로소 평등한 대자대비심을 획득할 수 있다.

위에서 이야기한 것처럼 자아는 환유이고 아뢰야식만이 진실이다. 이 아뢰야식은 여래장이라고도 한다. 단지 청정과 잡염의 구분을 위해서 그 명상(名相)을 달리한다. 실질에 근거해서 말해 보면 바로 금과 가락지처럼 둘은 차별이 없다. 하지만 또한 세속에서 말하는 영혼과는 함께 이야기할 수 없다. 영혼은 동서양를 막론하고 인정하는 바인데 그것의 본의를 규명해 보면 단지 꿈틀대는 호흡을 이름한 것이다. 브라만교의 아트만도 또한 이것을 가리킨다. 그것은 아뢰야식과는 상이한 존재로 요즘 사람도 이야기할 수 있는 바다.

아뢰야식은 유정세간과 기세간의 근본이고 그것은 한 사람에 한정되지 않는다. 나중에 말라식이 아뢰야식을 집착하여 아상이 형성된다. 영혼은 개인이 개별적으로 가진 것으로 아뢰야식과는 그 범주가 전혀 달라 변별하지 않을 수 없다. 만약 아뢰야식이 하나의 개체 가운데 한정된다면 비록 수없이 많은 미묘한 이야기로 무아의 논리를 완성하더라도 말재주에 불과하고 실제로는 암묵적으로 자아의 존재를 인정한 꼴이다.

석존은 이미 무아설을 건립했으면서도 또한 윤회설을 완성했다. 근래 리즈 데이비스 부인(1857-1942)은 두 이론은 서로 충돌하기 때문에 어쩔 수 없이 '업의 축적'[142] 개념으로 두 이론을 조화시키고자 했다. 아네사키 마사하루(姉崎正治, 1873-1949)[143]도 그 학설을 토대로 했다. 사실 이것은 천박한 이해이다. 무아설과 윤회설은 서로 충돌하지 않고 서로 보완할 수 있다.

왜냐하면 항상하는 존재를 자아라고 부르고, 굳건히 고정된 존재를 자아라고 부르고, 파괴되지도 변하지도 않는 존재를 자아라고 부른다. 만약 어떤 존재가 자아가 있다면 그것은 결코 유전하여 윤회하지는 않는다. 그래서 대승『대반열반경』에서는 오직 부처만이 '상·락·아·정'[144] 이라고 했다. 정말 오직 무아라야 육도에서 윤회한다. 만약 자아라는 말의 의미를 똑바로 이해하지 못하면 단지 무아설과 윤회설이 서로 충돌하고 무아설와 업설 또한 어쩔 수 없이 서로 모순된다고 말한다.

왜냐하면 일체 카르마는 자아로부터 생기한다. 자아가 이미 없다면 저 카르마 또한 무엇에 의지하겠는가? 12연생을 이야기하지만 소연(所緣)과 상대하는 것으로 이 능연(能緣)이 없을 수 없다. 예를 들면 원숭이는 나무를 반연하고 달팽이가 벽을 반연하는 것과 같다. 나무와 벽은 소연이 되고 어쩔 수 없이 원숭이나 달팽이는 능연의 체성이 된다. 만약 무아라면 연생도 성립하지 않는다.

비록 인과를 설하지만 결과는 원인에 기대고 원인은 다시 원인에 기대

---

142 리즈 데이비스 부인(Mrs. Rhys Davids)은 한 인간이 지속적으로 업을 지어서 변화하고, 다시 윤회하여 새로운 업을 짓는 과정을 '업의 축적'으로 설명한다. Mrs. Rhys Davids, *Buddhism: A Study of the Buddhist Norm* (London: Williams & Norgate, 1912; 1924), pp.131-132.

143 姉崎正治(아네자키 마사하루): 일본 근대 종교학자이자 인도학자로 독일에 유학하여 인도학자이자 쇼펜하우어 연구자인 파울 도이센(Paul Deussen, 1845-1919)에게 배웠다. 귀국 후 도쿄대학 최초 종교학 교수가 되었고 쇼펜하우어의 『의지와 표상으로서 세계』를 일본어로 번역했다.

144 常樂我淨(상락아정): 불교에서 일반적으로는 중생 자신과 그가 생활하는 이 세계는 무상하고, 고통스럽고, 무아이고, 오염되었다고 말한다. 대승『대반열반경』에서는 부처가 체득한 '열반'의 경지는 오히려 변함없고 행복하고 주체적이고 청정하다고 말한다. 열반의 이 네 가지 속성을 흔히 열반사덕(涅槃四德)이라고 명명한다.

기 때문에 이렇게 계속 추적하면 결국 무한소급의 오류에 빠지고 만다. 불전에서 부정하는 자아는 일상적으로 말하는 자아와 다름을 알고 나서야 무아가 곧 윤회의 '직접적인 원인'[正因]으로 처음부터 다른 존재를 제기하여 그 이론의 결점을 보충할 필요가 없음을 알았다. 만약 의타기의 자아라면 보통 사람이 보편적으로 아는 바다. 자아는 묘유(妙有)가 아니기 때문에 원성실성과 동일하지 않고, 자아는 완전한 무가 아니기 때문에 변계소집도 아니다.

변계소집의 아는 본래 존재하지 않는다. 그것은 허공 꽃이나 석녀의 아이와 같은 부류이다. 의타기의 아는 무량 방편이 아니며 그것의 출발을 파악할 수 없다. 무성(無性) 논사는 『섭대승론석』에서 다음과 같이 말한다.

> 이 정법 가운데서 무아를 사실로 믿고 이해하는 사람은 비록 항상 '후천적으로 습득한 자아에 대한 집착'[分別我見]을 거부하지만 '선천적으로 가진 자아에 대한 집착'[俱生我見]에 속박된다. 구생아집은 어디에 있는가? 구생아집은 단지 아뢰야식에서 자연스럽게 자신의 소리를 듣고는 곧 그것을 내면의 자아로 집착하고 당황하고 두려워한다.[145]

이것을 통해서 구생아견도 단계를 가지고 성장한다는 사실을 분명하게 알 수 있다. 첫째는 아상(我相)이고 둘째는 아명(我名)이고 셋째는 씨족의 이름을 지어서 자아를 대표하는 경우다. 그런데 씨족의 이름은 이미

---

145 無性菩薩造, 玄奘譯, 『攝大乘論釋』卷2(『大正藏』31, p.385c), "於此正法中, 信解無我者, 雖恒厭逆分別我見, 然有俱生我見隨縛. 此於何處? 謂彼但於阿賴耶識, 率爾聞聲, 便執內我, 驚畏生故."

제물론석

아상과 아명에 덧붙인데다가 다시 하나의 증익집을 일으킨다. 마치 어떤 사람이 이름이 쉬창칭(Xu Changqing, 徐長卿)인데 만약 꿈속에서 쉬창칭이라고 부르는 소리를 들으면 쉽게 놀라 잠이 깬다. 만약 깨어났을 때 쉬창칭이라고 부르는 소리를 들으면 쉽게 놀라 잠이 깨지만 왕불류행(王不留行)[146]이란 소리를 듣고서 쉽게 놀라 잠이 깨는 것은 아니다.

만약 잠이 깼을 때 쉬창징이라고 말하는 소리를 들으면 자세히 살펴보는데 왕불류행이라고 말하는 소리를 들으면 자세히 살펴보지 않는다. 그렇다면 이 쉬창징이라는 글자를 낱낱이 쪼개 보면 글자나 음성 그리고 그 의리 가운데 도대체 어디에 자아가 있겠는가? 어디에서 아상과 상응하는 것을 얻겠는가? 또 왕불류행(王不留行)이라는 글자를 앞서와 같이 쪼개 보면 어디에서 타인의 자아를 얻고 어디에서 타인의 아상과 상응하는 것을 얻겠는가?

하지만 놀라서 깨거나 고개를 돌려 자세히 살펴보고 나와 남의 차이가 있다. 비록 중니와 묵적과 같은 무리가 무아를 제창하더라도 이 점에서는 오히려 일반인과 다른 게 없다. 그렇다면 우리는 의타기의 자아를 논파하는 게 가장 어렵다는 사실을 알 수 있다. 반드시 의타기의 아상을 남김없이 제거해야만 원성실자성이 분명하게 드러난다. 이때야 비로소 무아의 자아가 있다고 이야기할 수 있다. 무착 논사는 일찍이 이 설을 『현양성교론』「성공품」에서 다음과 같이 말하였다.

공성은 두 가지의 상(相)이 없다. 첫째 공성은 유상이 아닌데 두

---

146 王不留行(왕불류행): 중국과 한국에서 전통적으로 사용된 약재로 두해살이풀인 장구채의 열매와 주변부를 말한다. 전하는 말로 옛날 어느 왕(王)이 성 밖으로 행차했는데 배탈이 나자 어의(御醫)가 이를 달여서 먹이자 왕은 배탈이 나아서 행차를 멈추지 않고[不留] 계속 길을 갔다[行]고 해서 이런 이름이 붙었다고 한다.

가지 자아가 없기 때문이고, 둘째 공성은 무상이 아닌데 두 가지 무아가 있기 때문이다. 왜냐하면 이 두 가지 자아의 없음은 곧 두 가지 무아의 있음이기 때문이다. 이 두 가지 무아의 있음은 곧 두 가지 자아의 없음이기 때문이다.[147]【내가 보기에 원래 유무를 집착하는 사유는 사구(四句)를 벗어나지 않는다. 첫째는 유구(有句)이고 둘째는 무구(無句)이고 셋째는 비유비무구(非有非無句)이고 넷째는 역유역무구(亦有亦無句)이다. 오직 이것만이 네 가지의 과실을 벗어날 수 있다. 그 구가 무엇인가? "없으면서 있음이다."(無而有)】

내가 일전에 「건립종교론」을 지었는데 내지(중국)의 동지 가운데 어떤 사람은 불서는 범어라 난해하여 중생이 이해하기에는 적당하지 않다고 말했다. 내가 다시 불서를 가만히 살펴보면 범어를 음으로 옮긴 것은 거의 없다. 만약 알라야(ālaya)를 장(藏)으로 해석하고 마나스(manas)는 염오(染汚)로 해석하고 삼마타(samatha)는 지(止)로 해석한다면 이것은 독서인이 그럭저럭 함께 이해할 수 있는 바이다. 그래서 글을 쓸 때 대부분 소리가 아니라 의미를 따랐기 때문에 나머지는 진실로 한어일 뿐이다.

예전 훌륭한 역경승이 불전의 말씀을 번역할 때 더러 사람마다 차이가 있었지만 다들 현장 삼장의 번역이 가장 정확하다고 여겼다. 법상종에서 사용하는 전문 술어는 대단히 심오하고 정밀했다. 모든 사람이 그것을 완전히 이해할 수는 없었다. 그래서 때론 번역자가 주석을 보태기도 했다. 중국의 통속어로 교체할 수 있는 번역어가 본 의미를 지키면서도 점차 증가했지만 자못 신중했다. 신문이나 잡지와 같은 매체를 통해서 법

147　無著菩薩造, 玄奘譯, 『顯揚聖教論』 「成空品」 第6(『大正藏』31, p.553b), "空性無有二相, 一非有相, 二我無故; 二非無相, 二無我有故. 何以故? 此二我無即是二無我有, 此二無我有即是二我無故."

상종의 술어를 대중에게 널리 알린다면 중국이 쇠퇴했지만 뛰어난 학자가 아직 끊어지지는 않았으니 한두 개 어휘가 법상종을 이해하는 데 어찌 장애가 되겠는가? 만약 범속한 사람의 수준만을 따른다면 불전만 난해한 게 아니라 다른 서적도 난해하기는 마찬가지다. 진정 값싼 것만 취한다면 그 본의를 상실하고 말 것이니 행할 바가 아니다.【일본학자 무라카미 센쇼(村上專精, 1851-1928)[148]는 인명학의 유체(喩體)·유의(喩依) 개념을 이유(理喩)·사유(事喩)[149]로 바꾸고 여러 원문을 교정하여 쉽게 이해하게 했다. 하지만 그는 유체가 본래 유(喩)가 아님을 알지 못해서 지금 그것을 이유(理喩)라고 명명했는데 완전히 반대 의미로 해석한 격이다.】

내가 불학을 제창하는 까닭을 묻는다면 나 스스로 이야기할 게 있다. 백성의 소질은 날로 쇠퇴하여 오늘날 심각한 수준에 이르렀다. 복희(伏羲)나 공자의 유언은 만회할 역량을 전혀 갖지 못했다. 이학(理學)도 세상을 지탱할 버팀목일 수가 없다. 또한 학설은 날로 새롭고 지혜도 날로 증대한다. 경쟁을 주장하는 사람은 '해위정법론'(害爲正法論)[150]에 빠지고, 공리를 주장하는 사람은 순세외도론(順世外道論)[151]에 빠진다. 악한 지혜가 이미 심화했고 도덕은 날로 피폐해진다. '잘못된 것을 바로잡고자 하는 사람'[矯弊者]은 종교가 저런 잘못을 없앨 수 없음에 깜짝 놀란다. 그리고 하느님을 숭배하는 행위는 비루하고 정토 세계에 왕생하고자 하는 행위

---

148 村上專精(무라카미 센쇼): 1894년『불교사림(佛敎史林)』을 창간하여 근대 학문으로서 불교사 연구를 본격적으로 시작했다. 한국 근대불교에도 꽤 영향이 컸던『불교통일론』을 저술했다.

149 村上專精,『(活用講述)因明學全書』(東京: 哲學書院, 1891), p.262.

150 害爲正法論(해위정법론):『유가사지론』권6에서 외도의 다양한 이론을 평가한 16종 이론(異論) 가운데 제8로 제시한 내용이다. 브라만은 사실 자신이 육식을 하고 싶어서 희생공희(犧牲供犧)와 같은 '부정한 행위'[害]를 정법(正法)이라고 주장한다는 것이다.

151 順世外道(순세외도): 인도 고대 유물론자로 세속에서 욕망을 채우는 것을 목적으로 하는 쾌락주의자이자 물질주의자로 분류된다.

는 장부가 할 일이 아니다.【『십주비바사론』에서 이미 말했다.】 일본 불교를 따르고자 하지만 비구가 아내를 맞고 육식을 해야 하니 계행(戒行)이 이미 사라졌는데 어떻게 그것을 궤범으로 삼을 수 있겠는가? 법상종의 이론이나 화엄종의 실천이 아니라면 결코 악견을 제압하고 속세를 정화할 수 없다.

『춘추』의 유훈(遺訓)과 안원(顔元)·대진(戴震)의 서언(緖言)은 사회를 통제하는 데 효과적이지만 도덕의 문제에서는 서로 보완해야 한다. 만약 대승으로 벼리를 삼지 않는다면『춘추』도『마누법전』일 뿐이고, 안원과 대진도 순세외도일 뿐이다. 간절한 마음은 오직 여기에 있을 뿐이다. 탄쓰퉁(譚嗣同, 1865-1898)이 쓴 『인학(仁學)』은 잡다하고 논리가 없는데다가 마치 잠꼬대 같아서 감히 들을 바가 아니다.

오무론[152]

오늘날 인류가 감히 하늘을 거역하지 못하고 자신이 한계가 있음을 받아들이면 부득불 국가가 있고, 정부가 있다. 국가와 정부의 범주는 본래 협애하기 때문에 그것의 원류를 추적하면 민족주의에 도달한다. 하지만 이 민족주의 또한 협애한 범주다. 민족주의 범주가 협애하기 때문에 국가에 적합하지 않다고 한다면 이것은 상위결정(有法自相相違)의 오류로[153] 비량이 성립하지 않는다.【불교 논리학의 삼지작법(三支作法)[154]에서처럼 저들은 먼저 하나의 인식근거[量, pramāṇa]를 수립한다. "민족주의는 협애견이다.[주장, 宗] 경계가 없는데 억지로 경계를 나누었기 때문이다.[이유, 因] 비유하면 종법사상과 같다.[예증, 喩]" 여기서 다시 하나의 인식근거를 수립할 수 있다. "국가주의는 협애견이다. 경계가 없는데 억지로 경계를 나누었기 때문이다. 비유하면 촌락사상과 같다." 두 주장의 원인도 후방 진술도 모두 동일하다. 그렇다면 전자가 논적을 논파하는 논리는 자신이 논파당하는 논리이기도 하다. 만약 삼단논법을 사용하더라도 마찬가지 결과를 얻을 것이다.】

갠지스강 모래알만큼 많은 세계 가운데 지구가 있다. 이는 비유하면 커다란 창고 속의 쌀 한 톨 정도에 불과하다. 지금 거기서 영토를 분할하여 자기 몫을 지키면서 그것을 국가라고 명명한다. 다시 거기에 기관을 설치하고 등급을 구분하여 정부라고 명명한다. '만씨(蠻氏)와 촉씨(觸氏)가

---

152 「五無論」, 『民報』第16號(東京: 民報社, 1907.9).

153 有法自相相違因(dharmi-svarūpa-viruddha): 인명학에서 말하는 33종 오류 가운데 인의 4종 상호모순 중 제3항이다. '有法'은 宗(命題)의 前陳(主詞)이고, 自相은 宗의 前陳이 진술한 사건이고, '相違'는 상호 모순, 위배의 의미다.(『佛光』 p.2434) 김성철, 『원효의 판비량론 기초 연구』(서울: 지식산업사, 2003), p.96 참조.

154 三支作法(삼지작법): 고대 인도의 논리학자 디그나가(진나)가 주장(宗)·이유(因)·예증(喩) '세 가지 단계'[三支]로 완성한 '논리 형식'[作法]이다.

서로 다툰 고사'[155]로도 비유할 수 없을 정도다. 그들이 지키는 바가 협애하기에 오직 협애한 민족주의에 상응하여 그렇게 한 것이다. 만약 진정 광대하고자 한다면 진실로 종족을 분할하는 것도 부당한데 어떻게 국가를 나눌 수 있겠는가?

민족주의는 감정을 좇아 존재하는데 국가주의라고 해서 어찌 감정을 좇아 존재하는 게 아니겠나? 민족주의를 고루하다고 여겨 국가주의에 매달리는 자는 도대체 무엇을 하려는 것인가? 아! 안타깝다.

풀이 무성하고 물이 넘치는 평원에 진입해서 살펴본다면 처음에는 토지가 보일 것이고, 다음은 거기에 사는 인민이 보일 것이다. 어찌 이른바 국가를 목도하겠는가? 국가는 기계나 나무 인형처럼 작용은 있지만 자성이 있는 건 아니다. 뱀 털이나 말 뿔같이 말을 할 수는 있지만 실재하지는 않는다. 국가라는 허구와 망상을 구성하는 구성을 분석한다면 민족이 아니라면 누구이겠는가? 자기 종족을 바꾸어도 따질 바가 못 되는 마당에 나라를 팔아먹은들 문책할 일이겠는가? 그런데 노심초사 이 국가를 붙들고 있는 것은 무엇 때문인가? 이런 일을 하려고 하루하루 보내는 것은 마치 '기와를 부수고 벽 장식을 훼손하는 것'[毀瓦畫墁][156]과 같으니 도대체 무엇을 하려는 것인가? 만약 국가가 집단의 삶에 유익한 도구라고 말한다면 일족을 유익하게 하는 것과 무엇이 다른가? 차이라고는 개자(芥子)나 소 발자국 정도로 미세할 뿐인데 둘은 어찌하여 서로 비난하는가?

그래서 한계를 받아들여 국가에 집착하면 또한 어쩔 수 없이 민족주의

---

155 觸蠻之爭(촉만지쟁):『莊子』「則陽」4: "有國於蝸之左角者曰觸氏, 有國於蝸之右角者曰蠻氏, 時相與爭地而戰, 伏尸數萬, 逐北旬有五日而後反."[달팽이 왼쪽 뿔에 있는 촉씨(觸氏)라는 나라와 달팽이 오른쪽 뿔에 있는 만씨(蠻氏)라는 나라가 한때 서로 영토를 두고 서로 전쟁을 벌여 전사자가 수만이었고 패주하는 적을 보름이나 쫓고 나서야 돌아왔다.]
156 『孟子』「滕文公下」9: "曰: 有人於此, 毀瓦畫墁, 其志將以求食也, 則子食之乎?"

제물론석

에 집착하게 된다. 하지만 그 가운데서도 광대함이 있다. 우리가 집착하는 것은 한족(漢族)에 한정되지 않는다. 기타 약소 민족은 다른 강대 민족에게 정복당해 그 정부는 뺏기고 그 백성은 노예로 전락하기도 한다. 만약 여력이 있다면 반드시 한번 바로잡아 그들 민족을 본래대로 회복시켜야 한다.

오호라! 인도와 미얀마는 영국에 멸망했고 베트남은 프랑스에 멸망했다. 언변과 지혜가 뛰어나고 온후한 민족이 완전히 멸망하다니! 그래서 우리 민족이라면 마땅히 되돌려야 하고, 우리 민족이 아니더라도 누가 성현을 낳은 오래된 나라임에도 그 나라 잃고 백성이 노예로 전락하는 것을 보고만 있겠는가? 우리가 민족주의를 온전히 구현하려면 마땅히 우리의 진심을 미루어 같은 고통을 겪고 있는 다른 민족을 구하여 저들 민족이 완전히 독립된 지위를 갖도록 해야 한다.

만약 대악당 윌리엄 매킨리(William Mckinley: 미국 25대 대통령)의 술수를 흉내 내 거짓으로 다른 민족에게 구원의 손길을 내밀고 결국 자기들 영토를 확장하는 자가 있다면 법률로 판단을 내려 가차 없이 주살해야 한다. 그렇다면 사랑하는 데 차별이 없지만 친한 이부터 베풀기 시작하는 게 묵가의 도리이다.

만약 민족은 반드시 국가가 있어야 하고, 국가는 반드시 정부가 있어야 한다면 어쩔 수 없이 공화정을 선택해야 한다. 왜냐하면 공화정이 폐해가 가장 적기 때문이다. 봉건제가 무너지고 제국주의가 행해지니 그 폭정은 또한 매킨리가 행한 것과 다를 수가 없다. 이 때문에 네 가지 법령을 설치하여 그것을 제어해야 한다.

첫째, 토지를 균등 배분하여 경작자가 농노로 전락하는 일이 없게끔 해야 한다. 둘째, 관립 공장을 운영하여 노동자가 이익을 배분받도록 해야 한다. 셋째, 재산 상속을 제한하여 부가 자손에게 상속되지 않게끔 해야 한다. 넷째, 평민이 의회를 해산【의원이 부패하면 평민이 그들을 해산할 수 있다. 의회는 본래 민간이 뽑았기 때문에 마땅히 그 해산을 민간이 할 수 있어야 한다. 하지만 여러 정치와 법률 집행의 잘잘못은 정부에 죄를 묻는 것이 가능하지만 의원의 수뢰에 대해서는 특별히 처벌해야 한다.】할 수 있게 하여 정당이 감히 뇌물을 받지 않도록 해야 한다.

이 네 가지 법령이 시행되면 부유한 사람은 아마도 며칠 사이에 미약해지고 호적에 편입된 사람은 평등할 수 있을 것이니 어쩔 수 없이 그것을 취한다. 이 네 가지 법령이 시행되지 않는다면 국민이 입헌정부를 수립했건 아니건 모두 전제정치보다 못할 것이다. 왜냐하면 국회는 뇌물이나 받아먹는 간악한 집단이고 부자는 국가를 도둑질하는 괴수일 뿐이기 때문이다. 전제 국가에서는 국회가 없으니 국회가 없으면 부자와 빈자는 서로 동등하다. 국회를 설치하여 의원을 선발하지만 대체로 부유층 출신이다. 말이야 인민을 대표한다지만 사실은 정당에 의지하여 관리와 결탁하고 자기 출신의 입장만을 대변할 뿐이다. 민생과 복지에 생각이 없고 오직 자기 정당 입장에만 편향되어 활동한다. 그래서 국회 설립은 국가가 우민을 꾀어 그들의 입에 재갈을 물리는 방법이다.

또한 국회의원이 부유층 출신이면 돈으로 관직을 산 것이랑 다르지 않다. 그들은 자기 이익만 생각할 뿐이다. 관리가 뇌물을 받으면 국회가 그들을 탄핵하여 쫓아낼 수 있지만 의원이 뇌물을 받으면 누가 그들을 탄핵하여 쫓아낼 수 있겠나? 의원 한 명이 수뢰하면 다른 의원이 그를 탄핵해 쫓아내지만 의원 전원이 수뢰하면 누가 그들을 탄핵하고 쫓아낼 것인가? 최근 일본의 군제(郡制) 폐지안을 보면 의원이 뇌물을 받았고 떳떳한 사람은 일곱 명이고 나머지 삼백여 의원이 몰래 뇌물을 받은 일이 있었다.【『흑룡잡지(黑龍雜誌)』를 보라.】

일본의 국가 건립은 단지 중상주의나 배금주의를 임무로 삼은 것이 아닌데도 의회 설치 겨우 20년 만에 그 부패가 이 지경에 이르렀다. 그렇다면 의회가 있지만 평민이 그들 뒤에서 채찍질하지 않고 의회를 해산하고 폐지하는 권리를 행사할 수 없다면 의회 설치는 관리에게 줄 뇌물을 분배하여 부유층에게 주는 것과 다르지 않다. 전제 국가를 보면 오히려 이런 문란함은 없다.【세상 사람은 늘 "감독자의 숫자가 수뢰자의 숫자다."라고 말한다. 내 생각으론 오늘날 의회가 비록 관리를 감독하는 역할을 담당하지만 이내 사적으로 수뢰하는 일에 금방 적응했으니 이 말은 믿을 만하다.】

전제 국가에서 상인은 국가와 권력을 분점하겠다는 생각은 감히 하지 못하지만 전제 국가가 아닌 나라에서는 그렇지 않다. 화폐 때문에 사람들은 분란을 일으킨다. 황금(黃金)·백금(白金)·적금(赤金)은 보기에 광택이 있고, 때리면 소리가 나고, 얻기는 무척 어렵고, 보관해도 썩지 않는다. 그 성질에는 진정 귀한 점이 있다. 그것이 보배라고 할 만하기에 화폐로 만들었는데 이는 사람의 공통된 마음이다.

폭이 1촌 정도 되는 얇은 종이는 낡은 종이랑 다를 바 없지만 그 가치가 100금에 해당하는 것은 정부가 백성을 심하게 우롱하는 짓이다. 거기서 그칠 줄을 모르고 거간꾼이 은행을 설립하여 공적으로 지폐를 발행하게 했다. 일반 사람이 지폐를 발행하는 것은 불가능하다. 이렇게 되면 거간꾼은 그 권력이 정부와 맞먹고 일반인과는 천양지차가 나게 되지 않겠는가? 돌이켜 전제 국가를 보면 국가가 화폐를 발행하지만 민간에서도 은을 파쇄해서 교역하는 것이 가능했다. 주식의 경우에는 국가에서도 그것을 발행하는 것이 드문데 거간꾼이겠는가?【상하이 중국은행도 주식 발행 허가를 받았지만 이는 사실 유럽화 시도로 본래 그 역할이 존재한 건 아니다.】그래서 공화정의 정치체가 있더라도 정치 권력과 경제 권력을 분리하고 국회의원을 통제하지 않으면 전제정치의 장점에 미치지 못한다.

이 네 가지 법령은 단지 초보 단계의 일시적인 제도이지만 공화정의 부족한 점을 충분히 메꿀 수 있다. 완전함을 추구하면 반드시 저 높이 태허를 밟아야 하지만 공화정이라는 거짓 정치체와 그것에 속한 네 가지 제도를 기초로 하지 않으면 어찌 허무로 날아오를 길이 있겠는가? 한계를 인정하고 백 년을 기다리고 나서야 오무(五無)의 법령을 차례로 만날 것이다. 오무는 민족주의를 초극한다. 오무는 무엇인가?

1) 무정부

무릇 민족 간 투쟁은 모두 정부가 존재해서 민족 간 격차를 발생시켰기 때문이다. 만약 정권이 소멸하면 인간은 동류가 아닌 견마(犬馬)에 대해서도 그들을 받아들일 것인데 인류를 받아들이는 데 무슨 문제가 있겠는가? 단지 민족의 다툼을 없앨 뿐만 아니다. 화폐가 있으면 쟁탈이 발생하고 계급이 발생한다. 이 때문에 공동생산으로 생활한다면 무역을 단절할 수 있고 화폐는 반드시 바다에 던져 버릴 것이다.

무기가 있으면 사람은 그것을 도구로 살해하고 약탈한다. 이 때문에 총포를 용해하고 도검을 부순다면 비록 싸우려는 마음을 완전히 끊지는 못하지만 싸움의 도구는 이때부터 사라질 것이다. 기타 남녀교합과 부자 간 상속은 비록 인도(人道)의 상정이지만 친하여 아끼는 대상이 있으면 질투가 발생하고, 소유하는 사물이 있으면 다툼이 일어나기 마련이다. 이 때문에 부부가 함께 거처하고 친족이 서로 의지하는 것은 반드시 모두 폐지해서 인민으로 하여금 서로 교류하고 받아들이게 하면 아마도 격차가 사라질 것이다. 무릇 이들 제도는 인민의 질투심을 억제하기 위한 것이지 행복을 위한 것은 아니다. 행복은 본래 존재하지 않고 다만 피해가 적은 것만 존재하는 게 아닐까?

제물론석

2) 무취락

정부의 성립은 본래 전쟁이 그 기원이다. 전쟁이 멈추지 않으면 정부는 하루도 폐지되지 않는다. 그래서 정부는 단지 국민을 통치하기 위해서 수립된 게 아니라 다른 나라와 대립하기 위해 수립됐다. 다른 나라에 정부가 있으면 한 나라가 자기만 정부가 없을 수 없다. 지금 말하는 무정부는 반드시 다른 나라 정부와 함께 사라져야 한다는 의미이다. 국가의 경계를 폐지하고, 말과 문자를 통일해야 하는 것은 모든 사람이 아는 바이다. 하지만 국가의 경계를 폐지하더라도 취락이 폐지되지 않으면 참혹하고 극렬한 전쟁이 멈추지 않는다. 왜일까?

인류는 본래 평등하지만 그들이 근거하는 땅은 불평등하고 인류의 재산은 서로 공유할 수 있지만 지역의 면적은 서로 공유할 수 없다. 무릇 공산(共産)은 스스로 흔쾌히 받아들인다. 하지만 지역은 기후와 토양의 차이가 있다. 차고 거친 곳에 거주하는 사람은 온 힘을 다해 노력하여 그 땅을 옥토로 바꾸기 때문에 누구도 그 옥토를 쉽게 찬탈할 수 없다. 하물며 건조와 습윤, 한대와 온난이라는 기후 차이는 지질 차이의 백 배는 된다. 자고로 온난하고 습윤한 지역의 국가는 혹한의 땅에 거주하는 이들에게 병탄된다. 온난 습윤한 지역 국가는 혹한 지역 국가를 잠식한 적이 없다.

이 이유는 다른 게 아니라 혹한 지역 사람은 온난 습윤한 지역 국가를 낙토라고 여겨 욕망이 분출하고 그것을 빼앗기 위해서 목이 달아나고 머리가 깨지는 고통도 꺼리지 않기 때문이다. 백성을 기쁘게 해 주면 백성은 죽음을 잊는다. 온난 습윤한 지역 국가의 국민은 본래부터 거칠고 추운 지역을 흠모하는 마음이 없어서 당연히 그 지역을 겸병하지 않는다. 두 지역은 모두 정부가 있지만 혹한 지역 국가가 반드시 온난 습윤한 지역 국가를 이길 것이다. 그 승리는 정부가 해낸 것이 아니라 자연계가 시킨 것이다.

지금 유럽 대륙의 몇몇 국가를 보면 인도 이남 지역을 침략했는데 그 시작이 어찌 황제의 역량에 기대고 무력을 휘둘러서겠는가? 한두 명의 농민과 상인이 자신의 이익을 위해 먼 이역 땅에 가서는 불한당을 모아서 짐승 잡는 무기를 휘두르며 사람을 죽이니 그 지역은 이윽고 그들의 차지가 되었다. 이는 정부와 무슨 관계가 있겠는가?

저들은 그 지역에서 식민이 완수되자 자신의 정부에 그 지역을 헌상하고 거기에 이름을 붙였다. 기존 영토든 새로 개척한 영토든 모두 하나의 나라가 되었다. 정복자는 선주민의 이익을 마음대로 침범하고 변방 오랑캐를 토벌해서 마음대로 살해한다. 이런 상황이 국경과 무슨 관계가 있겠는가? 이 때문에 정부와 국경이 타파되어도 여전히 취락이 존재한다면 온난 습윤한 지역 주민은 반드시 척박한 지역 사람에게 살해당하고 말 것이다. 가깝게는 백인이 남방을 침략하는 것에서 알 수 있고, 멀리는 원시인이 다른 부족을 멸망시킨 것에서 알 수 있다.

러시아 사람이 무정부주의를 말할 수 있는 까닭은 왜인가? 러시아는 본래 춥고 척박하여 러시아인 자신은 다른 나라를 침략해도 다른 나라가 자기 나라를 침범할까 걱정하지는 않았기 때문이다. 프랑스 사람이 무정부주의를 말할 수 있는 까닭은 왜인가? 프랑스는 국토가 비옥하지만 면적이 그다지 넓지 않다. 좁은 국토에 사는 프랑스 사람은 자신은 다른 온난 습윤한 지역을 침략해도 온난 습윤한 지역 사람이 비좁은 자기 나라를 침략할 것을 걱정하지는 않았다. 그래서 그들은 무정부주의를 실천해도 두려울 게 없었다.

동아시아 여러 국가는 그렇지 않다. 중원·요동·일본·조선이 러시아와 동시에 정부가 사라지면 동아시아 여러 나라 백성은 러시아인에게 유린당하고 말 것이다. 윈난·광시·푸젠·광둥·베트남·미얀마에서 프랑스와 동시에 정부가 사라지면 그 지역 백성은 프랑스인에게 침략당하고 말 것이다. 이는 왜인가? 취락을 이뤄 거주하기 때문에 기후를 서로 비교하면 온난과 한랭의 차이가 있고, 면적을 비교하면 넓고 좁은 차이가 있다. 법제와 계약으로 균등하게 할 수 있는 바가 아니다.

무정부는 자유평등의 극치라고 여겨진다. 저들은 자국민에 대해서는 자유평등을 실천하지만 타국인에 대해서는 자유평등과 전혀 딴판의 정책을 펼친다. 정부가 있는 세계에서 그것을 말해 보자. 지금 프랑스 식민정부는 베트남에서 산 자에게도 세금을 물리고, 죽은 자에게도 세금을 물린다. 걸식하는 이에게도 세금을 물리고, 화장실을 청소하는 이에게도 세금을 물린다. 자신의 통치를 비방하는 자도 죽이고, 국경을 넘어 도망치는 자도 죽이고, 집회하는 자도 죽인다. 이런 잔악함은 일찍이 존재한 적이 없었다. 이는 식인종의 나라라고 할 만하다. 몽골 제국과 이슬람 제국도 일찍이 이 근처에는 가지 못했을 테다. 이 프랑스는 자유평등의 정신을 창시한 그 프랑스가 아닌가?

프랑스는 자신의 영토 내에서는 자유평등을 시행할 수 있지만 식민지 베트남에서는 자유평등과 가장 먼 방식으로 통치했다. 이런 이유 때문에 비록 무정부 시대에 도달하더라도 저들은 다른 나라 사람을 사냥할 것임을 쉽게 짐작할 수 있다. 혹자는 말과 문자가 달라서 서로 상대를 다른 종족으로 보고 그래서 상대를 포용하는 마음이 없지만 말과 문자가 통일되면 이런 걱정은 없을 것이라고 말한다. 무릇 이익 때문에 서로 다투면 비록 형제나 친족이라고 하더라도 창을 들고 싸우는데 하물며 원래 남인 경우에야 오죽하겠는가!

오늘날 사람은 무정부주의 학설에 경탄하며 그것을 하나의 모범으로 여긴다. 하지만 설령 정부를 완전히 없애고 국가의 경계를 모두 허문다고 하더라도 여전히 견고하게 존재하는 취락은 사람들이 서로 대오를 형성하여 해체되지 않는다. 이 때문에 집단을 이뤄서 서로 다투어 그 기세가 여전히 멈출 수 없다면 무정부주의 학설을 모방하는 사람은 그 학설을 제창한 이들에게 먹잇감이 될 뿐이다. 그래서 정부를 없애고자 한다면 반드시 취락을 없애야 한다.

농민은 정주하지 않는 떠돌이 농민이 되어야 하고, 노동자도 한 공장에 속하지 않는 떠돌이 노동자가 되어야 하고, 여자도 한 남자에 구속되지 않는 떠돌이 여자가 되어야 한다. 척박한 지역 사람과 온난 습윤한 지역 사람이 해마다 토지와 집을 바꾸어 거주하고 서로 옮겨 다닌다면 아마도 집착 때문에 상대를 능멸하고 상대의 토지를 탈취하려는 마음을 내지 않을 것이다. 상황이 이렇다면 무정부주의는 반드시 무취락주의와 동시에 실천해야 한다.

3) 무인류

세상 사람은 정부가 온갖 악의 근원이고 국가가 온갖 더러움의 창고라고 여기는데 어떻게 그렇지 않다고 말하겠는가? 비록 그렇지만 정부든 국가든 그것은 자성이 없다. 이 정부와 국가는 누가 실제 구성했는가? 인류가 그것을 구성했다고 말할 것이다. 인간 스스로 그것을 구성했다면 인간 스스로 그것을 폐지할 수도 있다. 이런 생각은 결코 놀랄 만한 일이 아니다. 하지만 정부와 국가를 구성한 뿌리를 끊지 않으면 비록 그것을 폐지하더라도 결국 그것을 구성하는 일이 있을 것이다.

그렇지 않다면 원시인은 본래 정부나 국가의 구속이 없었는데 차츰 쌓아 올려 어떻게 오늘날 이렇게 거대한 정부와 국가를 만들 수 있었겠나? 또한 사람이 서로 다툼은 단지 먹잇감과 짝짓기 문제에 그치는 게 아니다. 사람이 다툴 때 쓰는 무기가 어찌 화기와 강철 부류뿐이겠나? 눈 흘기며 조금이라도 분노하면 증오가 뒤따르고 흉기를 구하지 못하면 주먹으로라도 먼저 상대를 가격한다.

가령 모든 지역에서 정부와 취락이 사라지고 군대가 폐지되고 공산제가 실현됐다고 하더라도 서로 죽이고 상해를 입히는 일을 끊을 수 없다. 정부가 없는 게 정부가 있을 때보다 우월한 것에 대해서는 옛날 포생(鮑生)이 말했다.

> 별 볼일 없는 백성이 다툰들 작은 일에 불과하고 필부가 완력을 쓴들 과연 어디까지 미치겠는가? (탐낼 만한 강토도 없고, 차지할 만한 성곽도 없고, 기대할 만한 금은보화도 없고, 다툴 만한 권세도 없다.) 그들 권세로는 사람들을 집합시킬 수 없고, 그들 위세로는 다른 사람을 부릴 수도 없다. 누구라서 제왕이 노발대발하여 군대를 소집하여 침공하는 것과 비교할 수 있겠는가? 상대방 국가에 아무런 원한도 없는 백성을 전장으로 내몰아 죄 없는 나라를 침공하게 한다. 널브러진 시신은 걸핏하면 수만을 헤아리고 피는 강물처럼 흘러넘쳐 방패가 둥둥 떠다니고 들판은 붉게 물든다.[157]【포생은 노장의 서적을 좋아하였고 옛날 군주가 없던 시절이 군주가 있는 오늘날보다 훌륭하다고 생각하여 포박자와 논쟁했다. 중국에서 무정부주의를 말한 사람은 앞서 장자가 있었고 그 후 포경언이 가장 유명하다. 이 말은 『포박자』「포경언 비판(詰鮑)」편에 나온다.】

만약 이와 같다면 이미 인류가 개돼지로 돌아가게 하는 것이고 인류를 아수라도로 떨어지게 하는 것이다. 그 방법은 비록 선하지만 완전무결한

157　『抱朴子』「外篇」'詰鮑'11: "且夫細民之爭, 不過小小, 匹夫校力, 亦何所至.(無疆土之可貪, 無城郭之可利, 無金寶之可欲, 無權柄之可競)勢不能以合徒衆, 威不足以驅異人, 孰與王赫斯怒, 陳師鞠旅, 推無讎之民, 攻無罪之國, 僵屍則動以萬計, 流血則漂櫓丹野."

방책은 아니다. 그래서 한두 명 보살과 초인이 출현하여 그들 인류를 가르쳐 인도(人道)를 끊고 번식을 단절시키고, 인류를 교육시켜 무아를 깨달아 연생을 멸진(滅盡)하도록 했다. 교화를 입은 자는 비록 적고 술수는 비록 우활하지만 계속해서 훈도한다면 반드시 멸진의 날이 있을 것이고 끝내는 자신에게 화가 되고 남에게도 화가 되는 해충을 조금도 남기지 않을 것이다.

4) 무중생

미생물(모나륜)로부터 지속해서 발전하여 인류에 이르는 것을 진화라고 명명하지만 사실은 하나의 유전진여(流轉眞如)[158]일 뿐이다. 요컨대 한 생물로 하여금 여전히 존재하게 한다면 인류는 결코 단절할 수 없다. 새로 발생한 종은 계속 진화하여 원인이 되고 오래되면 다시 진화하여 오늘날과 같은 사회와 국가 다시 출현할 것이다. 이 때문에 보살은 열반에 머물지 않고 늘 삼악도에 태어나 중생을 교화하고 그들이 무생을 증득하게 하여 '다음 생'[後有]을 끊게 하니 이것은 곧 무인류 학설과 동시에 실천해야 할 것이다.

---

158 流轉眞如(유전진여): 진여는 '존재의 진실'을 가리키는 표현이고 대승경전인 『해심밀경』에서는 이 진여의 일곱 가지 속성을 제시했다. 이 가운데 하나가 '유전진여'인데 '유전'은 일체 중생의 윤회전생을 말한다. 그래서 유전진여는 이런 윤회 속에서도 변화하지 않는 존재의 진실을 가리킨다.(『大正藏』16, p.699c) 장타이옌은 여기서 이 개념을 통해서 한 종이 생멸하지만 그렇다고 그 종이 소멸하는 게 아니라 다음 대에 그 종은 유전됨을 말한다. 최초의 생명체가 있으면 결국 지금 모습으로까지 진화할 것이라는 말이기도 하다.

5) 무세계

세계는 본래 존재하지 않았다. 소멸을 기다리지 않고도 처음부터 비존재였다. 지금 기세간이 있고 그것은 중생이 의지하는 근본이 되지만 중생의 착각[眼翳見病]이 구성한 것으로 모두 실제 존재가 아니다. 64종 원질을 소멸 직전까지 쪼개면 끝내 다시 쪼갤 수 없을 정도의 부피란 없다. 이미 다시 쪼갤 수 있다면 그것을 억지로 원자라고 이름할 수 없다. 만약 원자는 체적이 없어서 서로 충돌하고 나서야 형체를 드러낸다고 한다면 이미 체적이 없어서 바로 하나로 혼합되는데 어떻게 서로 충돌하는 일이 발생하겠는가?

그래서 원자를 안다는 이야기는 한낱 망언일 뿐이다. 어떤 사람은 에테르 개념을 제시하고 어떤 사람은 에너지 이론(energy theory)을 제기한다. 이 개념과 이론 모두 경험 세계를 초월하여 단지 가설일 뿐이다. 그것을 요약하면 공간이 오히려 존재하지 않는데 어떻게 저 공간이 수용하는 바가 있고 그것이 있다고 신뢰할 수 있겠는가? 하지만 현실에서 이 기세간은 완연히 존재한다고 보이는 것은 중동분(衆同分)의 업이 그 밝음을 어지럽혔기 때문이다.

그렇다면 중생이 이미 소멸했다면 세계는 결코 손톱만큼도 존재할 수 없다. 가령 눈병을 앓던 사람이 사망하면 그의 눈에 보인 허깨비 꽃도 그와 함께 소멸하고 말 것이다. 비록 그렇지만 이는 아직 보통 사람의 보편적인 진리가 될 수는 없다. 보통 사람이 신뢰하는 점은 오직 전도된 견해일 뿐이다. 세계가 최초 성립할 때 어둑어둑 일기(一氣)로 액체든 고체든 모두 마치 연기가 뭉친 것 같다. 불교에서는 그것을 금장운(金藏雲)[159]이

---

159 金藏雲(금장운): 불교의 우주관에서 최초로 세계가 발생하는 과정을 묘사할 때 물질

라고 했고, 칸트는 그것을 성운(星雲)이라고 했다. 지금 사람은 모두 그것을 가스라고 하고 유교에서는 태소(太素)라고 부른다.

그 연기가 이후 점점 응축되어 상태가 발효유같이 되고 그 상태가 오래되면 딱딱해진다. 지구는 이 상태에서 위치가 확정되고 다음에는 생명체가 성장한다. 유기물의 최초는 과연 무기물에서 나온 걸까? 생물학자가 쉽게 단정할 수 없는 문제다. 만약 전도된 세계가 망하지 않는다면 언젠가 생명체를 생산하는 날이 있을 것이다. 그래서 중생이 모두 법공을 증득하여 세계가 소멸해야 한다. 이 단계가 최종적으로 완성된 단계이다.

이 오무는 일시에 성취할 수는 없다. 정부와 취락을 소멸시키는 게 첫째 단계이고, 인류와 중생을 소멸시키는 게 둘째 단계이다. 최후로 세계를 소멸시키는 게 완성 단계이다. 앞 두 가지와 다음 두 가지를 소멸시키는 단계는 서로 뒤섞이는 일이 있기도 한데 단번에 완전히 소멸시킨 것은 아니기 때문에 실은 완성이라고 말하는 것이 불가능하다. 하지만 총명한 사람이 그것을 보면 질서정연하여 진행하는 데 혼란이 없고 무엇을 나중에 하고 무엇을 서둘러 할지 마치 수중의 과일을 가리키는 것처럼 분명할 것이다. 하지만 속인이 심원한 이치에 어둡고 승려가 비근한 교설에 매달리는 건 흔한 일이다.

오늘날 종교 신앙자는 자기 삶의 성패 그리고 능력의 강약이 본래 정해져 있다고 여겨 단지 인연에 집착할 뿐 증상연(增上緣)이 자신의 운명을 보조함으로써 그 운명을 개척하는지 알지 못한다. 또한 아첨하고 왜곡하는 마음을 갖고서 권력자를 불법(佛法)의 수호자로 삼고 강자를 억누르고 약자를 돌보는 일은 귀가 있어도 들으려 하지 않는다. 부유하고 권세 있

이 없는 허공 상태에 발생하는 금빛 기체를 가리킨다.

제물론석

는 자는 궁핍한 사람을 돕는 자선사업을 자신의 명성을 후세에 길이 남기는 방법이라고 여긴다.

불교를 신앙하는 사람 가운데 뛰어난 자는 열반에 도달하길 바랄 뿐 중생 제도를 위해 다양한 방편을 행하지는 않는다. 재시(財施)와 무외시(無畏施)를 말하지만 보시하는 자는 도대체 어디에 있는가? 세상을 걱정하고 특별한 재기를 지닌 인물은 무정부주의를 가장 완성된 주장으로 여긴다. 성선설을 굳건히 신봉하는 사람은 농상공업이 발달하여 의식주 문제가 해결되고 남녀교합에 조금이라도 결핍이 없으면 비록 법률이 없더라도 비난하는 일이 없을 거라고 말한다.

인간이 좋아하는 일은 아견에 근거한다. 이 때문에 아견을 제거하지 않으면 서로 노려보기만 해도 목숨을 걸고 다투려 할 것인데 어찌 이해득실만이겠는가? 무정부주의라는 중도로써 선을 긋지만 아견을 완전히 분쇄하려 하지 않는 사람이라면 이 또한 멀리 내다보는 식견이라고 하기에는 부족하다. 불교에서는 울단월주(鬱單越州)[160]에 사는 사람은 처첩(妻妾)·전택(田宅)·거마(車馬)·재물(財物)·자구(資具) 따위의 재산이 없지만 평안하고 장수하여 다른 세 개 대륙의 백성보다 뛰어나다고 말한다. 하지만 부처도 이 울단월주 출신은 아니다. 이런 일은 아마도 지금 명확히 증험할 수 있는 것이 아닐 것이다.

질문: 어찌하여 성선설은 믿지 않으면서 인간이 다툼을 좋아하는 것은 아견에 근거한다고 말하는가?

대답: 인간의 본성은 이른바 '무선무악'(선성도 아니고 악성도 아니다)의 장식(藏識)임은 말할 필요도 없다. 하지만 말라식, 즉 의근은 비록 무기(無記)이

---

160 鬱單越州(울단월주): 고대 불교의 우주관에서 세계의 중심인 수미산 동서남북 방향에 각각 거대한 대륙이 있다고 하는데 북방에 존재하는 세계가 울단월주이다.

지만 유부(有覆)이다. 항상 장식을 자신의 자아라고 집착하고, 자아를 집착하는 이런 시선으로 의식을 보기 때문에 선악의 마음이 발생한다. 인심은 진정 무선(無善)이 아니고 또한 호선(好善)도 아니다. 가령 맹자·루소·쇼펜하우어 같은 이들이 측은지심을 근본 원리로 삼은 것이 헛소리는 아니다. 하지만 희랍학자가 진·선·미 셋으로 인간이 추구하는 바를 포괄한 것은 실로 유치한 주장이다.

인간은 모두 자아를 집착하고 모두 자신이 타인보다 훌륭하다고 생각한다. 그래서 남을 이기려는 마음으로 타인을 보면 다툼이 발생한다. 이런 행동은 인간만의 것은 아니다. 모든 동물이 그렇다. 닭·메추라기·개구리·두꺼비·귀뚜라미 같은 경우도 대부분 특별한 이유도 없이 서로 다투는데 꼭 이해득실 때문에 싸우는 것은 아니다.

쇼펜하우어는 '세계는 의지의 표상'이라고 주장하고 의지는 항상 서로 경쟁한다고 말한다. 그는 개미는 손가락으로 눌러 두 동강을 내면 그 개미는 이미 죽었지만 그 몸은 머리와 서로 다투는 것을 증거로 삼았다. 이런 다툼이 어떻게 이해득실 때문이겠나? 아이가 처음 말을 할 수 있게 됐을 때, 두 아이는 상대방이 자신에게 순종하지 않는다고 느끼면 서로 손을 들어 때린다. 어른이 되어도 누군가 자신을 조소하거나 깔보는 낌새라도 있을라치면 평생토록 그를 증오한다.

술에 취해 정신을 잃고는 칼을 꺼내 서로 원수처럼 다투는 일은 예전에는 늘 보던 광경이었다. 이것이 또한 어찌 이해득실 때문이겠는가? 하지만 많은 사람이 인간은 이해득실 때문에 경쟁심을 일으키고 또한 이기려는 마음은 천성이라고 생각한다. 이해득실과 관련된 일을 겪는다면 더 강렬하게 이기려는 마음을 일으킬 것이다. 어찌 사람이 서로 죽이는 이유가 단지 생존과 번식 경쟁 때문이라고 말할 수 있겠는가?

지금 가령 사람에게 사유 재산이 없고 또한 가정이 없다면 재산과 배

제물론석

우자를 위한 경쟁은 분명 멈출 것이다. 이런 사회는 짐승에게도 있다. 짐승에게는 일부일처의 제도는 없고 수컷과 암컷은 서로 쫓고 세상의 모든 이성을 공유한다. 교미를 위해서 서로 씹고 깨무는 경우가 오히려 많다. 어찌 인류에게만 이런 성향을 벗어나라고 할 수 있는가?

짐승은 언어가 간단하여 오직 소리로 호소하고 배척하여 심각한 조소나 비난은 존재하지 않는다. 수치심도 없기 때문에 언어로써 경쟁심을 일으키는 일이란 없다. 사람은 그렇지 않다. 세 치 혀는 칼이나 창보다 날카로워 수모를 당한 자는 마찬가지로 칼이나 창으로 보복하려 든다. 전란의 발생은 언어를 디딤돌로 한다. '소동질자가 방중에서 행한 조소'[161]와 혜강(嵇康)이 '대장간에서 행한 두 마디 말'[鍛灶之兩言]은 그 화가 일국의 군대가 전멸하고 자신이 참수당하는 지경에 이르렀다. 이는 보복한 자가 권세와 지위가 있는 경우라고 말해야 한다.

가령 보복하려는 자가 권세와 지위가 없는 자라고 하더라도 그 주변에 그를 '돕는 이'[股肱]는 반드시 존재하고 용맹한 이들 가운데 나쁜 이야기를 참지 못하고 서로 죽이는 지경에 이르는 자도 많다. 하지만 사회가 완전히 붕괴하는 지경에 이르지 않는 까닭은 무엇일까? 국가의 법률이 그것을 방지하고 이욕(利慾)이 그것을 억제하기 때문이다. 사람은 생을 염원하고 죽음을 싫어한다. 생활이 극도로 어려워 어쩔 수 없이 극단적인 선택을 하는 사람이 아니라면 보통은 가혹한 형벌이 가해질 거라 두려워 늘 스스로 이기려는 마음을 제어한다.

또한 누군가 법률 바깥으로 도피한다면 그의 명성은 땅에 떨어지고 말

---

161 『春秋穀梁傳』「成公元年」6: "成公元年: 冬, 十月. 季孫行父禿, 晉郤克眇, 衛孫良夫跛, 曹公子手僂, 同時而聘於齊. 齊使禿者御禿者, 使眇者御眇者, 使跛者御跛者, 使僂者御僂者. 蕭同侄子處台上而笑之. 聞於客. 客不說而去, 相與立胥閭而語, 移日不解. 齊人有知之者, 曰: 齊之患, 必自此始矣!"

기 때문에 사람들은 그와 함께 뭔가를 하지 않을 것이다. 타인을 공격하여 그의 물건을 강탈하는 무리는 사회가 받아들이지 않기 때문에 저 끝없는 희망은 여기서 종결하고 만다. 이것이 돌발적이고 비정상적인 행위를 꺼리는 이유이다. 하지만 두 가지를 비교하면 법률의 징계는 그 힘이 미약하고 이욕의 욕망은 그 힘이 강하다. 지금 정부가 없다면 법률의 유무를 막론하고 재산을 공유하고 '배우자를 공유하면'[同內]¹⁶² 일신에 이익을 줄일 수도 없고 늘릴 수도 없다. 희망은 사라지고 거짓 도덕은 이 때문에 소멸하지만 이기려는 본능은 장차 이 때문에 숨김없이 드러날 것이다.

지금 사회를 사는 사람은 이기려는 마음이 없는 것은 아니지만 그것은 언제나 이욕(利欲)에 의해 억제된다. 그래서 근년 민중 기개를 진작시키고자 하는 사람은 이익을 추구하는 마음을 없애고 각자가 존중하게끔 하니 비로소 용맹무외가 가능했다. 무정부의가 실현된 이후 근심거리는 호승심에 있지 이욕심에 있지는 않을 것이다.

혹자는 오늘날 풍속이 후퇴했지만 살인을 즐기는 사람은 이미 극히 소수라서 다른 때 정부가 비록 소멸하더라도 관습은 소멸하지 않을 것이라서 '돌발적으로 발생한 참상'[遽裂]을 걱정할 필요는 없다고 말한다. 나는 그렇지 않다고 생각한다. 지금 사람의 습관은 천성(본능)을 개조할 수는 없고 단지 천성을 강제하여 발현되지 않도록 할 뿐이다. 누군들 분노하지 않고, 누군들 동물을 도살해서 먹지 않는가? 살해를 좋아하는 습관은 본성으로 말미암아 형성됐지만 살해하지 않는 습관은 강제된 것이다.

울타리를 제거하면 과거의 탄력이 다시 발생할 것이다. 가령 힘으로 그것을 강제할 수 있는 자가 오늘날 사회에도 존재하고 이후 무정부시대

---

162   同內(동내): '동실(同室)'의 의미로 가정을 공유한다는 뜻. 『史記』「淮南衡山列傳」16: "王乃詳爲怒太子, 閉太子使與妃同內三月, 太子終不近妃."

에도 존재할 뿐이다. 다시 세대가 바뀌면 그 자손은 오늘날 사회를 보지 못했는데 어떻게 살해하지 않는 습관이 있겠는가? 혹자는 측은지심은 인간이 본래부터 가진 것이라 비록 타인을 이기길 좋아하더라도 반드시 자신이 제어할 수 있다고 말한다. 하지만 나는 그렇게 생각하지 않는다.

맹자는 측은지심을 설명하면서 어린아이가 우물에 들어가려는 상황에서 사람이 일으키는 마음을 예로 들었다. 이는 대단히 적절한 예이다. 사람은 자신보다 약하고 어린 이를 불쌍히 여기고 자신에게 적대적인 이를 증오한다. 측은지심은 또한 호승심과 같은 뿌리이다. 비록 심히 흉포한 사람도 어린아이를 불쌍히 여기는 마음이 없지 않고, 비록 대단히 인자한 사람도 원수로 삼는 이가 없지 않다. 임협의 마음 씀씀이를 살펴보면 곧바로 알 수 있다.

고대에 인간이 짐승과 투쟁했을 때는 늘 성체를 죽이고 새끼를 남겨 길렀고, 다음 시대 부락 간 전쟁을 벌였을 때는 늘 어른을 도살하고 부녀자와 아이는 남겼다. 이것이 어찌 법령으로 징발하고 약속한 것이겠는가?[163] 자기보다 강한 자를 주살하는 것은 이기려는 마음을 바탕으로 하고, 자기보다 약한 자를 보전하는 것은 측은지심을 바탕으로 한다. 인간의 본성이 그러한 것이다.

설령 모든 사람이 형편이 어려운 자에게 으스대지 않고 홀아비와 과부를 멸시하지 않더라도 체력·지력·용기가 자신과 비슷한 사람에 대해서는 조금이라도 분노하면 반드시 살의를 품는다. 이런 성정은 결코 제거할 수 없다. 어떤 사람은 정부가 소멸했을 때는 싸울 무기가 없기 때문에 서로 살해하고자 해도 할 수가 없다고 말한다. 나는 또한 그렇지 않다

---

163   此寧有政令發徵期會哉:『史記』「貨殖列傳」3: "故待農而食之, 虞而出之, 工而成之, 商而通之. 此寧有政教發徵期會哉?"

고 생각한다.

인간은 금수와 달리 사람마다 체력이 다르다. 세상에는 육중한 삼발이 청동 솥을 들어 올리는 이도 있고, 병아리 한 마리 들어 올리지도 못하는 사람도 있다. 이런 정도로 차이가 나면 강자와 약자가 뚜렷이 비교되어 약자에 대해서 불쌍히 여기는 마음을 일으키기도 한다. 하지만 보통 사람이 서로 보기에 힘은 남음이 있지만 형색은 거기에 못 미치는 경우가 왕왕 있다. 주먹을 교환하며 싸워도 목숨을 끊어놓을 수 있는데 하물며 주변에 널린 장대나 몽둥이도 쓸 수 있지 않은가?

또한 비록 병기를 녹여 없앴다고 하지만 실생활을 위해서 쇠붙이 생산을 폐지할 수는 없다. 농부가 땅을 일구려면 반드시 쟁기와 괭이가 있어야 하고, 요리사가 고기를 자르려면 칼이 있어야 하고, 장인이 나무를 깎으려면 도끼가 있어야 하고, 재단사가 옷감을 재단하려면 가위가 있어야 한다. 여기서 거론한 여러 도구는 모두 살인 무기가 될 수 있다. 어떻게 맨손이라고 해서 도구가 없다고 하겠는가?

그렇지만 인간은 장차 서로 살해할 것이기 때문에 마땅히 법률로써 그런 행위를 통제해야 한다고 말하더라도 정부의 존재를 염원한다면 이는 심각한 오류이다. 정부가 최초 수립됐을 때 그것은 본래 법률로써 백성을 보호하기 위해서 성립한 게 아니라 토지를 사람들에게서 뺏으려고 성립했다. 오늘날 '법령이 잘 정비될수록'[法令滋章][164] 그 수혜자는 권세 있고 부유한 자이다. 가난한 백성은 도적이 되어 처형당하기 일쑤니 그 수가 어찌 억조(億兆)에서 그치겠는가? 어떤 이는 경찰의 순찰이 삼엄하여 도둑질도 뜻대로 못 해 결국 탄광 갱도 안에서 죽어 나뒹굴 것이다.

---

164   法令滋章(법령자장):『老子』57: "天下多忌諱, 而民彌貧; 民多利器, 國家滋昏; 人多伎巧, 奇物滋起; 法令滋彰, 盜賊多有."

제국주의 국가는 잠자고 밥 먹을 때도 다른 나라를 약탈하고 그 나라 사람을 살해할 것을 잊지 않고, 비록 '이빨을 날카롭게 갈고 선혈을 핥아 먹고'[165] '사방 천 리 백성을 도륙하더라도' 의리(義理) 상 당연한 것으로 여긴다. 장자는 "허리띠 고리 하나를 훔치면 처형당하지만 나라를 훔치면 제후로 봉해진다."[166]라고 하며 분개했다. 지금 정부가 없다면 비록 서로 살해하는 일은 면할 수 있지만 결코 정부가 있을 때만큼 많은 것은 아니다. 또 보통 사람이 서로 살해하는 경우 그들의 완력을 보건대 강자가 약자를 능멸하고 다수가 소수를 폭압하는 것만큼 비참한 것은 아니다. 옛날 포경언이 말했다.

가령 걸왕과 주왕 같은 이들이라면 사람을 태워 죽이고, 간언하는 자를 찢어 죽이고, 제후를 육포로 만들고, 제후의 우두머리는 젓갈로 만들고, 사람의 심장을 도려내고, 사람의 허벅지를 가르는 등 교만하고 음탕한 극한의 악행을 저지르고 포락(砲烙)의 학정을 일삼을 수 있다. 만약 그들이 군왕이 아니라 필부라면 성정은 비록 흉악하더라도 그들이 무슨 능력으로 저런 일을 저지르겠는가? 저들이 잔혹하고 방자하여 천하 사람을 도륙할 수 있는 까닭은 그들이 군왕이었기 때문이다. 그래서 그들은 멋대로 할 수 있었다.[167]

전체적으로 보면 오늘날 이른바 문명국은 다른 대륙의 다른 인종을 도륙함이 걸·주보다 심하다. 걸·주는 오직 한 사람이었지만 오늘날은 관

---

165 磨牙吮血(마아연혈): 李白,「蜀道难」: "朝避猛虎, 夕避長蛇, 磨牙吮血, 殺人如麻."

166 『莊子』「胠篋」2: "彼竊鉤者誅, 竊國者爲諸侯, 諸侯之門, 而仁義存焉, 則是非竊仁義聖知邪?"

167 『抱朴子』「詰鮑」3: "使夫桀紂之徒得燔人, 辜諫者, 脯諸侯, 菹方伯, 剖人心, 破人脛, 窮驕淫之惡, 用砲烙之虐. 若令斯人並爲匹夫, 性雖凶奢, 安得施之? 使彼肆酷恣欲, 屠割天下, 由於爲君, 故得縱意也."

리와 백성 모두 힘을 합쳐 그런 짓을 행한다. 걸·주는 미화하는 일이 없었지만 오늘날은 학술을 빌려서 그것을 미화한다. 걸 임금이나 주 임금은 한 명이 활동하더라도 그를 제거하는 것보다 못한데 하물며 집단의 방책과 집단의 완력을 합쳐 걸·주가 되는 경우에야 어떻겠는가?

치고받고 싸우다 사람을 살해하는 자는 그 마음이 어리석고 계획적으로 사람을 살해하는 자는 그 악이 깊다. 혼자 힘으로 사람을 살해하는 경우 그 해가 미약하지만 집단을 이뤄 사람을 살해하는 경우는 그 화가 참혹하다. 지금 정부가 진정 이런 점을 모두 안다면 법률로 통치하는 데 경중의 차이가 있어야 한다. 정부 자체가 계획적이고 집단적으로 사람을 살해하는 주체가 된다면 어찌 이 무거움을 버리고 저 가벼움을 선택하지 않을 수 있겠는가?

고대에 성악설을 말한 사람 가운데 순경(荀卿, 순자)이 최고이다. 그의 견해는 탁월하지만 그래도 예법으로 인간 성정을 다스려야 한다고 말했다. 순경이 살던 때 사람들이 경험한 세계는 중국을 벗어나지 않았고, 칠웅(七雄)이 서로 다투어 위정자는 백성을 초개처럼 취급했다. 하지만 저들의 행동은 요즘 제국주의 국가가 저지른 만행보다 심하지는 않다. 오늘날 제국주의자는 풍속에 따라 백성을 바르게 교화하기 위해 마땅히 정부를 건설해야 한다고 말하지만 자기 말에 모순이 심하다. 왜인가?

만약 인간 본성이 악하다면 저 정부는 악한 인간에 의해 구성됐는데 그 성격이 어찌 악하지 않겠는가? 예법으로 인간 본성의 악함을 통제한다지만 예법도 또한 악인이 집행하는 바이다. 예법은 악이 아니라고 말하지만 나무를 깎아 관리를 만들 수는 없는 노릇이기에 예법을 집행하는 자도 오히려 악인일 뿐이다. 악인이 악인을 통치하는 것은 비유하면 호랑이에게 곰을 관리하라고 시키는 꼴이고, 어미를 잡아먹는다는 악조 효(梟)가 아비를 잡아먹는다는 맹수 경(獍)을 통솔하도록 하는 꼴이다. 곰과

　　　　　　　　　　　　　　　　제물론석

경의 악성을 고치지 못할뿐더러 호랑이와 효가 자신의 이빨과 부리만 더욱 신뢰하게 할 뿐이다. 그렇다면 악성 때문에 어쩔 수 없이 정부를 폐지해야 한다.

장자는 "입술이 없으면 이빨이 시리듯 노나라 술이 맛없으면 조나라 수도 한단(邯鄲)이 포위되고 성인이 출현하면 대도적이 일어난다."[168]라고 말했다. 설령 새로운 정부가 출현하여 근세 문명국 정부가 자행한 만행에 반대하더라도 그들의 영토는 세상 모두를 점유할 수 없다. 그래서 일단 기관이 설립되면 온갖 사악함이 날로 심해지고 끝내 큰 도적의 바탕이 될 것이다. 그래서 나는 신정부 건설을 무정부의 디딤돌이라고 여기지만 영세토록 그것을 지켜서는 안 된다고 생각한다. 무정부일 때 비록 보통 사람이 서로 살해하는 일도 있고 그 잔혹함이 정부가 있을 때보다 심하지만 결국에는 그들이 적멸에 도달하게끔 해야 할 것이다. 그렇지만 무정부를 궁극적인 완성이라고 생각해서는 안 된다.

이른바 무인류 · 무중생 · 무세계는 그 학설이 비록 번다하지만 무인류가 핵심이다. '무아에 대한 통찰'이 근본 바탕이고, 남녀교합의 단절이 방편이다. 이것이 인류를 소멸시키는 방책이다. 하지만 세상 사람 대부분 생식(生殖)이 세상의 가장 중요한 덕목[169]이고 남녀가 서로 짝을 이루는 게 보편적인 인간 본성이기 때문에 결코 세상의 가장 중요한 덕목을 배신하거나 인간의 도리를 저버려서는 안 된다고 말한다.

오호라! 인간이 천지간에 존재하는 것은 마치 사물이 호리병 안에 담긴 것과 같구나. 그릇이 동류가 아니라면 감응할 만한 덕이란 없고, 물체가 지식이 없다면 어떤 사물이 발생할 수 있겠는가? 본원을 찾고 끝을 추

---

168   『莊子』「胠篋」2: "脣竭則齒寒, 魯酒薄而邯鄲圍, 聖人生而大盜起."
169   『易』「繫辭傳下」1: "天地之大德曰生."

궁하면 태어난 존재는 죽지 않는 게 없다. 이미 '세상의 가장 중요한 덕목이 생'(天地大德曰生)이라고 했는데 어찌하여 '세상의 가장 중요한 덕목이 죽음'(天地大德曰死)이라고 말하지 않는가? 노자는 이미 이 사실을 알고 "천지는 불인하여 만물을 추구로 삼는다."[170]라고 했다.

오온(五蘊) 즉 명(名, 수·상·행·식 등 정신)과 색(물질)으로 이루어진 인간은 고취(苦聚)이다. 인간 삶의 세 가지 고통은 첫째 의내고(依內苦)이고 둘째 의외고(依外苦)이고 셋째 의천고(依天苦)이다.[171] 『금칠십론(金七十論)』에서 그 의미를 분명히 했다.[172] 요즘 학자는 또한 "고통은 적극적이고 쾌락은 소극적이다."라고 말한다. 그 학설은 『성실론』「문수품」에서 "또한 갖가지 즐거움은 작은 고통이 이길 수 있다. 가령 어떤 사람이 다섯 욕망을 충족했을 때도 모기에게 물리면 고통을 감각한다. 또 가령 아들 백 명을 가진 즐거움이 있다 하더라도 아들 한 명을 잃는 괴로움을 이기지 못한다."[173]라고 한 것에 가깝다.

만약 우리 자신이 세상에 존재하는 온갖 신묘한 즐길 거리가 내게 조금도 유익하지 않고 이 세상이 단지 고통이 가득한 골짜기라고 여긴다면 인간 삶은 고취임을 알 수 있다. 그래서 세친(世親)은 『백론석(百論釋)』에서 "복에는 두 가지 모습이 있다. 즐거움을 줄 수도 있고, 고통을 줄 수도 있다. 마치 독이 든 음식과도 같다. 먹을 때는 먹음직스러워 보이지만 소

---

170   『老子』5: "天地不仁, 以萬物爲芻狗; 聖人不仁, 以百姓爲芻狗."
171   眞諦譯, 『金七十論』卷上(『大正藏』54, p.1245a), "何者爲三苦? 一依內, 二依外, 三依天."
172   『금칠십론』에 따르면 의내고(依內苦)는 열병이나 염증 등 육체적인 이유로 발생한 고통과 애별이고나 원증회고 등 정신적인 이유로 발생한 고통을 통칭한다. 의외고(依外苦)는 사람이나 금수 독사 산사태 등 외부의 존재에 의해 초래된 고통이다. 의천고(依天苦)는 추위·더위·폭풍·폭우·번개 등 천재지변에 의해 초래된 고통을 말한다. 眞諦譯, 『金七十論』卷上(『大正藏』54, p.1245a) 참조 정리.
173   訶梨跋摩造, 鳩摩羅什譯, 『成實論』卷6(『大正藏』32, p.281a), "又種種樂, 少苦能勝, 如人具足受五欲時, 蚊虻所侵, 則生苦覺. (色等五欲樂不如是.) 又如存百子樂, 不如喪一子苦."

화를 시키려면 쓰라리다. 복도 이와 같다. 그리고 복으로 받는 과보는 낙이지만 그것을 많이 받으면 고인(苦因)이다. 비유하면 불에 가까이 가면 추위를 막아 낙보(樂報)이지만 더 가까이 가면 불에 데어 고보(苦報)이다. 그래서 복에는 두 가지 모습이 있고, 복은 두 가지 모습이 있기 때문에 무상이다. 그래서 응당 버려야 한다."[174]라고 말한다.

그렇다면 고든 낙이든 결국 고인 것은 매한가지다. 본래 태어나지 않았을 때는 받을 만한 고락이 있지 않지만 일단 태어나면 문득 고통의 감옥에 감금된다. 만약 사람이 진정 자연이 낳은 존재라면 [고통만 받는] 인간은 자연을 철천지원수쯤으로 대해야 할 것인데 도대체 '천지간의 대덕'이란 어디에 있는가?

혹자는 헤겔(Hegel)이 주장한 '정·반·합'[有·無·成]의 변증법을 훔쳐 우주의 목적은 합(成)에 있기 때문에 오직 목적에 부합하는 것만이 옳다고 주장한다. 만약 우주가 인식하는 대상이 없다면 근본적으로 목적이란 게 없고, 만약 우주가 인식하는 대상이 있다면 가볍고 안정된 신체로서 갑자기 만물을 생성시킴으로써 자신을 좀벌레로 만든 셈이다. 비유하면 사람이 단 음식을 쉬지 않고 먹으면 결국 기생충의 해를 입고, 마지막엔 반드시 스스로 후회하는 꼴이다. 혹자는 팥꽃나무[芫華]와 파두(巴豆)를 복용하여 기생충을 배설하고자 한다. 그렇다면 우주의 목적이 혹 자신의 성공을 스스로 후회하게 하는 데 있다면 어떻게 성공을 기뻐할 수 있겠는가?

조어장부(調御丈夫, 붓다)는 당연히 우주의 참회자여야지 결코 우주에 의

---

174 提婆菩薩造, 婆藪開士釋, 鳩摩羅什譯, 『百論釋』卷上(『大正藏』30, p.170b), "福有二相, 能與樂, 能與苦. 如雜毒飯, 食時美欲消時苦, 福亦如是. 復次, 有福報是樂因, 多受則苦因. 譬如近火止寒則樂, 轉近燒身則苦. 是故福二相, 二相故無常, 是以應舍."

해 표류하는 자일 수는 없다. 그리고 인간이 이 세상에 있는데 만약 신체와 기질에 국한해서 말하면 행위의 청정과 염오는 자신의 의지를 따를 뿐이다. 어찌 우주의 목적에 충실했는지를 따지겠는가? 만약 신체와 기질을 벗어나 말하자면 우주가 오히려 존재하지 않는데 무슨 우주의 목적이 있다는 말인가?

세상의 논자는 생에 집착하다가 종국에는 살인을 저지른다. 어찌 생과 살인 두 가지를 제거하는 게 낫지 않겠는가? 이른바 인도(人道)에 이르면 우주의 목적을 기준으로 하는지 아니면 인류의 천성을 기준으로 하는지 알지 못하겠다. 만약 우주의 목적을 기준으로 한다면 이미 이전의 반박과 같고, 만약 인류의 천성을 기준으로 한다면 인류의 천성은 음욕이 없을 수 없고 오히려 그 천성은 살해가 없을 수 없다. 음욕을 인도로 간주하여 단절할 수 없다고 하면서 어찌하여 살해는 인도로 간주하여 끊을 수 없다고 하지 않는가? 어떻게 그런 이유를 알겠는가?

인간의 성정을 엿볼 수 있는 것은 시(詩)가 최고이고, 다음은 소설과 신화다. 중국의 『시』는 「풍(風)」으로 음욕을 말하고, 「아(雅)」와 「송(頌)」으로 살해를 말한다. 음욕을 말할 때는 '요조숙녀(窈窕淑女), 군자호구(君子好逑)'[175]란 말로 미화하고, 살해를 말할 때는 신무(神武)와 기정(耆定)[176]이란 말로 미화했다. 굴원(屈原)과 사마상여(司馬相如)가 지은 작품 가운데 애절하면 미인을 사모하고 미인을 만나려는 것이고, 의로우면 풍백(風伯)을 주살하거나 우사(雨師)를 처단하려는 것이다.[177] 비록 모두 우언(寓言)이지만 음욕과 살인이 아니라면 미를 이룰 수 없는 듯하다. 일반적으로 시중

---

175 『詩經』「風」'關雎'1: "關關雎鳩, 在河之洲. <u>窈窕淑女, 君子好逑</u>."
176 『詩經』「周頌」'武'1: "於皇武王, 無競維烈. 允文文王, 克開厥後. 嗣武受之, 勝殷遏劉, 耆定爾功."
177 『史記』「司馬相如列傳」55: "時若薆薆將混濁兮, 召屏翳誅風伯而刑雨師."

에 유통되는 소설처럼 연애로써 음욕을 표현하지 않으면 정탐(偵探)으로 살해를 표현했으니 이런 점은 중국이나 외국 할 것 없이 동일하다.

　신화에 대해 말하자면 희랍이나 인도는 모두 남녀 한 쌍의 신을 세운다. 갑자기 폭풍우가 일면 사람들은 천신이 싸운다고 여긴다. 형천(刑天, 중국 고대 신화 속의 인물)이 천제의 자리를 빼앗으려 다투고, 아수라(阿修羅)가 제석천의 제위를 뺏으려 다투고, 천마(天魔)가 사람을 유혹하고, 마왕 파순(波旬)이 부처를 희롱하는 등 여러 가지 살해 시도가 신화에 자주 등장한다. 힌두교 내 시바와 비슈누를 숭배하는 자들은 성(性)을 공언하고 이슬람교에서는 살해를 공언한다. 그래서 성을 말하든 살해를 말하든 모두 인간의 본성임을 알 수 있다.

　만약 인간 본성이 살해를 좋아하지 않는다면 어떻게 지금까지도 용기나 강건과 같은 표현이 비난이 아니라 미덕일 수 있겠는가? 인간이 찬미하는 바를 관찰하면 인간 본성을 분명히 확인할 수 있다. 정말 대단하게도 태사공(太史公, 사마천)은 다음과 같이 말했다.

> 피를 머금고 뿔을 인 짐승도 자신의 영역을 침범당하면 즉각 대항하는데 하물며 좋음과 싫음, 그리고 기쁨과 분노의 기질을 가진 인간이랴? 기쁘면 애착하는 마음이 일고 분노하면 독한 마음이 생기는 게 동물이든 인간이든 본성상의 이치이다.[178]

　고대 소아시아 학자 헤라클레이토스(Heraclitus)는 "투쟁이 온갖 생명의 아버지이고 만물의 왕이다. 하루라도 전쟁을 멈추면 우주는 장차 스스로 소멸하고 말 것이다."라고 말했다. 비록 그의 말이 모순적이지만 구체적

---

[178]　『史記』「律書」4: "兵者, 聖人所以討彊暴, 平亂世, 夷險阻, 救危殆. 自含血戴角之獸, 見犯則校, 而況於人懷好惡喜怒之氣? 喜則愛心生, 怒則毒螫加, 情性之理也."

사실에는 부합한다. 아견이 없으면 만물은 발생하지 않고, 살해당하는 일도 없을 것이다. 생과 아견은 함께 출현하고 살해도 또한 그것을 따른다.

단지 이것만이 아니라 '온갖 유형의 숱한 존재'[芸芸萬類]는 본래 한 마음일 뿐이다. 미혹 때문에 달리 보이고, 자신의 아견 때문에 스스로 자신을 국한하고 무형의 외연은 저항력을 확장함으로써 비로소 자신을 개체로 응축하여 발생한다. 그래서 '살해의 계기'[殺機]가 먼저 있고, '생의 이치'[生理]는 나중에 있다. 만약 끝내 살해의 마음이 없는 사람은 능생의 도리도 없다. 이게 무슨 말인가?

유형의 사물로 증명하자면 모든 유형의 사물은 자신을 호위하고 타자를 물리친다. 하나의 공간을 두 가지 유형의 사물이 점유할 수 없는데 심지어 먼지나 아지랑이도 자기가 점유한 공간에 상대를 수용하지 않는다. 비록 무형의 분별심은 한 찰나에 두 가지 생각을 함께 일으키는 것을 용납하지 않는다. 이런 것은 모두 사물이 다른 유형의 존재를 배척하고 서로 살해하려는 성질을 갖고 있음을 증명한다. 일체 사물은 법아와 인아를 가지는 게 자연스럽고 상대를 살해함을 생명 활동으로 삼기에 살해하려는 성질이 없으면 삼계의 존재는 자연 단절하고 말 것이다.

이런 것으로 미루어 보면 인간은 만물의 근원적인 악임을 분명히 알 수 있다. 지금 인간의 본성을 기준으로 해서 음욕(성)도 인도라고 한다면 살해만 유독 인도가 아니겠는가? 남편과 아내를 공유하면 남녀 간 성교를 방임하는 게 되고, 법률을 폐지하면 살인을 방임하는 게 된다. 이렇게 되는 까닭이 어찌 성과 살인의 방임이 당연하다고 여기는 것이겠는가? 이와 같이 하고서야 사회는 통합하고 서로 죽이는 행위를 막을 수 있다. 정부가 있는 상황과 비교해 보면 오히려 낫다. 살인을 싫어하지만 살인의 본능은 근본적으로 단절할 수 없다. 살인의 본능을 단절하고자 하면 어쩔 수 없이 아견을 단절해야 한다. 아견을 단절하면 생도 단절될 것이니 어찌 남녀 짝짓기를 당연하다고 하겠는가?

질문: 생을 단절하려면 살인을 하는 쪽이 낫지 않을까? 또 이미 인간을 악의 근원이라고 여긴다면 그를 살해하는 게 무엇이 해가 되겠나?

대답: 생을 단절하자는 것은 앞으로 있을 생을 단절하자는 것이지 현재 생존하는 생을 끊어 놓자는 것이 아니다. 만약 현재 생존하는 생을 끊을 수 있다면 이는 곧 살인일 뿐이다. 하지만 살인을 끊지 않는다면 곧 또한 생을 끊을 수도 없다.

왜인가? 살해하는 자도 살해당하는 자도 모두 아견이 소멸하지 않았기 때문이다. 또한 인간이 만물 가운데 근원적인 악이라는 사실은 그대로이다. 자식도 근원적인 악이고 나도 근원적인 악이라면 모두 균일하게 근원적인 악이다. 둘이 어떻게 서로 처벌할 수 있겠는가? 만약 대자재천(大自在天)·대범천(大梵天)·제석천(帝釋天)·여호와 등의 명령을 따르고 싶더라도 저들은 실은 존재하지 않아 그들이 존재한다고 신뢰할 수 없다. 가령 그들이 존재한다면 이미 태어났기에 이들도 당신이나 나와 마찬가지로 근원적인 악이다. 모두 근원적인 악이라면 또한 서로 처벌하는 일은 불가능할 것이다.

무인류란 이 사람이 저 사람을 살해하도록 하려는 게 아니다. 이것과 마찬가지로 무정부란 이 정부가 저 정부를 없애게 하려는 게 아니다. 단지 그것을 하지 않도록 할 뿐만 아니라 나아가 그런 짓을 비난하는 것이다. 왜인가? 살인을 증오하기 위해서이고 평등을 위해서이다. 이 때문에 생을 단절하는 도리는 인간이 하도록 맡겨야 하지 살인 행위로 생을 단절해서는 안 된다.

질문: 정부가 있더라도 인간의 음욕을 법률로써 차단할 수 없는데 정부마저 없다면 강제로 인간의 음욕을 차단할 수 있겠는가?

대답: 음욕 차단은 인간 자신에게 맡겨야지 타인이 음욕 차단을 강제할

수는 없다. 그에게 맡겨야만 점차 서로 영향을 미쳐 그 효과가 널리 확산할 것이다. 만약 음욕 차단을 강제할 수 있다면 60~70년이 지나지 않아 인류는 소멸하겠지만 그것이 그리 쉬운 일이겠는가?

인간에게 강제할 수 없는 것은 단지 음욕 차단뿐 아니다. 살해도 강제로 차단할 수 없다. 진정 살해를 차단하고자 한다면 동물 살해를 차단하는 것뿐만 아니라 초목이나 이끼류, 이른바 종자촌·유정촌 같은 것까지 고의로 훼손해서는 안 된다.【촌(邨)은 의지한다는 의미이다. 종자촌(種子邨)은 곧 과핵 등이 씨앗의 의지처가 됨이고, 유정촌(有情邨)은 풀이 모기나 파리의 의지처가 됨이다.】

미생물은 습기로부터 발생하는데 청의(靑衣)와 효모[白醭]가 그런 부류이다. 그것을 제거하려면 오직 정결한 마음을 일으켜야지 훼손하겠다는 마음을 일으켜서는 안 된다. 이것이 어떻게 모든 사람이 할 수 있는 일이겠는가? 오직 뜻을 같이하고 스스로 맹세해서 점차 확대하여 다른 사람에게까지 영향을 미쳐야 그것을 '완전히 제도하는 날'[度盡之日]이 올 것이다.

질문: 만약 음욕과 살해 모두 인간의 본성이라면 왜 인간은 모두 살인을 혐오하는가? 만약 음욕과 살해 모두 혐오할 만한 것이라면 무슨 이유로 성에 대해서 오히려 '여러 차례 반복하지만 잊지 않고'(習而忘之) 도리어 그것을 인류의 시작이라고 여기는가?

대답: 인간이 만약 음욕을 혐오하지 않는다면 납채(納采)[179]와 문명(問名)[180]을 통해 공개적으로 혼인의 예를 행하면서도 어찌하여 부부간 관계

---

179 納采(납채): 고대 중국의 혼인 풍속 가운데 하나로 남자 쪽에서 매파를 통해서 여자 쪽에 선물을 보내서 결혼 승낙을 받은 후 다시 정식으로 예물을 보내는 행위다.

180 問名(문명): 고대 중국의 혼인 풍속 가운데 하나로 남자 쪽에서 납채를 마친 후 다시 여자 쪽에 매파를 보내 여자의 이름[名]과 출생 연 월과 때를 묻고[問] 그것으로 결혼 성사 여부와 길흉을 점치는 행위다.

를 맺는 일은 개나 돼지처럼 대로에서 행하지 않고 반드시 은밀한 곳에서 행하는가? 또 인간은 먼저 앞을 가릴 줄 알고 이어서 뒤를 가릴 줄 안다. 성기를 내놓고 다니는 짓은 모든 사람이 수치로 여긴다.

아래로 노루·사슴·이리·원숭이에 이르기까지 암컷과 수컷은 서로 쫓지만 암컷은 오히려 숨 가쁘게 도망치니 금수라고 해서 성교의 정을 숨길 줄 모르겠나?【최근 어떤 사람은 성교는 수치심과 전혀 무관하고 만약 성기가 이마에 달려 있으면 성교는 입맞춤하는 것과 같을 뿐이라고 말했는데 얼토당토않은 이야기다. 신체 기관이 있는 곳에 연관해서 마음이 일어남을 알지 못했고, 그 신체의 위치를 옮기는 것은 가설로 세울 수 없다. 저런 학설대로 만약 항문과 구강을 같은 곳에 배치하면 대변을 볼 때도 악취를 감각하지 못해야 한다고 어찌 말하지 않는가? 혹자는 "티베트 위장(衛藏)[181] 지역 풍속에는 보통 노파가 남녀에게 성관계하는 방법을 가르치게 했는데 성관계 장면을 가리거나 은폐하지 않았다. 그래서 성관계 장면을 가리거나 은폐하는 것은 관습일 뿐이지 본성은 아니다."라고 말한다. 하지만 고대 그리스 스파르타의 풍속에는 절도를 잘하는 것을 미담으로 여겼다. 만약 그와 같이 말하면 스스로 절도했다고 말하는 것을 꺼리고도 관습이 그렇게 한 것이고 인간의 본성은 아니라고 어찌 말하지 않는가?】

사람이 어쩌다 거짓말을 했는데 비록 자신의 이해와 무관하지만 발각되면 하나 빠짐없이 부끄러워 얼굴에 표가 난다. 음행을 하는 자도 그것과 마찬가지다. 하지만 사람은 살해에 대해서는 자신의 능력을 거칠게 드러내 자랑한다. 신분이 높은 자는 그것을 금석에 새기거나 사서에 기록하고, 비록 빈궁하여 신분이 낮은 사람도 이 때문에 호한(好漢)이라고 불릴 수 있다.

---

181 衛藏(위장): 고대 티베트의 지역 구분으로 현재 라싸 주변 지역과 시가체(중국명 르카즈) 주변 지역을 합쳐 부르는 말이다.

법률은 단지 그 행동거지를 제어할 수 있지만 사람이 마음으로 존숭하는 것은 가혹한 형벌로도 차단할 수 없다. 누가 살해를 싫어하고 음욕은 싫어하지 않는다고 말하겠는가? 그래서 미색을 좋아하고 다툼을 좋아하는 마음으로 말하면 음욕과 살해는 모두 인간이 선호하는 바이다. 선을 좋아하는 마음으로 그것을 바로잡으면 음욕과 살해는 또한 모두 사람이 싫어하는 바가 된다. 그것을 요약하면 인간 본성 가운데 존재하는 종자는 본래 진여와 무명이 상호 훈습한다. 무명이 진여를 훈습하면 인간의 본성은 음욕과 살해를 좋아하는 마음이 있고, 진여가 무명을 훈습하면 인간의 본성은 또한 음욕과 살해를 싫어하는 마음이 있다. 양자는 함께 존재하고 인간 자신이 선택할 뿐이다.

질문: 생물이 진화하지만 아직 진화가 완료된 것은 아니다. 오늘날 사람도 비록 생명을 살해하는 경우가 많지만 천세 백세 이후에는 혹 도덕이 완전한 사람이 될지도 모른다. 왜 반드시 인류의 소멸을 지향해야 하는가?

대답: 진화를 희망하는 사람의 미혹은 신선을 추구하는 사람과 다르지 않다. 지금 미생물로부터 인류에 도달하기까지 진화는 오직 지식에 있었고 도덕은 날마다 그 반대 방향으로 간다. 진화가 더할수록 호승심도 더욱 심해진다. 가령 진화가 천세 백세 후까지 진행되어 지적 능력이 오늘날 사람보다 몇 배가 되더라도 살해하려는 마음은 바야흐로 점점 더 치성해진다. 왜인가? 아견이 더욱 번성하기 때문이다.

나의 벗 기타 데루지로(北輝次郎, 1883-1937)[182]는 일찍이 화학이 점점 발

182　北輝次郎(기타 데루지로): 일본 메이지 시기와 쇼와 시기를 산 사회운동가 기타 잇키 (北一輝)의 본명이다. 기타는 일본인으로서 1906년 중국혁명동맹회에 가입하였다. 당시 사회주의 사상에 심취하였다. 이 시기 장타이옌과 교류했다. 훗날 극우 사상가로 변모했고 쿠데타 사건과 연루되어 처형됐다.

전하면 사람들은 광물을 원료로 음식을 만들 수 있어서 동식물은 모두 자기 마음대로 살 수 있고 나아가 인간은 배설의 길도 끊어지고 성교의 길도 닫혀 인간과 천신은 차별이 없어질 것이라 기대했다. 무릇 광물을 원료로 음식을 만드는 학설은 기대할 수 있지만 살해하는 마음은 음식에 여유가 있다고 해서 멈추지는 않는다. 이는 앞서 이미 언급한 바다.

만약 배설의 통로를 끊고 성교의 길을 단절하면 벽곡(辟穀, 곡물을 끊는 도교 수행법)・환단(還丹, 단약을 복용하는 도교 수행법)과 비슷하다. 선약(仙藥)을 이미 완성하여 인간이 그것을 복용하여 신체가 부패하지 않는다는 것은 진실로 신선설이 그러하다. 하지만 아견이 소멸하지 않으면 음욕의 뿌리가 스스로 단절되는 일은 없다. 노자는 "내가 큰 우환거리를 가진 까닭은 신체를 가졌기 때문이다."[183]라고 말했다. 법이 그것에 모습을 부여하고 식이 그것에 몸을 부여하고 오작근(五作根)이 혈관을 열고 음경을 발기시키면 요동쳐 욕망을 끝까지 이루지 않으면 멈추지 않는다. 그래서 노자는 "욕망이 있으면 그 끝을 본다."[184]라고 했다.

끝[徼]이 소멸하지 않았는데 자연스런 무욕을 추구한다면 어떻게 가능하겠는가? 가령 사공(四空)을 증득하고 형질이 이미 소멸하더라도 아견이 아직 소멸하지 않았다면 외계를 인연으로 하여 그 종족은 다시 발생할 수 있다. 그래서 나는 아견이 있는 자는 윤생(潤生)이 있기 때문에 음욕을 제거할 수 없고 이기려는 마음이 있으면 살해의 마음을 결코 소멸시킬 수 없다고 생각한다. 진화를 탐닉하는 사람은 마치 목욕하는 것만 보고 시원하다고 느끼고 깊은 바다에 몸을 담그고자 한다. 내가 바라는 바는

183　『老子』13: "吾所以有大患者, 爲吾有身." 장타이옌은 "吾所以有大患, 以有身故."라고 인용했다.
184　『老子』1: "常無欲, 以觀其妙; 常有欲, 以觀其徼."

탁월한 독행지사와 함께 힘써 무생의 도리를 배우고 인류·중생·세계가 함께 녹아 소멸하길 기대하는 것이다. 득의에 차서 진화를 기뻐할 만한 것으로 여겨서는 안 된다.

오호라! 인생의 지혜는 끝이 없지만 일은 공간과 시간에 의해 제한된다. 오늘날 비약해서 오무에 도달하고자 하지만 불가능하다. 도리어 한계에 수순함을 초보 단계로 삼는다. 이른바 '평범한 행동'[跛鼈之行]이다. 평범하지[跛鼈] 않으려고 해도 하지 못하는 게 인류가 슬퍼할 만한 까닭이다.

제물론석

사혹론[185]

옛사람은 명분을 신성불가침한 것으로 여겼지만 오늘날 사람은 다음 네 가지를 신성한 것으로 여긴다. 그것은 공리·진화·유물·자연이다. 사실이라고 여겨 거기에 신성한 가치를 부여하기도 하고 사실이 아닌데도 거짓으로 사실인 척 의미를 위탁하기도 한다. 살펴보면 모두 현혹되어 사실을 놓치고 정확한 사실을 근거하지 않았다.

나는 『역전』을 읽고 감탄하였다. 복만용(伏曼容, 421-502)[186]도 저런 사실을 알았다. 『역전』에서 "고(蠱)는 사(事)다."[187]라고 한 데 대해 복만용은 "고(蠱)는 혹란(惑亂)이다. 모든 사물은 미혹 때문에 발생한다. 그래서 고(蠱)는 사(事)다."[188]라고 해설했다. 이경(二經, 『易』上下)과 십익(十翼)에서 아낄 만한 것은 '고자사야'(蠱者事也) 이 넉 자뿐이다. 대단하다. 복만용이 그걸 알아챘구나! 「사혹론」을 짓는다.

공리(公理)

사(私, 厶)를 등지는(背, 八) 것을 공(公)[189]이라고 했는데 지금은 여러 사람이 공통으로 인정하는 것을 가리킨다. 옥(玉)을 다루는 것을 이(理)라고

---

185 「四惑論」, 『民報』第22號(東京: 民報社, 1908.7).
186 伏曼容(복만용): 중국 남북조시대 남조 제나라의 학자.
187 『周易』「序卦」17: "蠱者, 事也."
188 段玉裁, 『說文解字注』「蟲部」, "蠱: 伏曼容注曰: 蠱, 惑亂也. 萬事從惑而起, 故以蠱爲事."
189 『韓非子翼毳』, 「五蠹」, 『漢文大系』8卷 (東京: 富山房, 1972), pp.12-13. "古者蒼頡之作書也, 自環者謂之私, 背私謂之公. [私字古作厶, 北字古作八. 八音背. 是古文背私卽公字. 翼頭之北, 或作八也.] 公私之相背也. 乃蒼頡固以知之矣."[옛날 창힐이 글자를 만들 때 스스로 다루는 것을 私라고 했고 私에 등지는 것을 公이라 했다.(私자는 옛날에 厶라고 썼고, 北자는 옛날에 八이라고 썼다. 八의 음은 背이다. 그래서 고문에서 背私는 곧 公자이다. 翼자 머리의 北을 간혹 八로 쓰는 것과 같다.) 公과 私가 서로 상대됨을 창힐이 제대로 알고 있었구나.]

했는데 그것은 새리(䚡理)[190]나 조리(條理)[191]로 의미가 확장했고 지금은 질서를 가리킨다. 공리(公理)는 여러 사람이 다같이 인정하는 질서나 규율이다. 비유하면 바둑판에다 바둑을 두는 방식으로 모두가 인정하는 것인데 이 규율을 벗어날 수 없다. 하지만 규율은 자성을 갖지도 않았고 세계에서 독존하는 어떤 것도 아니다. 그것은 인간의 원형관념에 기대고 사물과 호응해서 형성되었다.

낙양의 정호(程顥)·정이(程頤) 형제와 민(閩)의 주희는 천리(天理)에 관해 즐겨 이야기했다. 이때 천(天)은 저 푸른 하늘이 아니다. 단지 대중이 모두 인정하는 무엇이 적절한 어휘가 없어 표현하기 곤란하여 어쩔 수 없이 저 하늘을 들어서 그것을 비유했다. 그 표현에는 다소 문제가 있는데 대중은 그것을 본체나 자재의 개념으로 착각했다. 그래서 천리(天理)라는 표현보다는 공리(公理)라는 표현이 낫다. 인간이 그것을 제정했음을 알아챌 수 있기 때문이다. 그래서 아무리 자주 공리를 말하더라도 별로 해가 없는 듯하다.

하지만 송대에 천리를 말할 경우, 극한적으로는 감정을 가두고 본성을 말려 버리고 일반 사람의 일상 활동까지 모두 부정하는 상황에 도달했다. 지금 공리를 말하는 경우 남녀 문제와 먹고 마시는 문제에 대해서는 어떤 간섭도 하지 않는다. 다른 점은 이것뿐이다. 세계를 근본으로 여겨 개인의 자유를 파괴하고 인간을 속박한다는 점에서는 천리를 말하는 사람과 별로 다르지 않다. 저들은 "사회와 상부상조하지 않는 행위는 공리에 어긋나고 은둔도 공리에 어긋나고 자살도 공리에 어긋난다."라고 말

190　䚡理(새리): 『설문』에 따르면 '䚡'는 동물의 뿔 안의 뼈를 말한다. 『說文』「角部」'䚡': "䚡, 角中骨也." 뿔 안의 뼈에 있는 무늬[理]를 '새리'라고 한다.
191　條理(조리): 인간의 사고·언어·생활 등에서 작동하거나 요구하는 질서.

한다. 그들이 말하는 공(公)은 대중이 다같이 인정하는 것이 아니라 다만 자신의 학설이 추구하는 점을 공(公)이라고 했다.

그렇다면 천리(天理)가 인간을 속박하는 정도는 법률보다 심하고, 공리가 인간을 속박하는 정도는 천리보다 심하다. 인간은 허물 벗듯 버려져 갑자기 맨몸으로 태어난다. 생기에 의해 생명이 유전되고 생식기관에 의해서 형성된다. 세계를 위해서 태어나지도 않았고 사회를 위해서 태어나지도 않았고 국가를 위해서 태어나지도 않았다. 서로 도우려고 태어난 것도 아니다. 그래서 인간은 세계나 사회·국가 그리고 타인에 대해서 아무런 책임이 없다.

책임이란 나중에 일어난 사건이다. 반드시 저것을 떠맡고 나서 저것을 보상하는 일이 존재한다. 만약 책임을 지지 않는다면 보상이란 게 있을 턱이 없다. 그렇다면 사람이 함께 모여 있으면서 타인에게 해를 끼치지 않는 것을 최소한으로 삼는다. 그 이상은 인격자나 가능한 일이지 일반 사람에게 꼭 그렇게 하라고 요구할 수 없다.

국가의 우두머리는 백성에게 병역이나 각종 의무를 요구하고 국가 관리가 의료나 기술을 관장하게끔 한다. 이것은 봉건시대 구습을 그대로 계승한 것일 뿐이다. 오랫동안 하나로 통일된 국가는 이와는 다르다. 유신교(기독교)를 신앙하는 이들은 '창조주 하느님'[天空巨靈]이 인류를 창조하고 종족을 번식시켰으며 세상을 윤택하게 했다고 생각한다. 그래서 단지 죽고 사는 게 개인의 자유일 수가 없을뿐더러 사회를 벗어나서 생활하는 것은 사회와 함께하지 않는 것으로 이미 신의 명령을 저버린 짓이라고 말한다. 이것은 모든 사물이 창조주를 가진다고 착각해서 그것으로부터 전형이나 규율을 연역하려는 것인데 근본적인 오류가 구석구석 미친 셈이다.

독각(獨覺)·성문(聲聞)·수론(數論)·노장(老莊)의 학설은 이와 다르다.

솔직히 말한다면 인간은 본래 외롭게 태어난다. 다른 것을 위해서 태어나지 않는다. 조물주란 존재하지 않고 명령자는 있을 수 없다.[192] 내가 다른 사람을 위해서 온 힘을 다해 결국 그 이익이 그에게 미치더라도 무슨 보답을 구하지 않는다. 이것은 내가 편안하고 따뜻한 마음으로 이루어진 결과이지 타율에 의해서 그렇게 하도록 규정된 게 아니다. 나와 남이 협력해서 이익이 상대에게 미치더라도 다른 사람이 더 가지게 한다. 내가 모자라는 것을 근심하지 않는다. 이것은 사회 추세가 협력하도록 핍박해서 이루어진 결과이지 먼저 자연법이 그렇게 규정한 게 아니다.

어떤 사람은 세상에 아무런 의무가 없이 야생의 벼 같은 것이나 채취해서 먹고 나무뿌리를 엮어서 거처한다. 어떤 사람은 세상에 대해 번민하고 생을 혐오하여 맑디맑은 연못에 몸을 던져 빠져 죽는다. 이것은 그 사람이 정말 주체적으로 한 짓이다. 집단(사회)이 마땅히 왜 그러냐고 따져 물을 게 아니다. 따져 물을 수 있는 것은 그들을 해쳤을 경우이다. 다른 사람을 해치지 않은 경우는 왜 그러냐고 따져 물을 수 없다. 자신에게 이익이 됐건 다른 사람에게 무익하건 따져 물을 수 없다. 다른 사람을 해칠 경우나 비난하면서 그 이유를 물을 수 있다. 이것을 '제물'(齊物)이라고 한다. 공리와는 다른 견해이다.

유럽 국가 절반 정도는 기독교를 신봉하고 봉건제와 거리가 아주 멀다. 그들은 "인간은 사회를 위해서 태어났지, 개인을 위해서 태어난 게 아니며, 모든 지능과 능력을 뽑아서 사회(大群)에 공헌해야 한다."라는 생각이 뿌리 깊이 박혀 있다. 정치와 종교를 통해서 사회의 풍속을 조성하고 그렇게 조성된 풍속을 통해서 사람의 심리를 조작한다. 비록 엉뚱한

---

192   郭象, 『莊子注』「莊子序」(『集釋』1, p.3), "然莊生雖未體之, 言則至矣. 通天地之統, 序萬
物之性, 達死生之變, 而明內聖外王之道, 上知造物無物, 下知有物之自造也."

440   제물론석

생각이나 어처구니없는 일을 일삼는 인물도 그런 범위를 벗어나기란 사실 힘들다. 국가나 기독교를 괴물 보듯 하는 사람도 단지 점점 그런 형식과 서로 부딪힐 뿐 이 때문에 형성된 심리가 이미 골수에 박혀 있다. 프루동(Pierre Joseph Proudhon)의 다음 말과 같다.

> 세상에서 아무리 미세한 사물이라도 미래적으로 존재하지 현재적으로 존재하지는 않는다. 전변을 통해서 형성되고 있으며 그것의 본체는 고정되지 않는다. 모든 사물은 무한한 세계 안에 있으면서 자연의 호흡에 맞춰 선회하고 춤추며 그것의 곡조에 맞춘다. 극한의 역량만이 그러하다. 이런 극치가 있기 때문에 모든 사물은 이 극치를 지향하고 진보는 끝이 없다. 이것은 비록 필연이지만 또한 자유이기도 하다. 그래서 모든 강권은 이치에 부합하지 않는 게 없다. 경쟁을 조율하는 모든 방식은 사실 강권의 역량일 뿐이다.

여기서 상호 견제를 자유라고 여기는데 그의 주장이 투명하지 못하여 이해하기 힘들다. 그의 입론을 잘 따져 보면 사실은 헤겔(Hegel)에 뿌리를 두고 있다. 역량(힘)으로 신(神)을 대신했고 논리로 실재(實在)를 대신했다. 칠한 색깔은 다르지만 그 바탕은 하나도 바뀌지 않았다. 모든 사물을 힘으로 귀착시켰기 때문에 극치를 붙잡게 되고 그렇다면 반드시 강권을 받들게 된다. 명목상으로는 인간을 자유롭게 한다고 말하지만 실제는 전혀 그렇지 않다. 이후 이 학파는 자신의 학설을 변형하여 강권을 주장하지는 않았다. 그들은 강자가 약자를 억누르도록 하는 게 아니라 사회의 역량을 강화해서 사회가 개인을 억압하게 했다. 거듭해서 백성이 서로 견제하게 했는데 또한 헤겔의 학설로 그렇게 한 것이다. 명목상 자유롭게 한 것이지 사실은 전혀 자유롭게 한 게 아니다. 인간이 사회와 상호 부조하는 것은 세력으로 할 수 있는 게 아니다.

생각해 보면 세포와 혈액 순환이 상호 결합해서 인체를 이룬다. 하지만 세포는 인체를 떠나서는 홀로 생명으로 활동할 수 없지만 개인은 사회를 떠나 혼자 못 살 것도 없다. 가죽으로 옷을 해 입고 풀을 뜯어 먹는 등 처한 상황에 따라 스스로 생존할 수 있지만 사람들이 그것을 하려 하지 않을 뿐이다. 그것을 긍정하지 않기 때문에 이용할 게 매우 많다. 어쩔 수 없이 사회와 연계한다.

그래서 "인간이 사회와 상호 부조하지 않는 것은 불가능한 일"이라고 말한다. 다른 사람에게 도움을 받으면 어쩔 수 없이 다른 사람에게 보답하는 데 힘써야 한다. 도움은 받고 보답을 하지 않는 것은 공리(公理)를 위배했다고 말한다. 정말 원시적인 생활을 긍정한다면 도움받을 게 없고, 그렇다면 보답할 필요도 없다. 비록 현실에서 그런 사람을 자주 보지 못하지만 그런 일이 절대 없다고 말할 수는 없을 것이다. 거짓 공리로써 그를 다스릴[齊] 수 없을 것이다.

단지 이뿐만 아니다. 새가 새끼를 품어 기르거나 사람이 자식을 젖 먹여 키우는 행위는 단지 애정의 연장으로 그렇게 했다. 정말 아기를 낳아 길러 보지 않은 사람은 사람을 죽이는 지경에는 이르지 않더라도 전달의 책임을 방기할 수는 없다. 왜냐하면 본래 어린아이에게 도움을 받지 않으면 결코 보답하지 않는데 어떻게 그것을 책임으로 이야기하겠는가? 법률에는 자식을 돌보지 않는 데 대한 형벌이 있지만 자식이 부모의 은혜를 수용하지 않는 것에 대해서 법으로 제재하는 일은 없다.

국가는 사람에 의해서 성립하기 때문에 자식을 낳고 기르는 일을 당위로 제시했고 자식에 대한 책임을 방기하거나 자식을 유기하는 행동에 대해 강하게 처벌했다. "자식에 대한 부모의 책임이"라고 말은 하지만 사실은 국가에 대한 인민의 책임이다. 법률은 본래부터 고정된 사물이 아니기 때문에 그것에서 근본을 찾을 수 없음도 이와 같다. 국가가 모든 것을 할 수 있다는 생각을 고집하지 않고 책임이라는 말을 들으면 책임이라고 말할 수 있는 것은 전혀 없다.

세계에 대한 인류의 책임을 이야기하면 인류는 본래 세계를 위해서 태어난 것도 아니며, 인류에 대한 인류의 책임을 이야기하면 인류가 본래 서로 돕자고 태어난 것도 아니라고 할 수 있다. '공리는 당위'라는 말이 가능할까? 다른 사람을 해치는 자를 악인(惡人)이라고 말한다. 다른 사람에게 이익을 주는 자를 선인(善人)이라고 말한다. 인류는 서로 상처 입히려고 태어난 것이 아니기 때문에 악은 인간의 당위가 아니다. 그래서 그것을 차단해서 하지 못하도록 할 수 있다. 인류는 서로 돕자고 태어난 것도 아니기 때문에 선도 인간의 책임은 아니다.

그렇다면 인간이 선을 행하도록 억지로 시키는 것은 옳지 않다. 선과 악 사이엔 반드시 무기(無記)라는 경계선을 긋고, 사람에게 '무기' 이상의 행위를 요구하는데 그것을 공리라고 말한다. 사람을 매우 심하게 속박한다. 은둔은 사회와 분리된 경우가 아니다. 한 사람의 역량은 십묘(十畝)의 밭을 갈 수 있고 십묘의 수확으로 죽을 먹는 데는 남음이 있다. 남은 것으로 마(麻)·시(枲)·죽(竹)·목(木)과 교환하면 추위나 더위를 이기고 비바람을 가릴 수 있다.

그에게 장점이 있어서 그것으로 스스로 즐기고 다른 사람에게 이익을 주려고 하지 않는 경우, 그를 은둔하는 사람이라고 말한다. 다른 사람을 돕지 않는다는 점에서 정말 냉혹하고 박정하다. 하지만 공리를 위배했다고 그를 비난할 수는 없다. 왜냐하면 인류는 세계를 위해서 태어난 것도 아니고 사회를 위해서 태어난 것도 아니다. 국가를 위해서 태어난 것도 아니고 다른 사람을 도우려고 태어난 것도 아니다. 비록 냉혹하고 박정하지만 다른 사람이 간여할 게 아니다.

유기물 세계와 무기물 세계는 모두 의지의 표현이다. 스스로 그것을 본체로 잘못 인식하면 일체 번뇌는 여기서 발생한다. 그래서 열반을 추구하는 사람은 지향이 반드시 의지의 단절에 있고 그것의 방식은 은둔에서 시작한다.

만약 의지를 단절하려고 은둔하는 사람은 도로써 다른 사람에 베푸는 것을 꺼리지 않기 때문에 어쩔 수 없이 도로써 다른 사람에게 베푼다. 왜냐하면 은닉양도는 오로지 자신의 이익만을 실천하기 때문이다. 그렇다면 아치(我癡)와 아견(我見)이 더욱 치성해지는데 결코 의지를 단절할 수 없기 때문이다. 또 다른 어떤 사람은 학술을 깊이 연구하기 위해서 반드시 일상의 생활을 벗어나서 매우 조용한 곳에서 모든 것을 잊고 연구에 몰두하다가 연구가 완성되면 세상에 나와 그 결과를 곳곳에 펼친다.

이런 두 사람처럼 다른 사람을 돕는 게 극히 확대된 것은 자신의 즐거움만을 추구하는 것과는 전혀 다르다. 그래서 자벌레는 움츠리지 않으면 앞으로 나아가지 못하고 용사(龍蛇)가 칩거하지 않으면 세상에 나타나지 못한다.[193] "심연의 뜻이 없으면 밝게 빛나는 명예는 없다."[194] 활동을 멈추고 말을 삼가는 것은 마찬가지다. 도리어 저잣거리에서 만나기를 기대하는 게 가능할까.

자살은 자신을 아끼는 마음이다. 또한 자아가 그것을 주체적으로 판단한 것이다. 자신을 아끼지 않는 생각도 자아가 스스로 판단한 것이다. 자아가 이미 절대라면 타인이 조금이라도 간섭할 게 아니다. 고대 그리스 철학자 제논은 자살을 실행했다. 기타 종교나 철학 분야의 여러 인물 가운데 자살을 긍정한 쪽도 있고 반대로 부정한 쪽도 있지만 하나같이 마음에 근거해서 자신의 의견을 제시했다.

193　『周易』「繫辭下」5: "尺蠖之屈, 以求信也. 龍蛇之蟄, 以存身也."
194　『荀子』「勸學」10: "是故無冥冥之志者, 無昭昭之明; 無惛惛之事者, 無赫赫之功."

　　　　　　　　　　　　　　　제물론석

유신론자는 "인간은 신[上帝]으로부터 영혼을 받기 때문에 신체와 생명은 나의 소유가 아니다. 그래서 반드시 공손한 마음으로 세월에 임해야 하고 함부로 하는 일이 없어야 한다."라고 말한다. 무신론자는 "인류는 본래 인식 기관과 인식 능력의 잘못으로 나고 죽음 가운데 유전하는데 죽음이 진정한 고통인 것도 아니고 그렇다고 생명을 고통이 아니라고 말할 수도 없다."라고 말한다. 왜냐하면 단지 그 생을 끊더라도 다른 날의 나고 죽음을 끊을 수가 없기 때문이다. 그래서 자살이 어리석기는 '장생(長生) 추구'와 마찬가지다. 독일인 쇼펜하우어는 다음과 같이 말했다.

> 세계는 매우 오염된 곳이다. 그래서 도덕에 마음을 둔 사람이라면 반드시 먼저 자신의 육체를 버려야 한다. 자신의 육체를 버린다는 말은 자살하라는 게 아니라 단호하게 고행을 닦고 음계를 단단하게 지키면 가능하다. 자살로 죽은 사람은 생명을 끊을 수는 있었지만 생명을 붙잡으려는 마음을 끊지는 못했다. 생명을 붙잡으려는 마음이 무엇인가. 의지이다. 자살을 하더라도 의지는 존재한다. 다른 시간에 세계에 다시 전생한다. 단지 껍질을 달리할 뿐이다. 그래서 세계의 고통을 피하려면 신체나 기관을 소멸하는 것이 아니라 스스로 의지를 끊어야 한다. 의지를 끊는다는 것은 무엇인가. 생명을 끊으려는 마음과 생명을 보존하려는 마음은 서로 다툴 뿐이다. 이 둘이 비록 다르지만 사람들은 스스로 선택한다. 그것을 선택하는 것은 세속에서 말하는 본심의 자유가 아니라 법계 의지의 자유이다.

이것은 자살에 반대한 것이다. 하지만 어떤 사람은 법리(法理)를 이야기하면서 "인간이 과연 자살의 권리가 있는가?"라고 질문했을 때, 쇼펜하우어는 "인간의 신체가 소유한 권리는 신체와 함께 소멸한다. 다시 무슨 질문을 하겠는가?"라고 답했다. 무신론자도 이렇게 이야기한다. "자살은 죄가 아니다. 왜냐하면 나의 몸은 내가 구성한 것이기 때문이다. 육체가 자신 때문에 죄과를 얻는다면 오리를 자르다가 손가락을 다칠 경우도 죄를 지은 게 된다. 왜냐하면 스스로 몸에 상처를 입혔기 때문이다."【『문수사리문경』「잡문품」】[195]

그래서 자살을 반대하는 경우는 승의(勝義)를 따라서 판단한 것이고 자살을 인정하는 경우는 일상 인식을 통해서 판단한 것이다. 승의제로 보자면 자살과 생명 추구는 모두 잘못이다. 일상 인식으로 보면 자살과 생명 추구는 모두 가능하다. 지금 공리에 매달린 사람은 일상의 질서나 규범을 전혀 벗어나지 못한다. 쫓아다니면서 자살을 말리지만 도대체 무엇에 근거해서 이런 엄청난 권리를 가지는가? 저들이 기독교를 비난하지만 그들의 바탕은 사실 기독교와 동일하다. 중국에는 천톈화(陳天華, 1875-1905)[196]·야오홍예(姚宏業, 1881-1906)[197]·천톈칭(陳天聽, 1872-1907)[198] 등 분노해서 몸을 물에 던져 자살한 자가 있다.

공리론자는 저들을 비난하면서 "자살은 천당이나 극락정토에 태어나려는 것일 뿐이다. 사회의 복지를 향상시키려는 것도 아니고 단지 자기 한 몸 좋으려고 하는 짓으로 비난받아 마땅하다."라고 말한다. 중국의 자살은 하소연할 때가 없어서 억울해서 그렇게 한 사람 외에는 모두 혁명

---

195 僧伽婆羅譯, 『文殊師利問經』卷下(『大正藏』14, p.503a), "若殺自身無有罪報. 何以故.(如菩薩殺身唯得功德) 我身由我故. 若身由我得罪果者. 剪爪傷指便當得罪. 何以故. 自傷身故."

196 陳天華(천톈화): 중국 근대 청년 활동가로 일본에 유학하면서 쑨원을 도와 중국혁명동맹회 설립에 참여했고, 중국에서 반청 무장봉기를 준비하기도 했다. 1905년 일본의 중국 유학생 정책에 저항해 도쿄에서 자살했다.

197 姚宏業(야오홍예): 중국 근대 청년 활동가로 1904년 일본에 유학하여 중국혁명동맹회에 가입하였고 1905년 귀국 후 상하이에서 중국공학(中國公學)을 설립했지만 정부의 온갖 방해에 비분강개하여 1906년 상하이 황포강에 투신해 자살했다.

198 陳天聽(천톈칭): 청말 관리로 1907년 일본 유학을 마치고 귀국하는 배에서 열강의 중국 압박과 청정부의 무능에 의분을 이기지 못하고 투신하여 자살했다.

제물론석

계획이 제대로 실행되지 않고 대중의 소질은 더 나빠져서 세상에 화나고 상처 입은 사람이 사지로 몰린 경우다. 자살로 천당이나 극락에 왕생하겠다는 사람은 없었다.

그들이 죽음으로 내몰린 상황에서 그들에게 실은 차마 보고 듣지 못할 사정이 있었다. 또한 동료들이 단 한 번이라도 깨닫고 풍속이 단 한 번이라고 바뀌길 바랄 뿐이었다. 사람들도 그들의 기풍을 존경하였고 스스로 자신을 반성하여 자신의 잘못을 깨달았다. 이들 지사(志士)를 기리면서 결국은 마음으로 발분하여 깊이 뉘우치고 고치는 경우도 많았고 사회에도 엄청난 도움이 되었다. 그들이 도솔천(兜率)이나 정토(淨土)에 왕생하려 했다고 조소한다면 오히려 사실에 반대가 아니겠나? 천당에 나려는 것은 정말 미망이며 극락왕생하겠다는 것도 나약하고 용기 없는 자들이 하는 짓에 불과하다. 삶과 죽음을 뛰어넘는 것이야말로 궁극이다. 그래서 쇼펜하우어는 열반을 다음과 같이 이야기했다.

고타마 붓다는 열반이라는 말로 적멸을 표현했는데 활연함을 명확히 했다고 말할 수 있다. 열반은 순수한 무의 상태로 조금이라도 섞이지 않음을 말한다. 구체적으로 말하면 세계 소멸이다. 열반 경계에 도달하면 세계 의지는 그것의 본래 모습을 회복한다. 형상으로 드러난 사물은 전혀 존재하지 않고 어떠한 사물도 열반을 형상화할 수는 없다. 그래서 무를 이용해서 소극을 드러냈다. 무는 단멸공(절대공)이 아니며 단지 거짓 있음과 상대해서 그것을 무라고 말했을 뿐이다.

쇼펜하우어는 순수하게 불교 연구자는 아니다. 열반과 극락이 전혀 다름을 알았을 뿐이다. 이런 점으로 보면 진정한 열반 추구는 결코 형체의 소멸이 아니다. 진정한 극락 추구도 현재의 생을 버리고 장래의 즐거움을 희망하는 게 전혀 아니다. 공리론자는 이런 것들 때문에 중국의 자살을 비난하지만 중국의 인심이 그렇지 않음을 전혀 모르고 있다. 세상에 자살하는 사람이 있더라도 그것은 그가 자발적으로 원했을 뿐이다. 저들이 세상의 노복도 아닌데 어째서 저들을 공리로써 옭매려고 하는가?

상호부조·은둔·자살을 종합해 보면 공리라고 주장되는 것은 자기의 견해로 다른 사람을 조종하려는 것이지 인류가 공통으로 인정하는 것이 아니다. 인류가 다 같이 인정하는 것은 개인이 사회를 능멸하지 않고, 사회가 개인을 파괴할 수 없음이다. 만약 공리설이 사회에 도움이 되지 않는 것이 있다면 모두 공리를 위배하는 게 된다.

그런 예를 들어 보면, 프랑스의 풍속에는 늙은이를 학대하는 짐승 같은 정서가 있다. 부모가 이미 많이 늙어서 생산 활동으로 세상에 보탬을 줄 수 없어서 헛되이 먹고 입는 것만 축내 죽는 것이 낫다고 생각되면 스스로 자신의 늙은 부모를 짊어지고 가서 깊은 강물에 던져 버린다. 이렇다면 공리를 주장하는 사람이 이리나 늑대보다 못하다. 그런 짓은 이리나 늑대도 하지 않는다.

세상의 잔악한 행위는 몇 가지 유형이 있다. 그것의 정도를 비교하면 미약한 것과 심한 것의 구분이 있지만 차라리 전제(專制)를 말하는 천 명은 괜찮아도 천리를 말하는 한 명은 바라지 않는다. 차라리 천리를 말하는 천 명은 괜찮아도 공리를 말하는 한 사람은 원하지 않는다. 왜냐하면 전제는 그 역량이 제한적이다. 그래서 천리를 말하는 사람의 역량이 전제에 비해 훨씬 강하다. 천리를 말하는 사람은 단지 신하가 임금을 섬기고 자식이 부모를 섬기는 것을 심하게 재촉하지만 부모의 죽음은 대부분 자식보다 빠르고 임금을 섬기는 것도 진퇴를 자신이 마음대로 결정할 수 있다. 그래서 천리의 속박은 평생 벗어나지 못하는 것은 아니다.

공리를 말할 경우는 사회에 상존하는 힘으로 개인을 억압하기 때문에

제물론석

단절할 수가 없다. 천리를 말하는 경우 신하나 자식은 임금이나 부모에게 통제당하지만 임금이나 부모가 마땅히 통제해야 한다고 말하지는 않는다. 임금이나 부모가 부당하게 신하나 자식을 대우하면 천리론자는 그것을 비난하고 온 사회가 그것을 비난한다. 그래서 한 사람에게 굴종당하지만 언제나 여러 사람에게 동정을 받고 또한 억울하게 벌을 받으면 하소연할 곳이 있다.

공리를 말하는 경우는 사회로 개인을 억압하기 때문에 이 세계에서는 도망칠 곳이 없다. 그렇다면 다수가 소수에게 가하는 폭력이 강자가 약자를 능멸하는 정도를 훨씬 능가한다. 공리의 참혹함은 천리를 훨씬 앞지른다. 그래서 장주가 "제물은 정처·정미·정색의 고정된 규범이 아니라 모든 존재가 각각 좋아하는 길을 가게 하는 것"이라고 말했다. 공리를 넘어서는 이런 이야기는 계산 잘하는 사람이 헤아릴 수 있는 게 전혀 아니다.

장자가 말한 "그러하지 않은 사물 하나 없고 옳지 않은 사물 하나 없다."라는 이야기와 헤겔이 말한 "모든 존재는 이성에 부합하고 모든 사물은 완벽하다."라는 이야기는 비슷해 보이지만 장자는 사람의 마음은 같지 않기 때문에 일괄적으로 같게 만들 수가 없다고 말한 것이고, 헤겔은 궁극적 목적은 이것을 실현하는 과정이라고 말한 것이다. 근본은 전혀 다르다.

진화(進化)

상식을 가지고 이야기하면 반드시 점유하는 공간이 있어야 전진할 수 있다. 만약 점유하는 공간이 없으면 결코 전진할 수 없다. 그렇지만 전진은 분명 운동이다. 운동은 공간을 점유하는 행위와는 완전히 상반된다. 그래서 고대 그리스 엘레야 학파는 이렇게 말한다.

공간은 지극히 미세한 점으로부터 형성되고, 시간은 지극히 짧은 찰나에서 형성된다. 이른바 운동은 극히 짧은 시간에 극히 미세한 지점을 통과하는 것이다. 하지만 공간을 통과할 때 어쩔 수 없이 공간에 멈추게 된다. 첫 찰나에 어느 공간에 멈추고, 두 번째 찰나에도 어느 지점에 멈춘다. 세 번째 찰나에도 공간에 멈춘다. 처음부터 끝까지 멈추기 때문에 운동한다고 말할 수 없다. 나는 화살이 비록 날아가지만 사실은 움직이지 않는다.【이 견해는 『장자』 「천하」에서 인용한 명가 학설과 동일하다.】

그렇다면 이른바 전진은 근본적으로 감각이나 인식의 착오 때문에 발생한 것이며 실제 이런 전진이 있지 않다. 상식으로 말하면 모든 물질은 기본적으로 부증불감이다. 여기서 보면 전진이지만 저쪽에서 보면 반드시 후퇴일 것이다. 도대체 진화라고 말할 만한 게 뭔가? 유기물 세계에서는 일반적으로 이런 진화의 환상이 보이지만 무기물 세계에서는 보이지도 않는다. 가령 지구를 보면 언제나 태양을 맴돈다. 그것이 맴도는 궤도는 원으로 곧게 진행하지 않는다. 문지도리가 끊임없이 움직이지만 한마디도 자리를 벗어나지 않는 점과 유사하다. 원을 그리며 돌면 전진하는 것으로 보이기도 하고 후퇴하는 것처럼 보이기도 한다.

그리고 달과 해수를 보면 종일토록 움직이지만 이번 달 달빛이 지난달 달빛보다 더 밝지 않고, 이번 달 조수가 지난달 조수보다 더 심하지 않다. 이른바 진화를 어떻게 인정하겠는가? 겨우 유기물 영역에 한정해서 진화를 말하면 환상이나 볼 수 있을 뿐이다. 그렇지만 진화는 외부의 조건을 통해서 완성된다. 하지만 인심의 지향은 여기에 있지 않다. 일부 사람은 행복의 증진을 맹종한다. 다른 사람은 오히려 이것에 반대한다. 선악을 가지고 이야기하면 행복 증진을 추구하는 행위는 그저 탐욕의 다른 이름이다. 왜냐하면 진척이 있으면 어쩔 수 없이 점유하는 지점이 먼저 있기 때문이다.

최초 점유 지점은 오직 수성(獸性)이다. 그것이 점유하는 지점에서 매일 멈추지 않고 전진하더라도 단지 수성의 확장일 뿐이다. 출발할 때 수성이 쥐나 물고기와 같았다면 시간이 지나 확장된 수성은 사자나 호랑이와 같다. 수성이라는 점에서는 동일하지만 도리어 재난은 점점 확대한다. 진화의 과오는 미진화보다 훨씬 심하다. 고통과 쾌락으로 말하면 생활을 유지하고 몸을 건사하는 행위는 조작을 통해서 가능하다. 사람마다 육신을 보물처럼 아끼는데 어쩔 수 없이 육체를 수고롭게 해서 고통으로 다가선다. 이런 일에 힘쓰고 있다.

이상의 진보를 추구한다면 쾌락은 결코 고통에 보답하지 않을 것이다. 밭 가는 소를 보지 않았는가? 풀은 들판에 널려 있는데 배를 주리면서 사람을 위해서 쟁기를 끈다. 가쁜 숨을 내쉬며 땀에 젖어 밭에서 일하지만 수확한 곡식을 소가 먹을 수는 없는 노릇이다. 만약 소가 스스로 밭 갈고 스스로 먹더라도 소가 요구하는 것은 여기에 있지 않다. 육체를 고통스럽게 해서 곡식의 좋은 맛을 추구하는 게 마음대로 다니면서 풀을 뜯어 먹는 것만 하겠는가?

사람들이 진화를 추구할 경우 반드시 증기기관을 사용한다. 증기기관을 사용하려면 먼저 석탄을 채광(採鑛)해야 한다. 하지만 사람들이 원하는 것은 여기에 있지 않다. 자신이 땅굴 속에서 고통을 겪고 나서 쾌락을 획득하는 것이 나무로 땔감하고 농사지어 먹고 배 두들기며 놀러 다니는 것보다 뭐가 낫겠는가? 쾌락이 고통과 교환될 수는 없다. 어느 백치라서 그것을 행복이라고 여기겠는가? 만약 이런 이익으로 후세 사람을 이롭게 하겠다고 말하면 소가 인간을 위해서 밭 가는 것과 하나도 다르지 않다. 후인의 생계는 후인이 알아서 할 문제이지 백 년도 훨씬 전의 사람이 그들을 위해서 죽을 고생을 할 것까지 있겠는가?

어떤 사람은 여력이 있어서 병자나 고아를 돕는다. 이것은 도덕의 영역에서 가능한 것이지 책임 영역에서 당위는 전혀 아니다. 단지 인류는 같은 뿌리인지라 다른 사람이 추위에 떨고 굶주리는 것을 차마 보지 못해서 자비심으로 그들을 위해 행동하게 하지 다른 사람이 억지로 그렇게 하도록 핍박할 수는 없는 일이다. 후인이 나타날 기미도 없고 싹도 드러나지 않았다면 자비심은 자연 일어나지 않는다. 그런데도 그들을 위해서 자신을 괴롭히고 스스로 수고롭게 하는 짓은 쓸데없는 일이 아니겠나?

만약 어떤 사람이 계획이나 사려가 매우 뛰어나 기존의 지식으로 미래의 일을 추측하여 고군분투하며 후인의 평안함이나 행복을 기획한다면 정말 임협(任俠)의 일이지만 그렇다고 이것을 일반 사람에게 요구할 수는 없는 노릇이다. 만약 또 행복이란 게 거짓임을 아는 사람이 있으면 당연히 인류를 위해서 끊임없이 뭔가를 추구하는 마음을 멈추고 안온으로 돌아가게 해야 한다. 자신의 능력이나 지식을 온통 쏟아서 육체의 욕망을 추구하는 짓은 아마도 멈출 것이다. 어떤 사람은 노동은 인간의 천성이기 때문에 이런 천성을 따라 진화를 꾀한다면 물이 물레방아를 돌리듯 쉬울 것이라고 말한다. 이것도 그렇지 않다.

활동[動]은 인간의 천성이지만 수고[勞]는 인간의 천성이 아니다. 움직이는 걸 좋아하기 때문에 마음은 안정되지 못하고 들뜬다. 이쪽에서 움직였다가 곧바로 저쪽으로 이동하면 결코 단단하게 한 가지 일을 성취할 수 없다. 그런 상황이라면 아버지나 선생에게 감독이나 받고 생활고에 허덕일 것이다. 그렇지만 움직임이 힘들면 휴식을 생각하지 않는 사람이 없다. 농부가 밭 가는 걸 모르면 먹지 못한다는 사실을 아는 것은 스스로 자신의 본성을 절제하고 조상의 유업에 복종한 것이다. 이것은 계속 이어진 것이지 천성으로 그러한 것은 아니다. 비록 스스로 밭을 가는 사람도 하루만 쉬어도 너무 행복해한다. 누구인들 수고가 당연히 좋은 거라고 말하겠는가?

문예나 기술에 수고와 즐거움이 섞여 있으면 어떻게 마음대로 그것을 하겠는가? 수고로 행복을 추구한다면 그것을 앞뒤 안 가리고 하겠는가? 수고와 쾌락이 함께할 경우는 황실의 존귀함이라도 어느 때는 싫어하고 기술자들과 함께 어울리고 싶어 한다. 명나라 희종 임금이 나무 조각을 좋아한 것이 바로 이런 예이다. 이것은 수고를 좋아한 게 아니라 쾌락을 원했을 뿐이다. 수고로 행복을 추구할 경우, 누가 핍박해서 그렇게 한다면 반드시 피곤할 것이다. 지금 두 사람이 있는데 한 사람은 도장을 파고, 또 한 사람은 바늘을 가는 일을 한다. 외부의 압력이 없이 그들은 스스로 자신이 할 일을 선택했다. 만약 그 일을 종일토록 하면 도장 파는 사람은 자신에게 맞춤이라고 말하고 바늘 가는 사람은 신음하며 드러누우려 할 것이다.

여기에 세 사람이 있다고 하자. 한 사람은 화목을 그리고, 한 사람은 회계를 담당하고, 또 한 사람은 보표를 편집한다. 종일 그 일을 하고 나서 그 수고를 서로 비교하면 그림 그리는 사람은 기뻐하며 만족해하고, 회계를 담당한 한 사람과 보표를 편집한 사람은 벗어나고 싶어 한다. 이것은 무엇을 의미하는가? 하나는 수고가 쾌락이 되는 것인데 힘들 때가 바로 즐거울 때이며, 하나는 노력해서 행복을 추구하지만 눈앞에 드러난 일은 모두 메마른 일이다. 그래서 그것의 의미는 같지 않다.

사람이 활동을 좋아할 때 들뜬 마음에 바탕하고 단단한 마음에 의거하지 않는다. 그래서 활동을 좋아하는 경우는 수고를 좋아하는 경우와 완전히 반대된다. 요즘 산업을 도모할 때 농업을 급선무로 하지만 어로나 수렵은 중시하지 않는다. 하지만 본래 농사일이나 사냥하는 일을 배우지 않은 어떤 사람과 말을 달리며 활을 쏘면 비록 할 줄 모르지만 좋아하여 뒤따르지만 그와 풀 베고 농사일을 하면 따르려고 하지 않을 것이다.

귀족의 자제를 보면 한가한 날에는 낚시하거나 사냥을 하는 이는 많지만 한가하다고 흙을 뒤집고 방아를 찧는 사람은 없다. 그들이 수렵을 즐기는 것은 모자라는 양식을 보충하려는 것이 아니다. 농사일을 좋아하지 않아서도 아니고 창고에 여유가 있어서도 아니다. 수렵은 마음대로 소일하는 것으로 들뜬 마음에 바탕을 두고, 농사일은 하찮고 표나지 않아서 단단한 끈기에 바탕을 둔다. 사람의 마음은 들뜬 데 바탕을 두고 단단하고 인내하는 것에 의거하지 않는다. 그래서 굶주림과 추위가 핍박하지 않으면 이것을 버리고 저것을 취하는 일은 없다. 그렇다면 인간의 천성은 움직임으로 취향을 삼지 수고로 취향을 삼지는 않는다. 수고로 곧바로 쾌락을 일으키는 것을 지향하지 수고로 복을 구하려는 것을 지향하지 않는 게 매우 분명하다.

진화의 추구는 즐기는 수고가 아니라 미래의 복을 추구하는 데 있다. 들뜬 마음의 활동이 아니라 단단하고 끈기 있는 활동에 있다. 만약 인간이 모두 스스로 산업을 챙긴다면 이것도 가능하다. 이미 갖가지 산업이 하나의 구슬처럼 합쳐졌는데 인내를 통한 노동을 하고자 하면 그런 상황은 실현되지 않을 것이 불 보듯 뻔하다. 그리곤 이렇게 말한다. "노동은 인간의 천성이다." 사실 이 말은 천성을 기만했다.

내가 말하는 진화설은 객관을 통해서 말하는 것이다. 만약 진화를 주의(ism)로 삼는 경우는 강제가 아니라면 사람이 그것을 신봉하게 할 수 없다. 저들은 자유를 기치로 내걸고 진화를 예견한다. 그래서 하나의 학설을 구성해서 사람을 기만한다. 그리고 이렇게 말한다. "노동은 인간의 천성이다." 만약 이렇다면 정말 '진화교'라고 할 수 있을 것이다. 본래 인성과는 어긋나지만 우둔한 사람을 강제로 시키면서 이렇게 말한다. "너의 천성이 그러하다." 만약 이렇다면 강권을 주장하는 사람도 다른 사람을 규율해서 "강권에 복종하는 것은 너의 천성이 그러한 것이다."라고 말할 수도 있다.

이것이 기독교의 주장과 뭐가 다른가? 위에서 말한 점은 모두 인간의 감성에 관련된 이야기다. 만약 엄밀하게 이야기한다면 내일의 유무도 결코 오늘 예측할 수 없다. 왜냐하면 내일로 가 보지 않고 내일의 존재를 이야기하는 것은 아무런 근거가 없다. 비록 어제로부터 오늘을 보면 분명 내일이 있다. 지나온 내일은 무척 많지만 오늘은 어제가 아니기 때문에 예증할 수 없다. 그래서 내일은 오히려 그것의 존재를 알 수 없다. 내일을 떠나서 어떻게 진화를 이야기하겠는가? 이것은 단지 희론(戲論)일 뿐이다.

유물(唯物)

물질 이외에 다른 것이 존재하지 않는다는 주장이다. 응용과학은 과학 자체는 아니다. 과학에서 물질을 연구하는 경우도 진정한 유물론은 아니다. 왜냐하면 과학은 인과율을 포기할 수 없는데 인과는 물질이 아니라 원형관념의 일단이기 때문이다. 인과를 인정했다면 물질 바깥에 다른 존재를 인정한 꼴이다.

진실로 유물론을 견지한 사람 가운데 인도에서는 차르바카(Cārvāka)가 있고 유럽에는 흄(David Hume, 1711-1776)이 있을 뿐이다. 바이쉐시카 학파에서 말하는 '아뉴'(미세)는 에피쿠루스가 말한 아톰(Atom)이고, 라이프니츠가 말한 모나드(Monad)이다. 한역으로는 모두 원자라고 말한다. 하지만 저들은 사실 경험에서 벗어나 무방분(無方分)에서 근본을 탐구했다. 이른바 원자도 독립된 물질 존재가 아닌데 마음의 존재를 인정한다면 심물 이원론이 된다.

차르바카는 현량(現量)만이 참이고 비량(比量)은 거짓이라고 말한다. 이것은 인과를 부정한 경우다. 지·수·화·풍이 자기 멋대로 움직이지만 이것을 벗어나서 어떠한 심량(心量)도 존재하지 않는다고 말한다. 지·수·화·풍은 현행(現行)만 있지 애초 종자는 없었다. 이것은 본질을 부정한 경우다. 흄은 다음과 같이 말한다.

공을 가지고 노는 사람은 먼저 공을 굴리고, 나아가 다시 다른 공을 치면 다른 공도 굴러간다. 그것의 형세는 물 흐르듯 계속 이어진다. 하지만 앞서 회전이 나중의 회전의 원인이라거나 나중의 회전이 앞서 회전의 결과라고 말할 수 없다. 원인이라고 말하는 것은 다섯 감각기관이 감각할 수 있는 게 아니다. 하나의 현상이 발생했을 때 그것을 보이지도 않는 원인에 귀속시키는 것은 오류이다. 원인이나 결과란 도대체 무엇인가? 이것은 의식의 연상(聯想)이 구성했다. 연상은 무엇인가? 동일 사물에 대한 축적된 인식에서 인간 의식의 습속은 발생한다. 처음 하나의 사물이나 사건을 접했을 때, 먼저 이 사건이 있고 나중에 저 사건이 있으면 계속해서 한 사건에 앞서 이것이 있었고 나중에 저것이 있다는 식으로 인식한다. 이런 방식으로 수백 차례가 계속되어도 앞서 이것이 있고 나중에는 저것이 있다면 이것은 저것의 원인이고 저것은 이것의 결과라고 곧바로 생각한다. 사실은 본래 확정된 것이 아니다. 저 태양이 빛을 내고 불이 열을 낸다는 현상도 마찬가지다. 해가 반드시 빛을 내뿜고 불이 반드시 열을 낸다는 것은 옳지 않다. 감각기관과 인식 능력을 감각해서 확인하는 사실은 해와 불의 현상을 반드시 빛과 열이라는 현상이 뒤따른다는 점이다. 자신의 마음과 연관한 것임에도 물질 자체의 연관이라고 말하고는 너무도 자신 있게 원인과 결과를 확정한다. 만약 물질과 관련해서 말하면 태양은 태양일 뿐이지 어떻게 빛과 관련되고, 불은 불일 뿐이지 열과 관련되겠는가! 태양이 있으면 반드시 빛이 있고 불이 있으면 반드시 열이 있음을 어떻게 알겠는가?

내 생각에는 흄의 이론도 여전히 완벽하지 못하다. 감각 순간에는 '빛 이미지'[光相]나 '열 이미지'[熱相]만 있지 태양이나 불에 대한 이미지는 존재하지 않는다. 태양과 불은 의식이 대상을 범주화해서 인식하는 것에 바탕을 두고 붙인 이름이다. 그래서 빛과 열도 현상이고 빛에서 보이는 둥글고 뾰족한 모습도 현상이 된다. 태양과 불은 현상이 아니다. 감각만을 믿는 사람은 태양과 불을 오히려 인식할 수 없다. 하물며 빛을 내고 열을 내는 활동을 말할 수 있겠는가?

이미 인과를 부정했다면 인과 부정에만 그치지 않고 과학에서 증명하는 모든 것에서 궁극적 완성을 인정할 수 없다. 과학 이론에서는 현상을 확인하면 반드시 본질을 탐구한다. 흄의 이론에서는 현상은 인정하지만 본질은 인정하지 않는다. 그렇기 때문에 원자의 의미는 자연 붕괴되고 만다. 이런 것으로 보면 유물론이 성립하면 과학은 어쩔 수 없이 무너지고 만다. 세상 사람들이 자랑스럽게 이야기하는 물질문명은 과학을 표방하면서 어이없게도 유물에 자신의 이름을 내맡긴다. 얼마나 한심한가!

스펜서(Herbert Spencer, 1820-1903)는 『종합철학체계』(*The Synthetic Philosophy*, 1896)를 가지(可知)와 불가지(不可知) 두 편으로 구성했다. 여기서 시간과 공간은 불가지이고 힘은 가지이다. 물질은 불가지이고 유전도 불가지이다. 그는 과학을 최상의 것으로 존중했다. 하지만 힘과 물질이 벌써 불가지이니 과학의 뿌리는 이미 끊어졌다. 비록 이론을 제기하고 발명하지만 신기루 속에서 아름다운 도시를 찾는 것과 마찬가지다. 물질이 불가지라면 현상만을 추구한다. 현상과 현상의 인과는 정신적 영역에서는 비록 가지이지만 물질세계에서 정말 이런 인과가 있는지 없는지는 또한 불가지다. 그래서 명언(개념)은 단절되고 사물에 개입할 수 있는 방법은 존재하지 않는다.

솔직히 말하면 유물론은 유심론과 명칭과 내용이 완전히 상반되지만 진정한 유물론은 유심론의 일부이다. 왜냐하면 인과(因果)나 본질을 인정하지 않고 오직 '눈앞'[現前]에서 감각되는 것만 존재의 증거로 삼는다면 이것은 이른바 "종류(류개념)와 명언(사물 자체의 개념)이라는 일체 가립을 사용하는 일반적인 인식 활동을 완전히 벗어나서 보편적인 인식이 아니라 개별 존재에 대해서만 인식한다."[199]라는 것인데 이것이 바로 유심론의 현량이다. 흄은 이렇게 말했다.

차가움을 느끼고서 차갑다는 감각이 발생하고 열을 느끼고 뜨겁다는 감각이 발생한다. 이때 차갑거나 뜨겁다는 명언(개념)은 존재하지 않는다. 차갑다거나 뜨겁다고 개념화하는 것은 반드시 감각이 소멸한 이후이다. 만약 이런 예에서 밀고 가면 차갑거나 뜨겁다는 감각이 있을 때 오직 스스로 차가움과 뜨거움이 있다고 감각하지 차가움과 뜨거움이 밖에서 왔다는 생각은 없다. 더 밀고 가면 진주를 던질 때 우리의 안식에는 청색으로 보이지만 진주를 던질 때 안식과 청색은 함께 생긴다. 이때 분별은 아직 형성되지 않았다. 하지만 눈이 청색과 하나로 합치되었다고 느끼고 청색이 눈 밖에 있다는 생각은 없다. 그래서 오로지 감각만을 증거로 삼는 경우 현상에는 대립

---

199 大域龍造, 玄奘譯, 『因明正理門論本』(『大正藏』32, p.3b), "[此中現量除分別者], 遠離一切 種類, 名言假立, 無異諸門分別, 由不共緣現別別轉, 故名現量."[본송 가운데 '현량제분별': 만약 인식의 역량이 색성향미촉법 등 일체 대상을 인식할 때, 일체 종류의 명사 혹은 개념을 완전히 벗어난다. 그것이 동류의 명사 혹은 개념이든 동일 종류의 명사와 개념이 아니든 간에 오식이 대상을 인식할 때는 각각 개별 대상에 대해서만 인식한다. 그래서 현량이라고 한다. 종류(류 개념)와 명언(사물 자체의 개념)이라는 가립을 사용하는 일체의 보편적 인식 활동을 완전히 벗어난다. 보편적인 인식이 아니라 개별 존재에 대해서만 인식한다.] *'무이제문분별'(無異諸門分別)에서 '무이'(다름이 없음) 는 개별이 아님, 즉 특수가 아니라 보편을 말한다. '제문'은 여러 유형이나 방식을 말한다. '분별'은 인식을 말한다. 특정한 상황에서 단 하나의 사물이 아니라 그 사물을 인식할 때 벌써 보편적인 개념이 지식을 활동하는 것을 말한다. 뒤에 나오는 '불공연' (不共緣)은 이와 반대로 특정한 상황의 개별 존재에 대한 인식이다.

제물론석

이 있지만 그것은 성립되지 않는다. 하물며 사물의 본질이겠는가? 그래서 유물론은 유심론의 한 부분이다. 어떤 사람은 그 말을 바꾸어 이렇게 이야기한다. '감각은 본래 신경에 있는데 신경도 물질이다. 물질로 물질을 인식하는데 마음과 무슨 관계가 있는가?' 이것은 이렇게도 말할 수 있다. '유심론은 유물론의 일부이다.' 이렇게 대답할 수 있다. '심량은 본래 하나로써 전체를 포괄하는 게 아니다.【심(心)은 식(識)이라고 해야 옳다. 심(心)의 본래 의미는 심장(心臟)이다. 식(識)을 나타내는 말로 의미가 확장되었는데 물질로 착각하기도 한다. 하지만 지금 일반적인 사용을 따라서 말한다. 혼(魂)은 본래 숨[氣]이고 정(精)은 액체이다. 혼(魂)이나 정신(精神)이라는 말은 무형을 나타내는 명사로 의미가 확장됐을 뿐이다.】

지금 감각은 내면의 신경에 인상을 남기는 행위이고 기억은 신경에 남은 인상이다. 색깔이나 모양은 인상을 통해서 인식할 수 있지만 수량은 오히려 인상이 없다. 예를 들어 어떤 사람이 세 번 밥을 먹었는데 만약 인상을 인식한다면 감각 이후에 당연히 밥을 먹었다는 생각만 일어난다. 결코 세 번 밥을 먹었다는 생각은 떠오르지 않는다. 지금 세 번 밥을 먹었다는 생각이 있다면 그가 먹은 밥이 아니고 그것의 인상을 개별적으로 취한 것이다. 그가 먹은 밥이 아니라 하나로 종합해서 하나의 인상을 만든 것이다.

원형관념은 사실 이전에 존재하고 종합작용은 사실 이후에 존재한다. 어떻게 물질로써 물질을 대신 취할 수 있겠는가? 그렇지만 이것은 오히려 감각 이후의 일이다. 처음 감각할 때는 오성(悟性)이 보조한다. 쇼펜하우어는 "사물이 눈의 망막에 영상으로 맺힐 때 그 형상은 모두 전도되지만 시각이 인식하는 것은 전도되지 않는다. 분명 감각도 오성을 근거로 삼는다."[200]라고 말한다. 신경과 인상의 관계만 가지고 이야기하면 전도라는 문제를 풀 수가 없다. 인상의 경우 하루에 열 가지 인상이 있었는데 인상이 모호해지면 어떻게 분명하게 기억할 수 있겠는가? 그래서 현량과 감각은 일체가 마음에 의한 것임을 안다.

과학을 탐구하는 사람은 결코 현량을 구경으로 삼지 않는다. 이것은 단지 유물론과 유사하지만 진정한 유물론과는 완전히 반대이다. 물질문명으로 행복을 추구하는 사람은 스스로 판단하지 않고 멍청하게 유물이라는 이름만을 빌린다. 대단히 후안무치한 일이다. 진정한 유물론은 본질을 부정하고 본질은 마음이 멍청하게 떠올린 이름이라고 간주한다. 이것은 유심과 연결된다.

흄은 다시는 마음에 본질이 있다고 생각하지 않는다. 마음은 찰나 생멸하며 애초에 자성이 없다. 자성이 없기 때문에 일체 고락을 마음으로 감각할 수 있다. 마음에 자성이 있으면 고락이라는 사실에 의해 변화되는 일은 없을 것이다. 그렇다면 즐거움[樂]을 추구할 경우 단지 마음에서 그것을 찾아야지 물질에서 그것을 찾아서는 안 된다. 콩을 먹고 물을 마셔 굶주림과 목마름을 해결하고, 겨울에는 털옷으로 여름에는 갈포 옷으로 추위와 더위를 피한다. 나무로 지붕을 이고 풀을 깔아 바닥을 해서 눈이나 서리에서 몸을 숨긴다. 쑥을 뜯고 약을 만들어 질병을 대비한다.

사람이 다른 사물에 의지하는 것은 정말 불가결한 일이다. 이런 정도를 넘어서면 굳이 물질적인 일에 매달릴 필요가 있는가? 다른 사람에게 노예로 부림을 당하는 경우 극히 치욕스런 행위이다. 더러움을 머금고 사양하지 않는 경우에는 "오직 자신을 보존하기 위해서"라고 말한다. 이

---

200 Arthur Schopenhauer, 김미영 옮김,『충족이유율의 네 겹의 뿌리에 관하여』, 제21절 「인과개념의 선천성-경험적 직관의 지적 본성-오성」(서울: 나남, 2014). 장타이엔의 인용문에 완전히 대응하는 구절을 찾지는 못했지만 사물이 망막을 거치면서 뒤집히는 모습을 표현한 〈그림 4-1〉(p.84)과 오성이 감각을 직관으로 개작한다는 등의 내용을 보아 장타이엔도 분명 이 구절을 염두에 두었다고 할 수 있다.

미 자신을 보존했는데 다시 다른 행복을 추구하려고 다른 사람에게 노예로 부림을 당하는 경우는 목숨을 보조하기 위해서 그렇게 하는 것보다 훨씬 처참하다. 다른 사람에게 노예를 부림을 당하지는 않더라도 물질에 의해 노예가 되어 부림을 당하면서 그것으로 행복을 추구하는 경우는 사람에게 부림을 받으면서 행복을 추구하는 것보다도 더 처참하다.

자연(自然)

사물이 자성을 가지면 이것을 구나(guna)라고 한다. 자성이 작용을 일으키는데 이른바 카르마(karma)이다. 그래서 그것을 합쳐서 자연이라고 말한다. 사물에 자성이 없다는 사실을 알면 자연설은 붕괴된다. 어떤 경우 '본연'이라고 말하는데 자연과 의미는 같으면서 이름이 다를 뿐이다. 어떤 경우 법이(法爾)라고 하는데 사물은 자성을 갖지 않고 모든 존재는 무상법에 의해 표류하기 때문이다.

요즘 어떤 사람이 자연 규칙을 이야기하는데 자연과 법이를 합쳐서 하나로 이야기한다. 법이는 본래 마음을 떠나서 한 존재도 인식할 수 없고 이 존재는 마음에서 불길처럼 일어나는 미혹이 형성한 것임을 말한다. 자연 규칙을 말하는 경우, 자성에 집착하여 모든 존재는 연기를 통해서 전개된다는 사실을 알지 못해서이다. 연기를 통해서 전개되는 존재는 심량이 전개한 것이다. 비록 그렇지만 이것을 말하는 경우, 자연 유물론에 의지할 수밖에 없다. 만약 유물이라면 이 자연 규칙이 물질 가운데 있는가 아니면 물질 바깥에 있는가? 만약 자연 규칙이 물질 바깥에 있다고 하면 물질 바깥에 다시 다른 물질을 인정한 꼴이니 유물이라는 말을 이용할 수 없다. 만약 자연 규칙이 물질 가운데 있다고 하면 본디부터 고정된 것이 있는 격이다. 이것을 자연 규칙이라고 명명할 수 있다면 본래 고정된 것이 없는 것도 자연 규칙이라고 명명할 수 있다.

비록 그렇지만 불의 구나는 당연히 열이고 불의 카르마는 당연히 연소이다. 불 꺼진 재나 모래 그리고 자갈은 태울 수가 없다. 불의 카르마는 파괴된다. 사람이 불을 만지면 열을 느끼지 않을 수 없다. 하지만 죽은 재나 모래 그리고 자갈은 열을 느끼지 않는다. 가령 재나 모래 그리고 자갈에 열을 가하고 나서 사람이 그것을 만지면 오히려 열을 느낀다. 단지 불이 재나 모래 그리고 자갈에 있으면 열인지 아닌지 모른다면 불의 구나는 파괴되고 만다. 만약 여기서는 열이 나고 태우지만 저기서는 열도 없고 태우지 않는 것을 자연 규칙이라고 말한다면 불은 단지 불일 뿐이며 열과 태우는 것은 오직 일부 물질의 불에 대한 명칭이다. 불은 본래 열이 있다거나 불은 본래 태울 수 있다고 말할 수 없다.

이것을 따라가 보면 이른바 자연 규칙은 저들이 말하는 자연이 아니다. 오식이 감지하여 그것이 그러함을 감각하고, 의식이 표상하여 그렇다고 규정한 것이다. 이것은 시종 지각과 인식을 떠나지 않는다. 그래서 본래 사물 가운데 있다고 말할 수 없다. 지금 어떤 사람이 "세상에 어떤 존재가 자연을 초월할 수 있는가?"라고 질문한다면 나는 이렇게 말할 것이다. "자연을 아는 자가 자연을 초월한다."

승의제를 통해서 말하면 명(名)·상(相) 둘은 모두 분별 망념이 구성했다. 세속제로 보자면 상(相)은 사물에 있기 때문에 진짜이지만 명(名)은 정신에 있기 때문에 가짜라고 인식한다. 그래서 함부로 사물은 마음이 만든 것이라고 말하지 않고 자연 등의 이름은 마음이 조작한 것이라 말하지도 않는다. 사물이 마음이 조작한 게 아니라면 사물을 안다고 해서 사물을 초월할 수는 없다. 자연의 명칭이 마음이 만든 것이라면 자연을 아는 것은 반드시 자연을 넘어서는 것이다. 그래서 진짜 유물론자는 어쩔 수 없이 자연을 부정한다.

자연에 의탁하는 경우는 엄청난 착오이다. 그렇지만 지금 다시 그런 것들을 제쳐 두고 인간사회에서 보자면 이른바 '옳고 그름'은 모두 인위 규칙을 침범하는 것을 그르다고 말하고 자연 규칙을 침범하는 경우는 그르다고 말하지 않는다. 인위 규칙은 사실은 자연 규칙에 반항하는 것이다.

고대 그리스에서 밀린다(Milinda, 彌蘭陀) 왕자가 인더스강 유역에 왕으로 봉해졌다. 그가 나가세나(Nagasena, 邢先) 비구에게 다음과 같이 질문했다.[201]

"지혜 있는 자도 악을 행하고 어리석은 자도 악을 행하는데 이 둘 중에 어느 쪽이 더 많은 재난을 받습니까."

나가세나 비구가 대답했다.

"어리석은 자가 악을 행할 경우 더 큰 재앙을 받습니다. 지혜 있는 자가 악을 행할 경우 비교적 적은 재앙을 받습니다."

왕이 다시 말했다. "나가세나 비구께서 한 말 같지는 않습니다. 우리나라 법률에 대신이 잘못이 있으면 죄가 중하고 우민이 잘못이 있으면 죄가 가볍습니다. 그래서 지혜 있는 자가 악을 행하면 재앙이 크고 어리석은 자가 악을 행하면 재앙이 작습니다."

나가세나 비구가 왕에게 다시 질문했다. "타는 쇳덩이가 땅에 있는데 한 사람은 그것이 타는 쇳덩이임을 알고 한 사람은 그것이 타는 쇳덩이임을 알지 못한다면 누가 화상이 더 크겠습니까?"

왕이 대답했다. "알지 못하는 자가 화상이 더 큽니다."

나가세나 비구가 말했다. "어리석은 자는 악을 행해도 스스로 뉘우칠 줄 모릅니다. 그래서 재앙이 크고 지혜로운 자는 악을 행하더라도 해서는 안 될 것임을 알아서 스스로 잘못을 뉘우칩니다. 그래서 재앙이 작습

---

201 밀린다왕과 나가세나 비구에 대해서는 다음을 참조할 수 있다. 윤호진, 『無我·輪廻
問題의 硏究』 제4장(서울: 민족사, 1992), pp.135-166.

니다."²⁰²

대체로 밀린다 왕이 이야기한 것은 인간법이다. 그래서 그것에 저촉하는 경우는 재앙이 무겁고 알지 못하고 저촉한 자는 재앙이 가볍다. 이 문답을 통해서 두 겹의 규칙이 동일하지 않음을 알 수 있다. 교활한 자는 반드시 어리석은 사람을 속이고 용감한 사람은 반드시 약자를 업신여긴다. 이것은 자연법이다. 자연 규칙을 따르면 인도는 장차 궁색해질 것이다. 그래서 인위 규칙으로 그것을 다스리는데 그리고 나서야 백성이 생활할 수 있다. 만약 자연 규칙이 따로 존재한다면 결코 대항할 수 없다. 마음대로 그것에 대항하는 사람이 있다면 이것도 스스로 그러한 것일 뿐이다.

모기가 산을 지려고 하고, 노래기가 황하 밖으로 질주하려는 데 대해서 자신의 힘을 헤아리지 못했다고 비난하는 것은 가능하지만 의리에 부합하지 않는다고 질책하는 것은 맞지 않다. 다른 사람의 집으로 난입하는 것은 죄가 되지만 불길 속으로 뛰어든 것은 죄가 아니다. 관(關)을 뚫고 국경을 넘으려 획책하는 것은 죄가 되지만 지구를 벗어나려는 시도는 죄가 아니다. 그의 행동을 비난하는 경우, 그가 완고하고 어리석다고 배척할 수는 있지만 잘못이나 악행이라고 지탄할 수는 없다. 자연 규칙은 본래 인도(人道)와 무관하기 때문이다. 그것을 따른다고 잘난 것도 아니

---

202 失譯人,『那先比丘經』卷下(『大正藏』32, p.702b-c), "復問那先: 智者作惡 咎誰得多者? 那先言: 愚人作惡, 得殃大; 智人作惡, 得殃小. 王言: 不知! 那先言: 王言我國治法, 大臣有過, 則罪之重; 小民有過, 罪之[輕]. 是故我知智者作過*惡, 得殃大; 愚者作惡, 得殃小. 那先問王: 譬如燒鐵在地, 一人知爲燒鐵, 一人不知, 兩人俱前取燒鐵, 誰爛手大者耶? 王言: 不知者手爛. (中略) 那先言: 愚者作惡, 不能自悔, 故其殃大; 智者作惡, 知不當所爲, 日自悔過, 故其殃少."[輕]은 闕字로 보아 보충했고, '過'는 衍字로 마땅히 빼야 한다. 章太炎은 이 부분을 자신의 방식으로 정리해서 인용했는데 궐자는 보충했고 연자는 뺐다. 지금 역자가 인용하는『나선비구경』원문은『大正藏』본으로「사혹론」발표 이후에 나온 판본이기 때문에 章太炎이 오히려 더 좋은 판본을 보았는지도 모른다.

제물론석

고 그것을 거스른다고 해서 죄인 것도 아니다.

진화는 자연 규칙이다. 그렇지만 불에 뛰어들면 뜨겁고 물에 들어가면 가라앉는다는 것과는 달라 보인다. 다수에 대해서는 어쩔 수 없이 그렇지만 개인에 대해서는 어쩔 수 없이 그런 게 아니다. 개인이 스스로 진화를 멈추려고 하면 못 할 것도 없다. 개인의 진화 거부가 다수가 되어 한 시대를 풍미해서 모든 것이 진화하지 않더라도 개인의 잘못일 수 없다. 진화는 본래 지구를 장식하는 사건이다. 인도(人道)와는 애초에 아무런 관계가 없었다. 하지만 진화를 군이 고집하는 사람은 다른 사람이 자신과 다르다는 사실을 싫어해서 자연 규칙을 위배했다는 이유로 다른 사람을 비난한다.

나는 이런 말을 그들에게 해 주고 싶다. "사람이 죽는 것도 자연 질서이다. 병이 심해서 의사를 찾거나 약을 구하는 것은 죽음을 예방하려는 것인데 이런 행동은 왜 '자연 질서를 위배했다'라는 이유로 비난하지 않는가?" 옛날 장자는 자래(子來)가 병 때문에 숨차서 헐떡거리며 곧 죽을 듯한 상태에서 한 이야기를 소개했다.

> 부모는 자식이 사방 어디에 있든 자기 말을 따르도록 하지. 자연
> [陰陽]이 사람이 자신을 따르도록 함은 부모가 자식을 대하는 정도가
> 아닐세. 자연이 내게 죽음이 가까이 왔음을 알리는데 내가 그것을
> 듣지 않으면 나는 나쁜 사람이 되고 마네.[203]

곽상은 이 구절을 다음과 같이 주석했다.

---

203 『莊子』「大宗師」5: "子來曰: 父母於子, 東西南北, 唯命之從. 陰陽於人, 不翅於父母. 彼近吾死而我不聽, 我則悍矣."

자고로 부모의 명령을 거역할 수 있는 사람은 있었지만 자연[陰陽]
의 변화를 거역하고 주야의 절기를 거부할 수 있는 사람은 없었다.
인간의 생사란 자연의 밤낮과 같을 뿐으로 어느 때 죽음이 닥쳤음에
도 인간이 엉뚱하게 그것을 수용하지 않으면 자연 질서를 따르지 않
고 거슬리는 짓이다.[204]

　이것은 죽음으로 자연 규칙을 거부할 수 없음을 밝힌 것이다. 지금 자
연 규칙을 믿고 신앙하는 사람은 하나는 폐기하고 하는 선택한다. 스스
로 모순됨을 깨닫지 못한다. 만약 자연 규칙에 비록 죽음이 있지만 나는
그 죽음을 잠시 늦출 수 있다고 말한다면 자연 규칙에 비록 진화가 있지
만 나는 잠시 그 진화를 늦출 수 있다고 굳이 말하지 못하는가? 그렇다.
옛날에 어리석은 사람들은 운명에 안주하지 않는다고 다른 사람을 질책
하더니 요즘 덜된 인간은 진화를 추구하지 않는다고 다른 사람을 비난한
다. 둘은 하나는 적극적이고 하나는 소극적이라는 점이 다르지만 그 근
거는 오히려 같다.
　운명을 당연히 안주해야 할 것으로 생각하는 사람은 운명을 자연 규칙
이라고 여기고 그것을 위배하면 도의에 맞지 않다고 말한다. 진화를 마
땅히 추구해야 할 어떤 것으로 여기는 사람은 진화를 자연 규칙으로 여
기고 그것을 어기면 도의에 맞지 않다고 말한다.
　내가 보기에는 다른 존재의 뜻을 받들거나 주어진 질서에 순응하는 자
는 '스스로 자신의 비천한 성장 환경을 견주고'(自比于斯养之贱者)는 처음엔

204　郭象,『莊子注』「大宗師」(『集釋』1, p.263), "自古或有能違父母之命者矣, 未有能違陰陽之
　　變而距晝夜之節者也. 死生猶晝夜耳, 未足爲遠也. 時當死, 亦非所禁, 而橫有不聽之心, 適
　　足悍逆於理以速其死." 章太炎은 다음과 같이 인용했다. "自古或有能違父母之命者, 未有
　　能違陰陽之變, 而距晝夜之節者也. 死生猶晝夜耳, 時當死而橫不聽之, 則適足捍逆於理."

　　　　　　　　　　　　　　　제물론석

전지전능한 상제를 숭배하다가 유신론이 쇠퇴하자 숙명론에 귀의하고 숙명론이 쇠퇴하자 천균(天鈞, 자연 질서)에 귀의한다. 저들 행동은 혈맥이 상통하고 원류가 둘이 아니다. 세상에 대웅무외자(大雄無畏者)[205]가 있으면 결코 저들 비루한 인간과 모여서 못난 일을 이야기하지 않을 것이다.

---

205 大雄 · 無畏(대웅무외): '대웅(大雄)'은 범어 Mahavīra의 번역으로 위대한 영웅이란 의미다. 붓다의 여러 호칭 가운데 하나다. 붓다는 거대한 지혜의 힘을 갖고서 온갖 번뇌의 마장을 항복시키기 때문에 붙은 이름이다.(『佛光』, p.867) '무외'도 붓다의 명칭 가운데 하나로 붓다가 누군가를 대할 때, 상대방이 어떤 두려움 갖지 않게 하기 때문이다. 그런데 '무외'를 '자신이 뭔가에 대해 어떤 두려움도 없다.'라는 의미로 사용하기도 하는데, 장타이옌은 그런 의미로 사용했다.

참고문헌

1. 불교 원전

佛陀耶舍共竺佛念 譯, 『長阿含經』(『大正藏』1).

竺大力共康孟詳 譯, 『修行本起經』(『大正藏』3).

玄奘 譯, 『大般若波羅蜜多經』(『大正藏』7).

玄奘 譯, 『般若波羅蜜多心經』(『大正藏』8).

實叉難陀 譯, 『大方廣佛華嚴經』(『大正藏』10).

曇無讖 譯, 『大般涅槃經』(『大正藏』12).

玄奘 譯, 『大乘大集地藏十輪經』(『大正藏』13).

僧伽婆羅 譯, 『文殊師利問經』(『大正藏』14).

鳩摩羅什 譯, 『維摩詰所說經』(『大正藏』14).

實叉難陀 譯, 『大乘入楞伽經』(『大正藏』16).

玄奘 譯, 『解深密經』(『大正藏』16).

地婆訶羅 譯, 『大乘密嚴經』(『大正藏』16).

佛陀多羅 譯, 『大方廣圓覺修多羅了義經』(『大正藏』17).

失譯人, 『那先比丘經』(『大正藏』32).

天親 造, 菩提流支 譯, 『十地經論』(『大正藏』26).

尊者大目乾連 造, 玄奘 譯, 『阿毘達磨法蘊足論』(『大正藏』26).

五百大阿羅漢 等造, 玄奘 譯, 『阿毘達磨大毘婆沙論』(『大正藏』27).

世親 造, 玄奘 譯, 『阿毘達磨俱舍論』(『大正藏』29).

龍樹菩薩 造, 靑目 釋, 鳩摩羅什 譯, 『中論』(『大正藏』30).

龍樹菩薩 造, 鳩摩羅什 譯, 『十二門論』(『大正藏』30).

清辯菩薩 造, 玄奘 譯, 『大乘掌珍論』(『大正藏』30).

提婆菩薩 造, 婆藪開士 釋, 鳩摩羅什 譯, 『百論』(『大正藏』30).

彌勒菩薩 說, 玄奘 譯, 『瑜伽師地論』(『大正藏』30).

世親 造, 玄奘 譯, 『攝大乘論釋』(『大正藏』31).

世親 造, 玄奘 譯, 『唯識三十頌』(『大正藏』31).

無性 造, 玄奘 譯, 『攝大乘論釋』(『大正藏』31).

無著菩薩 造, 玄奘 譯, 『顯揚聖教論』(『大正藏』31).

護法等菩薩 造, 玄奘 譯, 『成唯識論』(『大正藏』31).

訶梨跋摩 造, 鳩摩羅什 譯, 『成實論』(『大正藏』32).

大域龍菩薩 造, 玄奘 譯, 『因明正理門論本』(『大正藏』32).

馬鳴 造, 眞諦 譯, 『大乘起信論』(『大正藏』32).

慧遠, 『大乘義章』(『大正藏』44).

僧肇, 『肇論』(『大正藏』45).

法藏 述, 『華嚴一乘教義分齊章』(『大正藏』45).

窺基 撰, 『成唯識論述記』(『大正藏』43).

窺基 撰, 『大乘法苑義林章』(『大正藏』45).

法藏 述, 『華嚴經旨歸』(『大正藏』45).

法藏 述, 『華嚴經明法品內立三寶章』(『大正藏』45).

守堅 集, 『雲門匡眞禪師廣錄』(『大正藏』47).

釋慧皎 撰, 『高僧傳』(『大正藏』50).

眞諦 譯, 『金七十論』(『大正藏』54).

慧琳 撰, 『一切經音義』(『大正藏』54).

2. 중국 고전

불교 문헌을 제외한 중국 고전 참고문헌은 광범위한 관계로 생략.

제물론석

3. 章太炎著作

章太炎, 『齊物論釋定本』, 王仲犖 校點, 『章太炎全集』 第6卷(上海: 上海人民出版社, 1986).

_____, 『齊物論釋定本』, 石峻・樓宇烈 等編, 『中國佛敎思想資料選編』 第3卷第4冊 (北京: 中華書局, 1990).

_____, 『國故論衡』, 陳平原 導讀(上海: 上海古籍出版社, 2003).

_____, 「東京留學生歡迎會演說辭」, 『章太炎全集』 第4卷(上海: 上海人民出版社, 1986).

_____, 「無神論」, 『章太炎全集』 第4卷(上海: 上海人民出版社, 1986).

_____, 「建立宗敎論」, 『章太炎全集』 第4卷(上海: 上海人民出版社, 1986).

_____, 「答鐵錚」, 『章太炎全集』 第4卷(上海: 上海人民出版社, 1986).

_____, 「人無我論」, 『章太炎全集』 第4卷(上海: 上海人民出版社, 1986).

_____, 「五無論」, 『章太炎全集』 第4卷(上海: 上海人民出版社, 1986).

_____, 「四惑論」, 『章太炎全集』 第4卷(上海: 上海人民出版社, 1986).

4. 국내 논저 및 고전 역서

권오민, 『아비달마불교』(서울: 민족사, 2003).

김성철, 『원효의 판비량론 기초 연구』(서울: 지식산업사, 2003).

김영진, 『불교와 무의 근대』(서울: 그린비, 2012).

_____, 『중국 근대불교학의 탄생』(부산: 산지니, 2017).

손영식, 「『공손룡자』「백마론」 연구」, 『철학논집』43(서울: 서강대학교철학연구소, 2015).

송찬우 옮김, 『장자선해』(서울: 세계사, 1991).

신현승 역주, 『유가사지론』1(서울: 묘광, 2020).

안동림 역주, 『장자』(서울: 玄岩社, 1998).

안성두, 「『삼무성론』에 나타난 진제의 삼성설 해석의 특징 (II)」, 『인도철학』42(서울: 인도철학회, 2014).

오진탁 옮김,『감산의 장자풀이』(서울: 서광사, 1990).

전호근,『역주장자』1(서울: 전통문화연구회, 2003).

정승석,『인도의 이원론과 불교』(서울: 민족사, 1992).

정태혁,『인도철학』(서울: 학연사, 1991).

5. 국외 논저

戴震研究會 編,『戴震全集』第6冊(北京: 淸華大學出版社, 1999).

高振農 校釋,『大乘起信論校釋』(北京: 中華書局, 1992).

郭慶藩 撰,『莊子集釋』(北京: 中華書局, 1997).

黃夏年 主編,『禪宗三百題』(上海: 上海古籍出版社, 2000).

劉克敵‧廬建軍,『章太炎與章門弟子』(鄭州: 大象出版社, 2010).

樓宇烈 校釋,『王弼集校釋』上‧下(北京: 中華書局, 1999).

繆篆,『齊物論釋注』(上海: 上海大學出版社, 2018).

孟琢,『齊物論釋疏證』(上海: 上海人民出版社, 2019).

蘇美文,『章太炎齊物論釋之硏究』, 潘美月‧杜潔祥 主編,『古典文獻硏究輯刊』四編第
　　　　19冊(臺北: 花木蘭文化出版社, 2007).

姚漢榮‧孫小力‧林建福 撰,『莊子直解』(上海: 復旦大學出版社, 2000).

印順 講, 演培‧妙欽 記,『攝大乘論講記』(臺北: 正聞出版社, 1989).

周大璞,『訓詁學初稿』, 정명수‧장동우 옮김,『훈고학의 이해』(서울: 동과서,
　　　　1997).

朱謙之 撰,『老子校釋』(北京: 中華書局, 1991).

朱維錚‧姜義華 編注,『章太炎選集』(上海: 上海人民出版社, 1981).

荒木見悟,「齊物論釋訓註」(1-3),『哲學年報』第29-31輯(福岡: 九州大學文學部, 1970).

平川彰,『印度佛敎史』, 이호근 옮김,『인도불교의 역사』상(서울: 민족사, 1991).

小林武,『章炳麟と明治思潮』(東京: 硏文出版, 2006).

森鴎外(林太郎)著,『黃禍論梗槪』(東京: 春陽堂, 1904).

村上專精,『(活用講述)因明學全書』(東京: 哲學書院, 明治24).

長尾雅人,『攝大乘論 ― 和譯と注解』(東京: 講談社, 2001).

西順藏·近藤邦康 編譯,『章炳麟集: 淸末の民族革命思想』(東京: 岩波書店, 1990).

高田淳,『辛亥革命と章炳麟の齊物哲學』(東京: 硏文出版社, 1984).

竹村牧南,『唯識の構造』, 정승석 옮김,『유식의 구조』(서울: 민족사, 1989).

橫山紘一,『唯識思想入門』, 김용환·유리 옮김,『불교의 마음사상』(부산: 산지니, 2013).

A. Varga von Kibéd, 이신철 옮김,『순수이성비판의 기초 개념』(서울: 한울아카데미, 1994).

Arthur Schopenhauer, 김미영 옮김,『충족이유율의 네 겹의 뿌리에 관하여』(서울: 나남, 2014).

_____, 홍성광 옮김,『의지와 표상으로서의 세계』(서울: 을유문화사, 2015).

Immanuel Kant, 백종현 옮김,『순수이성비판』1(서울: 아카넷, 2008).

W.K.C. Guthrie, 박종현 옮김,『희랍철학입문』(서울: 서광사, 1982).

Robert E. Allinson, 김경희 옮김,『장자, 영혼의 변화를 위한 철학』(서울: 그린비, 2004).

6. 사전 및 전집류

佛光大藏經編修委員會 編,『佛光大辭典』(佛光出版社, 1989).

胡孚琛 編,『中華道敎大辭典』(北京: 中國社會科學出版社, 1995).

高楠順次郎 編,『大正新修大藏經』(東京: 大正一切經刊行會, 1924-1934).

7. 비문헌류 및 인터넷사이트

전통문화연구회동양고전DB(http://db.cyberseodang.or.kr/front/main/mainmenu.do).
佛光大辭典(https://www.fgs.org.tw/fgs_book/fgs_drser.aspx).
SAT大正新脩大藏經テキストデータベース(https://21dzk.l.u-tokyo.ac.jp/SAT/).
妙境長老,『瑜伽師地論』講記(https://www.liaotuo.com/fojing/yuqieshidilun/82262.html).
日本国立国会図書館国立国会図書館デジタルコレクション(https://dl.ndl.go.jp/).
中國哲學書電子化計劃(https://ctext.org/zh).

저자_ 장타이옌[章太炎, 1869-1936]

장타이옌은 1869년 중국 저장성 위항[餘杭]에서 태어났다. 원래 이름은 슈에청[學成]이고 훗날 빙린[炳麟]으로 개명한다. 타이옌[太炎]은 자호(自號)이다. 지식인 가계 출신으로 소년 시절 부친과 외조부에게 배웠고, 1890년 항저우 고경정사(故經精舍)에 입학해 고증학을 공부했다.

1896년 고경정사를 나와 계몽 운동에 투신했고, 1903년에는 청년 혁명가 저우룽[鄒容]의 『혁명군(革命軍)』에 서문을 써 주고는 필화를 입어 3년간 옥고를 치른다. 이 필화 사건 이후 장타이옌은 중국 청년들에게 반청(反淸) 혁명의 상징이 된다.

옥중에서 불교에 입문한 장타이옌은 대승불교사상의 한 축인 유식학을 공부했다. 유식학은 이후 그의 철학과 학술에 크게 영향을 끼친다. 1906년 출옥 후 일본으로 건너간 그는 쑨원[孫文]과 함께 중국혁명동맹회를 이끌었고, 동맹회 기관지 『민보(民報)』의 편집장을 맡았다.

그는 고증학과 불교 유식학 그리고 서양 철학을 동원하여 혁명을 논하고 전통 학술을 논했으며, 봉건 습속과 근대 문명을 비판했다. 『민보』 시기 장타이옌의 학술에는 시대가 온전히 있었고, 비판 정신이 생동했다. 『제물론석(齊物論釋)』이 대표적이다. 제자 루쉰은 이 시기 스승을 '학술이 있는 혁명가'로 묘사했다.

1911년 신해혁명 이후 장타이옌은 빠르게 보수화했고, 오래지 않아 정치 일선에서 은퇴하고 순정한 국학자로 제자를 길렀다. 장타이옌 말년 제자와 손제자는 오늘날까지 중국 학술계를 호령하고 있다.

역주자_ 김영진

1970년 경남 삼천포 출생. 동국대학교 불교학과를 졸업하고, 1998년 동 대학원에서 중국 위진(魏晉) 시대 불교 연구로 석사학위를 받았고, 2005년 『제물론석』 저자 장타이옌[章太炎]의 불교사상 연구로 박사학위를 받았다. 이화여대 철학과 박사후과정, 동국대 BK21연구단 박사후연구원, 인하대 한국학연구소 HK연구교수, 동국대 불교학술원 HK연구교수, 캐나다 UBC 아시아학과 방문학자를 거쳤고 현재 동국대학교 WISE 캠퍼스 불교학부 교수이다.

그간 『중국 근대사상과 불교』, 『공(空)이란 무엇인가』, 『근대중국의 고승』, 『불교와 무(無)의 근대』, 『중국 근대불교학의 탄생』을 썼고, 이들 5권의 저서가 문광부와 학술원 추천 우수도서에 선정됐다. 이외 『대당내전록(大唐內典錄)』(공역), 『근대중국사상사약론(近代中國思想史略論)』 등을 번역했다. 제3회 대원학술상(저서부문)과 제29회 불이상(학술부문)을 받았다.

박사학위 취득 이후 주로 사상사와 학술사 맥락에서 중국 근대불교를 연구했다. 상기 소개한 책은 그 과정의 성과다. 십여 년 전부터 한국 근대불교학의 성립과 불교 철학의 시도라는 주제로 연구를 확장했다. 최남선, 김법린, 백성욱 등 몇몇 불교계 혹은 불교 관련 인물의 사상과 학술을 분석했고, 식민지 시기 불교계의 서양 철학 및 서양 사조 수입에 대해서도 관심을 갖고 근대 간행 불교 잡지를 천천히 읽고 있다. 향후 수년간 이 분야에 집중할 요량이다.